MMPI-2 평가의 핵심

Essential of MMPI-2 Assessment

Second Edition

David S. Nichols 지음

홍창희·주영희·민은정·최성진·김귀애·이영미 옮김

MMPI-2 평가의 핵심

Essential of MMPI-2 Assessment

Second Edition

David S. Nichols 지음

홍창희·주영희·민은정·최성진·김귀애·이영미 옮김

WILEY 박학사

Essential of MMPI-2 Assessment, Second Edition
David S. Nichols

나의 사랑하는 부모님,
Ambrose Reuben Nichols, Jr (1914~2000)
Barbara Adele Seward Nichols(1913~2006)를 추모하고,

나의 사랑하는 대자(godson),
Benjamin David Bowman(1992~)의 앞날을 축복하며.

모두에게, 삶의 행운이 깃들기를.

역자 서문

이 책은 심리 평가의 핵심 시리즈의 하나로 출판된 David S. Nichols의 『MMPI-2 평가의 핵심(*Essential of MMPI-2 Assessment*)』을 번역한 것이다. 자칭 MMPI/MMPI-2 애호가인 Nichols 박사는 Portland에 있는 Oregon 주립병원에서 27년간 임상심리학자로 봉직하였으며, 이 검사를 주제로 지난 35년 간 연구와 집필을 해 왔다. 이 책에서 일차적으로 초점을 두고 있는 MMPI-2의 평가 대상은 정신과 환자와 심리 서비스 기관을 이용하고 있는 내담자들이다. MMPI-2에 대한 심리측정적인 이해보다 임상 현장에서의 실제에 초점을 둔 교재를 찾던 중 이 책을 접하게 되었다. 이 책은 오랫동안 MMPI/MMPI-2를 사용해 온 전문가가 현재 이 검사를 쓰고 있거나 앞으로 쓸 사람들을 위하여 자신의 경험을 전하는 책이다. 대학원생이나 수련생들이 MMPI-2의 적용과 해석에서 탄탄하게 기초를 다질 수 있도록 광범위한 기본적 정보를 제공하고 있을뿐더러 전문가들에게도 도움이 될 만큼 MMPI-2의 모든 척도, 척도 간의 관계, 그리고 척도들이 생성하는 패턴들을 상세하게 기술하고 있다. 그리고 시리즈의 다른 책들처럼 빠른 참조, 명심할 점, 주의 등의 글상자를 통해 정리와 이해를 돕고 있으며, 간과해서는 안 될 중요한 내용에 주의를 환기하고 있다. 특히 빠른 참조는 책의 전체 내용을 간명하게 요약하고 있다.

2년간 심리진단 교재의 일부로 이 책을 쓰면서 내용이 매우 풍부하고 유익하다고 생각되어 임상 현장에 있는 수련감독자들과 함께 번역하게 되었다. 4장 해석 입문과 5장 타당도 부분은 봉생병원의 수련감독자였던 김귀애 선생이, 6장 임상 척도 부분은 부산대학교병원의 민은정 선생과 이영미 선생이, 7장 내용 척도 부분은 동아대학교병원의 수련감독자였던 주영희 선생이, 8장 코드 유형과 9장 MMPI-2의 강점과 약점 부분은 동명대학교의 최성진 교수가 번역을 맡아 주었다. 나머지 부분을 번역하고 전체적으로 내용이 통일되도록 다듬는 것은 필자의 몫이었다. MMPI/MMPI-2에 대한 Nichols 박사의 연륜을 이야기하듯, 이 검사에 대한 깊이 있는 이해를 함축적으로 표현한 부분들이 많아 번역에 어려움이 많았다. 그럼에도 불구하고 역자들 모두가 작업하면서 기울인 노력이 아깝지 않을 만큼 MMPI-2에 대한 이해를 넓힐 수 있었다. 오랜 경험에 바탕을 둔 명쾌한 조언을 독자들도 함께 경험할 수 있기 바란다.

MMPI가 배우기 쉽지만 사용하기 어려운 검사라면 MMPI-2는 배우기 어렵지만 매우 편리하게 사용할 수 있도록 만들어진 검사이다. 타당도 척도가 보강되었고, 요인척도를 통해 환자나 내담자의 정신 병리를 한눈에 개관할 수 있으며, 재구성 임상 척도 및 내용 척도와 보충 척도들이 다양한 영역에 대한 정보를 제공하고 있을뿐더러 임상 소척도와 내용 소척도를 통해 프로파일의 의미를 보다 구체적으로 파악할 수 있게 되어 있다. 처음 MMPI-2를 대하는 대학원생들은 MMPI에 비해 10배가 넘는 척도와 지표들에 압도되기 쉽다. 조금은 부담스럽게 느껴질 수 있는 이들 척도와 지표들 하나하나가 세월을 넘어서는 징검다리라고 생각하고 도전적인 마음을 가져주길 바란다.

출판된 이후 한차례 원고를 수정하였으나 미진한 부분들이 많아 늘 마음에 걸려 있었는데 늦게나마 다시 원고를 수정, 보완하는 기회를 갖게 되었다. 가능한 한 오역을 줄이고 쉽게 읽히도록 수정하려고 애썼으며, 이해를 돕기 위해 일부 내용을 보완하였다. 이제 다소나마 마음의 짐을 벗은 느낌이다. 여기까지 올 수 있게 도움을 주신 여러분들에게 감사드린다. 특히 처음 책이 나올 때 도움을 주었던 김주은, 황규식, 송지현 등 부산대학교에서 임상심리를 전공했던 대학원생들과 부산 지역에서 수련받았던 수련생들, 지금까지 이 검사에 대해 보다 깊은 이해를 가질 수 있도록 도움을 주신 여러 선생님과 환자분들, 워크숍의 참가자들, 미흡한 역서를 인내를 가지고 읽고 소중한 피드백을 주신 독자분들, 그리고 두 번의 수정작업을 마다하지 않고 기꺼이 출판을 맡아 주신 박학사 구본하 사장님과 편집진에게 감사드린다.

2022년 8월

역자 대표 홍 창 희
문학박사, 임상심리전문가

시리즈 서문

심리평가의 핵심(*Essential of Psychological Assessment*) 시리즈에서, 우리는 독자들에게 가장 효과적이고 이해하기 쉬운 형태로 핵심적이면서도 실제적인 정보를 전달하고자 하였다. 본 시리즈는 인지, 성격, 교육, 신경심리학 등 다양한 영역에서 사용되는 평가도구를 다루고 있다. 본 시리즈의 책들은 숙련된 임상가들에게 경험적으로 입증된 도구들에 대한 최근의 이해를 보다 편하게 받아들일 수 있도록 하는 한편 지속적으로 개발, 개정되고 있는 새로운 도구들을 능숙하게 사용할 수 있도록 하는 간결하면서도 완벽한 방법을 제공할 것이다. 또한 초보자들은 개인별 심리진단이라는 복잡한 과정을 시작하기에 앞서 반드시 익혀야 할 모든 정보와 기술들의 총화를 이 책에서 볼 수 있을 것이다.

요점을 강조하기 위해, 가능한 한 시각적 자료들이 체계적이고 단계적인 지침에 따라 활용되었다. 각 장들은 간결하고 집중적으로 구성되었다. 주제는 실시, 해석 그리고 임상적 활용의 본질을 쉽게 이해하는데 초점을 두었다. 이론과 연구들이 각 책의 구조에 빠짐없이 스며 있지만, 이는 임상적 추론을 고양시키기 위해서이지 벗어나거나 압도하기 위해서가 아니다. 우리들은 오랫동안 '현명한' 평가를 지지해 왔다. 다시 말해서, 검사 점수의 프로파일이 전문가의 임상적 관찰과 예리한 분석과정을 통해 삶에 적용되지 않는다면 무의미하다는 생각이다. 검사 프로파일은 아동이나 성인들의 삶에 영향을 미칠 수 있어야 한다. 그렇지 않다면 왜 애써 검사를 하는가? 우리는 본 시리즈를 통해 독자들이 가능한 최고로 현명한 평가자가 될 수 있길 바란다.

『MMPI-2 평가의 핵심』, 2판에서 저자는 이 검사에 대한 지식을 새롭게 하고자 하는 대학원생이나 수련생들이 이 검사의 적용과 해석에서 탄탄하게 기초를 다질 수 있도록 광범위한 기본적 정보를 제공하고 있다. 갓 입문한 전문가들을 위하여 전통적인 척도에서 새로 개발된 척도에 이르기까지 MMPI-2의 모든 척도들, 척도들 간의 관계, 그리고 척도들이 생성하는 패턴들이 충분히 상세하게 기술되어 있다. 이 교재는 또한 숙련된 임상가들에게 검사 척도와 패턴에 대한 이해를 확장, 강화하고 10년 전 초판이 출간된 이후 개발된 척도들에 친숙해질 수 있도록 적합한 수준의 깊이를 제공하고 있다. 참고 문헌의 1/3 이상이 개정판에서 새롭게 추가 되었다.

MMPI-2에 대한 충분한 이해를 제공하는 단독적인 지침서는 없다. 각 지침서는 임상, 연구, 심리측정, 의학, 법정 등 가능한 여러 분야 중 어느 하나에 중점을 두어야 한다. 검사의 심리측정적인 부분과 관련된 문제들이나 연구 결과들이 소홀히 다루어지지는 않았지만 이 책에서는 특히 이상, 임상 분야를 뚜렷하게 강조하였다. 이는 정신장애가 있는 사람들을 대상으로 한 성격평가, 심리진단, 치료계획의 수립 등 임상심리학자들에게 통상적으로 요구되는 업무와의 관련성을 최대한으로 유지하기 위해서이다. 검사의 척도나 패턴에 대해서도 이상심리학이나 정신의학과 가능한 한 밀접하게 결부되도록 기술하고자 하였다. 따라서 본 교재는 지난 70년간 MMPI/MMPI-2와 함께 성장해 온 엄청난 임상적 지식을 포함하고 있다. 그 중 일부는 이 검사를 이용하여 정신과 환자와 임상적 문제들 폭 넓게 다루어 온 저자의 직접적인 경험과 자문에 바탕을 두고 있다. 본 교재가 임상가들이 MMPI-2의 제한점과 복잡성에 대한 건전한 이해를 바탕으로, 그리고 환자들을 이해하고, 보살핌을 안내하고, 그들이 보다 낫고 만족스러운 삶을 성취할 수 있도록 돕는데 MMPI-2를 성공적으로 적용할 수 있다는 안전한 확신을 바탕으로, 해석 과제에 접근하는 데 도움이 되길 바란다.

시리즈 편집자
Alan S. Kaufman(철학박사)·Nadeen L. Kaufman(교육학 박사)
Yale 대학교 의과대학

감사의 글

본 개정판의 출간은 Jim Butcher, Alex Caldwell, Bob Carson, Bob Colligan, Grant 그리고 Leona Dahlstrom, Joe Finney, lrv Gottesman, Jack Graham, Roger Greene, Phil Marks, Paul Meehl, George Ritz, Auke Tellegen 등 지난 35년 간 MMPI/MMPI-2에서 나의 멘토가 되어준 분들에게 감사의 말을 전할 수 있는 기쁨을 누리는 계기가 되었다. 이들 모두 이 도구에 대한 나의 안목을 풍부하게 해 주었으며, 이들 중 어느 누구도 내가 여기에 제시한 내용에 흡족해하지는 않을 것이다. 그럼에도 불구하고, 나를 지도해 주었던 이들의 노력에 더 할 나위 없이 감사드린다. 이름을 거론하여 감사드릴 수 없는 분들에게 나는 한층 더 많은 신세를 졌다. Oregon 주립병원에서 근무하는 동안 자신들의 삶을 통하여 나의 삶에 영향을 주었던 환자들이다. 이들은 MMPI/MMPI-2 검사를 마치고 내 곁에 앉아 그들 자신과 이 검사에 대해 나에게 가르쳐 주었다.

지난 30년 간 나의 아끼는 친구이자 연구 파트너였던 Roger Greene의 각별한 도움에 감사드린다. Roger는 언제 어디서나 그의 힘이 미치는 곳이라면 모든 수단을 강구하여 적극적이면서도 망설임 없이 MMPI와 MMPI-2가 나에게 준 의문들을 해결할 수 있도록 아낌없는 도움을 주었다. 그는 Alex Caldwell의 임상 파일에 있는 52,543명의 MMPI-2 프로토콜에서 얻어진 영차 상관들을 제공해 주었다. 이 상관관계의 내용은 이 책의 곳곳에 소개되어 있다. 또 다른 넉넉한 친구이자 사랑하는 동료인 Alex에게도 같은 감사를 전하고 싶다. 그는 1974년도 봄, Los Angeles의 Westwood에서 MMPI에 대해 무지하지만 호기심 많은 나에게 손을 뻗쳐 주었다. 이것이 지금까지 이어지고 있는 대화의 시작이었고, 논쟁을 양념으로 하면서 여전히 계속되고 있다. 시간이 흐른 뒤에도 이 책에서 건질 만한 것이 있다면 이는 모두 두 사람의 노력과 헌신의 자취라 하겠다.

1장과 6장의 초고는 문체나 실질적인 개관에서 Jane Rosen로부터 많은 도움을 받았다. 가족과 대학원, 직장에서 밀려드는 책무에 시달리면서도 우정으로 이 일을 맡아 주었다.

Wiley의 편집장인 Tracey Belmont에게 또한 진심어린 감사를 전한다. 그녀의 부드러운 터치와 격려, 유연성, 인내심은 나의 의지와 자신감이 떨어졌을 때 계속 나아갈 수 있도록 해 주었고, 여느 때와 마찬가지로 본 개정판에서도 원고의 모든 부분이 보다 향상될 수 있도록 힘을 쏟아 주었다. 나와 독자들은 모두 그녀에게 신세를 졌다.

저자 소개

David S. Nichols 박사는 Portland에 있는 Oregon 주립병원(전 Dammasch 주립병원)에서 27년간 임상 심리학자로 봉직하였으며, 현재 은퇴한 상태이다. 그는 Oregon주 Forest Grove에 있는 Pacific University의 심리학 전문대학원에서 겸임교수로 후학들을 지도한 바 있다. 그는 미국 평가심리위원회(ABAP)의 전문가 자격을 소지하고 있고, Society for Personality Assessment의 Fellow이며, *Assessment*와 *Journal of Personality Assessment*의 편집자문위원을 역임하였다. 그는 자칭 MMPI/MMPI-2 애호가로, 이 검사를 주제로 지난 35년간 연구와 집필을 해 왔다. 대략 40편에 이르는 개관, 원저, 장(章), 모노그래프의 저자인 그는 MMPI/MMPI-2의 초급 및 고급 해석 과정에 대하여 미국뿐만 아니라 전 세계적으로 수많은 강의와 워크숍을 진행한 바 있다. 그는 Roger L. Greene과 함께 *MMPI-2 Structural Summary* (1995), Alan F. Friedman, Richard Lewak, James T. Webb과 함께 *Psychological Assessment with the MMPI-2*(2001), 그리고 Richard Lewak, Liza Siegel, Ronald Stolberg와 함께 *Therapeutic Feedback with the MMPI-2: A Positive Psychology Approach*(2011)를 공동 집필하였다.

차례

제 1 장

역사와 개발

미네소타 다면 인성 검사(Minnesota Multiphasic Personality Inventory: MMPI)는 우여곡절 끝에 개발되었다. 몇 가지 주목할 만한 심리측정 영역에서의 실패와 한 번의 놀라운 직업심리학 영역에서의 성공을 거쳐온 여정이었다. 생리심리학자 Hathaway와 신경정신과 의사 Mckinley의 업적은 성격특성을 파악하고자 고안된 자기 보고식 질문지를 사용한 30년의 경험에 바탕을 두고 있다. 성격 질문지 개발을 자극한 주요 요인은 제1차 세계대전 당시 장병들의 군 복무 적합성 평가였다. 가장 잘 알려진 예가 Woodworth Personal Data Sheet(1920)이다. 이 검사는 군 장병들의 포탄 쇼크, 전쟁 신경증, 기타 정서적 불안정성 등에 대한 취약성을 측정하고자 Woodworth가 3년 전에 개발한 *Psychoneurotic tendencies*를 모체로 하고 있다. Personal Data Sheet는 적어도 부분적인 성공을 거두었다고 생각된다. 전투에 두려움을 느끼고 있거나 달리 자신에게 평가가 필요하다고 생각하는 미래의 병사들은 검사에서 기꺼이 자신의 태도를 인정했기 때문이다(Hathaway, 1965).

Psychoneurotic Tendencies 척도는 Bernreuter Personality Inventory (Bernreuter, 1933)의 척도의 하나로 채택되었다. Bernreuter의 검사는 엄청난 인기를 끌었지만, 출판에 이어진 연구들은 그 효용성을 입증하지 못하였다. 예로, 이 검사의 신경증 척도는 정신병 환자와 신경증 환자를 제대로 변별

해 주지 못하였다(Landis & Katz, 1934). 더구나 신경증 척도의 일부 문항의 경우, 신경증 환자보다는 정상 표집에 속하는 사람들이 시인하는 빈도가 더 높았다. Bernreuter 검사의 아킬레스건은 제작 방식에 있다. 검사 문항들은 교과서나 개인력에 적용되는 합리적인 고려에 따라 구성되었다. 전문가들은 신경증 환자들이 마땅히 그렇게 반응해야 한다고 예상하는 쪽으로 반응하리라 가정하였다. 하지만 연구자들은 특히 신경증 환자들이 전문가들의 예상대로 반응하는 집단이 아닐 수 있음을 보여 주었다(Landis & Katz, 1934). Humm- Wadsworth Temperament 척도(1935)는 척도 개발에 있어서 문항의 채점 방향이나 척도에 대한 적합성이 정신과 환자의 실제 반응을 이용하여 결정된 최초의 성격 질문지이다. 이 척도는 특정한 성격 이론 즉, 정신과 의사인 Rosanoff(1921)의 성격 이론을 모델로 한 최초의 검사이기도 하다. Humm-Wadsworth는 318문항으로 구성되어 있으며, *Normal*, *Hysteroid*, *Manic*, *Depressive*, *Autistic*, *Paranoid*, *Epileptoid* 등 7개 척도의 점수를 제공하였다. 각 척도의 문항들은 해당 특질이 높다고 판단된 환자집단의 반응 빈도가 정상집단과 차이를 보이는 문항들이었다. 이유야 어떻건, 이 검사는 임상 장면에서는 별로 주목을 받지 못하였으나 산업 장면에서는 제법 인기를 끌었다(Goldberg, 1971). 집단을 대조하여 문항을 선정하는 집단대조법을 Humm과 Wadsworth가 처음으로 고안해 낸 것은 아니었다. 이 방법은 적어도 1920년대 초반에 이미 알려져 있었다. 그리고 Strong이 스트롱 직업 흥미 검사(Strong Vocational Interest Blank: SVIB, 1927)를 개발할 때 뚜렷한 장점으로 활용되었다. Strong은 특정 직업군(예로, 변호사)과 '일반 사람'을 변별해 주는 문항들을 이용하여 그의 흥미 검사를 개발하였다.

MMPI를 개발하기 시작할 무렵, Hathaway는 Bernreuter의 검사처럼 합리적인 방식으로 검사를 제작하는 데 대해 비판이 있음을 알고 있었다. 또한, 그는 SVIB 개발에 사용되었던 방법들과 아울러 실제로 이 검사가 성공적이었음을 알고 있었다. 끝으로, 그는 Humm-Wadsworth에 대해 알고 있었다. 이 검사는 그의 첫 임상심리학 분야의 출판물인 MMPI(1939) 제작에서 중요한 역할을 한다. 그는 이 검사에서 MMPI 문항의 약 1/4 정도를 빌려왔다.

집단대조법이 오로지 Hathaway의 과학적 의문에 호소했으리라고 생각할 수도 있지만, 사실은 그렇지 않다. Hathaway는 수선공이자 발명가이며 도구나 장치의 제작자였다. 그는 천성이 이론을 깊이 불신하고 실제 경험을 한결같이 믿는 아주 철저한 실용주의자였다. 집단대조법은 Hathaway에게 MMPI 임상 척도들의 문항을 선택하는 데 있어 이론을 피하고 합리적인 혹은 직관적인 지침을 비켜 갈 수 있는 실제적인 수단을 제공해 주었다. Hathaway는 자신이 준비한 문항에 어떤 부류의 환자들이 어떻게 반응하리라고 예단하지 않았다. 집단대조법이 만족스러운 답을 발견할 수 있는 길을 열어주었기 때문이다. 즉, 환자들에게 물어보는 것이다.

이 방법에는 Hathaway가 간과하지 않은 또 다른 장점이 있었다. 그는 합리적으로 개발된 이전의 검사들이 실패한 이유가 적어도 부분적으로는 연구자들이 **타당도**(validity)라는 핵심적인 문제에 충분히 주의를 기울이지 않았기 때문이라고 생각했다. Hathaway는 집단대조법을 근거로, 처음부터 문항들이 타당도의 장벽을 넘어서도록 요구했다. 각각의 문항들은 집단을 구체적으로 변별함으로써 구성개념과 관련된 변량을 입증할 수 있어야 했다. 그렇더라도 그 문항은 타당도에 대한 일련의 도전에서 살아남는다는 것을 보장받지 못했다. 교차 타당도 검증이라는 또 하나의 장벽에서 실패할 수도 있기 때문이다. 교차 타당도 검증이란 원래의 준거집단이나 통제집단 중 어느 한 집단 혹은 두 집단 모두를 새로운 집단으로 대체하여 비교함으로써 그 문항이 다른 집단에 대해서도 변별력이 있는지 확인하는 절차이다. 일련의 도전에 노출된 문항들은 처음부터 변별력이라는 구체적인 장점을 적어도 어느 정도 갖추게 된다. 이는 합리적으로 유도된 문항들에서는 찾아볼 수 없는 장점이다.

Hathaway는 MMPI를 통해 '정신과 의사에게 유의한 행동들을 표집'하려 하였다. 이 목적은 개발되어야 할 임상 척도의 범위를 정해 주었다. Hathaway와 McKinley는 먼저 정신의학 교과서, 정신 상태 검사에 대한 지침, 이전에 출판된 검사 등에서 문항을 수집하여 1,000개 이상의 문항으로 구성된 문항집을 만들었다. 여기에서 26개의 내용 영역으로 나누어지는 504문항을 추출하였다. 이 문항들은 일반 의학적 상태나 신경학적 증상, 정치적 혹은 사회적 태도, 정동이나 인지 증상, 공포나 강박 사고와 관련된 문항들, 가족 및 교육적, 직업적 경험을 함축하는 문항들, 그리고 검사에서 지나치게 도덕적으로 자기를 나타내고 있음을 드러내는 일련의 문항들을 포함하고 있었다. 이후 이들은 여성성-남성성과 관련된 55개 문항을 추가하고, 9문항을 삭제하여 최종적으로 총 550문항으로 구성된 문항집을 만들었다.

선택된 문항 형식은 일인칭 평서문이다. 문항들은 당시의 어휘 빈도에 근거하여 쉬운 단어로 간결하게 기술되었다. 문법적인 정확성보다 단순하고 간명한 표현이 우선시되는 경우도 있었다. 난해하거나 전문적인 용어를 피하고 흔히 쓰이는 속어와 관용구를 사용하였다. 반응은 **그렇다**, **아니다**, **무응답**(?)으로 제한되었다. 병리 준거집단과 비교하기 위해 선택된 정상집단은 16세에서 65세 사이의 724명의 미네소타대학병원이나 외래 방문객들이다(이후 '미네소타 정상집단'이라 칭함). 이들은 당시 어떠한 질병으로건 의사의 치료를 받고 있지 않다고 확언한 사람들이다. 정상집단의 인구통계학적인 정보는 연령, 성별, 결혼 상태 등에서 미네소타 지역의 1930년 인구조사 통계치와 일치하였다(Colligan, Osborne, Swenson, Offord, 1983). "1940년에 미네소타 정상 성인은 대략 35세의 기혼자로, 소도시나 시골 지역에 살며, 8년 정도의 교육을 받았고 숙련직이나 반숙련직 업종에 종사하고 있었다(혹은 비슷한 수준의 직업을 가진 남자와 결혼한 상태였다)"(Dahlstrom, Welsh, Dahlstrom, 1972, p. 8).

1942년 처음 출판된 MMPI는 **건강염려증**(*Hs*), **우울증**(*D*), **히스테리**(*Hy*), **반사회성**(*Pd*), **여성성-남성성**(*Mf*), **편집증**(*Pa*), **강박증**(*Pt*), **조현병**(*Sc*) 척도로 구성되었다. 이 검사는 즉각적인 성공을 거두었다. 1943년 4월 말경에, 클리닉, 교정시설, 기업, 대학 등으로 230부가 팔려나갔는데, 초기 출판비용을 모두 감당할 정도로 충분한 수익을 내었다. 처음 검사의 출판을 제안하였을 때 이를 거절했던 Psychological Corporation이 1943년에 이 검사의 배급처로 인가받았다. 이 무렵, 아홉 번째 척도이자 마지막 기본 임상 척도로 **경조증**(*Ma*) 척도가 매뉴얼 개정판(Hathaway & McKinley, 1943)과 검사재료에 포함되었다. 1946년, 박스형 검사 원본의 대안으로 소책자형 검사를 소개한 매뉴얼 증보판이 출판되었다. 이 증보판은 *K* 척도에 대해, 그리고 일부 척도에 *K* 척도 가중치를 더하는 규칙(*K*-교정)에 대해 소개하고 있다. *K*-교정은 반응 양식과 관련된 척도 점수의 변량을 줄이기 위한 절차이다. 이후 *K* 척도는 표준 프로파일 양식에서 *F* 척도의 다음 자리를 차지하게 되었다. 그리고 마지막 표준 임상 척도인 사회적 내향성(*Si*) 척도를 포함한 1951년 매뉴얼에서 MMPI는 최종적인 형태를 갖추게 되었다. **빠른 참조 1.1**은 MMPI-2의 표준 타당도 척도와 표준 임상 척도를 요약한 것이다.

빠른 참조 1.1

MMPI-2의 표준 타당도 척도와 표준 임상 척도 요약

타당도 척도

L 부인. 도덕적 결함을 부인함으로써 도덕적으로나 문화적으로 바람직한 쪽으로 보이려는 순진한 시도를 측정한다.

F 저빈도. 심한 정신 병리로 인해 아주 특이한 태도나 행동을 보인다고 주장하는 경향, 자신을 바람직하지 않은 쪽으로 보이려는 시도, 검사 완료의 어려움(예: 독해 문제, 무작위 반응이나 부주의한 반응) 등을 측정한다.

K-교정. 고통이나 불편함, 혹은 다른 사람과 관련된 문제들을 잘 드러내지 않고 통제하려는 경향을 측정한다. 허위 음성/허위 양성 사례를 줄이기 위한 교정치로 *1, 4, 7, 8, 9* 척도에 *K*-교정 점수가 더해진다.

임상 척도

1. 건강염려증(*Hs*). 정서적인 불편함을 신체적인 증상으로 드러내는 경향, 건강에 집착하는 경향, 증상에 대해 의학적이 아닌(즉, 심리적인) 설명을 거부하는 경향 등을 측정한다.
2. 우울증(*D*). 증상적 우울의 측면들, 즉 불쾌, 고통, 비관주의, 사기 저하, 억제, 자기처벌, 신체적 불편, 생장 증상, 사고에서의 어려움, 사회적 취약성 등을 측정한다.
3. 히스테리(*Hy*). 스트레스 하에서 고통을 드러내고, 다른 사람들과의 불일치나 마찰을 부인하기 위해 신체적인 증상을 일으키는 경향을 측정한다.
4. 반사회성(*Pd*). 소외감, 사회적 탈억제, 가족이나 권위상 혹은 다른 사람들과 갈등을 일으키는 경향 등을 측정한다. 대인관계에서의 갈등은 흔히 반항, 착취, 비행, 양심의 미발달, 내재화된 도덕적 기준의 부재 등에서 비롯된다.
5. 여성성-남성성(*Mf*). 성 고정관념을 따르는 광범위한 패턴의 흥미, 활동, 태도, 정서 등을 측정한다.

6. **편집증(*Pa*)**. 개인적/도덕적 경직성, 대인관계 민감성, 분개, 제대로 이해받지 못하고, 학대/박해를 받거나 통제당하고 있다는 생각, 다른 사람들의 행동이나 의도, 동기를 부당하고, 모욕적이며, 적대적인 것으로 여기는 경향 등을 측정한다.
7. **강박증(*Pt*)**. 긴장이나 불안, 우려, 걱정, 반추, 공포증, 강박 사고/행동, 통제 상실에 대한 두려움 등을 통해 스트레스를 표현하려는 경향을 측정한다. 이런 증상을 통제하려는 자의적이고 융통성 없는 노력이 있다.
8. **조현병(*Sc*)**. 심한 소외감, 자기 경멸, 무감동, 인지 혼란, 타성, 비현실감, 낯선 충동, 운동 장애나 감각 장애 등을 측정한다.
9. **경조증(*Ma*)**. 빠르고 에너지 넘치는 개인적 템포, 과각성, 과잉활동, 자극 추구, 유쾌함, 휘둘리지 않음, 통제 곤란, 반항적인 충동성(높은 점수); 무기력, 지체, 순종, 취약함, 소심함, 때로 우울(낮은 점수) 등을 측정한다.
10. **사회적 내향성(*Si*)**. 내향성, 수줍음, 사회 불안, 사회적으로 소심함, 어색함, 사회적 회피(높은 점수); 외향성, 사교성, 사회적 편안함과 기술, 사회적으로 대담함, 사회적 자극 추구(낮은 점수) 등을 측정한다.

MMPI의 진정한 성공은 판매나 배급을 넘어, 연구 대상으로서 상당한 반향을 불러일으킨 점이다. 1950년대 중반까지 MMPI와 관련하여 700개의 참고 문헌이 축적되었고, 1965년에 이르러서는 그 수가 2,000건 이상으로 확대되었다. 그리고 다음 10년 후에는 그 세배에 달하는 6,000여 건에 달했다. 시간이 흐르면서, 미국 내에서 MMPI의 성공이 세계 각국의 심리학자들과 정신과 의사들의 흥미를 끌게 되었고, 마침내 수십 개의 국가에서 번안되기에 이르렀다.

연구자들의 점증하는 관심에 힘입어 MMPI에 대한 경험적인 상관들이 축적되었고, 축적된 자료에 대한 분류와 의사소통을 원활히 하기 위해 코드 체계가 고안되었다. 코드 체계에 의해 임상 척도를 그 이름이 함축하고 있는 진단적인 의미에서 벗어나 다음과 같이 숫자로 확인할 수 있게 되었다. 건강염려증(*Hs*)은 척도 *1*, 우울증(*D*)은 척도 *2*로 표시되었다. 같은 방식으로 경조증(*Ma*)은 척도 *9*로 표시되었다. MMPI 프로파일 패턴도 편리하게 약칭으로 기술할 수 있게 되었다. 예로, *D* 척도와 *Pt* 척도가 가장 상승한 프로파일은 *27/72*로 부호화되었다. 3장에 코드 체계에 대해 좀 더 자세하게 기술하였다.

시간이 지나면서, MMPI의 몇 가지 문제점들이 드러나기 시작했다. 일부 문제점들은 처음부터 손보지 않고 그냥 두기로 묵인해 온 것들이다. 하지만 연구들이 축적되면서, 미국 내의 문화적, 인구통계학적인 변화에 따라, 그리고 미처 예견하지 못했던 장면에 MMPI가 적용되기 시작하면서 다른 문제점들이 서서히 드러났다. 가장 크고 오래된 문제의 근원은 Hathaway가 애초에 8개의 기본 임상 척도를 개발하면서 일차적인 비병리 비교집단으로 사용했던 724명의 정상 표집을 검사 규준의 근거로 삼을 수밖에 없었던 점이다(8개의 기본 임상 척도는 척도 *Hs-1, D-2, Hy-3, Pd-4, Pa-6, Pt-7, Sc-8, Ma-9*이다. 여기에 척도 *Mf-5, Si-0*을 더하면 MMPI/MMPI-2 표준 임상 척도가 구성된다). Hathaway가 병리 준거집단과 대조하기 위하여 이 피험자들을 반복해서 사용한 결과, 통계적인 의미에서 '정상' 범위의 이상성을 보이는 사람들이 빠지게 되었다. Hathaway와 McKinley는 대규모의 정상 표집의 자료를 추가로 수집하여 이를 바탕으로 적절한 규준을 만들려고 했으나, 연구비가 부족하여 그렇게 할 수 없었다. 결국, 이들은 오염된(그리고 편향된) 표집을 사용하여 MMPI 규준을 만들어야 했다.

원 규준의 부적합성은 후에 극명하게 드러났다(Colligan et al., 1083; Pancoast & Archer, 1989). 미국 전역에서 수행된 연구 결과들은 정상집단의 평균이 55*T* 정도임을 반복해서 보여 주었다. 규준의 부적합성 외에, 새로운 정상집단들이 더 높은 점수를 얻게 된 다른 이유도 있다. Hathaway의 정상집단과는 달리 이들은 치료를 받고 있다는 이유로 표집에서 배제되지 않았다. 또 다른 요인은 실시 절차에서의 차이이다. Hathaway의 정상집단은 문항에 반응하지 않는다고 해서 제지받지 않았다. 반면, 새로운 표집을 얻을 때 검사자들은 수검자들에게 무응답(?) 반응 범주를 사용하지 말도록 요구하는 경향이 있었다. 이로 인해 척도 상승에 기여할 수 있는 반응의 수가 늘어나게 되었다. Hathaway는 병리적인 상승과 병리적이지 않은 상승을 구별하는 적절한 경계로 70*T*를 설정하였다. 이는 평균에서 2 표준편차를 벗어난 점수이다. 아마도 원래 규준 집단이 지나치게 정상적인 쪽으로 편향된 것을 감안한 선택으로 생각된다. 이 선택이 얼마나 현명했던가는 차후 MMPI-2를 논의할 때 보다 분명해질 것이다.

전쟁이 끝나고, GI Bill(재향 군인 원호법)이 통과되면서, 미 국민의 평균 교육 수준이 급격히 증가하기 시작했다. 원래 미네소타 규준 집단은 평균 8년의 교육을 받았다. 1970년대에 이르러, 평균 교육 연한은 12년으로 치솟았고, 대학에 등록하는 비율도 증가하였다. 또한, 전집이 민족적으로나 문화적으로 더 다양해졌고, 여성의 노동참여도 늘어났다. 시간이 지남에 따라 일부 문항들의 구어체 표현(예: '수면 가루약', '전차', '수건돌리기')이 시대에 뒤진 나머지 잘 알아듣지 못할 지경에 이르렀다. 진작에 수정했어야 할 문법적 오류를 범한 문항들도 있었고, 일부 문항은 친숙하지 않은 문화적 활동들을 언급하고 있었다. 병원과 의원을 넘어 고용선별이나 법정 장면으로까지 MMPI 사용이 확대되면서 성 차별적인 표현과 아울러 종교적인 문제, 배설 기능, 성적인 적응 등을 다루고 있는 문항들에 대한 불만의 목소리가 높아졌다. 문항의 내용이나 표현 방식이 침입적이고 모욕적인 것으로 여겨졌기 때문이다. 또한, MMPI가 물질남용, 자살 위험, 치료계획 등을 평가하는데 자주 적용되기 시작하면서, 문항 내용의 일부 영역이 도구에 충분히 반영되어 있지 못하다고 생각되었다. 1970년대에 이르러 MMPI를 재표준화할 때가 되었다는 것이 분명해졌다. 저작권자인 미네소타 대학교 출판부는 이 작업을 수행할 위원회를 지명하였다.

MMPI-2로의 재표준화

재표준화 작업을 준비하면서, 위원회는 새로운 형태의 MMPI인 *MMPI-AX*를 개발하였다. MMPI-AX는 중복되는 16문항을 제외한 원판 MMPI의 550문항에 새로 만들어진 154개의 문항을 더하여 모두 704문항으로 구성되었다. 18~84세의 수검자들이 신문광고를 통해 모집되거나, 전화번호부나 주소록을 통해 권유되었다. 주별 분포를 보면 미네소타(전체 표집의 21.6%), 노스캐롤라이나(18.8%), 오하이오(17.3%), 펜실베이니아(11.7%), 버지니아(9.7%), 캘리포니아(9.4%), 워싱턴(8.4%) 등이다. 하위 표집으로 워싱턴주에 있는 연방보호구역의 원주민(2.2%)과 여러 미군 기지에서 현역에 복무 중인 군인들(0.92%)이 추가되면서 재표준화 표집이 완료되었다. 미네소타 표집과는 달리, 재표준화 수검사들은 의사나 정신건강 전문가의 치료를 받고 있다는 이유로 제외되지 않았다. 수검자들은 대가를 받고, 성별, 연령, 인종, 학력, 결혼 상태, 수입 등에 대해 기본통계학적 자료를 제공해 줄 것과 MMPI-AX와 더불어 최근 생활사건 질문지(Recent Life Events Survey [*LES*]; Holmes & Rahe, 1967)를 작성하도록 요구받았다. 표집의 일부(여자 111명과 남자 82명)가 시간적 안정성에 대한 예비 자료를 얻기 위해 평균 8.5일 이후에 재평가를 받았다. 그리고 적어도 1년 이상 동거하고 있는 기혼자나 미혼 파트너들(여자 832명, 남자 823명)에게 Spanier 배우자 상호적응 척도(Spanier, 1976)가 실시되었다. 이후 이들은 개정판 Katz 적응 척도(Katz, 1968)에 따라 자신의 배우자나 파트너를 평정하였다. 2,900여 명의 대규모 표집에서 300여 명을 제외한 2,600명(여자 1,462명, 남자 1,138명)이 최종 재표준화 표집으로 선정되었다. 제외된 수검자들은 인구통계학적 정보나 *LES* 정보를 빠뜨리거나, MMPI-AX의 문항을 지나치게(> 39) 빠뜨리거나, *F* 척도에서 혹은 검사 후반의 문항에 대한 비진형적인 반응을 탐지하기 위해 고안된 예비 척도에서 지나치게 벗어난(> 19) 점수를 보인 수검자들이었다.

재표준화 표집은 지역적인 분포를 제외하고는 가능한 한 1980년 인구조사 자료와 유사하게 구성되었다. 결혼 상태, 수입 분포, 종교적 다양성 등에서 이와 같은 목표들이 대부분 충족되었으나, 히스패닉계와 아시아계 미국인은 과소 대표되었다. 또한, 연령분포의 양극단에 있는 수검자들, 특히 20대 이하의 젊은 층과 70대 이상의 여성들이 과소 대표되었다. 반면, 표집의 교육 수준과 직업 상태는 인구조사 측정치를 훨씬 넘어섰다. 표집과 전집 간의 불일치에서 오는 효과를 확인하기 위해, Schinka와 LaLone(1997)은 재표준화 표집에서 인구조사 통계 및 연령, 성별, 민족, 학력 수준에 대한 1995년의 교육 통계와 일치하도록 1,000명의 수검자를 유층표집법으로 추출하였다. 연구자들은 전체 재표준화 표집과 자신들이 추출한 하위 표집 간에 타당도 척도나 표준 임상 척도, 내용 척도, 보충 척도에서 사실상 차이가 없음을 밝혔다. 따라서, 재표준화 집단에는 측정하고 해석하는 대부분의 상황에서 유의한 오류를 일으킬만한 크고 체계적인 편향의 원천이 없어 보인다. 이 말은 MMPI-2가 모든 상황에서 편향이 없다고 생각해도 좋다는 뜻이 아니다. 단순히 인구조사의 수치와 일치한다고 해서 MMPI-2가 비전형적인 표집의 프로파일을 해석할 수 있는 신뢰로운 규준을 제공한다고 장담할 수는 없다. 예로, 미국 대부분 도심 지역에 사는 가난한 흑인이나 원주민들, 구직을 위해 떠돌아다니는 히스패닉계 노동자들, 심지어 노숙하거나 지역적으로 고립된 백인들로부터 얻어진 프로파일은 재표준화 규준에서 유의하게 벗어나 있다. 따라서 규준에 근거한 해석은 이들의 병리를 과장하거나 축소할 소지가 있다.

재표준화 프로젝트는 1989년 MMPI-2가 출판되면서 막을 내리게 되었다 (Butcher, Dahlstrom, Graham, Tellegen, & Kaemmer, 1989). **빠른 참조 1.2**에 MMPI-2 출판 정보가 정리되어 있다. 한국판 MMPI-2는 2005년 마음사랑(http://maumsarang.kr/)에서 출판되었다.

주의

MMPI-2(혹은 다른 유사한 도구들)의 규준이 모든 수검자에게 똑같이 적용될 수 있다고 생각해서는 절대로 안 된다. 예로, 규준 집단은 최근 이민 온 사람들, 도심지역 내 빈곤층 거주자들, 사이비 종교단체 혹은 광신적 교단의 신도나 백인우월주의와 같은 비주류 정치·사회단체의 일원들, 생명을 위협하는 건강 상태로 인해 치료(예: 장기이식 수술)에 대기 중인 환자들, 기소 상태에 있는 용의자들 등과는 잘 맞지 않는다. 하위문화권의 특성과 차이에 대한 고려가 검사 해석에 중요할 수 있다.

빠른 참조 1.2

미네소타 다면 인성검사-2(MMPI-2)

저자: Starke R. Hathaway, PhD, J. Charnley McKinley, MD.

재표준화 작업: James N. Butcher, PhD, W. Grant Dahlstrom, PhD, Jonh R. Graham, PhD, Auke Tellegen, PhD, Beverly Kaemmer

출판연도: 1989년

저작권 소유자: 미네소타 대학교 출판부

측정 내용: 정신 병리 및 정상/비정상적인 성격 기능

적용 연령: 18세 이상

소요 시간: 1~2시간

규준: 판권소유자가 승인한 MMPI-2 척도들의 규준이 1989년 MMPI-2 매뉴얼(2001년 매뉴얼에 없는 명백-모호 하위 척도와 *PS*가 있다)과 2001년 개정판에 나와 있다. 개정판에는 1989년 매뉴얼에 없는 *PSY-5* 척도와 내용 소척도의 규준도 포함되어 있다. *Mf* 나 *S* 소척도, Wiggins 내용 척도 등 승인되었거나 아직 승인되지 않은 많은 척도에 대한 규준이 Greene(2000)과 Friedman, Lewak, Nichols, & Webb(2001)에 광범위하게 수집되어 있다.

검사자의 자격: 심리 진단적 평가 영역에서 대학원 수준의 훈련. MMPI 검사재료의 구매는 '수준 A'의 자격이 요구된다(정신건강 전문가 자격증).

출판 및 배급처: Pearson Assessments

19500 Bulverde Road

San Antonio, TX 78259-3701

Phone: 800-232-1223

제품 및 서비스: 사이트에서의 온라인 채점을 포함하여 매뉴얼, 검사재료, 채점 및 해석 서비스를 Pearson Assessment에서 제공받을 수 있다. 해석을 포함하거나 포함하지 않은 대안적인 컴퓨터 채점은 5839 Green Valley Circle, Suite 203, Culver City, CA 90230의 Caldwell Report(전화번호: 877-667-4248)와 Stevens Creek Boulevard, Suite 100, Cupertino, CA 95014(전화번호: 800-627-2673)의 Behaviordata에서 가능하다.

MMPI와 MMPI-2 간의 유사점과 차이점

이전에 수검자들이 불쾌하게 여겼던 일부 문항들이 척도 *F*(3문항), *Hs*(1문항), *D*(3문항), *Mf*(4문항), *Si*(1문항)에서 삭제되었다. 대부분 종교, 성별, 배변, 방광을 내용으로 하는 문항들이다. 이를 제외하고는, MMPI의 표준 타당도 척도 및 표준 임상 척도는 MMPI-2에서 바뀌지 않았다. 이는 지난 반세기

동안 이루어 놓은 연구나 임상 문헌들과의 상당한 지속성을 보장해 주는 것이다. 개정된 검사 도구는 겹치지 않는 567문항으로 구성되었다(MMPI는 566문항 중 16문항이 겹친다). MMPI 550문항에서 종교적인 내용의 15문항을 포함하여 90문항이 삭제되고, 107문항이 새로 추가되었다. 거의 예외 없이, MMPI에서 개발된 모든 척도가 MMPI-2에 채택될 수 있게 되었다. MMPI에 있던 68문항이 문법에 맞게, 성차별적인 단어들을 사용하지 않고, 표현이 명확해지도록 수정되었다. 수정으로 인한 어떠한 변화도 원래 문항들의 기능에 실질적인 영향을 주지 않았다(Ben-Porath & Butcher, 1989). 척도 수준의 MMPI-2 요인은 본질에서 MMPI와 같다. MMPI/MMPI-2 단축형은 검사 정보의 상당한 부분을 쓸 수 없게 한다(예로, 내용 척도). 하지만, 처음 370문항을 다 완성하면 *L*, *F*, *K* 척도와 모든 표준 임상 척도, Harris-Lingoes 소척도 및 *PK* 척도에 대한 채점이 가능하다.

6개의 기본 척도에 대한 Harris-Lingoes 소척도들은 MMPI-2에 대부분 그대로 유지되었다. 다만 척도 *4*(*Pd*)의 소척도들은 원래 *Pd* 척도 자체에는 없는 14문항을 포함하고 있었는데, 이 중 *Pd3*에 속해 있던 6문항이 제외되었다. MMPI에 있던 13개의 Wiggins(1966) 내용 척도는 MMPI-2에서 15개의 내용 척도로 대체되었다(Butcher, Graham, Williams, & Ben-Porath, 1990). Koss-Butcher(Koss & Butcher, 1973)와 Lachar-Wrobel(Lachar & Wrobel, 1979)의 결정 문항은 그대로 남았다. Koss-Butcher 문항 세트 중 우울/자살 및 알코올 중독과 관련된 두 개의 세트는 MMPI-2의 일부 문항들이 새로 추가되면서 문항의 수가 늘어났다. MMPI-2에서 새로 개발된 몇 가지 척도들은 다음과 같다. 5개의 타당도/반응 양식 지표, 척도 *0*(*Si*)에서 이전 6개의 소척도(Serkownek, 1975)를 대신할 Ben-Porath 등의 3개의 소척도, 두 개의 성역할 척도(*GM*과 *GF*), 두 개의 외상 후 스트레스 장애 척도(*PK*와 *PS*), 두 개의 알코올/물질 남용 척도(*AAS*와 *APS*)와 개정된 *MAC-R*, Serkownek (1975)의 *Mf* 소척도를 대신할 8개의 Martin-Finn 소척도, 결혼생활 고통 척도(*MDS*), 성격 병리 5 요인(*PSY-5*) 척도 등이다. 이 모든 척도가 6장과 7장에 자세히 논의되어 있다.

MMPI의 경우, 모든 척도의 점수가 *T*-분포로 변환되었다. *T*-점수는 문항 수나 평균, 표준편차에서 서로 다른 척도들을 비교할 수 있게 해준다. 그런데 각각의 척도들은 특징적인 왜도(skewness)와 첨도(kurtosis)를 갖고 있다. 그래서 표준 선형 *T*-점수 공식으로는 백분위 점수를 직접 비교할 수 없다. MMPI-2의 경우, *T*-점수가 동등한 백분위를 반영할 수 있도록 각 임상 척도와 내용 척도 분포의 특성이 조정되었다. 이것이 동형 *T*-점수이다.

먼저 각 척도 세트의 선형 *T*-점수를 합친 합성분포를 만들었다. 그다음, 해당 세트(기본 척도나 내용 척도)의 합성분포에서 같은 백분위에 해당하는 척도별 선형 *T*-점수를 평균하는 등의 과정을 거쳐 새로운 동형 *T*-점수 분포를 만들었다(Tellegen & Ben-Porath, 1992). 이런 방식으로, 이들 척도에서 특징적으로 나타나는 정적 왜도에 대한 왜곡 없이 척도 간 백분위 점수의 동형화가 이루어질 수 있었다. MMPI-2가 출판되면서, 동형 *T*-분포는 내용 소척도(Ben-Porath & Sherwood, 1993; Green, Handel, & Archer, 2006)와 *PSY-5*(Harkness, McNulty, & Ben-Porath, 1995; Bagby, Ryder, Ben-Dat, Bacchiochi, & Parker, 2002)로 확장되었다.

끝으로, 미네소타 정상집단과는 달리, 재표준화 수검자들에게는 문항에 빈칸을 남겨두지 말도록 적극적으로 권하여 평균적인 무응답(?) 반응 수가 미네소타 정상집단에 비해 적어졌다. 이로 인해 MMPI-2 평균 척도 점수에서 문항 누락으로 인한 왜곡이 줄어들게 되었다. Hathaway는 MMPI를 실시할 수 있는 최소한의 읽기 능력 수준을 5학년으로 설정하였다. 독해력과 관련된 이후의 연구들은 상당수의 문항들이 5학년 수준의 읽기 능력을 넘어선다는 것을 보여 주었다. MMPI-2 재표준화 연구의 일부로 문항 독해의 난이도 연구가 수행되었다. 저자들은 최소한의 읽기 능력을 중 2 수준으로 재설정하였다. 한국의 경우, 초등학교 졸업 이상이면 MMPI-2 실시가 가능하다.

MMPI-2의 핵심적 참고 문헌

『MMPI-2: 실시 및 채점 매뉴얼(*MMPI-2: Manual for Administration and Scoring*)』(Butcher, Graham, Ben-Porath, Tellegen, Dahlstrom, & Kaemmer, 2001)은 가장 기본적인 참고 문헌이다. 검사 사용에 대한 저자들의 지침과 광범위한 심리측정적 정보를 담고 있다. 『MMPI-2 기본 자료집(*Basic Sources on the MMPI-2*)』(Butcher, 2000)에는 척도 개발에 대한 연구논문을 포함하여 중요한 참고 문헌들이 수록되어 있다. MMPI-2에 대한 몇몇 지침서나 매뉴얼 중에서 『MMPI-2/MMPI-2-RF: 해석적 매뉴얼(*The MMPI-2/MMPI-2-RF: An Interpretative Manual*)』(Greene, 2011)과 『MMPI-2를 이용한 심리평가(*Psychological Assessment with MMPI-2*)』(Friedman et al., 2001)가 가장 포괄적이라 할 수 있다.

최근에 개발된 척도들

대학원생들이나 MMPI-2를 처음 대하는 정신건강 관련 종사자들은 다음 절의 내용에 대해 감을 잡을 수 있을지는 몰라도 어렵다고 느낄 것이다. 지금으로서는, 2장에서 10장까지 나와 있는 내용에 익숙해지고 숙달될 때까지 안심하고 건너뛰어도 된다.

MMPI/MMPI-2 성격장애 척도

성격장애를 평가하기 위한 첫 번째 척도 세트는 Morey, Waugh, Blashfield (1985)에 의해 원판 MMPI로부터 개발되었다. 이후 Levitt와 Gotts(1995; 또한 Gotts & Knudsen, 2005를 참고하라), 그리고 Somwaru와 Ben-Porath(1995)에 의해 성격장애 척도 두 세트가 MMPI-2에 추가되었다. 이들 척도 대부분이 납득할 만한 심리측정적 지표(예로, 시간적 안정성, 수렴 타당도와 변별 타당도)를 보여 주었지만, 현재 상업적인 서비스를 통한 채점이 가능하지 않으므로, 여기서는 더이상 설명하거나 논의하지 않겠다. 관심 있는 독자들은 Widiger과 Boyd(2009)의 간편한 개관이나 그 안에 있는 참고 문헌들, 그리고 여기에 소개된 참고 문헌에 포함된 몇 개의 추가적인 보고들을 참고하기 바란다(Castlebury, Hilsenroth, Handler, & Durham 1997; Guthrie & Mobley, 1994; Hurt, Clarkin, & Morey, 1990; Lenzenweger & Korfine, 1992;

McCann, 1992; Miller, Streiner, & Parkinson, 1992; Pincus & Wiggins, 1990; Scheidt & Windle, 1994; Sinha & Watson, 1999; Trull, 1991; Wagner, Riley, Schmidt, McCormick, & Butler, 1999; Wiggins & Pincus, 1989; Wise, 1994, 1995, 2002; and Woolley, 2004).

PSY-5 요인 소척도

MMPI-2 임상 소척도 및 내용 소척도들의 임상적 유용성을 재현하고자, Handel과 Archer(2005)는 *PSY-5* 척도들을 주성분 분석하여 13개의 소척도를 고안하였다. 결과가 다소 혼재되어 있긴 하나 이들 소척도의 신뢰도와 타당도에 대한 평가는 실망스러웠다(Jones, 2008; Quilty & Bagby, 2007; Wang, Zhang, Shi, Zhou, & Li, 2010). 하지만 소척도들은 *PSY-5*를 구성하는 문항 내용의 다양성을 이해하는 데 유용하다.

재구성 임상(RC) 척도

MMPI를 제작하면서 Hathaway와 McKinley가 예상치 못한 주요 문제의 하나가 지난 수십 년간의 연구를 통해 분명해졌다. 임상 척도 간 상당한 공변량이 있다는 점이다. 임상 표집에서 임상 척도 간 평균 상관은 대략 .55~.61이다. 이 문제를 다루기 위해 Tellegen은 1990년대에 연구 프로그램을 시작하여 9개의 재구성 임상(Restructured Clinical, RC) 척도를 개발하였다(Tellegen, Ben-Porath, McNulty, Arbisi, Graham, & Kaemmer, 2003). 새로 만들어진 RC 척도는 MMPI 경험적 전통과의, 그리고 MMPI의 근간을 이루어왔던 친숙한 임상 척도들과의 실질적인 결별을 반영한다. 첫 번째 RC 척도는 의기소침(*RCd*) 척도이다. 이 척도는 일반적인 부적응이나 주관적인 고통의 광범위한 차원을 측정하는 것으로 여겨진다. *RCd* 척도가 측정하는 차원이 바로 Welsh (1956)의 *A*로 대변되는 MMPI 문항 풀의 '첫 번째 요인'이다. *A* 척도에 대해서는 4장과 7장을 참고하기 바란다. 나머지 *RC1*~*RC4*와 *RC6*~*RC9*의 8개 척도는 *1*~*4*, *6*~*9*번 임상 척도 각각의 '특징적이고 실질적인 핵심'을 잡아내기 위해 만들어진 척도들이다.

Tellegen 등(2003)이 RC 척도를 개발하며 사용한 연구방법을 개관하는 것은 이 책의 범위를 벗어나는 일이다. 하지만, 독자들은 이 문제가 Nichols (2006a, 2006b), Ranson, Nichols, Harrington(2009) 등의 광범위하고도 상세한 비판에 직면해 있음을 주목할 필요가 있다. 현재 이야기할 수 있는 것은 a) 임상 척도들의 가상적인 핵심을 찾는 것이 가능할지언정 바람직한가 하는 문제와, b) 그러한 목적을 달성하기 위하여 Tellegen 등이 따른 절차이다. 적어도 *RC1*과 *RC6* 두 척도의 경우, 논란의 여지가 있음에도 그렇게 하였다. 하지만 임상 척도들보다 공변량이 감소된 척도 세트를 만들려는 이들의 노력은 적어도 명목상으로는 성공적이었다. Tellegen 등이 보고한 5개의 임상 표집에서, 임상 척도 간 평균 상관이 .54인 반면 상응하는 RC 척도 간 평균 상관은 .41로, 척도 독립성이 24% 증가하였다. 유감스럽게도, RC 척도와 상응하는 임상 척도 간의 평균 상관이 .70으로, 모 척도에 대한 RC 척도의 충실도가 29%나 감소하였다. 이러한 감소는 RC 척도에서 모 척도의 문항들이 차지하는 비율이 절반도 안 된다는 점을 감안하면 쉽게 이해될 것이다.

비판적인 시각에도 불구하고, 후속 연구들은 RC 척도가 외적 준거를 비교적 잘 예측한다는 것을 보여 주었다(예로, Sellbom, Gram, Schenk, 2006과 Greene, Rouse, Butcher, Nichols & Williams, 2009를 보라). 주목할 만한 예외(Binford & Liljequist, 2008; Wolf, Miller, Orazem, Weierich, Castillo, Milford, & Keane, 2008)가 있지만, 외적 준거나 비교 척도가 편파적으로 선택되지 않는다면, 적어도 일반적으로는 그렇다. 또한, RC 척도는 단일 차원적인 외적 준거를 모 척도보다 더 잘 예측하였다. 하지만, 이 결과는 임상 척도와 대비되는 RC 척도의 구조적 차이의 맥락에서 이해될 필요가 있다. 척도 *1*과 *7*을 제외한 대부분의 임상 척도들은 문항 내용에 있어 이질적이다. 하지만, *RC4*와 *RC9*를 제외한 대부분의 RC 척도들은 MMPI-2 내용 척도들처럼 동질적이다(Cheng, 2008; Depaolib & Meyers, 2007; Nichols, 2009b). *RC9*를 제외한 대부분의 RC 척도들은 상응하는 임상 척도들에 비해 다양한 내용 기반 척도들과 중복적이라고 할 만큼 상관관계가 높다(Greene et al., 2009; Rouse, Green, Buther, Nichols, & Williams, 2008; Tellegen & Ben-Porath, 2008, pp. 339-365; Tellegen, Ben-Porath, & Sellbom, 2009).

대체로, RC 척도는 임상 척도보다 내용 척도와 상관이 더 높다. 재표준화 표집을 대상으로 한 연구에서, RC 척도와 임상 척도의 상관은 남자 .35, 여자 .36이었고, RC 척도와 내용 척도의 상관은 남자 .39, 여자 .41이었다(Tellegen & Ben-Porath, 2008, pp. 315-328). 한편, 임상 척도와 내용 척도의 상관은 남자 .36, 여자 .39로 RC 척도와 내용 척도의 상관보다 낮았다(Butcher, Graham, Williams, & Ben-Porath, 1990, p. 61). 세 상관관계 쌍을 상관 정도에 따라 정리하면 RC 척도 vs 내용 척도 > 임상 척도 vs 내용 척도 > RC 척도 vs 임상 척도의 순서가 된다. 절대적인 수치의 차이가 크진 않지만, 어쨌건 이러한 차이는 RC 척도가 임상 척도에서는 멀어지고 내용 기반 척도들과는 가까워지는 쪽으로 '재구조화'되었음을 시사한다.

RC 척도는 처음 출판될 때부터 논란이 많았다. 그리고 RC 척도들의 근거와 개발에 사용된 방법에 의문을 제기하는 여러 연구와 비판들이 있다(Butcher, Hamilton, Rouse, & Cumella, 2006; Butcher & Williams, 2009; Caldwell, 2006; Gordon, 2006; Nichols, 2006a, 2006b; Ranson, Nichols, Rouse, & Harrington, 2009; Rogers & Sewell, 2006; Rogers, Sewell, Harrison, & Jordan, 2006). 지지하는 연구들 대부분은 RC 척도를 제작한 저자들이나 그의 제자들 또는 동료들로부터 나왔다.

알려진 집단을 대상으로 임상 척도와 RC 척도들의 상승 수준을 비교하는 과제는 좀 더 많은 탐구가 필요하다. 추세가 아직 일정하지는 않지만, RC 척도가 임상 척도에 비해 쉽게 상승하지 않는다는 점이 여러 연구에서 시사되고 있다. 이러한 결과는 RC 척도가 임상 척도에 비해 덜 민감하고 허위 음성(false negative)에 더 취약함을 의미한다(Binford & Liljequist, 2008; Cumella, Kally, & Butcher, 2009; Gucker, Kreuch, & Butcher, 2009; Henry, Heilbronner, Mittenberg, Enders, & Domboski, 2009; McCullaugh, Pizitz, Stolberg, & Kropp, 2009; Megargee, 2006; Rogers, Sewell, Harrison, & Jordan, 2006; Sellbom, Ben-Porath, McNulty, Arbisi, & Graham, 2006; Wallace & Liljequist, 2005; Weiss, Bell, & Weiss, 2010; 그러나 Osberg, Haseley, & Kamas, 2008도 보라). Megaree(2006)나 McCullaugh와 그의 동료들(2009)이 보고한 자료는 특히 이 점과 관련 있다. 수감된 중죄인들을 대

상으로 한 대규모 표집(> 2,000)에서 RC 평균이 대체로 MMPI-2 재표준화 표집의 RC 평균보다 낮았다. 특히 이들 죄수 집단에서 상승이 기대되던 *RC4*를 포함하여 모든 RC 척도 점수들이 56*T* 이하였다(Megaree, 2006). 유죄 선고를 받은 남자 스토커 표집에서도 5개의 RC 척도(*RC2*, *RC3*, *RC7*, *RC8*, *RC9*)의 점수가 50*T* 이하였고, 상승이 기대되는 *RC4*조차 평균 51.7*T*였다. 이것은 척도 *4*에 비해 1 표준편차 이상 낮은 수치이다. MMPI-2를 MMPI-2-RF(다음 절을 보라)로 변환한 결과, 42개 실질적인(즉, 비타당도) 척도 중에서 오직 8개 척도만이 평균 50*T* 이상이었다. 가장 높은 평균 점수는 기계적-물리적 흥미(MEC)의 57*T*였다(McCullaugh et al., 2009).

허위 음성의 문제는 MMPI를 배우는 대학원생들에게 친숙한 문제이다(5장에 *K*에 대해 논의한 부분을 보라). 이를테면, 수검자에게 명백한 장애가 있음에도 *K*-교정을 채택하기 전에는 일부 상승해야 할 척도들이 상승하지 못했던 것과 마찬가지로, 거의 모든 RC 척도들이 비슷한 처지에 놓일 소지가 있다. 아마 실제로 그렇게 될 것이다. RC(그리고 다음 절에 논의될 RF) 척도나 내용 척도와 같이 명백한 문항들로 구성된 동질적인 척도들은 복합적이고 다변량적인 임상 척도들에 비해 과소보고나 과대보고에 더 취약한 경향이 있다. RC 척도의 취약성의 정도나 규칙성에 대해서는 아직 충분히 이해되지 못한 상태이다. 하지만 지금까지 축적된 증거들의 추세는, 특히 고용선별의 경우에서처럼 정신 병리에 대한 민감성이 요구되는 평가맥락에서, RC 척도들의 수행이 임상 척도들보다 낮으리라는 것이다.

물론, RC 척도의 저자들은 자신들이 만든 척도를 맹렬히 옹호해 왔다(Tellegen, Ben-Porath, Sellbom, Arbisi, Graham, 2006을 보라). 그러나 제기된 문제에 대한 답변이 언제나 적절한 것은 아니었다. 한 예로, 그들은 본 저자(Nichols, 2006a)의 분석의 근거가 된 26,118명의 남자 프로토콜 표집과 26,425명의 여자 프로토콜 표집을 광범위하게 비판하였다. 문제는 그들의 답변에는 적절한 표집을 대상으로 저자의 분석을 실제로 반복하여 자신들의 주장을 경험적으로 입증하는 내용이 없다는 점이다. Tellegen과 Ben-Porath(2008)는 다섯 개의 임상 표집에 대해 기존의 척도와 RC 척도 간의 56개의 상관관계를 보고하였다. 이들이 보고한 상관계수와 Nichols(2006a; 표 4)가 보고한 상관계수 차이의 중앙값은 무시할 만한 수준이었다. 39개의 상관은 적어도 하나 이상의 표집에서 Nichols의 값과 같거나 높았다. 이 예는 저자들이 Nichols의 분석을 반복했었다면 결과가 Nichols와 상당히 일치했으리라는 점을 시사한다(Green, 2011, pp. 405-406을 보라).

명심할 점

현재 드러난 적지 않은 증거들에 의하면, RC 척도들은 MMPI-2 내용 척도나 상당수의 MMPI-2-RF 척도, 그리고 내용에 기반을 둔 다른 측정치들처럼 민감성이 낮고, 임상적 문제의 존재나 중요성, 심각성을 과소평가하는 경향이 있다. 이러한 경향은 최대한의 민감성이 바람직한 선별 목적의 평가(이를테면, 고용선별)에 이 척도들을 사용하는 것이 적합하지 않을 수 있음을 시사한다.

MMPI-2-RF(재구성형)

가장 최근에 개발된 MMPI는 단축되고 재구조화된 형태로 2008년에 출간된 MMPI-2-RF이다. 이 새로운 형태의 MMPI는 50개의 척도로 나누어지는 338문항으로 구성되어 있다. MMPI-2-RF에 포함되어 있지 않은 229문항을 범주화한 목록이 Butcher(2011)에 정리되어 있다. 임상 척도는 RF형에서 폐기되어 RC 척도로 대체되었다.

PSY-5 단축형 버전은 그대로 유지되었다. 남아 있는 척도들은 다음과 같다. 1) 단축되었거나 달리 수정된 형태의 *VRIN*, *TRIN*, *F*, *Fp*, 증상 타당도 척도(*FBS*: 이전의 부정왜곡 척도), *L*, *K* 척도, 새로운 타당도 척도인 비전형 신체반응(*Fs*) 척도, 2) 정서/내면화 장애(*EID*), 사고 장애(*THD*), 행동/외재화 장애(*BED*)의 3개 상위 척도, 3) 5개의 신체적/인지적 척도, 4) 9개의 내면화 척도, 5) 4개의 외재화 척도, 6) 5개의 대인관계 척도, 7) 2개의 흥미 척도 등이다. 정서/내면화 장애(*EID*)는 *2-7/7-2* 코드 유형이나 *RCd*, *RC2*, *RC7*을, 사고장애(*THD*)는 *6-8/8-6* 코드 유형이나 *RC6*과 *RC8*을, 그리고 행동/외재화 장애(*BED*)는 *4-9/9-4* 코드 유형이나 *RC4*와 *RC9*을 모델로 하는 문항들로

구성되었다. 단축형이라는 취지에 걸맞게 50개 RF 척도의 절반 이상이 10개 이하의 문항으로 되어 있다. 그 중, 10문항으로 구성된 척도가 5개, 9문항이 5개, 8문항이 2개, 7문항이 5개, 6문항이 3개, 5문항이 4개, 4문항이 1개이다. RF 척도의 모든 규준은 MMPI-2 재표준화 표집에 근거를 두고 있다.

RF형이 새로운 문항을 포함하고 있지는 않으므로, 모든 척도가 MMPI-2 내에서 채점될 수 있다. 같은 이유로 그리고 거의 예외 없이, MMPI-2-RF의 모든 척도가 이미 MMPI-2에서 사용 가능한 척도들과 중복된다(Tellegen & Ben-Porath, 2008, pp. 33-37을 보라).

MMPI-2-RF가 출판된 이후, 몇 가지 문제점과 비판이 제기되었다. 이러한 점들을 적절히 논의하기에는 여백이 충분치 않지만, 간단히 몇 가지 문제점들을 짚어 보면 다음과 같다:

1. RF형의 핵심적인 척도인 RC 척도를 제작하는데 도입된 방법론의 정당성과 적합성(Ranson et al., 2009).
2. 임상적 문제를 평가하는 데 있어 RF형 척도들의 제한된 민감성(Binford & Liljequist 2008; McCullaugh et al., 2009; Megafgee, 2006; Rogers et al., 2006; Sellbom et al., 2006; Wallace & Liljequist, 2005).
3. 일부 RF 척도에서 낮은 내적 합치도를 보인 신뢰도의 문제(Butcher, 2011).
4. 많은 RC 척도들에 대해 구성 타당도의 문제를 제기하는 경험적 상관의 부재, 혹은 혼란스럽고 오도하는 경험적 상관들(Butcher, 2011; Green, 2011).
5. 남녀의 규준을 합친 성별 없는 규준을 채택하여, 우울증과 같은 일부 임상 문제에 대한 척도들의 민감성에 영향을 주고(Hathaway & McKinley, 1942/2000), 성 편향에 기여한 점(Dean et al., 2008; Nichols, Greene, & Williams, 2009).
6. 문항의 삭제로 인한 정보의 손실. 특히 직업 적응, 가족 문제, 반사회적 태도, 기분, 흥미와 관련된 영역에서 문항들이 삭제되었다. 이들 영역은 고용선별, 자녀 양육권, 사법적 평가 등에서 중요할 수 있는 주제들이다.

MMPI-2-RF는 저자, 출판사, 인가된 배급처에 의해 광고나 평생교육 워크숍 및 기타 관련된 수단을 통해 엄청나게 홍보되고 있다. 이런 노력에 힘입어 비교적 짧은 시간 내에 성격평가 실제에서 발판을 다질 수 있었다. 더욱이 그 족보를 감안할 때, 적어도 일부 쓰임새의 맥락에서 타당도와 유용성에 대해 일반적으로 호의적인 연구 결과가 조만간 등장할 것으로 추측된다. MMPI-2-RF는 거의 전적으로 내용 기반 도구이다. 내용 기반 척도들은 대부분의 맥락에서 자신의 역할을 잘 수행해 온 역사가 있다. 그러나 사용자들은 RC 척도와 관련하여 전술한 바와 같이, 인상 관리나 허위 음성의 문제에 내용 기반 척도들이 가지는 취약성을 명심해야 한다. 추가로 우려되는 점은, 일부 짧은 MMPI-2 척도들의 경우와 마찬가지로, RF 척도들의 길이와 관련 있다. 15~12개 혹은 그 미만의 문항으로 구성된 척도들을 분류목적으로 사용할 경우, 20~40개의 문항으로 구성된 모 척도에 비해 신뢰롭지 못할뿐더러 잘못 분류할 가능성이 유의하게 높다(Emons, Sijtsma & Meijer, 2007). 그리고 문항이 명백하고 척도의 길이가 짧나는 두 가지 취약성이 초래할 시너지 효과를 막을 방도가 전혀 없다. 그러므로 상당수의 어쩌면 대부분의 MMPI-2-RF 점수를 해석할 때 추가적인 주의가 요망된다.

물론, MMPI-2 단축형이 확실히 편리한 상황이나 사례가 있을 것이다. 주의력이나 집중력이 결핍된 수검자들, 치매 환자들, 외상으로 뇌손상을 입었거나 비슷한 장애가 있는 사람들의 경우 MMPI-2의 모든 문항에 답하는 것이 버거울 수 있다. 하지만 이런 경우에도 MMPI-2-RF가 370문항의 표준 MMPI-2 단축형에 비해 나은 점이 별로 없다. 숱한 신경학적, 신경심리학적 표집들을 포함한 다양한 정신의학적, 의학적 장면에서 얻어진 무수한 임상 척도 패턴들과 이들 패턴에 대한 광범위한 문헌들을 고려할 때 그렇다(최근의 개관은 Arbisi & Seime, 2006; Gass, 2006, 2009를 보라).

셀프 테스트

1. MMPI의 최초의 개발자인 Hathaway는?
   (a) 임상심리학자였다.
   (b) 생리심리학자였다.
   (c) 사회심리학자였다.
   (d) 정신분석학자였다.

2. 목적이나 개발과정이 MMPI와 가장 유사한 검사는?
   (a) Woodworth Personal Data Sheet
   (b) Berneruter Personality Inventory
   (c) Humm-Wadsworth Temperament Scale
   (e) Strong Vocational Interest Blank.

3. MMPI 개발에 사용된 집단대조법은 Hathaway와 McKinley가 창안한 방법이다.
   그렇다 혹은 아니다?

4. MMPI의 처음 출판되고 난 이후의 성공은 참으로 즉각적이었다.
   그렇다 혹은 아니다?

5. MMPI의 원래 13개 타당도 척도 및 임상 척도 중에서 마지막으로 추가된 것은?
   (a) 척도 *K*
   (b) 척도 5(*Mf*)
   (c) 척도 9(*Ma*)
   (d) 척도 0(*Si*)

6. MMPI-2 재표준화 표집은 1980년 인구조사 통계치와?
   (a) 결혼 상태는 일치하나, 교육 수준은 일치하지 않는다.
   (b) 교육 수준은 일치하나, 수입 분포는 일치하지 않는다.
   (c) 수입 분포는 일치하나 결혼 상태는 일치하지 않는다.
   (d) 교육 수준은 일치하나 민족적 다양성은 일치하지 않는다.
   (e) b와 d

7. 동형 *T*-점수는 기본 임상 척도의 특징적인 정적 왜도를 교정하기 위한 것이다.
그렇다 혹은 아니다?

정답: 1. b, 2. c, 3. 아니다, 4. 그렇다, 5. d, 6. a, 7. 아니다

제 2 장

실 시

MMPI-2는 18세(한국의 경우 19세) 이상의 성인들에게 사용할 수 있도록 고안되었다. 청소년용으로는 따로 만들어진 MMPI-A가 있다. MMPI-A는 연령 규준이 청소년들에게 맞추어져 있어 청소년 평가에서 선호되고 있다. 하지만 수검자의 독해 능력이 충분하고, 다루어야 할 임상적 문제가 MMPI-2로 더 잘 평가될 수 있다면, 일부 후기 청소년들에게 MMPI-2를 실시할 수도 있다. 물론 이런 사용이 검사 매뉴얼의 지침이나 성인 규준을 벗어난 사용이라는 이해가 전제되어야 한다. 예로, 부모와 독립하여(직장생활을 하건 학교에 다니건 간에) 따로 생활하는 후기 청소년들은 또래들보다 젊은 성인들과 공통점이 더 많을 것이다. MMPI-2의 실시와 채점에서 저자들이 권고한 사항들을 알아보려면 MMPI-2 매뉴얼을 참고하면 된다.

라포르 형성과 동기 부여

적절한 라포르 형성은 검사 전체 맥락의 결과이다. 환자와 임상가의 관계는 전체 맥락의 일부에 불과하다. 검사가 자기에 대해 보고하는 형식으로 되어 있으므로, 환자들 대부분이 MMPI-2를 임상가와 소통하는 기회로 여긴다. 검사 실시 이전에 환자와 임상가 사이에 라포르가 잘 형성되어 있을수록, 솔직하게 자신의 감정과 태도를 소통하고자 하는 환자의 관심과 그 환자의 성격 기능을 신뢰롭고 타당하게 평가하고자 하는 임상가의 관심이 맞아떨어지게 된다. 평가 상황의 측면들 하나하나가 라포르를 높이기도 하고 떨어뜨리기도 한다. 평가 상황의 다양한 측면에서 형성된 라포르는 검사 지시에 따르고, 나아가 정확하고, 유익하며, 자신과 임상가 모두에게 유용한 결과를 내놓으려는 수검자의 동기에 영향을 미친다.

MMPI-2를 어떻게 실시할 것인가?

MMPI-2는 지필 검사 형식으로 되어 있다. 그래서 겉으로 봐서는 아주 간단하게 실시할 수 있을 것 같은 다소 그릇된 인상을 줄 수 있다. 소책자로 된 MMPI-2 검사지에는 임상가가 환자와 함께 읽어봐야 할 표준적인 지시문이 제시되어 있다. 지시문에는 검사 문항에 반응하면서 수검자가 알아야 할 최소한의 내용이 명확하게 기술되어 있다. 지시문은 검사에 임하는 수검자의 동기 세트에 영향을 주지 않는다. 애초에 그런 의도가 들어있지 않다. 수검자의 동기 세트란 검사에 임하면서 수검자가 갖는 검사와 관련된 일련의 태도나 경험들을 말한다. 수검자는 평가 결과의 정확성에 대한 이해 당사자로서 과제에 참여한다. 그러므로 검사에 임하는 수검자의 의지는 검사 결과에 상당한 영향을 미친다. 수검자의 의지에 따라 MMPI-2로부터 타당하고 신뢰로운 결과를 이끌어 낼 수도 있고 그렇지 못할 수도 있다. 이 문제에 대해서는 5장에서 보다 자세하게 논의할 것이다. MMPI-2 실시 절차가 **빠른 참조 2.1**에 제시되어 있다. 이 절차들은 상황에 따라 수정될 수 있는 여지가 있다. 한국에서는 마음사랑(http://maumsarang.kr/)에서 제공하는 전산화된 실시만이 가능하다. 따라서 검사자는 표준적인 안내와 더불어 수검자가 컴퓨터를 이용하는 절차에 익숙해지도록 안내하고, 컴퓨터로 제시되는 문항에 제대로 반응하는지 확인해야 한다.

주의

임상가는 바람직한 검사 결과를 낼 수 있는 실시 환경을 제공하려고 노력해야 한다.

빠른 참조 2.1

MMPI-2 실시 단계

- 사전 동의 얻기
- 수검자에 대한 임상가의 윤리적 의무 설명하기*
- 수검자 외의 개인이나 대리인들에 대한 임상가의 의무를 명확히 하기 위해 제3자(예: 법원, 환자의 심리치료자 등)와 임상가의 관계 설명하기
- 검사 장소, 날짜, 시간, 보고서 준비, 보고서를 볼 수 있는 사람, 피드백 일정 및 비용 등 평가와 관련된 실제적인 개요 제공하기
- MMPI-2 소개하기
- 질문 독려하기(임상가는 실시의 모든 단계에서 질문이 없는지 물어볼 수 있다)*
- MMPI-2를 마치는 데 방해가 되는 감각, 운동 기능의 문제 평가하기
- 읽기 능력 평가하기
- 검사 회기 진행하기
- 사후검토 수행하기

*선택사항임

사전 동의 얻기

임상가는 얻어진 정보가 어떻게 사용되고, 누구와 어떤 목적으로 공유되는지 등을 포함하여, 평가에 협조함으로써 얻게 되는 이익이나 불이익에 대해 환자에게 알려 주어야 한다. 가능하면, 임상가는 검사 결과가 환자에 대한 처치나 처분을 결정하는 데 영향을 미칠 수 있는 여건과 아울러 영향을 받을 수 있는

구체적인 결정이 무엇인지 설명해 주어야 한다.

> **명심할 점**
>
> 환자로부터 사전 동의를 확실히 받기 위해 평가 목적을 충분히 논의해야 한다.

수검자에 대한 임상가의 의무 설명하기

임상가는 수검자의 특권과 아울러 검사 결과의 비밀보장과 보안에 대한 자신의 윤리적, 전문적 의무를 환자에게 설명할 필요가 있다. 검사 결과가 현재의 혹은 앞으로 예상되는 소송 절차에서 중요한 역할을 할 때 특히 그렇다.

제3자와 임상가와의 관계 설명하기

항상 가능하지 않을지라도, 임상가가 환자의 대리인이 되는 것이 양쪽의 관계에 바람직하다. 이러한 관계설정이 가능하지 않다면, 임상가는 환자의 이익을 위하여 어느 정도까지 할 수 있고 그 한계가 어디인지 분명하게 선을 그어야 한다. 예로, 자녀 양육권이나 '긴급 복지 지원'을 위한 평가와 같이 법적 보호 아래 평가할 경우, 임상가는 환자를 위해 활동하기보다는 보호기관이나 법원의 대리인으로 활동할 수 있다. 임상가는 이런 관계나 이로 인한 결과에 대해 명시할 의무가 있다. 평가의 결과로 산출된 자료들을 분석할 때도 개인적으로든 전문가로서든 공정해야 한다.

평가개요 제공하기

임상가는 평가의 실제적인 측면과 관련된 전반적인 개요를 수검자에게 제공해야 한다. 여기에는 전반적인 평가 절차와 소요 시간; 검사 실시 일정과 장소 및 검사 완료에 걸리는 시간; 채점하고, 해석하고, 서면 보고서를 준비하는데 걸리는 시간; 보고서를 받아 볼 사람들; 수검자에게 피드백을 줄 사람과 시간과 장소; 평가 비용을 부담할 사람과 지불에 대한 합의 등이 포함된다. 만약 평가를 맡은 임상가가 환자의 일차 치료자와 협력하여 서비스를 제공하고 있다면, 평가자가 서비스할 수 있는 한계를 환자에게 반드시 알려줘야 한다. Finn(1995, 2007)은 치료적 평가에 대한 정교한 모델을 개발하였다. 이 모델에서 치료자는 환자에게 검사를 통해 알아보고자 하는 평가 질문을 제기하도록 함으로써 환자를 구체적으로 평가 과정에 참여시키고, 치료적 이득을 최대화하는 방식으로 평가가 구조화되도록 조율한다.

MMPI-2 소개

환자에게 MMPI-2의 역사와 목적, 그리고 임상적 적용을 간략하게 소개해야 한다. 검사가 과학적으로 개발되었으며, 현재 환자가 치료받고 있는(혹은 받으려 하는) 종류의 문제를 이해하는 데 널리 사용되고 있고, 경험이나 수련, 이론적 배경을 달리하는 많은 임상가들이 검사 결과를 신뢰하고 있다는 등의 내용이 포함된다. MMPI-2를 소개하는 목적은 다음과 같다. 즉, 환자의 시간이 현명하게 사용되고 있다는 점, 이 검사가 평판이 좋은 진단적 도구라는 점, 이 검사가 과학적인 원리에 따라 제작되었다는 점, 수백만 명이 받았던 검사를 받게 될 것이라는 점, 검사 결과가 임상가에게 환자의 문제를 보다 빨리(그리고 효율적으로) 이해하고 보다 효과적인 치료 절차를 선택하는 데 도움이 되어 왔다는 점, 전 세계에 걸쳐 환자 자신에 대한 그리고 그들의 문제에 대한 보다 나은 이해에 도움이 되어 왔다는 점, 그리고 보다 나은 이해가 보다 큰 통찰과 아울러 궁극적인 해결과 회복에 대한 믿음을 가져왔다는 점 등에 대해 환자의 확신을 높이는 것이다.

질문 독려하기

다음으로, 임상가는 평가의 목적에 대해 어떤 질문이라도 하도록 환자를 독려해야 한다. 임상가는 이런 질문들에 대해 충분히 답변해 주어야 하며, 평가 과정 전반에 대해 달리 궁금한 것이 있는지 물어봐야 한다. 검사의 실시에 앞서 환자로부터 검사 결과를 통해 밝혀지기를 바라는 질문을 끌어내고 환자가 그런 질문을 생각해 낼 수 있도록 지원하는 것이 특히 도움이 된다.

MMPI-2 완료의 방해요인 평가

임상가는 MMPI-2를 정확하게 완료하는 데 방해가 되는 감각, 운동 요인의 유무와 영향을 평가해야 한다. 수행에 영향을 줄 수 있는 요인으로는 시력이나 운동 통제능력의 저하, 안절부절못함, 떨림 등이 있다. 필요하다면 독서용 안경이나 교정 렌즈를 써야 한다. 보청기를 처방받은 환자에게 오디오를 이용한 실시('대안적 검사 장면'에서 간략하게 논의하겠다)를 고려하는 경우, 반드시 보청기를 착용하도록 해야 한다. 또한, 임상가는 알코올 중독 상태 같은 급성 상태에 대해서도 주의해야 하며, 정확한 검사 프로토콜을 얻지 못하게 하는 요인들이 해결될 때까지 검사를 재고하거나 연기해야 한다.

> **주의**
>
> 대부분의 전통적인 정신과적 증상들은 MMPI-2를 수행하는데 크게 지장을 주진 않지만, 알코올 중독이나 금단과 같이 어떤 중독 상태나 기질적 조건은 검사 결과에 상당한 영향을 줄 수 있다.

독해력 평가

임상가는 환자가 MMPI-2 검사 문항을 읽고 이해할 수 있는 능력이 있는지 평가해야 한다. 학업과 관련된 정보는 접수 양식 등을 통해 어렵지 않게 얻을 수 있다. 하지만 수료 학년이 독해력의 수준이 적절한지를 추정할 수 있는 유일한 근거는 아니다. 매뉴얼에는 중 2 정도의 독해 수준을 권고하고 있지만 척도 *9(Ma)*의 많은 문항은 중 3 정도의 독해력을 요구한다. 독해력을 평가하는 데 있어서 환자의 교육 배경(예: 학력, 좋아하는 과목)이나 현재의 독서 습관에 대해 자세한 정보를 얻는 것이 도움이 된다. 이렇게 비공식적인 수단을 통해 독해력을 평가하면, 환자들의 당혹감을 덜 수 있다. 필요시에, 표준화된 읽기 성취 검사를 실시하거나, 난이도가 다른 예제 문항을 읽고 설명하게 하는 절차를 통해 독해력을 직접 평가한다. 일부 환자들은 이중 부정으로 된 문항(예: 나는 항상 ~하는 것은 아니다)에 아니다라고 답하는 데 특별한 어려움을 보이기도 한다. 임상가는 이런 특정유형의 문항에 대한 환자의 이해력을 평가해 볼 수 있다. 가장 쉬운 문항에서 가장 어려운 문항까지 다양한 난이도의 문항들과 일부 이중 부정 문항들이 **빠른 참조 2.2**에 제시되어 있다. 임상가는 MMPI-2 결과가 환자에게 최대한의 이득을 주려면 그것이 신뢰롭고 타당해야 함을 다시금 환자에게 강조할 수 있다.

독해력의 문제가 확인되면, 추가로 주의해야 할 점이 있다. 검사지에 있는 지시사항이 검사 문항 자체보다 더 어렵다는 점이다(Dahlstrom, Archer, Hopkins, Jackson, & Dahlstrom). 독해력과 관련하여 미심쩍은 부분이 남아 있다면 좀 더 철저하게 지시사항을 설명해 줄 필요가 있다.

빠른 참조 2.2

독해력 검사 문항

쉬운 난이도 문항(초2～초6 수준)

문항 8, 14, 20, 51, 91

평균 난이도 문항(중1～중3 수준)

문항 112, 297, 106

어려운 난이도 문항(고1～고2 수준)

문항 263, 425

이중 부정문항

문항 114, 226, 445

검사 회기 실시

인적 사항 기입하기

지시사항을 읽고 논의할 즈음, 답안지에 인적 사항을 기입하게 한다.

모든 문항에 응답하도록 당부하기

자신에게 해당하지 않은 것 같은 문항에도 모두 답하도록 당부한다. 그런 문항에 응답하는 것이 검사 결과를 왜곡시키기보다는 검사 프로토콜이 정확하고 유용해질 가능성을 높인다고 다짐을 준다.

370문항 단축형

검사자는 검사의 첫 370문항을 통해 표준 타당도 척도와 임상 척도, Wiener와 Harmon의 모호/명백 하위 척도, Harris-Lingoes 척도 및 척도 *0*의 하위 척도, Keane의 **외상 후 스트레스 장애 척도**(*PK*)의 완전한 점수를 얻을 수 있다. 하지만 단축형을 사용하면 내용 척도, 보충 척도 및 다른 척도들에 대한 신뢰로운 점수를 얻을 수 없으므로 단축형의 사용이 권장되지는 않는다. 그러나 환자가 전체 문항에 답할 수 없거나 답하지 않으려는 경우도 있다. 이런 경우, 1번 문항부터 370번 문항까지의 반응이 유용한 임상적 정보를 제공할 수 있다.

검사가 실시되는 물리적 환경

검사가 실시되는 환경 역시 MMPI-2의 정확한 완료에 대해 임상가가 부여하고 있는 중요성을 환자에게 전달해 준다. 편리하고 편안하게 MMPI-2를 마칠 수 있도록 임상가가 물리적 환경을 조성하는 데 신경을 쓰고 있다는 신호는 평가 과정의 중요성에 대한 환자의 확신과 아울러 환자와 임상가 간의 라포르를 증진할 수 있다. 검사 장소는 청결하면서, 쾌적한 온도와 정숙을 위해 적절히 차단되고, 집중할 수 있어야 한다. 환자들은 보통 테이블이나 책상 앞에 앉아 있는 자세를 가장 편안하게 느낀다. 필기에 불편함이 없도록 공간이 충분하고, 어수선하지 않고, 조명도 밝아야 한다. 여분의 연필과 마실 물이나 기타 음료도 준비되어 있어야 한다. 화장실의 위치, 질문을 받거나 낱말의 뜻을 정의해 줄 사람의 위치 등에 대해서도 알려 주어야 한다. 환자가 요청하면 임상가나 대리인이 낱말의 뜻을 정의해 줄 수 있다. 이때, 표준 사전에 있는 대로 정의해야 한다. 일부 환자들은 '때로는', '자주', '많이', '대부분', '종종', '보통'과 같이 수가 한정되어 있지 않은 수량사를 정의해달라고 요청하기도 한다. 이런 경우, 임상가는 수량사를 정의해서는 안 되며, 환자 자신의 해석이 중요하다고 말해 준다. 예로, 일주일에 한 번 있는 일을 자주 있다고 보는 환자도 있고, 일주일에 두 번 정도 있는 일을 드물다고 생각하는 환자도 있다. 집단으로 실시하는 경우가 아니라면, 임상가나 대리인은 환자의 주의를 분산하여 검사 결과에 영향을 주지 않도록 검사현장에서 한 걸음 물러나 있으면서 필요시에 즉시 접촉할 수 있어야 한다.

대안적 검사 장면

앞서 기술한 이상적인 여건은 바람직하나 항상 제공될 수는 없다. 연구나 임상경험들은 다양하게 변형된 방식으로 MMPI-2를 실시해도 검사 결과가 탄탄하다는 것을 보여 주고 있다. 수검자들 간에 프라이버시가 보장되고 서로 간의 상호작용이 허용되지 않을 만큼 공간이 넉넉하다면, 집단 실시도 수용할 만하다. 하지만 이런 방식은 면밀한 관리 감독이 필요하다. 독해력이 적절치 않거나 지능이 평균하 이하(즉, IQ < 80~85)인 환자들에게는 녹음된 CD 형식의 검사도 가능하다. 이 경우, 표준 장비로 음량조절이나 일시 정시 기능이 있는 CD 플레이어가 필요하다. 환자가 CD 플레이어를 작동하도록 한다. CD 방식은 이전에 표시한 문항으로 되돌아갈 수 있도록 환자에게 도움을 주어야 할뿐더러, CD의 문항 번호와 답안지 문항 번호가 일치하고 있는지 확인해야 하므로 면밀한 관리 감독이 필요하다.

MMPI-2를 실시하는 마지막 방식은 컴퓨터를 이용하는 것이다. 소프트웨어를 사용하여 지시사항이나 검사 문항을 모니터를 통해 보여 주고, 키보드로 응답하게 한다. 컴퓨터 실시는 시간이 덜 걸리고, 누락 문항을 줄여주며, 검사를 마치는 즉시 채점이 가능하다는 장점이 있다. 일단 검사가 시작된 후에 검사 방식을 바꾸는 것(예: 검사지에서 CD로, CD에서 컴퓨터로, 등)은 실시하는 사람에게는 번거롭지만, 매뉴얼은 이렇게 하는 것을 금하지 않는다. 검사 결과에 대한 피드백을 주고 리포트를 작성하는 사람은 임상가이지만, MMPI-2가 반드시 임상가에 의해 실시될 필요는 없다. 적절한 훈련과 감독을 받으면, 심리측정가나 비서도 통상적인 실시 업무를 맡을 수 있다.

실시 시간

대체로 MMPI-2를 마치는데 드는 시간은 1~2시간 정도이다. 그러나 훨씬 더 많은 시간이 걸리기도 한다. 심지어 장소를 옮겨가며 실시되기도 한다. 정신과 입원 환자의 경우, 드물지 않게 3~4시간씩 소요된다. 실시 시간보다 중요한 것은 실시의 정확성이다. 특히, 아주 혼란스러운 환자의 경우, 잦은 휴식을 취하게 하고 심지어 검사 회기를 여러 날에 걸쳐 나누어 실시하는 것도 제대로 된 결과를 얻는 데 도움이 된다. 환자의 정서 상태나 태도는 항상 유동적이므로, 1주일에 걸쳐 실시된 검사 결과가 2~3시간 안에 완성된 검사 결과와 같지는 않을 것이다. 하지만 타당한 프로토콜을 얻기 위해서는 필요한 만큼 충분히 시간을 주는 융통성을 발휘하는 것이 낫다. 이런 융통성은 임상가가 환자의 증상이나 상황을 정확하게 반영하는 검사 결과에 관심이 있음을 전해준다.

검사 보안

MMPI-2를 실시하는 동안, 검사도구나 수검자에 누군가 접근하지 않도록 계속 통제하는 것이 중요하다. 검사 도구들은 검사 실시자의 관리를 벗어나지 않아야 하고, 검사 중에는 실시자 외의 다른 누구와도 접촉하지 않도록 엄격하게 금해야 한다.

사후 검토

검사를 마치면, 임상가는 환자에게 검사를 받은 소감을 물어보고, 다시금 질문할 기회를 준다. 이때 빠뜨리거나 이중으로 응답한 문항(무응답[?])이 있는지 응답지를 통해 확인하고, 환자에게 이들 문항에 대해 응답하도록 마지막으로 당부한다.

셀프 테스트

1. 검사 출판사에 의해 제공된 실시 지침은 구애받지 않는 생활을 하는 18세 이하의 청소년들에게 MMPI-2를 사용하는 것을 지지하고 있다.
   그렇다 혹은 아니다?

2. 수검자들은 MMPI-2가 전형적으로 어떤 기회를 준다고 보는가?
   (a) 문제의 정확한 진단
   (b) 임상가와 의사소통
   (c) 가능한 모든 문제의 탐색
   (c) 스스로에 대한 이해
   (d) 보험으로 처리될 수 있는 자격 취득

3. 실시에 앞서 수검자와 논의해야 할 MMPI-2의 특성은?
   (a) MMPI-2 역사와 사용
   (b) 임상 척도의 명칭이 아니라 타당도 척도의 명칭
   (c) MMPI-2의 대중성
   (d) a와 b
   (e) a와 c

4. 일단 지시사항을 읽고 이해했으면, 임상가와 수검자간의 라포르 수준은 MMPI-2를 이용한 타당한 평가에 별로 중요치 않다.
   그렇다 혹은 아니다?

5. 수검자의 독해 수준을 반드시 공식적인 읽기 검사로 측정할 필요는 없다.
   그렇다 혹은 아니다?

6. 자신에게 해당되지 않아 보이는 문항이라도 모두 답하도록 수검자를 격려해야 한다.
   그렇다 혹은 아니다?

7. MMPI-2 단축형 370문항을 사용하는 경우, 검사 결과는 오로지 원래 13개의 타당도 척도와 임상 척도 점수로 제한된다.
   그렇다 혹은 아니다?

8. 다양하게 변형된 방식으로 실시되더라도, MMPI-2는 비교적 안정된 결과를 내어놓는다.
   그렇다 혹은 아니다?

9. 출판사는 일단 수검자가 어떤 한 형식으로 검사를 시작했으면 – 그것이 소책자건, CD건, 컴퓨터건 상관없이 – 수검자가 다른 형식으로 바꾸고 싶어 해도 원래 하던 방식으로 검사를 마칠 것을 권고하고 있다.
   그렇다 혹은 아니다?

10. MMPI-2를 실시하는 시간은 4시간을 넘겨서는 안 되며, 한 자리에서 완료되어야 한다.
    그렇다 혹은 아니다?

11. 믿을 만하고 라포르가 잘 형성된 수검자는 집에서 MMPI-2를 완료할 수도 있다. 하지만 완료 즉시 임상가에게 가져오도록 해야 한다.
    그렇다 혹은 아니다?

정답: 1. 아니다, 2. b, 3. e, 4. 아니다, 5. 그렇다, 6. 그렇다, 7. 아니다, 8. 그렇다, 9. 아니다, 10. 아니다, 11. 아니다

제 3 장

채 점

MMPI-2와 같이 구조화된 성격 검사의 장점의 하나는 객관적으로 채점할 수 있다는 점이다. 채점의 어느 단계에서도 점수를 얻거나 표를 만드는 데 있어서 채점자의 판단이 개입될 수 있는 여지가 없다. MMPI-2의 채점은 각 척도에 대해 채점되는 방향으로 응답한 문항들을 세고 원점수를 *T*-점수로 바꾸는 전적으로 기계적인 과정이다. *T*-분포는 평균 50, 표준편차 10의 속성을 갖는 표준화된 분포이다. 척도 점수들을 *T*-분포로 변환시킴으로써, 평균과 변량, 문항 수가 다른 수많은 MMPI-2 척도에 대한 개인 내, 개인 간 비교가 가능해진다. MMPI-2의 채점 절차는 일련의 고정된 단계를 따른다. **빠른 참조 3.1**은 MMPI-2를 채점하는 단계를 정리한 것이다. 마음사랑(http://maumsarang.kr/)에서 전산화된 채점만을 제공하므로 이런 절차들이 한국에서는 큰 의미가 없어 보이지만 출력된 결과를 이해하는 데 다소 도움이 될 것이다.

빠른 참조 3.1

MMPI-2 채점 단계

1. 환자의 성별에 맞는 프로파일 양식을 고른다.
2. 프로파일 양식의 정해진 난에 인적 사항을 적는다.
3. 무응답(?) 점수를 산출하기 위해 누락된 문항(표시하지 않았거나 이중으로 표시된 문항)의 수를 확인한다.
4. MMPI-2 각 척도의 원점수를 얻는다.
5. (?) 척도를 포함하여 원점수들을 프로파일 양식의 해당란에 적는다.
6. 임상 척도 프로파일 양식에 있는 '*K*-교정계수' 표에서 *K*-교정 점수를 구하여 해당 척도의 원점수 아래에 적는다.
7. 해당 척도의 원점수에 교정 점수를 더한다.
8. 모든 원점수를 *T*-점수로 변환한다.
9. 해당 척도의 *T*-점수를 프로파일에 표시한다.
10. MMPI-2 프로파일 코드를 작성한다.
11. 결정 문항* 목록을 준비한다.

*매뉴얼과 Friedman 등(2001) 및 Greene(2000)의 교재를 참고하라.

채점 방법

채점 방식이 객관적이므로, MMPI-2의 채점 절차는 컴퓨터로 완전히 자동화될 수 있다. 컴퓨터 채점 서비스는 몇몇 상업적 서비스를 통해 이용할 수 있다(**빠른 참조 1.2**를 보라). Pearson Assessments는 컴퓨터 채점을 위해 자료를 입력하는 수단의 하나로 스캔용 특수 장비와 응답지도 제공하고 있다.

수기 채점을 선호한다면, 이 역시 Pearson사로부터 채점에 필요한 도구를 구할 수 있다. 수기 채점의 경우, 먼저 각 척도에 대한 채점판을 이용하여 응답지에서 원점수를 얻는다. 척도 *5*는 남자와 여자의 채점판이 따로 되어 있다. 원점수를 프로파일의 해당란에 옮겨 적고, *K*-교정을 하고, 성별에 따른 *T*-점수의 표준 프로파일을 그리면 된다. 통상적으로 채점되는 MMPI-2 척도들의 수가 많은 만큼, 수기 채점은 컴퓨터 채점에 비해 번거롭고 시간 낭비가 클 뿐만 아니라 채점 방향과 일치하는 반응들을 일일이 세고, 이것을 프로파일 용지에 옮겨 적고, *K*-교정을 하고, 프로파일 용지에 해당 점수를 표시하여 프로파일을 만드는 과정에서 오류를 범하기 쉽다(Iverson & Barton, 1990을 참조하라). 이런 이유로 컴퓨터 채점에 대한 선호가 강하다. 하지만 컴퓨터 채점은 저작권자의 승인을 받은 척도들에 한해 사용할 수 있다. 그래서 저작권자가 아직 승인하지 않았거나 내버려 둔 척도들을 채점하기 위해, 특수 채점판을 만들어 쓰고 있는 사용자들도 많이 있다. 이들 중 일부 척도들이 4장에서 7장에 걸쳐 논의되었다. 이 척도들의 문항과 규준이 이 책의 부록에 실려 있다. 자세한 내용은 Greene(2010), Friedman 등(2001)을 참조하라.

명심할 점

척도 *5*(남성성-여성성[*MF*])를 수기 채점할 경우, 남성과 여성 각각에 대해 별도의 채점판을 사용해야 한다.

검사지 소책자와 응답지에 있는 문항들의 배치순서로 인해, 표준 타당도 척도와 표준 임상 척도에 대한 모든 점수를 검사의 첫 370번 문항에서 얻을 수 있다. Harris-Lingoes 하위 척도들과 Wiener와 Harmon **명백/모호** 하위 척도들 역시 이 범위에 들어있다. 이 단축형에 대해서는 수기 채점 도구를 사용할 수 있을 것이다. 또한, 환자가 피로하거나, 협조가 시들해져서, 혹은 뜻밖의 일로 인해 전체 답안을 완성하지 못했지만 370문항까지는 응답했을 경우, 370문항 옵션은 중요한 검사자료를 살리는 편리한 방법이다. 하지만, 이 방법이 일반적으로 권장되지는 않는다. 이 옵션은 *VRIN* 문항 쌍의 절반에 못 미치는 문항들이 채점됨으로써 반응의 일관성에 대한 평가를 현저하게 제한하고, 따라서 프로토콜의 타당도에 대한 평가를 제한한다. 또한, 검사에서 시인된 문항 내용의 주요 영역에 대한 평가 역시 제한한다. 이 모두가 해석에 중요한 한계를 부여한다.

> **주의**
>
> 수기 채점을 할 경우, *VRIN*과 *TRIN* 점수를 항상 재검토해야 한다.

원점수를 *T*-점수로 바꾸기

기본 임상 척도, 내용 척도 및 내용 소척도, *PSY-5* 척도 외의 다른 MMPI-2 척도들에 대해서도 원점수들이 선형 *T*-분포에 따라 *T*-점수로 변환된다. 이 분포는 각 척도가 평균 50, 표준편차 10을 가짐을 나타낸다. 모든 척도의 모든 점수에 대해 *T*-점수는 아래 공식에 따라 산출된다.

$$T\text{-점수} = \frac{(\text{원점수} - \text{척도의 평균}) \times 10}{\text{척도의 표준편차}} + 50$$

예로, 어떤 여성 환자 *X*가 평균이 남자 6.79(표준편차가 3.17), 여자 6.36(표준편차가 3.28)인 가상 척도에서 원점수 8을 받았다고 하자. 공식을 적용하여, 환자 *X*가 얻은 원점수 8에 여자 평균 6.36을 빼고(=1.64) 10을 곱한 다음(=16.4) 여자 표준편차 3.28로 나누고(=5) 50을 더한다(=55). 따라서 이 여성 환자가 가상 척도에서 받은 원점수 8은 55*T*에 해당된다.

프로파일 코드화하기

T-점수가 MMPI-2 주 프로파일 양식에 그려지고 나면, 프로파일은 척도 번호(예: 척도 *1*은 1로 표기)를 내림차순으로 기록함으로써 숫자 코드의 형식으로 나타낼 수 있다. 상승 범위를 나타내는 기호들이 함께 쓰여 숫자 코드의 점

수를 개략적으로 나타낸다. 이어서 같은 절차를 *L*, *F*, *K* 척도에 적용하여 이들 3개 타당도 척도의 점수 패턴을 나타내도록 한다. 코드화 기준과 상승 범위를 나타내는 기호들이 **빠른 참조 3.2**에 제시되어 있다. *T*-점수의 차가 1점 이내인 경우, 밑줄을 긋는다. 같은 *T*-점수의 척도들은 번호순으로 코드화된다. 코드화된 프로파일의 예는 다음과 같다.

척도	*L*	*F*	*K*	*1*	*2*	*3*	*4*	*5*	*6*	*7*	*8*	*9*	*0*
				Hs	*D*	*Hy*	*Pd*	*Mf*	*Pa*	*Pt*	*Sc*	*Ma*	*Si*
T-점수	48	76	54	56	96	57	69	38	79	70	81	62	71

Code: 2*8"6 07'4+9-31/:5# F'+-K/L:

프로파일 코드는 임상가들 사이에서 선호되는 프로파일 기술 방법이다. 프로파일의 형태, 상승, 산포도(척도 점수 간의 변산)와 같은 패턴의 주요 특징들을 경제적이고 효율적으로 전달해 주기 때문이다. MMPI/MMPI-2에 대한 연구 문헌들과 MMPI-2의 임상적 사용을 위한 안내서와 매뉴얼 모두에서 프

빠른 참조 3.2

MMPI-2 프로파일 코드화를 위한 상승 기준과 기호

T-점수 범위	기호
> 119	* (또는 !!)
110~119	*** (또는 !)
100~109	**
90~99	*
80~89	"
70~79	'
65~69	+
60~64	−
50~59	/
40~49	:
30~39	#
< 30	#의 오른편에

로파일의 두드러진 특징을 지칭하기 위해 프로파일 코드 중 상위에 있는 척도의 번호(이 사례의 경우 *2-8* 혹은 *2-8-6*)를 사용하고 있다. 이것은 연구나 임상적 기술을 위한 프로파일 패턴의 유사성을 확립하는 근거가 된다. 프로파일 코드는 4장에서 보게 되듯, MMPI-2 프로파일의 임상적인 해석에서 편리한 출발점을 제공한다.

셀프 테스트

1. 대부분의 MMPI-2 점수를 나타낼 때 사용되는 표준점수 분포의 이름은?
   (a) 단일형태 분포
   (b) 복합 분포
   (c) *T*-분포
   (d) 척도 분포
   (e) 검사 분포

2. 37"40'65+2-91/8: *K'F-/L*로 부호화된 프로파일에 대한 설명 중 옳은 것은?
   (a) 척도 *6*은 임상 범위 내에 있다
   (b) 척도 *4*는 80*T*보다 크다.
   (c) 척도 *3*과 *7*은 같다.
   (d) *F*는 척도 *5*보다 크다.
   (e) 척도 *6*은 *F*보다 크다.
   (f) 척도 *8*과 *L*은 같다.
   (g) 척도 *2*는 65*T*보다 크거나 같다.
   (h) 척도 *3*과 *7*은 *K*보다 크다.
   (i) 척도 *5*와 *2*는 같다.
   (j) 척도 *8*과 *L*은 같다.
   (k) 척도 *9*는 49*T*를 넘는다.

정답: 1. c, 2. a, e, h, i, k

제 4 장

해석 입문

MMPI-2를 해석하려면 복합적인 기술이 요구된다. 능숙하게 해석하려면 상당한 연습과 경험이 필요하다. 모든 사례에 대해 만족스러운 결과를 내놓을 수 있는 단일한 접근은 없다. 하지만 어떻게 접근하건, 임상가는 타당도 척도, 임상 척도와 소척도, 문항 내용, 그리고 상관관계나 요인 분석에 바탕을 둔 척도 간의 상호관련성을 숙지하고 있어야 한다. 표준척도들을 해석할 때, 내용 척도와 소척도 그리고 특정 질문에 답하고자 개발된 보충 척도 등을 함께 고려하면 훨씬 의미 있고 풍부하게 해석할 수 있다.

수검 태도

누가 왜 의뢰했는지, 검사 결과가 어떻게 사용되고, 누구에게 공개되는지 등의 요인들이 수검 태도에 영향을 미친다. 성격 검사가 유용해지려면, 수검 상황과 관련된 환자의 지각이나 동기에 흔들림이 없어야 한다. 수검 태도를 평가하는 방법에 대해서는 5장에서 다룰 것이다.

명심할 점

해석과정의 첫 단계는 검사에서 얻어진 점수가 환자의 주요 증상과 태도, 행동 패턴을 설명하는 근거로 얼마나 적절한가를 평가하는 것이다.

요인구조

일련의 MMPI-2 검사 결과들을 신속하고 신뢰롭게 개관할 수 있는 한 가지 방법은 검사의 주요 구조적 특성과 관련된 환자의 수행을 평가하는 것이다. MMPI/MMPI-2에 대한 거듭된 요인 분석의 결과, 문항 수준에서는 10~20개의 요인이, 척도 수준에서는 2~5개의 요인이 추출되었다. 특히 척도 수준의 처음 두 요인은 모든 전집에서 비교적 안정적이었다. 요인들은 다양하게 명명되었으나, 전형적으로 다음의 두 차원을 포함한다. 먼저 전반적인 부적응, 혹은 주관적 고통의 차원으로 **첫 번째 요인(*A*)**이다. 다음은 정서적-행동적 통제의 차원으로 **두 번째 요인(*R*)**이다. *A*와 *R*은 처음으로 이 두 요인을 확인한 Welsh가 명명한 것으로 Welsh의 *A*, Welsh의 *R*이라고도 한다. 이 두 요인 모두 MMPI-2의 보충 척도를 구성한다. 부차적인 요인들은 전집에 따라서 상당히 다양하게 나타난다. 예로, 성 역할 선호도나 성 정체감, 신체적 호소, 내향성-외향성, 때로 정신증 등이 있다. 일부 연구에서는 두 번째 요인(통제)과 내향성-외향성 요인이 혼재되어 나타났다. **빠른 참조 4.1**에 MMPI-2 척도 수준의 요인구조와 요인구조의 표지들(markers)이 함께 그림으로 제시되어 있다.

문항 수준의 요인 분석 결과도 척도 수준의 경우와 유사하다. 먼저 다양한 형태의 고통(이를테면, A의 불안, 우울, 두려움/공포, 정신증 등)을 식별하는 차원들이 있다. 첫 번째 요인 A의 하위 차원으로 볼 수 있다. 다음으로 통제와 관련된 차원들과 기타 몇몇 차원들이 있다. 문항 수준의 요인들은 명백하게 표현된 내용의 유사성에 따라서 뭉쳐지는 경향이 강했다.

환자의 검사 수행을 평가할 때 먼저 그/그녀가 이 두 차원의 어디에 위치하

빠른 참조 4.1

MMPI-2 척도 수준 요인구조의 표지들

첫 번째 요인

A, *RCd*, *7*(원점수), *PS*, *WRK*, *Mt*, *PK*, *DEP*, *ANX*, *8*(원점수) 등

R, *GF*, *S5*, *Re*, *D2*

DISC, *ASP2*, *Pd2*, *MAC-R*, *AGGR*

과잉통제 **두 번째 요인** **과소통제**

는지 고려해야 한다. 임상가가 제기해야 할 첫 번째 물음은 "고통의 수준이 어느 정도인가?"이다. 대부분의 정신 장애들은 정서적/심리적 고통이나 불편을 본질로 한다. 따라서, MMPI-2 주요 변량의 원천인 첫 번째 요인 *A*가 정서적/심리적 고통의 차원을 반영하는 것은 놀라운 일이 아니다. 보충 척도 *A*는 가장 손쉽게 이용할 수 있는 첫 번째 요인의 표지이다. 환자가 경험하는 심리적 고통의 형태가 불안인지, 우울인지, 두려움인지 혹은 정신증인지는 크게 중요하지 않다. 각각의 상태는 어떤 형태로든 고통을 초래하고 있고, 주관적 고통의 정도를 가장 잘 가늠케 해 주는 척도가 첫 번째 요인(*A*)이다.

첫 번째 요인은 매우 심각한 고통을 반영하는 단극성 차원이다. 높은 극단은 극심한 공황, 절망감, 그리고 심한 형태의 정신 병리적 상태에서 볼 수 있는 통합되지 않은 느낌이나 정신증적 와해를 반영한다. 낮은 극단은 정서적 불편감이나 전반적 부적응의 부재(혹은 부인)를 반영한다. 이상 성격이나 전반적인 정신 병리를 평가하기 위하여 고안된 모든 옴니버스식 도구에서 기대되듯이, *A* 요인은 MMPI-2 척도 전반에 걸쳐 있다. 표준척도 중에서 척도 *F*, *7*, *8*이 이 요인과 높은 정적 부하량을 보였고, *K*는 중간에서 높은 정도의 부적 부하량을 보였다. 나머지 척도 중에서 *Mt*, *PK*, *PS*, *ANX*, *OBS*, *DEP*, *LSE*, *WRK*, *TRT*, *NEGE*, *RCd*, *RC7*이 높은 정적 부하량을, *Es*와 *GM*이 높은 부적

부하량을 보였다.

두 번째 물음은 "이 환자의 전반적인 정서 통제 혹은 행동 통제의 수준이 어느 정도인가, 그리고 두 수준에 차이가 있는가?"이다. 두 번째 요인은 정서-행동 통제의 양극 차원이다. 높은 극단은 정신 병리적 표현을 전반적으로 억제하고 있음을, 그리고 낮은 극단은 그러한 표현을 지나치게 많이 하고 있음을 반영한다. 이 요인은 전통적으로 Welsh의 *R*(억압)로 표지되었다. 그러나 Nichols와 Greene(1995)은 *R*이 통제 차원의 정서적 측면(정서 통제)에 대한 일차적인 표지로 간주할 만한 근거는 있으나, 행동적 측면(행동 통제)의 경우 *DISC*(통제 결여; Harkness, McNulty, & Ben-Porath, 1995)가 더 효과적으로 측정한다고 주장하였다. *R*과 *DISC*는 −.46의 부적 상관을 보였다. 표준척도 중에서, 정서 통제 차원인 *R* 측면을 가장 잘 나타내는 척도는 *L, 2, 3*(정적 부하); *9*(부적 부하)였다. 나머지 척도 중에서는 *Re*, *O-H*, *INTR*, *RC2*(정적 부하); *MAC-R*, *ASP*, *AGGR*, *RC9*(부적 부하) 등이 높은 부하량을 보였다. 행동 통제 차원인 *DISC* 측면의 경우, 척도 *L*(부적)과 *9*(정적)가 가장 높은 부하량을 보였다. 그 외에 *MAC-R*, *AAS*, *ASP*, *AGGR*, *RC4*(정적 부하); *Re*, *GF*(부적 부하)가 높은 부하량을 보였다.

요인 차원에서 환자의 수행은 MMPI-2의 다른 여러 척도 점수와 패턴에서 얻어진 보다 구체적이고 제한된 범위의 정보를 전반적인 맥락에서 살펴볼 수 있게 해 준다. 이 두 차원의 점수가 높고 낮음에 따라 환자는 전혀 다른 행동을 보일 수 있다. 예로, 환자의 심리적 고통과 불편감의 수준이 높을 경우(높은 *A*), 정서적, 행동적 통제력 역시 높다면(높은 *R*과 낮은 *DISC*), 앞으로 치료에 참여할 가능성이 크다. 설령 마지못해 참여할지라도 그렇다. 반면 정서적, 행동적 통제력이 낮다면(낮은 *R*과 높은 *DISC*), 그 환자는 치료를 중단할 가능성이 크다. 한편, 심리적 고통과 불편감의 수준이 낮을 경우(낮은 *A*), 정서적, 행동적 통제력이 높다면(높은 *R*과 낮은 *DISC*), 환자는 증상을 '감추고' 있을 가능성이 있다. 반면 정서적, 행동적 통제력이 낮다면(낮은 *R*과 높은 *DISC*), 환자의 문제는 대체로 탈억제와 행동화에 한정될 것이다.

해석에 대한 패턴 접근 대 내용 접근

MMPI/MMPI-2의 역사에서 가장 일관된 전통은 점수나 점수 패턴과 진단이나 행동, 증상, 예후 등과의 경험적 상관에 대한 관심이다. MMPI/MMPI-2 척도들은 준거집단의 차별적인 반응을 토대로 만들어졌다. 하지만, 특정 척도에서의 높은 점수를 얻었다고 해서 그것이 그/그녀가 해당 척도의 준거집단에 속한다는 진단적 지표로 간주되지 않았다. MMPI가 대체로 비이론적인 환경에서 개발되었음을 감안할 때, 이는 놀라운 일이 아니다. 예로, 신체 건강에 대해 지나친 관심을 보인다는 이유로 건강염려증으로 진단된 환자들이 척도 *1*의 준거집단에 포함되었지만, 척도 *1*의 점수가 높다고 해서 그 사람이 건강염려증 환자일 것이라고 기대하지 않았다. 오히려 이보다는 척도 *1*의 경험적 상관 즉, 척도 *1*의 점수와 경험적으로 연관된 진단이나 행동, 증상, 예후 등을 후속 연구에서 다루고, 후속 연구에서 확인된 외적 상관들이 척도 *1*이 높은 환자를 임상적으로 기술하는 데 도움이 될 것으로 기대하였다. 또한, 이렇게 기술된 내용이 임상가들에게 환자의 진단이나 앞으로의 행동들, 다양한 유형의 치료에 대한 반응을 신뢰롭고 타당하게 예언하는 데 도움을 줄 것으로 기대하였다.

물론, MMPI에 대한 임상적 경험이나 연구 결과들이 충분히 축적되어 새로운 방향을 제시하기 전에는, MMPI 저자들을 포함한 임상가들은 단독 척도에서의 상승이 진단과 치료에 대해 '지침'을 줄 수 있을 것으로 기대하였다. 그러나 여러 정신 병리 간에 공통된 부분이 많고, 이러한 공통점으로 인해 척도 간에 겹치는 문항들이 많았다. 이로 인해, 단독 척도의 상승 혹은 스파이크는 비교적 드물고, 대부분의 프로파일에서 여러 척도가 상승한다는 점이 분명해졌다. 비정상적인 정신 상태의 공통된 특징(예로, 고통)은 여러 척도에서 상당한 변량으로 반영될 것이다. 출판된 지 불과 몇 년 후에, 가장 높은 두 개 혹은 세 개의 척도를 사용하여 프로파일을 기술하는 것이 표준 지침이 되었다(3장의 코드화에 대한 논의를 보라). 가장 높은 척도들을 프로파일 코드라고 한다. 코드가 MMPI를 사용하는 임상가들 사이에 효과적으로 정보를 교환하는 수단임이 입증되면서, 흔히 나타나는 코드 패턴의 경험적 상관들을 모으는 데 관심이 쏟아졌다. 예로, 1950년대까지는 척도 *4*와 *9*가 동반 상승한 프로파일은 교도소에 수감 중인 흑인과 백인, 정신병질 및 조증 환자에게서 흔한 것으로 알려졌다. 반면, 이 코드는 유의하게 불안을 드러내는 장애에서는 드물었다. 1960년대와 1970년대에 흔한 코드 유형들의 경험적 상관에 대한 몇몇 대규모의 연구 결과들이 출판되었고(Gilberstadt & Duker, 1965; Gynther, Altman, & Sletten, 1973; Marks & Seeman, 1963), 연구 결과들은 이후 이어지는 해석 실제의 기반이 되었다. 이들 연구는 MMPI-2로 확장되었다(Graham, Ben-Porath, & Mcnulty, 1999).

명심할 점

1. 환자의 주관적 고통과 부적응의 수준을 빨리 알아보고 싶다면 Welsh's *A*를 참조하라.
2. 환자의 통제력 수준을 빨리 알아보고 싶다면 Welsh's *R*(정서 통제)과 Harkness, Mcnulty와 Ben-Porath의 *DISC*(행동 통제)를 참조하라.

MMPI가 출판된 후 첫 25년간, 문항 내용의 중요성은 경험적 방법에 의한 문항선정으로 인해 모호한 상태였다. 경험적 방법은 당시 Meehl(1945)이 강력하게 옹호한 전략이기도 하다(그러나 Meehl, 1971을 보라). 경험적 전략의 함의는 검사 문항에 대한 반응으로 나타나는 환자의 자기 보고가 성격을 기술하는 지침으로는 신뢰성이 떨어진다는 것이다. 이 부분은 임상 실제에서 다소 과장된 경향이 있다. 결과적으로, 개별 문항에 대한 환자의 반응을 고려하거나 참조하는 것은 임상 실제에서의 수용기준에 부합되지 않다고 생각되었다. 역설적인 것은 당시에도 Harris와 Lingoes(1955, 1968)가 개발한 내용 근거 하위 척도들이 널리 쓰이고 있었다는 점이다. 그는 8개 기본 MMPI 척도 중 6개 척도의 내용 척도를 개발하였다. 문항 내용의 위상은 Wiggins(1966)의 13개 내용 척도가 출판되면서 바뀌기 시작했다. 이 척도는 원래 Hathaway의 26개 내용 범주에 바탕을 두고 개발된 것으로, 내적 합치도와 독립성을 최대화하기 위해 철저한 통계적 절차가 적용되었다. 이 척도가 출판된 지 10년이 안 되어 다양한 전집에 대한 일반화 가능성과 공존 타당도를 보여 주는 상당한 경험적 증거들이 축적되었다. 해석적 함의 또한 코드 유형에 근거하여 추론할 때와 일관성이 있었다. Wiggins 척도의 성공은 MMPI-2에도 내용 척도를 개발하도록 자극하였다(Butcher et al., 1990). 내용 척도 각각에 대해서는 7장에서 살펴볼 것이다.

내용 척도는 MMPI-2 문항들의 주요 내용 차원에 대해 환자가 어떤 접근을 하였는지 평가할 수 있는 관점을 임상가에게 제공해 준다. 내용 척도의 문항들은 Hathaway가 표준 임상 척도를 구성하기 위해 경험적 방법을 적용하여 선정한 문항들에 국한되지 않는다. 내용 척도의 문항들이 비슷한 이름을 가진 기본 척도의 문항들과 밀접하게 일치하는 경우도 있지만(예로, 척도 *1*과 *HEA*[건강염려], 척도 *0*과 *SOD*[사회적 불편감]), 그렇지 않은 경우가 더 많다(예로, 척도 *2*와 *DEP*[우울], 척도 *8*과 *BIZ*[기태적 정신상태]). 수검자가 자기 자신을 어떻게 보는지와 남들에게 어떻게 보이는지가 비교적 독립적이듯, 내용 척도와 표준 임상 척도도 비교적 독립적이다. 이러한 차이는 Leary (1956, 1957)의 **수준 I**, **수준 II**의 구분과 일치한다. 수준 I은 공적으로 전달되는 측면이나, 성격과 증상의 표면적 특성과 아울러 이러한 특성이 대인관계에서 미치는 영향 즉, 그 사람의 사회적 자극가를 강조한다. 수준 II는 의식적인 수준의 자기 기술이다. 그 사람이 자기 자신과 세상을 어떻게 보고 있는지 즉, 그 사람의 현상학적 장을 강조한다. Leary는 MMPI의 임상 척도를 수준 I의 측정치로, 즉 '환자의 증상에 의해 임상가에게 주어진 대인 관계적인 압력'(1957, p. 78)으로 보았다. 반면, 자기 보고의 실질적인 차원인 MMPI-2의 내용 척도와 전반적인 문항 내용은 Leary의 수준 II와 일치한다.

임상 척도와 내용 척도에서 얻어지는 성격 기술은 대개 일치한다. 하지만 상당한 차이를 보일 때도 있다. 따라서 이 두 관점에서 환자의 수행을 비교해 보면 각각의 척도들을 따로 검토할 때 얻을 수 없는 통찰과 예언적 이점을 얻을 수 있다. 예로, 고통과 심리적 불편감을 측정하는 척도 *7*이 상승한 경우, *ANX*(불안), *FRS*(두려움), *OBS*(강박적 사고), *DEP*(우울), *LSE*(낮은 자존감) 등의 내용 척도들이 상승한 정도를 비교해 보면, 환자가 경험하는 불편감이 어떤 형태의 증상으로 나타나고 있는지 명확하게 파악할 수 있다. 역으로, 불쾌감과 죄책감, 무감동, 절망감, 자기 비난을 측정하는 *DEP*가 상승한 반면, 척도 *2*는 상승하지 않을 수도 있다. 척도 *2*는 우울증에서 흔히 보이는 억제와 생장 증상을 강조한다. 이와 같이, 내용 척도에서 얻어진 정보들은 임상 척도에서 얻어진 정보에 확신을 더할뿐더러, 임상 척도와 코드 유형에 근거한 추론을 보다 정교하고, 풍부하고, 세련되게 해 준다.

임상 척도와 내용 척도는 때로 상반되는 해석적 가설을 제안할 수 있다. 예로, 척도 *8*이 상승되어 있으면서 *BIZ*(기태적 정신 상태)가 평균 이하로 낮을 수 있다. 얼핏 모순되어 보이는 이러한 상태는 소외되어 있고, 사고와 동기가 손상되어 있으며, 정신증에 취약한 반면, 적어도 현재는 정신증적 증상이 만개하지 않았음을 의미한다. 반대로 *BIZ*가 높고 척도 *8*이 낮다면, 조현병적 특징을 보인다기보다는 일시적이고 회복 가능한 정신증적 상태에 있음을 시사한다. 흔치 않은 프로파일이나 특징이 애매한 프로파일, 두 가지 이상의 코드 유형으로 분류할 수 있는 프로파일을 보이는 사례의 경우, 내용 척도는 임상 프로파일을 보다 정확하게 해석할 수 있게 하는 필수적인 지침을 제공해 준다. MMPI-2 해석은 임상 척도와 내용 척도를 모두 이용해 서로 견주어가며 점검할 때 가장 만족스러운 결과를 얻을 수 있다.

주의

임상 척도로부터 해석적 추론을 할 때에는 반드시 그 영역에 해당되는 내용 척도와 보충 척도 점수의 양상도 확인해야 한다. (예로, 척도 *1*과 *HEA*, *RCl*; 척도 *2*와 *DEP*, *RCd*, *RC2*; 척도 *4*와 *ASP*, *RC4*; 척도 *6*과 *RC6*; 척도 *7*과 *ANX*, *OBS*, *DEP*, *LSE*, *WRK*, *RC7*; 척도 *8*과 *BIZ*, *PSYC*, *RC8*, *DisOrg*, 척도 *9*와 *RC9*, *AGGR*).

Greene과 Nichols(1995; Nichols & Greene, 1995)는 문항 내용에 기초하여 MMPI-2 척도들을 체제화하는 MMPI-2 구조적 요약을 개발하였다. 구조적 요약에서는, MMPI-2의 모든 척도가 **빠른 참조 4.2**에 제시된 형식에 따라 체제화된다.

빠른 참조 4.2

MMPI-2의 구조적 요약 개관

수검태도
1. 누락
2. 일관성
3. 정확성
   a. 자기-비호의적
   b. 자기-호의적

요인척도
1. 요인 1
2. 요인 2
   a. 정서적 과잉 통제
   b. 행동적 과잉 통제

기분
1. 우울
   a. 우울한 기분/불쾌감
   b. 우울한 생각/태도
   c. 정신적 고갈
   d. 생장 증상
2. 무쾌감증
3. 고양
4. 불안
5. 죄책감
6. 두려움
7. 정서적 소외감, 무망감
8. 분노/적대감
9. 분노/적대감의 부인

인지
1. 비관습적 사고 과정
2. 정신병적 사고 과정
3. 과대성
4. 편집증적 사고 과정
5. 강박적 사고/반추
6. 냉소적 태도
7. 기억, 주의, 집중
8. 방어기제
   a. 억압
   b. 부인
   c. 신체화
   d. 합리화/주지화
   e. 외면화
   f. 투사
   g. 행동화
   h. 환상

대인관계
1. 외향성/내향성
   a. 외향성
   b. 내향성
2. 사회적 소외
3. 자기 소외
4. 남성성/여성성
5. 가족 소외
6. 비행/반사회적 행동
7. 권위와의 갈등/반사회적 태도
8. 수동/공격적 분투
9. 수동/복종
10. 의존성
11. 지배/주장
12. 자기애

그 외의 문제영역
1. 약물 남용
2. 자살사고
3. 수면 곤란
4. 성적 곤란

해석 전략

MMPI-2를 해석하는 과정은 복합적이다. 누가 의뢰했고, 다루어야 할 중요한 문제가 무엇인지 등 여러 가지 요인들에 의해 상당히 달라 질 수 있다. 그렇다 해도, 해석적인 노력에 공통된 단계들의 개요를 그려볼 수는 있을 것이다.

첫 번째 단계는 검사에 임하는 수검자의 태도를 평가하는 것이다. 이 문제는 다음 장에서 반응 양식이나 일관성을 평가하는 여러 지표와 척도들을 통해 구체적으로 살펴볼 것이다. 해석을 진행하기에 앞서 임상가는 반드시 MMPI-2가 제대로 실시되었는지 확인해야 한다. 이 말은 수검자가 실제로 문항을 읽고, 그 내용에 응답하고, 답안지의 해당란에 번호에 맞게 정확하게 표시할 만큼 주의와 노력을 기울여 검사를 마쳤는지 확인하라는 뜻이다. 수검자가 일관된 방식으로 문항에 응답하였다면, 해석을 진행해도 무리가 없을 것이다. 반응의 일관성에 이어, 수검자가 MMPI-2를 완성하면서 가졌던 태도 즉, 반응 양식에 대해 명확히 기술한다. 수검자는 솔직하게 자신을 드러내었는가? 아니면 증상이나 불편한 점들을 과대보고하거나 과소보고하려고 애썼다고 볼 만한 증거는 없는가?

두 번째 단계는 검사 결과에 반영된 심리적 고통의 전반적인 수준을 평가하는 것이다. 좋은 지표의 하나는 8개의 기본 척도들의 평균 상승(*M8*; Graham, Barthlow, Stein, Ben-Porath, & Mcnulty, 2002)이다. 그 외 첫 번째 요인에 높게 부하된 척도들로 *A*, *RCd*, *Mt*, *PK*, *K*-교정을 하지 않은 척도 *7* 등이 있다. 이들 척도에서 평균 이상의 상승을 보인다면, 그 수치를 구체적인 증상을 나타내는 *DEP*, *WRK*, *TRT*, *NEGE*, *RC7*, 척도 *8*, *D1* 등의 척도들과 비교함으로써 고통의 성질과 근원을 구체적으로 평가할 수 있다.

세 번째 단계는 수검자의 정서적, 행동적 통제력의 전반적인 적절성을 평가하는 것이다. 앞서 언급하였듯, *R*과 *DISC*는 정서적 과잉 통제와 행동적 과소 통제를 의미한다. 그 외에 정서적 과잉통제를 평가하는 이차 척도로 높은 *D*, *D-O*, *L*, *O-H*, *S4*와 낮은 *ANG2*, *TPA*, *NEGE*가 있다. 행동적 과소통제를 평가하는 이차 척도로 높은 *MAC-R*, *AGGR*, *ANG1*, *ASP2*와 낮은 *Re*, *GF*가 있다.

네 번째 단계는 임상 척도의 프로파일이 네 가지 일차적 패턴 중 어느 것과 부합하는지 개략적으로 살펴보는 것이다. 일차적 패턴에는 척도 *1*과 *3*이 상승한 신체적 패턴, 척도 *2*와 *7*이 상승한 정서적 불편감 패턴, 척도 *4*와 *9*로 정의되는 반사회적/충동적 패턴, 그리고 척도 *6*과 *8*이 주로 상승한 정신증적 패턴이 있다. 프로파일이 이들 중 어느 하나와 어느 정도 부합된다면, 임상가는 확인해 볼 만한 관련된 다른 척도 점수들에 민감해야 한다. 이들 각 패턴에 대해서는 8장에서 보다 상세하게 다룰 것이다.

마지막 단계는 검사 결과에서 시사되는 증상이나 호소 문제, 귀인양식, 행동 등을 한층 더 구체화하는 것이다. 이들 각각에 대한 일차 지표와 이차 지표는 다음과 같다.

신체화

- 신체적 증상/호소 문제

  일차 지표: 척도 *1*, *RC1*, *HEA*

  이차 지표: *HEA1*, *HEA2*, *HEA3*, *D3*, *Hy4*, *Sc6*, Lachar-Wrobel 신체 증상 결정 문항

기분/정서/정동

- 분노, 자극과민성, 적대감

  일차 지표: *ANG*, *AGGR*, *TPA2*

  이차 지표: *ANG1*, *ANG2*, *TPA*, *TPA1*, *RC9*, 낮은 *S4*, Koss-Butcher의 위협적 폭행 및 Lachar-Wrobel의 역기능적 분노 결정 문항
- 불안

  일차 지표: *ANX*, 척도 *7*, Koss-Butcher의 급성 불안상태 결정 문항

  이차 지표: *OBS*, *RC7*, Lachar-Wrobel의 불안 및 긴장감 결정 문항
- 우울

  일차 지표: *DEP*, 척도 *2*

  이차 지표: *DEP1*, *DEP2*, *DEP3*, *INTR*, *RC2*, *RCd*, *Sc2*, *Dr1*, *Sc4*, Lachar-Wrobel의 우울 및 걱정 결정 문항

  자살 일차 지표: *DEP4*, *Hp*(무망감), Koss-Butcher의 우울한 자살사고 결정 문항*

  수면 곤란 일차 지표: Lachar-Wrobel의 수면 곤란 결정 문항

이차 지표: *PK*

무쾌감증 일차 지표: *SOD1*, *INTR*

- 공포/두려움

  일차 지표: *FRS*

  이차 지표: *FRS1*, *FRS2*, 낮은 *GM*

- 과대성/고양

  일차 지표: *Ma4*, 낮은 *LSE*

  이차 지표: 척도 *9*, 낮은 척도 *2*, *DEP*

- 죄책감

  일차 지표: *Pd5*

- 조증/경조증

  일차 지표: 척도 *9*

  이차 지표: *Sc5*, *RC9*, 낮은 척도 *2*, 척도 *0*

- 부정적 자기태도

  일차 지표: *LSE*, *LSE1*

  이차 지표: *OBS*, *RC7*, 척도 *7*

인지

- 인지적 문제

  일차 지표: *CogProb**

  이차 지표: *D4*, *Dr4*, *Sc3**, Koss-Butcher의 정신적 혼란 결정 문항

- 편집증적 사고

  일차 지표: *RC6*, *Pa1*, *Pf1-Pf4*, Koss-Butcher의 피해관념*과 Lachar-Wrobel의 일탈된 신념 결정 문항

  이차 지표: *PSYC*, *Sc1*

- 정신증적 혼란

  일차 지표: *DisOrg**, *RC8*, Lachar-Wrobel의 일탈된 사고 및 경험 결정 문항

  이차 지표: *BIZ*, *BIZ1*, *BIZ2*, *PSYC*, *Sc3*, 척도 *8*, *FRS1*, Koss-Butcher의 정신적 혼란 결정 문항

*표시된 척도는 6장에 기술되어 있음.

대인관계

- 철수
  일차 지표: *Sc1*
  이차 지표: *Pd4*, *Sc2*, *Si3*
- 냉소적 태도
  일차 지표: *CYN*, *CYN1*, *RC3*
  이차 지표: *CYN2*, *Ho*, 낮은 *S*, *Hy2*, *Mf4*, *Pa3*
- 가족 문제
  일차 지표: *FAM*, *FAM1*, *FAM2*, *Pd1*
  이차 지표: *MDS*, *Sc1*, Lachar-Wrobel의 가족 갈등 결정 문항
- 내향성 내 외향성
  일차 지표: *SOD*, *SOD1*, *SOD2*, 척도 *0*, *Si1*, *Si2*
  이차 지표: *INTR*, 낮은 *Hy1*, *Pd3*, *Ma3*
- 수동성/복종
  일차 지표: *LSE2*, 낮은 *Ma4*, *AGGR*
- 성적 지향
  일차 지표: *GM*, *GF*, 척도 *5*
  이차 지표: *Mf1*, *Mf3*, *Mf6*, *Mf10*

일탈 행동

- 반사회적 태도/행동
  일차 지표: *ASP*, *ASP2*, 척도 *4*, *Pd2*
  이차 지표: *DISC*, *ASP1*, *RC4*, *Ma1*, 낮은 *Re*, *GF*, *Mf7*,
  Lachar-Wrobel의 반사회적 태도 결정 문항
- 일탈된 성적 관심
  일차 지표: Lachar-Wrobel의 성적 관심 및 일탈 결정 문항
  이차 지표: 척도 *8*
- 약물 남용
  일차 지표: *AAS*
  이차 지표: *RC4*, *APS*, *MAC-R*, Koss-Butcher의 알코올 남용으로 인한 상황적 스트레스 결정 문항 및 Lachar-Wrobel 약물 남용 결정 문항

셀프 테스트

1. MMPI-2 첫 번째 요인이 나타내는 것은?
   (a) 정서 통제
   (b) 일반적 부적응
   (c) 행동 통제
   (d) 주관적 고통
   (e) a와 b
   (f) b와 d

2. 일부 MMPI-2 요인 분석 연구에서 요인 1은 다른 연구들에 비해 더 '정신증적'이다.
   그렇다 혹은 아니다?

3. 일부 MMPI-2 요인 분석 연구에서 요인 2는 내향성-외향성 차원과 크게 차이가 없다.
   그렇다 혹은 아니다?

4. 요인 2가 나타내는 차원은?
   (a) 행동 통제
   (b) 일반적 부적응
   (c) 정서 통제
   (d) 주관적 고통
   (e) a 와 c
   (f) 모두 아니다

5. MMPI-2를 문항 수준에서 요인 분석하건 척도 수준에서 요인 분석하건 추출되는 요인의 수는 같다.
   그렇다 혹은 아니다?

정답: 1. f; 2. 그렇다; 3. 그렇다; 4. e; 5. 아니다

제 5 장

프로토콜 타당도의 평가

자기 보고식 검사자료가 환자의 성격 기술이나 임상적 예언에 적합하려면 무엇보다 환자가 평가 과정에 협조하고, '진정한' 자기 자신에 대한 평가와 부합되게 검사 문항에 반응하려는 의지와 능력이 있어야 한다. Hathaway는 이러한 사실의 중요성을 처음으로 깨달은 사람 중의 하나였다. 그는 환자가 각 문항에 대해 사실 그대로 정확하게 반응할 필요는 없다고 보았다. 검사 문항에 대한 반응이 나름대로 일관성이 있고 환자 자신에 대한 견해와 일치하는 것으로 충분하였다.

MMPI/MMPI-2가 임상 집단이나 비임상 집단에게 유용하게 사용될 수 있는 특징의 하나는 수검자의 수검 태도를 평가할 수 있는 척도와 지표들이 있다는 점이다. 모든 자기 보고식 검사는 수검자의 자의적인 혹은 자기 기만적인 조작이나 왜곡에 취약하다. Nichols와 Greene(1997)은 수검자들이 MMPI-2에 사용하는 기만적 수검전략의 일곱 가지 차원을 확인하였다. 이들 차원을 축으로 수검 태도의 영향이 달라진다. 검사 결과로부터 행동이나 증상, 문제, 태도 등을 정확하게 추론하기 위해서는 이런 영향을 확인하고, 측정하고 기술하는 수단이 필수적이다. 7개 차원의 기만적 수검전략이 **빠른 참조 5.1**에 나와 있다. 이들 7개의 차원은 9장에서 자세하게 논의되었다.

MMPI-2 결과를 평가하면서 가장 먼저 해야 할 필수적인 과정은 바로 검사

빠른 참조 5.1

기만적 수검전략의 차원들

1. 비일관성 대 부정확성
2. 위장 대 가장
3. 일반적 기만 대 특정적 기만
4. 조야한 기만 대 세련된 기만
5. 의도적 기만 대 비의도적 기만
6. 자기기만 대 인상 관리
7. 선택성 대 포괄성

프로토콜의 해석 가능성을 확립하는 것이다. 이 장에서 살펴볼 척도들은 해석자들에게 다음의 사항을 판단할 수 있도록 도와줄 것이다. 즉, a) 응답지를 채점해도 되는지("검사가 완료되었는가?"), b) 수검자가 MMPI-2 문항을 제대로 이해하고 반응했는지("문항에 대한 반응에 일관성이 있는가?"), c) 수검 태도의 패턴과 그런 태도를 보이게 된 요인이나 근원, 가능한 동기들, 그리고 그로 인한 검사 결과의 잠재적인 왜곡은 무엇인지("수검자의 자기 평가는 정확한가?") 등이다.

검사 완료 결정하기

첫 번째 단계는 환자가 충분한 수의 문항에 반응했는지 판단하는 것이다. 환자는 모든 문항에 반응하도록 지시를 받았다. 지시에서 지나치게 벗어났다면 채점이 정당화되지 못할 만큼 척도가 충분히 상승하지 않을 수 있다. **무응답**(?) 척도의 점수는 아예 반응하지 않은(답하지 않았거나 표시하지 않은) 문항과 반응은 하였지만 **그렇다**와 **아니다** 모두에 시인한(중복 표시) 문항의 수를 합한 것이다. **무응답** 척도의 점수가 높으면 여성의 척도 5를 제외한 MMPI-2

모든 척도의 원점수가 낮아진다. 여성의 경우, 척도 5의 문항이 역채점되기 때문에 빠뜨리거나 중복으로 표시된 문항이 많으면 척도 5의 *T*-점수가 상승한다.

무응답 점수를 어디까지 허용할 수 있는가에 대한 엄격한 규칙은 없다. 그러나 통상적인 상한선은 원점수로 30이다. 370문항의 MMPI-2 단축형이 실시된 경우에는 20이 기준이다. 환자가 특정 내용 영역의 문항들을 선택적으로 빠뜨리거나 중복하여 표시하지 않았다는 가정 아래, 무응답(?) 점수가 이 수준을 넘어서더라도 유용하게 자료를 해석할 수 있는 경우가 드물게 있다. 하지만 빠뜨린 문항의 수가 100개를 넘어서면, 이는 척도 점수와 프로파일 코드, 그리고 특정 척도 조합(예로, 내용 척도들)의 상승에 극적인 영향을 미친다. 물론 무응답(?) 점수가 30 미만일 때에도 척도 점수에 영향을 미칠 수 있다. 특히 빠뜨린 문항이 하나의 내용 영역이나 소수의 문항으로 구성된 일부 특정 영역에 집중될 때 그렇다. 예로, 임상 소척도들 일부(31개 중 11개)와 내용 소척도들 대부분(27개 중 16개)이 10개도 안 되는 문항으로 구성되어 있다. 따라서 빠뜨린 문항이 이들 소척도에 집중된다면, 빠뜨린 문항 수가 비교적 적더라도 해당 소척도의 점수가 현저히 낮아질 수 있다. 문항 하나가 소척도에서 차지하는 비중이 상대적으로 높기 때문이다. 또한, 빠뜨린 문항의 내용이 이질적이라 하더라도 빠뜨린 문항들은 척도 점수 간의 상관에 영향을 미칠 수 있고, 가장 높은 점수의 순서와 프로파일 코드를 바꿀 수도 있다. 따라서 무응답(?) 반응이 5개 이상이면 다음 사항들을 확인할 필요가 있다. a) 빠뜨린 문항의 내용(문항을 빠뜨릴 만한 어떤 갈등 영역이나 주제와 관련 있지 않

주의

무응답(?) 반응이 5개를 넘을 경우, (a) 빠뜨린 문항의 내용을 점검하고, (b) 빠뜨린 문항의 위치를 확인하고(예: 앞부분인지 뒷부분인지), (c) 각 척도에서 빠뜨린 문항이 차지하는 비율을 기록하고, (d) 검사 결과를 설명해 줄 때 빠뜨린 문항들을 수검자와 함께 검토하도록 한다.

은가?), b) 빠뜨린 문항의 위치(특히 처음 370번 문항에 빠뜨린 문항이 많다면, 타당도 척도나 임상 척도의 점수에, 그 이후라면 내용 척도나 보충 척도의 점수에 영향을 줄 것이다.), 그리고 c) 빠뜨린 문항이 각 척도에서 차지하는 비율이다. 임상가는 검사 결과를 해석해 줄 때 수검자에게 문항을 빠뜨린 이유에 대해 직접 물어보도록 한다.

수검자가 답안지에 표시하지 않거나 중복으로 표시할 만한 몇 가지 이유가 있다. 지시문(즉, 모든 문항에 답하라)을 이해하지 못한 경우, 전반적인 지적 능력의 결함, 독해력의 문제(문항의 난이도가 높은 척도 *9*의 점수가 낮아질 수 있다), 문항의 의미를 혼동하거나 애매하게 받아들여서 어떤 반응을 해야 할지 환자가 결정하지 못한 경우, 수검자가 불쾌감을 느꼈을 수도 있는 내용, 그리고 의심과 자기개방에 대한 저항 등이다.

명심할 점

무응답(?) 반응이 5개를 넘을 경우, 어떤 척도들의 문항을 빠뜨렸는지 확인하고, 빠뜨린 문항의 내용을 검토하고, 빠뜨린 이유를 수검자에게 직접 물어보는 것이 도움이 될 수 있다.

일관성에 대한 평가

MMPI-2 해석은 일반적으로 수검자가 유사한 내용의 문항에 대해 유사하게 반응하리라는 가정에 근거를 둔다(Nichols와 Greene, 1997). 프로토콜의 타당도를 평가하는 두 번째 단계는 환자의 반응이 자기 보고의 일부로 의미가 있을 만큼 환자가 문항을 주의 깊게 읽고 이해하였는지를 판단하는 것이다. 문항 반응 간에 어느 정도의 일관성이 있어야 해석적인 노력을 진전시킬 수 있다. 만약, 일정 수준의 일관성이 확립되지 않는다면, MMPI-2 해석을 중단하고 프로토콜을 파기해야 한다. **빠른 참조 5.2**에 앞으로 심도 있게 살펴볼 일관성 지표들이 요약되어 있다.

무선반응 비일관성 척도(*VRIN*)

일반적인 사항들

*VRIN*은 통계적 연관성과 의미의 유사성에 근거하여 선정된 67개 문항 쌍으로 구성되어 있다. 97개의 문항이 49개의 고유한 문항 쌍을 구성한다(1문항 중복). 이 중 18개의 쌍이 대칭으로(양방향으로) 채점되므로, 채점되는 문항 쌍은 모두 67개이다. 예로, '수면이 편안하고 피로가 풀린다'고 주장하는 문항과 '잠을 자주 깨고 잠이 부족하다'고 주장하는 문항으로 구성된 문항 쌍을 고려해 보자. 두 문항 모두에 그렇다고 반응할 가능성은 매우 희박하다. 한 문항에 그렇다, 다른 문항에 아니다로 반응하거나 혹은 모두 아니다(특별히 편안하거나 불편하지 않은 경우)로 반응할 것이다. 대칭으로 채점되는 18개의 쌍은 그렇다-아니다 혹은 아니다-그렇다로 반응한 경우에 채점되는 17개의 쌍과 모두 그렇다 혹은 모두 아니다로 반응한 경우에 채점되는 1개 쌍으로 되어 있다. 비대칭으로 채점되는 31개의 문항 쌍은 모두 그렇다(4개), 그렇다-아니다(13개), 아니다-그렇다(10개), 아니다-아니다(4개)로 반응한 경우에만 채점된다. 이들 문항 쌍 중 31개가 처음 370문항에 들어있고, 15개 쌍이 370번 이후의 문항으로 구성되어 있다. 나머지 21개 쌍은 370번 문항을 전후로 양분되어 있다. *VRIN* 점수는 여러 가지 이유로 상승할 수 있다. 그중 하나는 성격 기능에 심각한 장애가 있는 경우이다. 예로, 정신증으로 인해 주의력이나 집중력이 손상되어 있거나, 혼란되어 있고 확신감이 없으며 결정하기 어려운 상태일 때 이 점수가 상승한다. 또한, 부주의하게 응답하거나, 문항 내용과 무관하게 응답할 만큼 수검자가 비협조적일 때, 읽기 능력에 어려움이 있거나, 동기가 부족하거나, 혹은 문항에 대한 답을 어쩌다 응답지의 잘못된 번호에 표시한

명심할 점

VRIN 점수가 상승하는 이유는 다음과 같다. 성격 기능의 심각한 장해, 부주의한 응답, 비협조적 태도, 읽기의 어려움, 동기의 부족, 실수로 응답지의 잘못된 번호에 표시한 경우, 증상의 과장이나 꾀병 등이다.

경우에도 흔히 *VRIN* 점수가 상승한다. 문항에 일관성 있게 반응하지 않음으로써 손상이 있음을 보이고자 하는 수검자도 있으므로, *VRIN* 점수가 상승한 경우 증상을 과장하고 있을 가능성도 배제할 수 없다.

*VRIN*은 **그렇다** 비율(*T*%)과 **아니다** 비율(*F*%)이 같을 때(50/50) 비일관성에 가장 민감하다. *T*%/*F*%가 극단으로 갈수록 *VRIN* 점수는 낮아진다, 예로, 모든 문항에 **그렇다** 혹은 **아니다**로 반응한다면 *VRIN*의 원점수는 5점에 불과하다. 이는 재표준화 표집의 평균에 해당되는 점수이다. *T*%나 *F*%가 35%~65%의 범위를 벗어나면, *VRIN*보다 *TRIN*이 일관성에 더 민감하다. 의미상 일관되지 않는 문항 쌍에 시인하는 것은 검사의 어느 부분에서도 일어날 수 있다. 비일관성이 검사의 어느 부분에 집중되어 있느냐에 따라 임상가는 다양한 척도나 패턴의 해석에 확신을 더 가질 수도 있고 덜 가질 수도 있다. 예로, 검사의 처음 370문항 이전에 있는 31개 *VRIN* 문항 쌍에서 원점수가 3~4점 정도라면, 전체 *VRIN* 점수에 상관없이 비교적 높은 확신을 가지고 타당도 척도와 임상 척도를 해석할 수 있다. 하지만, 내용 척도의 해석은 주의를 요하며, 아예 전부 해석하지 않는 것이 좋을 것이다. *VRIN*의 채점은 문항 쌍들 간의 상대적인 관계에 따르는 만큼, 수기채점을 하면 오류가 생길 수 있다. 따라서 수기로 채점할 때에는 *VRIN* 점수가 정확하게 채점되었는지 재검토하는 과정이 반드시 필요하다. **빠른 참조 5.2**에 *VRIN*에 대한 내용이 요약되어 있다.

빠른 참조 5.2

비일관성 척도

VRIN

중복: *VRIN*에는 *TRIN*과 겹치는 5개의 **그렇다-그렇다** 쌍과, 5개의 **아니다-아니다** 쌍이 있다.

다른 척도와의 관계: *VRIN*, *TRIN*, *F*, F_B, F_P 모두 문항 반응이 문항 내용 외의 다른 요

인들에 의해 결정되는 MMPI-2 수검 태도에 매우 민감하다. *VRIN* 점수가 높건 낮건 간에, *VRIN* 점수를 가장 직접적으로 확증해 주는 것은 *TRIN* 점수이다. *VRIN*과 *TRIN*은 본질적으로 상관이 없으므로, 두 척도 모두 65*T* 위로 상승했다면 수검자가 문항에 일관성이 없이 반응했을 가능성이 높다. *VRIN*이 높고 *TRIN*이 정상범위에 있다면, F, F_B, F_P의 상승은 검사 문항에 부주의하게 반응했거나, 자신의 증상을 과장하고 있거나, 비협조적임을 확증하므로 더이상 해석을 진행하지 말 것을 권한다. *VRIN*이 낮고 F, F_B, F_P가 높으면, 낮은 *VRIN*에서 문항에 부주의하게 반응했을 가능성이 배제되므로, F와 F_B, F_P는 정신 병리나 증상의 과장, 꾀병과 관련하여 보다 확신을 가지고 해석할 수 있다.

TRIN

중복: *VRIN* 참조

다른 척도와의 관계: *VRIN* 참조

해석

재표준화 표집의 *VRIN* 평균이 5점 정도이다. 반면, 전적으로 무선 반응을 하였을 때 *VRIN*의 원점수는 67문항 쌍의 1/4에 해당하는 16.75이다. MMPI-2 매뉴얼은 13점을 절단점으로 사용하도록 권하고 있다. 일반적으로, *VRIN* 원점수가 8점 아래이면 일관성이 있다고 본다. 11점 정도로 높아지면, 무선 반응이 개입했을 가능성이 커진다. 이 수준에서는 무선 반응의 요소가 무성의한 수검 태도에서 비롯된 것인지, 아니면 혼란과 불확실성을 특징으로 하는 역기능적인 정신 상태에서 비롯된 것인지 구분이 애매하다. 8~16점 정도의 점수를 보인다면, 일관성 없이 시인된 *VRIN* 문항 쌍들이 집중된 위치를 확인하는 것이 도움이 된다. 특히 처음 370문항의 어느 부분에서 일관성이 없는지 눈여겨보아야 한다.

VRIN 점수가 11~16점일 때 일관성을 잘못 판단하기 쉽다. 즉, 일관성이 있는 프로토콜을 일관성이 없다고 판단하거나 그 반대로 판단할 수 있다. 특히 8~11점의 범위에서는 일관성이 없는 반응이 검사 전, 후반에 걸쳐 무선적으로 나타나는지, 아니면 특정 부분(전반부나 후반부)에 집중되어 나타나는지 살펴볼 필요가 있다. *TRIN*, F, F_B, F_P도 함께 고려해야 한다. 환자의 반응

이 그렇다 혹은 아니다 어느 한쪽으로 쏠릴 때에도 이 범위의 점수가 나타날 수 있다. 이 경우, *VRIN*이 아주 높지는 않으므로 프로토콜에 일관성이 있다고 잘못 판단할 수 있다. *VRIN* 점수가 7~12의 범위에 있을 때는 특히 *TRIN*이 반응의 일관성에 대해 보다 적절한 정보를 제공해 줄 수 있다. *VRIN* 점수가 16에 근접할수록, *TRIN*이나 *F*, F_B, F_P가 아주 양호하지 않는 한, 해석이 무의미할 정도로 일관성의 문제가 심각해진다. 12~16 범위의 점수는 MMPI-2를 완료하는 데 있어서 협조의 부재, 정신증적 와해 혹은 이 모두를 시사한다. *VRIN* 점수가 17 이상인 프로토콜은 폐기되어야 한다.

고정반응 비일관성 척도(*TRIN*)

일반적인 사항들

*TRIN*은 23개의 문항 쌍으로 구성되어 있다. 40개의 문항이 20개의 고유한 문항 쌍을 구성하며, 문항 간 상관을 바탕으로 세 개의 문항 쌍이 추가되었다. 이 중 14개는 두 문항에 모두 그렇다 반응을 했을 때, 나머지 9개는 두 문항에 모두 아니다 반응을 했을 때 채점된다. *VRIN* 문항 쌍과 마찬가지로, *TRIN* 문항 쌍도 통계적 연관성과 의미적 유사성을 토대로 선택되었다. *TRIN* 점수가 상승하는 이유는 *VRIN* 점수가 상승하는 이유와 거의 비슷하다. 그러나 무선반응에 민감한 *VRIN*과 달리, *TRIN*은 묵종적인(혹은 그 반대의) 반응 양식, 즉 문항 내용에 상관없이 모두 그렇다 혹은 모두 아니다 반응하는 경향에 민감하다. 반응에 일관성이 없을 때 상승한다는 점에서 *VRIN*과 유사하나, *TRIN*은 일차적으로 무조건 그렇다고 답하거나(*yeasaying*) 무조건 아니다라고 답하는(*naysaying*) 특정한 반응 양식의 맥락을 파악하는 데 유용하다. 이런 반응 양식은 문항에 그렇다 혹은 아니다로 응답한 비율의 편차를 보면 쉽게 알 수 있다. 방어적인 수검자의 프로토콜에서는 아니다 반응의 비율은 높고 그렇다 반응의 비율은 낮게 나타날 것이다. 증상을 과장하고자 하는 수검자의 프로토콜에서는 반대의 패턴이 나타날 것이다. 그러나 그렇다 혹은 아니다의 반응 비율이 극단적으로(90% 가까이) 높지 않다면, 이러한 패턴은 일관성이 없는 반응(즉, 높은 *TRIN* 점수)과 관련이 있을 수도 있고 없을 수도 있다.

주의

*VRIN*과 *TRIN*은 과장이나 꾀병의 가능성을 배제하는 데 사용될 수 없다. 일부 수검자들은 의도적으로 문항에 일관성이 없이 반응함으로써 손상을 드러내고자 하기 때문이다.

TRIN 점수의 계산 방식은 다음과 같다. 14개 문항 쌍에 대해 모두 그렇다고 반응한 수의 합을 구하고, 거기에서 나머지 9개 문항 쌍에 대해 모두 아니다로 반응한 수의 합을 뺀 후, 상수 9를 더한다. 상수를 더하는 이유는 마이너스 점수(50*T* 이하)가 나오는 것을 막기 위해서이다. 원점수가 10~19점 사이라면 그렇다 반응을 많이 하였음을 의미한다. 반면, 원점수가 0~9점 사이라면 아니다 반응을 주로 하였음을 의미한다. 어쨌든 어느 한쪽으로 편향되게 반응하면 *TRIN*의 *T*-점수가 상승하게 되어 있다. *VRIN*과 마찬가지로, *TRIN* 채점도 문항 쌍들 간의 상대적인 관계를 살피고, 모두 그렇다 반응에 채점되는 문항 쌍의 수를 더하고, 모두 아니다 반응에 채점되는 문항 쌍의 수를 빼고, 상수를 더하는 복잡한 과정으로 진행된다. 따라서 *TRIN* 척도를 수기로 채점할 경우 *VRIN*의 경우와 마찬가지로 오류를 범하기 쉽다. 불가피하게 수기채점을 해야 한다면 정확한 채점을 위해 재검토하는 과정이 반드시 필요하다.

해석

재표준화 표집에서 원점수의 평균은 약 9점으로, 50*T*에 해당한다. 8~10의 *TRIN* 원점수에 대해서는 굳이 언급할 필요가 없을 것이다. *TRIN* 원점수가 5 이하이거나 13 이상이면(78~79*T*에 해당) 재검사를 권해야 할 만큼 반응에 일관성이 없다고 보아야 한다. *TRIN* 원점수가 6~7 혹은 11~12라면, 일관성이나 비일관성을 확신하기 어렵다. *TRIN*이 *VRIN*보다 높고, 그렇다 반응 비율이 낮다면(25% 이하), 6~7의 원점수는 아니다라고 답하는 반응양식(*naysaying*)에 대한 무분별한 선호를 시사하며, 재검사가 바람직하다. 마찬가지로 *TRIN*이 *VRIN*보다 높고, 그렇다 반응 비율이 높다면(60% 이상), 11~12의 원점수는 묵종하거나 무조건 그렇다고 답하는 반응 양식(*yeasaying*)을 시사한다. 이 경우 역시 재검사를 하는 것이 바람직하다. 그 외의 경우, *VRIN*

이 *TRIN*보다 높지 않다면 *TRIN*에서 중등도의 상승은 허용될 수 있다. *VRIN*이 *TRIN*보다 높다면, *TRIN*보다 *VRIN*을 기초로 해석한다.

주의

*VRIN*과 *TRIN* 점수는 수기채점을 할 경우 특히 잘못 채점되기 쉽다.

명심할 점

수기채점 절차를 이용할 경우 *VRIN*과 *TRIN* 점수를 반드시 재검토하도록 한다. 이 두 척도는 수기채점을 할 경우 특히 잘못 채점되기 쉽기 때문이다.

$|F - F_B|$ 지표

일반적인 사항들

*F*와 F_B(비전형 후반부) 척도들은 드물게 시인하는 문항들로 구성되어 있다. *F* 척도의 문항은 대부분 처음 300문항에 포함되어 있고, F_B의 문항들은 대부분 후반 267개 문항에 포함되어 있다. 따라서 이 두 척도 원점수 차이의 절대값은 검사의 처음과 뒷부분에서 수행의 일관성에 대한 대략적인 측정치가 된다. $|F-F_B|$ 지표는 또한 *VRIN*이나 *TRIN*과 같은 다른 비일관성 척도의 결과를 확증해 주는 경향이 있다. 이 지표는 *VRIN*과 조합을 이루거나($VRIN + |F-F_B|$), *F*와 조합을 이룰 때($F+F_B+|F-F_B|$; Cramer, 1995) 지표의 가치가 증대된다. 특히 *VRIN* 점수가 애매한 범위에 있을 때 그렇다. 이 지표의 특징과 사용에 대한 더 많은 정보가 Greene(2011)에 있다.

정확성 분석

일단 MMPI-2 프로토콜의 일관성이 만족할 만한 수준이라고 판단되면, 다음으로 다루어야 할 문제는 수검자가 제시한 자기 보고의 정확성이다. 수검자가 검사 문항에 일관성 있게 반응했다 해도, 그 반응을 통해 구현된 자기표현은 진실하고 정확할 수도 있고 그렇지 않을 수도 있다. 아주 단순한 수준에서, 수검자는 고통이나 증상, 부정적인 개인적 특성을 과장할 수도 있고, 축소하거나 부인할 수도 있다. 더구나 이런 과장이나 축소가 의도하지 않은 것일 수도 있다. 즉, 자기기만이나 자기 오해에서 비롯될 수 있다. 또는 순진하거나 보통 이하의 지적 수준 때문일 수도 있고, 독해력 문제의 결과일 수도 있다. 혹은 용의주도한 이기심의 발로일 수도 있고, 검사자를 오도하고 결과를 왜곡시킴으로써 평가 목적을 좌절시키려는 시도일 수도 있다. **과대보고와 과소보고**의 개념이 연속체 위에 놓여 있는 점수들을 반영한다는 점을 이해할 필요가 있다. 양극단을 차지하고 있는 이 두 반응양식은 정확한 자기표현을 반영하는 연속체(차원)의 중간 범위에서 하나로 녹아들 것이다. 정확성의 문제가 정신병리의 존재 여부와 불가분의 관계에 있다고 보기는 어렵다. 예로, 정신 병리적 증상이나 특성을 과장하거나 축소하는 경향이 있다고 해서 실제로 정신 병리가 있다거나 없다고 할 수 없다. 과대보고와 과소보고는 아주 정상적인 범위에서 심각한 정신 장애를 반영하는 범위에 이르기까지 모든 범위의 정신 상태에서 볼 수 있다. 이 주제와 관련된 자료는 최근 Bagby, Marshall, Bury, Bacciochi와 Miller(2006)에 의해 개관되었다.

다음 절에 소개될 *F*, F_B, F_P, F_S, *FBS*, *RBS*의 6개 척도는 모두 과대보고에 민감한 척도들이다. 이들 척도 모두 다음의 전제에 근거를 두고 있다. 즉, 대부분 아주 드물게 시인하는 문항들에 대해 자주 시인하는 반응을 보이는 반응 양식은 정신 병리의 과장을 반영한다는 것이다. 이어서 소개되는 **위장 척도**(*Ds*)는 정신적으로 장애가 있는 사람들은 자신을 이런 방식으로 지각할 것이라고 정상인들이 흔히 오해하는 내용으로 구성되어 있다. 그리고 Gough(1950)의 **위장 지표**(*F–K*)는 과대보고에 아주 민감한 척도(*F*)와 과대보고와 과소보고에 모두 민감한 척도(*K*)의 원점수 간 차이를 지표로 하고 있다.

과대보고 척도

F(비전형) 척도

일반적인 사항들

F 척도의 문항은 원래의 미네소타 정상집단이 10% 이하의 시인율을 보인 문항들을 근거로 구성되었다. 모든 문항이 처음 361문항 안에 들어있고, 절반이 처음 180문항 안에 제시되어 있다. 10% 이하의 시인율에서 시사되듯, *F* 문항 하나에 시인할 때마다 수검자는 자신을 소수 집단에 놓이게 만든다. 따라서 많은 문항에 시인할수록 수검자는 통계적으로 극소수의 수검자 집단에 놓이게 된다. 이런 의미에서, *F* 척도의 상승은 일탈이나 탈 관습을 나타낸다. 상승할수록 극심하고 두드러지는 일탈을 보이는 경향이 있다. 정신 병리를 가장하거나 과장하려는 의도적인 노력이나 독해 능력의 문제를 배제할 수 있다면 그렇다. 일반적인 임상 장면에서 보이는 *F*의 상승은 환자의 정신 병리가 심각하고, 고통을 받고 있다고 해석되어야 한다. 법정 장면의 경우, 의도적인 과장이나 꾀병에 대한 반대급부가 상당히 높으므로 그만큼 기저율도 높다. 따라서 과장이나 꾀병이 의도하는 반대급부에 대해 늘 염두에 두고 있어야 한다. **빠른 참조 5.3**에 *F* 척도에 대해 요약되어 있다.

해석

F 척도의 문항 내용은 아주 다양하나 주로 정신증을 강조한다. 이 척도는 증상의 과장과 아울러 정신증이나 주요 성격 기능의 혼란과 같은 심한 정신 병리에 모두 민감하다. *F* 척도가 상승하게 되는 이유는 다음과 같다. a) 정신증적 유형의 심각한 정신 병리, b) 독해의 어려움, 정신병적 와해로 인한 혼란, 검사 문항에 대한 무선적인 혹은 부주의한 반응 패턴 등으로 인해 검사 완료에 문제가 있는 경우, c) 도움에 대한 호소로 혹은 공포/공황/고통에 압도된 나머지 정신 병리를 과장하려는 시도, d) 꾀병 등이다. 각각의 사례들에서 *F* 척도가 상승한 이유를 찾아내는 것은 복잡한 과제다. 검사를 완료하는 과정에서 생길 수 있는 문제는 보통 검사 전에 독해력을 평가해 봄으로써 확인할 수 있다(2장을 보라). 독해력에 문제가 없다면, *VRIN*이나 *TRIN*과 같은 비일관

빠른 참조 5.3

F의 기술적 특징 요약

문항 수: 60

그렇다/아니다 비율: 41/19

중복: *F* 척도는 척도 *8*과 15문항이, 척도 *6*과는 9문항이 겹친다. 또한, F_P와 14문항이, *BIZ*와는 10문항이 겹친다.

내용: 문항의 1/3 정도가 편집증적 사고나 정신증적 과정을 반영한다. 8~12개의 문항으로 된 다른 문항 집단은 분열성적 무감동과 소외, 냉소적이고 반사회적인 태도, 신체 증상, 가족에 대한 적대감을 반영한다.

다른 척도와의 관계: *F* 척도는 대부분의 다른 과대보고 척도와의 상관이 .80 이상이다. *F* 척도는 임상 척도들, 특히 척도 *8, 7, 6*과 척도 *4*의 상승을 부추기는 경향이 있다. 따라서 전체적인 프로파일의 상승에 상당히 기여한다. *F* 척도의 상승은 또한 내용 척도들, 특히 *BIZ*(*BIZ1*), *DEP*, *WRK*, *LSE* 척도를 상승시키는 경향이 있다.

성 척도의 상승을 살펴본다. *F* 척도의 상승이 심각한 정신 병리에서 비롯되었다면 *F*는 F_P보다 높아야 하고, F_P는 75*T*를 초과해서는 안 된다. *F* 척도의 상승이 고통이나 공황에서 비롯되었다면, *F*보다 F_B가 높아야 한다. F_P가 *F*와 유사하게 상승하면 의도적인 과장이나 꾀병이 의심된다. $F_P > F$일 경우 특히 그렇다.

60~80*T*는 중등도의 상승으로, 정신과 외래환자나 입원환자 전집에서 흔히 보이는 수준의 고통과 혼란을 반영한다. 시인한 문항들을 구체적으로 살펴보는 것도 해석에 도움이 된다. 문항들이 편집증적 사고나 신체 증상, 가족에 대한 적대감 등 여러 특정 내용 영역에서 추출되었기 때문이다. 80~100*T* 사이에 있는 경우, 해석이 가장 까다롭다. 정확한 해석은 *VRIN*, *TRIN*, F_B, F_P 척도들을 참조해야 한다. 90*T*는 과장과 심각한 정신 병리를 가르는 *F*의 가장 좋은 단일 절단점이다. *F* 척도가 90*T*를 넘고, F_P가 75*T*를 넘어선다면 정신병리적 상태보다는 꾀병의 가능성을 먼저 고려해야 한다. 100*T* 위의 점수는

해석에 상당한 주의를 요한다. 110*T* 위의 점수는 대개 무선적으로 응답한 경우이다. 이런 점수들은 타당한 프로파일에서는 거의 찾아보기 어렵다. *VRIN*이나 *TRIN*, F_P, F_B 점수들이 일관성이 없는 반응에서 특징적으로 볼 수 있는 범위의 상승을 보인다. 일부 타당한 프로파일의 경우, 일반적으로 심한 과장이나 꾀병을 반영한다. 이 경우 F_B, F_P 역시 높게 상승한다. 매우 심한 정신 병리를 반영하는 극히 일부의 경우, *VRIN*과 *TRIN*이 수용할 수 있는 수준에 있으면서 흔히 $F > F_B > F_P$의 패턴을 보인다.

> **명심할 점**
>
> F_P가 *F*와 F_B보다 높을 경우에는 과장이나 꾀병의 가능성이 매우 높다.

낮은 점수

50*T* 아래의 점수는 임상 전집에서는 흔하지 않지만, 아동 양육권 심사와 같은 민사소송 맥락이나 고용선별에서 종종 볼 수 있다. 일반적으로 낮은 점수는 관습적임을 시사한다. 하지만 *L*과 *K*가 동반 상승하지 않았다면, 지나치게 관습적이지는 않을 수도 있다. 임상 전집에서 *F*가 낮고 *L*이나 *K* 혹은 둘 다 상승해 있다면, 고통이나 소외감, 비정상성을 부인하려는 노력이 시사된다. 정상 전집에서 이런 패턴은 과도하게 관습적이며, 문제를 부인하거나 최소화하고 있음을 반영한다.

F_B(비전형 후반부) 척도

일반적인 사항들

F_B 척도는 MMPI-2 재표준화 표집에서 시인율이 15% 이하인 40문항으로 구성되었다. 이 척도는 검사 전반부에서 *F* 척도가 하는 역할을 검사 후반부에서 대신할 수 있도록 만들어졌다. 모든 문항이 280번 이후에 있고, 절반 정도는 마지막 100문항에 들어있다. 이 척도 역시 문항 내용이 다양하지만, 본질에서 *F* 척도와 강조점이 다르다. 즉, 두 척도 모두 과대보고에 민감하나, *F* 척도가

정신증적 상태에서 높게 상승하는 반면, F_B는 심각한 정동적 격변 상태에서 주로 상승한다. 두 척도 간 내용상의 현저한 차이는 F와 전적으로 유사한 기능을 하는 척도를 만들고자 했던 개발자의 의도를 당혹스럽게 한다. **빠른 참조 5.4**에 F_B 척도의 특징이 요약되어 있다.

빠른 참조 5.4

F_B의 기술적 특징 요약

문항 수: 40문항

그렇다/아니다 비율: 37/3

중복: 척도 *8*과 10문항이 겹친다(이 중 *Sc2*와 4문항, *Sc1*과 3문항). F_P, *FRS*와 7문항이, *DEP* 내용 척도와 6문항이 겹친다.

내용: 가장 큰 하위 집합은 공황/두려움(9문항)에 관한 것이다. 다음은 우울과 낮은 자존감(8문항), 자살/자해(4문항), 알코올 남용(4문항), 그리고 가족들과 소원함(3문항)에 관한 문항이다. 오직 3문항만이 정신증적인 과정을 반영한다.

다른 척도와의 관계: F_B는 다른 과대보고 척도들과 .80 정도의 상관을 보인다. *F* 척도와 마찬가지로 이 척도 역시 임상 척도를 전반적으로 상승시킨다. 특히 척도 *8*, *7*, *6*과 척도 *4*의 상승을 부추겨 전체적인 프로파일의 상승에 기여한다. 또한, F_B는 모든 내용 척도를 상승시키는 경향이 있다. 특히 *FRS*(*FRS1*), *DEP*(*DEP4*), *TRT*, *LSE* 등을 상승시킨다.

해석

F와 F_B 척도의 내용상의 차이는 F_B 척도의 해석에 문제를 일으킨다. 예로, F_B 점수가 상승되어 있고, F 척도가 허용될 수 있는 범위 내에 있는 경우, 정신증보다는 기분장애나 자살을 가장하기로 선택하였음을 알 수 있다. 하지만 실제 공황 불안이나 우울 증상을 반영할 수도 있다. F와 F_B 두 척도 모두 허용되는 수준을 넘어 상승해 있는 경우에는 증상을 과장하거나 꾀병을 부리는 경우로 해석해도 무방하다. F 점수의 상승이나 저하와 관련된 지침은 모두 F_B의 해석에 준용될 수 있지만, 두 척도가 내용에서 차이가 있음을 명심해야 한다. 특히

F_B 점수가 95*T*보다 클 경우, 해석에 주의를 요한다. 75*T* 아래인 경우에는 종종 구체적인 문항을 살펴봄으로써 도움을 얻을 수 있다. 공황/두려움, 자살 생각, 알코올 남용 등 특정 영역에 반응이 집중될 수도 있기 때문이다.

*F*와 F_B 척도 내용에 주어진 강조점의 차이는 특히 F_B 점수가 상승하고 *F* 점수가 그렇지 않은 경우, 딜레마를 야기한다. 이런 점수들이 수용되려면, 원칙적으로 4개 내용 척도(*DEP*, *LSE*, *WRK*와 *TRT* 척도) 중에서 적어도 2개 이상의 점수들이 *BIZ* 점수를 초과하거나 *ANX*와 *FRS* 점수가 *BIZ* 점수보다 상승해야 한다. 그렇지 않다면, F_B의 상승은 문제의 과장이나 MMPI-2 후반부에서의 주의 부족을 반영하는 것으로 해석할 수 있다. 이런 경우, 내용 척도나 검사의 후반부에 주로 포함된 다른 척도들을 해석할 때 주의를 요한다.

F_P(비전형 정신 병리) 척도

일반적인 사항들

*F*와 F_B가 정상인들의 시인율에 근거하여 만들어진 반면, F_P는 정신과 입원 환자 표집의 반응을 근거로 개발되고 교차 타당화되었다. 그 후 MMPI-2의 재표준화 표집을 대상으로 다시 한번 검증되었다. F_P에 포함되는 기준은 환자집단이나 정상집단에서 시인율이 20% 이하인 문항이었다. 환자집단의 시인율에서 시사되듯, F_P는 정신병리를 어느 정도 통제하고 개발되었다. 그 증거로, F_P와 기본 척도, 내용 척도와의 상관은 *F* 척도에 비해 2/3도 안 된다. 정신 병리로 설명될 수 있는 변량의 감소가 기대에 미치지 못하지만, F_P를 MMPI-2에서 과대보고에 가장 민감하고 특정적인 척도 즉, 허위 양성과 허위 음성이 모두 낮은 척도로 만들기에는 충분하다. 하지만, 문항의 절반 이상을 공유하는 *F* 척도나, 그보다는 덜 공유하는 F_B와 마찬가지로 F_P도 정신증에 어느 정도 민감하다. 다른 문제들도 있다. *L* 척도와 겹치는 4문항이 모두 시인된 프로파일에서, F_P의 점수는 65*T*를 넘어선다. 가족에 대한 적대감과 관련된 4개의 문항에만 시인한 경우에도 마찬가지로 잘못된 상승이 생길 수 있다. 이처럼, F_P 척도에서 비중이 큰 내용 영역의 문항에 시인한 경우, 척도가 아주 높게 상승할 수 있다. 예로, 피해의식과 관련된 2문항, 가족에 대한 적대

감과 관련된 3문항에(혹은 피해의식에 3문항, 가족에 대한 적대감에 2문항) 시인하여 원점수 5점을 얻었다면, 남성의 경우 77*T*, 여성의 81*T*가 된다. **빠른 참조 5.5**에 F_P 척도의 특징이 요약되어 있다.

주의

F_P의 큰 부분을 차지하는 영역들의 일부 문항에 시인하더라도 척도가 아주 높게 상승할 수 있다. 시인된 문항들이 한두 개의 내용 영역에 국한된다면, 대개의 경우 과대보고로 해석되어서는 안 된다. 단, *F*가 동반 상승하고 *F–K*가 높은 경우는 예외다.

빠른 참조 5.5

F_P의 기술적 특징 요약

문항 수: 27

그렇다/아니다 비율: 18/9

중복: *F* 척도와 14문항, 척도 *8*과 7문항(*Sc1* 3문항)이 겹친다. *L* 척도와도 4문항이 겹친다.

내용: 피해의식과 가족에 대한 적대감을 제외하면, F_P의 내용은 이질적이다. 피해의식 4문항 모두 *RC6*에, 3문항이 *BIZ1*에 속한다. 가족에 대한 심한 적대감을 나타내는 4문항이 피해의식 4문항과 더불어 F_P 척도의 두 하위조합을 구성한다.

다른 척도와의 관계: *F*, F_B와 높은 상관(.70)을 보이며, *F–K* 척도, 척도 *8*, *BIZ*, *PSYC*와는 중등도(.60)의 상관을 보인다.

해석

F_P 척도에는 특정 병리적 내용이 비교적 집중된 부분이 있어 해석이 복잡하다. 비교적 낮은 점수(이를테면, 75*T* 아래)는 과대보고의 가능성을 배제해 주지만, 100*T* 위의 극단적인 상승을 보이지 않는 한, 점수가 높다고 해서 과대보고를 나타낸다고 보기 어렵다. F_P의 점수가 75~100*T* 사이에 있다면, 시

인된 문항 내용의 범위를 참고하여 해석하는 것이 가장 바람직하다. 광범위한 내용 영역에 시인되었다면 과대보고가 시사된다. 하지만 시인된 문항들이 한두 개의 내용 영역에 국한되어 있다면, 과대보고로 해석해서는 안 된다. 단, F_P와 F_B가 같이 상승하고 *F-K*가 높은 경우는 예외다.

주의

F_P는 *L*, *Pd1*, *Sc1*, *FAM*, *BIZI*, *RC6*나 이들의 조합이 상승할 때 덩달아 상승할 수 있다. *L*이나 *Pd1*, *Sc1*, *FAM*, *BIZI*, *RC6* 중 여러 개의 척도가 F_P와 동반 상승했다면, 시인된 F_P의 문항들이 충분히 이질적인지 확인해야 한다.

Ds (Gough의 가장) 척도

일반적인 사항들

Gough(1954)는 신경증으로 고통받는 것처럼 반응하라고 지시받은 대학생과 정신건강 전문가들의 반응을 실제 신경증 환자집단의 반응을 비교하여 *Ds* 척도를 개발하였다. 신경증을 가장하는 집단과 실제 신경증 환자집단을 변별해 주는 문항들은 명백히 비정상적인 특징을 보였지만, 특정한 임상 장애의 범주에 넣기는 어려웠다. 이들 문항에 함축된 정신 병리의 수준은 전반적으로 경미한 수준에서 중등도 정도에 해당했다. *F*나 F_B, F_P의 경우처럼 병리 수준이 노골적이거나, 심각하거나, 압도적이거나, 혹은 극도로 일탈된 정도는 아니었다. *Ds* 척도는 과대보고를 보기 드물게 잘 탐지해 낸다(Greene, 2011 참조). 이 장에서 살펴보았던 다른 과대보고 척도들에 비해, *Ds* 척도는 특히 수검자가 정신증적으로 보이기를 원치 않으면서 과장이나 꾀병을 시도하는 경우에 민감하다. 이러한 반응 양식은 형사소송보다는 상해나 스트레스로 인해 고통받고 있다고 주장하는 민사소송이나 고용 장면에서 흔히 나타난다. 척도를 제작한 방법을 고려할 때, *Ds*는 다른 과대보고 척도들에 비해 부정적인 인상관리에 더 민감하다. 즉, 정교하게 부정왜곡하려는 노력을 잘 탐지한다(104~108쪽의 *Mp*와 *Sd*를 보라; **빠른 참조 5.6**에 *Ds* 척도의 기술적 특징이 요약되어 있다).

빠른 참조 5.6

*Ds*의 기술적 특징 요약

문항 수: 58

그렇다/아니다 비율: 48/10

중복: 척도 *8*과 19문항(*Sc1*과의 8문항), *F*와 11문항, *PK*와 10문항, *PS*와 9문항, 그리고 *HEA*, *FAM*과 각 8문항이 겹친다. 다른 과대보고 척도들에 비해, 이 척도는 *BIZ*와는 공유하는 문항이 없고, *PSYC*, *RC8*과 각각 2개의 문항만이 겹친다.

내용: *Ds*의 내용은 아주 이질적이지만 일반적인 의기소침, 불안정성, 건강염려, 무능력, 장해, 대인관계에서의 비교적 심각한 소외감 등을 강조한다. 심각한 우울 증상이나 정신증적인 증상이 반영된 문항은 거의 없다.

다른 척도들과의 관계: 척도 *8*이 상승하면 *Ds* 점수도 올라간다. 사실 *Ds* 점수는 전반적인 부적응이나 주관적인 고통을 측정하는 다른 모든 척도에 의해 상승될 수 있다. 특히 *PK*, 척도 *7*, *A*와의 상관은 .85~.90 정도이다. *F-K*와 *Ds*의 상관은 .90이다.

해석

F, F_P, F_B의 경우와는 달리, 정신 병리를 과대보고하려는 수검자나 환자들은 *Ds* 문항에 쉽게 시인한다. 특히 증상을 과장하는 수검자들이 환자들보다 3~4배 정도 더 많이 시인한다. 따라서 55~80*T* 사이의 점수에 대해서는 일반적으로 언급할 필요가 없다. 55*T* 아래일 경우, 자기 보고에 대한 선택적인 접근이 시사되며, 프로토콜의 신호 대 소음(signal to noise) 비율이 비교적 높은 경향이 있다. 그만큼 프로토콜이 수검자를 잘 반영한다. 80~90*T* 사이의 점수일 때에는 해석이 애매하다. 90*T*를 넘어서면, 과장이나 정교한 꾀병이 시사된다. 80~100*T* 범위 이하의 점수에서도 꾀병 경향을 배제할 수는 없다. 일부 수검자들이 환자들이 흔히 시인하는 *Ds* 문항은 간과하고 병리적으로 심한 문항, 즉 *F*, F_B, F_P의 문항에만 선택적으로 반응했을 수도 있기 때문이다. 하

지만 이는 예외적인 경우이다. 꾀병을 부리는 사람들은 전형적으로 아주 심각한 수준의 문항에서 전혀 그렇지 않은 문항에 이르기까지 모든 수준의 문항에 반응한다.

Ds 척도의 점수가 중등도에 머물면서 F, F_B, F_P 척도나 이들 척도의 조합이 매우 상승해 있다면 치밀하고 극단적인 과대보고의 경향(꾀병)을 의심해 볼 수 있다. 이들 4개의 척도가 모두 상승한 패턴은 실제 정신 병리가 있는 환자가 자신의 증상이나 고통을 과장하려고 하는 경우에도 흔히 나타난다. 하지만, 이런 견해가 경험적으로 확인되지는 못하였다. 한편, *Ds*가 극단적으로 상승하고 반면 F나 F_P가 그다지 상승해 있지 않다면(이 경우 F_B 점수는 해석이 애매하다), 상해나 스트레스와 관련된 권리를 강화하려고 비정신증적 어려움을 가장하거나 선택적으로 과장하려는 시도를 시사한다.

낮은 점수

정신과 환자들이 보이는 55*T* 아래의 점수는 환자가 자신의 증상이나 문제를 분명하고 정확하게 기술하기 위해 문항을 매우 선별하여 선택적으로 반응했음을 의미한다. 이 경우 임상 척도들이 뚜렷이 상승한 패턴을 보인다면 환자와 임상 프로파일이 보기 드물게 잘 들어맞는다(Caldwell,1988). 45*T* 아래의 점수는 정신 장애와 일치하는 증상이나 태도가 거의 없음을 시사한다. 지나치게 방어적인 태도로 문항에 반응했을 가능성이 있다.

F_S(비전형 신체 반응) 척도

일반적인 사항들

F_S 척도는 Wygant(2008)에 의해 새로 개발된 척도이다. 이 척도는 a) 두부 손상 장애의 증상을 가장하도록 지시받은 사람들을, b) 신경심리학적 증상 타당도 검사에서 실패한 환자들이나, c) 두부 손상의 과거력이 확인된 환자들로부터 구분해 주는 문항들로 구성되어 있다. **빠른 참조 5.7**에 F_S 척도의 특징이 요약되어 있다.

빠른 참조 5.7

F_S의 기술적 특징 요약

문항 수: 16

그렇다/아니다 비율: 12/4

규준 남자: 평균 1.01; 표준편차 1.21 여자: 평균 0.99; 표준편차 1.26

중복: MMPI-2의 신체 관련 요소와 비교적 겹친다. *Sc6*과 5문항이 겹치고, 상관은 .80 초반 대이다. 척도 *1*, *HEA*, *RC1*과는 각각 3개, 7개, 4개의 문항이 겹치며, 이들 척도 간의 상관은 .70~.80 정도이다. 3문항을 공유하는 *FBS*와는 .60 정도의 상관이 있다.

내용: 문항에는 다양한 신체 증상이 포함되어 있다. 특히 다소 독특하며 흔히 호소되지 않는 청력이나 미각, 후각의 감각 이상, 신경 근육이나 신경 인지적 발작, 경련, 위장 관련 문제 혹은 수면 문제를 강조한다. 문항의 절반 정도가 머리나 목 부위의 증상을 다루고 있다.

다른 척도와의 관계: *HEA*와 *Sc6*이 상승할 때, 그리고 정도는 약하지만 척도 *1*과 *RC1*이 상승할 때 F_S도 상승하는 경향이 있다.

해석

5점 이상의 원점수는 80*T* 정도에 해당되며, 높은 점수로 간주된다. 이 경우 의학적 이상이 의심되므로 이비인후과나 신경과적 자문을 고려해야 한다. 점수가 낮은 경우에는 특별히 언급할 만한 내용이 없다. 새로운 척도인 만큼, F_S에 대한 해석 기준이 아직은 명확하지 않다. 하지만, *Sc6*과 5문항을 공유하므로 해석이 복잡해질 수 있다.

FBS (증상 타당도[흔히, 부정 왜곡] 척도)

일반적인 사항들

FBS 문항은 개인적 상해소송의 맥락에서 볼 수 있는 꾀병을 탐지하지 위해 Lees-Haley 등에 의해 합리적인 방식으로 선정되었다(Lees-Haley, English, & Glenn, 1991). 이 척도는 주로 상해소송 사례에서 고소인이 주장하는 내용

의 신빙성을 떨어뜨리기 위한 목적으로 사용되어왔다. 현재로서는 의학적으로 상해나 장해가 확인된 사람과 꾀병으로 확인된 집단에 대한 문항들의 변별력을 보여 주는 만족스러운 타당화 절차가 필요한 실정이다.

*FBS*에 대한 심리학적 문헌들은 방대하다. 최근의 개관으로 Butcher(2011), Greiffenstein, Fox, Less-Haley(2007)가 있다. 독자들은 이 두 출처에 인용된 문헌들을 참고할 수 있을 것이다. *FBS*는 심리학적 문헌의 주류에서 벗어난 여러 학술지에서 돋보일 정도로 논란이 되고 있다(예로, Armstrong, 2008; Morris, 2008; Sims, Perillo & Berman, 2009를 보라). 특히 이 척도의 취약성에 대한 우려의 목소리가 있다. 허위 양성이 지나치게 높고, 여성과 장애인에게 편향적이라는 것이다(Butcher, Arbisi, Atlis, & McNulty, 2003, 2008; Butcher, Gass, Cumella, Kally, & Williams, 2008; Gass, Williams, Cumella, Butcher, & Kally, 2010; Nichols, Greene, & Williams, 2009; Williams, Butcher, Gass, Cumella, & Kally, 2009; 그리고 이들 문헌에 인용된 참고 문헌들). 이러한 우려는 적어도 6건의 상해소송 사례에서 *FBS*가 Frye 기준을 충족시키지 못하는 결과를 초래하였다.

*FBS*에 내재된 여성 차별적인 편향은 다음의 사항들에서 쉽게 입증된다.

1. 척도 *1*, 척도 *3*, *HEA*, *RC1*과 같은 주요 신체화 척도의 원점수 평균에서 여성이 남성보다 언제나 1점 정도 높다.
2. *S*, *S1*과 *CYN1*의 남, 녀 평균 점수는 원점수로 0.5점 정도 차이가 있다. *FBS*에서처럼 사람을 신뢰하는 쪽으로 여성들이 점수를 더 받는다.
3. *FBS*는 여성적 성역할(*GF*) 척도와 채점 방향으로 2문항이, 남성적 성역할(*GM*) 척도와 채점 반대 방향으로 4문항이 겹친다. 따라서 여성의 *FBS*가 높아지게 된다.
4. MMPI-2 재표준화 표집에서 여성의 평균 *FBS* 점수(13.76, SD=4.14)는 남성(11.67, SD=3.81)에 비해 원점수로 2점 정도 높다. 따라서 절단점을 얼마로 하건 여성의 *T*-점수가 상대적으로 낮게 나온다.

빠른 참조 5.8에 *FBS*의 기술적 특징이 요약되어 있다.

빠른 참조 5.8

*FBS*의 기술적 특징 요약

문항 수: 43

그렇다/아니다 비율: 18/25

규준 남자: 평균 11.67; 표준편차: 3.81 여자: 평균 13.76; 표준편차 4.14

중복: *RC1*과 10문항이 겹치고 .80 정도의, 그리고 척도 *1*(13문항 중복), *HEA*(14문항 중복)와는 이보다 약간 높은 상관이 있다. *Fs*와는 3문항이 겹치고 .60 정도의 상관이 있다. 척도 3과 14문항(*Hy4*에 8개, *Hy2*에 3개, *Hy3*에 3개)이, 척도 *8*과 7문항(*Sc6*에 3개)이 겹치고, *PK*와 6문항, *WRK*와 5문항이 겹친다. *S* 척도와 8문항(*S1*에 5개)이 겹치고, *CYN1*과는 5문항(역채점)이 겹친다.

내용: 대략 1/3 정도의 문항이 신체적인 내용이고, 또 다른 1/3은 다양한 종류의 고통에 대한 것이다. 나머지 문항의 상당수가 신뢰나 정직함과 같은 긍정적인 성향(즉, 낮은 냉소주의)을 나타낸다. *Fs* 척도와는 신체적 내용의 13문항 중 3문항이 겹쳐 중복이 적다. *Fs* 척도의 제작과정을 고려하면, 겹치지 않는 10문항은 실제 두부 손상의 과거력이 있거나(Wygant, 2008을 보라) 추측하건대, 의학적 상태나 장애가 확인된 환자들이 비교적 높은 빈도로 선택하는 문항일 수 있다.

다른 척도와의 관계: 위의 중복 부분을 보라. *FBS*는 신체 관련 척도, 특히 척도 *1*, *HEA*, *RC1*, *Hy4*와 동반 상승하는 경향이 있다. 정도는 덜하지만 *Fs*, *Sc6*과도 동반 상승한다. *FBS*의 상승은 냉소적 태도를 부인하는 쪽으로 상관이 있다(높은 *S*, *S1*, *Hy2*, *Pa3*; 낮은 *CYN*, *CYN1*, *RC3*). *RBS*와의 상관은 .65 정도이다.

해석

FBS 점수의 해석에 문제가 있음이 밝혀졌다. 척도의 제작자들이 권고한 절단점이 시간이 지남에 따라 20점대 초반에서 30점으로, 심지어는 그 이상으로 높아졌다. 최근 출판된 이 척도의 매뉴얼(Ben-Porath, Graham과 Tellegen, 2009) 역시 경험적으로 명확하게 뒷받침되는 지침이 부족하다. 더구나 제안된 대부분의 절단점은 꾀병 판정에서 허위 양성의 잠재적인 위험과 관련 있다. 특히 대상이 여성과 장애인들일 경우에 그렇다. 일부 연구자들(Ben-Porath

& Forbey, 2003; Ben-Porath와 Tellegen, 2008)이 제안한 성별을 무시한 *T*-점수는 이 문제를 완화하기보다 더욱 심각하게 만드는 것 같다. 이런 이유로, *FBS* 원점수가 남성의 경우 30점, 여성의 경우 34점을 넘지 않으면서 *FBS T*-점수가 척도 *1*과 척도 *3*, *HEA*, *RC1*의 *T*-점수보다 높지 않다면, 꾀병으로 추론하는 것은 위험하다.

RBS (반응 편향 척도)

일반적인 사항들

RBS(Gervais, Ben-Porath, Wygant, & Green, 2007)는 신경인지 타당도 검사에서 실패한 사람들을 탐지하기 위하여 경험적으로 추출된 새로운 척도이다. 이 척도는 두부 손상 없이 장애 보상을 요구하는 대규모 표집의 반응을 근거로 개발되었다. 제한적이기는 하나 후속 연구들은(Gervais, Ben-Porath, Wygant, & Green, 2008; Nelson, Sweet, & Helibroner, 2007; Smart et al., 2008; Whitney, Davis, Shepard, & Herman, 2008) 이 척도가 증상 타당도 검사에서 실패하는 사람을 탐지하는데 *F* 척도나 F_P, *FBS*보다 우수함을 시사하고 있다. **빠른 참조 5.9**에 *RBS*의 기술적 특징이 요약되어 있다.

빠른 참조 5.9

_RBS_의 기술적 특징 요약

문항 수: 28

그렇다/아니다 비율: 19/9

규준 남성: 평균 5.03; 표준편차 2.32 여성: 평균 4.91; 표준편차 2.45

중복: F_S, *FBS*와 달리, 문항 내용이 매우 이질적이다. *FBS*, *RC1*과 각 4문항이, F_S와는 2문항이 겹친다. 반면 척도 *7*, *0*과는 각 6문항이 겹치고, 척도 *8*과는 9개 문항을 공유한다(*Sc3*에 3문항, *Sc4*에 3문항, *Sc6*에 4문항). 척도 *7*, *8*과 .70~.75의 상관이 있고, *F*, F_B, *FBS*, *RCd*, *RC1*과는 .60~.70 정도의 상관이 있다.

내용: *RBS* 문항에는 일정한 주제나 핵심적인 내용이 없다. 문항은 신체에 대한 관심에서부터 불쾌감, 기억력과 집중력 문제, 조종 망상에 이르기까지 다양하다.

다른 척도와의 관계: 척도 *8*과 .75, 척도 *7*과 .72, *RCd*와 .68, *F* 및 F_B와 .67의 상관이 있다. 또한, *FBS*와 .65, *RC2*와 .60, F_P와 .36의 상관이 있다(Gervais 등, 2007).

해석

Gervais와 동료들은(2007) 17점을 절단점으로 제안하였다. 이 점수는 신경인지 증상 타당도 검사에서 하나 이상 실패하는 것과 관련 있다. *FBS*와는 달리 *RBS*는 적어도 인지 장애를 가장하는 꾀병 환자를 가려내는 데 있어 허위 양성의 비율이 상당히 낮아 보인다. 따라서 꾀병에 대한 지표로 *FBS*만 고려하지 말고 *RBS*도 함께 살펴보길 권한다. 평가 상황의 특성에 따라 절단점이 높아지기도 하고 낮아지기도 하지만, 일반적으로 *RBS*는 *FBS*에 비해 상당한 장점이 있다. 신경 인지적 꾀병 환자를 가려내기 위해 고안된 MMPI-2 척도 군에 이 척도가 추가되는 것은 매우 전망이 밝아 보인다. 낮은 점수는 크게 의미가 없다.

Gough의 *F–K* 지표

일반적인 사항들

F–K 지표는 *F* 척도와 *K* 척도의 원점수 차이를 말한다. 이 지표의 값이 0보다 크면 과대보고와, 작으면 과소보고와 관련 있다. Gough(1947, 1950)는 신경증 환자나 정신증 환자처럼 MMPI를 수행하도록 지시받은 정신건강 전문가 집단의 *F*와 *K*의 값을 환자집단과 비교하여 이 지표를 개발하였다. 이 지표는 환자 프로파일이나 정신증을 가장 혹은 과장하려는 비환자집단의 프로파일을 구분해 준다. 그러나 실제 환자집단과 환자를 가장한 집단의 프로파일을 구분하는 최적의 절단점은 연구와 표집에 따라 달랐다. Rothke 등(1994)은 몇몇 환자와 비환자 표집의 *F–K* 분포의 특징을 나타내는 자료를 보고하였다. 연구와 실제에서, *F–K* 지표는 과소보고보다 과대보고를 탐지하는데 훨씬 유용하였다. *F–K* 지표는 정신과 환자집단에서 *F*와 상관(.90 정도)이 매우 높다.

하지만 일부 연구에서, 이 지표는 *F* 척도를 단독으로 사용할 때에 비해 증상의 과장이나 꾀병을 가려내는 데 다소 비효율적이었다.

해석

정신 병리를 과장하려는 정신과 환자들의 경우, *F-K* 지표의 값이 대부분 20~25 범위에 있다. 15~20은 애매한 범위로, 환자의 임상적 상태에 따라 다르다. 혼란되어 있거나 자신의 고통이나 불편을 극적으로 표현하고자 하는 환자의 경우 15~20 정도의 값을 드물지 않게 볼 수 있다. 25를 초과하는 값들은 과장을 의미한다. −11에서 −16 정도의 값은 증상이나 고통이 없음을 강조하면서 자기 자신을 지나치게 우호적으로 나타내고자 함을 의미한다. −16에서 −20점 정도일 때에는 이런 편향이 더욱 강조된다. 정신과 환자 전집에서 이런 점수를 보인다면, 통찰 능력이 부족하거나, 평가 상황을 두려워하거나, 아니면 퇴원과 같은 특정 목적이 있을 가능성이 크다. −21점 아래의 *F-K* 값은 매우 방어적인 반응 양식을 의미한다. 많은 경우에, 이런 극단적인 점수는 정신증 상태에서 통찰 능력이 매우 부족함을 의미한다. 특히 편집증 상태에서 그렇다.

그렇다 반응 비율(*T*%)

일반적인 사항들

MMPI-2에서 대부분의 비신체적 문항은 **그렇다**에 반응할 때 채점된다. 따라서 **그렇다**에 반응한 문항의 비율을 알면, 이 환자가 어떤 태도를 가지고 MMPI-2를 완료했는지 대략 짐작할 수 있다. 그렇다 반응 비율(*T*%)의 값은 일반적으로 30~40% 정도이다. 이보다 높은 *T*%는 *F*나 척도 *6*, *8*, *9*의 상승과 관련 있다. 매우 낮은 *T*%(즉, 높은 *F*%)는 *L*, *F*, *K* 및 척도 *1*, *2*, *3*, *4*, *8*의 상승과 관련 있다.

해석

정신과 집단에서 *T*%의 값이 25%~60%의 범위를 벗어나는 양극단에 있다면 관심을 가질 만하다. 높은 값들은 묵종적인 반응 양식을 반영한다. 무분별하게 부종적으로 반응했다면 *TRIN*도 같이 높아진다. 문항에 그렇다 쪽으로 반응하는 편향은 증상을 과장하는 조야한 시도를 시사한다. 따라서 대개의 경우 *F*, F_P, F_B, *Ds* 점수들이 극단적으로 높아진다. 높은 *T*% 값을 보이면서, 일관성의 정도와 상관없이 *F*, F_P, F_B, *Ds* 점수가 극단적으로 높지는 않은 패턴을 보이는 유일한 임상 집단은 양극성 조증 환자이다. 그리고 이 지표에서 보기 드물게 낮은 값을 보이는 임상 집단은 신체화 장애 환자들이다. *T*% 값이 15~70의 범위를 벗어나는 프로토콜은 해석하지 않는 것이 좋다. 이런 프로파일은 대부분 편향된 반응의 결과이며, 왜곡이 심해 성격 기술을 오도하는 근거가 되기 때문이다.

과소보고 척도

과소보고 척도들은 두 개 주요 부류로 나눌 수 있다. 1) 무심결의 호의적인 자기 제시에 민감한 척도들과, 2) 정신 병리를 부인하거나 최소한으로 보고하려는 용의주도한 노력에 민감한 척도들이다. 이러한 구분은 Paulhus(1984, 1986)의 연구를 따르고 있다. 그는 사회적 바람직성 반응에 대한 2 요인 모델을 제안하면서 '자기기만'과 '인상관리(타인기만)'라는 용어를 사용하였다. 자기기만은 무심결의 호의적인 자기 제시를, 인상관리는 병리를 최소한으로 보고하려는 용의주도한 노력을 말한다. 이 두 요인은 과소보고 연구에서 나왔으나 과대보고에도 적용할 수 있다. Paulhus의 결과는 Wiggins (1964)의 연구를 반복 검증한 것이다. Paulhus의 결과 역시 이후에 반복 검증되었으며(Nichols & Greene, 1988), 훗날 Nichols와 Greene(1997)에 의해 논의되었다. 이 절에서는 자기기만 척도와 인상관리 척도를 각각 3개씩 다루도록 하겠다. 3개의 자기기만 척도는 *K*, 과장된 자기 제시(*S*; Butcher & Han, 1995), 그리고 사회경제적 지위(*Ss*; Nelson, 1952) 척도이다. 3개의 인상관리 척도는 *L*, 정적 꾀병(*Mp*; Cofer, Chance, & Judson, 1984), 그리고 사회적 바람직성(*Sd*; Wiggins, 1959) 척도이다. 즉, *L*, *Mp*, *Sd*는 인상관리에, *K*, *S*, *Ss*는 자기기만에 민감하다. 먼저 MMPI-2의 타당도 척도에 속하는 *L*, *K*, *S* 척도를 소개하고,

이어서 *Ss*, *Mp*, *Sd* 척도를 다루겠다.

L (부인) 척도

일반적인 사항들

인상관리 척도의 하나인 *L* 척도는 Hartshorne과 May의 기만에 관한 연구(1928)에서 얻어진 문항들을 적절히 수정하여 합리적으로 개발되었다. *L* 척도의 문항들은 흔히 말하는 거짓말의 의미를 함축고 있지 않다. 문항들은 단지 사소하고 흔히 보일 수 있는 성격상의 결함이나 규범의 위반을 부인하는 내용이다. 이런 결함들은 백인 문화권에서 너무 흔한 나머지 사회적 비난을 전혀 혹은 거의 받지 않는다. 따라서 이런 결함조차 부인하는 것은 둔감하지는 않더라도 순진하다고 볼 수 있다. 이런 결함조차 받아들이지 못하는 사람들(말하자면 상응하는 덕목을 주장하는 사람들)은 대개 문화적 주류 밖의 사람들이다. 이들은 문항이 사회적 덕목을 나타내고 있음을 알아볼 수는 있으나, 사람들이 그러한 덕목을 주장하리라 기대되지 않는다는 것을 이해하지 못한다. 이런 문화적 아웃사이더 중에는 양심과 도덕적 가치에 대해 이례적으로 매우 높은 기준을 고수하려는 성직자들, 미국 문화권의 규범에 아직 동화가 되지 않은 이민자나 하위문화 집단들(호피족 같은), 그리고 이런 규범에 대해 전체적인 인지적, 맥락적 접촉의 기회가 부족했던 제한된 교양을 가진 사람들이 있다.

이런 집단과는 별도로, 환자를 포함하여 주류 문화권에 속하는 사람 중에서도 평가 상황을 자신의 도덕적 기준, 심지어 도덕성이 평가되는 상황으로 오해하고 위협감을 느끼는 사람들이 있다. 사소한 결함뿐 아니라 증상, 불쾌감, 대인관계 어려움, 지각된 부정적 특성과 태도 등도 부인하려고 애쓰기도 한다. 반면, 자신의 증상과 문제에 대해서는 숨김없이 드러내면서도 도덕적 약점이 드러나게 되지 않을까 두려워한 나머지 이 부분에 대해서만큼은 방어적으로 임하는 사람들도 있다. 두 부류 모두 자신들이 부도덕한 사람으로 판단될지도 모른다는 두려움으로 인해 *L* 척도가 상승하게 된다. 두 집단 모두 임상 척도 점수가 낮아지는 경향이 있다. 증상을 부인하는 경향이 있는 전자의 경우 특히 그렇다.

인상관리 척도 중에서 *L* 척도는 가장 손쉽게 조작될 수 있는 취약한 척도이다. 문항 내용이 도덕적이라는 것을 쉽게 알 수 있으므로, 쉽게 피할 수 있다. 정상인이건 환자들이건 대부분 *L* 척도 문항에 잘 시인하지 않는다. 정상인의 평균은 3.5문항에 불과하며, 환자의 경우 이보다 약간 높다. 이 척도의 점수는 교육 정도와 지능 수준, 문화적 세련됨과 부적 상관이 있다. 즉, 지적이고 잘 교육받고 문화적으로 적응하고 있는 세련된 수검자들은 낮은 점수를 받는 경향이 있다. 심지어 과소보고하려는 동기가 높을 때도 그렇다(**빠른 참조 5.10**에 있는 *L* 척도의 요약을 보라).

빠른 참조 5.10

*L*의 기술적 특징 요약

문항 수: 15

긍정/부정 비율: 0/15

중복: *L* 척도는 *Sd*와 7 문항, *Mp*와 6 문항이 겹친다.

내용: *L* 척도의 내용은 명백하다. '항상 진실을 말한다'와 같이 지나칠 만큼 도덕적이어서 현실적으로 행하기 어려운 내용을 담고 있다. 문항에 대한 '아니다' 반응이 도덕적 결함의 부인을 의미하도록 기술되어 있다.

다른 척도와의 관계: *L* 척도는 다른 인상관리 척도들인 *Mp*(.65)와 *Sd*(.54)와 중등도의 상관을 보인다.

해석

L 척도는 교육수준이나 지능, 전반적으로 세련된 정도와 같은 요인들의 영향을 받는다. 따라서, 기술된 해석적인 범위는 근사치를 나타낸다. 평균 이상의 *L* 점수가 지적이고 교육수준이 높은 수검자에게서 나온다면, 상승 정도에 관계없이 주목할 만하다. *L* 척도의 점수를 상승시키는 요인에는 여러 가지가 있으나 중복되는 두 부류로 나눌 수 있다. 1) 자신의 반응이 평가되는 것을 염려

하는 두려움에 근거한 동기와, 2) 임상가를 속이거나 오도하려는 인상관리가 주요 동기인 경우이다. *Mp*와 *Sd* 두 척도는 *L* 척도보다 인상관리에 더 민감하므로, 이 두 척도의 점수를 참조하면, *L* 척도를 상승시키는 요인을 구분할 수 있다. *Mp*나 *Sd*가 65*T*를 넘어서면 도덕적 판단에 대한 두려움보다는 인상관리를 하려는 동기에 의해 *L* 척도가 상승했을 가능성이 크다.

65~70*T* 정도의 점수는 도덕적 견해에서의 경직성이나 순진함을 시사한다. 또한, 수검자가 건강에 대한 염려나 불쾌감과 같은 중요한 문제는 드러낼 수 있지만, 도덕적인 면에 대해서는 부정적으로 판단될 만한 소지를 보이지 않으려고 자기표현을 제한하였음을 의미한다. 이런 환자들은 전반적으로 세련되지 못하고, 특히 통찰력이 부족하다. 이들은 자신이 다른 사람들에게 어떻게 받아들여지고 있는지에 대한(즉, 자신의 사회적 자극가에 대한) 인식이 아주 부족한 경우가 많다. 이들의 자기개념은 비현실적일 수 있다. 도덕성과 자기조절에 대한 이미지를 보여 주고자 애쓰지만, 이런 노력은 성공적이지 못한 경향이 있고, 오히려 역효과를 낳기도 한다. 다른 사람들은 이들을 도덕적이라고 평가하기보다는 오히려 자기중심적이고, 진부하고, 독창적이지 않고, 사고가 경직되어 있으며, 관심사가 제한되어 있고, 시야가 유연하지 못하고, 고지식하다고 여긴다. 이들은 또한 익숙하지 않은 상황이나 생각에 대한 적응이 느리고, 그로 인해 스트레스를 받는다. 특히 대인관계로 인한 스트레스에 취약하다. 정신과 장면에서 신체화 장애 환자들이 이 범위의 *L* 척도 점수를 심심치 않게 보인다. 더불어 척도 *1*, *2*, *3*이 동반 상승해 있고, 이들 척도의 조합인 *3-1*, *2-3* 등의 상승을 함께 보인다. 일부 조증 환자들(척도 *9*가 동반 상승된)과 편집증적 증후군을 나타내는 환자들도 이 범위의 *L* 점수를 보인다. 특히 편집증적 환자들의 경우, *L* 척도만 단독으로 상승할 수도 있다. 극단적으로 *L* 점수가 높은(80*T* 위의) 경우에는 경직되고 광범위한 부인을 의미한다. 그 결과, 모두는 아니더라도 대부분의 임상 척도가 낮아지게 된다. 이 범위의 점수는 또한 아니다 반응을 하려는 편향(낮은 *T*%)에 의해서도 나타날 수 있다. 이런 프로파일들은 대개 왜곡되어 있으며, 이후 임상 척도나 기타 척도의 해석을 제대로 할 수 없게 만들 가능성이 있다.

65*T* 위의 점수는 인상관리를 위해 도덕적으로 보이고자 노력할 때 종종 나

타난다. 이런 점수들은 자녀 양육권 심사 시에 특히 잘 나타난다. 양육권 심사의 경우 60~65*T* 정도의 점수는 기본이다. 또한, 채용 심사, 특히 대학 교육이 필요 없는 직종의 심사 시에도 흔히 이런 점수를 볼 수 있다. 중등도 범위(55~65*T*)의 상승은 65*T*를 넘어설 때와 유사한 패턴의 특성과 동기를 보이나 그 정도가 약하다. 즉, 이 범위의 점수에 속한 사람들은 순종적이고, 관습적이며, 유연성이 부족한 패턴을 보일 수 있지만, 정도가 경미하여 임상 척도 프로파일을 지나치게 왜곡시키지는 않는 경향이 있다. 이 범위의 하단에 있는 점수 역시, 반드시 오도하려는 것은 아니지만, 품위 있는 이미지를 통해 호의적인 인상을 주려는 비교적 세련된 수검자들에게서 볼 수 있다.

낮은 점수

45*T* 아래의 점수는 솔직하게 사소한 잘못과 결함을 드러내는 것을 의미한다. 그러나 내용 영역에 따라 솔직하고 개방적일 수도 있고, 그렇지 않을 수도 있다. 낮은 점수를 보이는 사람들은 다른 사람들이 그들을 어떻게 보는지에 대해, 편안하거나 확신에 차 있지는 않더라도, 대체로 크게 상관하지 않으며, 동요되지 않고, 침착해 보인다. 때로 '있는 그대로'의 자신을 보라는 듯이 드러내기 위해 비상한 노력을 기울이는 것처럼 보이기도 한다.

K 척도

일반적인 사항들

K 척도는 원래의 타당도 척도 중 마지막으로 제작된 척도이다. 이 척도의 일차적인 기능은 자기기만 척도이나 인상관리에도 민감하다. 이 척도는 입원한 상태에서 심각한 정신 병리를 보이지만, 프로파일 상으로는 정상범위 내(WNL)에 있는 환자들의 허위 음성을 줄이기 위해 만들어졌다. Meehl과 Hathaway(1946/1980)는 WNL 프로파일을 보이면서 *L* 척도가 60*T* 이상이고 행동 장애를 보이는(즉, 신경증이나 정신증의 증상은 거의 없는) 50명의 입원 성인 환자(남녀 각 25명)들의 반응을 기본 임상 척도의 개발에 사용했던 정상인 대조집단의 반응과 비교하였다. 성별에 따라 개별 분석이 이루어졌다. 그 결과 자기 호의적인 방향으로 채점되는 22문항의 예비 척도(L_6이라 불림)가

만들어졌다. 후속 연구 결과, L_6은 허위 양성과 허위 음성 사례를 모두 감소시키나, 심한 조현병이나 우울증에는 충분히 민감하지 못하였다.

이를 교정하기 위해, 다음의 두 가지 조건을 충족시키는 8개 문항이 추가되었다. 즉, a) 정신 병리를 과대보고(n=54)하거나 과소보고(n=53)하도록 지시받은 심리학과 남학생 집단에서 시인율의 변화가 적으면서, b) 우울증 및 조현병 준거집단과 정상인 대조집단을 잘 구별해 주는 문항이다. 이 문항들이 L_6에 추가되어 우울증이나 조현병 쪽으로 채점되었다. 그 결과 척도의 민감성이 높아졌고, 지금의 *K* 척도가 되었다. *K* 척도의 문항들은 *L* 척도의 문항들보다 교묘해서, 정신병리를 과대보고하거나 과소보고하려는 의식적인 노력의 영향을 훨씬 덜 받는다.

MMPI/MMPI-2의 문항들이 대부분 그렇듯이 *K* 척도의 문항들도 정신 병리와 반응 양식에 민감하다. 병리적인 방향으로(즉, L_6의 문항과는 반대되는 방향으로) 채점되는 8개 문항이 추가되면서 일부 정신 병리 변량들이 최종 척도에서 중성화되었다. 결국 *K*는 검사 태도의 비교적 순수한 측정치로 남게 되었다. 높은 점수는 과소보고를, 낮은 점수는 과대보고를 의미한다. *K*가 완성된 이후, McKinley, Hathaway와 Meehl(1948/2000)은 기본 MMPI 척도들에 대하여 *K*의 가중치를 개발하였다. *K* 가중치란 척도의 원점수에 더해지는 *K*의 일정 비율을 말한다. 가중치를 기본 척도에 적용했을 경우, 200명의 정상 표집(남녀 각 100명)과 다양한 수(36~101명에 이르는)의 새로운 입원환자 시험사례에 대한 변별력이 증가하였다. 환자집단은 기본 척도를 개발하면서 사용했던 원래의 준거집단과 매우 유사하다고 판단된 집단이다. 연구자들은 척도 *1*, *4*, *7*, *8*, *9*에 각각 .5, .4, 1.0, 1.0, .2의 *K*를 더했을 때 정상집단과 시험사례의 분포가 최대한으로 차별화됨을 발견하였다. 반면, 척도 *2*, *3*, *6*의 경우, *K*의 일정 부분을 더하더라도 분포에서의 차이가 증가하지 않았다. 하지만, 예기치 않게 저자들은 "특정한 임상 척도에 더해지는 *K*의 최적치가 이미 척도에 포함되어 있는 '모호' 문항의 비율과 반비례 관계를 보이는 경향"을 관찰하였다(pp. 68-69).

이는 중요한 통찰이다. 앞서 언급한 바와 같이, *K* 척도는 모호해서 점수를 조작하려는 의도적인 정교한 노력에 상대적으로 강한 편이다. 따라서 *K*는 그

적정 비율을 더함으로써 내용이 너무 명백한 문항들로 구성된 척도들(즉, 과소보고나 과대보고에 영향을 받기 쉬운 척도들)의 약점을 상쇄시키는 공통 문항집으로 기능할 수 있다. 요컨대, *K*-교정의 의도는 모호 문항이 부족한 척도에 부족한 양만큼의 모호 문항을 빌려주는 것이다. *K* 가중치의 타당성을 입증한 연구는 거의 없다. *K* 가중치가 고안된 이래 65년 동안 문항 반응 패턴의 변화는 이 가중치가 더이상 최적이 아님을 보여 주기에 충분하다. 심지어, *K*가 애초와는 달리 더이상 임상집단과 정상집단을 만족스럽게 구분해 주지 못할 정도로 *K* 문항에 대한 반응 패턴 자체가 변했다는 의문도 제기되었다. 따라서 *K* 척도를 수정하거나 새로 만들어, 현재에 적합한 가중치를 확립하는 것은 앞으로 해야 할 주요 과제이다. 그렇다 해도, 정신과 장면에서 과소보고나 과대보고의 영향을 억제하는 이 척도의 교정기능과 그 기본논리는 설득력이 있다. 현재의 증거로 볼 때, *K*-교정이 다른 장면에서도(고용 선별, 민사소송이나 형사소송 맥락, 종합병원, 심지어 비교적 경미한 부적응 패턴이나 상황적인 위기로 인해 어려움을 겪고 있는 정신건강 소비사들에 이르기까지) 정당화될수 있을지는 불명확하다.

K 척도는 자기기만 척도의 하나이다. 이 척도는, 정신 병리를 과대보고하거나 과소보고하려는 계산된 시도를 부추기는 상황적인 유인가보다는, 일차적으로 비교적 안정적이고 깊게 뿌리박힌 자기 태도에 민감하다. 그렇다고 *K* 척도가 이런 상황적 유인가에 둔감한 것은 아니다. Caldwell(1999년 6월 25일, 사적인 대화에서)은 *K* 척도의 변량을 다음의 세 가지 주요 근원으로 나누어 볼 수 있다고 주장하였다. 즉, 사회경제적 지위(1946년에 Meehl과 Hathaway에 의해 강조된 근원), 인상관리, 그리고 정서적 압박감이다. 사회경제적 지위에 대한 지표로 *Ss*를, 인상관리의 지표로 *Mp*와 *Sd*를, 정서적 압박감에 대한 지표로 *R*을 사용하여, Caldwell은 **그림 5.1**과 같이 *K*와 이들 척도와의 상관관계를 표로 조직화하였다.

Caldwell이 *K* 척도 변량의 3개의 주요 근원을 구분하면서 확인한 척도 중에는 *Mp* × *Sd* (=.75)를 제외하면 서로 매우 상관이 없는 것 같다. 그다음으로 가장 높은 상관을 보이는 척도는 *Sd*와 *R*로, −.18이다. *R*과 *Ss*(.00), *Ss*와 *Mp*(.17), *Mp*와 *R*(.03), 그리고 *Ss*와 *Sd*(.05) 사이의 상관은 상관이라 하기

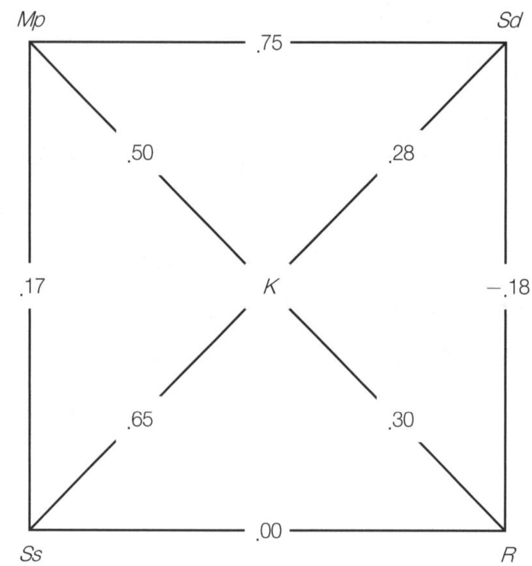

그림 5.1 Caldwell의 *K*–척도 상관 매트릭스10

에는 너무 낮다. Caldwell이 제안한 *K* 변량의 세 가지 근원은 본질적으로 서로 독립적인 것으로 보인다. *K* 척도의 특징에 대한 요약 설명이 **빠른 참조 5.11**에 기술되어 있다.

빠른 참조 5.11

*K*의 기술적 특징 요약

문항 수: 30

그렇다/아니다 비율: 1/29

중복: *K* 척도는 *S*와 10문항(*S1*에 5문항), *Hy–S*와 9문항, *Pd–S*와 7문항, *D*와 6문항(*D–S*와 5문항), *Hy2*, *Ma–S*, *Ma3*, *Mp*와 각각 4문항을 공유한다. *Si*와 8문항(*Si3*에 4문항), *CYN*과 5문항(*CYN1*에 4문항)을 공유하며 역으로 채점된다.

내용: *K*의 내용은 모호하다. 이들 문항은 적대감과 같은 부정적이고 불안정한 감정,

대인관계의 어려움, 냉소주의와 불신, 내향성, 기타 적응상의 문제들을 다루고 있으며, 모두 부인하는 쪽으로 채점된다.

다른 척도와의 관계: *K*는 *S*(.88), *F–K*(−.86), *Si3*(−.85), *Hy–S*(.82); 요인 1의 모든 척도(*A*, 척도 *7*, *PK*, *PS*, *Mt*, *ANX*, *OBS*, *TRT*, *WRK*, *NEGE*, 모두 −.70에서 −.80의 범위); 분노, 적대감, 냉소주의 척도들(*CYN*, *ANG*, *TPA*, 이들 또한 −.70에서 −.80의 범위)과 높은 상관을 보인다. *Ss*, *Do*, *Re*, *GM*, *Es*와 같이 대체로 긍정적인 특징을 의미하는 척도들과 .60~.65 범위의 중등도의 상관을 보인다. 이들 척도와 첫 번째 요인과의 관계를 고려해 보면, *K* 점수는 고통과 부정적인 정서를 반영하는 내용의 문항들로 구성된 척도들에 강한 영향을 미칠 것이다.

해석

독립된 척도로서의, 그리고 5개 기본 척도에 대한 교정 척도로서의 영향을 모두 감안할 때, *K*의 해석은 복잡하다. *K*–교정된 기본 척도의 경험적 상관들은 *K*–교정이 전체 원점수에 기여하는 정도에 따라 달라진다. 예로, 척도 *8*의 원점수 24점에 *K*–교정으로 12점을 얻어 총점이 36이 된 환자는 척도 *8*의 원점수 12점에 *K*–교정으로 24점을 얻어 총점이 36점이 된 환자와 상당히 다르게 해석되어야 한다. 전자의 경우에서 용의주도한 과잉 보고의 가능성을 배제할 수 있거나, 후자의 경우에서 과소보고의 가능성을 배제할 수 있을 때 특히 그렇다. 다른 모든 조건이 같다면, 전체 원점수에서 상대적으로 높은 *K* 문항의 비율은 그 반대의 경우에 비해 전반적으로 더 잘 적응하고, 증상의 표출을 더 잘 조절하며, 사회기술이나 대인관계 기술을 더 잘 유지하고 있고, 심리치료에 대한 예후가 더 좋으며, 장애가 덜 심각함을 의미한다. 척도 *4*나 *9*와 같이 *K*–교정을 적게 받는 척도에서도 원점수에 더해지는 *K*–교정의 양은 종종 해당 임상 척도에 시인된 문항의 내용과 상관이 있다. *K*가 높다면, 척도 점수들은 모호 문항(*Pd–S*, 특히 *Pd3*; *Ma–S*, 특히 *Ma3*)이 우세함을 반영한다. 반면, *K*가 낮다면, 더 많은 명백 문항이 시인되었음을 시사한다. 이러한 차이는 해석에 영향을 미칠 수 있으며 또한 영향을 미쳐야 한다. *K*가 높을 경우, 이들 척도의 경험적 상관들은 외향성, 사회적 대담함, '냉정함'과 같은 비교적 가볍고 사회적으로 덜 파괴적인 성격 특징을 반영하는 경향이 있다. 반면, *K*가 낮을 때는 보다 심각하고 파괴적인 성격적, 증상적 특징과 관련 있을 가능성이 있다.

❁ 명심할 점

총 원점수에서 *K* 문항의 비율이 상대적으로 높다면, 낮은 경우에 비해 전반적으로 더 잘 적응하고, 자신의 증상에 대한 표현을 더 잘 조절하며, 사회기술이나 및 대인관계 기술을 더 잘 유지하고, 심리치료에 대한 예후가 더 좋고, 장애가 덜 심각함을 의미한다.

Caldwell의 제안에 따르면, *K*를 해석할 때 *Ss*, *Mp*, *Sd*와 *R* 점수를 고려해야 한다. 또한, 통상적으로 Barron(1953)의 자아강도(*Es*) 척도 점수와 비교해 보는 것도 유용하다. 이 두 척도는 한 개의 문항만을 공유하고 있지만 중등도(.55 정도)의 상관이 있다. 두 척도의 목적과 구성이 다르다는 점은 임상적으로 중요한 의미가 있다. *K*는 기본적으로 주관적이며, 일차적으로 자기 우호 대 비우호의 측면에서 자기를 표현하려는 경향을 측정한다. 반면 *Es*는 심리치료에서의 성공이라는 객관적인 적응 기준에 근거하여 개발되었다. 이 척도는 스트레스 내성에 대한 여러 측정치와 상관이 높은 것으로 밝혀졌다(*Es*에 대해 7장에 기술된 내용을 보라). 따라서 이 척도는 *K* 점수를 판단할 수 있는 유용한 참조 근거를 제공한다. 원칙적으로, *K*가 *Es*보다 10*T* 이상 높다면, 환자가 주관적으로 보고한 적응 수준은 관찰자에 의해 보고되는 수준보다 높은 경향이 있다. 반대로, *Es*가 *K*보다 10*T* 이상 높다면, 환자는 객관적으로 관찰된 기능 수준에 비해 자신을 덜 적응적이고, 더 장애가 있다고 여길 것이다. 그리고 두 척도의 상승 수준이 비슷하다면, 관찰자는 환자가 주관적으로 보고하는 적응 수준이나 대처 수준을 확증할 것이다.

대부분의 경우, *K*의 상승은 임상가를 속이고, 평가의 목적을 훼손시키려는 의도적이고 계산된 개인적인 노력(인상관리)에 의해서가 아니라, 의도하지 않은 자기 우호적인 편향(자기기만)에 의해 결정된다. 55~65*T* 정도의 상승은 중등도의 자기 우호성을 나타낸다. 환자들은 일반적으로 자기에게 유리하게 판단하는 경향이 있다. 이들은 종종 자신이 잘 적응하고 있고, 당면하는 어려움도 충분히 잘 처리할 수 있다고 본다. 그래서 그런 문제들에 주의를 기울일 필요를 거의 느끼지 않는다.

대졸 이상의 학력을 가진 환자에게서, *Ss* 점수가 비슷한 범위에 있거나 더 높고, *F*가 *L*과 *Mp*보다 높으며, *Sd*가 55*T* 이하인 경우, 55~65*T* 정도의 *K* 점수는 인상관리의 가능성을 배제할 수 있으며 대개 긍정적인 특징과 관련이 있다. 이를테면, 독립성, 자기 조절력, 유능감/효율성, 자신감, 풍부한 자원, 다른 사람과의 건설적인 관계, 좋은 사회적 기술과 자아 존중감 등이다. 반면, *Ss*가 50*T* 아래이고 *Mp*나 *Sd* 점수가 60*T* 위이면(특히 고졸 이하의 학력에, *L*이 *F*보다 높다면), 이 범위의 *K*는 인상관리의 맥락에서 아주 선택적으로 자기를 기술하고 있음을 반영한다. 즉, 오로지 사회적으로 수용될 수 있는 문제나 증상(예로, 통증)만 인정하고, 사회적으로 받아들여지기 힘든 문제나 갈등, 고통을 최소화하거나 노골적으로 부인한다. 이 범위의 점수를 해석할 때 척도 *2, 3, 4, 6, 9*의 **모호** 척도와 **명백** 척도의 상승을 비교하면 도움이 된다. 대개 **모호** 소척도가 **명백** 소척도보다 높지만, **명백** 소척도가 **모호** 소척도보다 높은 경우도 있다. 이를 토대로 임상가는 해석적 강조가 주어질 유용한 초점을 파악할 수 있다.

65*T* 위의 *K* 점수는 과소보고로 인해 성격 기술과 임상적 예언에 대한 신뢰도가 훼손될 만큼 프로파일이 왜곡되어 있음을 시사한다. 이 수준에서는, 현실적인 적응에 비해 더 양호하게 적응한다고 보고할 것이다. 현실 적응과 주관적 보고의 차이는 자신의 문제와 나약함을 부인하고, 적절하고 자기 통제적인 이미지를 보여 주려는 욕구를 반영한다. 이런 이미지는 다른 임상적 정보와 아주 상반되지는 않더라도 일치하지 않는다. 대개 이 범위의 점수는, 특히 *F*의 수준이 보통 이하일 때, 명백 문항의 내용을 부인하는 강한 편향을 반영한다. 반면, 전부는 아니더라도 대부분의 **모호** 소척도들의 상승을 부추기는 경향이 있다. *K* 상승의 의미를 명확히 하여 해석적 가설을 세우려면 *L*, *Ss*, *S*, *Mp*, *Sd*를 참고해야 한다. 이들 척도의 점수 패턴을 검토하면 *K* 점수의 동기적 근원과 아울러 환자의 통찰 수준에 대해 많은 것을 알 수 있다.

*K*의 상승을 전제로, *Mp*나 *Sd*의 점수가 *L*과 *Ss*의 점수보다 높을 때, 환자의 통찰이 보다 잘 유지되는 경향이 있다. 반대로 *L*이 *Ss*와 *Mp*보다 높고, 특히

*Sd*가 *K*보다 높을 때는(아래의 *Sd*에 대한 논의를 보라) 통찰이 손상되지는 않더라도 협소할 가능성이 크다. 모호 소척도와 명백 소척도를 비교하여, 예상되는 모호 우위의 패턴이 일관성 있게 나타나는지도 확인해 볼 필요가 있다. 예상과 다르다면(즉 명백 소척도가 모호 소척도보다 높다면), 프로파일을 해석할 때 명백 소척도를 보다 강조할 수 있다. 극단적인 아니다 반응 편향을 배제하기 위해 *T*%를 확인해야 한다.

낮은 점수

35~45*T*의 *K* 점수는 과대보고를 하고 있거나 아니면 스트레스나 일상생활의 요구에 대처할 수 있는 자원이 제한되어 있음을 의미한다. 과대보고가 아니라면(즉, *F*, F_B, F_P, *Ds*, 그리고 *F*-*K* 점수가 수용될 만한 범위 안에 있다면), 환자는 자기 비판적이고, 비관적이고, 불만족스럽고, 냉소적이며, 과민하고, 불안정하고, 무기력하고, 방어력이 약한 사람으로 보이기 쉽다. 환각이나 망상, 사고의 혼란, 와해된 행동 등 정신증적 증상과 증후를 드러내는 경우도 빈번하다. 이런 수검자들은 전형적으로 사회기술이 부족하고, 어색하거나 서툴며, 다른 사람들의 공격적, 착취적 욕구를 불러일으킨다. 자신의 진단에 대해서는 통찰이 있다 해도(즉, 자신의 심리적, 정신의학적 문제를 인정할 수 있다 해도), 일반적으로 자신이나 타인의 동기에 대한 통찰이 부족하다. 사회경제적 지위(SES)가 높은 환자들은 비슷한 *K* 점수를 보이면서 교육을 덜 받고 사회경제적 지위가 낮은 환자들에 비해 높은 수준의 고통과 장애를 경험할 수 있다. *Ss*를 참고하는 것도 도움이 된다. *Ss*가 *K*보다 높은 환자들은 보다 흔한 반대의 패턴을 보이는 환자들에 비해 기능이 저조하고 고통의 수준이 높은 경향이 있다. 때로, 정신증적 위기에 있는 환자들이 35~45*T*의 범위보다 낮은 점수를 보일 수 있다. 이들은 자신의 파국적 고통과 공황, 임박한 와해의 느낌을 극적으로 나타낸다. 아직 입원한 상태가 아니라면, 안정을 위해 입원이 요구되는 경우가 많다. 입원 후에 재검사를 실시해 보면, *K* 점수가 아주 극적으로 상승한다.

35*T* 아래의 *K* 점수는 대개 과대보고를 나타낸다. *K*가 이렇게 낮으면, *F*, F_B, *Fp*, *Ds* 그리고 *F*-*K* 수치는 수용 가능한 범위를 넘어서는 것이 보통이다.

이런 수준의 *K*는 정신 병리가 심해 보이는 프로파일과 관련이 있다. 극단적인 정적 기울기를 보이면서, 여러 척도가 극단적으로 상승해 있으며, 프로파일과 환자는 서로 잘 맞지 않아 보인다. 심지어 *F*, *FB*, *Fp*, *Ds*, 그리고 *F–K* 수치가 극단적이지 않을 때에도 그렇다. 극단적인 그렇다 반응 편향의 가능성을 배제하기 위해 *T*%가 점검되어야 한다.

S (과장된 자기 제시) 척도

일반적인 사항들

*S*는 '과장된 방식의 자기제시'를 평가하기 위해 개발되었다(Butcher & Han, 1995, p. 25). 이 척도는 일차적으로 *K*와 같은 자기기만 척도지만, 인상관리에도 다소 영향을 받는다. 남성 파일럿 지원자 274명의 문항 반응이 재표준화 표집의 남성 1,138명의 반응과 비교되었다. 두 집단 간에 유의한(<.001 수준) 차이가 있으면서 척도의 내적 합치도에 기여하는 문항들이 최종적으로 선택되었다(**빠른 참조 5.12a**에 있는 *S*의 기술적 특징 요약을 보라). *S*의 50문항을 요인분석 하여 5개의 소척도가 얻어졌다. 한 문항을 제외한 모든 문항이 소척도 중 어느 하나에 속한다. 소척도들은 **빠른 참조 5.12b**에 기술되어 있다.

빠른 참조 5.12a

S의 기술적 특징 요약

문항 수: 50

그렇다/아니다 비율: 6/44

중복: *K*와 10문항이 겹치고(*S1*에 5문항, *S2*에 3문항, *S3*, *S4*에 각 1문항), *Mp*와 6문항(*S2*에 4문항), *Hy–S*와 5문항(*Hy2*에 전부)이 겹친다. *CYN*과 14문항(*CYN1*에 9문항; *CYN2*에 5문항), Cook–Medley 적대감(*Ho*) 척도와 12문항(*S1*에 10문항), *Mt*, *ASP*(*ASP1*의 모든 문항), *TPA*(*TPA1*에 4문항)와 각 6문항, *ANG*(*ANG2* 모든 문항), *WRK*와 각 5문항이 겹치고 모두 역으로 채점된다.

내용: *S* 문항의 내용은 *K* 문항보다 덜 모호하고 사회적으로 더 바람직하다. 염세적인 태도와 냉소주의, 불신, 과민함, 성마름, 불안, 내적 갈등이나 부조화를 부인한다. 다른 사람들의 미덕, 명예, 고귀함에 대한 선의의 믿음, 삶에 대한 개인적인 만족, 안정된 기질, 침착함, 순응/관습을 강조한다.

다른 척도와의 관계: *K*(.88), *Si3*(−.84), *NEGE*(−.84), *F-K*(−.86), 첫 번째 요인의 모든 척도(*A*, 척도 *7*, *PK*, *PS*, *Mt*, *ANX*, *OBS*, *TRT*, *WRK*; 모두 −.70~−.80 범위), 상당수의 분노, 적대감, 냉소주의 척도들(예: *CYN*, *ANG*, *TPA*와 −.70~−.80의 범위)과 높은 상관을 보인다. 대체로 긍정적 특질의 지표로 볼 수 있는 *Ss*, *Do*, *Re*, *GM*, *Es*와 .60~.65 범위의 중등도의 상관을 보인다. 첫 번째 요인과의 관계를 고려하면, *S* 척도는 냉소적 태도, 고통, 부정적 정서의 내용을 반영하는 척도들에 강한 영향을 미칠 것이다.

빠른 참조 5.12b

*S*의 소척도

S1(인간의 선량함에 대한 믿음: 15문항): 한 문항을 제외한 모든 문항이 *CYN*에 포함된다. *CYN1*과 *CYN2*에 비슷하게 나누어져 있고, 역으로 채점된다. 60*T*를 넘는 점수는 사람들이 정직하고, 공정하고, 이성적이라는 믿음, 그리고 자신의 감독자를 포함하여 사람들이 수검자의 생각과 동기를 쉽게 이해하고 존중해 줄 것이라고 믿음을 반영한다. 일부 수검자의 경우, 특히 *SES*가 낮을 때, 이 범위의 점수는 다른 사람들의 도덕성이나 진실성에 대한 둔감하지는 않더라도 순진한 확신을 시사한다. 역으로, 낮은 점수는(< 40*T*), 다른 사람들이나 그들의 동기에 대한 적대적이지는 않더라도 냉소적이고 불신하는 관점을 반영한다.

S2(평온: 13문항): 문항들은 걱정, 두려움, 근심, 내적 갈등을 부인하고, 평온하고 고요한 정신세계를 시사한다. 높은 점수의 사람들은(> 60*T*) 삶에 대해 평화롭고, 확신에 차 있으며, 여유 있게 접근한다고 보고한다. 낮은 점수의 사람들은(< 40*T*) 상당한 내적 갈등이나 동요와 아울러 걱정, 우유부단, 자신감의 결여, 쫓기는 듯한 느낌 등을 보고한다.

S3(삶에 만족: 8문항): 문항들은 자신의 기본적인 생활환경에 대한 불만족을 부인한다.

높은 점수의 사람들은(> 60*T*) 실제로 가족, 일, 재정 상태에 전적으로 만족하고 있음을 보고한다. 낮은 점수의 사람들은(< 40*T*) 이 영역에서 긴장되거나 고달픈 시달림에서 오는 불만족을 표현한다.

S4(참을성/성마름의 부인: 8문항): 높은 점수의 사람들은(> 60*T*) 심지어 화가 나는 상황에서도 화를 내지 않으며, 다른 사람들에게 과민하게 반응하거나 짜증을 내지 않는다고 보고한다. 낮은 점수의 사람들은(< 40*T*) 화가 나고, 참을 수 없으며, 보복하고자 하는 동기가 있음을 인정한다.

S5(도덕적 결함의 부인: 5문항): 4문항이 *GF*와 겹친다. 높은 점수의 사람들은(> 60*T*) 이상한 성적 행위, 거짓에 대한 유혹, 알코올과 마리화나의 사용, 죄책감이 수반된 비밀 등을 부인한다. 이 범위의 점수는 모험의 회피를 시사한다. 낮은 점수의 사람들은(< 40*T*) 상기한 문항의 내용을 인정하며 모험에 대한 역치 수준도 낮다.

---

*소척도 간 중복이 없음.

*S*와 *K*의 아주 높은 상관은 *K*와 마찬가지로 *S*도 첫 번째 요인에 부하되어 있음을 나타낸다. 두 척도 모두 MMPI-2의 모든 내용 척도와 부적인 상관이 있다. 상관의 정도는 일관되게 *S*가 약간 더 높다. 또한, 사회적 바람직성을 평정할 수 있는 39개의 *S* 문항과 30개의 *K* 문항을 비교하였을 때, *S* 문항에 대한 평정이 더 높았다(Dahlstrom, Welsh, & Dahlstrom, 1975, 부록 B). 이러한 결과는 *S*가 내용 척도 점수를, 그리고 일반적으로는 명백 문항에 대한 시인을 억제하는 경향이 있음을 시사한다. *S*가 *K*만큼 정신 병리에 독립적인지는 의문이지만, 적어도 수검 태도가 자기 우호적인 지의 여부에 대해서는 다 같이 민감해 보인다(Greene, 2011). 과소보고 척도들을 대상으로 긍정 왜곡 지시와 표준 지시하에서 완성된 MMPI-2에 대한 판별력을 비교한 연구에서 *S*는 판별력이 아주 좋았다. 적어도 두 연구에서(Baer, Wetter, Nichols, Greene, & Berry, 1995; Bagby, Nicholson, Buis, Radovanovic과 Fidler, 1999) *S*와 *Sd*(나중에 기술됨)는 *L*이나 *K*보다 증분 타당도가 유의하게 높았다. 지금까지의 연구에서 보여 준 수행 패턴은 *S*가 자기기만에 대한 최상의 척도임을 시사한다.

*S*를 지지하고 밝은 전망을 예견하는 연구 결과에도 불구하고, 그 기원과 적용에서 몇 가지 의문점이 제기될 수 있다. 이 척도는 남성 표집만을 이용해서 구성되었으므로 여성보다 남성의 과소보고나 자기기만에 더 민감할 수 있다. 더구나 남성의 경우에도 *S*의 의미와 해석에 있어서 우려할 만한 이유가 있다. 준거가 되었던 조종사 지원자 집단은 여러 가지 다양한 방식으로 MMPI-2에 접근했을 것이다. 자신의 탁월한 적응을 주장했을 수도 있고, 자신에게 아무런 약점도 없음을 주장했을 수도 있으며, 실제로 우수한 적응을 보이는 사람이 있는 그대로 자신을 나타내었을 수도 있다. 검사 결과를 호의적인 방향으로 왜곡시키겠다는 의식적인 동기 없이 부지불식간에 그렇게 수행했을 수도 있고, 아니면 미래의 고용주에게 좋은 인상을 주기 위해 매우 적극적이고 의도적으로 그런 시도를 했을 수도 있다. 다시 말해, *S*의 준거집단은 *S*의 최종적 구성요소에 어떠한 영향을 미쳤는지 불확실한, 크기를 알 수 없는 몇 개의 하위 집단으로 구성되었을 가능성이 있다. 게다가 이 준거집단은 여러 면에서 비전형적이었다. 모두 4년제 대학 졸업자들이었으며, 거의 모두가 건강이 좋고, SES가 양호한, 성공한 백인이었다. 따라서 여성, 소수민족, SES가 낮은 수검자의 *S* 점수를 해석할 때 조심해야 한다.

해석

*K*와 마찬가지로 *S*의 해석도 복잡하다. *S*는 *Ss*로 측정되는 SES와의 관계가 적어도 *K*만큼 단단해 보인다. 준거 표집의 기원이나 *Ss*와의 상관이 두 척도 모두 .65로 같은 점을 고려해 볼 때 그렇다. 따라서 *S*의 해석 역시 *K*를 해석할 때의 지침을 준용한다. *S*가 높을 때는 *L*, *Ss*, *Mp*, *Sd*의 맥락에서, 낮을 때는 *F*, F_B, F_P, *Ds*와 *F-K*의 맥락에서, 그리고 *S* 점수에 상관없이 *Es*와 관련하여 살펴보면 해석이 강력해진다. *S*의 점수는 *L*, *Sd*보다 *K*, *Mp*를 끌어 올리는 데 상당한 영향을 미친다. 그래서 *S*와 *K*, *Mp*가 동반 상승하는 경우를 심심치 않게 볼 수 있다. 이런 경우, *Sd*의 점수를 고려하여 *S*, *K*, *Mp*를 해석해야 한다. 60*T* 위의 *Sd*는 *Mp*를 인상관리로 해석하는 것을 지지한다. 반면, *Sd*가 55*T* 아래, 특히 50*T* 아래이면 *S*, *K*와 공유하고 있는 변량에 의해 *Mp*가 허위로 상승되었을 가능성이 시사된다. 이 경우, *S*와 *K*를 자기기만으로 해석할

수 있다. 적어도 이런 해석적 방향과 상반되지는 않는다.

S 소척도 점수들은 *S* 점수를 해석하는 데 도움이 된다. 5개의 소척도 중 적어도 4개 이상의 소척도에 속한 문항들에 시인하지 않으면 *S* 점수가 65*T*에 이르기 어렵다. *S* 전체 점수에 각각의 소척도들이 기여하는 정도를 평가하고, 그에 따라 해석을 조금씩 달리하는 것은 의미 있는 작업이 될 것이다. 하지만, *S1*과 *S5*의 점수들이 각각 *CYN*과 *GF*의 점수에 의해 강하게 혹은 거의 전적으로 결정된다는 점을 유념해야 한다.

60~70*T* 정도의 상승은 순진한 자기 태도, 제한된 통찰과 자기 자각, 혹은 검사 결과가 어떻게 비치고 활용될 것인가에 대한 우려 등에서 비롯된 자기기만 속, 지나치게 호의적인 자기 제시를 시사한다. 이 수준에서 오도하려는 고의적인 시도는 드물지만, 인상관리 척도인 *Mp*나 *Sd*의 상승을 통해 쉽게 이를 확인할 수 있다. 특히 *Sd*가 *Mp*보다 클 때 그렇다. *K*의 경우와 마찬가지로, *Ss*는 *S*의 중요한 조절 변인으로 보인다. *S*와 *Ss*가 동시에 높고 특히 *Ss*가 더 높을 때는, *S*와 그 소척도에서 나타나는 수검사의 자기 기술이 수검자의 지인들을 포함하는 다른 사람에 의한 기술과 매우 유사할 가능성이 있으므로 (Butcher & Han, 1995), 섣불리 자기기만으로 판단하지 말고 보수적으로 해석해야 한다.

70*T*를 넘어서는 상승은 임상 프로파일이 왜곡되고 내용 척도 점수가 현저히 낮아질 정도로 과소보고하고 있음을 의미한다. 이런 경우, 반응 양식에 초점을 둔다. 이 수준의 점수는 전형적으로 자기기만과 제한된 통찰을 반영하나 또한, 인상관리를 반영할 수도 있다(*Mp*와 *Sd*의 점수를 참고하라). 극단적인 아니다 반응 편향의 가능성을 배제하기 위해 *T*%를 점검해야 한다.

낮은 점수

45*T* 아래의 점수는 과대보고나 정신 병리에서 비롯된 어느 정도의 주관적 고통과 행동상의 어려움을 반영한다. *F*, F_B, F_P, *Ds*와 *F–K*의 점수를 근거로 과대보고의 가능성이 배제되었다면, 이 수검자는 대인관계에서 냉소적이고, 적대적이고, 거칠면서도, 불안하고, 우유부단하고, 여념이 없으며, 패배주의적인 특징을 보일 가능성이 크다.

Ss (사회경제적 지위) 척도

일반적인 사항들

Ss 척도는 이미 확립된 사회경제적 지위(SES)를 측정하는 척도이다. 이를 지위에 대한 갈망을 측정하는 Gough(1948a, 1948b)의 지위(*St*) 척도와 혼동하지 않도록 유념하라.

Nelson(1952)은 대개 높은 사회적 지위에 있는 정신건강 종사자들이 일부 최하층에서 규범적이라고 할 수는 없으나 흔히 볼 수 있는 행동, 이를테면 아내 구타, 폭음, 충동적인 소비, 학교 당국으로부터 아이를 빼돌리거나 숨기는 행위, 채권자들을 피해 몰래 거주지를 옮기는 행동 등을 정신병질적이라고 오해할 수 있음을 관찰하였다. 이러한 관찰을 토대로 그는 정신 병리와 SES의 관련성을 연구하였다. 먼저 7단계의 직업적 지위 범주 척도(Warner, Meeker, & Eells, 1949)를 사용하여 재향 군인회(VA) 남자 환자 710명의 학력과 직업 수준을 측정하였다. 다음, 교육 연한이 13년 이상이면서 최상위 두 범주(즉, 기술자와 경영자)의 직업을 가진 환자 41명의 문항 반응과 교육 연한이 8년 이하이면서 최하위 두 범주(즉, 노동자와 주방보조)의 직업을 가진 환자 43명의 문항 반응을 비교하였다. 그리고 두 집단을 $p<.01$ 수준에서 구분해 주는 문항들을 *Ss* 척도의 문항으로 선정하였다. Nelson(1952)은 새로운 환자 표집에서도 *Ss* 척도가 교육(.47), 직업 수준(.45), 지능(.41)과 유의한 상관이 있음을 발견하였다. 연령과는 원래의 표집이나 새로운 표집 모두에서 상관이 없었다.

*Ss*는 *K*와 1문항이, *S*와 2문항이 겹칠 뿐이다. 그런데도, 이 척도는 *K*, *S*와 상당한 변량을 공유하며 .65정도의 상관을 보인다. *K*, *S*와의 높은 상관이나 *Ss* 척도의 내용은 이 척도의 점수가 높아지는 이유가 미묘한 방어에서 비롯되는 것이 아닌가 하는 의문을 갖게 한다. 하지만 높은 SES에 있는 사람들은 스트레스 요인이나 불안정의 원천, 혹은 생존이나 복지에 대한 위협으로부터 상당히 보호받고 있다. 이것은 낮은 수준의 SES에 있는 사람들이 누리지 못하는 혜택이다. 즉, SES가 높은 사람들은 보다 나은 평판; 모든 종류의 서비스에 대한 보다 나은 접근성을 포함하는 좀 더 안정적이고 믿을 만한 사회적 지지 체

계; 더 높은 수입과 저축, 더 나은 신용 실적과 이로 인한 용이한 대출 등 보다 나은 경제적 자원; 돈을 소비하는 방식에서 더 높은 신중성; 정보에 대한 더 나은 접근성; 그리고 문제의 속성과 근원을 평가하고 이를 완화하기 위한 방도를 마련하고 실천할 수 있는 여유 등을 통해 그러한 지위로부터 이득을 얻을 가능성이 크다.

또한, SES가 높은 사람들은 그러한 지위를 얻지 못한 사람들에 비해 보다 높은 지능, 지식, 기술 및 능력을 지니고 있다. 이러한 자원은 이들이 높은 수준의 SES를 얻는데 우선적으로 도움이 되었던 장점들이다. 이러한 장점은 두 가지 이득을 준다. 1) 대인관계 갈등, 상황적 어려움(예로, 자동차 고장), 경제적 파탄 등 대부분의 난관에 대처할 수 있는 풍부한 대안과 상당한 유연성을 주고, 2) 경험하는 스트레스나 문제, 부적응의 심각성을 줄이고, 대인관계나 환경에서 광범위한 붕괴를 초래하지 않도록 그 효과를 차단시킨다. 높은 SES 사람들이 지닌 이러한 장점들은 부적합감이나 불안전감, 정신 병리 증상의 발현에 대한, 그리고 문세로 인한 내면적인 고동을 외부로 표출하는 데 대한 높은 수준의 역치로 전환되는 경향이 있다.

두 번째 이득에 대해 좀 더 살펴볼 필요가 있다. MMPI-2의 문항에 응답하면서 수검자들은 문제나 증상에 대한 자신의 대처능력을 주관적으로 추정한다. 그리고 이를 고려하여 자신이 감당할 수 없는 문제에 대해 병리적인 방향으로 즉, 증상을 시인하는 방향으로 표시한다. 문항에 대한 반응을 통해 임상가의 주의를 끌 만큼 문제가 심하게 고통스러운가? 아니면 임상가의 도움 없이 문제를 다룰 수 있는가? 이런 판단은 비현실적으로(즉, 자기 기만적으로) 낙관적일 수도 있다. 그러나 수검자의 판단이 그들의 실제 대처능력을 반영한다면, 임상가의 도움 없이도 해결할 수 있다고 느끼는 문제에 대해 수검자가 시인하지 않는 것은 평가의 목적을 촉진시킨다. 실제로 도움이 필요한 영역에 관심의 초점을 둘 수 있기 때문이다. 다시 말해, 자신이 겪고 있는 문제나 증상을 전적으로 드러내지 않고 선택적으로 드러내는 접근했을 때, 환자와 임상가 모두에게 많은 것을 말해 주는 검사 결과를 얻을 수 있다. 선택적 접근은 생각할 수 있는 온갖 문제와 어려움을 쏟아부어 임상가를 혼란시키는 카탈로그 식 접근과는 달리 환자를 치료과정의 도우미로 만들어 준다.

이런 맥락에서 *Ss*, *Es*, *K*, *S*의 관계는 가치 있는 정보를 제공한다. *Ss*와 *Es*의 상관은 .83으로, *K*와 *S*의 상관(.88)에 가깝다. 그러나 *Es*와 *K*, *Es*와 *S*의 상관관계는 각각 .61과 .64이다. 즉, *Es*는 자기기만 척도 중에서 *Ss*와 가장 상관이 높다. 앞서 언급했듯이, 높은 SES는 심리적, 대인 관계적 또는 경제적 어려움에 대처하는 데 중요한 이점이 있다. 그러므로 *Ss*가 자기기만과 관련된 변량에서 아주 자유롭지는 못하지만(*K*, *S*와 .65의 상관), *Es*(.83)와의 높은 상관은 실제의 대처능력이나 현실적으로 지각하고 있는 대처능력과 관련된 변량이 이 척도에서 우선적임을 시사한다. *Es*는 스트레스에 대한 내성에 그리고 스트레스에 대한 신체적으로 체제화된 반응에 민감하다고 알려진 척도이다. 그렇다면, *S*의(예로) 해석적 함의와는 달리 *Ss*의 해석적인 함의는 상당히 긍정적이다. *Ss*가 *S*보다 뚜렷하게 높을 때 특히 그렇다. *Ss*는 인상관리와 관련된 변량에서는 자유로운 듯하다(*Mp*와 .17, *Sd*와 .05). *Ss*의 주요 한계점은 원점수가 높다 해도 75*T* 위로 상승하는 경우가 드물어 최고점이 낮다는 점이다. *Ss*에 대한 요약적 기술이 **빠른 참조 5.13**에 제시되어 있다.

빠른 참조 5.13

*Ss*의 기술적 특징 요약

문항 수: 73

그렇다/아니다 비율: 13/60

중복: *Ss*는 *Es*와 11문항, *GM*과 7문항, *GF*와 6문항, *K*와는 단 1문항, *S*와 2문항이 겹친다. *Mp*나 *Sd*와는 겹치는 문항이 없다. 척도 *8*과 12문항(*Sc5*와 6문항, *Sc1*과 4문항), 척도 *6*과 9문항(*Pa1*과 6문항), *F*와는 9문항, *PS*와 9문항, *Ds*와 8문항, *HEA*와 8문항(*HEA2*와 4문항), *PK*와 7문항, *BIZ*와 7문항(*BIZ2*와 3문항), 척도 *4*와 6문항(*Pd-O*와 4문항, *Pd4*와 4문항), F_B와 6문항, *FRS*와 6문항(*FRS2*와 3문항), *CYN*과 6문항, 척도 *9*와 5문항, *PSYC*와 5문항, *Mt*와 4문항이 부적으로 겹친다.

내용: *Ss*의 내용은 광범위하다. 신체적 호소와 수면 장애, 피해사고와 정신증적 사고, 냉소주의, 의심, 공포증과 강박적 특성, 기억 및 인지의 문제, 불쾌한 기분, 수동성, 도

덕적 엄격함, 내향성, 충동성, 지적이지 않은 관심과 주로 신체적인 활동(vs 정신적 활동)에 의존하는 직업 등이다.

다른 척도와의 관계: *Es*(.83)와 높은 상관을 보이며, *Do*(.72), *GM*(.67), *S*(.65), *K*(.65)와 중등도의 상관을 보인다. *Ss*는 척도 *8*(−.83), *PS*(−.81), *PK*(−.81), *Ds*(−.80), F_B(−.78), *PSYC*(−.78), 척도 *7*(−.77), *F*(−.77), *HEA*(−.77), 척도 *1*(−.76), *BIZ*(−.76)와 강한 부적 상관을 보인다. 이러한 상관 패턴은 자기 충족감, 스트레스에 대한 내성(*Es*), 그리고 자기기만(*K*, *S*)이 심할수록 *Ss* 점수가 높아질 수 있음을 나타낸다(역으로, *Ss*가 *Es*, *K*, *S*를 끌어 올린다는 가정이 더 현실적일 수도 있다). 또한, 정신증적 사고방식(척도 *8*, *PSYC*, *BIZ*), 광범위한 형태의 부적응과 주관적인 고통(*PS*, *PK*), 그리고 증상 과장과 꾀병(*F*, F_B)이 있을 경우 *Ss* 점수가 낮아질 수 있음을 시사한다(이 관계 역시 역으로 생각해 볼 수 있다).

해석

일반적으로, *Ss*의 상승은 기민함, 자신의 신체적 외모와 사회적으로 보이는 모습에 대한 관심, 성숙함, 인내심, 세련됨, 분별력, 불완전성에 대한 솔직한 인정, 도덕적 유연성, 무능력(특히 정신증적) 증상의 부재 등의 자화상을 반영한다. *Ss*의 점수는 항상 *K*, *S*, *Es*, *Mp*, *Sd*와 함께 살펴보는 것이 도움이 된다.

60*T*를 넘어서는 상승은 SES와 관련된 대처 차원에서의 이점을 시사한다. 또한, 자기 제시에 나타나는 우호적인 측면들이 진지하고 타당해 보인다. *S*가 이 수준이면서 *Mp*와 *Sd*가 평균 이하이고, *Ss* > *S*라면 *K*를 방어나 자기기만의 함의 없이 긍정적으로 해석해야 한다. 반면, *Ss*와 *S* 모두 이 수준으로 상승하면서 *S* > *Ss*라면, *K*는 높은 대처능력과 아울러 자기 기만적이고 방어적인 스타일을 고려하여 해석되어야 한다. *Ss*가 아주 높게(70*T*) 상승했다면, 자기기만적인 반응 양식에 의해 증상과 호소를 부인하고 있을 가능성이 시사된다. 이 경우, *K*와 *S* 모두 아주 높게 상승해 있을 가능성이 크다.

낮은 점수

30~40*T* 아래의 낮은 *Ss*는 낮은 SES 및 이에 수반되는 불리한 여건이나 경험과 일치한다. 이를테면, 가난과 경제적 불안정; 서툴고, 난폭하고, 민감하지

못하며, 방임적이고, 일관성이 없는 양육; 가정 내의 신랄한 언쟁이나 음주, 범죄, 가정 폭력이나 이웃 폭력에의 노출; 건강에 대한 부적절한 보살핌; 교육적 지지나 성취가 제한적이거나 없음; 빈약하고 불안정한 사회적 지지나 자존감에 대한 지지 등이다. 이런 요인들이 없다면, 낮은 점수는 특히 효능감이나 유능감 영역에서의 손상된 자존감을 반영한다. 30*T* 아래의 점수는 다양한 해석적 함의를 갖는다. 30*T*에 가깝다면, 앞서 기술한 낮은 SES의 경험과 태도(급성 혹은 만성 스트레스의 과거력과 일반적으로 부정적이거나 평가 절하된 자기개념을 포함하여)를 강조한 해석이 대체로 적절하다. 이 수준에서 과대보고는 시사되지 않는다. 하지만 극단적으로 낮을 경우, 정신 병리를 과대보고하고 있을 가능성이 아주 크므로 여기에 해석의 초점을 둔다. *F*나 *Ds*의 현저한 상승(>90*T*)이 기대된다. '모두 그렇다' 반응 양식의 가능성을 배제하기 위해 *T*%를 살펴보아야 한다. 일부 환자들의 경우 낮은 점수는 정신증 특히 조현병과 경제적 어려움 및 조현병 가족에서 볼 수 있는 하류계층으로의 이동을 반영할 수 있다.

Mp(정적 꾀병) 척도

일반적인 사항들

Cofer 등(1949)은 81명의 남녀 대학 2학년생들에게 다음의 세 가지 조건에서 MMPI를 마치도록 지시하였다.

1. 부적 꾀병(NM) 집단은 군 입대를 피하기 위해 정서 장애가 있는 것처럼 보이도록 지시받았다.
2. 정적 꾀병(PM) 집단은 바람직한 해군 장교 후보생 프로그램의 모집관들에게 매력적으로 보일 수 있게 최상의 인상을 만들어 내도록 지시받았다. NM, PM 집단은 또한 역균형화된 순서로 표준 지시에 하에서 MMPI를 실시하였다.
3. 세 번째 집단(통제집단)은 성격 검사가 두 번째 시행될 때 자주 관찰되는 평균으로의 회귀 현상을 통제하기 위해 표준 지시하에서 두 차례 MMPI를 실시하였다.

Mp 척도는 각각 두 차례 실시된 검사에서 NM 집단이나 통제집단에서는 시인율에 변화가 없으나 PM 집단에서는 변한 문항으로 구성되었다.

대부분의 *Mp* 문항은 *L* 척도의 문항을 연상시킨다. *Mp* 문항들 역시 사람들 대부분이 쉽게 인정하는 사소한 결점과 단점에 관한 문항들로, 매우 호의적인 인상을 만들어 내려고 할 때 부인될 수 있는 문항들이기 때문이다. 문항에 남성적인 흥미의 문항이 포함된 것은 당시 전시(한국전쟁) 분위기가 주어진 지시를 받아들이는 NM과 PM 집단의 자세에 영향을 주었기 때문인 것 같다. 유감스럽게도 이들 문항은 *Mp*에 성적 편향을 가져왔다. *Mp*의 여성 평균은 남성보다 원점수로 약 1.33점이 낮다. 이로 인해 여성의 인상관리에 대한 *Mp*의 민감성이 낮을 수 있다. 반면, Caldwell(1988)이 제안했던 것처럼, 경찰과 같은 특정 분야의 채용 선별 심사 시에는 이 문항들로 인해 *Mp*의 민감성이 높아질 것이다. *Mp*에 대한 요약적 기술이 **빠른 참조 5.14**에 제시되어 있다.

빠른 참조 5.14

*Mp*의 기술적 특징 요약

문항 수: 26

그렇다/아니다 비율: 11/15

중복: *Mp*는 *Sd*와 13문항, *L*, *S*(*S2*에서 4개)와 각 6문항, *K*와 4문항이 겹친다. 척도 *5*(남성), *GF*와 각각 5문항이 겹치고, 역채점된다.

내용: *Mp* 문항들은 모호 문항으로 다양한 내용을 포함하고 있다. 사소하고 흔한 걱정의 부인, 정직성이나 양심상의 잘못의 부인; 리더십에 대한 잠재력과 높은 자신감의 주장; 의심, 두려움, 분노 충동과 내적 갈등이 없음; 성에 대한 유난한 신중함 등이다. 몇몇 문항은 군대, 사냥, 자동차 경주 등 남성적인 관심을 주장한다.

다른 척도와의 관계: *Sd*(.75)와 높은 상관을, *L*(.65), *S*(.56), *Ma3*(.47)과 중간 정도의 상관을 보인다. 이 척도는 *Mf2*(−.66), *APS*(−.59), *NEGE*(−.58), *A*(−.57), *ANX*(−.56), 척도 *7*(−.55), *WRK*(−.55), *Mt*(−.55), *OBS*(−.54), *Pd5*(−.52), *PS*(−.51), *DEP*(−.50), *LSE*(−.50), *LSE1*(−.50), *PK*(−.50), *MDS*(−.50)와 부적인 상관을 보인다.

해석

*Mp*의 상승을 제대로 해석하려면 *L*, *K*, *S*, *Ss*, *Sd* 점수를 고려해야 한다. *L* 척도는 *Mp*와 문항이 겹치고 주제가 유사하므로 *Mp* 점수를 상승시킨다. *L*과 *Mp*가 동반 상승하고 *L*이 *Mp*보다 클 경우, 정신 병리에 대한 과소보고는 의도적이라기보다 순진하다고 볼 수 있다. 임상가를 기만하여 평가를 좌절시키려는 의식적인 시도보다는 도덕적 판단에 대한 두려움에서 비롯되었기 때문이다. 이런 경우 일반적으로 *Ss*는 50*T* 미만이다.

60*T* 위의 *Mp* 점수는 흔히 볼 수 있는 인간적 약점이나 유혹이 없이 잘 적응하고 있다고 비현실적으로 자신을 드러내려는 의도가 있음을 시사한다. 특히 *L*이나 *Sd*가 *Mp* 이상으로 상승할 경우 그렇다. *Mp* 점수가 65*T*에 이르면, 인상관리가 강하게 시사되므로 조심스럽게 해석해야 한다. *Sd*가 *Mp* 이상으로 높거나 *Sd*, *Mp* 모두 *K*보다 높을 때 특히 그렇다.

Wiggins의 *Sd*(사회적 바람직성) 척도

일반적인 사항들

Wiggins(1959)는 표준적인 지시를 받고 MMPI를 마친 스탠포드 대학교 남학생 55명, 여학생 85명의 문항 반응과 "보통 사람"이 "일반적인 미국 문화의 가치"에 비추어 볼 때 사회적으로 바람직하다고 간주하리라고 여겨지는 방향으로 응답하도록 지시받은 남성 72명, 여성 106명의 문항 반응을 비교하였다. 자료는 성별에 따라 따로 분석되었다. 그리고 표준 지시 집단과 바람직성 집단을 $p < .001$ 수준에서 구분해 주는 문항들로 *Sd*를 구성하였다. 과소보고 측정치들에 대한 Baer, Wetter와 Berry(1992)의 메타 분석에 의하면, 6개 연구에서 *Sd*의 평균 효과 크기는 1.60으로 분석에 포함된 측정치 중에서 가장 컸다. 이 수치는 *Mp*의 1.42보다 크고, *F–K*(.71)의 두 배 이상이었다. *F–K*는 *K*(.94) 단독일 때보다도 작은 수치를 보였다. Baer와 Miller(2002)는 이후의 메타 분석에서 *Sd*가 과소보고 탐지에 보다 우수함을 재확인하였다.

*Mp*와 *Sd* 모두 매우 효과적인 인상관리 측정치이다. 하지만 *Sd*는 세 가지 측면에서 *Mp*와 차별화된다. 첫째, *Mp* 문항의 58%가 아니다 반응으로 채점

된다. 반면, *Sd*의 경우 73%가 그렇다 반응으로 채점된다. 둘째, *Mp*와 *Sd* 모두 필요 이상으로 약점을 부인하거나 미덕을 주장한다. 특히 *Mp*는 주로 부정적 속성의 부인을 강조하고, 반면 *Sd*는 주로 긍정적 속성의 주장을 강조한다. 따라서 두 척도가 그리는 자화상이 다르다. *Mp*는 편안하고, 평화롭고, 조용한 자기 확신의 맥락에서, 그리고 동요가 없지는 않으나 차분한 정서성의 맥락에서 미덕과 안정성을 강조한다. 반면 *Sd*는 의지가 굳고, 외향적이고, 건설적이며, 바쁘고, 무언가를 할 태세를 갖춘 사회적 외양의 맥락에서 미덕과 활력을 강조한다. 셋째, *Sd*는 *Mp*보다 최고점이 상당히 높다. *Mp*는 최고점이 약 80*T* 정도이다. 반면, *Sd*는 최고점이 100*T*를 넘는다. *Sd*에 대한 요약적 기술이 **빠른 참조 5.15**에 제시되어 있다.

빠른 참조 5.15

*Sd*의 기술적 특징 요약

문항 수: 33

그렇다/아니다 비율: 24/9

중복: *Sd*는 *Mp*와 13문항, *L*과는 7문항, *K*와는 2문항이 겹치고, *DISC*와는 역채점되는 4문항이 겹친다.

내용: 모호하고 광범위한 내용을 포함하고 있다. 의사결정에서 높은 수준의 인지 속도와 기민함; 보수적이지는 않더라도 관습적이면서 사회적으로 책임 있는 도덕적, 정치적 가치; 걱정이나 자의식, 자기 회의가 없음; 높은 자신감, 추진력, 에너지; 인내심과 자기 통제; 사교성과 충실함; 폭넓은 관심; 건강에 대한 걱정이 없음 등이다. 남성적 관심만을 포함하는 *Mp*와는 달리, 이 척도는 남성적, 여성적 관심을 모두 포함하고 있다.

다른 척도와의 관계: *Sd*는 *Mp*(.75)와 높은 상관이 있으며, *L*(.54)이나 *Ma3*(.44)과는 중간 정도의 상관이 있다. *Mf2*(-.50), *LPE*(-.50), 척도 *0*(-.44)과는 부적 상관이 있다.

해석

Sd 문항들이 형성하는 자화상은 모범적인 시민이다. 외향적이고 사교적이며, 걱정과 자기 회의가 없고, 주장이 뚜렷하고, 자기 지시적이며, 자신의 정신적

기능을 충분히 통제한다. 질서 있고, 자신감 있으며, 유능하고, 결단력 있고, 압력 하에서도 침착하고, 성공 지향적이다. 침착하면서도 다정하고, 활기 있고, 기운차고, 과제에 열정적이며, 생활에 능동적으로 몰입한다. 하지만 예의범절에 엄격하고, 지나치게 도덕적이며, 점잔을 빼고, 자화상이 비현실적이다.

*Mp*처럼, *Sd* 점수도 *L*, *K*, *S*, *Ss* 척도와 관련해서 평가되어야 한다. *Sd*가 *Mp*와 동반 상승하면서, *K*나 *S*보다 높고, *Ss*가 55*T* 아래이면, 인상관리 쪽으로 확신 있게 해석할 수 있다. 지나치게 높은 *Sd* 점수는 과도한 *T*%의 결과일 수 있다. 일반적으로 *T*%가 50을 넘으면 해석하지 말아야 한다. 이런 프로파일은 조증 환자집단에서 드물지 않게 볼 수 있다. 조증 환자들은 다른 진단집단보다 *T*% 비율이 높은 경향이 있다. 이들은 매우 자기 긍정적인 *Sd* 문항에 아주 잘 시인한다. 이는 인상관리보다는 과대성이나 정신운동 속도의 항진 때문일 가능성이 크다.

60*T* 위의 점수는 자신을 비현실적으로 바람직하게 드러내고자 하는 의도가 있음을 시사한다. 다양한 긍정적인 속성을 주장하나, 점수가 높을수록 비현실적이다. *Mp*가 *Sd* 이상일 때 특히 그렇다. *Sd* 점수가 65*T* 정도이면서 *Mp*가 그 이상일 때 또는 *Sd*, *Mp* 모두 *K*보다 높다면, 인상관리가 강하게 시사되므로 신중하게 해석해야 한다.

셀프 테스트

1. *VRIN*이나 *TRIN*은 다음의 무엇을 결정하는 데 가장 유용한가?
   (a) 반응 일관성
   (b) 그렇다 혹은 아니다 반응에 대한 선호
   (c) 과장이나 꾀병
   (d) 검사 문항에 대한 반응의 정확성
   (e) a와 b
   (f) b와 c
   (g) c와 d
   (h) b와 d

2. *F*는 타당도 척도의 하나이므로, 정신 병리에는 크게 민감하지 않다.
   그렇다 혹은 아니다?

3. 다음 진술 중 옳은 것은?
   (a) F_B는 MMPI-2의 후반부에 있는 정신증적 문항 내용에 주로 민감하다.
   (b) F와 F_B는 정신 병리의 범주에 따라 차별적인 영향을 받지 않는다.
   (c) F_B 문항이 정서적인 증상에 편중되어 있다면, F의 문항은 정신증적 증상에 편향되어 있다.
   (d) F와 F_B는 둘 다 독해력과 관련된 문제에 민감하다.
   (e) F와 F_B는 둘 다 반응의 비일관성에 민감하다.
   (f) a, c와 d
   (g) b, c와 e
   (h) c, d와 e

4. 다음 진술 중 옳은 것은?
   (a) F 문항 내용은 정신증으로 편중되어 있다.
   (b) F_B 문항 내용은 정신증으로 편중되어 있다.
   (c) F_P 문항 내용은 정신증으로 편중되어 있다.
   (d) *Ds* 문항 내용은 정신증으로 편중되어 있다.
   (e) a와 c

(f) a와 d

(g) b와 d

(h) c와 d

5. 다음 중 서로 비슷한 척도들로 구성된 것은?

(a) *L*, *S*와 *Ss*

(b) *K*, *Ss*와 *Mp*

(c) *L*, *Mp*와 *Sd*

(d) *K*, *S*와 *Sd*

6. 다음 중 의도적이고 고의적인 가장에 가장 민감한 척도들로 구성된 것은?

(a) *F*와 *K*

(b) F_P와 *Sd*

(c) *L*과 *Ds*

(d) *S*와 *Ss*

7. 다음 중 진짜 정신 병리에 가장 민감한 척도끼리 짝지어진 것은?

(a) *F*와 F_B

(b) *K*와 F_P

(c) *F*와 *K*

(d) *S*와 *Ss*

정답: 1. e; 2. 거짓; 3. h; 4. a; 5. c; 6. b; 7. a

제 6 장

표준 임상 척도

표준 임상 척도에는 Hathaway의 병리적 준거집단에서 개발된 여덟 개의 기본 척도들을 비롯하여 남성성-여성성(*Mf*) 척도와 사회적 내향성(*Si*) 척도가 포함되어 있다. 원래는 각 준거집단의 구성원들을 결정했던 구성개념(예로, 건강염려증 등)에서 이름을 따왔지만, 수십 년간 MMPI 연구에서 얻어진 외적 상관이 누적되면서, 그리고 그동안 처음의 진단적 구성개념 자체가 변함에 따라, 이러한 명칭은 점점 더 오해를 불러일으키게 되었다. 건강염려증의 기저율이 아주 낮은 것으로 알려진 표집(예로, 대학생)에서 얻어진 상관들이 건강염려증 척도의 구성 타당도에 기여할 수 있겠지만, 그렇다고 건강염려증 자체의 구성 타당도에 기여했다고는 말하기 어렵다. 따라서 현재 임상 척도의 구성개념들은 이들에게 붙여진 임상적 정신 병리 명칭이 함축하고 있는 것 이상의(혹은 이하의) 의미를 포함하고 있다.

진단적인 명칭들은 검사 결과에 대한 임상가의 피드백을 왜곡시킬 수 있다. 진단적 용어들이 종종 경멸적이고, 무섭고(예로, 편집증), 모호하게(예로, 강박증) 받아들여질 수 있기 때문이다. 다른 성격 검사의 척도들과 마찬가지로, MMPI/MMPI-2의 척도들은 기본적으로 온도계와 형식이 같다. 따라서 범주적 입장의 개연성(확률)보다는 차원적인 입장의 양적인 개념으로 설명하고 싶은 유혹에 빠지기 쉽다(예로, "그 사람은 건강염려증이 어느 정도인가?").

이런저런 이유로 MMPI/MMPI-2 사용자들은 척도 이름보다는 척도 번호로 표준 임상 척도를 확인하고 명명한다. 이를테면 **건강염려증**이 아니라 척도 *1* 로 표현한다. 이런 관례는 부호화와 아울러 소위 코드 유형이라고 불리는 척도 상승 패턴을 쉽게 다룰 수 있도록 해 준다.

정상 범위와 임상 범위

MMPI-2에서는 평균에서 1.5 표준편차(SD) 상승한 65점을 정신 병리적으로 유의하다고 본다. 이는 MMPI를 개정하는 과정에서 MMPI와 개정판 MMPI-2 간의 분명한 차이를 반영한 것이다. MMPI의 70*T*에는 다음의 세 가지 주요 원인에 의해 5점 정도의 증가분이 반영되어 있다. 즉, 1) 임상 척도 개발에서 통제집단의 역할을 했던 원래 규준 표집의 과잉 정상성 효과(Pancoast & Archer, 1989), 2) 개발 당시 **무응답**(?) 범주로 반응하는 것에 대한 묵인, 3) '치료 중인' 사람들은 누구이건 정상집단에서 제외한다는 결정(Hathaway & McKinley, 1940/2000, p. 5) 등이다. 이들 중 어떤 것도 재표준화에 영향을 미치지 않았다. 따라서 MMPI-2에서 정상인들과 환자들을 구분해 주는 경계선이 70*T*에서 65*T*로 변경되었지만, MMPI 역시 5점 정도의 증가분을 제외하면 65*T*가 정신 병리적으로 유의한 점수이므로, 연속성의 측면에서 사실상 변화가 없다고 볼 수 있다.

65*T*가 정상집단과 정신병리 집단을 가장 신뢰롭게 변별해 주는 점수이긴 하나, 두 집단을 구분하는 절대적인 경계선으로 잘못 취급되는 경우가 종종 있다. 65*T*는 정상 표집과 병리적 표집의 분포가 아주 밀도 있게 겹치는 지점의 중앙에 놓여 있는 참조치로 이해되어야 한다. 어떤 임상가들은 척도의 상승을 문제의 심각성과 동일시하는 경향이 있다. 척도와 프로파일의 상승이 일차적으로 수검자의 증상이나 고통의 심각성에 의해 영향을 받지만, 반응 양식과 관련된 요인들에 의해서도 유의하게 영향을 받는다. 즉, MMPI-2에 임하는 수검자의 수검 태도가 척도 상승에 극적인 영향을 미칠 수 있다. 이를테면, 문제나 증상을 과대/과소 보고하는 개인의 편향이나 성향이 영향을 미칠 수

있다. 아니면, 검사에 자기 비판적인 태도로 혹은 방어적인 태도로 접근하는 개인의 편향이나 성향이 영향을 미칠 수도 있다. 반응 양식에서 비롯된 상승 변량에 대한 추정치도 사용된 지표에 따라 다양하다. 대표적인 지표의 하나인 *F–K* 지표는 기본 임상 척도(척도 1~4와 6~9)의 평균 상승과의 상관이 .66이다. 이는 상승 변량의 44% 정도가 반응 양식과 관련 있음을 시사한다.

예로, 척도 *L*이나 *K*가 척도 *F*보다 훨씬 높다면, 장애나 장해의 심각성에 상관없이, 표준 임상 척도의 점수가 65*T*에 이르는 경우는 드물다. 내용 척도의 경우, 문항들이 일반적으로 분명하고 이들 척도에 대한 어떠한 교정(예로, *K*–교정)도 없으므로, 같은 상황에서 50*T* 위의 점수가 드물다. 역으로 *F*가 *L*이나 *K*보다 훨씬 높다면, 가장 높이 상승한 척도와 더불어 65*T* 위로 상승한 척도들의 수에 의해 문제의 정도와 심각성이 크게 과장되어 나타난다. 이렇게 되면 내용 척도 역시 급격하게 동반 상승하여 해석이 복잡해진다.

이런 이유로, 65*T*는 점수대에 위치한 하나의 잠정적인 포인트로 여겨져야 한다. 해석의 기반이 되는 점수대의 범위는 개인의 수검 태도, 검사 맥락, 평가자와 수검자 간 관계의 성격과 관계의 지속기간, 타당하고 정확한 결과를 산출해 내려는 수검자의 노력, 기타 반응 양식에 영향을 미칠 수 있는 외적, 상황적 요인들에 대한 평가를 통해 결정된다. 과대보고하는 반응 양식의 경우, 65*T*가 점수대의 하단을 형성하므로, 극단적인 상승을 보인 척도에 초점을 맞추어 해석한다. 과소보고하는 반응 양식에서는 65*T*가 점수대의 상단을 형성하므로, 다른 경우에는 무시되는 낮은 점수들에 대해서도 해석적인 관심을 가져야 한다. *F–K* 지표(원점수)는 정상범위로 +10에서 −10 사이의 값을 갖는다. 이 지표는 과대보고와 과소보고의 일반적인 측정치로서 가장 수용할 만하다.

동형 *T*–점수와 백분위

동형 *T*–점수에 대한 개념은 4장에 소개되어 있다. **표 6.1**은 8개의 기본 임상 척도들의 동형 *T*–점수에 상응하는 백분위를 나타낸 것이다. MMPI–2의 내용

표 6.1 동형 *T*-점수의 백분위

	동형 *T*-점수	백분위
극도로 높음	90	>99.9
	85	>99.8
매우 높음	80	>99
	75	98
높음	70	96
	65	92
조금 높음	60	85
	55	73
평균	50	55
	45	34
조금 낮음	40	15
	35	4
매우 낮음	30	<1

척도, 내용 소척도, 성격 병리 5 요인척도에 대한 동형 *T*-점수와 백분위의 관계도 이 표와 같다. 백분위 값은 정확하다기보다 근사치라는 점에 유의하라. 이런 근사치는 남녀가 조합된 재표준화 표집에서는 매우 근접하지만, 남녀 간의 약간의 차이는 가려져 있다. 모든 척도에 대해, 이런 근사치는 아주 조야하지는 않더라도 제법 그런 면이 있다. 이 값들은 평가자에게 어느 정도의 방향을 제공해 주긴 하나, 공식적인 보고서에서는 기피되어야 할 것이다.

극단 치에서의 분류는 편의상 제시한 것이다. 55*T*가 어떤 상황에서는 평균일 수도 있지만 다른 상황에서는 중등도의 상승일 수 있듯이, 여기에 제시된 수준들이 다소 중복된다는 점에 유의하라. 이런 중복과 경계의 모호성은 65*T*가 언제나 수검자(들)의 정상, 비정상의 여부를 가장 잘 분류해 주는 점수가 아니듯이, 같은 원리가 모든 수준의 상승에 적용됨을 상기시켜 준다. 예로, 척도 *8*에서 55*T*의 점수는 *F*-*K*=−15일 때는 중등도의 상승으로 분류될 수 있지만, *F*-*K*=0이면 평균이라 할 수 있다.

소척도

임상 척도들이 집단대조법으로 만들어진 만큼, 문항의 내용이 이질적이고, 척도의 구조가 다차원적인 경향이 있다. 검사 구성에 있어, 척도 개발자가 문항을 선택하는 합리적인 접근방식과는 달리, 집단대조법에서는 준거집단의 구성원들이 문항을 선택한다. 정상 통제집단에 비해 준거집단의 구성원들이 문항에 차별적으로 시인한 까닭에 문항이 해당 척도에 반영되었다. 나아가, 척도의 문항들은 오로지 통제집단으로부터 준거 사례들을 변별해 줄 수 있는 능력에 근거하여 선정되었다. 이런 환경은 MMPI/MMPI-2의 임상 척도들을 이질적이고 다차원적인 방향으로 편향되게 하는 경향이 있다. 하지만 일단 문항들이 하나의 척도로 묶인 이상, 각 척도에 속한 문항들의 내용을 검토해 보면, 문항 간의 합리적인 혹은 통계적인 하위분류를 가능하게 하는 몇 가지 주제나 체제화의 원리를 밝혀낼 수 있을 것이다.

대부분의 임상 척도들이 다차원성을 갖게 된 또 다른 중요한 이유는 Hathaway의 준거집단을 특징짓는 정신과적 증상들 자체가 다차원적이기 때문이다. 예로, 우울증은 우울한 기분이라는 하나의 증상으로 지칭되기도 하지만, 진단적으로 우울증이란 용어는 우울한 기분만이 아니라 생장 증상(체중 감소/증가, 수면 곤란, 정신운동 지체), 인지/태도(주의집중 곤란, 건망증, 집착, 비관, 무가치감), 동기/기력(흥미 감소, 에너지 감소) 등을 포함하는 증상들에 의해 특징지어지는 심각한 상태를 나타낸다. 분명한 것은 증상들의 다양성을 참작하지 못한 척도는 측정하고자 했던 상태를 제대로 반영하지는 못할 것이란 점이다.

이러한 이유로, 대부분의 표준 임상 척도에서 보이는 다차원성은, 집단대조법을 고려할 때, 불가피할 뿐만 아니라 아주 바람직하다고 볼 수 있다. 같은 우울증이라 해도 환자마다 아주 다양한 증상을 보인다. 따라서 한 부류의 증상(예로, 기분)과 관련된 문항이 지배적으로 많고 다른(그러나 동일하게 흔히 나타나는) 부류의 증상(예로, 인지)과 관련된 문항이 상대적으로 적은 척도는 구조적인 한계로 인해 우울증을 잘 측정하지 못할 것이다. 이런 검사는 기분이 우울하나 우울증의 다른 증후나 증상을 가지고 있지는 않은 사람들을 우울증이라고 과잉분류하고(즉, 허위 양성), 진단적 상태가 주로 우울한 기분보다는 다른 징후나 증상을 보이는 우울한 환자들을 과소분류하는(즉, 허위 음성) 경향이 있다. 따라서 기본 척도들을 척도의 명칭이 함축하는 구성개념의 측정 도구일 뿐만 아니라 구성개념의 모델이라고 생각하는 것이 도움이 된다. 이런 의미에서 기본 척도들을 증후군 척도로 간주할 수 있다. 각 척도는 주요 정신과적 증상들을 특징지어주는 중요하지만 구분되는 특성들에 부합하는 문항들을 담고 있다.

Harris-Lingoes 소척도(1955, 1968)는 8개의 기본 척도 중 6개의 척도에 대해 만들어졌다. 소척도들을 이용하면 각각의 모척도에 포함된 다양한 차원에 쉽게 접근할 수 있다. 척도에 따라 3~6개 소척도들의 점수를 참조하여 모척도의 내용을 평가한다. 소척도들은 모척도의 상승으로 시사되는 증후군을 임상적으로 기술하는 데 기여한다. 그러나 소척도들의 보다 중요한 기여는 임상척도들 전체 프로파일의 기저에 있는, 시인된 문항 내용 패턴의 추이를 이해하는 데 도움이 된다는 점이다. 예로, 두 환자는 척도 3의 어느 문항에도 같이 시인하지 않았지만, 척도 3에서 같은 상승을 보일 수 있다! 한 환자가 주로 신체 호소, 불편감, 비효율성을 반영하는 문항들(*Hy3*, *Hy4*)에 시인한 반면, 다른 환자는 사회적 흥미와 편안함, 신뢰와 친밀함, 그리고 적대감이나 불쾌감의 회피를 반영하는 문항(*Hy1*, *Hy2*, *Hy5*)들을 압도적으로 선호할 수 있다. 척도 *3*의 높은 점수에 대한 경험적 상관들이 이 두 환자 모두에게 적용될 수는 있겠지만, 이 두 환자를 유사한 방식으로 설명하는 것은 거의 모든 경우에 현명치 못한 일일 것이다. 이보다, 임상가는 각각의 환자들이 보인 문항 반응이나 소척도 점수들의 특정 패턴에 주의를 기울여 경험적 상관에서 얻어진 정보들을 선택해야 한다. 그래야 검사 결과를 보고할 때, 각각의 사례에 대해 최대한 고유하고, 타당하고, 간명하게 임상적으로 기술할 수 있다.

명심할 점

기본 척도는 증후군 척도로 간주될 수 있다. 각 척도는 주요 정신과적 증후군을 특징짓는, 중요하지만 구분되는 특성을 반영하는 문항들로 구성되어 있다.

Harris-Lingoes 소척도는 합리적 방법으로 개발되었다. 저자들은 척도 *2, 3, 4, 6, 8, 9*에 채점되는 문항들을 척도별로 검토하였다. 그런 후에, 내용 면에서 유사하거나 단일 태도나 특질을 반영하는 것으로 보이는 문항들을 하나의 소척도로 모아서 문항들의 기저에 있는 주제를 반영하는 이름을 붙였다. Harris와 Lingoes는 척도 *1*과 *7*은 단일 차원이어서 소척도로 분류하는 것은 적합하지 않다고 보았다. 척도 *5*와 *0*의 소척도를 개발하지 않은 이유는 알려져 있지 않다. MMPI-2에서는 Martin과 Finn(2010), Ben-Porath, Hosterler, Butcher와 Graham(1989)이 통계적(주로 요인분석), 합리적 기법들을 함께 사용하여 각각 척도 *5*와 *0*의 소척도를 각각 개발하였다. Harris-Lingoes 소척도와 더불어 이 두 소척도들도 표준 임상 척도를 논의하면서 함께 다루어질 것이다.

주의

모척도로부터 적절한 추론을 이끌어 내려면, 척도 *2, 3, 4, 6, 8, 9*의 소척도들과 이것들의 점수 및 상승 패턴에 반드시 친숙해져야 한다.

Weiner와 Harmon(1946; Weiner, 1948)은 각 기본 척도들의 문항이 정서적인 장해를 뚜렷하게 드러내는지 그 여부에 근거하여 또 다른 소척도 세트를 개발하였다. 장애를 뚜렷하게 드러내는 문항들로 **명백** 소척도를 구성하였고, 나머지 문항들로 이에 대응하는 **모호** 소척도를 구성하였다. 명백 소척도와 모호 소척도의 문항 수를 맞추려는 시도는 없었다. 명백 문항의 수는 145개로 108개인 모호 문항의 수보다 많다. Weiner와 Harmon은 기본 척도 *2, 3, 4, 6, 9*의 5개의 척도에 대해 명백/모호 소척도들을 개발하였다.

성격 측정에 있어 명백 문항의 역할은 많은 논란거리가 되고 있다. Hollrah, Schlottman, Scott, Brunetti(1995)는 이 논쟁을 둘러싼 연구들을 맵시 있게 개관하였다. 모호 소척도를 비판적으로 본 이 연구의 요지는 소척도 점수들이 대체로 다른 검사들이나 평정에 근거한 모척도 구성개념의 측정치에 수렴되지 못한다는 점이다. 예로, 척도 2의 모호 소척도는 우울증에 대한 외적인 측정치나 우울한 기분을 측정하는 다른 검사 도구들과 상관이 유의하지 않은 경우가 많았다. 하지만 이는 그다지 놀라운 일이 아니다. 모호 척도를 검증한 두 종류의 측정치들 모두 우울의 명백 증상을 반영하고 있기 때문이다. 사실, 우울-명백(*D-O*)과 우울-모호(*D-S*) 간 상관은 −.23이다. 모호-명백 척도에 관한 연구들 대부분이 모호 문항의 적절한 역할을 고려하지 못하고 있다. 모호 문항의 적절한 역할은 임상 척도의 변별타당도를 높이는 것이다. 모호 문항은 반응 양식에 크게 영향을 받지 않는다. 반면, 명백 문항은 반응 양식에 상당히 취약한 면이 있다. Burkhart, Christian, Gynther(1978)와 Dubinsky, Gamble, Rogers(1985)는 모호 문항과 명백 문항의 '역설적' 관계에 대해 광범위하게 언급하였다. 요지는 명백 문항에 대한 시인을 억제할 때, 모호 문항에 시인하는 비율이 높아지는 경향이 있다는 것이다. 따라서 모호 문항은 명백 문항에 방어적으로 접근하는 반응 양식에 대응할 수 있다. 모호 문항이 없었다면 낮아질 수 있는 전체 척도 점수를 모호 문항에 응답하는 비율을 높여 다시 밀어 올리는 것이다.

이와 같이, 모호 척도는 *K*-교정과 상당히 유사한 방식으로 작용하는 것 같다. 모호 소척도가 있는 5개의 척도 중에 3개(척도 *2*, *3*, *6*)는 *K*-교정을 받지 않는다. 나머지 두 척도인 척도 *4*와 *9*도 각각 .4, .2 비율의 *K*-교정을 받는다. 문항 당 *K*-교정의 비율에 근거하면 교정받는 비율은 더 줄어든다. 예로, 척도 *4*의 최대 교정은 *K*의 문항 수(30)에 *K* 가중치(.4)를 곱한 12문항이다. 이 수치를 척도 *4*의 문항 수(50)로 나누면, 문항 당 *K*-교정치는 .24가 된다. 일부 기본 척도들에 일정 비율의 *K* 점수를 더하는 목적이 정상집단과 준거집단을 구분하는 변별력을 높이는 데 있었음을 상기해 보라. 모호 문항들의 역할 역시 *K*의 역할과 유사해 보인다. 척도 *1*, *7*, *8*처럼 모호 문항이 없어서 상당한 은폐가 필요한 척도들과는 달리, 모호 문항이 있는 척도의 경우, 이 문항들이 내장된 *K*-교정 같은 역할을 한다고 생각하면 *K*-교정과 모호 문항의 역할을 이해하는 데 도움이 될 것이다. 이러한 분석에서 기대되는 바와 같이, 변별 타당도의 맥락에서 연구했을 때, 전반적으로 모호 소척도가 명백 소척도보다 나았다(Hollrah 등, 1995). 모 척도 점수에 대한 모호-명백 소척도들의 진정한 역동적 기능과는 상관없이, 이 척도들은 기본 척도를 해석하는 데 도움이 될 만한 경험적인 상관들도 가지고 있다.

척도 *1*: 건강염려증(*Hs*)

개발

건강염려증은 첫 번째로 개발된 기본 척도이다. 구성개념이 제법 단순해서 이견이 별로 없었고, 연구에 쓸 수 있는 사례들도 많았기 때문이다. 척도 *1*의 준거집단은 '신체 건강에 대한 비정상적인 … 걱정'(McKinley & Hathaway, 1940/2000, p. 7)을 드러내며 정신신경증, 건강염려증의 진단을 받은 50 사례로 구성되었다. 정신증적 증상이 있는 환자들을 배제하기 위해 면밀하게 사례들을 선별하였다. 그리고 의학적, 신경학적, 혹은 다른 정신의학적 질환을 가진 경우를 제외하기 위해 모든 사례를 철저하게 검토하였다. 비교집단은 두 집단이었다. 한 집단은 724명의 미네소타 성상인 중 나이가 순거십단과 거의 비슷한 262명(남자 109명, 여자 153명)이었고, 다른 집단은 대학에 입학한 265명(남자 151명, 여자 114명)이었다. 준거집단과 두 비교집단을 변별해 주는 문항들로 예비 척도를 만든 다음, 신체 질환으로 대학병원에 입원한 환자 50명과 건강염려증 외의 다른 문제로 정신과적 치료를 받기 위해 입원한 환자 45명의 두 집단을 대상으로 이 척도를 검증하였다. 이러한 절차는 나이, 결혼 및 사회경제적 지위, 교육 등 인구통계학적 변인들이 척도 점수에 주는 영향력을 줄여주었다. 또한, 이 척도가 건강염려증 환자들을 기질적 질환(그리고 입원)으로 인해 통증이나 불쾌감, 불편감, 스트레스로 고통받고 있는 내과 환자나, 다른 정신과적 장애와 관련하여 건강염려증적인 특성들을 보이는 환자들로부터 구별해 낼 수 있는 능력을 검증해 주었다. 25명의 새로운 건강염려증적 표집을 대상으로 교차 타당도를 검증한 결과, 이 척도는 정상집단, 의학적 집단, 정신과적 집단으로부터 준거집단을 적절하게 구분해 주었다.

해석적 함의

일반적인 사항

건강과 신체 기능에 염려가 쏠려 있다. 의학적 소견이나 부정적인 결과가 진단적 절차에서 입증되지 않았음에도 불구하고, 지속해서 끈질기게 염려하는 경향을 보인다. 환자는 안심하지 못하고 질병을 계속해서 확신하면서, 처방을 내린 의사를 신뢰하지 못한다.

실제로 질병 있는 환자는 일반적으로 60*T*에 가까운 점수를 얻는다. 하지만 질병이 삶을 위협하고 있거나 불안과 공포를 일으키고 있다면, 아주 높은 점수를 보일 수도 있다. 그러므로 척도 *1*의 점수는 의학적으로 유의한 질병 상태를 결코 배제해 주지 못한다(**빠른 참조 6.1**의 척도 *1*에 대한 기술적 요약을 보라).

빠른 참조 6.1

_Hs_ 척도의 기술적 특징 요약

문항 수: 32

그렇다/아니다 비율: 11/21

중복: *HEA*와 23문항, 척도 *3*과 20문항(*Hy4*에서 13문항), 척도 *2*와 9문항, 척도 *8*과 4문항이 겹친다.

내용: 신체적 호소. 머리 및 감각 증상 호소; 전반적으로 좋지 않은 건강상태; 상부 위장관 불편감; 허약감, 피로감, 쉽게 지침; 심장 증상 호소 등을 반영하는 문항들로 구성되어 있다. 특정한 호소나 증상들이 모호한 증상에 비해 약 두 배 정도 많다.

다른 척도들과의 관계: 기본 임상 척도 가운데, 척도 *2*(.82), 척도 *3*(.80)과 가장 높은 상관을 보인다. 척도 *1*에 *K*-교정(.5*K*)이 더해지면 척도 *3*과의 상관이 줄어든다. 임상 소척도들과의 상관은 내림차순으로, *Hy-O*(.96), *Hy4*(.94), *Hy3*(.88), *D-O*(.86), *D3*(.83), *D1*(.80), *Sc6*(.80), *D4*(.79)이다. *HEA*, *RC1*과 .90 중반의 상관이 있고, *HEA*의 소척도인 *HEA2*(.87), *HEA3*(.81), *HEA1*(.80)과도 상관이 높다. *K*-교정을 받지 않은 높은 원점수는 척도 *2*, *3*, *7*, *8*을 상승시킬 수 있다.

현 문제

건강이나 신체적 통합성을 염려한다. 그리고 자신의 염려를 정당화하기 위하여 의학적인 맥락에 놓을 수 있는 가시적인 증후나 내적으로 경험되는 감각들(이를테면, 통증이나 무력감)을 찾는다. 염려의 초점은 질병, 장해, 신체적 손상에 주어지기도 하고, 황폐화나 병리적 악화 혹은 죽음에 대해 증상이 갖는 함의에 주어지기도 한다. 불면이나 기타 수면 문제들이 종종 언급된다. 현 문제는 특정 영역에 국한시키거나 분류하기 어려운 것이 특징이다. 신체 호소를 하면서 종종 증상, 질병, 기타 등등과 관련하여 다양한 기술 용어를 써가며 환자의 병력에 대해(건강염려증 환자의 '오르간 리사이틀'), 그리고 아무런 안도감도 주지 못했던 이전의 진단 및 치료 절차에 대해 상세하게 설명을 덧붙인다. 이전의 의사를 무능하고, 탐욕스러우며('돌팔이', '사기꾼', '약장사'), 관심을 제대로 주지 않았다고('돈만 밝히고') 격렬하게 비판한다. 이전의 의사가 오진이나 엉터리 진단을 하였으며, 임상병리 검사를 제대로 지시하지 못했고, 도움도 안 되는 약을 처방하여 문제를 더 악화시키고 참을 수 없는 부작용을 만들었다고 주장할 수도 있다.

정신과 환자들 가운데 건강염려 증상은 망상적 사고와 관련되어 있지 않은 한, 시간에 걸쳐 훨씬 덜 안정적이다. 순수하게 건강염려증 환자들은 사실상 현재 정신병원 장면에서는 거의 찾아보기 힘들다. 하지만 공발 차원의 건강염려증 환자들은 그렇게 드물지 않다.

증상 패턴

이 환자들은 내부 신체감각이나 잠재적으로 끔찍한 건강상태를 암시하는 가시적 징후들에 예민한 경향이 있다. 높은 점수를 받는 사람들은 비록 전형적으로 우울하거나 불안하지는 않더라도, 생기가 없고 불만족스러우며, 다소 비관적이고 냉소적인 관점을 가지는 경향이 있다. 불안이 있다면 특정한 형태의 과민함을 보이기 쉽다. 환자들은 느릿느릿하고, 열정이 없으며, 동기나 포부가 부족하고, 잘 들뜨지 않는다. 인지적으로 다소 편협하고, 상상력이 부족하며, 창조적이지 못하다. 관습적이고, 습관이나 일상에 묶여 있는 경우가 많다. 자기중심적이긴 해도 제멋대로는 아니다. 오히려 이들은 많은 영역에서 조심스럽고, 자기 부정적인 면이 있으며, 이런저런 즐거움들을 시답지 않게 여긴다. 가족 외의 관계는 다소 거리가 있지만, 책임감이 있고 양심적이다. 일반적으로 예의 바르고, 진실하며, 사려 깊고, 규칙과 규정을 잘 준수하며(비록 다소 분개할 때도 있지만), 반사회적인 방식으로 행동화하지 않는다. 무능력하지는 않은데, 이런 환자들은 보통은 제대로 기능할 수는 있지만, 효율성의 감소로 고통을 겪는다.

대인관계

이 환자들은 다른 사람(전형적으로는 배우자)과 장기간의 의존적인 애착을 형성하는 경향이 있다. 애착 관계는 환자가 이끌어 낸 측면이 강하다. 다른 사람들과의 관계는 제한되어 있고, 실리적이며, 증상을 이용해 통제하는 면을 보인다. 친밀한 사람들에게 과도한 기대와 요구를 하며, 다른 사람들이 자신에게 충분한 관심과 배려, 돌봄을 주지 않을시, 시무룩해지거나 불평을 늘어놓기도 한다. 동시에 다른 사람들이 관심을 두는 영역에 대해서는 정서적으로 쌀쌀맞고 인색하다. 이들은 종종 고집 세고, 신랄하고, 자기중심적이고, 이기적이며, 베풀지 않고, 감사할 줄 모르고, 즐겁게 하기 어려운 사람처럼 보인다. 이들의 분노(특히, 적대감)는 불만이나 요구, 통제를 통해 간접적으로 드러난다. 신체 증상과 장해는 종종 교묘하게 다른 사람들을 위협하는 수단으로 또는, 죄책감이나 강화된 의무감, 혹은 이 모두를 서서히 주입하는 수단으로 사용될 수 있다. 시간이 지남에 따라, 이들의 행동 패턴은 다른 사람들에게 분노가 쌓이도록 만든다. 그리고, 화가 난 사람들은 예전과 달리 환자의 요구를 마지못해 대충 들어준다. 그럼에도 불구하고, 이들의 결혼은 안정적인 경향이 있다. Carson(1969)은 환자들이 "압력을 받으면 즉시 편집증적 자세를 취하는 모습을 보이는" 특징을 언급하였다(p. 284).

행동 안정성

이 패턴은 시간이 지나도 상당히 안정적이다. 척도 *1*은 MMPI-2 성격 척도의 하나로 간주된다. 그러나 잘 변하지 않는 증상 척도로 보는 견해도 있다.

방어

우울이나 불안(심각하고 삶을 위협하는 질병이 있는 것에 대한 불안을 포함하여), 의존성을 신체적 증상이나 질병 혹은 장애로 전위시킨다. 합리화(이를테면, 성취의 실패에 대한), 갈등, 다른 문제들의 부인, 이기적이고 자기중심적인 투사를 보인다. 신체화는 사회적/성적 상호작용과 같이 달갑지 않은 활동이나 상황을 벗어날 수 있게 해 준다. 끝으로, 아주 낮은 점수는 질병과 상해에 대한 역공포적인 부인을 반영할 수 있다.

개인력

이전의 다양한 의료 접촉, 신체검사, 병리검사, 외과적 진단 절차(복강경 검사, 요추천자 등), 치료, 수술 등을 확인해 보아야 한다. 환자는 최근에 혹은 지난 여러 해 동안 안도감을 느끼지 못하고 상당히 많은 의료 접촉을 해 왔을 수 있다('닥터 쇼핑').

환자들은 불우한 가정환경에서 성장한 경우가 많다. 실직이나 장기간의 비고용 상태 같은 외부 요인이나, 아버지의 부재나 알코올 중독과 같은 내부 요인으로 인해 원가족이 가난하고 경제적으로 불안정했다. 흔히 아픈 행동을 학습하도록 하는 환경을 가족들이 제공하기도 한다. 간접적으로는 부모, 형제나 자매, 다른 중요한 친척의 질병이나 죽음을 통하여, 혹은 중요한 어른에 대한 건강염려증적인 모델링을 통하여 아픈 행동을 학습하게 된다. 그리고 직접적으로는 환자 자신이 겪었던 잦은 병치레와 삶을 위협하는 질병, 참담한 사고 등을 통하여 환자의 역할을 학습하면서 질병이 삶의 방식으로 바뀌게 된다. 이들의 직업적 성취는 그런대로 괜찮다고 해도(예로, 숙련된 자영업자), 지능이나 교육적 성취는 일반적으로 평균보다 낮은 편이다.

진단적 고려

진단은 신체화 장애, 건강염려증 같은 신체형 장애인 경향이 있지만, 특히 약물 남용(주로 알코올 남용, 통증과 수면 때문에 처방받은 약)이나 우울증 등 공발이 광범위하다.

치료적 고려

의학적 맥락에서 이 환자들은 다양한 정밀검사나 진단적 검사 없이 대증요법으로 치료하는 것이 가장 좋다. 약물과 관련된 문제들은 신중하게 다뤄질 필요가 있다. 이런 환자들은 신체감각에 집중하고 자신의 내부 감각들에 민감하여 부작용을 빨리 경험하기 때문이다. 처방전에 따라 약물을 복용하고 있는지를 면밀하게 관찰할 필요가 있다. 약물 남용으로 발전할 가능성도 있다.

환자들은 종종 이들을 진짜 환자가 아니라 '허튼소리나 하는' 사람이라고 판단하여 분통이 터진 일차 진료의에 의해 정신과 의사나 심리학자들에게 의뢰된다. 환자들은 이러한 의뢰를 부당하고 모욕적이라 여긴 나머지 초기 접촉에 회의적이기 쉽다. 특히 이들은 어떠한 심리학적인 인과론에도 과도하게 저항하는 경향을 보인다. 심리학적 인과론을 '문제가 모두 마음에 있다'는 의미로 해석하기 때문이다. 환자들이 이전 의사들에게서 실제로 경멸당했을 가능성을 무시해서는 안 된다. 이러한 사실과, 이에 대한 심리학자의 이해가 치료에 새로운 발판을 만들어 줄 수 있을 것이다.

몇 가지 초기 접근법이 효과적일 수 있다. 이 접근들은 모두 주의, 공감, 지지를 요구한다. 시간, 약속, 그리고 주의 깊은 경청은 질병이나 죽음, 관계에 대한 환자의 일반적인 태도를 평가하는 데 도움을 준다. 이러한 주제들이 환자가 사용하는 언어에서 어떻게 드러나는가에 주목함으로써 실체적인 차원으로서 이러한 주제들에 대해 환자가 가지고 있는 이해를 가늠해 볼 수 있다. 환자들의 상당수가 전통적인, 기분/정서에 초점을 둔 심리치료적 접근에서 언어 유창성이 떨어지고 적합한 단어를 잘 찾지 못하는 경우가 많다(감정표현불능증). 그래서 이들은 대화가 주요 매체인 모든 맥락에서 상당히 불리하다고 느낀다. 초기에 환자의 언어를 반영하는 치료자의 능력이 도움이 될 수 있다. 안심하도록 다짐을 주는 것은 환자가 그 반대로 생각하므로 오히려 역효과를 낳을 수 있다. 더욱이 이러한 시도는 이전에 별다른 소득이 없이 끝났을 가능성이 크고, 그래서 치료자를 아무런 도움이 안 되었던 의사와 동일시하도록 만들 수 있다. 환자들은 도움을 청할 수 있는 치료자의 존재 여부, 관계의 지속성, 그리고 제공되는 지지로부터 안심을 얻는 경향이 있다. 또한, 이들은 치료자가 불안, 두려움, 오해 등에서 비롯된 문제들에 대처하는 데 초점을 맞추고, 이들의 실제 건강상태에 대해 강조를 덜 할 때, 자신감을 얻는 경향이 있다.

치료적 라포르 형성에 더해, 초기 치료 목표는 신체적인 언어를 대인 관계적인 언어로 전환하는 것이다. 여기서 '긴장', '스트레스'와 같은 은유를 사용하는 것이 유용할 것이다. 건강염려증적인 언어에는 가족이나 친구 혹은 다른 사람과의 관계에 대한 언급이 눈에 띄게 빠져 있는 경우가 많다. 스트레스나 긴장은 교량적 은유(bridge metaphor)의 역할을 해 줄 수 있다. 처음에는 고통이나 불편감을 일으키는 원인으로 긴장감에 대해 논의하고, 나중에는 환자의 스트레스가 배우자나 다른 사람들에 미친 영향에 대해 탐색해 보도록 한다. 분노, 좌절, 쓰라림이라는 초기 감정은 시간이 갈수록 두려움, 실망, 무력감으로 바뀌게 되는데, 이런 전환은 치료가 진전되고 있다는 신호가 될 수 있다.

인지적 개입은 해롭지 않은 신체감각을 질병에 대한 신호로 잘못 해석하는 끈질긴 경향과 이런 오해석으로 인한 불안에 초점을 둔다. 지시적인 개입은 환자가 충분히 거절할 수 있음을 예상하고 비관적으로 제공되는 것이 좋다. 예로, "이게 훨씬 더 도움이 될지는 잘 모르겠어요. 하지만 이전에 나도 기대하지도 않았는데, 이게 효과가 있는 걸 본 적이 있어요. 원한다면 시도해 볼 수 있어요." 이완, 바이오피드백, 최면, 만성 통증 프로그램과 같은 훈련이나 행동적 처치가 도움이 되는 환자들도 있지만, 건강염려증적인 병력을 오래 가지고 있는 환자의 경우, 치료가 장기화되는 경향이 있다.

앞서 언급한 일부 내용은 최근에 혹은 외상 경험으로 인해 신체화 증세가 발병한 환자들에게는 적용이 잘 안 된다. 이런 환자들은 훨씬 더 적극적으로 다루어져야 한다. 이들은 설명하고 안심시키는 방식과 스트레스에 대처하고 이를 감소시키는 전략들에 더 잘 반응한다(Kellner, 1991).

낮은 점수

척도 *1*에서 낮은 점수는 근본적으로 다른 두 가지 방식으로 얻어진다. 1) 척도 *1*의 원점수가 매우 낮고 *K* 척도의 점수가 평균적인 경우와, 2) 척도 *1*과 *K* 모두에 거의 시인을 하지 않은 경우이다. 첫 번째 경우가 바람직하다. 이 패턴은 자신의 신체에 대한 전반적인 편안함을 시사한다. 신체적 질병이 없고; 신체적, 사회적 활동에서 주도적이며; 체형을 만들어 가는 것을 긍정적으로 즐기며; 운동, 힘을 쓰는 일, 활동에 즐거움을 가지며; 변화나 기회를 두려움 없이 수용하는 능력 등이 모두 이 패턴과 일치된다. 신체 활동을 할 때, 무모하게 위험한 행동을 하는 등, 건강문제와 안전에 대한 주의가 부족할 수 있다. 두 번째 패턴에서는 신체적 질병이 없다는 척도 *1*의 주장이 *K*의 낮은 점수가 시사하는 자기 비난, 불만족, 비효율성, 냉소, 사회적 어눌함과 연결되어 있다. 질병이나 상해들을 간과하여, 이런 문제들이 악화되거나 심신이 피폐해질 때까지 내버려 두는 경향이 있다.

척도 *2*: 우울증(*D*)

개발

척도 *2*의 준거집단은 "사기가 저하되고, 미래에 대한 희망이 없고, 자신의 상황 전반에서의 불만족감 등을 임상적으로 인식할 수 있을 정도로" 드러내는 50 사례로 구성되었다(Hathaway & McKinley, 1942/2000, p. 16). 대부분 조울병의 울증 단계에 있었던 것으로 여겨진다. 우울한 기분이 정신과적 원인이 아닌 이유에서 비롯되었을 가능성을 배제하기 위하여 철저한 평가가 시행되었다. MMPI 저자들은 우울이라는 구성개념의 불안정성을 인식하고 있었다. 그래서 우울한 기분의 원인이 내인성 요인이건 상황적 요인이건 상관없이, 준거집단이 평가 당시에 우울하다고 여겨져야 한다는 점만을 요구함으로써 구성개념에서의 불안정성을 허용하였다. 비교집단은 724명의 미네소타 정상인 중에서 연령대가 준거집단과 거의 일치하는 339명(남성 139명, 여성 200명)과 대학에 입학한 265명(남성 151명, 여성 114명)의 학생들이었다. 이들을 준거집단과 비교하여 70문항의 예비 척도를 만들었다. 예비 척도의 점수가 무선적으로 선택된 413명의 정신과 사례('무선 정신과 환자집단')와 690명의 미네소타 정상인들로부터 얻어졌다.

예비 척도 결과에 기초하여, 예비 척도에서 높은 점수를 얻었으나 임상적으로 우울한 특성을 보이지 않는 정신과 환자 50 사례('비우울 환자집단')와 역시 예비 척도에서 높은 점수를 얻은 40 사례의 정상인 집단('우울한 정상집단')이 후속 연구를 위해 선정되었다. 690명의 미네소타 정상인 집단에서 우울한 정상인 집단을 거쳐, 준거집단에 이르기까지 점진적으로 증가하는 반응빈도에 기초하여 최종 척도의 문항들이 선택되었다. 이 절차를 통해 49개의 문항이 얻어졌다. 여기에 준거집단과 우울하지 않은 정신과 환자 사례를 구별해 주는 11개의 문항이 더해져 60문항의 최종 척도가 만들어졌다. 마지막에 더해진 11문항은 준거집단이 시인하는 방향으로 채점되었다. 그런 다음, 35 사례의 새로운 우울증 집단에 대해 이 척도의 교차 타당도를 검증하였다. 이 척도는 우울증 사례들을 690명의 미네소타 정상인들로부터 잘 구분해 주었다. 또한, 교차 타당도 우울증 집단은 50 사례의 비우울 환자와 무선 선택된 413명의 정신과 환자들(준거 사례가 포함되지 않은)보다 평균 점수가 높았다. 또한, 무선 선택된 413명의 정신과 환자 중에서 증상적 우울을 보이는 환자, 즉 어느 정도 우울 증상이 있으나 우울증 외의 다른 진단을 받은 223명의 하위 집단과의 비교에서도 교차 타당도 사례의 평균이 높았다. 229명의 일반 내과 환자들과의 비교에서도 마찬가지였다. 척도 *2*의 평균 점수를 기준으로 순서를 정하면 준거집단 > 교차 타당도 집단 > 우울 점수가 높은 비우울 정신과 환자집단 > 우울 증상을 보이는 정신과 환자집단 > 무선 정신과 환자집단 > 내과 환자집단 > 미네소타 정상인들의 순서가 된다. MMPI-2로 전환되는 과정에서 척도 *2*의 문항 중, 종교적 내용의 3문항이 제외되었다. 척도 *2*의 기술적 특징이 **빠른 참조 6.2a**에, 척도 *2*의 소척도는 **빠른 참조 6.2b**에 요약되어 있다.

빠른 참조 6.2a

D 척도의 기술적 특징 요약

문항 수: 57

그렇다/아니다 비율: 20/37

중복: *INTR*과 13문항, 척도 *7*과 12문항, 척도 *1* 및 *DEP*와 9문항, 척도 *8*(*Sc4*와 5문항), *Rc2*와 8문항, 척도 *7*과 7문항, *RCd*와 5문항이 겹친다.

내용: 불행감, 불안 및 걱정, 무관심, 무기력, 비충동성, 억제된 공격성, 신체 증상, 사회적 철수, 낮은 자존감.

다른 척도들과의 관계: 기본 임상 척도 중, 척도 *1*(.82)과 9문항을, 척도 *7*(.80)과는 12문항을 공유하면서, 가장 상관이 높다. 이 두 척도에 *K* – 교정을 하면 척도 2와의 상관이 줄어든다. 소척도들과의 상관을 내림차순으로 살펴보면 다음과 같다: *D-O*(.95), *D1*(.95), *D4*(.90), *Hy3*(.90), *Hy-O*(.87), *D5*(.82), *Sc4*(.81), *D3*(.80). 척도 *2*는 *RC2*(.82), 내용 척도 *DEP*(.80), 내용 소척도 *DEP2*(.79), *DEP1*(.77)과도 상관이 높고, *DEP3*(.64), *DEP4*(.55)와도 중간 정도의 상관이 있다.

빠른 참조 6.2b

D 척도의 소척도

척도 *2*의 5개 Harris-Lingoes 소척도는 광범위하게 서로 겹친다. 적어도 어느 하나의 소척도에 해당되는 49문항 중에서 22문항이 두 개 이상의 소척도에 들어있고, 전체적으로 55개의 문항 중복이 있다. 예로, *D1*은 *D2*(8문항), *D3*(3문항), *D4*(12문항)와 겹치고, *D5*의 10문항을 모두 포함하고 있다. *D2*는 *D4*와 5문항, *D5*와는 2문항, *D4*와 *D5*와는 4문항이 겹친다.

_D1_(주관적 우울감: 32문항)

"무언가 하는 즐거움을 부정; 비관주의, 사기 저하, 낮은 자존감; 심리적 무력감에 대한 불평, 문제에 대처할 에너지 부족"(Harris와 Lingoes). 척도 *2*의 기분 구성요소의 하나인 *D1*은 전체 척도 *D*와 유사한 기능을 한다. *D1*은 *D* 소척도 중에서 가장 길고, *D* 문항의 절반 이상을 담고 있다. 또한, 척도 *2*의 문항 중 가장 명백한 우울증을 담고 있다. *D1*에 명백한 우울 증상들이 다 담겨 있으므로, 사실상 *D-O*(.98)와 같다고 할 수 있다. *Hy3*(.91), *Sc4*(.89), *Sc3*(.81), *Sc2*(.78), *Pd5*(.79)와 상관이 높다. 내용 척도인 *DEP*(.89), *DEP1*(.86), *DEP2*(.86), *ANX*(.86), *WRK*(.85), *TRT*(.79), *TRT1*(.78),

LSE(.78), *LSE1*(.79), *HEA*(.75), *OBS*(.72), *SOD*(.68)와 상관이 높다. *PSY-5*의 *INTR*(.79), *NEGE*(.75)와도 상관이 높다. *D1*은 MMPI-2에서 단기간의 기분 변동을 측정하는데 가장 민감한 척도이다.

D2(정신운동지체: 15문항)

"사회관계에 참여하려 하지 않음, 움직이려 하지 않음"(Harris와 Lingoes). *D2*는 척도 *2*의 억제적 구성요소이며, 대비되는 척도 *9*의 *Ma2*(−.15)와 유일하게 약한 부적 상관을 갖는다. 사회적 참여에서의 철수, 무기력, 공격성과 분노를 부인하는 내용의 문항으로 구성되어 있다. *R*(.52), *DISC*(−.32)와의 상관으로부터 판단해 볼 때, 행동적인 억제보다는 정서적인 억제와 더 관련 있어 보인다. *D2*는 수동성과 순종적인 면에 민감하다(Friedman et al., 2001). *D2*는 *INTR*(.66)과는 중등도의 상관을 보인다. Levit (1989)는 *D2*의 낮은 점수가 자살에 대한 에너지가 충분함을 시사할 수 있다고 추측하였다. 특히 척도 *2*의 다른 소척도 점수들이 함께 높을 때 더욱 그렇다.

D3(신체 기능 장애: 11문항)

"신체 기능 장애 호소; 자기 자신에 집착"(Harris와 Lingoes). 이 소척도는 척도 *2*의 신체적 구성요소를 모두 아우르고 있다. 내용은 예상대로 식욕 저하, 체중 변화, 허약함, 변비와 같은 우울증의 생장 증상들을 반영한다. 3문항이 신체 문제를 부인하고 있다는 점은 주목할 만하다. *D3*는 척도 *1*(.82), *Hy3*(.82), *Hy4*(.72), *HEA*(.76), *HEA3*(.76), *HEA1*(.68), *HEA2*(.67)와 상관이 높다. Caldwell (1988)은 *D3*이 건강을 결코 회복할 수 없고, 건강이 악화되는 것 말고는 더 이상 기대할 것이 없다는 두려움을 나타낸다고 보았다.

D4(둔감성: 15문항)

"반응성이 떨어짐, 자신의 심리적 기능을 불신"(Harris와 Lingoes). *D4*는 우울증의 인지적 쇠약을 반영하며, *D3*와 정신적 대응 관계에 있는 소척도이다. 문항들은 *D5*(40%), *Sc3*(40%), *Sc4*(36%)를 포함하는 다른 몇 개의 소척도들과 겹친다. 내용은 독해에서의 어려움, 주의집중 곤란, 판단의 실수, 기억 문제, 낮은 에너지, 자신감이나 주도성 부족, 신경 쓰고 노력하는 것들이 무의미하다는 느낌 등을 기술하고 있다. *D1*(.94), *Sc4*(.90), *Hy3*(.88), *Sc3*(.87)과 상관이 높다. 8문항(53%)이 척도 *7*과 겹친다. 높은 점수가 의미하는 바는 흥미 결여, 정신기능이 손상되었거나 감퇴된 느낌, 정신적 작업을 수행하는데 필요한 에너지의 고갈 등이다. 사고나 문제 해결이 힘겹게 느껴지고, 심지어 상당한 노력을 기울이다가도 쉽게 포기해버린다. 사고는 손상되고, 미덥지 못해 보이며, '마음을 제대로 움직일 수 없을 것 같은' 느낌이 있다.

_D5_(깊은 근심: 10문항)

"반추, 화를 잘 냄"(Harris와 Lingoes). *D5*는 척도 *2*의 두 번째 기분 소척도이다. 척도 *2*의 소척도 중, 명백한 우울증 내용을 가장 비중 있게 담고 있다. 10문항 중 8문항이 *DEP*(절반이 *DEP1*에)와 겹친다. 이는 척도 *2*가 *DEP*와 겹치는 9문항 중 8문항에 해당한다. 척도 *7*(.89), *Hy3*(.81), *Pd5*(.82), *Sc4*(.85), *ANX*(.84), *DEP*(.91), *DEP1*(.86), *DEP2*(.92), *DEP3*(.80), *LSE* (.80)), *NEGE*(.80)와 상관이 높다. *D5*는 불행감과 초조 등, 쉽게 기분이 언짢아지는 경향과 관련 있다. 이 척도는 척도 *2* 전체보다는 *D1*과 비교할 때 해석의 목적으로 가장 유용하다. *D5*는 *D1*보다 분노나 처벌적인 성향이 강하다.

_D-O_(우울-명백: 39문항):

D-O(.98)는 *D1*의 32문항 중 28문항을 포함하고 있어, 거의 *D1*과 비슷하다.

_D-S_(우울-모호: 18문항):

*D-S*는 우울보다는 조야한 감정의 억제에 대한 모호한 측정치이다. 이는 수동성, 낮은 적극성, 지배/복종에의 내성을 반영한다. *D2*와 7문항이 중복되고, *ANG*(−.59), *Re*(.57), *ANG1*(−.57), *Ma4*(−.57), *TPA*(−.56), *TPA2*(−.55), *ASP*(−.55)와 중등도의 상관을 가진다. *AGGR*(낮은 점수)과 더불어 억제된 공격성에 대한 최고의 전통적인 MMPI-2 측정치이다.

개정된 *D* 소척도

척도 *2*의 Harris-Lingoes 소척도는 광범위하게 서로 겹친다. 이는 각 소척도들의 특정성과 변별 타당도를 떨어뜨린다. *D* 척도에서 소척도 간에 겹치는 문항은 총 55개로, 소척도 당 평균 11문항이다. 이는 다른 Harris 세트보다 많은 수이다. 이들 다섯 개의 소척도들을 어떻게 짝을 짓더라도, 4~5개(범위: 0~12)의 문항이 겹친다. 이는 평균 척도 길이의 27%에 해당한다.

부록에 제시된 5개의 대안적인 *D* 소척도(Nichols, 2009a)는 원래의 Harris 세트보다 적어도 두 가지 장점이 있다. 첫째, 겹치는 문항이 6개로 줄어들었다. 척도 당 평균

1.2개에 불과하다. 소척도들을 어떻게 짝을 짓더라도, 겹치는 문항(범위: 0~3)의 수는 평균 .6개이다. 이는 평균 척도 길이(문항 수)의 5%에 해당한다. 둘째, *D* 척도의 각 문항이 적어도 한 개의 소척도에 들어있다. 가능한 단점의 하나는 새로운 소척도 중에서 두 소척도의 문항이 8개 밖에 안 된다는 점이다. Harris *D* 소척도에는 최소한 10개의 문항이 들어있다.

해석적 함의

일반적인 사항

Carson(1969)은 척도 *2*를 "즉각적인 만족과 안락함, 안전감에 대해 매우 효율적인 최고의 단일 지표이다."(p. 285)라고 기술했다. 관심의 초점이 기분, 사기, 효율성에 맞춰져 있다. 척도 점수는 경험된 신체 건강과 안녕감, 사회 환경을 포함하여 환경에 참여하는 정도와 관심의 수준, 전반적인 충족감과 만족감, 안전감의 함의가 있다. 척도 *2*의 점수는 기분의 기복에 대해 그리고 이러한 변화에 영향을 주는 상황적인 요인들에 대해 아주 민감하다. 또한, 대체로 실제의 건강/질병 상황에 대해 척도 *1*보다 민감하다. 척도 *2*가 단독으로 상승하는 경우는 드물다. 척도 *2*의 해석은 다른 척도들과 조합되는 패턴에 따라 상당히 달라질 수 있다. 예로, 앞서 기술한 많은 경험적 상관들은 척도 *2*가 척도 *4*와 쌍을 이룰 때 반대의 경향을 보인다. 이 조합은 척도 *2*가 단독 상승했을 때보다 외현화, 통제 불능, 상당히 높은 수준의 물질남용, 행동화, 공격성, 분노, 적대감을 예언해 준다. 척도 *8*의 동반 상승은 내인성 특징들을 강조하는 경향이 있다. 반면, 척도 *3*의 동반 상승은 내인성 특징들을 약화시키는 면이 있다.

현 문제

드러나는 문제는 매우 가변적이다. 우울증과 저조한 기분이 가장 흔하지만, 신체 증상과 질병들(소위 '가면성 우울증'이라고 불리는); 불면증이나 수면 과다, 체중의 증가나 감소; 허약감, 피로감, 소진, 에너지나 활력 저하; 죄책감, 낮은 자존감, 자신감 저하; 집중곤란, 건망증, 우유부단; 긴장, 불안, 걱정; 성마름, 쉽게 언짢아하고 초조해하며, 심지어 화를 내는 등의 증상을 흔히 보인다. 처음에는 종종 상황적 문제나 대인관계 문제로 찾아온다. 대개 다른 사람들이 초기 면담을 받아 보도록 권하거나 심지어는 면담을 주선해 준다. 현 호소에는 심한 상실감이나 슬픔이 수반되는 경우가 많다. 이것은 증상 발현에 선행하며, 환자의 안정감이나 자존감에 악영향을 미치고 있다. 이별이나 죽음으로 사랑했던 사람을 상실하는 것이나, 실직, 재정적 손실, 소중히 여기던 열망이 좌절되거나 강렬히 원했던 성취를 달성하지 못하는 것 등의 위기가 드물지 않다.

증상 패턴

환자들은 불행함과 슬픔, 우울함, 자기 자신과 삶의 상황들에 대한 불만족감을 느낀다. 이들은 이전에 즐겼던 일이나 활동에서 즐거움을 거의 느끼지 못한다. 미래에 대해 낙담하고, 비관적으로 느끼며, 사고와 행동이 느려진다. 또한, 동기와 자발성이 부족하다. 밀려오는 무력감을 어찌하기 어렵고, 방해를 받거나 해서 한번 손에서 일을 놓으면 다시 시작하기 어렵다. 장애물을 만나면 쉽게 포기해버린다. 식욕과 관련된 문제나 수면 곤란도 흔하다. 죄책감, 자기 비난, 낮은 자존감은 자신감을 훼손하고, 터무니없는 이유로 지난날의 성취를 비하한다. 일상적인 신체 활동과 사회 활동에서 침묵과 자기 몰두로 자신을 철수시킨다. 하지만 이러한 내부로의 전환은 정신기능이 제대로 발휘되지 못하고 있으므로 거의 도움이 안 된다. 주의집중력, 기억력, 판단력, 의사결정 능력 등의 문제는 사고와 문제 해결을 어렵게 한다. 상당한 노력을 요구하게 하고, 애를 먹이며, 틀에 박힌 해결책을 내어놓도록 하는가 하면, 종종 아무런 성과도 없이 끝나게 한다. 이들은 아주 사소한 일도 침소봉대하여 중요한 일인 양 집착한다. 정보처리가 느리고 불완전하며, 흔히 우울한 쪽으로 편향되어 있다. 현재와 미래의 일들을 외면하고, 소득도 없이 과거에 집착하기도 한다. 반추적인 걱정, 몰두, 자기 비난은 절망감, 무망감, 자살사고로 이어지는 나선형의 내리막길을 만들어 낸다.

환자들의 대처 방식은 매우 내재화되는 경향이 있다. 정서는 제한되어 있을 뿐더러 과다하게 통제되어 있다. 감정을 잘 나타내지 않고, 자기주장이나 적극성이 없으며, 관습적이다. 자기 패배적인 방식이나 반사회적인 방식으로 행동화할 가능성은 낮고, 물질 남용에 빠지지도 않는다. 이들 대부분이 허약감, 피로감을 경험한다. 활기나 적극성이 거의 없고, 어느 정도 정신운동이 느려지거나 지체되는 모습을 보인다. 공격성이나 적대감이 상당히 억압되는 경향도 있다. 그러나 소수의 사례에서 긴장, 짜증, 성마름, 좌절을 잘 견디지 못하는 면을 보이며, 짧은 순간 버럭 화를 내고서는 지나치게 자책하는 모습을 보이기도 한다.

프로파일이 높게 상승한 경우, 환자들은 패배감과 아울러 아울러 무망감, 무가치감을 느끼며 자신을 전혀 쓸모없는 사람이라고 생각한다. 더욱이 척도 *1*이 동반 상승한 경우, 환자는 자신의 신체 건강이 엉망이 되고 영구적인 신체적 고통을 겪게 되는 나락으로 곤두박질칠 것이라고 믿는다. 객관적으로 이런 환자들은 정서적으로 심하게 철수되어 있고, 꼼짝달싹하지 못하며, 심지어 말문을 닫는 경향이 있다.

자살 위험

척도 *2*가 상승하면, 일반적으로 자살 위험에 대한 평가가 요구된다. 참조할만한 도구로 Koss-Butcher 우울 자살사고 세트의 결정 문항과 자살 잠재력 척도(*SPS*: Glassmire, Stolberg, Greene, & Bongar, 2001)가 있다. 청소년, 성인, 그리고 우울증이나 조현병 진단을 받은 환자들의 경우, 우울감보다는 무망감이 자살사고, 자살계획, 자살 시도에 강력한 예측 요인이 된다(예로, Beck, Brown, Berchick, Stewart, & Steer, 1990; Ganzini, Silveira, & Johnston, 2002; King et al., 2001; Kopper, Osman, & Barrios, 2001; Nordentoft et al., 2002; Pompili et al., 2008; Sarinen, Lehtonen, & Lonnqvist, 1999). 이런 이유로, 저자는 위에서 언급한 SPS 6문항과 MMPI-2와의 문항-전체 상관에 근거하여, 12문항으로 구성된 MMPI-2 **무망감**(*Hp*) 척도를 개발하였다(Nichols, 2010). 이는 명백한 자살 문항을 피함으로써 자살사고와 계획을 드러내지 않으려는 환자들의 자살 위험성을 탐지해 내는데 특히 가치가 있을 것이다.

대인관계

환자들은 내성적이고 사회적으로 속내를 잘 드러내지 않는다. 갈등 상황이나 직면이 요구되는 상황에서 움츠러드는 경향이 있고, 일반적으로 소심해 보인다. 친지나 다른 사람들은 이들과 거리감을 느끼고, 정서적으로 가까워지기 힘들다는 것을 알게 된다. 이러한 사실은 친지들의 삶에 스트레스가 되는 경향이 있다. 굳이 성격 바탕까지 들먹이지 않더라도, 이들이 수동성과 음울함으로 인해 이행하지 못한 일의 책임을 종종 다른 사람들이 대신 떠맡는다. 친지들은 환자에게 도움을 제공하고, 적절한 해결책을 제안하며, 환자가 떨구고 간 책임을 떠맡아서 처리해 주어야 한다고 느낀다. 나아가서, 자신이 환자를 보살필 것이며 모든 일이 잘될 거라고 안심시킨다. 그리고 환자의 자존감을 북돋아 주기 위해 애쓴다. 이런 선의의 지원에 대해 환자가 이렇다 할 반응을 보이지 않으면, 돌보아 주는 이들로부터 경각심과 분노가 야기된다. 하지만 환자의 자기 비난은 돌봐주는 사람의 솔직한 불만의 표현을 무디게 하고 좌절시키는 경향이 있다. 이로 인해 환자를 격려하고 편안하게 해 주기 위한 말과 행동들이 시간이 지남에 따라 마지못해서 하는 일이 되거나 분개로 바뀌게 된다. 이런 추이는 결국 환자가 두려워하면서도 바라던 거부와 포기로 이어지고, 자신이 가망 없고 무가치하며 다른 사람들에게 자격도 없이 짐이 된다는 환자의 생각들을 다시 한번 확신시켜 준다.

환자들은 흔히 학교나 직장에서의 문제를 보고한다. 일을 제시간에 마치지 못하고, 낮은 수행 능력이나 지나친 방심, 부주의 및 관련 문제들로 인해 학생들이나 동료들, 교사/감독관과 마찰을 일으킨다. 성적 흥미 저하를 포함한 배우자와의 문제나 재정적 의무를 도외시하는 문제 또한 자주 보고된다. 이런 문제들은 흔히 죄책감이나 실패와 같은 느낌으로 내재화된다.

행동 안정성

행동 패턴은 선천적으로 불안정하고, 환경적, 대인 관계적, 생물학적으로 아주 다양하게 영향을 받는다. 척도 *2*는 이런 불안정성에 제법 민감하며, 증상의 상태를 잘 추적해 준다. 이에 척도 *2*는 성격 척도라기보다는 상태 척도 혹은 증상 척도로 기능하는 경향이 있다.

방어

척도 *2*에서의 높은 점수와 관련된 방어 패턴은 여러 가지이며, 프로파일의 다른 특징들에 따라 달라진다. 일반적으로 척도 *2*의 상승은 이전의 방어 패턴이 무엇이었건 간에, 그것이 완전히 와해되지는 않았다 해도 어느 정도 실패했음을 신호한다(Trimboli & Kilgore, 1983). 환자들이 분노를 다룰 때, 주지화, 합리화, 반동형성과 같은 여러 가지 방어기제들을 볼 수 있다. 부정, 전위, 억제, 억압과 같은 다른 방어기제들도 분노를 향하거나 우울 그 자체를 향할 수 있다. 신체화 또한 우울에 대한 방어로 나타날 수 있다. 신체화를 통해 환자는 자신과 다른 사람들에게 우울을 숨길 수가 있게 된다.

개인력

아동기에 부모나 다른 사랑하는 사람이 죽거나 상실한 경험, 성장하는 동안 직, 간접적으로 방임, 학대, 정서적 잔인함에 노출된 경험, 자주 버려졌던 경험, 중요하다고 여겼던 기회의 상실, 특히 환자가 이런 상실에 수동적으로 반응했던 경우 등을 살펴볼 필요가 있다. 관련될 수 있는 보다 최근의 상실로는 죽음이나 유기를 통해 중요한 정서적인 지지자원이나 배우자 혹은 가까운 친구와 같은 동반자와 이별하게 되는 것, 고용이나 경제적인 안정과 관련된 상실, 사고나 상해와 관련된 상실 및 상해나 질병으로 인한 기능상실 등이 있다.

진단적 고려

기분부전장애, 주요우울장애, 달리 분류되지 않는 우울장애, 우울한 기분을 동반한 적응 장애 등 일반적으로 기분장애로 진단된다.

치료적 고려

척도 *2*의 상승은 다양한 방식의 치료에 대한 좋은 예후와 관련 있다. 인지 치료 및 대인관계 치료가 효과가 좋은데, 특히 항우울제와 함께 처방될 때 그렇다. 그러나 운동이나 환경 변화(예로, 다른 부서로의 이동) 등 훨씬 대중적인 요법에 잘 반응하는 환자들도 많고, 단순히 시간 경과에 따라 호전되는 경우도 있다.

환자가 느끼는 불편감의 정도는 일반적으로 라포르를 형성하는 데 유리하다. 이들에게는 우울증의 심각성에 상응하는 초기의 지지가 필요하다. 주요 우울 장애처럼 보다 심한 경우라면, 심리 치료적 개입은 환자가 항우울제에 적어도 부분적으로라도 반응할 때까지 기다려야 한다. 환자가 너무도 꼼짝달싹할 수가 없고 정서적으로 위축되어, 치료자와 생산적인 상호작용을 할 수 없기 때문이다. 적어도 환자가 자살 위험의 시기를 넘기고 정상적인 수면 주기를 회복해야 한다.

치료의 초기 목표에는 지도 감독을 통한 안정감 제공, 친밀한 대상이나 친한 친구들과의 지속적인 접촉, 자살 예방 계약, 사기 진작 등이 포함된다. 치료의 초기 단계에서는 지지적인 가족이 특히 중요하다. 하지만 치료자의 과도한 지지는 환자의 독립적이고 적극적인 대처 양식의 발달을 저해하여 역효과를 낳을 수도 있다. 치료과정에 부적응적인 인지적, 정서적 반응 패턴을 검토하고 수정하는 과정과 슬픔과 상실에 대한 훈습 과정이 대체로 포함된다. 과도한 수동적 억제나 지나치게 양심적인 정서 양식에서 해방되도록 돕고, 스트레스를 내면화하는 경향을 완화하는 것이 특히 도움이 된다. 이들은 자신이 거의 통제할 수 없던 상황에 대한 비난과 책임도 손쉽게 받아들이기 때문이다. 보통 치료의 마지막 목표는 환자의 자기표현을 격려하고, 자기 결단력을 고양시키며, 자신을 위해 임의로 선택할 수 있는 환자의 능력을 확대하고, 과도하거나 불필요한 책임감을 줄이면서, 타인과의 관계에서 자신의 권리와 선호를 단호하게 추구하는 것과 관련된 양식들을 배우도록 하는 것이다.

낮은 점수

낮은 점수는 명랑함, 낙관주의, 쾌활함, 열광할 수 있는 능력; 고양된 활동과 사회적 흥미; 정신적 기민함과 원활함을 반영한다. 하지만 너무 낮은 점수는 문제가 될 수 있다. 과도한 낙관주의는 판단력을 흐리게 할 수 있고, 과도한 쾌활함은 가차 없고 거리낌 없이 행동하는 성격을 띨 수 있다. 과도한 활동과 열광은 탈억제와 무모함을, 과도한 사회적 흥미는 피상적이고 기회주의적인 관계와 과시, 변덕, 둔감, 참견으로 이끌 수 있다. 과도한 정신적 기민함은 경솔한 판단과 피상적이고 부주의한 정보처리 방식을 부추길 수 있다. 정서적 쾌활함과 인지적 기민함에서 비롯된 재치는 억제되지 않고 부적절한 표현을 초래하거나 다른 사람의 감정을 상하게 할 수 있다. 드물기는 하지만, 척도 *2*에서의 낮은 점수는 조증 상태에서 보이는 과대함, 다행감, 통제 곤란을 반영하기도 한다.

척도 *3*: 히스테리(*Hy*)

개발

Mckinley와 Hathaway(1944/2000)는 몇 개의 준거집단을 언급하였는데, 최종 주요 집단은 대부분 정신신경증, 히스테리아로 진단된 50 사례였다. 지금도 그렇지만 당시에도 히스테리아의 임상적 개념은 불분명하고 논란이 많았다. Hathaway는 '무성증(aphonia), 직업성 근육경련 또는 신경학적으로 설명할 수 없는 무감각과 같은 단순 전환 증상'의 사례에 중점을 두려고 하였다(p. 34). 그러나 이런 환자의 수가 매우 적어서, 전환 증상이라 하기에는 분명치 않은 사례들도 포함되어야 했다. 변별력 있는 문항 세트가 초기에 마련되어, 다양한 집단비교를 통해 다듬어졌다. 구체적인 집단비교 과정에 대해서는 기술되어 있지 않다. 문항들 대부분이 확연하게 두 범주로 나눠진다. 첫 번째 범주는 신체적 호소와 관련 있고, 두 번째는 '환자가 보기에 너무나 잘 사회화되어 있는 자신을 내비치는 진술'과 관련 있다(p. 34).

건강염려증과 히스테리아는 구성개념이 유사하다. 그래서 이 두 척도가 지나치게 겹치지 않으면서 적절한 개념적 유사성을 유지할 수 있도록, 새로운 히스테리아 교차 타당도 표집과 건강염려증 사례를 대상으로 척도 *3*을 검증하는 데 상당한 노력을 기울였다. 그러나 이것은 도달하기 어려운 목표였다. 하지만 프로파일에서의 상대적인 높이에 따라 히스테리아와 건강염려증을 잘 구분해 준다는 임상가들의 주장에 따라, 척도 *3*을 채택하였다. 건강염려증 환자들의 경우, 신경증적 특징의 발현이 상당한 일관성이 있다. 반면, 히스테리 환자들은 정상적인 심리상태로 보일 때가 많으면서, 보다 특정한 증상들이 스트레스에 반응하여 나타나기도 하고 사라지기도 한다. 척도 *3*의 기술적 특징이 **빠른 참조 6.3a**에, 그 소척도는 **빠른 참조 6.3b**에 요약되어 있다.

빠른 참조 6.3a

Hy 척도의 기술적 특징 요약

문항 수: 60

그렇다/아니다 비율: 13/47

중복: 척도 *1*과 20문항, *HEA*, *RC1*과 15문항, 척도 *2*와 13문항, *K*와 10문항이 겹친다.

내용: 신체 호소, 건강 불만족, 불안을 동반한 우울증, 사회적 흥미/진취성, 냉소주의와 의심의 부인.

다른 척도와의 관계: 정신과 표집에서 얻어진 상관에만 근거하면 척도 *3*과 다른 척도의 관계가 잘못 이해될 수 있다. 척도가 반영하는 사회적 흥미와 편안함, 신뢰감과 긍정적인 자기묘사, 공격성이나 갈등에 대한 혐오감 등의 측면이 소홀히 다루어지고, 정신과 환자 표집에서 보이는 증상이나 호소에 더 비중이 주어질 수 있기 때문이다. 척도 *3*의 명백(*Hy-O*), 모호(*Hy-S*) 구성요소와 다른 척도 간의 관련성이 이 두 측면을 반영하는 척도들을 중심으로 논의될 것이다.

기본 임상 척도에서 척도 *3*은 20문항(대부분 신체적인 내용)을 공유하는 척도 *1* (.80)과 가장 상관이 높다. 13문항을 공유하는 척도 *2*(.72), 15문항을 공유하는 *HEA*(.70)와도 상관이 높다. 척도 *1*과의 상대적인 높이는 다양한 의미를 함축한다. 척도 *1*이 더 높으면, 신체 호소가 더 많고, 비관주의와 패배주의적 태도를 더 많이 보이며, 다른 사람들과의 관계에서 뭔가 억지로 얻어내려고 하고, 마찰을 잘 일으킨다. 반면 척도 *3*이 더 높으면, 신체 호소가 줄어들고 초점화되면서, 더 긍정적이고 신랄하며, 사회적 기술이 더 좋고, 다른 사람들에게 유혹적으로 접근하지는 않더라도 더 많이 어필하는 쪽으로 변한다. 척도 *3*과 내용 척도의 상관은 정상인 표집과 정신과 표집 간에 상당히 이질적이다. 정신과 표집에서 보이는 높은(*HEA*), 혹은 중등도의(*ANX*, *DEP*, *WRK*) 상관이 정상인 표집에서는 없거나 반대로 나타난다. 반면, 정상인 표집에서 보이는 중등도의(*ANG*, *CYN*, *ASP*, *TPA*) 부적 상관이 정신과 표집에서는 없거나 반대로 나타난다. *L*과 *K* 척도의 상승은, 특히 척도 *F*, *7*, *8*, *0*의 점수가 낮을 경우, 불안을 피하고자 하는 방어 전략이 성공적임을 시사한다.

빠른 참조 6.3b

Hy 소척도

척도 *3*에 대한 다섯 개의 Harris와 Lingoes 소척도는 겹치는 것이 전혀 없다.

***Hy1*(사회적 불안의 부인: 6문항):**

"외향성"(Harris와 Lingoes). 척도 *3*의 외향적인 구성요소로 소척도 중에서 가장 짧다. *Si1*(−.88)과 4문항, *SOD2*와 3문항이 겹치고, 모두 반대로 채점된다. *Pd3*(.90)과 4문항, *Ma3*과는 2문항이 겹친다. *Hy1*은 문항이 많지 않아, 척도 *0*이나 *SOD*에 비해 외향성을 측정하는데 신뢰도가 떨어진다. *A*(−.65)와 부적 상관을 갖는다. 이는 *Hy1*이 사회적 불안이나 당황하는 데 대한 두려움에서 유달리 자유로움을 시사한다. *Hy1*의 문항들은 연극적 성격장애 구성요소 중, 사교성이 좋은 면에 대해 언급하고 있으며, 사회적으로 탈억제된 측면을 강조하고 있다. *Hy1*은 *K*(.61)와 상관이 있는 소척도의 하나이다.

***Hy2*(애정과 타인으로부터 강화에의 욕구: 12문항):**

Harris와 Lingoes는 이 소척도가 "다른 사람에 대한 적대적 태도의 (둔한) 부인, 비처벌성, 다른 사람에 대한 믿음과 낙관주의에 대한 과도한 주장"을 반영한다고 보았다. *Hy2*는 지나치게 낙관주의적인 면을 담고 있다. 문항에는 냉소, 불신, 적개심, 반항적인 태도와 감정, 충동성과 같은 부정적인 특성들을 부인하는 내용이 담겨 있다. *CYN1*, *RC3*과 각각 5문항이 겹치고, 역으로 채점된다. *Pa3*(.76)과 관련성이 높고, 3문항을 공유하고 있다. 그러나 *Hy2*가 9문항(75%)이 '나'로 시작되는 반면, *Pa3*는 3문항(33%)이 '나'로 시작된다. 또한, *Hy2*는 자신의 부정적인 특성을 부인하는 것을 강조하고, *Pa3*은 다른 사람의 부정적인 특성을 부인하는 것을 강조한다.

이와 같이, *Pa3*의 요지가 "대부분의 사람들은 도덕적이고 건설적이다"인 반면, *Hy2*의 요지는 "나는 도덕적이고 건설적이다"이다. 높은 *Hy2* 점수는 냉소의 수준이 낮음을 함축한다. 이는 비난을 주고받지 않으려는 비처벌적인 초연함과 아울러 다른 사람의 동기에 대해 미성숙하고 비현실적이라 할 만큼 통상적으로 가질 수 있는 회의조차 없음을 의미한다. 종합하면, 이 문항들은 승인에 대한 강한 욕구와 더불어, 적어도 다른 사람의 감정을 상하게 하거나 부정적인 관심을 끄는 것에 대한 정상을 넘어서는 강한 혐오를 시사한다. 높은 점수는 지나치게 우아하고 현혹적인 대인관계 스타일과 자신의 고결함과 악의 없음에 대한 맹목적인 믿음을 반영한다. 수동/의존성, 개인적인 힘에 대한 느낌의 부족, 불필요하게 우회적인 애정 추구가 시사된다. *Hy2*는 *K*(.77)와 상관이 높고, *CYN*(−.84), *CNY1*(−.83)과 부적인 상관이 있다.

Hy3 **(권태-무기력: 15문항):**

"저조한 신체적, 정신적 기능 호소. 좋은 외양을 유지하려고 애를 씀, 관심과 다짐에 대한 욕구"(Harris와 Lingoes). *Hy3*은 척도 *3*에서 우울을 나타내는 요소이다. 척도 *2*(.90)와 10문항이 겹치고, 척도 *1*(.88)과 8문항, *D1*과 7문항, *D3*과 5문항, *D4*와 3문항, *D2*, *D5*와는 각각 1문항이 겹치며, *Pd4*와는 4문항이 겹친다. 문항의 절반가량이 신체/건강과 관련 있고, 대부분 명백한 우울을 함축하고 있다. 신체 호소는 구체적이기보다는 모호한 경향을 띤다. *Hy4*를 참조하라. *Hy3*의 상승은 전반적으로 활기가 없고, 심리적 고통이 수반된 신체적 불편감이 있음을 의미한다. *Hy3*에는 허약, 피로, 쉽게 피곤해지는 것과 같은 신경쇠약 증후군들이 상당히 반영되어 있다.

Hy4 **(신체증상 호소: 17문항):**

Harris와 Lingoes는 이 문항들을 '정서의 억압과 전환을 시사하는 종류'라고 설명하였다. *Hy4*는 척도 *3*의 신체 증상을 나타낸다. 척도 *1*(.94)과 12문항, *HEA*(.94), *RC1*(.94)과 13문항, *HEA2*(.89)와 6문항이 겹친다. *Sc6*(.80)과는 2문항만 겹치지만 상관이 매우 높다. 문항들은 아주 개별적이면서 극적인 증상들을 언급하고 있다. 구체적인 호소가 모호한 호소에 비해 약 3배 정도 많고, 두통, 통증, 불편감, 심혈관 문제 등에 중점을 두고 있다. 문항의 대략 절반 정도에서, 암시적으로나 명시적으로, 일시적인 발작이나 엄습을 언급하고 있다. 증상의 절반 이상이 특히 '목구멍에 덩어리가 걸린', '메스꺼움이 치미는', '온몸에 열이 나는 느낌', '심장에 통증', '근 경련', '머리가 조이는 느낌', '현기증', '손 떨림', '심장이 두근거림' 등과 같은 용어를 사용하여, 상징적이고 은유적으로 표현되어 있다. 이런 표현들은 MMPI-2에서 전형적으로 신체 증상을 나타내는 문항들에 비해 극적이고 심지어는 이색적이기도 하다. 이들 문항은 이목을 끄는 속성이 있고 면담에서 화려하게 정교화된다. 즉, 환자가 말하고 싶어 하는 이야기의 구성요소로 쉽게 동원될 수 있다. 그리고 환자의 이야기는 비교적 쉽게 파악할 수 있는 잠재된 메시지를 담고 있다. *Hy3*에 비해 *Hy4*에는 심리적 고통이 훨씬 덜 함축되어 있다. 이런 이유로, *Hy4*가 너무 높지 않으면서 *Hy3*보다 높다면, 아름다운 무관심(la belle indifference)을 수반한 전환 증상이 작동되고 있음을 시사한다. 그러나 원점수가 대략 5~7점으로 높다면, *Hy4*와 *Hy3* 간의 차이에 상관없이, *Hy4*는 전환 증상을 넘어선 신체화를 시사하기 시작한다.

Hy5(공격성의 억제: 7문항):

이 짧은 소척도는 내적 합치도가 부족하고 명칭 또한 부적절해 보인다. Harris와 Lingoes는 공격성의 억제가 "폭력성을 부인하고, 다른 사람과 합의하려는 자세로 표현된다"고 언급하였다. 이 명칭에 걸맞는 문항은 단 하나밖에 없다(그러나 *D-O*, *D2*, 특히 *Dr2*를 보라). 정서 통제의 표지인 *R*(.39)과의 상관이 행동 통제의 표지인 *DISC*(−.28)보다 높은 점으로 미루어 볼 때, *Hy5*로 측정되는 억제는 정서적인 쪽으로 편향되어 나타날 수 있다. *Hy5*는 공격성(*AGGR*: −.27), 분노(*ANG*: −.45), 적대감(*TPA2*: −.33)의 측정치들과 중등도에서 약한 정도의 상관이 있다. 이 소척도는 억제나 공격성을 판단하는 도구로는 적합하지 않아 보인다. 하지만, 적어도 3문항이 간접적인 폭력과 공격에 대한 불쾌감, 혐오, 역겨움이나 흥미 없음을 반영하고 있다. 따라서 *Hy5* 점수가 높은 사람은 범죄 뉴스, 수사 이야기, 욕설, 피를 보는 것 등의 자극이 소름끼치고 혐오스러우며('역겨우며'), 환자의 감각 억제에 암묵적인 위협이 된다고 말하는 것 같다. *Hy5*는 *K*(.46)와 중등도의 상관을 보인다. 낮은 점수는 폭력에 대한 흥미나 병적인 매료를 시사하지만, 임상적 추론의 근거로는 빈약하다.

Hy-O(히스테리아-명백: 32문항):

*Hy-O*는 소척도 *Hy3*과 *Hy4*를 모두 포함하고 있다. *Hy-O*는 *Hs*(.96), *HEA*(.92), *D-O*(.92), *Pt*(.84), *Sc*(.83), *Sc4*(.81), *Sc6*(.79), *ANX*(.83), *DEP*(.80)와 상관이 높고, *K*(−.55)와는 중등도의 부적 상관이 있다. 이 소척도는 첫 번째 요인 *A*(.78)와 상관이 높아서 고통과 관련된 척도들에 의해 상승할 수 있다.

Hy-S(히스테리아-모호: 28문항):

*Hy-S*는 소척도 *Hy1*, *Hy2*, *Hy5*를 모두 포함하고 있다. 이 척도는 *K*(.82)와 상관이 매우 높고, *CYN*(−.79), *CYN1*(−.77), *A*(−.70)와 부적 상관이 있다. *Hy-S* 점수는 *K*에 의해 상승하고, 척도 *7*, *8*, *0*의 점수를 낮추는 경향이 있다.

해석적 함의

일반적인 사항

척도 *3*은 생활상의 스트레스로 인해 전환 증상이나 이와 유사한 증상을 발현시키는 경향이 있는 사람을 확인하기 위한 척도이다. 증상들로는 발작(예로, 소발작, 기절, 일시적 의식상실, 가성 간질), 복부 통증과 스트레스성 구토; 기억상실증, 둔주, 몽유병; 마비; 근육 구축(필기 경련); 떨림; 말하기 이상(무성증/함구증, 말더듬, 혀 짧은 소리, 소근거림, 그 밖의 매너리즘/가장하기); 경련성 움직임; 어색하고 손상된 걸음걸이; 삽화적인 허약함과 피로감; 무감각, 난청, 시력 상실, 흐릿하거나 협소한 시야; 심장 위기(예로, 심계항진) 등이 있다. 사실, 전환 증상의 다양함과 범위에는 끝이 없다. 히스테리는 기질적 질병의 증상과 증후를 가장하는 능력 때문에 '위대한 모방자'로 불려 왔다. 처음에 증상만 따로 보았을 때는 진단적으로 애매한 경우가 많다. 그런 증상을 전환의 맥락에서 볼 수 있는 경우는 다음과 같다. 즉, a) 증상이 반복되나 일시적이고 원래 상태로 돌아가는 것이 관찰될 때, b) 증상 발현에 선행한 상당한 정서적인 스트레스와 관련 있다고 판단되거나, 어떤 의사소통기능을 제공하고 있거나(감정적 호소), 상징적인 의미가 있을 때, c) 촉발적인 스트레스 자극에 수반되거나 혹은 관련 있어 보이는 갈등이 있고, 증상이 이러한 갈등을 해소하거나 언급하는 방식으로 드러날 때, d) 증상에 대한 의학적인 탐색이 확증적이지 못할 때이다. 고전적인 정신 역동적 관점은 운동 증상을 행동의 상징적 규제(충동과 행동의 부인)와 연관시킨다. 그리고, 감각 증상을 자각의 상징적 규제(기억이나 심상의 부인)와 연관시키고, 내부 감각 수용기 증상을 감정의 상징적 규제(대체된 슬픔이나 갈망, 공포/테러, 분노/적대감 등)와 연관시킨다. 이들 범주는 상당히 단순화된 것으로, 상호배타적이라는 뜻은 아니다.

신체 증상을 나타내는 일부 문항에 응답해야 얻을 수 있을 만큼 점수가 충분히 높은 경우(이를테면, 75*T*)가 아니라면, 점수가 상승했다고 해서 전환 증상의 존재한다고 볼 수 없다. 반대로, 전환 증상이 단일하고 국소적이며 복합적이지 않은 경우, 심지어 증상이 활성화되어 있고 뚜렷하더라도 점수가 낮아 허위 음성으로 예측하기 쉽다.

이 척도의 문항들은 쉽게 구별되는 두 세트로 나누어진다. 첫 번째는 불쾌감을 띠고 있는 신체적 호소를 나타내는 문항 세트이다. 두 번째는 정서적 문제로부터 해방되어 있고, 다른 사람들에게 친근하고 사교적인 면을 지향하는 문항 세트이다. 이 두 가지 요소 중 어느 쪽이 더 우세한가를 빨리 평가하려면 척도 *1*(*K*-교정되지 않은 *T*-점수)과 *K* 척도를 참조하면 된다. *Hy-O*와 *Hy-S* 간의 차이, 혹은 *Hy3*, *Hy4*와 *Hy1*, *Hy2*, *Hy5*의 차이를 참조해서 구분할 수도 있다. 수검자가 구성요소의 어느 쪽을 상대적으로 강조했느냐에 따라 상관 패턴과 임상적 예측이 현저하게 달라진다. 척도 *3*의 점수에서 첫 번째 문항 세트가 현저하게 우세하다면(유형 1), 환자는 뚜렷한 신체적 초점을 드러내며, 우울, 불안, 신경과민 형태로 현저한 불편감과 고통을 겪고 있을 것이다. 다른 패턴(유형 2)에서는 불편감이나 고통이 희석되거나 대부분 부인된다. 하지만, 남아 있는 일부가 불행이나 불만족의 근원이 되는 초점을 형성할 수 있다. 그리고, 적어도 환자의 설명으로는 제법 잘 묘사된 제한된 신체 증상이 종종 있다. 신체 증상이나 이에 수반되는 불편감과는 별도로 유형 2의 환자들은 일반적으로 훨씬 더 낙관적이고, 사회적으로 외향적이고, 즉각적으로 호응하며, 매력 있고, 열정적이다. 다른 사람들에 대해서나 일상의 경험들에 대해 보다 생동감 있고, 긍정적이며, 관대한 관점을 드러내는 경향이 있다. 하지만 또 한편으로는 다소 미성숙하고, 걱정에 빠지기 쉽고, 공격성과 분노를 억제하는 경향을 보이기도 한다. 바로 이 유형 2 패턴에서 아름다운 무관심(La belle indifference)이 더 흔하고 두드러진다. 아름다운 무관심이란 환자가 다른 문제들에는 정상적인 관심이나 걱정, 불안을 보임에도 불구하고 자신의 신체 증상이나 관련 장해에 대해서는 눈에 띄게 걱정이 없거나 무관심한 것을 말한다. 유형 1이나 유형 2 패턴 모두 자기중심적인 특성이 흔하지만, 전자는 요구적으로 표현되는 경향이 있고, 후자는 매력적이고 유혹하듯이 표현되는 경향이 있다.

정상인이나 일반적인 정신과 환자들에게서 상기한 두 패턴이 결합되는 경우는 드물다. *Hy-O*와 *Hy-S*를 비교하여 쉽게 알아볼 수 있는 이 두 구성요소는 약간의 부적 상관이 있거나 아니면 상관이 거의 없기 때문이다. 첫 번째 패턴은 비정상 표집에서 비교적 흔하다. 두 번째 패턴은, 방어적인 반응 양식에 의해 정해진 경우가 아니라면, 비정상 표집에서는 드물고 정상인 표집에서는 흔하다. 구직자와 같이 좋은 인상을 주는 것이 이점으로 작용하는 경우에 특히 그렇다. 전환장애가 정의되는 것은 이 두 요소가 동시에 발생하는 경우이다. 신체증상을 호소하는 문항들로부터 증상적 초점이 주어지고, 나머지 사교-흥미 문항들로부터 정상적이고 합리적인 외양과 아름다운 무관심이 화답할 때 전환장애가 정의된다.

*Hy-O*는 검사 내의 다른 측정치들, 검사 외부의 평정치들, 신체화에 대한 진단적 판단 및 이와 관련된 고통이나 불편감 등과 수렴 타당도가 높다. 그러나 변별 타당도는 좋지 않다. 이 척도가 전환 증상의 사회적이고 상호작용적 특징들에 민감하지 못하기 때문이다. 반대로 *Hy-S*는 후자의 특징에 대한 수렴 타당도는 높지만 전자의 특징과 관련하여서는 변별 타당도가 낮다. 결론적으로 말하면, 척도 *3*에서 *Hy-O*(혹은 *Hy3*, *Hy4*)가 아주 우세한 경우, 프로파일이 상당히 상승하게 되며, 척도 *1*, *2*, *4*, *7*, *8*이 동반 상승하고, 타당도 척도에서 자기 비판적인 패턴이 뚜렷해진다. 반면, *Hy-S*(혹은 *Hy1*, *Hy2*, *Hy5*)가 우세할 때, 척도 *3*은 대개 일반적으로 낮게 상승하면서, 높게 상승한 척도들이 거의 없고, 타당도 척도는 자기 우호적인 패턴을 보인다.

척도 *3*이 상승했다고 해서 의학적인 질병이 없다고 생각해서는 안 된다. 전환장애로 진단된 환자들을 추적한 연구를 보면, 이들에게서 신체적 병리가 발견되는 비율이 높은 경우가 많았다(예로, Merskey, 1995; Halligan, Bass, & Marshall, 2001을 보라).

현 문제

드러나는 문제는 상당히 다양하다. 환자들 상당수가 의료 서비스 기관, 특히 신경과에서 의뢰되거나, 아니면 개인 상해/보상 청구에서 원고를 대신하는 변호사로부터 의뢰된다. 스스로 찾아온 환자들 가운데 신체적 초점이 그리 드물지 않지만, 초기 면접에서는 명백하지 않은 경우가 자주 있다. 일부 이런 환자들은 거의 즉각적으로 정서적/심리적 문제가 없다고 부인하는 모습을 보인다(예: "내가 왜 여기에 있는지 진짜로 모르겠어요. 기본적으로는 다 좋아요. 딱 하나 문제가 있긴 한데…"). 다른 사람과의 관계는 종종 거부의 함의를 갖는다. 이를테면, 소중한 관계가 깨어진다거나, 사랑하는 사람이 죽거나 아픈 것, 부부갈등, 다툼, 임신, 출산, 원하는 또래 집단 내에서 충분히 받아들여지거나 속해 있지 못한 것 같은 느낌 등이다. 종종 환자가 자신을 보는 방식과 다른 사람들이 환자를 보는 방식 사이에 온전치는 않으나 어떤 괴리감이 있을 수 있다. 예로, 척도 *3*의 점수가 높은 사람들은 자신의 사회적인 행동이 친근하고, 좋다고 생각하는 반면, 다른 사람들은 그들의 행동을 피상적이고 유혹적이라고 본다. 자신은 긍정적이고 다정하게 말한다고 생각하지만, 다른 사람들은 진실하거나 진지하지 못하다고 본다. 학교로부터 퇴학이나 학사경고의 위험이 있는 학업 수행에서의 문제, 해고를 초래할 만한 직무 실패 등의 문제가 있다. 또한, 불안 엄습이나 불안 발작 형태의 불안 문제를 보인다. 남자들의 경우, 현재의 문제가 교사나 감독자, 혹은 다른 권위적 대상과의 갈등을 포함할 수 있다. 통증 호소가 가장 흔한 신체 증상일 것이다.

증상 패턴

증상은 최근에 생겼을 수도 있고, 오래전에 생겼을 수 있다. 최근에 생긴 증상은 정서적으로 깊은 의미가 있는 스트레스에 반응하거나, 혹은 정서적으로 외상적이었던 사건을 되풀이하거나 떠올리게 하는 스트레스에 반응하여 갑작스럽게 나타난 경우가 많다. 증상이 스트레스를 주는 사건과 그 사건을 둘러싼 불안을 효과적으로 의식 밖에 둘 수 있는 한, 아름다운 무관심이 나타날 수 있다. 이것이 소위 작동성 전환장애(working conversion disorder)이다. 통증이 주 증상일 경우, 아름다운 무관심의 존재는 통증 자체에 적용되지 않고 통증이 환자의 삶에 초래한 결과, 즉 통증이 부여한 적응적인 면이나 제한적인 면(예로, 집에만 틀어박혀 있음)에 적용된다. 증상의 수는 많지 않고 시간이 지나면서 호전과 악화를 되풀이하는 경향이 있다. 증상이 오래전에 시작된 경우에는 촉발사건이 모호하거나 알 수 없는 경우도 많고, 이를 둘러싼 감정들 역시 무딘 것이 보통이다. 이때는 전형적으로 증상의 수가 많고, 별로 극적이지 않으며, 장해가 분명하여, 환자에게 아픈 역할을 확정시키거나 정당화할 수 있게 하는 것처럼 보인다. 이런 경우에는 전형적으로 아름다운 무관심을 보이지 않으며, 치료를 도외시한 채 허약하게 지내면서 모든 책임감에서 벗어나 있다.

이차적인 우울증을 보이는 경우도 흔하고, 건강염려증이나 신체화 장애에서 특징적으로 볼 수 있는 증상들로 서서히 바뀌어 가는 경향을 보인다.

유형 2 패턴에서 사회적 스타일은 원기 왕성하고 발랄하지는 않더라도, 적어도 쾌활하고, 생기 있고, 수다스러운 경향이 있다. 그리고 유혹적이지는 않아도 인정받고 싶어 한다. 긍정적인 측면을 강조하고, 부정적이거나 불쾌하고, 공격적이며, 혐오스러운 주제는 피하려 한다. 이 환자들은 사회적으로 가능한 한 매력적으로 보이려는 노력으로, '뭔가 근사한 말을 할 수 없다면, 차라리 아무 말도 하지 말라.'는 원칙을 고수하는 경향이 있다. 이들은 사회적 상황뿐만 아니라 증상이나 감정의 수준에서도 극적인 경향이 있다. 표현은 다소 과시적이며, 사회적 이득을 얻기 위해 계산된 것처럼 보이기는 경우도 자주 있다. 타인의 관심과 흥미를 끌기 위해 말도 현란하게 하지만, 다른 사람들에게는 이들의 말이 도가 지나치고 따분하게 들리는 경향이 있다. 겉으로 보기엔 강하고 냉정해 보일지라도 피암시성이 높은 경우가 흔하다. 척도 *3*이 높은 사람들은 쉽게 영향을 받고, 모방하며, 감정과 기분이 눈에 띄게 오락가락한다. 태도나 신념 역시 빨리 받아들였다고 이내 포기해버리는 경우가 많은데, 외견상, 가장 마지막에 이야기한 사람에 따라 좌우되는 것으로 보인다.

옷차림이나 말, 행동에서 성적으로 도발적이고 유혹적인 면을 보인다면, 이는 친밀감이나 성적 관심을 구한다기보다는 어떻게든 도움이나 보호, 안전, 돌봄을 얻고자 해서인 경우가 많다. 어떤 경우, 이들의 유혹적인 행동에 대해서 상대방이 유혹적으로 반응하게 되면, 충격을 받고 상대방의 오해나 제멋대로인 행동에 분개하고, 비난한다. 성적인 관계로 이어지는 경우도 있으나, 만족할 만한 수준의 자각이나 참여라든가 서로 함께하는 느낌 등이 없다.

정서는 불안정하고 변덕스럽다. 화를 내든지 심통을 부리든지, 울먹이든지 호소하든지 간에, 매우 노골적이고, 연출되고, 은근히 강압적으로 감정을 드러내는 경우가 많다. 그러나 보통은 이런 표현을 스스로 자제한다. 이런 표현이 환자가 선호하는 좋아하는 발랄하고, 멋지고, 상냥한 사회적 역할을 방해하기 때문이다. 이들은 분노 감정의 잔재를 남겨두지 않고 재빨리 없애버리는 경향이 있다. 극단적인 경우, 마치 신체가 환자의 정서적 대화를 전달해 주는 대리인인 양, 신체 증상이 나타나거나 악화되는 동시에 감정 분출이 사그라지기도 한다.

인지 기능은 혼재되어 있다. 일반적으로 척도 *3*이 상승하는 경우에는 프로파일 패턴이나 다른 임상 척도들의 상승에 상관없이 정신증적 사고는 잘 보이지 않는다. 이들은 선택과 결정에 있어 상당히 편안함을 느낀다. 판단이 온전하고, 사고가 속박되어 있지 않으며, 명확하고, 합리적이라는 주관적인 확신도 높은 편이다. 그러나 주관적인 확신에도 불구하고 자신의 정신기능이 결코 시험대에 올려져서는 안 된다는 느낌도 가지고 있다. 한편, 다른 사람들은 환자의 생각이 제멋대로이고, 변덕이 심하고, 즉흥적이고, 피상적이며, 초점도 없고, 무비판적이고, 비논리적이라고 보기 쉽다. 환자들의 의견은 강한 정서적 인상을 주는 정보들에 근거하여 성급히 만들어진다. 이들은 관점이나 정확성, 확실성 등에 대해서는 그다지 관심을 기울이지 않는 경우가 많다. 또한, 자신의 이야기를 듣는 사람들의 관심을 끌기 위해 진실이나 정확성을 희생시켜 사건이나 경험들을 꾸며내는 경향도 보인다. 환경으로부터 일상적인 정보를 모으는 방식에도 문제가 있다. 주의가 산만하며, 지각은 신댁직이고 상당히 건싱인 경우가 많다. 탐색하고 면밀하게 살펴보지 못한다. 이들은 마치 정보처리 과정이 감각의 억제로 방해받고 있는 것처럼 보인다. 유심히 보는듯하면서도 실제로 본 것이 없고, 귀 기울여 듣는듯하면서도 실제로 들은 것이 없다.

많은 사례에서 이들은 뉴스나 잡지 등에 나오는 부정적이거나 잠재적으로 마음이 상할 만한 정보들을 적극적으로 피하려 한다. 피할 수 없는 정보들은 압축, 오지각되거나 무시된다. 이들은 정보에 더 이상 노출되면 생기발랄함이나 낙관주의라는 이들의 풍선이 터져버릴 위험이 있다고 느끼는 것 같다. 그 결과, 폭넓은 관심이 있음에도 불구하고 관심 영역에 대한 실질적인 지식은 얇고, 허점투성이며, 잘 개발되어 있지도 않다. 그리고 자신의 지식에 생긴 빈틈들을 별로 중요하지 않은 세부사항이라고 치부하며 얼렁뚱땅 넘어간다. 부주의하거나 조심성이 없는 태도는 불쾌해지거나 정서적인 혼란에 노출될 수 있는 사건이나 상황을 막아 줌으로써 이들을 정서적으로 보호해 줄 수 있다. 하지만 불행하게도 일상 활동에서 주의를 기울여야 하는 생활반경 내의 중요한 세부사항들을 인식하지 못하거나 간과하여 잦은 곤경을 초래하게 된다. 예로, 공사로 인한 임시 우회로라든가, 업무가 시작되는 시간이나 종료되는 시간, 포장의 다양한 특징, 제품 설명서, 열쇠를 놓아둔 위치, 차에 가스가 얼마나 남아 있는지 등이다. 이런 일들이나 유사한 세부적인 일들을 자주 간과하는 까닭에, 안 해도 될 이동, 추가 비용의 발생, 잘못 주문한 상품의 반품, 일정의 재조정, 그리고 비슷한 처방이나 조정 등으로 일상생활이 복잡해지고, 만족도가 떨어지며, 스트레스가 증가한다. 그리고 증가된 스트레스는 짜증이나 다른 사람들과의 갈등을 낳는다.

이들은 종종 자신의 행동으로 인한 결과를 예측하는 데 어려움을 겪는다. 이는 부주의함, 다른 사람들에 대한 신뢰, 그리고 '기분에 휩쓸리고자 하는' 욕구로 인해 위험을 간과하거나 오판하고, 자제력을 잃었기 때문이다. 이들은 자신을 이끌어 가는 동기나 의미를 의식하지 못한 채, 평소의 가치나 금기를 무시하고, 보통은 하지 않았을 법한 성적 스캔들이나 반사회적인 사건을 일으키고, 그 여파로 당혹감과 수치심을 느끼게 된다.

대인관계

유형 2 패턴의 환자는 다른 사람들이 자신이 주변에 있는 것을 좋아한다. 은근히(적어도 노골적이지는 않게) 주의, 애정, 다짐, 지지를 요구한다. 그리고, 이런 것들이 이기적이지도 않고 보답을 요구하지 않는 방식으로 주어지도록 넌지시 우기는 면이 있다. 다른 사람들의 관심이나 바람에 대한 상호호혜성이 부족한 나머지 환자의 모든 대인관계가 잠재적으로 불안정해지게 된다. 척도 *3*의 점수가 높은 사람은 관계 내에서의 신뢰, 개방성, 낙관성뿐만 아니라 자기중심성이나 미성숙함도 지니고 있다. 그래서 이들은 인내심이 상당히 강하고, 잘 돌보아 주며, 요구가 별로 없는 사람들을 찾는다. 타인들과의 관계는 다소 피상적이고 미성숙한 경향이 있다. 이들은 다른 사람들이 자신의 기대에 부응하지 못하면 쉽게 실망하고, 관계를 맺을 때 그랬던 것처럼 갑작스럽게 관계를 끊어 버린다. 이들의 친밀한 관계란 의존적이고 일방적인 경향이 있다. 파트너에게 다양하고 어린애 같은 요구를 하기도 한다. 증상이나 강렬한 정서적인 반응이, 그것이 실제적인 것이건 꾸며낸 것이건, 책임을 회피하거나 이기적인 선택을 감추기 위해서 조작적으로 사용되는 경우가 흔하다. 예로, '이것 좀 해 줄 수 있어요? 내가 할 순 있긴 한데, 하면 몸이 좀 안 좋을 것 같아서요(구토나 현기증, 아픈 팔에 압박이 온다는 등을 이유로). 이러한 책략들이 지적받으면, '어쩜 그렇게 이기적이고 냉정할 수 있어?'라고 이기적이고 비열하다고 투사하면서 이해심도 없고 상처를 주는 사람이라는 반응을 보인다. 일반적으로 공격성이나 분노, 적대감을 드러내는 일은 별로 없고, 제대로 잘 다루지도 못 한다. 분노나 적대감은 보통은 강하게 억제되어 있지만, 요구가 충족되지 않는다면 드러날 수도 있다.

행동 안정성

최근에 발병한 경우, 증상들이 환자의 전반적인 만족감이나 안도감 정도에 따라 비교적 빨리 나타났다가 사라진다. 하지만 발병이 오래된 경우라면 증상 패턴은 상대적으로 안정적이고 만성적이며 잘 좋아지지 않는 경향이 있다.

방어

그 자체가 방어인 전환과 더불어, 척도 *3*에서의 고전적인 방어는 부인(부정)과 억압이다. 부인이 특히 두드러질 수 있다. 사람들이 곧바로 정서적, 심리적인 것으로 인정하는 문제들이나 곤란도 이들은 쉽게 부인한다. 이는 사실상, 정신적 현실을 부인하는 것이다. 더구나, 일부 환자들은 자신들의 감각에서 얻어진 증거나 다른 사람들은 의심하지 않는 외부 현실적 측면들을 단호하게 부인하기도 한다. 예로, 이들은 손상을 초래하는 명백한 병, 자신이 서명한 문서, 자신의 개인력 상에서 충분히 입증된 사건들, 옷의 사이즈, 임신, 배우자의 알코올 중독이나 수감, 이혼 등을 부인한다. 심지어 이들은 명백하고, 시각적이며, 논쟁의 여지가 없는 증거를 마주하고서도 이를 부인한다. 이들은 이런 증거들을 그냥 무시하고, 실효성이 있는 직면이 이루어지지 못하도록 매끄럽게 빠져나온다. 대개 부인하는 방식은 증거가 입증되지 않았음을 주장하는 것이 아니라 잡아떼거나, 핑계를 대거나, 증거가 더 필요하다는 식이다. 고통스러운 감정과 이미지들을 의식밖에 두는 억압은 척도 *3*의 핵심적인 방어기제이다.

개인력

죽음이나 유기로 인해 환자가 초기 부모(특히 아버지)를 상실한 경험이나 다른 고통스러웠던 거절 경험을 살펴보아야 한다. 상실된 부모가 종종 이상화되기 때문이다. 다른 환자들은 부모와 폭력을 수반하지는 않았다 해도 격렬하게 말다툼을 하고, 그 강도에 압도되어 심한 정서적 괴로움에 시달리면서 감각적인 과부하에서 당장 벗어나고 싶어 했을 수도 있다. 집착이 강한 부모라든가 억제적인 가정규범 등 이런 사건들을 둘러싸고 있는 환경은 불쾌감이나 파괴적인 감정들(비록 솔직한 것이라 해도)을 종종 표현하지 못하게 한다. 그렇게 하는 것이 진실하지 않더라도 가족의 화합을 증진 시키는 '좋은 일'로 여겨지기 때문이다. 이런 맥락에서 본다면, 통증이나 다른 신체적인 증상들은 솔직하나 파괴적인 감정을 표현함으로써 야기되는 거부와 이를 피하려는 내적 괴로움의 침묵 간에 이루어진 타협의 산물로 볼 수 있다. 일부 경우, 개인력에서 증상(들)의 모델 역할을 했던 사람이 드러나기도 한다. 평소에는 정서적으로 무시되다가 아팠을 때 과도하고 관대한 관심을 받았던 경우도 있다.

진단적 고려

전형적인 진단은 전환장애이다. 그러나 심인성 동통 장애, 기분부전 장애, 달리 분류되지 않는 우울 장애, 우울한 기분이나 품행 상의 문제가 동반된 적응장애 등이 이차적(때로 일차적)인 진단이 된다. 정신증적 장애는 드물다. 대부분의 성격장애 역시 마찬가지이다. 하지만 척도 *3*이 다른 척도들과 동반 상승할 때, 연극적, 편집적, 경계선 성격장애와 해리 장애가 나타나기도 한다. 물질 남용 역시 드물다. 있다 해도 통증이나 불안, 수면 문제로 인해 처방된 약물에 국한된다.

척도를 구성하는 문항 내용이 다양하여, 척도 *3*과 관련된 진단적 결정을 내리는 데 어려움이 있다. 전반적으로, 척도 *3*이 65*T* 위로 상승할수록, 전환장애로 진단될 가능성은 적어진다. 또한, *Hy-O*가 *Hy-S*를 초과할수록, 기분장애(특히 우울증), 전환장애 이외의 신체형 장애, 성격장애로 진단될 가능성이 크다. *Hy-S*가 *Hy-O*를 초과하지 않는 한, 전환 증후군의 가능성은 작다. 공교롭게도, *Hy-S*가 우세한 패턴은 전환 장애에서도 볼 수 있지만, 이들보다는 방어적인 반응 스타일을 택한 사람들에게서 훨씬 더 일반적으로 나타난다. 따라서 두 패턴 모두에서, 전환 장애라는 진단적 해석은 이 장애의 낮은 기저율로 인해 심히 제한되는 경향이 있다.

치료적 고려

척도 *3*이 높은 사람들의 경우, 심리학적 설명이나 치료 양식보다는 의학적 방식들이 일반적으로 선호된다. 하지만 이들은 척도 *1*에서 높은 점수를 받는 사람들이 전형적으로 보이는 완고함보다는 덜한 편이다. 낙관적인 사고방식과 인정을 받으려는 욕구로 인해 초기에는 치료에 대해 매우 긍정적이고 희망에 차 있는 태도를 보인다. 치료자에 대해 비현실적으로 높게 기대하는 경향이 있다. 치료자는 정통하고, 현명하며, 관대한 사람으로 취급되지만, 무엇보다 주로 인내심이나 재치 등에 근거하여 평가된다. 치료가 진행되면서 환자의 기대는 치료자가 가지는 기대와 충돌할 수 있다. 환자에게 환자 자신과 환자의 삶에서 중요한 타인들의 감정, 생각, 동기, 행동들을 분석해 보도록 하는 치료자의 압력은 자신의 문제에 대해 구체적이고 실제적인 해결책을 찾고 증상을 경감시키기를 바라는 환자의 욕구와 상충되기 때문이다.

치료는 일반적으로 환자의 방어에 도전하기보다는 방어를 수용하는 방식을 따라야 한다. 환자의 통찰력을 증가시키고자 하는 방식은 적극적인 저항에 직면하기 쉽다. 치료자가 이런 방식을 고집하면 치료가 조기에 종결될 수도 있다. 환자가 갖는 심리적 마음가짐의 한계와 내적 성찰을 꺼려하는 점들은 존중되고, 장애의 일부로 인정되어야 한다. 환자의 자각을 넓혀주려는 노력은 조심스럽고도 주의 깊게 조정되어, 환자가 불안이나 기타 당황스러운 정서 상태를 겪지 않도록 유의한다.

통찰 지향의 방식과는 대조적으로, 환경을 바꾼다거나 다짐, 제안, 실질적인 조언, 치료적 지시 등에 의존하는 방식들이 유용할 때가 많다. 특히 이러한 방식이 환자가 치료를 받는 이유에 부합되거나 상황이 돌아가는 방식에 대한 환자의 관점과 부합될 때 더욱 그렇다. 이 방식들이 효과적일 때, 특히 시의적절할 때, 가족과 의사에게 자신의 체면을 세워야겠다는 생각들이 환자에게 갑자기 떠오를 수 있다. 비의학적인 방식으로 증상이 경감됐다는 것 자체가 증상이 "마음의 문제"라는 '증거'임을 함축하고 있기 때문이다. 여기서도, 건강염려증의 경우처럼, 스트레스 은유법을 사용하는 것이 도움이 된다.

일부의 경우, 적극적으로 경청하면서 가끔 명료화해줄 것을 공감적으로 요구하는 접근이 정서적인 고통이나 슬픔의 원천을 터놓게 만든다. 그 후 이런 감정들은 보다 의례히 다루어질 수 있다. 가족의 개입은 보통 환자가 억압하거나 간과했을 수도 있는 개인 정보들을 얻는 데 도움이 된다. 그리고, 환자에게 필요한 지지를 제공하고 이차적 이득을 줄이는 데도 도움이 된다.

일반적으로 치료의 지속과 예후는 접촉 당시에 환자가 경험하는 고통의 수준과 불편감, 증상이 생긴 시기와 가변성, 증상이 없을 때의 기능 수준을 포함하는 병전의 기능 수준 등과 관련된다. 아름다운 무관심의 불안정성, 제한된 이차적 이득, 어느 정도 불안을 견디고 증상이나 뒤흔드는 정서적 경험으로부터 심리적 거리를 두려는 능력 등은 모두 좋은 예후를 시사한다.

낮은 점수

척도 *3*의 낮은 점수는 신체적 호소를 하지 않고 사회적 관심이나 친근감을 주장하지 않는 사람들에게서 얻어진다. 그러므로 척도 *3*에서 낮은 점수를 받은 사람들이 스스로 편안하고 만족한다고 표현하면서도 사회적으로 고립되어 있고 비우호적인 모습을 보이는 것은 놀라운 일이 아니다. 이들은 대체로 세상을 염세적으로 조망하고 있는 것 같다. 이들은 냉담하고, 무관심하며, 알고 지내기 힘든 것처럼 보인다. 또한, 이들은 다른 사람과의 관계에서 냉소적이고 의심 많은 것처럼 보인다. 이들은 잘난 척하지 않고, 사회적 승인에도 무관심하다. 이들이 상호작용하는 방식은 솔직하고 직설적인 데서부터(비록 둔하고, 비공감적이고, 냉담하지만) 거칠고 신랄한 데까지 이른다. 근면성과 목적의식이 부족하고, 관심 영역도 좁다. 다른 사람이 보기에 이들은 비교적 판에 박히고 그다지 관여하지 않는 삶을 사는 경향이 있다.

척도 *4*: 반사회성(*Pd*)

개발

MiKinley와 Hathaway(1944/1980)가 준거집단의 크기에 대해서는 보고하지 않았지만, 표집의 구성원이 대개 17~20세 사이의 젊은이들임을 내비쳤다. 남자보다 여자가 더 많은데, 이는 법원이 여자들은 병원으로, 남자들은 감옥으로 보내는 경우가 많았기 때문이다. 선택된 주요 준거집단은 당시 Henderson (1939)과 Cleckley(1941)가 일련의 증상들에 대해 서술한 것을 이용하여, 비사회적이고 비도덕적인 유형의 정신병질적 성격(Psychopathic Personality)으로 진단되었다. Mckinley와 Hathaway(1994/2000)가 기술한 내용은 다음과 같다.

> 준거 집단들이 보이는 증상의 배경은 상당히 다양하다. 가장 흔한 호소는 절도, 거짓말, 무단결석, 성적 문란, 지나친 음주, 위조 등이다. 중범죄 유형은 없었다. 대부분의 행동이 별다른 동기가 없고 잘 감추지도 못했다고 흔히 기술되었다. 모든 준거 사례에서 가벼운 비행을 지속해서 저질러 온 이력이 있었다. 이들의 대다수는 결손 가정이나 다른 혼란된 사회 배경의 출신이었지만, 이런 요소들을 특별히 보이지 않는 경우도 많았다. (p. 42-43)

Hathaway는 품행 문제의 특정 측면(예: 절도, 거짓말, 성적 문란 등)에서의 심각성보다는 그 행동 패턴의 지속성이나 일관성을 강조하였다. 이는 척도에 대한 그의 개념의 핵심을 차지하고 있다. 초기의 척도 *4*는 미네소타 정상집단 중 기혼자 하위집단과 대학의 지원자 집단의 반응을 준거집단의 반응과 비교하여 고안된 5개의 시험 척도 중에서 최후로 살아남은 것이다. 변별력 있는 문항들에 대한 검토를 통해, Hathaway는 문항들을 '가정에서의 어려움', '사회적 분쟁', '지나치게 완벽한 경향', '우울증, 강렬하게 즐거운 경험의 부재', '편집증적 경향'(pp. 43-44) 등의 하위집단으로 분류할 수 있었다. 그 후, 반사회적 성격으로 진단된 바 있는 연방 교도소 내 100명의 남자 사례와, 병원에서 얻은 78명의 표집을 대상으로 척도의 교차 타당도를 분석하였다. 이런 비교를 통하여 초기 척도가 수정되었고, 척도 *4*의 최종판이 만들어졌다. 의료진들은 이 최종 척도를 아주 가치 있게 평가하였다. 그들은 이 척도가 대학병원에서 보이는 반사회적 성격 사례의 적어도 절반 이상을 탐지할 수 있다고 보았다.

Dahlstrom 등(1972)은 준거집단에 불가피한 편향이 존재할 가능성과 그러한 편향으로 인해 준거집단이 전체적인 정신병질을 덜 대표할 수 있다는 문제점을 지적하였다. 준거 사례들이 병원에 억류되어 있는 환경 자체가 어떤 방식으로든 정신병질(반사회적 성격)을 측정하려는 척도 *4*의 민감성(sensitivity)과 특정성(specificity)에 부정적인 영향을 미쳤을 것이다. 예로, 척도의 우울증/죄책감 문항들(대개 *Pd5*)은 단지 입원 상황에 대한 준거집단의 불편감으로 인해 변별력을 가졌을 수 있다. 아니면 귀가 조치에 대한 부모의 염려를 달래려고 혹은 조기 석방 조치를 얻으려고 후회하고 반성하는 척하는 계산된 뉘우침을 나타낼 수도 있다. **빠른 참조 6.4a**에 *Pd*의 기술적 특징에 대한 요약이 실려 있다. 소척도들은 **빠른 참조 6.4b**에 설명되어 있다.

빠른 참조 6.4a

Pd 척도의 기술적 특징 요약

문항 수: 50개

그렇다/아니다 비율: 24/26

중복: 척도 *3*, 척도 *8*과 10문항, *RC4*와 9문항, 척도 *6*과 8문항, 척도 *2*와 7문항, 척도 *7*, *9*, *DEP*, *FAM*과 6문항이 겹친다. 척도 *0*과는 5문항이 정적으로, 6문항이 부적으로 겹치며, *DISC*와 5문항이 겹친다.

내용: 가족 간의 갈등, 반사회적 행동과 태도, 사회적 대담성, 사회적 소외, 불행감, 불만족감, 죄책감.

다른 척도들과의 관계: 척도 *4*의 해석은 프로파일 내의 다른 척도와의 관계에 상당히 의존적이다. 척도 *4*는 기본 임상 척도 중에서 척도 *8*(.76), 척도 *7*(.73)과 가장 상관이 높다. 척도 4와 관련 있는 내용 척도로는 *DEP*(.76), *FAM*(.73)이 있다. *RC4*와는 .64의 상관을 가진다. 이런 관련성은 *Pd-O*에 의해, 그리고 이 상관들이 정신과 표집에서 얻어졌다는 사실에 의해 결정되었다. 이 표집에서 척도 *4*와 *Pd-O*의 상관은 .92였다. 반면, *Pd-S*와의 상관은 고작 .37에 불과했다. 이런 상관 패턴은 정신병질 위주의 교정 표집과는 상당히 다를 수 있으며, 정상 표집과도 다소 차이가 있을 것이다.

빠른 참조 6.4b

*Pd*의 소척도*

***Pd1*(가정불화: 9개 문항):**
"가족의 통제에 저항하고자 함"(Harris and Lingoes). *Pd1*은 대체로 내용 척도의 역할을 한다. 보고되는 내용은 원가족에 편향된 갈등과 문제들이다. *FAM*과 6문항, *FAM1*과 3문항, *FAM2*와 2문항이 겹친다. 신랄함, 분개, 비난의 투사 등의 내용이 문항 다수에 포함되어 있다. 보살핌을 받지 못하고 있다고 느끼는 가운데, 통제를 받고 승인을 받지 못하는 데서 비롯된 손상감이 *Pd1*에 내포되어 있다. *Pd1*은 *Pd4*와 *Sc1*과 함께, 학대(가해와 피해를 포함하여)의 과거력에 가장 민감한 소척도의 하나이다.

***Pd2*(권위 불화: 8개 문항):**
"부모나 사회의 요구, 관습과 규범에 분개함"(Harris와 Lingoes). *Pd2* 문항들은 이질적이나, 내부분 권위나 관습, 예절의 세악 아래에서 반항과 저항, 또는 나쌀 등의 주세를 공유하고 있다. 주요 주제는 사소한 규칙위반이나 비행, 권위나 순응주의자들의 압력에 대한 반발, 언쟁 등에 대한 내력을 포함하고 있다. *Pd2*는 통제되지 않는 행동과 타인의 요구에 대한 저항적인 반응을 예측해 준다. 이 소척도는 품행 문제와 규칙위반에 대한 좋은 측정치이다. *Ma4*는 *Pd2*와 본질적으로 상관이 없지만, 이 둘을 비교하는 것은 도움이 된다. 두 소척도가 모두 상승하면 통제 회피, 자율성, 자기 결정 등의 문제가 보다 두드러진다.

***Pd3*(사회적 침착성: 6개 문항):**
"사회적 불안 부인, 담담함, 의존 욕구 부인"(Harris와 Lingoes). 척도 *4*의 외향적 구성요소로, 척도 *4*의 소척도 중 가장 짧다. 척도 재표준화 위원회가 *Pd3*에서 척도 외 문항인 6문항을 제외하였다, *Pd3* 소척도가 반으로 줄어들면서 *Hy1*(.90)과 겹치는 비율이 상대적으로 증가하여, 문항의 2/3가 겹친다. *Pd3*와 *Hy1*에는 모두 두려움을 모르는 대담한 사교성이 내포되어 있다. 6개의 *Pd3* 문항 중, 4문항이 *Si1*(-.85)에, 3문항이 *SOD2*에 포함되어 있고(각각 반대로 채점됨), 3문항이 *Ma3*과 겹친다. *Pd3*에서 제외된 3문항(척도 외)과 남아 있는 *Pd3* 6문항 중 3문항이 합쳐져 *SOD2*(7문항)의 내용을 지배한다(모두 반대로 채점됨). 그러므로 *Pd3*의 사회적으로 공격적인 측면은 또한 낮

은 *SOD2* 점수를 반영한다고도 볼 수 있다. *Pd3*은 *A*(−.64)와 부적 상관을 갖는다. 이는 사회적 불안, 낭패에 대한 공포로부터 유달리 자유롭고, 언변 좋은 사람이라는 이미지에 부합되는 확신에 차 있는 모습, 불안을 느끼지 않는 태도를 시사한다. *Pd3*은 *K*(.61)와 관련 있는 소척도의 하나이다.

***Pd4*(사회적 소외: 13개 문항):**

"다른 사람들로부터의 고립감, 소속감의 결여, 곤란한 문제에 대한 비난의 외부 귀인, 사회적 관계에서 만족감 결여"(Harris와 Lingoes). *Pd4*는 척도 *4*의 편집증적 요소이지만 우울감도 일부 숨겨져 있다. *Pa1*(.79)과 6문항이, *Pd5*와는 3문항이 겹친다. *Pd4*의 주요 주제는 사회적인 소외감, 즉 떨어져 있고 소원한 느낌, 다른 사람들로부터 제대로 이해받지 못하고 있다는 느낌이다. 중요한 두 번째 주제는 분노, 박탈감, 불쾌감이다. 이 중에서 박탈감이 *Pd4*에서 높은 점수를 얻은 사람들을 이해하는 데 있어 가장 중요하다. *Pd4*가 높은 환자들은 아동기에 감싸주는 적합한 환경이 없었던 경우가 많다. 성인이 되어서도 다른 사람에 의해 박탈되거나 무시되고, 정서적인 욕구들이 하찮게 취급되고 무시되던 느낌들을 마음에 담아두고 있다. *Sc1*과 명칭이 같지만(두 소척도에서 3문항만이 공통됨), *Pd4*는 *Sc1*(.78)과 몇 가지 중요한 방식에서 차이가 있다. *Sc1*은 다른 사람과 애착을 형성하는 것을 꺼리는 것을 나타내지만, *Pd4*는 애착을 형성하는 능력이 없음을 강조한다. *Sc1*과는 달리 *Pd4*는 이에 대해 슬픔을 느낀다. 표준 임상척도와 소척도들 중에서 *Pd4*가 아동기 박탈감이나 무시에 가장 민감할 것이다. 높은 점수를 받는 사람들은 다른 사람들이 애정, 지지, 격려나 기타 유사한 형태의 정서적인 자양분을 주지 않으리라 기대한다.

***Pd5*(내적 소외: 12개 문항):**

"자기 통합의 결여; 죄책감 인정, 과시적인 진술; 의기소침(예로, 스스로 치료를 받길 원하는 알코올 중독자들이 이 문항들에 채점되는 방향으로 응답하는 경우가 자주 있다)"(Harris와 Lingoes). *Pd5*는 척도 *4*의 우울 요소이다. *DEP*(.87)와 6문항이 겹치고, *PK*(.88)나 *PS*(.86)와도 상관이 높다. 문항들은 자기 비난과 후회라는 주제로 모인다. *Pd5*의 문항들은 신경증적 특색을 가지고 있으며, 반사회적 구성개념의 모델을 만들고자 했던 척도*4*의 목적에서 명백히 벗어나 있다. Psychopathy Checklist-Revised (PCL-R, Hare, 1991)의 점수와 견주어 보았을 때, 이 문항들은 척도 *4*의 증분 타당도에 기여하지 못하였다(Voelker & Nichols, 1999).

*Pd5*는 준거집단이 입원으로 인해 생겨난 의도치 않은 결과로 보인다. 이 소척도는 소위 붙잡힌 정신병질 양상이라고 불리는 *2/4*, *4/2* 코드 패턴의 핵심 요소 중 하나인 것 같다. 이들 패턴이나 프로파일 양상은 대개 상황에 의해 자극된 우울 현상을 반영한다. 나타난 우울 현상은 전략적인 이유로 'mea culpa'(내 탓이로소이다)라고 연기해야 할 절실한 욕구의 반영일 수도 있고, 일정, 정책, 규칙, 특혜 정도, 고정된 메뉴 등, 구속되고 행동 제약이 많은 보호시설 환경에서 살아야 하는 불편감에 대한 반응일 수도 있다. 표준 임상 척도나 소척도 중에서 *Pd5*는 죄책감을 나타내는 가장 만족스러운 측정치이다.

***Pd–O*(반사회성–명백:28문항):**

Pd–O 문항의 2/3가 *Pd4*나 *Pd5*의 문항과 겹친다. 나머지 1/3은 *Pd1*과 *Pd2*에 절반씩 나누어져 있다. *Pd5*가 *Pd–O* 내용의 주를 이루며, 내용은 대개 고통스럽고 우울한 분위기를 띠고 있다. *A*와의 상관이 .84로 첫 번째 요인에 높게 부하되어 있어, 고통과 관련된 다른 어떤 척도들에 의해서도 상승될 수 있다.

***Pd–S*(반사회성–모호: 22문항):**

*Pd–S*는 *Pd–O*보다 문항이 더 이질적이며, *Pd3*의 6문항을 기반으로 구성되었다. 이 문항들은 *Pd–S*에서 가장 큰 군집을 차지한다. 외향적 측정치들과 상관이 높지만 (*Pd3*= .51, *Hy1*=.44, *SOD2*=−.37, *Si1*=−.35), 분명하게 중심이 되는 주제는 없다. *K* 척도와의 상관은 .32이다. 높은 점수는 내적으로는 자기 통제가 되어 있으나 갈등을 겪고 있고, 외적으로는 사회적으로 무관심하고, 근심 걱정이 없으며, 쉽게 동요하지 않는 사람들을 시사한다. 많은 문항이 반응과 행동에서 수검자의 독립성과 자기 결정권을 나타내고 있다. 전반적인 효과는 불안정성이나 성마름 중의 하나이다. 다른 사람들의 주장이나 요구, 불평 등에 완강하고 시비조의 과도한 반응을 보일 소지가 있다.

---

*척도 *4*에 대한 다섯 개의 Harris–Lingoes 소척도들 간에는 문항의 중복이 적다(*Pd4*와 *Pd5*가 3문항 공유). MMPI에서 이 소척도들은 최종 척도에 포함되지 않은 예비 척도 *4*의 14문항을 포함하고 있었다. 표준화 위원회는 MMPI–2의 척도 *4* 소척도에서 이를 누락시켰으며, 이로 인해 소척도의 하나(*Pd3*, 12문항 중 6문항이 제외됨)가 상당히 약화되었다.

해석적 함의

일반적인 사항

척도 *4*는 반사회적이고 비도덕적인 정신병질을 확인하고자 하였다. 수십 년의 연구와 사용은 이런 협소한 목적에서 제한된 타당성을 분명하게 드러내고 있지만, 또한 광범위한 스펙트럼의 성격장애나 증상 장애에서 그 가치를 드러내고 있다. 척도 *4*의 상승은 반사회적, 경계선, 의존적, 연극적, 자기애적, 편집적, 수동-공격적 성격장애를 가진 환자들과 알코올 중독자와 약물 남용자, 교정시설 수감자, 정신증적 장애를 가진 환자들을 대상으로 한 연구에서 지속적으로 보고되고 있다.

척도 *4*에 구현된 일반적인 구성개념은 성격 구조와 행동의 어떤 패턴이다. 이 패턴은 뿌리 깊고, 영속적이며 대개 부적응적이다. 이 패턴은 대인관계 만족의 범위와 안정성을 제한하고, 교육이나 직업에서의 성취를 손상하며, 장기적인 목표 달성을 방해하고, 사회 기능에서의 조화와 유연성 혹은 효율성을 떨어뜨리는 경향이 있다. 전형적으로 이 패턴은 문제나 갈등을 자기의 외부에서 발생한 것으로 보는 외현화를 어느 정도 포함하고 있다. 외현화의 이유는 다른 사람이나 사회 환경, 폭넓게는 사회 환경의 구조가 가지고 있는 달갑지 않은 특성이나 동기 때문이다. 이를테면, 이들은 다른 사람들이 대체로 정직하지 못하고, 이기적이고 편협하며, 신의가 없고 악의적이며, 경직되어 있다고 느낀다. 자신은 단지 여기에 반응할 뿐이다. 따라서, 새로운 만남을 통해 자신의 귀인을 확증하거나 타당화시켜 주는 듯한 반응을 사회 환경에서 끌어내게 되면, 다른 사람들에 대한 이들의 귀인은 스스로 강화 받게 된다. 그리고 이렇게 지각된 확증은 수검자의 새로운 학습을 방해하고, 사회적 협상과 관련된 수검자의 태도나 행동을 소거시키려는 시도에 매우 저항하게 한다.

척도 *4*의 특성들이 모두 바람직하지 않은 것은 아니다. 모험심과 활기, 자발성, 자신감, 저돌성, 진취적인 정신, 심지어 반항심과 같은 특성들은 특정 시기나 상황에서 중요하고 매우 긍정적인 사회적 기능을 제공할 수 있다. 예로, 어떤 이의 무모함은 다른 사람에게는 용기 있고, 대담한 것일 수도 있다. 많은 이들에게 장기 수감을 초래할 수 있는 특성이라도 획기적인 발견이나 기록의 경신, 그리고 일부에게는 명예 훈장을 받게끔 이끌 수도 있다. 그 예로, Neil Sheeha의 *A Bright shining Lie: John Paul Vann and America in Vietnam*(1989)을 보라.

일반적으로 척도 *4*의 상승은 환자들이 접촉하는 사람들보다 환자 자신에게 더욱 큰 신체적 위험요소가 된다. 전반적인 사망률/이환율의 측면에서 보면, 척도 *4*의 점수가 높은 사람은 타인보다는 자신에게 파괴적인 경향이 있다. 물질 남용, 위험요소들에 대한 무시, 그리고 무모하게 위험한 상황에 뛰어드는 경향 등은 점수가 높은 사람들로 하여금 부상이나 죽음을 유발하는 사고에 취약하게 만든다. 자신에게 신체적인 위험을 초래하는 반면, 이들은 다른 사람들에게 정서적인 위험을 초래하는 경향이 있다. 점수가 높은 사람들은 정서적으로 냉담하고, 정서적인 자원도 부족하다. 이기적이고, 책임감이 없으며, 자신의 행동이 가져온 상황으로 인해 다른 사람들이 스트레스를 받는 것에 무관심하다. 이러한 성향은 다른 사람들에게 커다란 정서적 위험을 초래한다.

척도 *3*과 척도 *4* 사이에는 중요한 유사점이 있다. 둘 다 복잡하고 다차원적이며, *K*와 정적/부적 상관을 보이는 요소들을 모두 가지고 있다. 예로, *K*는 *Pd-O*와 −.71의 상관을 보이고, *Pd-S*와 .30의 상관을 보인다. *Pd-O*는 MMPI-2 검사 내 측정치나 외부 평정과 높은 수렴 타당도를 보인다. 또한, 불편감과 불만족, 죄책감, 자기 비하, 우울, 타인에 대한 두려움과 소외감 등에 대한 진단적 판단과도 높은 수렴 타당도를 보인다. 하지만 *Pd-O*는 사회적으로 능숙하고, 지배적이며, 무서움을 모르는(혹은 역공포적인) 척도 *4* 증후군의 특징에 대한 민감성이 부족해 변별 타당도가 제한적이다. 반대로, *Pd-S*는 후자의 특성에 대해서는 수렴 타당도가 높지만, 전자의 특성에 대한 변별 타당도가 낮다. 결과적으로, *Pd-O*로 인해 척도 *4*의 점수가 우세해진다면, 척도 *7*이나 *8*이 가장 두드러지면서 전반적으로 상승한 프로파일이 생성되고, 타당도 척도는 자기 비판적인 패턴을 보일 것이다. 반면 척도 *4*의 상승이 *Pd-S*로 인한 것이라면, 전반적인 프로파일 상승이 덜할뿐더러 높게 상승하는 척도가 별로 없고(보통 척도 *3*, *6*, *9*가 상승), 척도 *0*의 점수는 낮고, *F* 척도에 비해 *K* 척도가 높게 나타날 것이다.

척도 *6*, *8*, *9*의 동반 상승은 척도 *4*의 특징 중에서 부정적인 특징들을 강화하는 경향이 있다. 반면, 척도 *2, 3, 5, 0*의 동반 상승(여성의 경우, 척도 5의 하락)은 척도 *4*의 표현들을 약화하거나 사회화시키는 경향이 있다. 예로, *4-9/9-4* 패턴은 척도 *4*에서의 행동화와 자극 추구 성향을 보다 강화한다. 반면, *4-5/5-4* 패턴에서는 척도 *4*의 반항적인 경향이 척도 *5*의 수동성과 다소 심미적이고 주지화하는 태도에 의해 언어적인 표현이나 사회적 양심 쪽으로 영향을 받게 된다. 특히 척도 *F, 7, 8*의 점수가 낮은 경우에 척도 *L*이나 *K*가 척도 *4*와 동반 상승하였다면, 이는 반사회적인 경향보다는 기본적으로 편집증적인 경향을 반영한다.

현 문제

척도 *4*에서 높은 점수를 받은 사람이 스스로 치료를 받으러 오는 경우는 드물다. 대개 이런 유형은 자신과 자신의 행동을 편안하게 느끼기 때문이다. 치료를 받으러 오는 환자들은 보통 강압적인 상황에서 오게 된다. 강압적인 상황으로는 배우자나 파트너가 관계를 끝내겠다고 위협하거나, 고용주나 잠재적 고용주의 지시가 있을 때, 법원의 명령이 있거나 다른 법적인 수사가 진행되고 있는 경우, 혹은 입원이 결정된 경우 등이 있다. 환자가 처해 있는 상황과 관련하여 난처한 사건이 벌어지고, 이에 수반되는 개인적인 고통이 치료에 대한 압력으로 작용하기도 한다. 이를테면 이혼, 계획하지 않은 임신이나 사생아를 임신한 경우, 친구들과 다투거나 어울리지 못하는 경우, 학업 실패, 해고, 퇴직, 체포나 그 밖의 법적인 문제, 자동차 사고, 축 I의 정신과적 장애들의 증상 발현, 술이나 약물 남용과 관련된 문제들 등이다. 정신건강 전문가를 만나려는 목적은 현실적이다. 문제 혹은 문제들의 해결책을 마련하거나, 생활환경에서의 불편한 요소들을 개선하기 위해서이다. 이런 환자들은 자신의 삶에서의 문제를 자신의 밖에 두려고 하므로, 자기 자신을 변화시키는 데는 좀처럼 흥미가 없다. 이들은 자신에 대한 다른 사람의 행동을 회피하는 방법에 대해 더 잘 알고 노련해지는 쪽을 선호한다.

증상 패턴

척도 *4*의 상승이 포함된 프로파일들은 수검자가 사회적 상황에서 조화롭게 잘 지내지 못하고 있음을 신뢰롭게 예측해 준다. 사회적 부적응은 적극적인 갈등이나 수동적인 저항의 형태로 나타난다. 혹은 특정 인물이나 권위상, 관습, 규칙의 영향력을 훼손하고, 파괴하고, 회피하려는 노력의 형태로 나타날 수도 있다. 환자들은 자신의 자율성을 위협한다고 느껴지는 사람이면 누구이건 간에 반항적인 태도와 행동을 보인다. 심지어 그런 태도와 행동이 자신의 이익과 상반되는 경우에도 그러하다. 이들은 또한 사회적 관습이나 관례를 무시하거나 성토하는 경향이 있다. 이들은 규칙이나 사회적 규범을 뒤흔들지는 않더라도 회피하려고 한다. 이들은 종종 자신이 저지른 행동의 결과에 대해 부주의하거나 무관심하다. 그리고 주변 사람들의 감정이나 기대, 편의를 무모할 정도로 무시한다. 이들은 눈앞의 만족을 채우기 위해 장기적인 목표를 쉽게 희생시킨다. 경험으로부터 학습하는데 장기적인 어려움을 보인다. 심지어 혐오스럽거나 처벌을 받는 결과가 초래되더라도 그러하다. 아동기의 과거력을 살펴보면 훈육을 위한 모든 노력에도 불구하고 구제 불능의 반응을 보였던 경우가 흔하나. 이들이 경험한 훈육 방식은 경고나 특권 박탈에서부터 다양한 형태의 제한, 체벌, 정학이나 퇴학에 이르기까지, 그리고 무모한 행동으로 인한 사고나 상해와 같은 자연스러운 결과에 이르기까지 광범위하다. 어린 시절의 비행경력이나 청소년 보호기관에 연루되었던 과거력은 성인기에 이르러 법률이나 다른 권위들과 충돌로 이어지고 벌금, 구속, 직장에서의 해고 등의 처벌을 초래한다. 행동 양상은 같은 종류의 문제(무분별한 성행위, 음주운전, 문서위조 등)를 되풀이하는 경우가 많다.

대개 이들은 감정을 잘 다스리지 못하고 급작스러운 기분 변화를 보인다. 정서적인 각성과 표현의 수위를 그러한 정서를 부추기는 환경에 맞게 조절하지 못하는 경향이 있다. 예로, 짜증을 공공연하게 화로 표현하고, 분노가 공격적인 언어나 신체적 다툼이 되는 식이다. 좌절이나 지루함을 견디는 능력이 낮다. 애정이나 칭찬, 따뜻함과 같은 친화적인 정서 표현에 솔직하지 못하고, 남을 이용하려는 경향이 있다. 죄책감이나 후회를 표현할 때에도 같은 양상을 보인다. 기저선 수준에서의 감정은 과소 각성 되어 있으나 불안정하다. 적대감, 안절부절못함, 지루함으로 쉽게 변하는 경향이 있다. 감정의 색조도 냉담하거나 공격적인 면이 있다. 이 환자들은 좀처럼 불안해하지는 않지만, 이들이 보이는 초조함이나 지루함, 짜증 등은 다른 사람들에게 이들이 불안해하는 것으로 오해하게 만든다.

이들은 거의 모든 상황에서 급작스러운 스트레스를 좀처럼 경험하지 않는다. 흔히 사람들을 당황하게 하는 상황에서도 그렇다. 말로는 그렇지 않다고 하지만 이들은 자신을 특별히 행복하다거나 만족스럽다고 여기지 않는다. 일반적으로 이들은 자신이 다른 사람들보다 더 많은 스트레스 하에서 움직일 수밖에 없다고 여기며, 다른 사람들이 당연하게 여기는 만족을 왠지 자신은 놓쳤다고 생각한다. 이들은 스스로 우울하다고 말하지는 않지만 아무런 목적이 없다는 막연한 느낌, 공허함이나 삶의 무의미함, 지루한 느낌과 초조감, 우울한 색조의 깊은 불만 등을 자주 경험한다. 나이가 들고 행동으로 인한 부정적인 결과가 축적되면서, 환자들은 점차 더 침울하고, 시무룩해지며, 신랄하고, 분개하는 경향이 있다.

판단력 외의 인지 기능은 대부분 정상 범위 내에 있다. 주의력, 집중력, 기억력은 손상되어 있지 않다. 두려움이 없거나 무모하지 않다면 의사결정도 자유롭다. 하지만 판단력이 고르지 못하거나 빈약하다. 만성적으로 위험을 과소평가하고 예측이나 예견에 자주 실패하는 경향이 있다. 순간적인 충동, 혹은 자극이나 만족에 대한 욕구로 인해 미래의 계획이 종종 희생된다.

다른 사람들에게 비치는 이들의 동기는 전형적으로 이기적이고, 자기 위주이며, 자기 정당화(합리화)이다. 또한, 이들은 즉각적인 만족을 지향한다. 삶의 주요 목표들이 잘 규정되어 있는 경우는 거의 없다. 뚜렷한 목표가 있을 때조차, 이를 달성하려는 노력에서 눈에 보이게 꾸물댄다. 가치관은 편의주의적이고, 자기 위주이며, 상황의 변화에 따라 재빨리 바뀌고, 약하게 내재화되어 있다. 도덕적 의무보다 사리 추구에 근거하여 진실과 거짓이 평가된다.

점수가 높은 사람들은 사회적으로 외향적이고, 사교적이며, 말을 잘하고, 대담한 경향이 있다. 이들은 수다스럽고, 낯선 사람이나 다른 사람에게 쉽게 말을 붙이고, 활기차고, 모험적으로 보인다. 정상 수준의 사회적 불안이나 억제가 없다. 그래서 사람들은 이들을 매력적이고, 자신감이 있으며, 주변을 활기차게 만드는 사람으로 보게 된다. 마찬가지로 이들의 탈억제는 주위에 영향을 주어 다른 사람들에게 공포나 자기의식을 덜 느끼게 한다. 또한, 그들에게 자신이 적극적으로 참여하고 있고, "기민하고 능통하며", 자발적이라고 느끼게 한다. 이들은 매우 호의적인 첫인상을 줄 수도 있지만, 알고 지낼수록 자기중심적이고, 냉혹하며, 신뢰하기 어려운 근본적인 특성이 점차 명확하게 드러난다.

환자들은 때로 빈정거리고 냉소적이라는 다분히 적대감이 함축된 용어로 묘사될 때가 있다. 그러나 이들에게는 사회적인 상황에서 종종 스스럼이 없고, 침입적이며, 은근히 요구가 많다는 점에서 사회적으로 공격적이라는 표현이 더 잘 어울린다. 이들의 이런 적대감은 일관적이기보다는 상황적이며, 특히 좌절에 대한 반응으로 나타나는 경향이 있다.

성적인 행동 패턴은 특징적으로 친밀감보다는 감각 추구에 초점이 맞춰져 있다. 성적인 활동에 대한 역치가 낮고, 성애적인 자극에 대한 욕구가 상대적으로 높은 경향이 있다. 성적인 상호작용은 대체로 즉흥적이고, 탈억제적이며, 비교적 무분별하고 난잡하다. 상대자가 자신에게 어울리는가를 고려하지 않고 자극의 질에 따라 파트너를 고르는 경우가 많다. 이 경우 보통 이기적이고 착취적인 면을 보인다.

대인관계

척도 *4*의 점수가 높은 환자들은 만성적으로 다른 사람과 유대관계를, 다시 말해서 온정적이고 안정적인 애착 관계를 잘 형성하지 못한다. 관계가 오래 유지된다고 해도, 환자의 관계는 대개 의존적이고, 자기중심적이며, 착취적인 경향이 있다. 관계가 오래가든 그렇지 않든 간에, 타인의 요구와 감정에 대한 무관심은 이들 관계를 피상적이고 기생적인 것으로 보이게 한다. 특히 다른 사람을 조종하려 들거나 착취적인 방식으로 행동하지 않을 때조차 사람들과의 상호작용에 주의를 기울이지 않고 무관심한 모습을 보인다. 예로, 이들은 성급하고, 요구가 많으며, 고압적일 수 있다. 이는 상대방이 이들을 좌절시키려고 해서가 아니라, 이들이 다른 사람들과는 다른 속도와 시간표에 근거하여 생활하고 있기 때문이다. 이들은 다른 사람들과의 관계에서 종종 기회주의적인 거짓말을 하거나 중요한 정보를 유보하고, 그들을 오도하면서 부정직한 모습을 보인다. 이들은 다른 사람들 역시 그들의 나약함, 순진함, 용기 부족 때문이 아니라면 얼마든지 자신처럼 부정직했을 것이라고 여기는 경향이 있다.

가족관계는 불안정하다. 부부관계는 약물중독이나 도박과 같이 앞일을 생각하지 않는 습관이나 공격성, 불성실, 배려 없음, 무심함, 불신과 관련된 문제들로 인한 불화를 겪는다. 이들은 흔히 원가족이 비판과 통제가 심했다고 기술한다. 성인기의 이성 관계는 특히 파트너에게 고통스러운 경우가 많다. 환자는 상대에게 통보 없이 계획을 변경하거나 시간을 제멋대로 바꾼다. 경제적인 자원을 낭비하거나 계산서가 날아와도 갚지 않고, 동의하거나 약속한 것을 따르지 않고, 외도를 하고, 파트너를 오도하는 거짓말을 반복한다. 파트너와의 관계에서 생기는 갈등과 불만족에 아랑곳하지 않고 파트너에게 책임을 떠넘긴다.

다른 문제영역들

한 종류 이상의 약물을 남용하는 경우가 매우 흔하다. 그 결과 전형적으로 실직과 노숙 등 장기간의 재정적/직업적 어려움을 초래하게 된다. 나이 든 환자의 경우 당뇨병, 심혈관계 질환, 폐 질환을 비롯해 폐쇄형 두부 손상과 같은 건강상의 문제들이 잘 나타난다. 무모함이 초래한 신체적인 손상의 후유증이나 소진되고 소원해지는 대인관계에서 지지로 인해 자살사고와 자살 충동이 촉발될 수 있다.

행동 안정성

치료의 유무에 관계없이 변화에 저항적이다. 척도 *4*에서 예견되는 행동 및 사회적 일탈 경향은 일반적으로 후기 아동기 또는 초기 청년기 무렵에 공고화되어 중년기 초반까지 안정적으로 유지되는 경향이 있다. 척도 *4*의 점수는 성인기 전반에 걸쳐 나이가 들어감에 따라 1 표준편차 가까이 감소한다고 알려져 있다.

방어

합리화, 주지화, 비난 전가가 특징이다. 방어기제는 전형적으로 불안과 우울, 다른 내적인 불만족감을 줄이기보다는 책임감과 행동의 결과를 회피하는 쪽으로 작동한다.

개인력

이들은 대체로 반항이나 학업중단 또는 중도이탈로 인해 교육에서 낮은 성취를 보인다. 직장에서도 태만으로 인한 상사와의 충돌, 잦은 병가, 절도, 근무 중 중독 상태, 반항행위, 말다툼, 동료들과의 불화 및 이와 비슷한 위반 사항들로 인해 낮은 성취를 보인다. 거짓말, 속임수, 무단결석, 도둑질 등의 행동 패턴이 청소년 중기 정도면 확립되어 있다. 다 그렇지는 않지만, 대체로 학교나 청소년 보호기관과 갈등을 겪었던 기록이 남아 있는 경우가 많다.

이들에게는 가족 간의 갈등 및 불안정성, 정서적 무시, 신뢰롭지 못하고 무관심한 양육을 받은 개인력이 있는 경우가 많다. 가정환경은 대부분 애정과 친밀함이 부족하여 아동의 육체적, 정서적 욕구에 대한 배려가 충분치 못했던 경우가 흔하다. 훈육은 제멋대로이다. 때로는 통제적이기도 하고, 때로는 너그럽거나 방임한다. 부모 한쪽은 권위적이고 다른 한쪽은 허용적인 스타일일 수도 있다. 부모가 아동의 공격성에 대해 묵인하거나 이를 교정하는데 실효가 없는 반응을 보였을 수도 있다. 아니면, 한쪽 혹은 양쪽 부모가 아동의 잘못된 행동을 권위를 사용해 이를 승인하고('사내아이는 사내다워야 해') 구제와 중재를 반복하며 대리 만족을 얻어 왔을 수 있다. 어떤 경우이건 아동은 안전하고 보호받고 있다고 느낄 만큼의 충분한 지도나 자원, 지지, 감독이 없이 너무 이른 나이에 자신을 돌보도록 강요받게 된다.

진단적 고려

주요 진단은 축 II로 내려지는 경향이 있다. 전형적으로 반사회적 성격장애, 경계선 성격장애, 자기애적 성격장애로 진단된다. 축 I에서는, 알코올과 길거리 마약, 또는 이 모두가 연루된 약물 남용을 포함한 장애가 가장 흔하다. 하지만, 우울한 기분이나 품행 문제를 수반한 적응 장애(우울, 불안, 품행) 역시 가능하다. 정신증적 장애는 흔치 않지만 그렇게 드문 것도 아니며, 주로 편집증적 요소를 동반한다. 척도 *4*가 가장 높고, 타당도 척도가 $L > F > K$의 유형을 함께 보일 때, 피포성(encapsulated) 편집증과 망상 장애가 흔히 나타난다.

치료적 고려

예후는 전반적으로 좋지 않다. 하지만, 연령, 성별, 가족 지지의 유무, 직업적 기술, 일자리, 만성 여부, 약물 남용, 환자의 주관적인(상황적이지는 않은) 불편감/고통의 정도와 같은 요인들에 의해 상당히 다양할 수 있다. 가장 좋지 않은 예후는 약물을 남용하는 환자들이다. 이들은 자신을 돌보는 사람들의 사회적 환경을 고갈시킨다. 환자가 비록 소진되고 불안정하더라도 정서적 지지 자원들을 여전히 가지고 있고, 이를 유지하고 회복하려는 진정한 동기가 있다면, 예후가 보다 좋다. 젊은 층과 여성 환자들이 노인층과 남성 환자들보다 더 나은 결과를 보인다. 결과는 지능과 비선형적인 관계를 갖는다. 분포의 상위 극단에 있는 사람들은 다양한 형태의 합리적인 자기방어를 하면서 치료자와 감정적인 거리를 유지하는 경향이 있다. 그리고 하위 극단에서는 새로 배운 다양한 적응 기술들을 통합하고 효율적으로 사용하는 것을 귀찮아한다. 사고나 행동에서 이전의 부적응적인 습관을 강화하는 또래 집단이 있는 경우가 흔하고, 이들은 쉽사리 이 집단에서 벗어나지 못한다.

일부 환자들이 보이는 명백한 지적 능력이나 유창한 말솜씨, 치료에 대해 겉으로 드러내놓는 관심은 치료 회기 초반에 치료자가 좋은 예후를 기대하도록 만든다. 하지만 지속적인 행동화 문제와 책임을 회피하고 미루는 뿌리 깊은 패턴이 분명해지면서, 치료자가 가졌던 인상은 급격히 좌절될 수 있다. 환자들 상당수가 치료자의 인간성을 먹이로 삼아 치료자를 자신들에게 적대적인 힘이나 사람과 맞서는 동맹자로 바꾸려 한다. 이러한 전략하에, 환자는 치료자의 동정과 분노를 자아내기 위해 자신이 얼마나 다른 사람이나 제도(보통 '체제')에 의해 부당하고 냉담하게 취급되어왔는지 교활하게 설명한다. 치료자를 자신의 행동화로부터 대리만족을 얻을 수 있는 위치에 두고자 감언이설로 치료자를 유혹하고 타협을 모색하는 환자도 있다. 이런 조종 행동은 미묘하고 처음에는 설득력이 있어 보인다. 그러나 치료자에게 기대했던 결과가 어긋나면, 환자는 즉각적으로 치료를 포기하는 경향이 있다.

효과적인 치료 전략은 지속적인 낙관주의와 환자에 대한 보살핌의 맥락 안에서의 거리 두기를 강조하고 있다. 그러나 치료자의 거리 두기는 감정적이기보다는 지적/태도적이어야 한다. 온정과 정서적 지지가 너무 부족하면 환자들을 치료 밖으로 내몰 수 있기 때문이다. 치료자는 환자의 삶에서(실제가 아니라도) 있을 법한 실질적인 결과를 근거로 환자의 선택과 회피에 대해 피드백을 주면서, 고장 난 레코드처럼 반복해서 공감하는 역할을 해야 할 것이다. 환자의 행동이 현명하지 않았지만, 다시 말해서 근시안적이고 이기적이었지만, 편의주의 차원에서 이해할 만하다는 견해를 표명하는 것이 도움이 될 수 있다. 이렇게 하면 환자가 치료자에게 비난을 받았다거나 거부당했다고 느끼는 것을 막을 수 있다. 치료자는 환자의 열망이 덜 자기 패배적인 인생을 지향하도록 하는 수단으로 경험에서 우러나온 환자의 지혜에 호소한다. 목표 달성에 대한 장기적인 시야를 갖도록 격려하며, 환자들이 부러워하는 이런 만족감들을 다른 사람들은 어떻게 얻어낼 수 있었는지에 대해 이해할 수 있도록 돕는다.

초기에는 환자에게 스트레스를 유발하고 유지시키는 상황을 해결하는데 가장 중점을 둔다. 이런 노력은 압도적이면서 견디기 어려운 자기검토를 환자에게 요구하지 않는다. 그리고, 외부의 상황적 측면에 초점을 맞추려는 환자의 욕구와 보통은 잘 부합된다. 스트레스를 효과적으로 줄이기 위하여 행동에 초점을 둔 단기간의 중재는 성공적인 문제 해결로 인해 일부 환자들에게 조기 종결을 준비하게 할 수도 있다. 그러나 이런 이유로 중재가 가치 없다고 생각해서는 안 된다. 이런 성공은 비록 한계가 있지만, 환자에게 치료에 대한 만족스러운 경험을 가지고 떠날 수 있게 하고 나중에 다시 돌아오기 쉽게 하기 때문이다. 일부 환자들의 경우, 초기 단기 중재에서의 성공은 치료에 탄력을 주고 자기검토와 정서적 변화를 포함한 치료적 접근에 보다 전념할 수 있도록 하는 무대를 마련해 준다.

낮은 점수

낮은 점수를 얻는 사람들은 자신이나 타인과 평화롭게 잘 지내는 경향이 있다. 이들은 느긋하고 쾌활하며 온화한 세계관을 가지고 있다. 또한, 이들은 수줍어하고 겸손하며, 잘난 척하지 않는다. 다른 사람과의 관계에서 진실하고 신뢰로우며, 충실하고 성실한 모습을 자주 보여 준다. 신뢰를 소중하게 여기고, 암묵적으로나 명시적으로 합의에 부응하려는 도덕적 의무감을 느끼는 만큼, 이들은 믿을 만하다. 이들은 대인관계에서 발생하는 갈등을 해결하는 방식이 관대하고 분별 있으며, 조화와 안정성에 높은 가치를 둔다. 양심과 윤리적 민감성이 잘 통합되어 있다. 점수가 낮은 일부, 특히 남성들의 경우, 성적인 억제 성향이나 이성에 대한 소극적인 관심과 태도가 언급되기도 한다. 이성에 대해 지나치게 겸손하고, 공공연한 애정 표현을 우려하며, 나아가 성적 행동에 대해 실제적인 두려움을 느낀다. 이들은 경쟁적이지 않고 다른 사람들로부터 이득을 쟁취하려 하지 않는다. 오히려 이들은 복종적이고, 수동적이고, 순종적이며, 주장을 내세우지 않는다. 다른 사람들의 충고와 제안을 쉽게 받아들이고, 자신이 오랜 시간 그토록 하고 싶었던 것임에도 불구하고 자신보다는 다른 사람의 선호를 우선시하는 경우가 자주 있다. 이들은 일상적인 일을 잘 참아내고 의지할 만하며 목표나 의무의 이행에 있어서 꾸준하지만, 다소 관습적이고 자발적이지 않은 모습도 보인다. 극단적으로 낮은 점수를 얻는 사람들은 완고하고, 보수적이며, 권위에 수용적이다. 관심 범위가 협소하고, 지루함을 아주 잘 견딘다. 이들은 안전과 지위에 집착하고, 변화나 친숙하지 않은 것에 대해 두려움을 보일 수 있다.

척도 *5*: 남성성-여성성(*Mf*)

개발

척도 *5*에 대한 Hathaway의 기술은 두 단락에 그칠 정도로 그 양이 적다 (1956/2000). 준거집단은 '13명의 동성애자 남성'(p. 55)으로 구성되었다. Hathaway에 따르면 여기서 동성애 선호는 신경증적, 정신증적, 정신병질적이 기보다는 성향에 기초한 것이다. 이 남성들의 나이, 교육 수준 및 그 밖의 인구 통계학적인 변인들에 대해서는 기술된 바가 없다. Terman과 Miles의 태도-흥미 분석 검사(Attitude-Interest Analysis Test; Dahlstrom et al., 1972, p. 5; Terman & Miles, 1938)의 5, 6, 7절에서 채택한 55개의 문항들이 원래의 504 문항 풀에 추가되었다. 이는 이들 문항이 "Terman과 Miles의 연구에서 시사되듯 성도착자들을 확인하는데 전망이 밝기 때문이다"(Dahlstrom et al., 1972, p. 201; Terman & Miles, 1936). 미네소타 정상집단으로부터 새로운 문항에 대한 반응을 얻을 수 없어서, 남성 군인 54명과 항공사 여직원 67명으로 구성된 2개의 새로운 정상인 대조집단이 만들어졌다(Dahlstrom et al., 1972). 일차적으로 군인들이 초기 주요 대조집단이 되었다. Constantinople (1973)은 미네소타 정상인 남성과 여성을 구별해 주는 문항들 및 추가된 55문항 중에서 군인들로부터 동성애자들을 변별해 주는 문항들이 잠정적으로 남아 있게 되었음을 시사하였다.

그 후 Hathaway가 54명의 군인과 Attitude-Interest Analysis Test의 Terman과 Miles Inversion 점수가 높은 인원 미상의 남자들을 대조하였음은 분명하다. 두 번째 비교는, 적어도 부분적으로 군인 집단에서 준거 사례들을 구분해 주는 문항들에 대한 교차 타당도 검증이었을 것으로 보인다. 하지만 어디에도 이 내용이 명확하게 명시되어 있지는 않다. 마지막으로 앞에 언급한 비교에서 살아남은 문항들이 군인과 여자 승무원을 구분해 주는지를 확인하기 위해 검토되었다. 척도의 최종 문항은 원래의 37문항에 새로운 55개의 문항 중 23문항이 추가되어 총 60문항으로 구성되었다(Dahlstrom et al., 1972). 이 문항 중 56개는 MMPI-2에 그대로 유지되고 있다. Hathaway가 구체적으로 명시하지 않은 채 남겨둔 동성애 준거집단의 특성 때문인지 Attitude-Interest Analysis Test의 개발에 사용된 표집의 특성 때문인지 혹은 두 이유 모두 때문인지는 확실치 않지만, 척도 *5*는 측정된 지능에 민감한 것으로 나타나고 있다. 정상 표집에서 이 척도는 교육 수준이나 SES와 정적인 상관을 보인다. 하지만, 정신과 표집에서는 이러한 관련성을 무시해도 좋을 정도이다. **빠른 참조 6.5a**는 척도 *5*에 대한 요약 설명이 있다. 소척도들에 대한 설명은 **빠른 참조 6.5b**에 기술되어 있다.

빠른 참조 6.5a

*Mf*의 기술적 특징 요약

문항 수: 56개

그렇다/아니다 비율: 25/31

중복: 척도 *5f*는 *GF*와 16문항이 정적으로, *GM*과 8문항이 부적으로 겹친다. 척도 *5m*은 *GF*와 13문항이 정적으로, *GM*과 8문항이 부적으로 겹친다.

내용: 문항들은 이질적이지만 (a) 성 역할과 관련된 관심사나 활동, 직업 등을 나타내는 문항들과, (b) 성적 관심사나 갈등, 걱정, 민감성, 냉소와 불신의 부인, 사회적 신중함 등을 반영하는 혼합된 문항들의 두 부류로 고르게 나누어진다.

다른 척도들과의 관계: *GF*(.70)와 *GM*(−.52)을 제외하고, 대부분의 다른 MMPI-2 척도들과 상관이 약한 편이다. Nelson의 *Ss*, Barron의 *Es*, 척도 *4*는 척도 *5*의 중요한 중재 변인이다. *Ss*, *Es*, *Do*에서의 높은 점수는 모두 척도 *5*의 점수에 상관없이 척도 *5*의 긍정적인 면을 강조하는 경향이 있다. 척도 *4*는 척도 *5*의 원점수가 높은 사람들의 대인관계 측면에 강한 영향을 미친다. 남자의 경우, 척도 *4*가 55*T*를 넘지 않으면서, 척도 *5*가 척도 *4*를 넘어서는 정도는 다른 사람들과의 기본적인 애착을 맺는 강도, 가까운 관계를 유지하고 개선하는 데 쏟는 헌신, 신뢰, 낙관, 온정, 용서에 대한 수용력을 시사한다. 여자의 경우, 척도 *4*가 60*T*를 넘지 않으면서, 척도 *4*가 척도 *5*를 초과하는 정도는 같은 패턴의 긍정적인 추세가 나타남을 시사한다.

척도 *4*가 이런 한계를 넘어 상승할 때, 특히 남자에게서 척도 *4*가 척도 *5*를 초과할 경우, 애착의 질, 강도, 안정성에 있어서 만성적인 문제가 있을 수 있다. 이런 패턴들은 수동-공격적 분투, 의존과 독립을 둘러싼 주요 갈등, 요청을 마치 요구인 것처럼 반응하는 경향, 지배당한다고 쉽게 느끼고(특히 여성에게 지배받는다고 느끼는 남자에게서) 이런 느낌에 대해 반사적으로 저항하는 경향 등을 예측해 준다. 척도 *3*의 점수가 높게 동반 상승하면, 척도 *4*의 상승은 보다 긍정적인 면이 강조된다. 척도 *5*는 척도 *4*에 수반된 반항과 권위 갈등에 초점을 맞추는 경향이 있고, 이런 태도에 지적/철학적인 근거를 제공해 준다. 그래서 이런 패턴을 보이는 남자들은 반권위적이라기보다는 반권위주의적이라는 표현으로 더 잘 설명될 수 있다.

빠른 참조 6.5b

*Mf**의 소척도

Mf1(정형화된 남성적 흥미 부인: 11문항, 척도 외 5문항 포함)

두 개의 흥미 소척도 중 첫 번째 척도이다. *GF*(.55), *R*(.45), *DISC*(−.32)와 중간 정도의 상관은 세심함, 수줍음, 통제라는 이차적인 주제를 나타낸다.

Mf2(과민감성/불안: 13문항)

척도 5의 신경증/부정적 정서성 요소이다. *Mf2*는 *NEGE*(.76), *A*(.75), *ANX* (.71) 및 첫 번째 차원의 다른 측정치들과 상관이 높다. 걱정과 자기 의심, 상처받는 것에 취약함, 죄책감을 반영한다.

Mf3(정형화된 여성적 흥미: 6문항)

두 번째 흥미 소척도이다. *GF*(.47), *GM*(−.33)과 중간 정도의 상관을 갖는다. *Mf1*와는 달리, 허위 주제를 가지고 있지 않다.

Mf4(낮은 냉소주의: 6문항)

문항들은 냉소주의나 반사회적 태도, 의심을 부정한다. 유사한 구성개념의 측정치들인 *CYN1*(−.76), *ASP1*(−.75), *Pa3*(.65)과 중등도의 상관이 있다.

Mf5(심미적 흥미: 5문항)

문항들은 경험, 문화, 교양에 대한 개방성을 나타낸다. 척도 5의 원점수가 높고, *Mf5* 소척도 점수가 낮다면, 환자의 수동성이 시사된다. 특히 교육을 거의 받지 못한 경우에 그렇다.

Mf6(여성적 성 정체성: 5문항, 척도 외 3문항 포함)

"내가 소녀인 것이 즐거워!"라는 취향의 문항을 담고 있다. *Mf6*은 척도 *3*(.64), *GM*(.38)과 중간 정도의 상관을 갖는다. 남성의 높은 점수는 동성애적인 환상을 시사한다. 하지만 여성의 낮은 점수는 동성애의 함의가 없다(Martin, 1993).

Mf7(억제: 6문항)

이 소척도는 정서적, 행동적인 억제를 시사한다. 이 척도는 *R*(.50), *DISC*(.45)와 중간 정도의 상관을 갖는다. 흥미롭게도, 불안이나 불편감에 대한 측정치들과의 상관은 0에 가깝다.

Mf10(여성성-남성성 혼합: 22문항, 척도 외 8문항 포함)

*Mf10*은 단순히 *Mf1*과 *Mf3*, *Mf6*를 합친 것이다. 남성의 높은 점수와 여성의 낮은 점수는 비규범적인 성적 정체감을 시사한다.

*척도 *5*는 다차원적이다. 요인 분석은 여성 홍미, 남성 홍미, 내향성, 과민감성, 고통/불편감, 신뢰감과 관련된 5~7개의 요인을 확인하였다. Martin-Finn(2010) 소척도들은 MMPI-2 재표준화 표집으로부터 개발되었다. 소척도 2개의 신뢰도를 높이기 위해 척도 외 8문항이 추가되었다.

해석적 함의

일반적인 사항

척도 *5*의 핵심 측면들은 Hathaway의 13명의 남자 '동성애자' 반응에 기초하고 있다. 하지만, 척도 5는 통제집단과 동성애자 집단을 잘 구분해 주지 못하였다(예로, Manosevitz, 1971; Wong, 1984). 이전에도 그랬지만, 특히 최근에 와서는 동성애자를 구분을 해 줄 수 없다는 점이 크게 중요하지 않다. 대부분 상황에서, 그냥 물어보는 것으로 환자들의 성적 선호에 관한 정보를 얻을 수 있기 때문이다. 더욱이 성적인 선호와 관련하여 척도 *5*의 문항들은 너무 명백하다. 그래서 수검자들은 면담에서 흔히 그러듯, 전형적인 남성적 혹은 여성적인 관심사나 취미, 직업적 선호도를 보다 강조하거나 덜 강조하는 반응으로 쉽게 편향시킬 수 있다.

척도 *5*는 남성적 혹은 여성적 홍미에 대한 측정치로서의 역할에서 비판을 받고 있다(Constantinople, 1973). 이유의 하나는 이 척도가 동성애 선호에 오염되어 있다는 점이다. 다른 이유는 남성적 홍미와 여성적 홍미를 단일 차원의 양극단으로 가정한 점이다. 높은 원점수는 극단적인 여성적 홍미 패턴을, 반대로 낮은 원점수는 극단적인 남성적 홍미 패턴을 나타낸다. Hathaway (1956/2000)는 남성성-여성성을 양극의 단일 차원으로 간주하였지만, 현재 남성성과 여성성은 분리된 독립적인 차원으로 더 잘 이해될 수 있다는 데 의견이 일치되고 있다. 이런 이유로 Peterson과 Dahlstrom(1992)은 남성과 여성에 대한 분리된 성 역할 척도를 개발하였다. *GM*과 *GF* 척도는 MMPI-2 재표준화 표집에서 얻어졌다. 이에 대해서는 7장에서 다시 논의할 것이다.

척도 *5*의 기원에 대한 세부적인 내용과는 상관없이, 기본 척도들이 병리적 구성개념을 모델로 구성된 데 비해 척도 5에 기저하고 있는 구성개념은 병리적이지 않다. 척도 5의 원점수는 정상 분포를 이루며, 일차적으로 개인차 변량의 측정치로 기능하는 것 같다. 하지만 척도 5는 정신 병리적 변량에서 자유롭지 못할뿐더러, 정신 병리적 기술에 대한 관련성이 부족하지도 않다. 척도 5는 임상적 기술에 중요한 기여를 할 수 있다. 특히 다른 임상 척도에 근거한 기술을 가다듬는 데 있어서 그렇다. 또한, 척도 5는 치료와 관련된 주제에도 기여할 수 있다. Tanner(1990a)를 참고하면 척도 5가 임상 실제에 기여하는 몇 가지 사례들을 확인해 볼 수 있다.

척도 5는 능동성-수동성을 나타내는 하나의 일반적인 차원을 반영한다. 높은 점수를 받은 남성들과 낮은 점수를 받은 여성들은 행동 통제와 비공격적인 경향을 보인다. 그러나 척도 5를 단일 차원으로 생각하기보다, 고유한 특성들을 지니고 있으면서 광범위한 능동-수동 구성개념과 관련된 한 계보의 차원으로 생각하는 것이 편하다(**표 6.2** 참조). 능동 극단에 있는 어떤 특성이 어떤 사람을 유난히 잘 기술한다고 해서, 능동 극단의 다른 특성들이 수동성 극단의 모든 혹은 대부분의 특성들보다 그 사람을 더 잘 기술한다고 보기 어렵다. 그럼에도 불구하고, 사람들은 대체로 어느 한 극단이나 다른 극단으로 더 잘 설명되는 경향이 있다.

척도 5의 또 다른 차원은 수검자의 흥미 패턴의 폭과 관련 있다. 남녀 모두에게, 낮은 점수는 폭이 좁은 흥미 패턴을 반영한다. 흥미의 영역이 성 역할이 주는 제약이나 기대, 동일시에 과도하게 매여 있기 때문이다. 반면 높은 점수는 흥미의 범위가 넓고 포괄적임을 시사한다. 하지만 극단적인 상승은 정체감의 혼란과 혼돈을 반영할 수 있다. 조현병에서의 정체감 장애는 자신의 흥미인 것과 흥미가 아닌 것 사이의 경계가 아주 모호한 데서 오는 불확실감을 포함한다. 조증의 경우, 정체감 장애는 자기의 경험이 비현실적으로 확장되는 것과 관련 있다. 이는 흥미 영역을 나타내는 문항에 대해 지나치게 포괄적으로 시인하는 것으로 나타난다.

남성의 경우, 높은 원점수는 높은 T-점수와 관련 있다. 여성의 경우는 반대로 나타난다. 남녀 모두, $80T \sim 85T$ 범위에 들어간다면, 반대 성의 방식대로 반응했음을 의미한다. 이런 이유로, 보통 $65T$는 임상적 범위와 비임상적 범

표 6.2 *Mf* 점수의 가능한 특성들

능동 극단	수동 극단
(*Mf* 점수가 낮은 남성과 높은 여성)	(*Mf* 점수가 높은 남성과 낮은 여성)
지배	복종
양육	의존성
경쟁	협력
드러냄	지켜봄
참여	관찰
참견	수용
육체적-신체적-운동	정신적-대뇌의-감각
활동/움직임 선호	사고/관조 선호
야외활동	실내활동
실용적	심미적
기계적	예술적
실용적	이론적
현실적	이상적
강인한	부드러운
행동적	언어적
막 행동하는/거친	교양 있는/우아한
저속한	세련된
겉치레	신중한
행동화	주지화
기계론적	인본주의적
자급자족에 가치를 둠	양육에 가치를 둠
독립성에 가치를 둠	관계에 가치를 둠
자기신뢰/자율성에 가치를 둠	상호성에 가치를 둠
유용성에 가치를 둠	스타일/외모에 가치를 둠
부와 동일시	모와 동일시

위를 가장 편리하게 구분해 주는 점수이지만, 척도 *5*에 이를 적용할 경우 잘못 이해될 수 있다. 점수를 남성적인, 여성적인, 남성화된, 여성화된 등의 표현으로 특징짓고 싶어할 경우에 특히 그렇다.

낮은 점수의 남성과 여성은 연인관계에서 강렬하고 로맨틱한 정서적인 애착과 더불어 성적 행동과 감정을 개인적으로 중시할 수 있다. 반대로 적어도 남자의 경우, 점수가 높은 사람들은 관심사가 넓고 교양 있는 이타주의를 특징으로 한다. 부드럽고 다정한 감정이 배우자나 주요 파트너를 넘어 보다 포괄적인 대상으로 확장되는 면이 있다. 이런 점수를 받는 사람들은 로맨틱하거나 에로틱한 애착을 넘어서 우애적인 측면을 보다 강조하는 경향이 있다. 그렇다고 해서, 전자의 요소들을 아주 배제하는 것은 아니다.

높은 점수의 남성을 묘사하는 데 사용되는 형용사들은 아주 긍정적이다. 이들은 성숙하고, 유능하고, 자제심 있다. 내부지향적이고, 통찰력이 있으며, 자기 지각이 있고, 자신의 삶과 스스로에 대해 편안하게 느끼는 것처럼 보인다. 지적으로 유능하여, 분명하고 논리적인 사고에 가치를 둔다. 상상력이 풍부하면서도, 잘 조직된 계획자이다. 자신의 행동에서 비롯된 결과를 예측할 수 있고, 상식과 공정한 판단을 적용할 수 있다. 또한, 관심의 범위가 넓고 다른 사람들과 세계에 호기심이 많다. 도덕적인 문제에 관심을 보이고, 관대하고 공정하게 접근한다. 자신이 중요하게 여기는 문제의 결과에 영향을 미치기 위해 사회적인 관여를 하기도 한다. 이외에도 언어적으로 유창하고, 의사소통이 명확하며, 논쟁에서 설득력이 있다는 장점이 있다. 자신이 하는 일과 쌓아 놓은 업적에 만족하고, 야심에 찬 목표를 설정하며, 필요 이상으로 심각하거나 까다로워 보일 수도 있지만 지속적으로 목표를 이뤄가는 모습을 보인다. 이들은 다른 사람들의 기분을 잘 헤아리고 능숙하게 관계를 맺는다. 관계에서의 느낌과 뉘앙스를 잘 받아들이고, 애정과 관심을 잘 표현할 줄 안다. 그러나 갈등과 직면하는 것을 불편하게 여겨 일반적으로 이를 피하려고 애쓴다. 의견이 불일치할 때 움츠러들고, 의견을 보류하고 쉽게 타협하고 양보해버리며, 다른 사람의 의지나 의견을 쉽게 따른다. 특히 척도 *4*나 *9*가 낮을 때 그렇다. 이들은 자신의 자극가를 알고 있고, 타인의 지각에 대해서도 정확히 알고 있다. 그래서 다른 사람들은 이들을 호의적이고, 유능하고, 합리적이며, 민감하고, 현실적일뿐더러 간혹 너무 조심스럽고, 까다로우며, 순종적이라고 보는 경향이 있다.

높은 점수를 받는 여성들도 긍정적인 용어들로 기술되긴 하지만 이런 용어들이 그렇게 풍부하지는 않다. 여성들이 높은 점수를 받는 경우가 드물기 때문이다. 이들이 자신을 설명하는 특성이나 다른 사람에게 보이는 모습은 신체적으로 강건하고, 모험적이며, 논리적이고, 창조적이며, 안정적이고, 균형 잡혀 있으며; 여유가 있고 느긋하거나; 삶에 직면하고 있는 모습들이다. 이들은 일반적인 여성들보다 경쟁과 리더 십이 요구되는 상황에서 좀 더 자신감을 가지는 것 같다. 마찬가지로 대부분의 다른 여성들보다 활발하게 옥외 활동을 하며, 스포츠 경기를 관람하거나 직접 경기에 참여하고, 기계를 다루는 일을 편안하게 느낀다. 때로 단도직입적이고, 통제하며, 큰 소리로 확신에 찬 말을 하고, 고집이 센 것처럼 보이기도 한다. 이로 인해 다른 사람들에게 불편감이나 저항을 불러일으킬 수 있다. 특히 여성들의 '적합한' 역할에 대해 상대적으로 경직되고 협소한 기대를 하는 남성들에게 그렇다.

이 여성들은 결혼, 가정, 육아와 같은 전통적인 여성의 역할로 인해 갇혀 있다고 느끼는 경우가 자주 있다. 이들은 이런 역할들을 매우 가치 있게 여기기는 하지만 자신의 활동 영역과 영향력을 넓혀가길 원하며, 사업과 산업 분야에서 성취와 경쟁력 있는 경력을 지향하는 경향이 있다. 전형적으로 자신감이 있고, 외향적이며, 기술이나 실제적인 기술정보, 숙달과 경쟁을 강조하는 가치들을 편안하게 여기며, 남성과 어울리는 것을 선호한다. 또한, 다소 사회적으로 스스럼이 없고, 대인관계에서 당돌하며, 잡담을 잘 견디지 못한다.

낮은 점수를 받은 남성들을 기술하는 용어는 혼재되어 있다. 이들은 쾌활하고, 안정되어 있으며, 자신감이 있고, 독립심이 강해 보인다. 그러나 또한 문제 해결 방식이 진부하고 독창성이 없으며, 관심의 폭이 좁고, 어렵거나 불쾌한 상황을 피하려 하고, 자신의 동기나 자극가에 대한 자각이 부족해 보인다. 사실, 이런 남성들을 설명하는 데 사용되는 형용사들은 삶에 대해 철이 없고 무사태평한 접근을 시사한다. 즉, 숙고나 자기검토를 단호히 거부하고 먼저 행동하는 것을 선호한다. 그 행동이 조급하고, 무모하고, 사려가 없을지라도 그렇다. 대체로 높은 점수를 받은 남성보다는 덜 지적인 까닭에, 척도 5에서 낮은 점수를 받은 사람은 유연성과 임기응변이 부족하다. 때로 이들은 명백히 둔감하고 거친 모습을 보인다. 이는 마초(남자다움을 으스대는) 이미지를 드러내고자 하는 그들의 관심과 더불어 과거의 실패나 당혹감 등의 경험으로 인해 방어적으로 동기화된 것일 수 있다. 그 경험은 사회적 상황, 특히 언어적 능력이 요구되는 사회적 상황에서 서툴고 무기력했던 고통스러웠던 느낌을 포함한다. 이들 중 일부는 남성으로서의 자신의 적합성에 상당한 의구심을 숨기고 있으면서, 자신도 의식하지 못하는 사이에 과장된 남성성의 페르소나를 드러내고 있을 수 있다.

낮은 점수를 받은 여성은 전통적인 여성의 역할과 동일시하는 경향이 있다. 관심과 충성심이 집과 가족에게 집중되어 있다. 이들의 관심이 가정을 넘어 고용이나 사회적 이슈로 확장될 수도 있다. 하지만 이 경우에도 이들의 선택은 가족, 이웃이나 지역사회에 대한 양육적 가치와 관심의 영향을 받는 경우가 많다. 척도 5에서 낮은 점수를 받은 여성은 높은 점수를 받은 여성과 대조적으로, 교육, 사회 서비스나 보건 서비스, 미용이나 패션과 관련된 직업에 끌리는 경향이 있다. 반면 기업의 경쟁적 영역에 대해서는 꺼려한다. 낮은 점수의 여성들은 전통적으로 수동성, 민감성, 반응성, 사회적 보존, 이상주의 등과 관련 있다.

낮은 점수의 일부 여성들, 특히 가난하고 교육을 거의 받지 못한 여성들은 높은 수준의 속박감, 복종, 순종, 과도한 민감성, 가장된 겸손, 소심함, 자기연민 등을 나타낼 수 있다. 오랜 시달림에 메말라, 더 이상 즐거움이나 행복감, 만족감을 느끼고 표현하지 못한다. 이것은 가정 폭력 등에 의한 학습된 무기력의 결과일 수도 있고, 경제적인 진전이나 사회적 유능감을 얻기 위한 기회가 제한되었기 때문일 수 있다. 지난 반세기 동안 여성의 학력 수준이 변화하고, 직업에 참여하는 정도가 늘어났으며, 경제적 독립성 확대되고, 경구용 피임약의 유용성으로 인해 위에 기술된 내용이 더이상 정확하지 않을 수 있다. 특히 낮은 점수를 받은 여성에 대한 기술은 교육 수준에 따라 크게 달라진다. Graham과 Tisdale(1983)는 비슷하게 낮은 점수를 받은 교육받은 여성들이 통찰력이 있고, 사려 깊고, 양심적이고, 느긋하며, 유능하고, 지적이라는 등의 훨씬 더 적응적인 용어들로 설명될 수 있음을 발견하였다. 이 여성들은 여성의 역할과 관련된 많은 문화적 특징들을 통합할 수 있는 것으로 보인다. 이들은 남녀 구분이 없는 다양한 사회적 역할을 효율적으로 수행할 수 있는 자신의 잠재력을 굳이 억제하지 않는다. 그러면서 여성으로서의 이득과 즐거움을 얻기 위해 자신의 성적 역할을 최적화시키는 능력이 있다. 이러한 관점에서, 이 여성들은 자유로워 보인다.

척도 5에서 낮은 점수를 받은 여성이 나타내는 두 번째 함의는 중요한 관계를 다루는 그녀들의 방식과 관련 있다. 낮은 점수를 얻은 여성들은 대인관계에서 헌신적이고 인내력이 높다. 이로 인해 상당한 갈등과 시련에 직면하거나 심지어는 무시나 학대를 받으면서도 파트너를 견뎌낼 수 있다는 것이 임상경험을 통해 밝혀진 바 있다. 일부의 경우, 이 여성들은 경제적인 자원이나 사회적 지지 체계가 부족하여 파트너에게 매달린다. 그러나 분노하고, 책망하고, 원망하다가 결국 오랜 시간을 원통함을 안고 살아가게 된다. 반면, 자녀에 대한 애착이나 교회, 이웃의 개입으로 영구적으로 부당하고 분개하는 마음을 갖지 않고서도 자신의 부부관계를 짓누르는 문제를 받아들이고 해소해 가는 경우도 있다. 남편의 직업(예: 트럭 운전사)으로 인해 비교적 긴 시간을 떨어져 있는 것이 도움이 되기도 한다.

척도 5가 낮은 여성들은 학대가 심하지 않다면 남편의 이기심, 믿음을 져버리는 행위, 불친절한 대우에도 불구하고, 용서, 강한 낙관주의, 관대함, 봉사와 헌신을 지향함으로써 이혼이나 극단적인 조정을 하지 않고서도 인내할 수 있다. 이러한 태도는 시간이 지나면서 다른 사람들이 예상했던 것보다 관계를 더 강력하고 풍부하게 함으로써 가치를 갖는다. 적어도 돌이켜보면, '낮은-5 전략'은 이 여성들에겐 성공적인 것으로 보인다. 먼저, 이들은 상당한 정도의 행복을 성취하였다. 이들의 성취는 힘들었던 시간 동안 이들이 보였던 결의와 헌신에서 유래된 것으로 보인다. 다음으로, 이들은 파트너와의 관계 겪었던 격렬한 시기가 지나간 이후에, 보다 안정적인 행복을 찾게 되었다. 이들이 찾아낸 행복은 파트너와의 상호관계를 새롭게 함으로써, 혹은 충실함과 인내력을 발휘하여 복구와 화해의 기회를 만들어냈다는 성취감에서, 혹은 자신들의 낙관성에 대한 옹호에서, 아니면 이 모든 요소들의 조합에서 유래되었을 것이다.

현 문제

척도 5의 점수가 높은 남성들은 흔히 성적인 문제나 걱정, 불쾌한 기분, 자아상과 관련된 문제들, 관계의 어려움 등의 문제를 가지고 있다. 이들은 다른 사람들의 기대에 압박감을 느낀다. 특히 불편하고 준비가 덜 되었다고 느끼는 역할 수행과 관련해서 그렇다. 예로, 직장에서 부하직원을 훈련하는 업무와 관련하여 상사가 환자에게 가하는 압력은 관대하고, 평등주의적이며, 느긋한 환자의 관리 스타일과 충돌된다. 두려움과 분노를 불러일으키는 괴롭힘이나 적대적인 놀림으로 인해 직장 동료나 이웃 등과 부딪치는 환자도 있다. 소외감, 좌절감, 빈약한 욕구충족 능력에 초점이 맞추어진 슬픔과 우울을 보이는 환자들도 있다. 일차적인 문제와 상관없이 대개 성적인 문제를 가지고 있다.

척도 5에서 높은 점수를 받는 여성들도 상황은 비슷하다. 하지만 남성들보다 성적인 문제나 불쾌감이 생기는 빈도가 훨씬 덜하다. 척도 5가 높은 여성들은 자신의 핵심 가치와 자신에게 기대되는 역할 사이에서 갈등을 경험하는 경우가 자주 있다. 이들은 대인관계 문제를 다양하게 경험한다. 대인관계 문제는 무감각하다고 다른 사람들에게 비치는 데서 오는 어려움, 자신의 동기가 잘못 이해되고 있다는 느낌, 거절 받는 느낌, 결혼 및 자녀 양육 문제 등을 포함한다. 학력이 제한된 여성들의 경우 종종 낮은 성취 수준과 관련된 문제와 아울러 행동화나 폭력성을 보인다. 정신과 여성 환자들 사이에서 50T를 넘는 척도 5의 점수는 MCMI-II의 자기애적, 반사회적, 가학/피학적, 편집적 성격장애 척도의 상승과 관련이 있었다(Blais, 1995).

척도 5에서 낮은 점수를 보인 남성들이 치료를 받기 위해 스스로 정신과 외래를 찾는 경우는 거의 없다. 때로 부부 상담이나 자녀 문제를 다루기 위해 아내와 함께 마지못해 찾아온다. 자녀들의 문제는 대개 훈육이나 반항과 관련 있다. 거슬러 올라가면, 아버지가 자녀들의 욕구에 민감하지 못하고, 신체적 처벌을 과다하게 사용한 데서 비롯된 문제들이다.

점수가 낮은 여성들은 종종 부부관계에 초점을 두면서 의사소통과 자기주장 문제에서의 다양한 어려움을 호소한다. 그리고 주어진 책임에 압도된 가운데 배우자나 자녀들이 보이는 행동화의 문제를 호소한다. 이 여성들은 종종 스트레스를 내재화하는 것으로 보이며, 두통과 같은 신체적인 증상을 드물지 않게 보인다.

증상 패턴

다른 척도들과 관계에 달려 있다.

대인관계

다른 척도들과의 관계에 달려 있다.

행동 안정성

행동의 기본 패턴은 안정적이지만, 현재 경험하고 있는(혹은 표출하고 있는) 스트레스나 불편감의 정도에 상당한 영향을 받으므로 점수는 가변적이다.

방어

척도 *5* 점수가 높은 남성들은 유머나 승화 같은 적응적이고 성숙한 방어를 사용하는 경향이 있다. 이들은 주지화하거나, 주지화되는 경향이 있다. 합리화나 억제와 같은 방어(Trimboli & Kilgore, 1983)와 아울러 가벼운 수준의 부인, 이상화, 평가절하, 수동-공격성 또한 비교적 자주 사용된다.

척도 *5*의 점수가 낮은 여성들도 마찬가지로 적응적인 방어를 사용하는 경향이 있다. 그러나 이들은 상당한 범위의 속박감을 보여 준다. 속박감(혹은 제약)이 덜한 사람은 유머나 승화에 의존하는 경향이 있고, 심할수록 억제(Trimboli & Kilgore, 1983), 합리화, 주지화, 반동형성, 심지어 부인과 투사 등에 의존하는 경향이 있다.

점수가 높은 여성과 점수가 낮은 남성의 방어적 태도는 잘 알려지지 않았지만, 행동화가 드물지 않게 나타난다.

개인력

척도 *5* 점수가 높거나 낮은 환자들의 과거력에 대해서는 알려진 바가 거의 없다. Caldwell과 같은 일부 학자들은 부모와의 동일시 패턴이 중요하다고 보았다. 척도 *5*에서 높은 점수를 보이는 남성과 낮은 점수를 보이는 여성은 일차적으로 어머니와 동일시를 하는 경향이 있다. 반면, 척도 *5*에서 낮은 점수를 보이는 남성과 높은 점수를 보이는 여성은 일차적으로 아버지와 동일시하는 경향이 있다. 그러나 성 역할은 여러 가지 요인들에 의해 결정된다. 이를테면, 활동 수준이나 사회성, 정서성, 충동성과 같은 타고난 기질적인 특성; 부모의 교육이나 수입 정도와 같은 가족의 인구통계학적인 요소; 부모의 존재 여부와 양육에 대한 부모의 관심, 부모의 지능과 관심의 범위, 부모의 역할 유연성 등의 가족 분위기; 그리고 출생순서(형이 동생을 돌보아야 하는 기회나 요구와 상호 작용한다는 점을 고려해 볼 때) 등이다.

진단적 고려

척도 5는 전통적인 진단적 구성개념과 특별한 관련성이 없어 보인다. 심리치료를 받고자 하는 환자들은 적응 장애나 우울한 기분을 동반한 적응 장애로 진단받는 경우가 흔하다. 높은 점수를 받는 남성의 경우 성적인 장애 중에서, 그리고 낮은 점수를 받는 여성의 경우 신체형 장애 중에서 이차적인 진단을 내리는 것이 일부 환자들에게 적합할 수 있다.

치료적 고려

척도 5 점수는 치료에 있어 중요한 함의를 갖는다. 높은 점수를 보이는 남성과 낮은 점수를 보이는 여성은, 심리치료에 대한 개념을 잘 이해하고 있다. 즉, 심리치료가 치료자와의 관계 경험을 통해서 증상을 경감시키고 성격이나 행동을 변화시키는 것이며, 심리치료에 언어적 상호작용이 중요하다는 것을 이해한다. 이들은 심리치료 과정에는 많은 시간이 소요되며, 바람직한 치료 효과를 위해서는 정서적인 불편감도 어느 정도 감수해야 한다는 사실을 잘 받아들인다. 치료자나 치료 결과에 대해서도 현실적인 기대를 하고 있다. 치료를 통해서 새로운 조망을 가지게 될 것이며, 통찰이 생기고, 변화하는 과정에서 자신들이 책임감 있는 파트너가 되어야 한다는 생각도 잘 받아들인다. 하지만 이 환자들은 중요한 치료적 도전 거리를 드러내기도 한다. 이들은 치료자를 어떤 신비한 능력이 있는 가진 존재로 보고, 치료과정에서 잠재적으로 수동적인 역할을 취하려는 모습을 과도하게 보인다. 친밀감을 구하고자 하는 노력의 수단으로, 치료자를 실제적인 관계 속의 인물로 대치하기도 하고, 치료자를 다양한 의존적인 만족감을 채워줄 수 있는 저장고의 역할을 하는 존재로 보기도 한다.

환자는 치료자를 기쁘게 하려고 치료의 언어적 작업에 참여하고, 새로운 생각들을 탐색하며, 새로운 통찰을 발달시킨다. 하지만, 정작 치료실 밖에서 치료에서 배운 것을 이행하는 데는 더딘 모습을 보인다. 부분적인 이유는 행동을 변화시켜도 실제로는 환경에서 원하는 반응을 끌어내지 못하면 어떻게 하나 하는 두려움이다. 또한, 학습했던 것을 치료실 밖으로 옮기는 것이 치료자-환자 관계에서 맺어졌던 의존적인 지지를 위협하는 것처럼 느껴진다는 점도 이유의 일부이다. 이 환자들은 대개 실존주의적이거나 합리적인 치료에서 도움을 받는 경우가 많다. 치료적 퇴행을 견딜 수 있는 범위는 매우 제한적이다. 이 집단의 남성 환자들은 대개 주지화하는 경향이 있으므로 감정이 수반되는 치료 기법이 선호된다. 상당 수의 환자들이 자기주장 훈련으로 도움을 받기도 한다. 치료자에 대한 과도한 의존을 분산시키는 데 집단치료가 도움이 될 수 있다.

반대로, 낮은 점수의 남성과 높은 점수의 여성은 치료에 대해 비현실적으로 접근하는 경향이 있다. 때로는 '그냥 이야기만 하는 것', '시간 낭비'와 같이 치료 자체를 오해하고 냉소적으로 보거나 조언 창구, 정신 수리 가게와 같이 치료자가 모든 문제를 해결해 주고, 행동 방식이나 실제 행동 과정을 제한해주리라고 기대하는 경우도 있다. 이러한 환자들을 치료할 때에는 치료자도 환자의 기대를 어느 정도 수용할 필요가 있다. 그렇게 함으로써, 환자들이 조기에 치료를 종결하게 되는 위험을 막고, 환자가 견딜 수 없을 정도의 심한 불편감을 느끼지 않도록 할 수 있다. 부가적으로, 이들 환자를 위해서 치료 전 모임을 실시해 볼 수도 있다. 즉, 치료가 어떤 식으로 진행되는지, 치료가 무엇인지에 대한 정보를 줌으로써 치료에 대해 좀 더 현실적인 기대와 생각을 하게 하고 두려움 또한 줄일 수 있다. 대화나 자기성찰에 의존하는 방법보다는 충고, 숙제, 직접적인 조언, 교육, 구체적인 행동이나 적극적인 대처 방법을 알려 주는 것이 보다 나은 치료 효과를 가져온다.

척도 *6*: 편집증(*Pa*)

개발

Hathaway(1956/1980)는 편집증 준거집단의 크기나 인구통계학적 정보를 보고하지 않았다. 증후군적 우울보다 증상적 우울을 강조한 척도 *2*의 준거집단처럼, 편집증의 준거집단도 '편집성 상태, 편집성 조건, 편집형 조현병'(p. 54) 처럼 진단이 이질적이었다. Hathaway가 강조한 편집증은 "관계사고, 개인이나 집단이 박해하고 있다는 느낌, 그리고 과장된 자기개념 등이다. 좀 더 가벼운 증상으로 의심, 대인관계 예민성, 그리고 견해나 태도 이면의 완고함 등이 있다."(p. 54) 그는 여러 대조집단을 써서 몇 개의 임시척도를 만들었고, 새로운 검사 사례를 대상으로 교차 타당도를 검증하였다. 그러나 대조집단의 신원을 밝히지 않았고, 검사 사례의 수나 출처도 제시하지 않았다. 다양한 임시척도를 대상으로 검증된 교차 타당도는 빈약하였다. 척도 *6*의 최종판은 개발될 수 있는 선에서는 최선이었으나 변별력이 약한 척도로 여겨졌다. 이 척도의 출판이 정당화된 것은 허위 양성의 비율이 낮았기 때문이다. "점수가 높은 사람은 편집증 진단이 내려지고, 대인관계가 예민하고 경직되어 있다"(p. 55). 언급된 바는 없지만, Hathaway가 척도 출판을 결정하면 고려했을 정당화의 두 번째 이유는 잘 조직화된 편집증 환자들이 정신상태검사나 면담에서 사신의 병리를 감추는데 악명이 높을 정도로 능숙하다는 짐이다. 비록 변별력이 약한 척도일지라도 분류에서의 정확성을 높이는 데 어느 정도 기여할 수 있을 것이다. 특히 척도 *6*의 경우처럼 허위 양성이 적은 경우에 더욱 그렇다. **빠른 참조 6.6a**에 *Pa* 척도를 요약하였다. *Pa*의 소척도는 **빠른 참조 6.6b**에 기술되어 있다.

빠른 참조 6.6a

척도 *6*(*Pa*)의 요약

문항 수: 40

그렇다/아니다 비율: 25/15

중복: 척도 *8*, *RC6*와 13문항, *F*, *PSYC*와 9문항, 그리고 척도 *4*, *BIZ*와 8문항이 겹친다. 이들 척도는 대부분 *Pa1*과 가장 많이 겹친다. 내용 척도 *DEP* (.70)와 4문항이, *BIZ*(.68)와는 8문항이 겹친다.

내용: 외현화, 피해사고, 원한, 분개, 타인의 동기/진실성에 대한 정상적인 회의의 부인, 관계망상, 피해망상, 조종망상; 예민성, 정서 불안.

다른 척도와의 관계: 척도 *4*, *8*, *9*의 동반 상승은, 척도 *6*의 부정적인 특성을 강화시키고, 척도 *2*, *3*, *7*의 동반 상승은 이를 약화시킨다. 척도 *6*은 기본 척도 중 13문항이 겹치는 척도 *8*(.75)과 가장 상관이 높다. 척도 *8*은 와해되고, 조절이 안 되고, 기괴하며, 지리멸렬한 쪽으로 척도 *6*에 영향을 준다. 척도 *8*이 낮고 척도 *6*이 높으면, 망상은 체계적이고 특정 대상에 맞춰진다. 8문항이 겹치는 척도 4(.66)가 동반 상승하면, 척도 *6*의 냉정함, 분개, 도발, 그리고 척도 *4*의 가족에 대한 분노가 강조된다. 4문항이 겹치는 척도 *3*(.48)과 동반 상승하고, 척도 *3*이 더 높으면 편집증의 징후는 사회화된다. 환자는 긍정적이고, 겉으로는 고분고분하며, 공공연히 적대감을 드러내지 않는다. 그러나 은밀하게 통제, 힘, 비밀 등에 집착한다. 이들은 명령하지만, 충성을 불러일으키지 않는다. 오히려 사람들을 음해하고, 계산적이고, 위선적이며, 인정이 없다고 비친다. 때로 *L* 척도가 척도 *6*을 대신할 때가 있다. 정신과 집단에서 프로파일이 전체적으로 상승하지 않는 가운데 *L* 척도가 뚜렷이 상승하고 34/43이 동반 상승하면, 예외 없이 편집증 상태를 반영한다.

빠른 참조 6.6b

*Pa** 소척도

***Pa1*(피해의식: 17문항)**:

"문제, 좌절, 실패 등의 책임을 외현화한다. 극단적인 경우 피해의식이 있다. 부정적 감정에 대한 책임을 투사한다."(Harris & Lingoes). *F* 척도 및 척도 *8*과 8문항이, *Pd4*와 6문항이 겹친다. *Pa1*은 서로 관련되고 다소 겹치는 네 개의 하위조합으로 구성되어 있다. (1) 분개(5문항). 이들 문항은 학대받고, 희생되었다는 사고를 반영한다. 많은 문항이 이차성 우울과 관련 있다. (2) 관계사고(3문항). (3) 조종 망상(6문항). 이들 문항은 최면이나 독약 등에 의해 의지가 약해지고, 해를 입고, 파괴된다는 식의 사고(망상)를 반영한다. (4) 피해사고/망상(7문항). *Pa1* 문항들은 적대 세력이 관심을 갖는 대상이 자신이라는 생각을 표현한다. *Pa1*이 100*T* 이상이 아니면, 환자는 네 개의 하위조합 중에서 한두 개 조합의 문항에만 반응했을 가능성이 있다. 정신증에 대한 함의는 조합에 따라 다양하다. 첫 번째와 두 번째 조합은 정신증에 대한 함의가 약하고, 네 번째 조합은 중간 정도이며, 세 번째 조합은 강하다. 두 번째와 네 번째 조합은(망상과는 동떨어진) 음모와 박해에 민감하다. 예로, 재판을 기다리는 사람은 검사가 소송을 걸고 피고의 유죄 판결이나 처벌을 확실하게 하는 전략을 도모하고 있다는 맥락에서 반응한다.

Pa1 점수가 높은 사람은 적대 세력이 자신을 괴롭힌다고 보고하며, 이 세력을 무자비하고 자신보다 훨씬 강한 존재로 경험한다. *Pa1*은 책임을 투사하고 외현화하는 특성이 있다.

전술한 *Pa1*의 네 가지 주제는 Nichols와 Crowhurst(2006), 그리고 부록에 자세히 설명되어 있다. 이 네 가지는 분개(*Pf1*), 관계사고(*Pf2*), 조종 망상(*Pf3*), 피해사고/망상(*Pf4*)이다.

***Pa2*(예민성: 9문항):**

"자신을 특별하고 남과는 다르다고 생각한다. 긴장하고, 예민하며, 지나치게 주관적이다. 민감성"(Harris & Lingoes). *Pa2*는 척도 *6*의 우울 부분이다. 문항들은 불쾌한 색조의 비범한 정서 민감성과 취약성을 포함한다. 이들 문항은 '가엽고 하찮은 자신'이라는 느낌을 준다. 그리는 자화상은 온순하고, 악의 없고, 정서적으로 취약하며, 다른 사람에게 위협이 될 수 없고, 부드러운 감성에 대해 특별한 관심과 배려를 받을 자격이 있는 사람이다. 그러나 분개와 부족한 관용('상처받은 만큼 앙갚음하려는')의 암묵적인 주제를 포함하고 있다. 점수가 높은 사람들은 원한을 품고 있어 '부당함을 모아두는 사람'인 것처럼 보인다.

***Pa3*(도덕적 미덕[이전의 순박성]: 9문항):**

"도덕적 미덕을 강조하고, 타인의 동기에 관대하다. 윤리 문제에 엄격하다. 순진하고, 불신과 적대감을 부인한다."(Harris & Lingoes). *Hy2*(3문항이 겹치고, 냉소적 태도와 부인의 주제를 공유한다)와 유사하나 차이가 있다. *Hy2*의 12문항 중 9문항이 자기 참조('나')로 구성되어 있다. 반면, *Pa3*은 9문항 중 5문항만 그러하다. *Pa3* 문항 대부분이 자신보다 타인('대부분의 사람들')에게 초점이 맞추어져 있다. *Pa3*은 *CYN*(*CYN1*의 6문항)의 7문항과 주제가 같고, 부적(−.83)으로 겹친다. 따라서 *Hy2*는 자신의 부정적 특성을 부인하는 반면, *Pa3*은 타인의 부정적 특성을 부인한다. *Pa3*은 사회에서 경험하는 이기주의, 편의주의, 부정직, 그리고 일반적인 불신(편집증)조차 부인한다. 편집증적 태도를 부인함에도 점수가 높은 사람은 적대적이고 명백한 편집증적 사고를 드러낸다(Graham et al., 1999). *Pa3*은 척도 *6*(−.02)과 독립적이지만, *Pa1*(−.44)과는 중간 정도의 부적 상관이 있고, *K* 척도(.64)에 의해 상승한다.

***Pa–O*(편집증 명백 문항: 23문항):**

*Pa–O*는 *Pa1* 문항의 3/4 이상을 포함한다. 여기에 *Pa2*의 다섯 문항을 추가하면 *Pa–O* 문항의 절반 이상을 구성한다. *Pa3*과 겹치는 문항은 없다. *Pa1*(.93)이 *Pa–O*의 주제를 지배하며, 중복이 심하다. *Pa–O*는 척도 *6*의 정신증적 요소로 볼 수 있다. *PSYC*(.86), 척도 *8*(.85), *BIZ*(.82)와 상관이 높고, 정신증의 취약성과 관련된 하위 주제를 포함하고 있다.

***Pa–S*(편집증 모호 문항: 17문항):**

Pa3(.79)의 모든 문항이 들어있고, 이 문항들이 *Pa–S*의 주제를 지배한다. 남은 네 문항은 *Pa2*와 겹친다. *Pa–O*(−.09), *Pa2*(.00)와는 독립적이며, 냉소적 태도(*CYN1*=−.61, *ASP1*=−.59, *CYN*=−.56, *ASP*=−.53)와 상관이 높다. *K* 척도와는 .32의 상관이 있다.

*척도 *6*의 Harris–Lingoes 세 하위 척도는 최소한으로 겹친다(한 문항이 *Pa1*, *Pa2*와 겹친다).

해석적 함의

일반적인 사항

척도 *6*은 적대 세력으로부터 무자비하고 가차 없는 공격을 받게 되리라고 느낄 때, 혹은 아무런 경고 없이 갑자기 그런 공력에 맞닥뜨리게 되리라고 느낄 때 갖는 취약성의 패턴에 예민하다. 척도 *6*의 점수가 높은 사람은 자신이 함정에 빠졌다고 느낀다. 막다른 궁지에 몰려 물러설 곳도, 기댈 곳도 없다. 지금 그렇지 않다면, 아마 조만간 그렇게 될 것이다. 자신에게 남아 있다고 생각하는 좁은 입지나마 고수하지 못하면 남는 것은 파멸뿐이다. 하지만 지금의 입지를 고수하더라도 수치와 모욕과 패배를 감수해야 한다. 진퇴양난이다. 이들은 직면하고 있는 딜레마나 위협에 신경을 쓰면서, 물리적인 힘으로는 자신을 구할 수 없다는 것을 알고, 합리성, 윤리, 도덕성에 집중한다. 이들은 자신과 대치하고 있는 세력의 권력과 힘의 크기에 대하여(예로, FBI, CIA, 핵무기, 레이저 등), 그들의 부패에 대하여(예로, 마피아, 마약 거래상, 부패한 경찰 등), 그리고 그들의 무자비함과 야만성과 비정함에 대하여(예로, 마녀, 마법사, 마술사, 악마, 그리고 인간 형상을 이들의 악의적인 화신들—이러한 캐릭터들을 나쁘고, 사악하고, 잔인하고, 가학적이며, 야만적이고, 악의적이고, 앙심을 품고 있고, 복수심에 가득 차 있는 것으로 묘사한다) 과장해서 말한다. 이들 역시 이러한 힘에 저항하기 위해 자신이 실제로 가지고 있거나 혹은 가지고 있다고 느끼는 것보다 훨씬 더 큰 힘과 자원, 지식을 갈구하게 된다. 일반적으로 확고부동, 강인함, 확실성을 힘과 동일시하고, 얼버무림, 융통성, 의심을 나약함과 동일시한다. 이들은 공평하고, 올바르고, 선량하고, 존경할 만한, 도덕적인 중재자로 인정받으려 한다. 그리하여 신체적 취약성을 보상할 수 있는 보다 강한 형태의 힘이나 통찰력을 손에 넣으려 한다.

그러나 환자들의 진정한 관심은 신체적 취약성이 아니라 성제삼이나 의시, 자율성에 관한 것이다. 척도 *6*이 높은 사람은 양도할 수 없는 권리와 명성이 있는 완벽한 시민으로 대우받고 싶어 한다. 그들은 노예가 되느냐 아니면 하찮은 사람이 되느냐 하는 매우 제한된 선택의 기로에 처하게 되는 것을 두려워한다. 자유를 위해 경계라는 대가를 치러야 한다는 원리에 따라, 척도 *6*이 높은 사람은 자신이나 자신의 지위에 대해 경멸적인 함의가 있는 대인관계 사건을 재빨리 알아차린다. 다른 사람의 부주의와 실수를 고의적이고 악의적인 것으로 여기고, 사소한 단서를 무례나 모욕, 경멸의 지표로 해석한다. 어쩔 수 없는 실수나 경솔한 행동이 유머나 용서, 너그러움, 혹은 이왕이면 좋은 쪽으로 생각해 주는 것으로 완화되는, 호혜가 일상인 사회에서 환자는 고립된다. 왜냐하면, 경험상 위협 수준이 높아 게임이 너무 심각하고, 위험부담이 크기 때문이다. 이들은 모든 상호작용을 제로섬 게임처럼 우위를 가리는 경연장이라고 이해한다. 이런 이해를 바탕으로 이들은 사람들이 다른 사람들을 통제하고 정복할 수 있는 유리한 고지를 선점하기 위하여 가능한 모든 약점을 이용하리라고 의심한다.

이런 맥락에서 양보는 곧 포기를 의미한다. 이들에게 타협이란 자신의 입장에서는 나약한 것이고, 다른 사람이 제안하면 기만에 찬 것으로 생각한다. 자기편이 아니면, 지위와 권력을 강압적이고 불법적인 것으로 본다. 심지어 자기편일지라도 의심하고, 양가감정을 갖는다. 이유는 환자들이 항상 높은 지위에 있는 것이 아니기 때문이다. 합리적이든 감성에 호소하든, 설득은 자신의 의지나 결심, 그리고 저항을 해친다고 본다. 상호작용이 곧 경쟁이라는 함축된 의미에 주의가 동조되어 있으므로, 상호작용의 맥락이 상실된다. 다시 말해서, 이들은 다른 사람과의 싸움을 제대로 선택하지 못한다. 다툼 초기 사소한 양보를 독선적이고 지나치게 합리적인 이유로 거절함으로써, 결국 커다란 양보, 패배, 모욕이 걸린 싸움으로 치닫게 된다. 자신이 음모론의 희생자이며 초기의 타협안이 불법적 권위를 합법화하기 위한 수단에 불과하다는 환자의 태도는 강화된다. 이들은 빠르고 분명하게 친구와 적을 구분해야 한다. 제대로 구분하지 못하면 생존에 위협되기 때문이다. 따라서 상처는 고의적이고, 모욕은 의도적이며, 분노는 악의적이다. 그리고 요구는 극악하고, 불친절한 말에는 독이 있고, 규율은 잔혹하고, 무례는 계산되어 있으며, 불의는 극악무도하다. 심지어 친절은 유혹적이고, 해를 끼친다.

이들은 오랫동안 긴장한 후, 모호함과 불안을 견딜 수 없을 때 취약해진다. 나약해졌을 때 위협이 지각되면, 초조하고, 불안해한다. 감정의 중립 상태가 유지되지 않으면, 사소한 자극에도 쉽게 분노하고 긴장한다.

척도 *6*은 그 자체로 모순이 있다. *Pa1* 문항이 편집증적 증상(예: 피해의식)을 주장하는 반면, *Pa3* 문항은 이를(냉소적/불신/의심) 부인한다. *K*-교정을 받는 척도의 *K*처럼, *Pa3*은 척도 *6*의 억제 변인으로 작용하는 것 같다. 하지만 *Pa3*은 정작 필요한 허위 음성을 억제하기보다는 이미 척도 *6*이 낮게 편향되어 있는 허위 양성을 억제한다. 편집증이 의심이 많고 외부의 영향을 받는다는 생각을 포함하는 장애라면, *Pa1*에서 *Pa3*의 냉소주의 내용을 빼는 것보다는 더하는 것이 옳을 것이다. 그렇지 않음으로 해서 a) 척도 *6*에서 임상 범위의 상승이 전체 편집증 증상을 과소추정하고, b) 자신의 편집증적 증상이 드러나는 것을 꺼려하여 방어적인 태도를 취할 경우, 척도 *6*의 점수가 임상 범위 이하로 낮아진다. *Pa3*만으로는 이런 효과를 억제하여 점수를 재상승시킬 수 없기 때문이다. *Pa-S*는 이런 점에서 보다 효과적이다. 편집증 역동을 확인할 수 있는 "상승의 여지"가 더 많고, 환자가 명백 문항(*Pa-O*)을 완전히 부인했다고 하더라도, 척도 *6*을 상승시킨다.

정상인의 경우 이 척도의 상승은 정신과 환자보다 긍정적으로 묘사된다. 척도 *6*이 높은 정상인은 민감하고, 감성적이며, 친절하고, 신뢰롭다. 그러나 지나치게 경직되어 있고, 걱정을 많이 한다. 이들은 타인의 반응에 관심이 많아 매력적이고, 산뜻하고, 단정하게 보이려 애쓴다. 그리고 다른 사람에게 부정적 인상이나 인식을 주지 않으려 한다. 다른 사람들의 동기를 알아보지 못하고, 그들의 관점을 표현하지 못한다는 점에서 이들은 자기중심적이다. 또한, 자신의 관점을 내려놓지 못하고, 자신이 연루된 상황을 공정하게 평가하지 못한다는 점에서 자기관여적이다. 그 결과, 자기관여가 문제가 되는 경우, 지각된 오해와 이에 수반된 감정이 밀려와, 울고, 난리치는가 하면, 그 골치 아픈 사건을 거의 그대로 반복하는 경향이 있다. 그들은 동정을 바라고, 자신의 해석과 관점이 옳다는 것을 확인받고 싶어 한다. 정신과 환자 중에서 척도 *6*이 높으면, 경계, 의심, 논쟁, 초조, 적대감, 감정 폭발, 망상, 환삭 같은 증상이나 증후와 관련 있다.

편집증의 모호한 측면이 극적이고 명확한 표출로 바뀌는 불확실하고 가변적인 상승 영역이 있다. 그래서 이 척도에서 그리 높지 않은 점수를 받더라도 (55~60*T*) 일부 편집증의 측면을 뚜렷하게 보인다. 점수가 60~65*T*로 상승하면 편집증적인 특징이 수와 강도에서 더욱 두드러지고, 다음의 특성과 행동을 보인다. 즉, 자기중심성; 지각된 경멸이나 비판에 과민함; 취약한 자율성; 다른 사람들의 동기에 높은 관심, 숨은 의미와 위장된 의도에 대한 경계심; 유머 없음, 억지로 웃거나 잘 웃지 않음; 논쟁적, 지나친 합리주의, 신념이나 가치, 태도의 경직성; 쉽게 화를 내고, 비난이나 책임을 전가하고, 다른 사람을 엄격하게 판단함; 갑작스러운 분노; 권력 관계나 권력 남용, 불의에 대한 비정상적인 몰두; 부당함은 빨리 느끼나 용서는 느림; 불공평한 것을 담아두고 분개하는 경향 등이다.

현 문제

척도 *6*의 점수와 관련된 문제는 이 척도가 얼마나 상승했는지와 관련 있다.

이 척도가 높을수록 치료를 찾는 비율은 급격히 감소한다. 가볍게 상승할 때에는 대인관계 문제로 치료를 찾는 경우가 흔하다. 친구나 배우자를 상실하거나 상실할지 모른다는 위기상황에서 불쾌감과 불안을 경험하고, 고통의 완화와 이해, 지지를 바란다. 이들이 느끼는 위기란 암시적이고 모호하다. 배우자가 다시 일을 시작하거나 공부를 시작한 것과 같은 상황이다. 어떤 환자들은 더이상 관계를 유지할 수 없고, 새로운 관계도 기껏해야 몇 달밖에 유지되지 않는다고 불평한다. 때로 환자들은 중요한 관계에서 이들이 가지고 있는 분노와 적대감 및 그 결과에 대한 우려를 표현한다. 이들은 "너무 많이 다툰다"고 인정하면서도 은근히 치료자가 자기편이 되어 주기를 바란다. 이혼이나 양육권 다툼, 이웃이나 고용주와의 분쟁으로 소송을 고려할 때도, 이들은 격려를 바라고 치료자를 찾는다. 특히, 자신의 행동이 옳다는 말을 듣고 싶어 하고, 상대의 강점은 무엇이고, 사용할 전략이 무엇인지, 승소 가능성이 있는지를 알고 싶어 한다.

흔히 의뢰되는 두 번째 이유는 직장 문제에서 동료와 갈등이 있거나 상사와 문제가 있는 경우이다. 동료들이 얼마나 자신을 괴롭히고, 따돌리고, 부당하게 대우했는지, 또는 상사가 자신을 부당하게 표적으로 삼고, 밀착해서 감시하고, 비난했는지와 같은 문제들이다. 자신이 조직에 공헌했음에도 적절하게 인정을 받거나 고과 점수를 받지 못한 것에 대한, 혹은 아끼고 기대했던 목표를 달성하지 못했거나 승진 기회를 놓치게 된 것에 대한 불쾌감과 쓰라림을 호소하는 경우도 있다, 이들의 불평은 정당한 부분도 있지만, 대개 문제가 악화되도록 자신이 빌미를 제공한 부분은 제외되어 있다. 즉, 자신이 먼저 비우호적이고, 과민하게 반응하고, 경직되어 있거나 부루퉁해 있으며, 쉽게 상대방을 자극하여 화나게 하고, 무례하게 굴고, 논쟁하고, 극단적으로 행동한 부분은 제외한다.

점수가 높은 사람들의 경우, 주로 법원이나 정신건강 기관에서 강제 명령을 받고 임상가를 찾아올 가능성이 크다. 지역사회에서 저지른 행동이 일탈되어 있고 위험의 소지가 있기 때문이다. 이를테면, 다른 사람들에 대한 위협과 폭행, 파괴적인 행동, 기괴한 모습이나 행동, 은둔, 자살 기도 등이다. 이러한 행동은 학업 실패나 실직, 직장 내 상해, 친구나 가족의 죽음, 중요한 관계의 상실, 특히 이성에게 거절당하는 것과 같은 환경적 스트레스의 결과다. 환자에게 가해진 성폭력이나 신체적 폭력 이후 와해되는 사례도 있다. 종종 이러한 사건은 환자가 극복하거나 무시하려고 애써왔던 부적합감을 더욱 강화시킨다.

증상 패턴

척도 *6*의 상승은 다른 사람들의 적의에 대해 자신이 안전한가 아니면 취약한가라는 주요 쟁점과 관련된 광범위한 감정과 태도, 행동 등을 예측한다. 특히, 다른 사람들의 적의가 개인의 자율성이나 지위, 정체성과 관련 있어 보일 때 그렇다. 발현되는 증상은 척도의 상승에 따라 달리 나타난다. 일반적인 성격 특징의 발현은 경도의 상승에서 지배적이다. 반면, 편집형 정신증적 발현은 높은 상승에서 지배적이다. 일단 55*T* 위로 상승하면, 상승의 어떤 수준에서건, 자신의 안전이나 안녕감이 다른 사람들의 행동이나 감정에 의해 부정적인 영향을 받는다는 어떤 걱정이 있다. 경도의 상승에서는, 반감을 느껴도 가벼운 불편감으로 이어진다. 활성화되는 방어나 자기 보호 책략도 비례적으로 경미하다. 정상적인 '체면 유지'의 범위에 있다. 척도가 상승하면서 사회 지각의 왜곡도 증가한다. 즉, 상대방의 일상적인 거절이나 불쾌감의 제스처가, 그것이 무심결에 나왔을 때조차, 작정하고 나온 악의의 산물로 체험된다. 환자의 자기 보호 반응은 갈수록 눈에 띄고 부적응적이 된다. 눈에 띄는 환자의 반응은 사람들의 주목을 받고, 역반응이 이어진다. 사람들의 역반응은 다시 환자의 민감한 주의에 포착되고, 위협감을 증가시키며, 한층 더 현저하고 경종을 울리는 자기 보호 반응을 불러온다. 그리고 이러한 악순환이 되풀이된다.

기분과 감정 상태는 두 가지 패턴을 보인다. 두 패턴 모두 불안정하고, 투쟁과 도피에 해당되며, 자기 통제 수준이 높은지 낮은지에 따라 구분된다. 긴장, 두려움, 자극 과민과 분개는 두 패턴 모두에서 보인다. 첫 번째 패턴에서 긴장과 염려는 불안과 불쾌감의 표현이다. 환자는 스트레스에 직면하거나 내재화하는 것을 회피한다. 사람들의 비위를 맞추거나 철수한다. 자살을 시도할 수도 있다. 투사와 원한의 특징들이 정서적 신호의 색조에 영향을 미친다. 두 번째 패턴에서는 정서가 외현화되고 통제감이 약화된다. 의심, 초조, 화, 분개, 적대감, 증오, 분노와 보복이 주된 정서이다. 대립이 유발되고, 스트레스는 외현화되며, 감정 폭발과 상해의 위험이 있다. 이런 패턴은 상호배타적이지 않고 종종 동시에 발생하며, 아부와 의심이 오가는 패턴이 반복된다. 전형적으로, 이런저런 외양 아래 두려움을 숨기고 있다. 두려움을 공공연하게 표현하는 것은 위협에 대한 환자 자신의 취약성을 높일 뿐이라고 느끼기 때문이다.

애정이나 다정함과 같은 느낌은 상처받고 기만당할 수 있다는 두려움을 키우므로, 환자는 이러한 감정을 엄격하게 통제한다. 감정적인 호소에 따르는 것은 약하다는 신호이며, 자율성과 자기 보호 능력을 위협하는 것이라 여긴다. 따라서 누군가가 친절을 베풀고 배려하면, 이를 유혹하고 겸양을 떠는 것으로 받아들인다.

감정과 정서의 영향도 크게 받지만, 척도 *6*은 편집증의 인지적 특징과 관련 있다. 척도 *6*이 높으면 합리성을 결하게 된다. 다른 사람이 자신을 속이거나 해치려고 하지 않는지 탐색하고 의심한다. 또한, 자신의 명예를 실추시키고, 업신여기지 않는지, 그리고 모욕하고, 창피를 주고, 제압하려는 지를 끊임없이 살핀다. 게다가 비타협적인 확증편향에 대한 선호로 인해, 합리적인 질문을 하지 않는다. 사건의 흐름이나 상황적 특징을 무시하고, 미묘하고 숨겨진 애매한 특징을 선호한다. 다른 사람들이 이러한 오류를 증명하기 위해 사실을 말하거나 주장하면, 이를 자존심의 타당한 근거를 위협하는 것으로 간주한다. 또한, 구경꾼을 오도하고 자신에 대한 불신을 조장하는 무대를 꾸미리라고 짐작되는 적들의 힘과 지략으로 간주한다. 척도 *6*이 높은 사람의 다른 특징은 적대감의 징후나 고착된 믿음을 확증하는 징후에 민감하다는 점이다. 징후에 대한 민감성은 망상이 형성된 이후나 사고과정이 분열되고 와해된 환자에게서는 훨씬 덜 흔하다. 망상의 체계화로 경계해야 할 폭이 제한되었다거나 정신기능의 와해로 경계 자원이 제한되었기 때문인 것 같다(*6-8/8-6*을 보라).

척도 *6*이 높은 사람들은 흔히 자신의 사고 기능에 문제가 없다고 기술한다. 주의력이나 집중력, 기억력, 의사결정 능력과 판단력이 정상이고, 붕괴되지 않았다고 생각한다. 그러나 척도 *2*나 *7*, 특히 *8*이 동반 상승하면, 사고의 문제가 빈번히 제기된다. 어떤 척도가 동반 상승하든, 사고 기능 특히, 판단력에 문제가 있으며, 이는 다른 사람도 분명하게 본다. 하지만 환자들은 위협이나 적의를 확증한다고 여겨지는 환경 특징에만 주의의 초점을 두고, 위협의 심각성이나 현실성을 부정하는 특징은 무시하거나 경시하므로 반사적이고 오도된 판단을 한다.

환자들은 역할 수행에도 심각한 문제가 있다. 공감하지 못하므로 대인관계의 어려움이 가중되고 증폭된다. 환자는 제한되고 고립된 관점의 포로이다. 이러한 관점은 신뢰보다는 비난과 책망으로 다른 사람과 공유된다. 환자는 공감의 부재로 인해 다른 사람들이 자신에 대해 어떤 불만이 있는지 말하지 못한다. 불만의 타당성을 받아들일 수 없음은 물론이다. 그렇게 요청받는 것조차 자신이 조만간 저주받고 잘못될 수밖에 없으리라는 견해를 인정하는 것으로 여긴다.

척도 *6*과 관련된 전형적인 행동과 태도는 다른 임상 척도에 비해 상승 대역과 잘 일치한다. 하지만 이를 절단점의 유일한 근거로 생각해서는 안 된다. 만약, 척도 *2*, *5*, *7*이 동반 상승하면, 척도 *6*은 한 단계 낮은 점수대의 기술과 가장 부합된다. 반면, 척도 *4*, *8*, *9*가 동반 상승하면, 더 높은 점수대의 특징을 기술하는 것이 좋다. 예로, 척도 *2*와 *7*번이 상승하고 척도 *6*의 점수가 60~65*T*로 상승한 프로파일은 척도 *6*의 점수가 55~60*T* 사이인 프로파일로 해석하는 것이 바람직하다. 이는 편집증의 일부 특성이 불쾌감이나 불안감 때문에 완화되거나 약화된다는 것을 시사한다. 대조적으로 척도 *4*나 *8*이(그리고 아마도 *F*도) 상승하고, 척도 *6*의 점수가 55~65*T*인 프로파일은 척도 *6*의 점수가 65~75*T* 사이인 프로파일의 특징으로 해석하는 것이 좋다. 왜냐하면, 65~75*T*의 범위에 있는 특징들이 소외로 인한 심리적인 경화 효과와 정신증으로의 굴복 가능성을 더 많이 반영하기 때문이다.

점수가 55~60*T*로 가볍게 상승하면 행동 패턴은 도덕적 경직성과 거절, 배신에 대한 과민성, 그리고 경미하나 지속적인 분노가 특징이다. 환자는 인지적으로 유연하고, 합리적이며, 건설적이다. 이들은 공공연히 냉소적이거나 의심이 많지 않지만, 다른 사람들을 충성심으로 평가하고, 성급히 판단하며, 엄격하고, 실수를 인정하지 않고, 좀처럼 용서하지 않는다. 이들은 관계를 통제하려고 하며, 종종 이러한 목적으로 정보를 사용한다(즉, 누구와 얼마만큼 정보를 공유할지를 계산한다). 원한은 친지들에게 초점이 맞추어져 있다. 그들을 요구가 많고, 배려하지 않고, 이기적이며, 지지적이지 않은 존재로 간주한다. 독선적으로 정당화하지 못하면, 분노의 표현은 보류된다. 사회적으로 노련하지만, 다른 사람과의 차이점을 해결하는 데 있어서 유연성이 부족하다. 편집증으로 분류되는 경우는 드물다.

점수가 60~65*T*로 중등도로 상승하면 편집증이 분명하고 눈에 띄게 나타난다. 긴장하고, 경직되어 있고, 의심과 불신이 뚜렷하다. 인지는 유지되지만 자의적이다. 이 수준에서는 몇몇 고착된 생각 있는 것이 일반적이다. 환자들은 자신의 가치를 깎아내리거나 자신에게 적대적인 단서에 예민하다. 이런 류의 공격을 고의적이고, 계획적이며, 악의적 의도가 있는 것으로 해석하고 쉽게 화를 낸다. 이들은 타인에게 비난을 전가하고 자신의 행동을 합리화한다. 이들은 논쟁적이고, 완고하고, 분개할뿐더러 유연한 대처능력이 부족하다. 이는 환자의 대인관계 능력을 저해한다. 통제하거나 통제되는 것에 대한 관심, 권위의 적법성에 대한 관심은 다른 사람과의 갈등을 야기하는 또 다른 차원이 된다. 이 범위의 점수를 받은 여성은 불쾌감, 불안, 불안정성을 보인다. 남성보다 상처받은 감정을 잘 참고, 분노에 찬 반응을 할 가능성이 작다. 이 수준에서 망상적 사고가 나타나지만, 흔하지는 않다. 몇몇 경우 의심과 불신을 부인하는 반면 여러 가지 두려움과 공포를 인정한다(*FRS* 척도를 확인하라). 일종의 전위다.

높은 점수인 65~75*T*는 경계와 의심, 과각성과 관련 있다. 사회 지각에 있어서 유의한 인지적 왜곡이 뚜렷하다. 비밀유지에 몰두해 있고, 정보의 공개를 완강하게 거부한다. 심지어 환자에게 이득이 되는 경우에도 그러하다(예로, 주택청약이나 사회보장제도의 지원금). 태도가 완고하고 화를 잘 낸다. 상대방의 말이나 행동을 쉽게 자율성을 위협하는 것으로 지각한다. 환자는 숨은 의미와 위험의 암시를 예의 주시하면서, 상대방이 "속내를 내보이게" 하기 위해, 그리고 다른 한편으로 긴장을 해소하기 위해 적극적으로 갈등을 유발한다. 억압당할까 두려워하고, 적대적인 동기가 사회에 만연해 있다고 생각하며, 권위를 부정의 수단으로 여긴다. 원한은 급속도로 증가하고, 환자의 무례한 행동으로 인해 가족과 친구, 동료들과 단절된다. 환자는 속상한 일들을 손에서 놓지 못한다. 불만이 정당하게 그리고 끈질기게 추구되면서, 논쟁은 소송을 즐기는 것으로 변한다. 관계사고와 피해사고나 다른 망상적 사고가 있지만, 소수의 경우에만 영향을 준다. 이 범위의 여자는 남자보다 덜 분명하고 덜 적극적인 편집증 환자로 여겨진다. 여자들은 남자들보다 대립과 폭행이 덜하고, 장광설이나 저주, 적대적인 눈빛, 패배에 대한 원한에 찬 제스처로 분노를 표현한다.

높은 점수대인 75~85*T*에서는 망상적인 사고가 나타난다. 망상적 사고는 환자의 경계심 때문에 드러나지 않고 갇혀 있을 수도 있다. 선택적으로 과경계한다. 환자가 전형적으로(그리고 망상적으로) 자신에 대한 위협을 확인하고, 그 영역을 한정시켰기 때문이다. 사회 현실에 대한 지각은 왜곡되어 있으나, 인지는 잘 조직화되어 있다. 일반적으로 다른 사람들에 대해서는 취약성을 덜 느낄지라도, 확인된 적에 대해서는 보다 고조된 취약성을 느끼게 된다. 이것은 그(간혹 그녀)가 선제공격으로 간주하는 폭행의 위험을 증가시킨다.

85*T*를 넘어서는 아주 높은 점수에서는 경계심이 감소하고 혼란과 기괴함이 증가한다. 이런 환자들은 종종 기괴한 망상을 드러내는 데 거리낌이 없다. 그러나 신념은 김징직 색재가 적고 딩연시되는 경향이 있다. 그들은 칠수되고, 단정치 못하며, 몸단장과 위생에 소홀하다. 우울과 불안 수준이 높고, 자살사고도 흔하다. 사례 중 일부는 현실 검증력이 손상되어 있다. 이들은 망상적 사고에 따라 다른 사람들을 위협하고 공격할 수 있다.

명심할 점

척도 *6*이 65*T* 아래일 때도 그 점수를 해석할 수 있다. *Pa*의 하위 척도를 확인하라.

대인관계

척도 *6*의 점수가 높은 사람들은 대인관계가 붕괴되지는 않더라도 심각하게 영향을 받는다. 그들은 모든 사람을 잠재적인 적으로 본다. 자신을 간섭하고, 의지를 약화시키며, 권위를 훼손하는 데 몰두하고 있다는 것이다. 이들은 모욕과 협박에 대한 과도한 예민성을 통해 이러한 위험에 대처한다. 사소한 타협과 양보를 견딜 수 없는 복종으로, 굴복하여 엎드리도록 강요받는 것과 동등하게 본다. 강압에 대한 두려움이 크기 때문이다. 환자는 다른 사람들을 의심하고 그들의 배신을 폭로하려고 한다. 전형적으로, 이러한 시도는 배신에 대한 증거의 필연적인 발견과 아울러 환자의 성질 고약한 반응으로 이어진다. 상대방은 처음에는 분통이 터지거나 두려워하다가 결국 분노하고, 지치고, 환자를 멀리하거나, 진저리친다. 환자들의 핵심 신념은 위협적이고 지지적이지 못한 대인관계 환경 속에 자신이 존재하고 있다는 것이다. 이러한 신념은 일부는 편집증적이고, 일부는 현실적이다. 심지어 보통 수준의 상승에서도, 축적된 좌절이나 오해, 논쟁, 원한이 화해의 과정에 환자가 쌓아 놓은 장애물(환자의 완고함, 자기 독선, 용서에 대한 완고한 저항)과 결합하여 친밀한 사람들에게 심한 스트레스가 된다. 심지어 그들이 인내심이 있고 이해심이 넓을 때조차 그렇다.

일부 환자의 경우(심한 우울 성향이 있거나 의존적, 연극적 특성의 환자), 친밀한 관계가 잘 유지된다. 이러한 환자는 대부분 여자인데, 통제를 잘하고, 다른 사람들의 악의에 대한 기대를 덜 고집하며, 덜 참견하고, 덜 도발적이다. 또한, 덜 이기적이고, 덜 충동적이다. 비록 경직되고 독선적이나, 환자의 예민성은 공격받는 쪽보다 거절 받는 쪽에 초점이 맞추어져 있다. 그리고 가치 있는 관계를 유지하기 위해 양보할 수도 있다.

행동 안정성

점수가 65*T*~75*T*의 범위 밖에 있으면, 점수가 이 범위 안에 있는 경우보다 행동 패턴이 안정적인 경향이 있다.

방어

척도 *6*이 높은 사람의 주된 방어는 투사이다. 이 척도는 사회적으로 바람직하지 않거나 자아 이질적인 동기, 그리고 다른 부정적인 특성을 자신의 경계 밖에 두려는 암묵적 조작(예로, 도덕적 자기 독선)과 외현적 조작(예로, 비난 전가) 모두에 민감하다. 가끔은 분노, 적의, 통제력 상실에 대한 합리화가 일반적이다. 어떤 이는 의심, 비난, 공격을 정당화할 근거를 (선택적으로) 모으고 적대적으로 사용하는 것에 대해 완고하게 정당화한다. 프로파일의 다른 특징에 따라 주지화, 전위, 반동형성, 부인과 같은 이차 방어가 나타난다.

개인력

가장 전형적인 과거력은 여러 종류의 억압을 포함한다. 가정 분위기는 긴장되고, 짓누른다. 아버지는 독재적이고, 가학적이며, 완고하고 소원한 반면, 어머니는 약하고, 우울하며, 배우자의 잔인성(만행)으로부터 환자를 보호할 자원이 없다. 한편, 어머니가 통제적이고, 흠잡고, 참견하고, 요구하며, 완벽주의적이고, 유혹적인 반면, 아버지는 수동적이고, 약하고, 멀리 떨어져 있으며, 어머니의 학대로부터 아이를 지키는 데 무력한 경우도 있다. 폭력이 없을 때도 훈육은 환자의 감정을 가혹하게 무시하고, 예측할 수 없고, 변덕스러우며, 권리를 침해한다. 어느 패턴에서든 환자는 양쪽 부모에게 거절당했다고 느낀다.

부모 간에는 만성적인 증오가 있다. 증오의 범위는 정서적 소외에서 공공연한 싸움에 이른다. 신체폭력이 없다 해도 빈번한 말다툼이 있다. 환자는 폄하되거나, 불신을 받거나, 굽실거림에 대해 조롱받거나, 유기되는 등의 위험 없이는 학대하는 부모를 기쁘게 할 수 없다고 느낀다. 어떠한 행동도 무조건적인 인정이나 감사를 끌어내지 못하므로, 환자는 부적합감과 열등감을 느낀다. 적어도 부모 중 한 사람은 환자의 자율성을 위협으로 보고, 자존감이나 지위에 공격적으로 행동한다. 부모는 조롱, 수치심, 굴욕감을 느끼게 해서 환자를 무너뜨리고 작아지게 한다. 환자에게 있어서 자율성과 독립성은 부모와의 관계가 복종을 통해서만 유지되는 관계라는 경험과 충돌하고, 이러한 관계는 만성적인 화와 분노, 격노를 이끈다. 역설적이게도 환자들은 학대하는 부모와 친밀감을 갈구하며 좌절을 느낀다.

과거의 외상 경험 때문에 편집증의 역동을 드러내는 경우도 있다. 이들 대부분은 살인 위협이 수반된 강간이나 장기간의 가정 폭력을 경험하거나, 속수무책의 공격을 받은 경우이다.

진단적 고려

진단은 척도 점수 상승의 영향을 받는다. 경도와 중등도의 상승은 여러 성격장애나 이중진단과 관련 있다. 이 수준에서는 성격장애로 편집적, 분열형, 반사회적, 자기애적, 연극적 그리고 수동-공격적 성격장애를 생각해 볼 수 있다. 망상 장애와 기분장애를 포함하는 정신증도 나타나는데, 특히 편집적 특징을 수반한 양극성 장애, 조증을 볼 수 있다. 높은 수준의 상승은 정신증적 사고와 기분장애에서 두드러진다. 편집증적 특징이 수반된 편집형 혹은 미분화된 조현병, 양극성 장애, 분열정동장애 그리고 주요우울장애를 볼 수 있다.

치료적 고려

척도 *6*이 높은 사람은 완고함과 불신 때문에 치료가 힘들고 성과도 적은 것으로 알려져 있다. 치료에 적합한 환자는 잘 조직화되어 있고, 감지할 수 있는 불편이 있으며, 좋아하고 관심 있는 치료자와 성공적인 관계 경험이 있다. 환자와 치료자의 지위와 관련하여 감지되는 차이는 부모와의 관계와 맞물려 신뢰와 믿음을 얻지 못하게 한다. 그래서 초기에 신뢰할 만한 라포르 형성을 위해 노력해야 한다. 치료자가 중립적이고, 형식을 지키고, 신뢰롭고, 자기 통제적이며, 기꺼이 규칙을 준수할 때, 환자들은 안심한다. 지나친 친절이나 친밀한 표현은 함정일 수 있다는 두려움을 자극할 수 있으므로 피하는 것이 좋다. 이에 반해, 형식적이면서, 정중하고, 친절하며, 사려 깊게 대하는 것이 도움이 된다. 치료자는 쫓기는 듯한 느낌을 주지 말아야 하며, 환자의 신념과 사건의 해석을 확증하지 않아야 한다. 환자들은 자신을 피해자와 가해자 양쪽과 동일시한다. 피해자로서 환자를 공감하는 것은 가해자로서 죄책감을 느끼게 하고, 비난받는 것처럼 여기게 한다. 환자들은 거만한 자존심이나 심지어 과대성을 겉으로 드러낼 수 있다. 혹은 범할 수 없는 권위를 부여하는 특별하고 특권이 있는 정보와 통찰이 있다는 확신에 찬 태도를 보일 수도 있다. 치료자는 이러한 외양이나 태도 아래 숨겨져 있는 수치심과 의심, 열등감, 무력감과 취약성을 깨달아야 한다.

인내심은 필수적이다. 의심, 적개심, 그리고 양가감정의 표적이 되는 것을 견디는 힘이 있어야 하기 때문이다. 환자들은 치료자가 강압적이거나 보복적인 경향이 없는지 치료자를 반복해서 시험하는 경향이 있다. 치료자가 실수, 오류 그리고 오해를 인정하는 것은 정직함과 인지적(그리고 도덕적) 유연성의 모델이 된다. 치료의 중간 단계에서는 대체로 과거력, 인지적 유연성의 회복, 그리고 역할 수행에 초점이 맞춰진다. 다른 사람의 관점을 정확하게 파악하는 것을 돕는 훈련은, 환자의 관점에서 볼 때 실수이건 고의이건 간에, 경직된 인지 습관을 느슨하게 풀어 주며, 고립감을 감소시키는 데 도움이 된다. 마찬가지로, 이들은 비교적 최근의 비외상적인 대인관계를 조심스럽게 탐색하는 것 역시 불신과 두려움의 분위기를 조성하고 유지하는 데 있어 자신이 지닌 적대감이 어떤 역할을 하고 있는지 이해하도록 돕는다. 불신과 두려움의 분위기는 바로 환자가 취약하다고 느끼고 있는 부분이다. 환자와 함께 부당한 대우에 대한 불만이나 충실함의 개념을 탐색하는 것은 치료자를 학대 사실의 증인으로 만들고, 치료 동맹을 형성하는 데 도움이 된다. 치료 동맹은 고통스러운 감정(공포, 상처, 슬픔)에 대한 인내심을 기르고, 분노, 증오, 적개심, 통제감 상실의 두려움을 견딜 수 있게 하며, 모호함에 대한 인내심을 증가시킨다.

이 단계에서, 친밀감과 안전에 대한 갈망과 좌절이 드러난다. 예로, 환자는 '다른 아이들에게 있는' 사랑하는 아버지/어머니가 없다는 서러움을 표현한다. 이는 슬픔과 우울을 촉발한다. 전이-역전이 문제는 종종 가학성과 무기력함에 초점이 맞춰진다. 환자는 번갈아 가며 치료자를 학대의 주모자의 위치에 놓기도 하고 잔혹한 학대를 받는 무력한 피해자로서의 환자의 역할에 놓기도 한다.

낮은 점수

임상에서 구전되는 지식은 *6*의 점수가 낮은 환자를 높은 환자와 비슷하게 기술할 수 있다고 제안하지만(Carson, 1969), 왜 그런지에 대한 증거는 확실치 않다. 사실, Boerger, Graham, Lilly(1974)는 척도 *6*의 점수가 낮은 정신과 환자는 높은 점수를 얻은 환자를 기술하는 것과 반대되는 용어로 평정되는 경향을 발견했다. 어떤 편집증 환자들은 척도 *6*의 문항들을 '직관적으로 이해할 수' 있고 이런 이유로 이들이 낮은 점수를 얻을 수 있으리라고 추측해왔다. 그러나 이 역시 그렇지는 않은 것 같다. 이 시나리오대로라면 *Pa3*에 해당하는 대부분의 문항은 채점되지 않는 방향으로 응답해야 하는데, 이는 냉소, 불신과 일치하는 방향이다. 이것은 아마도 낮은 점수의 환자들에 대한 편집증의 인상이 임상적 구전 지식에서 살아남을 수 있는 단서일 수 있다. 35*T* 이하는 타인의 동기에 대한 신뢰와 확신을 단언하는 문항을 모두 피해 가야 얻을 수 있다. 이런 의미에서 낮은 점수는 적어도 편집증적 태도의 한 측면과 관련 있다. 의심이 아니라면 냉소주의적인 부분일 것이다. 척도 *6*의 낮은 점수에 대한 함의는 척도 *3*의 낮은 점수에 대한 함의와 같다. 둘 다 다른 사람의 감정에는 관심이 없고, 편안함과 위로로 대하려 하지 않는다.

척도 *7*: 강박증(*Pt*)

개발

MMPI-2 강박증 척도의 원래 이름인 **정신쇠약**(psychasthenia)은 지금은 거의 사용하지 않는 용어로, 19세기 후반의 프랑스 정신의학에서 유래되었다. Janet은 광범위한 신경쇠약(neurasthenia)의 범주로부터 '강박적인 사고에 의한 의심, 초조, 불안'으로 특징지어지는 신경증을 구분하기 위하여 이 용어를 만들었다. 그 자체로도 넓은 범주인 정신쇠약이라는 용어는 신경쇠약, 건강염려증, 히스테리아 이외의 모든 신경증적 장애를 지칭하기 위한 것이다. 제1차 세계대전의 종전과 함께, 신경쇠약과 정신쇠약의 범주는 해체되어 대부분 사라졌다. 그리고 여기에 포함되었던 요소들은 보다 작고 알뜰한 진단집단으로 세분화되었다. 정신쇠약의 경우, 불안 신경증, 공포 신경증, 강박 신경증으로 나누어졌다. 정신쇠약의 범주를 왜 미네소타 대학병원 신경정신과에서 고집했는지는 분명하지 않으나, 『신경정신의학 개요(*Outline of Neuropsychiatry*)』(McKinley, 1944)에는 이 용어를 '강박사고, 강박행동, 또는 공포증으로 특징지어지는 정신신경증'에 적용하고 있다. "정신쇠약 상태는 종종 강박 신경증, 강박 상태, 또는 강박적 반추의 긴장 상태로 불린다"(p. 194). Hathaway와 McKinley(1942/2000)는 척도 7의 개발에 관한 기술에서 이 정의를 다음과 같이 확장하였다.

> 사고의 특징은 다음과 같다. 비합리적인 두려움 … 적대적인 환경으로 보이는 상황에서 자신이 한 반응의 의미에 대한 깊은 의심이 있다. 두려운 나머지 불필요하고, 방해되는, 개인적으로 파괴적인 행동을 강박적으로 수행하거나, 자신의 일상적인 행동과는 아무런 의미가 없는 일련의 사고에 강박적으로 집

> 착하고, 그런 사고를 합리적인 숙고 없이 강박적으로 수행해야 한다고 느낀다. 강박적 사고는 … 불안을 수반하므로 환자는 자신이 생각하는 내용에 대해 과도하게 불안, 긴장하게 되고 … 기절한다거나 어떤 끔찍하고 위협적인 일이 자신에게 생길 거라는 생각에 불안스레 집착하게 된다. 또는 강박적인 숫자 세기 등 이차적으로는 야기된 불안 반응을 강박적으로 생각하도록 강요당한다. 이렇게 강박적인 사고나 행동으로 특징지어지는 일반적인 반응유형을 정신쇠약이라고 한다. 이 말은 행동의 부적응적인 특성에도 불구하고 그러한 행동에 저항할 수 없을 만큼 의지가 약해졌다는 개념에서 유래되었다. (p. 24)

Hathaway의 준거집단은 의학적, 정신과적으로 집중적으로 연구되고 있던 20명의 입원환자였다. 이후 그는 한두 명의 준거 사례들이 오진이었다고 결론을 내렸다. 준거 사례의 문항 반응이 26~43세 사이의 정상인 기혼자 집단(여자 200명, 남자 139명) 및 265명의 대학생 집단과 비교되었다. 또한, 연령이 시인율에 미친 효과도 평가되었다. Hathaway는 빈도 비교에 기초한 그의 예비 척도가 보기 드물게 동질적임을 확인하였다. 그러나 예비 척도의 문항 내용이나 문항의 수에 대해서는 보고를 하지 않았다.

어쨌건 그는 문항의 수가 실용적인 척도를 구성하기에는 불충분하다고 생각했다. 그래서 '준거집단과 정상집단의 비교에서 통계적으로 미심쩍은' 일부 문항들을 활용하여 예비 척도 문항의 수를 늘이기로 결정했다(p. 25). 문항-전체 사분 상관계수가 또 다른 100명의 정상 표집과 무작위로 선택된 100명의 정신과 환자 표집을 대상으로 산출되었다. 그리고 두 집단 모두에서 문항-전체의 상관이 유의하게 높은 문항들이 유효하다고 간주되었다. 이 분석 결과를 토대로 최종 척도를 구성하는 문항들이 결정되었다. 최종 척도는 다양한 정신과적 진단을 받은 50 사례의 새로운 표집을 대상으로 검증되었다. 이 사례들은 통상적인 의미의 교차 타당도 사례는 아니었다. 이 가운데 최종 진단이 정신쇠약인 환자는 한 사람도 없었다. 하지만, Hathaway의 치료진들은 각각의 사례들이 '강박행동, 강박사고의 증상적인 증거'를 나타낸다고 간주했다(Hathaway & McKinley, 1942/2000, p. 28). 검증 결과, 이 사례의 10%만이 16~45세의 정상집단(남자 293명, 여자 397명) 평균보다 점수가 낮았다. 정신쇠약 증상이 비교적 가볍고 분명하지 않았음에도 불구하고, 이들의 평균은 정신쇠약의 준거집단보다 20% 낮았을 뿐, 표집으로 선택되지 않은 정신과 환자들보다 30% 높았고, 정상집단보다는 2배 가까이 높았다.

Dahlstrom 등(1975, p. 260)은 6개의 표집에 대해 .81~.93의 내적 합치도를 보고하였다. 척도 7은 Hathaway가 언급하였듯이 상당한 동질성을 유지하고 있는 것으로 보인다. 사실, 이 척도는 임상 척도 중에서 문항 간 동질성이 가장 높다.

척도 개발 당시 Hathaway는 알 수 없었지만, 후속 연구는 예비 척도의 문항을 늘이는 일련의 과정을 통해 보충된 문항이 정신쇠약의 변량을 보다 특정적으로 바람직하게 설명해 주지 못한다는 것을 명확히 보여 주었다. 이 문항들은 오히려 MMPI의 첫 번째 요인인 일반적인 부적응과 주관적 고통의 차원을 반영하는 것 같다. 예로, *Pt*는 첫 번째 요인을 나타내는 몇 가지 표지들과 광범위하게 중복된다. 여기에는 Welsh's *A*와 John, Butcher, Null, Johnson(1984)의 표지, 그리고 Waller(1999)의 표지 등이 포함된다. *Pt*는 이 표지들과 .90대 중반의 상관을 보였다. 결과적으로 척도 7은 적어도 강박 장애와 그 역동 등을 밝혀내려던 원래의 목적과 관련해서는 약한 측정치로 간주되어야 한다. **빠른 참조 6.7**에 *Pt*의 기술적 특징이 요약되어 있다.

빠른 참조 6.7

*Pt*의 기술적 특징 요약

문항 수: 48

그렇다/아니다 비율: 39/9

공통부분: 척도 *8*, *PK*와 17문항, *PS*와 16문항, *Mt*와 14문항, 척도 *2*, *9*, *0*, *DEP*, *RCd*와 13문항, *RC7*과 8문항, *ANX*와 6문항, *OBS*와 5문항, *NEGE*와 4문항, *LSE*, *WRK*와 각각 3문항이 겹친다. 척도 *7*은 *A*, *PK*, *PS*, *Mt*, *WRK*, *RCd*와 .90 정도의 상관이 있고, *ANX*, *DEP*, *LSE*, *NEGE*, *RC7*과는 .80 정도의 상관이 있다. *K*(−.76), *Es*(−.80)와는 부적 상관을 갖는다. 척도 *7*의 점수가 *K*-교정되면 이들 상관이 감소한다. *ANX*, *FRS*,

OBS, *DEP*, *LSE*의 상대적 증가는 프로파일에서 척도 *7*의 역할을 이해하고 해석적 가설을 세우는 데 도움이 된다.

구성내용: 불안, 공포, 걱정, 긴장, 자기 의심/부적응, 자기 불만, 강박증, 충동성, 불쾌감, 무관심, 자의식, 동요, 손상된 집중력과 기억력.

다른 척도들과의 관계: 척도 *7*과의 상대적인 배치 관계가 가장 중요한 것은 척도 *8*이다. 이 두 척도의 상대적인 상승은 정신증의 여부를 가리는 좋은 예측 변인이다. MMPI에서 *T*-점수로 이 관계를 가장 잘 판단할 수 있으나 MMPI-2에서는 원점수를 사용해야 한다. 척도 *7*이 척도 *8*을 원점수로 3점 이상 초과하면, 척도 *7*이 정신적 혼란을 초래하는 척도 *8*의 효과에 저항하고 있음을 반영한다. 환자는 다른 사람과의 관계를 유지하고, 일상적인 일들을 수행한다. 정신증적 증세(환각)를 무시하며, 정신증적 체험이 기능에 영향을 미치는 것을 제한한다. 이들은 의무에 부응하고, 고용을 유지하며, 통찰을 보존하려고 애쓴다. 척도 *8*의 원점수가 척도 *7*의 원점수를 3점 이상 초과하면 척도 *7*이 정신증적인 영향에 패배했거나 굴복했음을 반영한다. 이전에 분투와 저항으로 체험되던 것들이 이제는 이렇다 할 감흥이 없거나 불안이나 소외감, 혹은 무력감을 느끼듯 보다 수동적으로 체험된다.

해석적 함의

일반적인 사항

Hathaway는 척도 *7*의 개발에 사용된 집단대조를 통해 강박적이거나 공포증적인 상태에 특정적인 문항들을 얻으려 했다. 하지만 그는 충분한 수와 종류의 문항들을 얻지 못했다. 그 이유로 정신쇠약의 구성개념이 지나치게 폭이 넓었다는 점, 준거집단의 환자 수가 적었다는 점, 강박적이고 통제할 수 없는 현상을 명백하게 드러내는 문항의 수가 전체 문항 풀에서 충분하지 못했던 점 등을 생각해 볼 수 있다. 준거집단의 수가 적은 점이 가장 큰 문제로 보인다. 이 문제는 준거집단이 보이는 증상들의 수나 다양성을 제한할뿐더러 문항의 통계적 검증력을 떨어뜨린다. 설령 적절한 내용의 문항들이 문항 풀에 충분하게 있었다 해도, 해당 문항이 정신쇠약 준거집단에 의해 시인되는 빈도가 낮고 통계적 검증력마저 떨어진다면 척도에 포함될 수 있을 정도의 판별력을 보여 주지 못했을 것이다.

Welsh's *A*(*r*=.95)와의 관계에서 볼 수 있듯이, 첫 번째 요인의 측정치들과 강도 높은 상관관계를 갖는 점을 고려해 볼 때, 척도 7이 강박 장애를 포함한 어떤 특정 정신 장애와 강한 관련성이 있을지 의문이다. 오히려 척도 7은 부정적인 정서에 대한 아주 일반적인 경향을 반영한다. 즉, 불안, 염려, 공포, 두려움; 긴장, 불편감, 고통; 침울함, 혼란, 초조; 과민함, 조마조마함, 과잉반응; 양가감정, 불확실함, 자기 회의, 자신감 결여; 강박과 반추; 동요, 망설임, 부동화; 죄책감, 후회, 회한; 자기 비난, 자기 질책, 자기 책망, 자기 평가절하; 불안전감, 부적합감, 열등감; 내성적, 어눌함, 수줍음 등에 취약함을 반영한다. 불안하다기보다는 쉽게 불안해진다는 뜻이고, 공포에 질려 있다기보다는 쉽게 두려움을 느낀다는 뜻이다. 또한, 강박적인 사고에 사로잡혀 있다기보다는 생산적인 사고에 적합하지 않다는 뜻이고, 강박적인 행동을 하고 있다기보다는 강박적인 행동을 하기 쉽다는 뜻이다. 증상이 나타나는 형태는 다른 요인들에 좌우된다. 그 일부는 프로파일의 다른 특징들, 특히 내용 척도를 통해 식별할 수 있다.

척도 7의 높은 점수와 관련된 일차적인 증상은 걱정이다. 환자는 실수나 허점의 예방책으로 걱정을 한다. 걱정이 외부로 향하여, 두려운 사건이나 다른 사람들의 영향에 대해 걱정하는 부분도 있다. 하지만, 일차적으로 환자의 걱정은 자신의 정신적인 삶을 향해 있다. 환자는 자신의 생각이 과연 올바르고 적절한지, 자신의 동기에 비도덕적이거나 다른 오점의 흔적은 없는지, 그리고 파국적인 행동을 저지를 수밖에 없을 만큼 자신의 충동이 강해지는 조짐은 없는지 전전긍긍한다. 환자는 회의와 양가감정이 만연한 가운데, 과거의 결정을 되돌아보고 미래의 선택을 검토한다. 자신이 잘해 낼 수 없을 것 같은 일들을 포함하여, 온갖 행동이나 사건에 대해 끊임없이 우려한다. 자기 불신에 뿌리를 둔 것으로 보이는 이런 특성들은 엄격한 자기 통제로 이어진다. 그들 자신의 판단이나 대리인에 대한 불신은 꼼꼼함, 완벽주의, 견고한 양심, 규칙에 대한 맹목적인 추종이라는 대가를 치르게 한다.

이들의 문제 해결 방식은 유연하지 못하다. 이들은 실수하는 것을 끔찍하게 두려워한다. 실수를 자발적이고 자의적인 행동의 불가피한 결과로 여긴다.

그래서 외부로부터 부여된 지침이나 기준, 원칙을 당연한 진리인 양 받들며 거기에 자신들의 행동을 맞추려 한다. 이들은 결정을 내리기에 앞서, 혹은 이미 마음을 굳힌 의향을 확증 받기 위해 다른 사람들의 조언을 구하지만, 자신이 청하지 않은 조언과 지시에는 완강하게 저항한다. 하지만, 머지않아 그 영향은 넘치는 의무감이나 회의, 양가감정과 결합하여 불확실성이라는 불안한 상황을 다시금 만들어 낸다.

MMPI-2의 임상 척도 중, 척도 *7*과 척도 *2*는 주관적 고통과 가장 명확하게 관련 있다. 척도 *2*는 전형적으로 정신기능이 느려지거나 고갈된 것 같은 내적 감각을 반영한다. 정신운동 지체와 피로는 이러한 내적 감각에 상응하는 외적인 증후로 볼 수 있다, 적어도 내적 감각과 외적 증후 간에 갈등이 없다. 반면 척도 *7*은 자아 이질적인 체험이 자아 동질적인 역-사고(counter-thought)와 만나는 그 자체로 갈등적인 정신적 삶을 반영한다. 불안이나 공포, 신념, 의심, 심상, 생각, 단어, 충동 혹은 그 무엇이건 간에, 체험은 자기 안에서 비롯된다. 하지만 환자의 체험은 더 나은 자기(better self)가 수난과 사원을 동원하여 감찰하고, 저항하고, 추방해야 할 반갑지 않은 침입으로 간주된다. 척도 *7*의 점수가 높은 사람들은 겉으로는 태연해 보여도, 속으로는 적극적이고 기민하다. 이들은 매사에 능통하기 위하여, 그리고 예상치 못한 사태에 대비하기 위한 노력의 일환으로 확인하고, 재검토하고, 걱정하고, 예측하며, 비평하고, 계획하고, 분투하는 경향을 보인다. 높은 점수를 얻은 사람들은 기억하고, 집중하고, 판단하는 능력이 기대에 미치지 못할까 봐 두려워한다. 실수를 저지르거나 중요한 사항을 간과한 나머지 비극적인 결과를 초래할 수 있기 때문이다. 이 끈질긴 두려움은 다시금 환자에게 벅차고 진이 빠진 느낌이 들게 하며, 사회적 상황에서 쉽게 당황하도록 만든다. 예상치 못한 상황에 처하거나 정서적으로 각성되면, 이 분주한 내적 자기 탐닉과 우려로 인해, 환자는 과장된 경악 반응을 일으키고 쉽게 균형을 잃는다. 쉽지는 않지만, 더 나은 자기가 통제력을 얻는다면, 자아 동질적인 특성이 강해질 것이다. 이 경우 *Pt* 원점수는 낮아지고 척도 *7*의 *T*-점수에서 *K*-교정을 통해 상승하는 비중이 커진다. 그리고 환자는 자아 이질적인 강박 장애(OCD)의 특징보다 자아 동질적인 강박적 성격장애(OCPD)의 특징을 더 많이 보이게 된다.

척도 *7*의 해석은 다른 여러 기본 척도들, 특히 척도 *2*와 *8*의 영향을 강하게 받는다. 그리고, 일부 내용 척도들의 영향도 받는다. 앞서 언급하였듯이, 척도 *7*은 쉽게 정서적으로 불편해지는 아주 일반적인 성향을 반영한다. 불편감과 그 증상적 표현의 특정한 성격에 대한 중요한 단서는 내용 척도에서 얻을 수 있다. 이 점에 있어, *ANX*와 *FRS*, *OBS*, *DEP*, *HEA*, *BIZ*가 가장 유용하고, 감별진단에 유의하게 기여한다. 코드 유형에서 2~3개의 가장 높은 척도에 척도 *7*이 들어있고, 60*T* 정도로 상승한다면, *Pt* 원점수와 *K*-교정 점수가 *Pt* 전체 점수에 기여하는 상대적인 효과를 살펴보는 것이 아주 중요하다.

먼저 1.0*K*가 *Pt* 원점수에 더해진다는 것을 상기하라. 문항 당 *K*-교정의 양을 산출하면, *Pt*가 받는 교정이 기본 척도 중에서 가장 크다. 예로, *Pt*와 *Sc* 모두 1.0*K*의 교정을 받지만, 문항 당 교정비율은 *Pt*(30/48=.63)가 *Sc*(30/78=.38)보다 40% 정도 더 크다. *Pt* 원점수는 *K* 점수와 −.75의 상관을 가지므로, *K*가 상승했을 때 *Pt* 원점수는 낮을 것이고 그만큼 *K*-교정을 통해 상승하는 척도 *7*의 *T*-점수 비중이 커진다. 대체로 높은 *K*는 척도 *7*의 *T*-점수를 상당히 밀어 올린다. 반대로, 매우 낮은 *K*는 척도 *7*의 *T*-점수를 밀어 내린다. 주로 *Pt* 문항에 의해 척도 *7*이 상승했다면, 전체 점수는 증상의 범위와 심각성, 그리고 그로 인한 능력의 상실을 반영한다. 척도 *7*의 상승이 *K*-교정의 영향을 크게 받았다면, 상대적으로 증상을 덜 강조하면서 성격 스타일과 특성에 초점을 두어 해석하는 것이 좋다.

현 문제

이런 환자들은 유난히 폭넓고 다양한 특정 증상들에 대해 치료받고자 한다. 증상들로 인해 스스로가 고통스럽고 불편하거나, 아니면 직장이나 중요한 대인관계에서 문제를 초래하기 때문이다. 현 문제는 증상일 수도 있고, 아닐 수도 있다. 젊은 환자들은 학업에서의 어려움이나 정서적인 지지를 의존했던 누군가의 상실로 인한 위기로 도움을 받고자 찾아올 수 있다. 증상으로 인해 벌어진 상황이 현 문제일 수도 있다. 예로, 환자는 적절한 결혼 상대를 찾기 어려운 것이 문제라고 하지만, 알고 보면 환자의 증상, 억제 또는 별난 습성이 적합한 후보들을 낙담시키고 멀어지게 만들고 있을 수 있다. 증상은 전형적으로 환자들이 일상생활을 영위하는 방식에 비효율성을 초래한다. 그리고 이러한 비효율성에 대처하기 위한 끊임없는 보정 절차가 이어진다. 불안이나 두려움을 자극하는 상황들을 점점 더 회피하게 되며, 이로 인해 집과 직장에서의 평범한 일상에 혼란이 초래된다. 직장에서의 문제는 중요한 결정을 미루고, 부하들에게 책임을 위임하지 못하고, 세세한 점까지 관리(과도한 통제나 다른 사람들의 일에 간섭하는 것을 포함하여)하는 경향이 있다. 업무 수행 방법에 대해 융통성이 부족하고, 그 밖에도 갈등과 분노를 초래하는 지나친 집요함이나 세세한 것에 얽매이거나 경직된 특징들을 포함한다. 승진이 오히려 위기를 초래하기도 한다. 승진하게 되면 더 많은 책임감과 더 중요한 의사 결정권과 더 많은 부하를 거느리게 되기 때문이다. 때로 남성들은 동성애에 대한 걱정을 나타내기도 한다. 특히 척도 *5*가 동반상승할 때 그렇다.

증상 패턴

척도 *7*과 강박 장애(OCD)나 강박적 성격장애(OCPD)의 관계는 다소 약하다. 그리고 OCPD가 OCD에 선행하는 경우는 1/3에 불과하다. 따라서 OCPD는 OCD의 필수조건이나 충분조건이 아니다. OCD와 OCPD에 공통적으로 나타나는 특징(이를테면, 긴장과 완벽주의)도 있지만, OCD 환자에서 볼 수 있는 특성들의 패턴은 OCPD의 경우와 비슷한 점이 거의 없다. 척도 *7*은 전형적으로 불안 장애나 공포 장애에서 상승하지만, 조증을 제외한 정신증의 경우에도 드물지 않게 상승한다. 장애의 유형에 상관없이, 척도 *7*과 관련된 특징들로 긴장, 공포, 불안; 주의집중의 문제; 반추와 걱정; 적대감의 억제; 불안전감, 자기주장의 어려움, 자신감 부족; 초기 불면증과 악몽 등이 있다. 신체 호소도 드물지 않다. 심장의 두근거림이나 심장마비에 대한 두려움과 같은 심장 증상의 호소, 천식, 긴장성 두통, 위산과다 또는 위궤양과 같은 소화기 계통의 증상들을 호소한다. 척도 *7*의 상승은 대개 2~3개의 다른 기본 척도 상승을 동반한다. 특히 척도 *2*와 *8*이 함께 상승한다. 이런 프로파일은 보통 *F*가 *K*보다 크고, 척도 *7*의 원점수가 *K*-교정으로 추가되는 문항들의 수보다 크다. 즉, 이런 맥락에서, 척도 *7*은 일차적으로 증상 척도의 역할을 한다.

척도 *7*의 점수가 *Pt* 원점수보다 *K*-교정 점수를 바탕으로 이루어져 있다면

(즉, 원점수의 비중이 상대적으로 낮다면), 임상적 양상이 증상 특징보다 성격에 의해 지배되는 경향이 있다. 이런 사람들은 다양한 상황에서 잘 기능하며, 성취 면에서 다른 사람들보다 더 뛰어날 수도 있다. 이들은 스스로 높은 기준을 설정하고; 규칙을 잘 지키고, 끈기 있고, 자제력이 강하며; 습성이 깔끔하고, 청결하고, 검소하고, 질서정연하다. 업무적인 측면에서 체계적이고, 조직적이고, 꼼꼼하고; 다른 사람들과의 관계에서는 정중하고, 시간을 엄수하고, 믿음직하고, 양심적이고, 성실하고, 순종적이고, 겸손하고, 헌신적이다. 이런 경향들이 성격장애의 수준에 이를 정도로 높은지의 여부와 상관없이, 이들은 다양한 방식으로 제한되어 있다. 조심성이 많고 자발성이 부족할뿐더러, 고정된 틀에 따르는 경향이 있기 때문이다. 이들은 재미없고, 따분하고, 무미건조한 삶을 영위하는 경향이 있다. 이들 나름의 엄격한 기대에 맞추어 살아가고자 하나 실패하기 쉽다. 이들은 다른 사람에 대해서도 완고한 행동기준을 가지고 있으며, 자신의 결함에 대해 스스로를 비난하는 한편, 다른 사람의 실수와 약점에 대해서는 그들을 못마땅하게 여기고 비난한다. 이런 환자들의 경우, 일반적으로 *K*가 *F*보다 높고, 모호 문항이 대응되는 명백 문항보다 높다. 그리고 종종 *Pa3*(순진성)과 *Re*(사회적 책임감)가 60*T* 이상이다.

이러한 특성 패턴은, 강도의 수준이 비교적 낮다면, 대체로 바람직하며 만족이나 성공과 일치한다. *Es*와 *K*가 동시에 상승하고, 특히 *Es*가 *K*보다 높다면, 사회화와 적응이 아주 순조롭다. 하지만 강도가 높을 경우, 이런 특성 패턴은 점점 무능력해진다. 완벽주의적인 기대에 부응하지 못함으로써, 자기 비난과 우려가 야기되고 자신감을 상실하게 된다. 어떤 영역에서 깔끔하고 질서정연하기를 완고하게 집착한다면, 다른 영역에서는 혼란이 초래될 수도 있다. 최선을 추구하였으나 최악으로 치닫게 됨으로써, 완벽주의적 성향은 망설임에 갇혀 오도 가도 못 하게 된다. 다른 사람들의 욕구에 무감각해진 가운데, 완고하고 편협한 결정을 내릴 지경에 이르기까지, 고집스러움과 자기 통제가 강화될 수 있다. 규정과 규칙에 대한 중시가 기계적인 적용이나 옹졸함으로 이어질 수 있고, 개인적인 욕구를 고려하거나 정상을 참작하지 못한다. 이로 인해 다른 사람들은 불공평한 대우를 받고 있다고 느낄 수 있다. 이러한 취약성이 커지고 환경에서 스트레스에 직면하게 됨에 따라, 증상이 나타날 가능성이 증가한다. 그리고 MMPI-2 프로파일은 성격 패턴에서 증상 패턴의 양상을 보이기 시작한다.

대처방식은 아주 내면화되는 경향이 있다. 지성이나 도덕적, 윤리적 의무에 의해, 정서적인 측면들이 희석되고, 거리를 두며, 과도하게 걸러진다. 정서적 표현은 특징적으로 억제되고 제한되어 있다. 대부분의 사람들이 흥미나 욕구, 즐거움을 위해 자발적으로 추구하는 활동들도 이러한 활동들을 의무의 수준으로 끌어올리는 어떤 합리적, 도덕적 근거에 의해 정당화되어야 한다. 그렇지 못한 경우 환자는 그것들을 하찮게 여기고 결코 손을 대지 않는다. 환자들은 자신의 감정이나 욕구에 근거하여 행동을 합리화하지 않는다. 이들은 다른 사람들이 적절하게 여기리라 생각되는 어떤 규칙이나 외적 기준에 근거하여 합리화한다. 따라서 환자들은 행동의 동기를 외부에서 부여한 것으로 체험하는 경향이 있다. 이들은 자유롭고 자발적인 의지에 의해서가 아니라 뭔가에 이끌려서(이를테면 죄책감, 실수, 불안 또는 거절의 두려움에 의해) 행동하게 되었다고 느낀다. 분노나 적대감의 표현은 엄격한 통제하에 이루어지는 것이 보통이다. 분노나 적대감이 공공연하게 표현되었다면, 잘 합리화되어 있을 가능성이 크고, 가족에게 제한되거나 자신보다 지위가 낮다고 생각되는 사람을 향한다.

척도 7이 높은 사람은 자기성찰적이고 비관주의적인 경향이 있다. 이들은 일어날 가능성이 거의 없는 끔찍한 결과에 대해 지나치게 걱정한다. 어렵거나 스트레스를 주는 상황에 대처하거나 적응하는 능력에 대한 자신감이 부족하고, 쉽게 포기하는 경향이 있다. 종종 주의가 산만하거나 건망증의 문제가 있고, 인지적 효율성이 전반적으로 저하되어 있다. 인지 양식은 종합보다 분석을 강조한다. 문제에 접근할 때 경직되어 있고, 상상력이 부족하다. 세부적인 사항에 몰두하거나 사소한 문제에 집착하며, 큰 그림을 그리지 못한다. 이들은 불필요하고 하찮은 것과 관련성이 크고 핵심적인 것을 잘 구분하지 못한다. 창의성이나 수완이 부족한데도 완벽한 해결책을 추구하는 나머지 종종 일을 미루거나, 주저하고, 결과적으로 아무것도 못 하는 상태를 초래한다. 스트레스를 받고 있거나 의사결정에 대한 요구가 높을 때, 환자는 여태껏 숙고해 왔던 모든 내용을 불시에 까닭 없이 포기해버리고, 충동적으로 사안을 결정하기도 한다.

척도 7이 높은 사람들은 또한 마술적 사고에 빠지기 쉽다. 이들은 행동을 위해 준비된 상당한 힘이나 현실성이 자신의 사고나 관념에 부여되어 있다고 믿는다. 상징적인 제스처는 직접적인 행동에 상응하는 상당한 효율성을 갖는 것으로 간주된다. 이들은 종종 공포나 공황을 일으킬 만한 터무니없고, 끔찍하고, 모욕적인 관념과 심상에 의해 침해받는다고 느낀다. 이들은 그런 관념이나 심상을 정신이상이나 와해가 임박했다는 증거로 여길 수 있다.

사회적 행동 패턴은 형식이나 지나친 관습성으로 인해(경도의 상승이나 중등도의 상승), 혹은 우려나 자의식으로 인해(높은 상승) 제한되는 경향이 있다. 두 패턴 모두에서, 당혹스럽게 하는 미숙함이나 실수로 인해 다른 사람들의 주목을 받거나 거절당하지 않을까 하는 두려움이 있다. 그리고 이러한 구려움이 이들을 관습에 순응하게 만든다. 이들은 형식적이고 구조화된 사회적 상황을 아주 선호하는 경향이 있다. 지위나 역할에 대한 기대가 분명하기 때문이다. 생소하고, 즉흥적이고, 비공식적인 모임은 이들을 불편하게 하고, 다른 사람을 의식하게 만든다. 그 이유는 실언하는 데 대한 혹은 준비가 안 된 상태에서 어떤 실수를 들키는 것에 대한 두려움 때문이다.

대인관계

척도 7의 총 점수가 일차적으로 *K*-교정에 근거하고 있다면, 대인관계는 형식적이고 틀에 박혀 있기는 하나 일반적으로 평탄하고 별다른 문제가 없다. 하지만 다른 사람들이 환자의 무력감, 모험심이나 정서 표현의 부족, 우유부단함 등에 반응할 경우 어려움이 생길 수 있다. 보다 엄격하고 도덕적인 사람들은 주변 사람들에 대한 융통성 없는 기대로 인해 불화를 일으키기도 한다. 이 경우, 자신의 결점에 대해 자기 비난을 하는 한편, 다른 사람의 실수와 약점에 대해 독선적이고 외벌적으로 판단하고 반응하는 경향이 있다.

지지와 위안을 바라는 욕구와 독립성을 유지하려는 비등한 강도의 욕구 사이에 갈등이 일어나기도 한다. 환자는 번갈아가며 제멋대로 굴고 고집을 부리는 한편, 잘못을 뉘우치고 자책하는 행동을 한다. 이는 가까운 관계에서 스트레스와 불안정감을 조성할 수 있다.

이런 환자들은 정서적인 문제를 해결하는데 지나치게 관념적으로 접근한다. 이들은 감정을 두려워하고 믿지 않는다. 그래서 자신의 이성적인 통제감을 침해하는 강한 정서적 위협을 느낄 때 불안감을 느낀다. 마찬가지로, 이들은 다른 사람들을 동정할 수 있지만, 갈등을 협상하는 상황에서 다른 사람들의 느낌이나 태도에 대해 자기가 알고 있는 지식을 어떻게 활용해야 할지 모른다. 환자의 정신 상태가 점차 불안, 우려, 집착에 지배되면서 이들은 다른 사람들에게 덜 접근하게 된다. 배우자는 종종 환자들의 증상과 태도 자체로 고통을 받는다. 그리고 환자의 증상과 태도로 인해 부부관계가 교란되고, 스트레스를 받으며, 부부간의 친밀감과 공동의 목적이 방해를 받으면서 고통이 심화된다. 환자가 온정과 자발성을 상실하고, 우선순위가 일반적으로 뒤바뀌면서 성적인 흥미나 성관계의 가능성이 작아진다. 배우자 역시 성적 욕구가 감소하고 결국 서로 정서적으로 방임되었다고 느끼게 된다.

행동 안정성

경도의 상승에서는 아주 안정된 행동 패턴을 보인다. 그러나 상승할수록, 상황적 스트레스와 환자가 경험하는 위협 수준과 취약성의 변화로 인해 점차 불안정해진다. 행동의 안정성은 척도 7의 전체 점수에서 *K*-교정의 상대적인 비율에 따라 증가한다.

> **명심할 점**
>
> 점수가 주로 *K*-교정으로 인해 상승한 경우, 척도 7은 증상적 특징보다 성격적 특징을 반영하는 경향이 있다.

방어

척도 7 점수가 높은 사람들의 방어기제는 합리적이고 논리적이다. 주지화, 합리화, 반동형성, 감정 분리, 전위, 취소가 일반적이다.

개인력

전형적인 개인력은 없다. 척도 7은 신경증/부적 정서성의 표지이다. 이 표지는 유전성이 상당히 높은 특질이다. 그러므로 유전적 친족들에게서 이런 특질의 발현을 어렵지 않게 찾아볼 수 있다. 하지만 특질이 발현되는 형태의 수는 헤아릴 수 없이 많다.

임상적인 구전 지식은 부모의 태도나 가족의 분위기가 강박성에 기여함을 시사한다. 이를테면 환자의 양육 환경이 정서적 억제(특히 분노의 표현에서), 신중함, 공공장소에서의 조신함과 예의, 업무에 매진하는 것과 같은 일반적 미덕, 청결, 올바른 문법, 협력, 권위에 대한 존경, 정직, 바른 식사예절, 책임감, 절약 등을 강조하는 경우이다. 하지만 이러한 태도나 습관이 완고하고, 침입적이며, 지배적으로 주입되더라도(부모 측의 강박적 성향의 표현), 아동기의 경험과 바람직하지 않은 성인기 결과 사이의 강한 연관성은 입증되지 않았다. 성인기에 불안 장애를 보이는 사람들은 발달 시기에서의 부모의 행동을 기술하면서 반드시 이러한 행동 패턴을 보고하지는 않는다. 손위의 동기간이나 급우들에게 적대적인 괴롭힘을 받았던 경험이 예상하지 못한 사건에 대해 두려움을 느끼게 하고, 계획하고, 걱정하고, 경계하는 것을 지나치게 강조하게 만든다고 추측하는 연구자들도 있다(Lewak, Marks, & Nelson, 1990). 어린 시절의 아주 인색한 환경적 요인이 아마도 모방과 모델링을 통해 성인기 불안 장애의 발현을 이끄는 것 같다. 많은 사례에서 증상의 발현이 고용이나 가까운 관계의 변화(죽음, 임신, 이혼)로 인한 스트레스와 관련이 있었다.

진단적 고려

척도 7은 아주 다양한 프로파일 패턴에서 상승하므로 진단을 특정하기 어렵다. 대부분의 축 I 진단과 많은 축 II 진단이 가능하다. 경험적 상관을 바탕으로 전체적인 프로파일의 형태와 일치하는 진단을 고려한다.

치료적 고려

전형적으로, 환자들은 증상이 발생하고 오랜 시간이 지난 후에야 치료를 받으러 온다. 증상이 더이상 감춰지지 않거나, 증상으로 인해 직업이나 가까운 대인관계에서 지장을 받기 시작할 무렵이다. 이 무렵에 이미 이들은 무능력해져 있는 경우가 흔하다. 그래서 이들은 높은 동기를 가지고 치료에 임하는 경향이 있다. 하지만 이들은 구체적인 변화를 두려워하고, 가능한 한 행동적인 변화를 미룬다. 이들은 다양한 치료에 반응한다. 보통 인지행동 치료가 선호되지만 체계적 둔감화, 내파 요법, 역설적 절차 모두가 일부 환자들에게 성공적인 치료 효과를 보였다. 통찰 지향 치료도 도움이 될 수 있으나, 이 접근은 자신의 문제나 치료 그 자체를 주지화하는 환자의 성향에 취약하다. 이미 자기성찰의 경향이 강한 환자들은 비생산적인 자기검토에 지나치게 매달리기 쉽고, 종종 지금까지 자신이 행동상의 변화를 실현하지 못했다는 통찰을 얻기도 한다. 환자들은 해석과 직면에 저항하는 경향이 있다. 이런 절차들은 환자의 주지화와 합리화를 자극하고, 치료자에 대한 분노와 적대감을 유발할 수 있다. 환자가 불충분하게 처리된 감정의 표현을 둘러싸고 파국적인 기대를 품고 있는 만큼, 치료 장면에서 그러한 표현의 출현은 새로운 학습을 촉진할 수 있는 가치 있는 기회를 임상가에게 제공한다.

낮은 점수

MMPI-2의 첫 번째 요인에 대한 지표로서, *K*-교정을 하지 않은 척도 *7*은 낮은 점수에서 높은 점수에 이르기까지 일반적인 부적응과 주관적 고통의 수준을 나타내는 단극성 척도이다. 낮은 점수의 주요한 해석적 함의는 높은 점수와 관련된 증상이나 특질의 부재이다. 즉, 낮은 점수는 자신감이나 안전, 일반적으로 편안한 태도, 안정된 결단력, 그리고 불안이나 걱정, 두려움으로부터의 자유로움과 관련이 있다. 그러나 *K*-교정 척도는 이런 점을 더 복잡하게 만든다. 40~55*T* 범위의 점수는 *Pt* 문항에 대해 거의 시인하지 않거나 아주 안 해도 *K*의 상승을 토대로 얻을 수 있다. *Es*가 *K*에 근접하거나 넘어설수록, 이 범위의 점수를 얻은 사람들은 자연스럽고, 안정되어 있으며; 활기차고, 친근하고; 책임감 있고, 적응력이 풍부하고, 현실적이며; 야심차고, 능력 있고, 효율적이며; 주어진 업무를 주저하거나 미루지 않고 그들의 자원을 효율적으로 사용하여 수행한다. *K*가 *Es*를 훨씬 넘어서면 이런 호의적인 특질 패턴이 불확실하고 모호해진다. 그런 사람들은 덜 이완되거나, 융통성이 덜하고, 더 많이 억제되며, 더 소심하고, 더 경계한다. 40*T*보다 낮은 점수들은 드물다. 이 범위의 점수에서는 *K*의 비중이 낮아지고 *Pt* 문항들이 다시 나타난다. 이런 패턴의 환자들은 다루기 힘들고, 불안정하며, 명백한 장애의 징후를 보이는데 특히 조증에서 그렇다.

척도 *8*: 조현병(*Sc*)

개발

Hathaway(1956/2000)는 준거집단을 "조현병으로 진단된 50명의 두 환자집단으로, 부분적으로 겹친다."고 기술하였다(p. 53). 이들 중 약 60%가 여성이었다. 이들 두 집단과 정상집단을 비교하여 얻어진 152문항에서 적어도 4개의 예비 척도가 고안되었다. 그리고 조현병 환자들을 다른 정신과 집단(건강염려증, 우울증 등)과 구분하기 위하여 12개의 감별 척도가 제작되었다. 어떤 척도건 절단점과 상관없이 준거 사례를 50~60% 이상 가려내지 못했다. 허위 양성 역시 10~15% 이하로 유지하기 어려웠다. 그래서 Hataway는 준거 사례를 긴장형, 편집형, 단순형, 혼란형의 진단적 하위유형으로 구분하여, 각 하위유형에 해당하는 척도를 새로 개발하였다. 이렇게 개발된 척도를 단독으로 또 예비 척도나 변별 척도와 다양하게 조합하여 검증하였다. 하지만, 여전히 적중률(민감성)을 높이거나 허위 양성의 비율을 낮추지 못하였다. 그래서 Hathaway는 허위 음성 사례, 즉 준거집단에 속하면서 예비 척도의 점수가 높지 않은 사례들을 검토하였다. 그는 이 사례들을 오경보(허위 양성)에 대응되는 '검사 누락(test miss)' 척도, 즉 허위 음성 척도를 개발하기 위한 준거집단으로 사용하였다. 이 척도는 독립적으로 검증되었다. 그리고 조현병 환자들에 대한 판별율을 높이기 위해 예비 척도들에 추가되었다. 하지만 이 전략 역시 실패로 돌아갔다. 현재 사용하고 있는 척도는 Hathaway가 네 번째로 만든 예비 척도이다. 다른 예비 척도들보다 약간 나았을 뿐이지만 당시에 사용했던 방법으로 만들 수 있는 가장 나은 척도로 간주되었다.

Hathaway는 적어도 두 가지 이유로 보다 나은 조현병 척도를 만들지 못했다고 보았다. 즉, 진단의 신뢰도가 낮고, 증상 상태(정신증적 상태와 비정신증적 상태)에서 차이가 있다는 점이다. 증상 상태에 근거한 설명은 설득력이 없어 보인다. 실제로 척도 *8*에서 정신증적 내용을 담고 있는 문항은 약 10%에 불과하다. 예로, 척도 *8*은 명백하게 정신증적 내용을 강조하기 위하여 개발된 *BIZ*(8문항)나 *PSYC*(5문항) 등의 척도들과 그다지 겹치지 않는다. 이보다는 진단의 신뢰도에 근거한 설명이 더 설득력이 있어 보인다.

1970년 FDA에서 조울증 치료제로 탄산리튬을 승인하고, 정신 장애의 진단 실제에 대한 미국 전역에 걸친 연구들이 완료되기까지, 미국의 정신과 의사들은 정신증적 양상을 보이면 주로 조현병 쪽으로 이해하려 했다. Pope와 Lipinski(1978)는 조현병과 조울증의 감별진단과 관련된 현존하는 연구들을 개관하면서, 미국인 조현병 환자의 약 40%가 정동장애 특히 조증의 오진이었다고 결론지었다. 이러한 추정은 Hathaway의 준거집단에도 적용될 수 있을 것이다. Hathaway 역시 조증의 준거 사례가 될 수 있는 일부가 조현병 집단에 들어있었을 가능성을 내비쳤다. "조증 집단에서 혼란과 섬망 상태에 있는 사람들, 조현병 등 다른 정신증과 관련된 흥분을 보이는 사람들, 초조성 우울증 환자들을 제외하려고 애썼나"(Mckinley & Hathaway, 1994/2000, p. 39).

이후 연구와 임상적 경험에서도 척도 *8*의 진단적 특정성이 부족하다는 사실이 여실히 드러났다. 조현병뿐만 아니라 정신증적 특징이 있는 조증과 우울증; 외상 후 스트레스 장애(PTSD)와 다른 불안 장애들; 심각한 성격장애, 특히 경계선 성격장애와 분열형 성격장애에서 흔히 척도 *8*이 상승하였다. 그렇다 해도, 척도 *8*이 다른 척도들과 함께 형성하는 패턴은 감별 진단의 유용한 근거가 된다. 또한, 이 척도는 환자의 성격 기술에도 유용하다(예로, Gottesman & Shields, 1972, p. 273; DiLalla, Carey, Gottesman, & Bouchard, 1996; DiLalla, Gottesman, Carey, & Bouchard, 1999; Gottesman, 1991을 보라). **빠른 참조 6.8a**에 척도 *8*의 기술적 특징이, **빠른 참조 6.8b**에 척도 *8*의 소척도에 대한 내용이 요약되어 있다.

빠른 참조 6.8a

척도 *8*(*Sc*)의 기술적 특징 요약

문항 수: 78개

그렇다/아니다 비율: 59/19

중복: 척도 7과 17문항, *F*와 15문항, 척도 *6*과 13문항, 척도 *9*와 11문항(*Ma-O*에 10문항, *Ma2*에 4문항), 척도 *4* 및 *RC8*과 10문항, 척도 *2*와 9문항, *BIZ*와 8문항, *PSYC*와 5문항이 겹친다.

내용: 다른 사람 특히 부모와의 소외 경험 및 소외 관계, 운동 및 감각 기능에 대한 호소, 무감동, 우울 성향의 철수, 충동 조절의 어려움, 낯설고 해리된 경험, 편집증적 사고, 인지적 와해, 집중력과 기억력의 손상, 성적 관심 등이다. 조현병의 **음성** 증상 쪽으로 편중되어 있다.

다른 척도와의 관계:*PS*, *PK*, 척도 *7*, *A*(모두 > .85) 등 정신적 고통에 대한 일반적인 측정치와 가장 상관이 높다. *Sc6*에 대한 논의에서 시사되었듯이, 척도 *8*에는 정신증적 증상 혹은 양성 증상에 대한 내용이 별로 없다. 척도 *8*은 *RC8*과 10문항(*Sc6*의 9문항), *BIZ*와는 전체 문항의 10%에 불과한 8문항이 겹치며(*BIZ1*에 2문항, *BIZ2*에 6문항), *PSYC*와는 5문항이 겹친다. 따라서 *RC8*, *BIZ*, *PSYC의* 상승은 특히 환자의 증상 상태와 관련하여 척도 *8*을 해석하는 데 상당히 기여한다.

빠른 참조 6.8b

*Sc** 소척도

***Sc1*(사회적 소외: 21문항)**:

"다른 사람과 라포르가 결여된 느낌; 다른 사람과의 의미 있는 관계로부터의 철수"(Harris & Lingoes). 척도 *6*과 8문항, *F*와 5문항, *Pd4*와 3문항이 겹친다. 대인관계에서 *Pd4*보다 더 극심한 수준의 소외감을 반영한다. 이질적인 내용으로 구성되어 있으며, 이차적인 편집증적 주제가 뚜렷하다. *Pa1*과 6문항이 겹친다. 가족에 대한 강한 반감을 함축하고 있는 6문항은 특히 부모에 대한 증오를 나타낸다(6문항 모두 *FAM*에 있고 특히 *FAM1*에 4개가 있다. *Pd1*에는 한 문항만이 포함된다). *Sc1*은 치유하기 어려운 사회적응의 문제를 반영하는 내용으로 구성되어 있다. 하지만, 정작 당사자는 이러한 사회적응의 문제에 대해 무관심하다. 환자는 냉담하고 대인관계에서 표류하며, 투사되거나 내면화된 증오를 보인다. 환자의 정체감은 오염되어 있고, 소원하고, 결함이 있다. 이 척도는 핵심적인 조현병의 특징을 포함하고 있으나, 자살 경향이 있는 우울증, PTSD, 경계선 성격장애에서도 상승하는 경향이 있다. 문항이 이질적이므로 *Sc1*의 주제와는 단지 부분적으로 혹은 간접적으로 관련 있는 일부 문항(예로, 부모와 관련된 문항)에 선택적으로 반응하여 점수가 상승할 수 있다. 이러한 가능성을 배제하기 위하여 환자가 실제로 시인한 문항들을 확인하는 것이 좋다(*Pd4*를 보라).

***Sc2*(정서적 소외: 11문항):**

"자신과의 라포르가 결여된 느낌; 자신을 낯설게 느낌; 정서의 둔마나 왜곡; 무감동"(Harris & Lingoes). 8문항이 중복되는 *Sc4*와 더불어, 척도 *8*의 결함 증상 혹은 음성 증상 소척도의 하나이다. *Sc2*는 다른 척도들이 잘 잡아내지 못하는 우울한 색조의 핵심적인 분열성 요소들을 잘 반영한다. 정서적 무감각, 불쾌한 초연함, 무감동이 주된 특징이다. 주위에 흥미를 끌거나 긍정적인 기대를 하게 하는 것이 전혀 없다. 이렇다 할 참여나 관심 없이 살아온 것처럼 보인다. *Sc1*이 다른 사람으로부터의 심각한 정서적 철수를 나타낸다면, *Sc2*는 삶 자체에 대한 애착이 손상되었음을 반영한다. 미래에 대한 조망이 황량하고 비관적이면서 또한 무관심하다. 일부 내용이 자살 관념을 반영하나, 전체적으로 이 척도는 자살 자체에도 무관심함을 시사한다.

***Sc3*(자아통합 결여; 인지적: 10문항):**

"낯설고 당혹스러운 생각들, 자동적 사고과정의 인정"(Harris & Lingoes). 척도 *8*의 인지적 통제 결여 구성요소이다. *Sc4*(.86)와 3문항, *D4*(.87)와 4문항, 척도 *7*과 6문항이 겹친다. 기억과 집중력의 문제를 반영하는 문항이 가장 많고, 정신을 잃어버리는 것에 대한 두려움을 나타내는 문항들도 있다. *Sc3*의 핵심주제는 자신의 인지 과정을 통제하지 못하는 것이다. 그 이유는 낯설고, 제멋대로이며, 때로 두려운 사고와 생각이 사고과정에 끼어들어 교란하기 때문이다. 반면, *D4*는 의지와 노력에도 불구하고 정상적인 인지적 조작에 대한 자신감의 결여나 어려움을 강조한다.

정신증적 인지 경험과 정상 범위의 인지 경험을 구별하는 것이 중요하므로, 저자

(Nichols, 2008)는 이러한 구별을 쉽게 하려고 두 가지 새로운 척도를 만들었다(부록 참조). 첫 번째 인지 문제(*CogProb*) 척도는 *D4*의 3문항과 *Sc3*의 4문항을 포함하는 12문항으로 되어 있다. 이 내용은 기억력과 집중력의 문제, 주의산만, 인지적 초점이나 자발성의 상실을 강조한다. 두 번째 혼란(*DisOrg*) 척도는 *Sc6*의 4문항, *Sc3*의 1문항 등 11문항으로 되어 있고 *D4*와는 공유하는 문항이 없다. *DisOrg*는 *BIZ*와 9문항(*BIZ1*에 4문항), *PSYC*와 7문항이 겹친다. 모두 *RC8*에 들어있으나, 해리 문항을 포함하지는 않고 있다. *CogProb*의 상승은 주요 우울 상태에서 흔하지만, *DisOrg*는 그렇지 않다. 만개한 조현병에서는 둘 다 상승하며, 특히 *DisOrg*가 높다.

_Sc4_(자아통합 결여; 동기적: 14문항):

"심리적 허약함의 느낌; 의욕 상실, 무력감, 과도한 억제; 퇴행"(Harris & Lingoes). *Sc2*에 이어 두 번째 음성 증상 소척도이다. *Sc4*는 8문항이 겹치는 *Sc2*나 5문항을 공유하는 *D4*보다 내용에서 훨씬 더 겉으로 드러나는 우울을 반영한다. 척도 *8*의 동기적 통제 결여 구성요소인 *Sc4*는 정신적 무기력, 기억과 집중의 어려움, 불쾌감을 기술하는 문항들로 구성되어 있다. *Sc2*와 같이, *Sc4*의 우울감은 슬픔보다는 무감동한 것이다. *Sc2*나 *D4*와 달리, *Sc4*가 강조하는 것은 정신적 붕괴가 아니라, 고갈되었거나 활성화되지 못한 의지(의욕 상실), 소진된 느낌, 흥미 상실, 무쾌감증 등이다. 이로 인해 정신적, 행동적 계획을 마치지 못할뿐더러 심지어 시작조차 못 한다. 높은 점수를 받는 사람은 정신적 시동 장치의 결여로 무능해지고, 퇴행되고, 무감동의 상태로 빠지게 된다.

_Sc5_(자아통합의 결여; 억제 부전: 11문항):

"충동의 억제가 불가능하다고 느끼며, 이는 낯설고 소원한 느낌으로 체험되고; 충동이나 감정에 휘둘리며; 감정의 해리를 보임"(Harris & Lingoes). 문항의 내용은 이질적이며, 의식의 상실, 이인증과 해리, 동작 곤란(통제되지 않는 움직임과 말), 초조, 충동성 등을 언급하고 있다. 이런 이질적인 문항들은 환자의 평정 유지에 대한 강한 내적(일부는 외적) 위협이라는 주제로 수렴된다. 그래서 환자는 심지어 가벼운 내·외적 사건에 의해서 동요된다. 내·외적 위협은 각 문항에서 기술되어 있는 개별적인 통제의 실패에 내포되어 있다. 즉, 자각 없는 행동, 통제할 수 없는 행동, 통제할 수 없는 웃음, 과도한 화, 갑작스러운 흥분, 안절부절못함, 충격적이거나 유해한 충동, 불합리한 두려움 등이다. 높은 점수는 정상적인 방어를 압도하는 충동(특히 분노)으로 인한 실제적인 통제의 상실, 혹은 무너지고, 부서지고, 와해될 것 같은 파국적인 느낌을 예언한다.

문항 내용에 분노가 명시되어 있지 않더라도, 많은 문항에 함축되어 있다. 분노는 초점을 두지 않는 원시적인 형태(맹목적인 분노)로 나타난다. 따라서 높은 점수를 얻는 사람들은 내·외적인 힘에 휘둘린다고 느낀다. 이 내·외적인 힘은 자신의 행동과 반응을 어느 때라도 선동할 수 있지만, 정작 자신은 이러한 행동이나 반응의 방향을 정하거나 억누를 힘이 없다.

***Sc6*(감각운동 해리: 20문항):**

"자신과 신체상에 대한 지각에서 변화된 느낌; 이인증과 소원한 느낌"(Harris & Lingoes). 1955년의 소척도 기술에서 Harris와 Lingoes는 *Sc6*을 '기태적 감각 경험'이라고 명명하였다. 개정(1968)된 척도 명인 감각운동 해리는 이 소척도의 내용을 보다 분명하게 나타내고 있다. 문항들 대부분이 운동 혹은 감각 경험들을 언급하고 있다. 이 경험들은 드물고 심지어 괴로움을 주지만 기태적이지는 않다. 문항들이 함축하는 바는 정신과적이라기보다는 명백하게 신경학적이다. 4~5개의 문항이 분열형적인 인지를 시사하나 기태적이지는 않다. 해리를 시사하는 의식상실을 언급하는 문항들도 몇 개 있다. 이 척도는 주제와 내용 모두에서 대체로 신체적이다. *HEA*와 6문항(모두 *HEA2*), *BIZ*와 5문항(*BIZ2*에 4문항)이 겹친다. *Sc6*은 정신증적 척도들(*BIZ*[.75], *BIZ1*[.63], *PSYC*[.72], *Pa1*[.64])보다는 신체적 척도들(*HEA2*[.86], *HEA*[.83], *Hy4*[.80], 척도 *1*[.80])과 일관되게 높은 상관을 보인다. *RC8*(.83)은 예외인데 이는 *RC8*에 있는 해리적인 내용 때문인 것 같다. 조현병을 측정하고자 하는 척도에서 *Sc6*이 갖는 의의는 연성 신경학적 증후가 조현병과 관련하여 자주 언급된다는 점이다. 이러한 신경학적인 증후들은 Meehl(1962, 1972)이 조현병의 유전적 소인으로 가정하면서 '분열운동실조(schizotaxia)'라고 명명한 바 있는 핵심적인 신경학적 결함의 표출일 수 있다. *Sc6*에 한정된 결함은 아니지만 시상, 전두엽, 편도체, 해마 등에서 보이는 신경학적 결함은 조현병 환자들이 정보를 받아들이고, 통합하고, 정서적인 색채를 입히고, 정체감을 유지하는 데 어려움을 줄 것이다.

---

*척도 *8*의 6개 Harris & Lingoes 소척도들은 일부 겹친다. 특히 *Sc2*와 *Sc4*(8문항), *Sc5*와 *Sc6*(5문항), *Sc3*과 *Sc4*(4문항)가 겹친다. 소척도들은 분리와 단절 그리고 통제 곤란과 기능 이상이라는 비교적 구분되는 두 부문으로 나누어진다. *Sc1*은 다른 사람으로부터의, 그리고 *Sc2*는 자신과 비인간적인 환경 및 미래로부터의 심각한 소외를 반영한다. *Sc3*, *Sc4*, *Sc5*와 *Sc6*은 각각 인지, 동기, 충동, 신경학적 기능에서의 이상을 반영한다.

해석적 함의

일반적인 사항

Hathaway 조현병 준거집단에 대한 진단의 정확성을 둘러싼 불확실성에도 불구하고, 척도 *8*은 일반적으로 정상집단과 임상집단에서 조현병 표집을 적절히 구별해 왔다. 하지만 환자를 개별 평가하는 임상 상황에서 척도의 변별능력은 몇 가지 이유로 떨어질 수 있다. 이 척도는 조현병뿐만 아니라 다른 여러 정신 장애에도 민감하다. 우울한 인지 및 무력감, 절망감, 무가치감 등 다양한 우울 증상이나 조증에서의 사고 장애와 혼란; 다양한 성격장애, 특히 정신병적 삽화에 대한 취약성과 대인관계에서 소외가 비교적 심하게 나타나는 경계선 성격장애나 분열형 성격장애; PTSD, 혹은 정체감과 자존감에 부정적인 영향을 미치는 심각하고 치료가 어려운 다른 불안 장애들; 그리고 다양한 목적에서 정신 병리를 축소 혹은 과장하려는 시도들에도 역시 민감하다. 변별능력에서의 제한점에도 불구하고 척도 *8*은 개인의 정체감이나 자존감, 인지적 행동적 체제화, 대인관계의 패턴, 일상적 경험의 질 등에 대한 함의를 통하여 다양한 정신 병리적 상태에 대해 중요한 통찰을 제공해 준다.

상승된 척도 *8*의 중요성을 이해하는 열쇠의 하나는 이 척도의 문항 내용이 조현병의 양성 증상 혹은 두드러진 정신병적 증상보다는 음성 증상에 강조가 주어졌다는 점이다. 적어도 문항의 1/3이 에너지, 흥미, 동기의 결여; 활동이나 상호작용에서 즐거움의 결여; 둔화되고, 고립된, 혹은 냉담한 정서성; 대인관계에 대한 혐오는 아니더라도 사회적 고립 등의 내용을 반영한다.

척도 *8*에서 점수가 높은 환자들은 대부분 손상되고, 소외되고, 소원하며, 부대끼고, 결함 있는 자아를 경험한다. 이들은 또한 물리적인 세계를 자신이 이해할 수 있는 범위를 넘어서는 외부 세계로 경험하기도 한다. 이들은 자신이 집요하게 적대적이고 좌절감을 주는 도전에 직면해 있다고 느낀다. 사회적 관례나 관습에서 간단한 길 찾기에 이르기까지, 재정 관리에서 직무 수행에 이르기까지, 부서지거나 고장 난 설비를 고치는 것에서 사회적 약속을 조정하는 데 이르기까지, 줄서서 기다리는 것에서 바닥난 생필품을 채우는데 이르기까지 환자들은 일상적인 생활 경험에 위험이 산재해 있다고 느낀다. 이러한 위험을 피하려면 의사소통과 행동의 범위를 어느 지점까지 축소할 필요가 있다. 그 지점이란 환자의 회피 욕구와 일치하는 지점이다. 그래서 환자는 사회적 실수나 공격을 회피하려는 욕구와 일치하는 지점까지, 그리고 물리적인 세계에서 자신의 역량으로 대처하고 해결할 수 없는 문제들을 회피하려는 욕구와 일치하는 지점까지 의사소통과 행동의 범위를 축소시킨다.

이들의 말과 행동은 실수로 나온 듯 서툴고, 부자연스럽고, 부적절해 보인다. 상냥하건 무뚝뚝하건, 표현이 기계적이고, 거북하게 들린다. 공명이 아니라 메아리를 만들어 내는 것 같다. 반면, 이들은 다른 사람들이 수월하게 말하고 행동하는 데 당혹감을 느낀다. 잘 어울리고 통합되어 보이는 그들의 언행이 자신은 도저히 도달할 수 없는 신기루처럼 느껴진다. 그래서 다른 사람과 교류하기에는 자신이 부족하고 무능하다고 느낀다. 다른 사람들이 매료되고 흥미를 느끼는 분야에 대해 별다른 감흥을 느끼지 못하고 이상하리만치 무관심하다. 이러한 소외감은 결국 자기 경멸과 미숙한 분노에 이르게 된다.

이러한 자기 소외 경험의 원인이든 결과이든, 척도 8의 점수가 높은 사람들은 합리적인 계획을 세우고 실행하는 데 어려움을 겪는다. 인지 활동이 힘들 뿐더러, 신뢰할 수도 없다. 환자들은 종종 다양한 일상생활의 문제들을 해결하는데 필요한 정보에 대해 놀라울 정도로 무지하다. 비록 지능이나 간단한 문제 해결 능력은 잘 유지되고 있다 하더라도, 실제 세계의 연속적이고 복잡한 과제에 요구되는 지속적인 지적 수행 능력이 턱없이 부족하다. 사고가 단편적으로는 생산적일지 모르나, 환자는 생각이나 소재를 조리 있게 체제화하지 못한다. 정보는 되는대로 수집되며, 환자는 수집된 정보가 당면과제와 어떻게 관련되는지 제대로 판단하지 못한다. 따라서 사고과정은 정교화되기는 커녕 원래의 소재 수준에서 손상된다. 그리고 논리와 순서에서의 초보적인 실패; 축약, 부적절한 병렬관계, 임의적인 조합; 수단과 목적의 혼란; 잘못 배치된 구체적인 사실들; 부분-전체 관계의 혼란, 환상적 사고의 침입; 독특한 편견과 과대평가된 개념들; 틈새와 갑작스러운 비약; 뒤섞이거나 임의적인 은유; 환유; 생각한 바를 미궁에 빠뜨린다거나 변덕스럽고 무력하게 만드는 여러 다른 실패와 실수 등 매우 혼란된 방식으로 정보가 처리된다. 또한, 사고과정이 방해받기 쉬워(예로, 차단) 환자는 곧잘 길을 잃고 다른 방향으로 빠지기 쉽다.

이러한 사고의 어려움으로 인해, 생각과 의도가 행동으로 옮겨지는 과정이 충분한 절차를 거치지 않고 단축된 회로에 의존하게 된다. 사고가 복합적이고 장기적인 목표들을 더이상 성취할 수 없으므로, 동기 시스템의 질이 저하된다. 즉각적이고 구미가 당기는 목표에 초점을 주지 않으면, 목표 지향적 행동은 산산조각이 난다. 욕구가 따르지 않는 행동들은 충동과 마술적 사고에 이끌리기 시작한다. 행동 패턴은 느슨하고 철수되어 있다. 대개 환자들은 배회하거나, 일정한 걸음걸이로 왔다 갔다 하거나, 단조로운 말투로 읊조리는 등 반복적이고, 상동적이며, 목적이 없는 행동을 보인다.

교란되고 비효율적인 추론은 조현병 스펙트럼의 정신증에서 볼 수 있는 다양하고 비정상적인 사고 특성을 드러내는 서막이다. 이를테면, 생각하는 내용이 라디오 전파나, 레이저빔, 위성 등으로부터 영향을 받는다는 믿음; 다른 사람들이 텔레파시나 마이크로칩, 텔레비전 등을 통해 생각을 집어넣고 있다는 믿음; 세상을 이해하는 데 있어 관습적인 접근을 버리고 숫자나 단식, 성경, 사이비 물리학 등에 기초한 보다 심원하고, 계시적이며, 비밀스럽고, 초자연적인 과학이나 원리로 세상을 이해해야 할 운명을 가지고 태어났다는 믿음 등이다. 정신증적이지 않을 정도로 장애의 정도가 덜한 경우에도, 마술적 사고나 미신의 특징을 볼 수 있다. 또한, 이들의 기능을 특징짓는 데 있어 독점적인 원천이라고 할 수 있는 통찰 역시 제한적이다. 미래 사건을 예지한다거나 다른 사람의 행동이나 그들에게 영향을 미칠 힘을 예지한다고 주장하는 사례도 있다. 탈관습적인 이러한 특징들은 현실 세계에서의 적절한 수행을 제한하지만, 종종 정보나 설명에 있어서 힘과 능력이 있다는 느낌을 환자에게 준다. 이러한 느낌은 관습적인 인지 과정에서는 부정되었을 것이다.

인지적 체제화의 문제가 환자의 말에서 즉각적으로 드러나지 않을 수 있다. 하지만, 시간이 흐를수록 환자의 행동을 통해 표출된다. 환자의 삶의 양식은 종잡을 수 없고, 이해할 만한 계획이 부족하다. 활동, 고용, 관계, 거주지에서의 변화는 자기 패배적인 것으로 보이며, 이렇다 할 이유도 없어 보인다. 이유를 대라면 환자는 그때 왜 그랬는지 설명할 수는 있다. 하지만 임상가는 환자의 선택과 그 근거 역시 임의적이고 설득력이 없음을 알게 된다. 이러한 현상은 정신증적이지 않으면서 척도 8이 높은 사람들에게서도 흔히 볼 수 있다.

인지 및 행동 통제와 관련된 이러한 문제들은 흔히 척도 7과 척도 8의 상승 정도의 차이와 관련하여 고려된다(**빠른 참조 6.7b**에 있는 다른 척도와 관련성 이하의 논의를 보라). 척도 7이 더 높은 경우, 환자는 정신증적 표현을 억누르고 체제화를 유지하려고 분투하는 것으로 보인다. 척도 8이 척도 7을 넘어서면, 환자들은 부적절한 행동에 대해 더 이상 신경 쓰지 않는다. 척도 8이 척도 7보다 현저하게 높으면, 증상 표현이 점점 기괴해지고 행동 통제력의 상실로 인한 문제가 파괴적인 수준에 이를 수 있다.

다른 사람과의 관계는 자신과 마주하며 느끼는 소외감보다 더 심한 소외감을 반영한다. 그만큼 친밀하고 지속적인 관계가 드물다. 이들은 초연하고, 우려하면서, 주위 사람들에게 마음을 열지 않는다. 이들은 자신의 무능함을 드러낼 수 있는, 그리고 뭔가 다르고 이상하다고 여기게 할 수 있는 말이나 행동을 하지 않을까 두려워한다. 또한, 이들은 자신의 말과 행동이 다른 사람들로부터 자신이 이해할 수 없는 반응을 이끌어 내어 당혹스럽고 억울한 상황을 초래되지 않을까 두려워한다. 결국, 이들은 이로울 게 없다고 느끼기 때문에 사람들과의 상호작용을 피하게 된다. 이런 두려움에 아무렇지도 않다는 듯 역공포적으로 반응하는 경우도 있다. 하지만 다른 사람들에게 다가가더라도, 이들의 상호작용은 활력이나 생기, 그리고 같이 있다는 느낌이 없다. 이야기해도 마치 대본에 적힌 글을 리허설 하는 것처럼 들린다. 따라서 이들의 상호작용은 부자연스럽고, 거리감이 있으며, 결실이 없고, 공허해 보인다.

사회적 접촉은 덧없고 도구적인 경향이 있다. 에티켓 감각, 개인적 공간의 존중, “죄송합니다”, “감사합니다”와 같은 기본적인 사교적 표현이라든가 답례로 하는 인사, 빤히 쳐다보는 것을 자제하는 것 등 사회관계에서 기본이 되는 언행이 심각하게 제한되어 있거나 제멋대로 표출된다. 목소리의 톤이나 음량이 종종 어울리지 않고 부적절하거나 거슬린다. 어리석음, 당혹감, 좌절에 대한 환자의 두려움은 종종 환경으로부터 이를 지지하는 증거들을 이끌어 내게 한다. 이로 인해 다시금 부정적인 자기-태도, 다른 사람의 무관심이나 거절에 대한 기대, 사회적 철수 등이 강화된다. 환자는 자신이 부적절하게 행동했다는 것을 알지 못하므로, 주위로부터 오는 거부적인 반응을 적대적이지는 않더라도 까닭 없이 퉁명스럽다고 여긴다.

척도 *8*에서 높은 점수를 보이는 조현병 환자들은 때로 사람보다 사물들과 관계를 맺고자 한다. 휴대용 라디오, 티셔츠, 성경, 배지, 사진, 심지어 신문 스크랩이나 음식과 같은 것을 소중히 여기고 자꾸 반복해서 보며, 어떤 경우에는 모아두기도 한다. 이러한 행동은 인지적 체제화에 대한 외부 지원과 정서적 애착에 대한 외부 배출구를 계속 유지하기 위한 하나의 수단으로 보인다.

조현병의 맥락에서 볼 수 있는 어려움의 패턴이 구체적으로 표출되는 방식이나 그 심각성, 그리고 그로 인한 무능력의 정도는 매우 다양하다. 프로파일의 다른 특징들이 구체적인 표출 방식에 대한 단서를 제공해 줄 수 있다. 따라서 척도 *8*은 단독으로 해석되어서는 안 된다. 하지만 척도 *8*은 다른 척도들이나 프로파일의 다른 특징들과 어떤 조합을 이루고 있는가와 관계없이, 프로파일 패턴에 묘사된 장애의 심각성과 특히 만성 정도의 좋은 지표가 된다.

현 문제

척도 *8*의 상승은 다른 어떤 기본 척도보다 입원의 필요성과 관련 있다. 물론 외래환자의 경우에도 상승이 드물지 않지만, 척도 *8*의 상승은 공동체에서 안정되기 어려울 만큼 현저한 수준의 와해와 장애를 반영한다. 종종 환자들의 행동은 강제 입원 조치가 발동될 정도로 자신과 타인에게 위험하다고 여겨진다. 차도에서 배회하거나, 공공장소에서 자신을 더럽히거나, 인도에서 행인들을 위협하거나, 급작스러운 체중 감소, 약물 과다 복용 등 입원을 요구하는 구체적인 행동은 환자에 따라 다양하게 나타난다. 그러나 일반적으로 환자의 행동은 대부분의 주에서 요구하는 강제 입원 조치의 준거에 부합된다. 이 준거는 대개 자신과 타인에게 위험할 수 있는 행동들과 자신에게 기본적으로 필요한 것을 제공하지 못하는 무능력의 조합으로 구성되어 있다. 미국 정신건강관리의 현재 상황에서, 현 문제는 침입, 방랑, 경범죄, 성매매; 경미한 마약 범죄; 다른 사람들에게 불편을 끼치는 소란 야기; 사소한 폭행; 무임승차 등이다.

외래환자들의 현 문제 역시 다양하나 대개 우울이나 불안의 증상을 포함한다. 스스로 병원을 찾아온 젊은 환자들은 종종 학업적 성취나 동기와 관련된 문제들, 직업이나 전공 결정에서의 어려움, 동료와의 갈등, 성적 관심이나 성 정체감과 관련된 걱정을 호소한다. 다른 사람들에 의해 의뢰되는 경우, 집에서 부모나 형제들과 갈등을 겪고 있는 경우가 종종 있다. 아니면, 친구도 없이 너무 많은 시간을 혼자 보내고, 구직 활동을 하지 않는 것이 걱정되어 보호자들이 데려오기도 한다. 나이든 환자들은 직장에서의 문제, 동료와의 갈등, 실직, 결혼생활의 갈등, 중요한 지지 관계의 붕괴나 상실, 그리고 강박사고 등을 흔히 보인다.

척도 *8*의 점수가 높은 환자들은 임상가가 즉시 이해할 수 있도록 현 문제들을 명확하게 표현하지 못한다. 환자의 문제를 파악하려면 상당히 오랫동안 면담해야 한다. 종종 환자 자신보다 가족 등 다른 정보 제공자들의 보고가 환자의 문제를 파악하는 데 더 도움이 된다.

증상 패턴

척도 *8*은 공식적인 진단과 상관없이, 만성적이고, 심각하며, 다루기 힘들고, 와해의 특징들을 심하게 보이는 장애에서 흔히 상승한다. 척도 *8*은 좀처럼 단독으로 상승하지 않는다. 핵심적인 특징으로 불쾌감, 생기 없음, 사고의 문제, 부정적인 자기 태도, 대인관계에서의 소외 등이 포함된다. 신체적인 호소가 있는 경우, 종종 만성적이고 기이하며 망상적인 면이 있을 수 있다.

척도 *8*이 *65T*를 초과하는 경우, 교정된 *K*는 증상을 감싸는, 그래서 잘 드러나지 않게 하는 역할을 하는 것 같다. *K*의 원점수가 *Sc*의 원점수를 넘어설 때 특히 그렇다. 이런 환자들은 동떨어진 느낌과 사고나 판단, 과제 수행에서 미묘한 문제들을 보인다. 하지만, T-점수가 같으면서 *Sc* 문항이 우세한(*K*-교정이 상대적으로 적은) 환자들에 비해 보다 능숙하고 사회적으로 더 통합되어 보인다.

기분과 정동은 시간의 흐름에 따라 상당히 변화한다. 하지만, 기저의 조용하고 생기 없는 정동이 중심을 이루는 경향이 있다. 이들은 점차 무쾌감증을 보이는 경향이 있다. 행복감이나 즐거움을 마음껏 드러내는 경우는 드물거나 거의 없다. 예로, 웃더라도 억지로 웃거나, 빈정대거나, 부분적이고, 음울해 보인다. 활기차고, 충만하고, 명랑하고, 유쾌한 경우가 거의 없다. 만성적인 장애가 있는 환자들의 경우, 걱정이 많고, 불쾌하고, 불안한 기분과 더불어 정동이 둔화되거나 둔마되는 경향이 있다. 급성기의 환자들은 급성 불안이나 공포와 함께 격렬한 혼란을 보일 수 있다. 때로 역공포적으로 화를 내거나 폭력을 행사하기도 한다. 정서 표현을 조절하는 데 있어서의 어려움은 분노나 적대감의 표현에도 영향을 미친다. 이러한 정서가 폭발적으로 분출될 수도 있고 전혀 표출되지 않을 수도 있다.

공통적인 인지적 특징으로 주의, 집중, 기억, 판단, 체제화 등에 문제가 있다. 환자 자신은 이런 문제들을 잘 모를 수 있지만 임상가는 면담을 통해 관찰할 수 있다. 환자들은 일련의 사건들을 설명하는데 어려움을 보인다. 어떤 질문을 받고 이야기를 시작했고, 그 이야기가 어떻게 끝나는지 일관성이 없을뿐더러, 하나의 이야기를 다른 이야기와 혼동하기도 한다. 환자는 사건들의 순서와 맥락을 연결하려고 애를 쓰지만 뒤죽박죽되기 쉽다. 이상한 몰두와 과대평가된 생각들, 숨겨진 비사에 대한 참조 등이 환자의 말에 끼어들어 때로 이야기를 지리멸렬하게 만든다. 환자의 이야기가 전반적으로 와해되어 있지 않더라도, 종종 암시적이고, 추상적이고, 생략되어 있고, 지엽적이며, 따라가기 어렵다. 명사와 이를 지칭하는 대명사간의 확실한 연결, 시간이나 장소, 사건 등이 가리키는 명확한 대상 등 사실적인 표지판이 자주 생략되어, 맥락과 함의들이 모호해지거나 아예 없어진다. 지능이 높은 환자들에게는 발병 전처럼 지적 능력을 효과적으로 사용할 수 없다는 것이 고통스러운 좌절감과 수치심을 주기도 한다.

환자들은 종종 환각을 포함하는 비정상적인 지각과 아울러 망상을 포함하는 비일상적인 사고 내용을 드러낸다. 특히 입원 환자들의 경우 그렇다. 그들은 자신과 대화하거나 속삭이기도 하고, 보이지 않는 타인에게 말하거나 제스처를 하기도 하며, 기괴한 매너리즘이나 자세를 취하기도 한다. 스트레스를 받으면 즉각 공상이나 백일몽으로 도피하고, 때로 환상에서 비롯된 속성들을 실제 상황으로 돌리기도 한다.

대인관계

척도 *8*의 점수가 높은 사람들은 전형적으로 대인관계가 동떨어져 있고, 제한되어 있으며, 회피적이다. 자신이 다른 사람들보다 열등하고, 이해받지 못하고 있다고 느낀다. 이들은 새로운 사람들과 상황들을 꺼려한다. 다른 사람에게 수용되지 못하고 이해받지 못하지 않을까, 분리되고 독립된 느낌을 박탈할 수 있는 충성이나 복종을 강요당하지 않을까, 그리고 어색함이나 당혹감 없이는 다루기 어려운 과제나 수행을 요구받지 않을까 두려워하기 때문이다. 사람들에 대한 이들의 두려움은 때로 다른 사람들이 수월하게 대인관계를 맺는 것에 대한, 그리고 자신은 결코 그럴 수 없으리라는 데 대한 부러움을 수반하기도 한다. 이들은 사회적 실패의 오랜 과거력이 있다. 거부하거나 상처를 주기 위하여, 혹은 조롱거리로 삼기 위하여 이들의 외모나 행동을 물고 늘어지는 사람들이 있었기 때문이다. 이런 과거력에 대한 반응은 다양하다. 사람들과의 접촉을 피하여 철수하는 환자도 있고, 자신과 자신의 개성에 관심을 끄는 수단으로 몸치장, 옷차림, 행동을 별나고 튀게 하면서 보다 적극적이고 역공포적인 패턴을 보이는 환자도 있다.

척도 *8*에서 높은 점수를 받는 사람들은 다른 사람들의 통제를 극구 피하려고 한다. 비논리적이고 폭력적인 통제에 대한 두려움 때문이다. 하지만 다른 사람들을 강압적으로 통제하려는 욕구는 없다. 다른 사람이 무엇을 하는지 별로 관심이 없고 거의 신경을 쓰지 않는다. 그들은 다른 사람과의 차이를 놀랍도록 잘 받아들인다. 혼자 있기를 원하는 나머지, 자신만의 비밀스러움과 이상한 태도나 복장을 통해 다른 사람들의 접근을 통제한다.

애정이나 다정함과 같은 친밀감이 언어적으로 표현되는 경우는 드물다. 표현된다 해도 지나치게 직접적이거나 서투르게, 혹은 내색하지 않고 모호하고, 위장되고, 머뭇거리는 방식으로 나타난다. 오히려 이들은 작은 선물이나 여러 가지 제스처, 혹은 성적인 관심과 접촉을 통해 행동으로 친밀감을 나타낸다. 이들은 언어적 표현을 참을 수 없이 취약한 수단으로 여기는 것 같다.

소외되고 동떨어져 있음에도 불구하고, 환자들은 강한 의존성을 발달시킬 수 있다. 대인관계에서 무능력하다고 느끼고, 다른 사람이나 세상과의 관계를 중재해 줄 유능한 대리인과의 연결이 필요하기 때문이다. 이러한 의존성은 시설로 전이될 수도 있으나 대개는 부모, 배우자, 친구 혹은 치료자 등을 포함한다. 이들은 환자를 세상과 이어 줄 닻이 된다. 그러나 이들과의 관계는 종종 양가적이거나 갈등적이다. 중재자의 지배나 이기심, 정직하지 못함, 악의, 기타 지각된 다른 결점들을 환자가 비판하고 비하하면서 갈등이 야기된다.

행동 안정성

척도 *8*은 만성적인 악성의 부적응 패턴과 관련 있다. 높은 점수를 받는 사람들은 스트레스에 대해 과장되고 부적응적인 반응을 보인다. 정동과 무관한 핵심적인 특징들(예로, 부정적인 자기개념)은 영향과 변화에 저항하는 경향이 있다.

방어

척도 *8*의 상승은 억눌리고 붕괴된 방어기능을 시사한다. 따라서 특정한 방어적 태도들은 경직되고 불안정하다. 투사와 부정과 같은 정신증적 수준의 방어가 두드러지며, 종종 환상으로의 철수가 수반된다. 정신증적 상태로 퇴행할 위험이 크다.

개인력

척도 *4*나 *7*의 경우처럼, 척도 *8*도 상당한 유전적 변량을 갖는다. 환자의 가족력에서 명백한 조현병의 사례가 흔치 않았음에도 불구하고, 이들의 직계와 방계 친족들에서 기이한 특징들이 자주 나타난다. 관찰된 가정생활 패턴은 한마디로 집약하기 어렵다. 따뜻하고 지지적으로 보이는 가족도 있고, 차갑고, 방임적이고, 거부적이고 잔인해 보이는 가족도 있다. 환자의 가족들은 종종 임상가가 놀랄 정도로 상호작용의 양과 질에서 기대되는 수준을 훨씬 넘어서는 애착 강도를 보여 주기도 한다. 환자가 입원해 있을 때, 가족들은 충실하게 문병을 오지만, 환자와 가족 구성원 간 교류의 빈도는 비교적 낮은 편이다. 또한, 질적으로 거리감이 있고, 형식적이며, 친밀함과 애정이 결여되어 있다. 가족의 표정은 환자와 마찬가지로 생기 없고, 언어적 표현 역시 제스처가 동반되지 않은 채 밋밋한 어조로 전달된다. 눈 맞춤도 드문데, 환자나 가족 모두 서로 눈 맞춤을 하려고 하지 않는다. 신체 접촉은 전형적으로 뻣뻣한 인사와 작별할 때의 포옹 정도로 제한되어 있거나 아예 없다.

때로 어머니들은 환자가 날 때부터 혹은 태어난 지 얼마 안 되어서부터 남달랐다고 보고한다. 잘 웃지 않았고, 만족할 수 있었음에도 결코 행복해 하지 않았으며, 애정에 무관심해 보였다는 것이다. 그 후, 환자는 지나치게 두려움이 많거나 두려움이 아예 없고, 지나치게 수동적이거나 완고한 아동, 서툴거나 사고를 잘 당하고, 운동을 잘하지 못 하는 아동, 친구가 거의 없는 아동으로 기술된다. 또래에게 괴롭힘을 당한 과거력이 드물지 않다. 환자가 또래 관계를 형성할 수 있었다면, 그 관계는 비정상적으로 배타적일 것이다. 환자는 관계에 과도하게 투자하고, 때로 질투하며, 관계의 변화와 상실에 아주 취약하다. 하지만 조현병 환자를 포함한 많은 환자에게 상기한 내용이 잘 들어맞지 않을 수도 있다.

진단적 고려

예외가 없진 않으나, 척도 *8*은 대개 조현병, 정신증적 특징을 지닌(때로 정신증적 특징이 없는) 우울증, PTSD, 경계선 및 분열형 성격장애에서 상승하는 경향이 있다. 또한, 조증에서 빈번하지는 않지만 자주 보이기도 한다. 조현병과 조증의 감별진단은 (*Ma*–*D*)–(*Sc*–*Hy*) 공식을 참조하면 도움이 된다. 값이 양수이면 조증일 가능성이 높다.

치료적 고려

항정신병 약물은 다양한 환자들에게 도움이 된다. 정신증적 특징은 항정신병 약물을 사용하는 분명한 지표가 되지만, 척도 *8*이 높으면서 정신증적 특징이 없는 환자들에게도 항정신병 약물은 도움이 된다. 약물은 인지 능력을 향상하고, 기분을 더 나아지게 하고, 자기관리(이를테면 위생과 몸단장)를 더 잘할 수 있도록 한다. 또한, 내부세계 보다 외부세계에 초점을 두게 하고(공상이나 백일몽에 시간을 덜 사용하게 하고), 다른 사람과의 상호작용을 증진하고, 더 잘 기능하게 하며, 자존감을 향상시키는 등의 효과가 있다. 이러한 효과는 환각과 망상 등 정신증적인 증상이 있는 경우에도 뚜렷하다.

심리치료는 환자들의 병력과 기능적 역량에 따라 아주 가변적이다. 기능이 잘 유지되고 있는 환자들은 전통적인 심리치료로 효과를 볼 수 있다. 특히 다양한 형태의 인지 치료나 대인관계 치료가 도움이 된다. 손상이 심한 환자들의 경우 일반적인 형태의 심리치료는 하기도 어렵거니와 효과도 의심스럽다. 이들에게는 구조와 지지, 기술 습득과 사회화 경험, 레크리에이션과 직업 활동을 제공하는 문제 초점 접근방식의 치료 프로그램이 도움이 된다. 하지만 증상이 어느 정도 약물로 통제되고 치료자와 적절한 치료 동맹이 맺어졌다면, 손상의 정도가 심한 환자들도 심리치료에 잘 반응한다.

정신증과 그로 인한 결과들은 환자들 대부분의 자존감에 막대한 타격을 준다. 자존감이 타격을 받으면서, 환자는 대인관계에서 메울 수 없는 격차를 느끼고 자신을 무능하다고 여기게 된다. 어떤 의미에서, 자주 나타나는 조현병 환자의 철수는 의도된 행동이 아니라 기정사실 즉, 설 곳이 더이상 없을 때 설 곳을 잃었다는 인식에 따른 단순한 순응일 수 있다. 이러한 맥락에서, 환자들은 치료 관계를 맺으려는 치료자의 노력을 불합리하다고 여길 수 있다. 환자의 입장에서 볼 때, 치료자가 제안하는 치료 관계는 서로 대등한 관계가 아니다. 따라서 치료자는 환자가 부인하는 것을 그냥 흘려보내고, 환자의 믿음을 인정하면서, 환자가 치료자에게 접근할 수 있도록 한걸음 물러서야 한다.

치료 동맹의 핵심적인 요소는 친절, 인내, 그리고 치료적 낙관주의이다. 처음에 비교적 요란스럽지 않으면서 환자의 반응을 그다지 요구하지 않는 간단한 친절 행동을 치료자가 보인다면, 환자는 이에 잘 반응한다. 이 단계에서는 정보와 상호작용에 대한 요구나 기대, 격려를 최소화한 가운데 서로 크게 부담 없이 관계를 맺을 수 있다는 가능성을 열어둔다.

환자의 시간 경험은 치료자의 경험과 매우 다를 수 있다. 환자들은 종종 자신이 시간 속에 동결되었다고 느낀다. 이들은 주말, 휴일, 생일, 기념일 등 사람들이 의미를 부여하는 시간 지표들에 대해 무관심하다. 또한, 이들은 정상적인 단기간의 시간 구성에 대한 개념이 없다. 이를테면 치료자는 고객과 언제 만나고, 만나서 무얼 어떻게 할지 늘 염두에 둔다. 그런데 이들은 미팅이나 약속에서 다른 사람들과 어떻게 시간을 보내야 할지 모른다. 결과적으로, 치료 시간과 진행에 대해 환자와 치료자의 인식이나 예상은 균형을 이루지 못한다. 치료자에게는 느리고, 사소하고, 진부한 치료 과정이 환자에게는 급작스럽고, 중요하고, 극적일 수 있다. 치료자의 조급함은 환자에게 비판적이고 심지어 불합리한 것으로 보일 수 있고, 심각한 불안을 야기할 수도 있다. 따라서, 두 당사자의 감수성을 감안하여 환자의 시간적 리듬을 조율하는 것은 치료 동맹을 확립하는 필수적인 부분이다.

척도 *8*에서 높은 점수를 받는 사람은 치료적 낙관주의의 측면에서 치료자와 잘 맞지 않는다. 치료자와 환자의 만남은 말 그대로 성공적인 대인관계 경험과 실패한 대인관계 경험의 만남이다. 따라서 두 당사자는 참여의 성과에 대해 정반대로 추정할 수 있다. 하지만 환자가 성공적인 관계의 경험이 있고 치료자와도 이전에 친절하게 접촉했던 경험이 있는 반면, 치료자는 그 환자를 다루는 것이 도전적이고 고된 경험이라고 기억하고 있다면, 치료 성과에 대한 상반된 기대는 조절될 수 있다. 즉, 예후가 썩 좋지는 않지만, 예상했던 것만큼 나쁘지 않을 수도 있다.

일상적인 기능을 상당히 수행할 수 있을 정도로 정신증이 호전된 경우, 환자들은 종종 주변 환경이나 다른 사람들에 대해 다양한 방식으로 해를 끼칠 수 있는 자신의 잠재력에 비현실적으로 몰두할 수 있다. 동시에 이들은 치료자를 깊이 불신하는 경향이 있다. 때로 이러한 추세는 확연한 치료적 성과를 가져오기도 한다. 환자가 치료자에게 분통을 터트리더라도, 치료자는 환자를 처벌하거나 환자와 거리를 두지 않고 견디내는 경우이다.

심리치료에서 완전한 성과를 거두려면 2년에서 4년 정도의 시간이 요구된다. 초기 단계는 치료 동맹에 이를 수 있도록 관계를 형성하는 데 쓰인다. 치료자의 신뢰성과 시간 엄수는 매우 중요하다. 치료자는 지지적인 방식으로 환자의 문제와 스트레스를 확인하는 데 초점을 둔다. 그리고 확인된 문제와 스트레스를 치료자의 주도하에 다루고 해소해 나가도록 한다. 치료자는 환자를 위하여 병원 직원이나 가족과의 관계를 중재할 수도 있고, 다른 방식으로 환자를 옹호하고 지지할 수도 있다. 치료의 중간 단계에서는 정신증과 그 결과들에 대한 이해를 돕는 데 역점을 둔다. 아울러 특히 스트레스에 대한 반응으로서의 습관적인 사고, 감정, 행동, 상호작용 등에 대한 숙고를 촉진한다. 기분(불안, 분노 등) 조절을 위한 인지 행동적 기법이 이 단계에서 도움이 된다. 좀 더 능숙하게 자기를 성찰하고 스트레스와 기분을 관리할 수 있도록 돕는 절차는 이후의 단계에서도 계속된다. 아울러 다른 사람의 기분과 행동을 이해하고 반응하는 대인관계 기술들; 갈등과 비난, 자기 평가의 관리; 그리고 친구관계를 맺고 유지하기 및 기타 관련된 사항들이 치료의 후기 단계에서 강조될 수 있다.

낮은 점수

척도 *8*에서 낮은 점수를 받은 사람들은 자신이 친근하고, 활기차고, 성격이 좋고, 예의 바르고, 온순하고, 의심이 없고, 책임감 있고, 잘 적응한다고 여긴다. 다른 사람들에게도 그렇게 보인다. 또한, 이들은 자족하면서도 인습적이고, 지위를 의식하고, 소심하고, 신중하며 다른 사람(특히 지위가 높거나 권력 있는 사람)의 의견에 순종하는 경향이 있다. 갈등이나 주관적인 격렬함을 회피하려는 경향은 대인관계의 범위와 친밀도를 제한한다. 이들은 전문적이고 창의적으로 문제를 해결하기보다는 통상적인 방식으로 해결하는 데 더 능숙하다. 또한, 이들은 과제 지향적인 추구에 흥미와 적성을 가지고 있는 듯하다. 대인관계보다 성과와 생산성에 더 중점을 두며, 기민하고, 꼼꼼하며, 쉽게 산만해지지 않는 경향이 있다. 척도 *7*과 마찬가지로 척도 *8*의 낮은 점수는 일반적이지 않다. *30T* 이하의 점수는 *Sc*의 원점수가 극도로 낮고 *K*가 평균보다 낮을 때만 얻을 수 있다.

척도 *9*: 경조증(*Ma*)

개발

척도 *9*는 가장 마지막으로 개발된 기본 척도이다. Hathaway가 24개의 준거 사례를 모으는 데 5년이 걸렸다. 준거 사례 모두 철저하게 연구된 미네소타 대학병원 정신과 병동의 입원 환자들로, 경조증이나 경도의 급성 조증으로 진단된 사람들이었다. Hathaway가 준거집단에 포함되는 구체적인 기준을 기술하지 않았지만, 이 환자들에 대해 다음과 같이 광범위한 일반적인 설명을 제시하였다: 이들은 '고양된 가운데 불안정한 기분, 정신운동성 흥분, 사고의 비약' 등의 증상을 보였다(McKinley & Hathaway, 1994/2000, p. 38). Hathaway는 보다 경미한 사례에서 볼 수 있는 특징으로 넘치는 기운, 침착하지 못함, 불안정한 기분, 주의산만, 비효율성, 생각들로 가득 차 있고, 너무 많은 일을 한꺼번에 하려고 시도하지만 정작 아무런 과제도 완성하지 못하는 등의 특징들을 언급했다. 아울러 그는 이들의 "자기중심성, (자신의) 행동의 부적절함에 대한 통찰의 부족, … 그리고 타인들을 어느 정도 명백하게 무시하는 태도"에 주목하였다(p. 38).

대부분의 다른 기본 척도들처럼 성별, 나이, 기혼, 사회경제적 지위의 효과를 분석하려고 했으나 사례들의 수가 너무 적었다. 그럼에도 불구하고 준거 집단은 척도를 구성하기에는 충분히 동질적이라고 여겨져, 여러 가지 예비 척도들이 만들어졌다. 최종적인 척도가 38 사례의 교차 타당도 표집에 대해 검증되었는데, 이들 중 조울증으로 진단된 사례는 다섯 사례에 불과했다. 대부분 조현병으로 진단된 사례였으나, 병동 직원들은 이들이 어느 정도 과잉 행동이나 고양된 상태를 보인다고 간주하였다. 돌이켜보면, 조현병으로 진단된 많은 사례가 아마도 조증이나 경조증의 허위 음성이었을 것이다(척도 *8*의 개발에 대한 논의를 참고하라). 900개 이상의 임상 사례 기록들을 평가했는데, 오직 30 사례만이 69*T*를 넘어서는 점수를 얻었다. 이들 중 다수가 정신장애가 있거나 만성 알코올 중독자였으며, '뇌에 기질적인 손상'이 온 경우도 있었다(p. 40).

최종 척도는 690명의 정상인과 무작위로 선택된 300명의 정신과 임상 사례로부터 준거 사례와 교차 타당도 사례를 잘 구분해 주었다. 검사 당시, 모든 준거 사례나 교차 타당도 사례의 환자들이 명백한 조증이나 경조증 상태에 있었던 것은 아니다. 만약 그런 상태에서 평가되었다면, 사례들이 더 잘 구분되었을 것이다. 그러나 조증이나 경조증은 본질적으로 불안정하다. 만약 모든 준거 사례가 기분 주기의 최고 지점에서 평가되었다면, 지나치게 상태 위주의 측정치가 나왔을 것이다. 다시 말해서, 기분의 불안정성을 포함하여 조증/경조증 증상의 장기적이면서 성격적인 중요한 특성들에 대해 민감도가 낮은 척도가 만들어졌을 것이다. 이렇게 만들어진 척도가 일상적인 임상적 사용에서 더 잘 기능할 수 있을지 의문이다. 다행스럽게도 척도 9의 유용성은 빠르게 입증되었다. 이 척도는 "비행 청소년, 과잉 행동적인 성인, 양가감정을 지닌 초조성 우울증"을 확인하는 데 도움이 되었다(p. 42).

후속 연구들은 척도 *9*의 특정성과 민감성을 일관되게 지지해 주었다. 이들 연구의 상당수가 Nichols(1998)에 의해 개관되었다. 척도 *9*의 점수는 절대적으로나 상대적으로 (다른 척도에 비하여) 조증 환자들 사이에서 통상적으로 상승한다. 단극성 우울증보다 양극성 우울증에서 다소 높은 경향이 있다. 척도 *9*를 개발하면서 Hathaway가 경험했던 것처럼, 이 척도는 상태 의존적인 영향에 취약하며, 양극성 장애가 있는 환자들에게서 흔히 볼 수 있는 기분 주기의 변동에 앞서거나 뒤따르는 경향이 있다. 그 결과, 척도 *9*의 점수는 검사 당시 임상적으로 관찰된 조증의 발현을 축소하거나 과장해서 나타내는 경우가 많다. 척도 *8*의 개발에 관한 논의에서 언급되었듯이, 정신증적인 특징이 명백하게 나타난 사례 대부분이 척도 *9*의 준거집단에서 제외되었다. 하지만 연구들과 임상적 경험들에 의하면 Schneider(1959)의 1급 증상들(FRS), 즉 환각과 망상, 형식적 사고장애의 증상들은 적어도 조현병에서 나타나는 만큼이나 조증 상태에서도 자주 나타나므로, 감별진단에 있어서 FRS의 가치는 떨어진다. 조증의 임상적 현상학에 대한 현재의 관점에 따르면, Hathaway의 준거집단은 조증 사례의 아주 비전형적인 표집으로 간주되어야 한다. 하지만 이 점이 약점으로 여겨져서는 안 된다. 다른 장애들(예로, 조현병)과 공유하고 있는 조증의 특징들이 원래의 준거집단에서 빠져 있다는 점은 척도 *9*의 변별타당도에 기여한다. 따라서 상당히 어려운 감별진단을 하는 경우 척도 9의 가치가 더해진다. 척도 *9*의 기술적 특징이 **빠른 참조 6.9a**에, 소척도에 대한 내용은 **빠른 참조 6.9b**에 요약되어 있다.

빠른 참조 6.9a

척도 *9*(*Ma*)의 기술적 특징 요약

문항 수: 46

그렇다/아니다 비율: 35/11

중복: 척도 *8*과 11문항(*Sc5*에 6문항, *Sc6*에 5문항, *Sc1*에 2문항)이 겹친다. 이 가운데 10문항이 *Ma-O*와, 8문항(*Ma2*에 4문항, *Ma4*에 3문항, *Ma1*에 1문항)이 *RC9*와 겹친다.

내용: 경조증적 흥분, 냉정함, 팽창된 자존감, 도덕 관념이 없음/냉소적 태도, 가정불화

다른 척도와의 관계: 척도 *9*가 높고 반면, 척도 *2*의 점수가 유난히 낮고, 특히 가장 낮은 척도가 *2*와 *0*일 때, 기분이 고양되거나 다행감에 젖어 있지는 않더라도, 들뜨는 경향이 있다. 척도 *7*이 낮으면 이런 효과가 강해진다. 척도 *2*가 함께 상승하면 기분이 급변하고 불안정한 경향이 있으며, 초조한 시기를 보내기 쉽다. 척도 *4*, *6*, *8*의 동반 상승은 다행감을 차단하지는 않더라도 제한하는 면이 있다. 척도 *9*가 높으면 *MaC-R* 역시 높아진다. 따라서, 물질 남용을 예측하는 절단점을 더 높게 잡지 않으면, *MaC-R* 점수의 허위 양성 가능성이 커진다.

빠른 참조 6.9b

*Ma** 소척도

***Ma1*(비도덕성: 6문항)**

"자신이나 다른 사람들의 동기나 목표에 대한 무감각, 상대의 기분을 부드럽게 만드는 솔직함, 죄책감에 대한 부인"(Harris & Lingoes). *ASP1*과 4문항이 겹친다. 문항들은 행동적이기보다는 태도적인 특성이 있다. 자기중심적인 욕구가 도덕적인 양심의 가책에 우선하는 편의주의적인(기회주의까지는 아니더라도) 도덕성을 옹호한다. 높은 점수를 얻는 사람은 다른 사람의 약점에 대해 경멸하지는 않더라도 공감 능력이 부족하다. 남녀 모두 물질 남용의 이력이 있고, 특히 남자의 경우 가정 폭력으로 인한 유죄 판결의 이력을 가진 경우가 많았다(Graham et al.,1999).

***Ma2*(심신운동 항진: 11문항)**

"과잉행동, 불안정성, '내적 삶'과 불안으로부터의 도피, 행동하게 하는 압력" (Harris & Lingoes). 척도 *9*의 핵심적인 소척도이다. 숙고하거나 느낌을 경험하기보다는 행동을 선호하는 충동성을 반영한다. 행동은 정신운동성 긴장(우울이 임박했다는 느낌을 포함하는)의 해결수단이자, 지각되거나 예견된 장애물을 돌파하기 위한 수단이다. 가정 폭력과 약물 남용의 이력을 포함한다는 점에서 *Ma1*의 높은 점수(남성)에 기술된 패턴과 유사하다(Graham et al.,1999).

***Ma3*(냉정함: 8문항)**

"사회적 상황에서의 자신감에 대한 확언, 민감성 부인, 다른 사람의 의견에 대한 독립 선언"(Harris & Lingoes). 척도 *9*의 외향성 요소이다. *Hy1*과 2문항, *Pd3*과 3문항이 겹치나 이 두 소척도에 비해 외향성 차원과의 관련성은 낮다. 문항들은 다양한 사회적 스트레스 상황에서 냉정함과 평정을 유지하는 능력을 반영한다. *Ma1*처럼 다른 사람들의 곤경에 대한 민감성의 부인을, 그리고 *Ma2*처럼 불편한 감정이나 장애에 직면했을 때 밀어붙이려는 압력을 포함한다. 점수가 높은 여성 외래환자들은 전형적으로 남성적인 흥미가 강하다(Graham et al.,1999). 낮은 점수는 특히 회피적 성격장애에서 보이는 유형의 취약성을 시사한다. 환자들은 주변의 일들로 심란하다고 호소할 수 있다.

Ma4(자아팽창: 9문항)

"비현실적인 과대성에 이르는 거만한 느낌"(Harris & Lingoes). 문항 내용이 이질적이어서 하나의 주제로 간략하게 기술하기 어렵다. *Ma4*는 권위자나 전문가에 의해, 그리고 일반적으로는 다른 사람에 의해 지배와 영향을 받는 것에 대해 저항하는 경향을 반영한다. 대인관계에서 수동적인 자세로 있는 것을 견디기 어려워하며 이에 저항한다. 높은 점수를 얻은 사람은 방어적이면서도 호전적인 자율성을 고수한다. 하지만 중간 정도의 상승(60~70*T*)은 자기-결정과 아울러 '내 나름의 방식으로' 일을 해나갈 필요성에 대한 관심을 반영한다. 높은 점수를 받은 여성들에 대한 Graham 등(1999)의 노골적인 묘사(반사회적, 자기애적, 연극적, 칭얼대는, 동기부여가 어려운 등)는 이들 환자를 담당한 치료자들이 지나치게 지배적이거나 고압적인 방식으로 접근했을지도 모른다는 의문을 제기한다.

Ma-O(경조증-명백: 23문항)

척도 *9*의 정신증적 구성요소로 *Ma2*의 영향을 크게 받는다. *Ma-S*와 대조적으로 고통스럽고, 불쾌한 것이 주제이다. *Ma-S*와의 상관은 .15에 불과하다. 문항들은 긴장, 추동, 충동, 가변성, 정신적으로나 신체적으로 통제가 안 되는 느낌을 반영하고 있다.

Ma-S(경조증-모호: 23문항)

*Ma-O*보다 더 이질적인 문항들로 구성되어 있으며 자만심, 다행감, 고통에서 자유로움을 반영하고 있다. *Ma-S*는 척도 *9*의 증상요소라기보다 성격요소에 가깝고, *Ma3*의 영향을 크게 받는다. 높은 점수를 얻은 사람은 자신을 아주 외향적이고, 사교적이며, 감정이 고양되어 있고, 도덕적으로 크게 구애받지 않을뿐더러, 신체적으로 에너지가

넘치고, 행동적으로 억제되어 있지 않다고 묘사한다("기분 좋으며, 무엇이든 할 준비가 되어 있다!"). 낮은 점수를 얻는 사람들은 수동적이고 의존적인 경향이 있다.

---

*척도 *9*의 Harris와 Lingoes 네 소척도는 전혀 겹치지 않는다. *Ma2*와 *Ma4*는 *Ma1*과 *Ma3*에 비해 조증과 명백하게 관련 있어 보인다. 그리고 *Ma1*과 *Ma3*는 정신병질의 구성개념과 부분적으로 겹친다. 46문항 중 34문항만이 척도 *9*의 Harris 소척도에 들어 있다.

해석적 함의

일반적인 사항

척도 *9*에서 높은 점수를 받는 사람들의 주요 특징은 에너지의 증가; 신체적, 정신적 속도 증가와 수면 욕구의 감소; 말하는 속도, 세기, 양의 증가; 성마르거나 고양된 기분; 지각적 예리함의 증가; 외향성과 사회적 접근 비율의 증가; 성적 관심과 활동 증가, 충동성, 변덕스러움 등이다. 이들은 공격성이나 모험을 억제하는 제약에서 벗어나 있다는 인상을 강하게 전해 준다. 다른 사람들과의 관계에서 시끄럽게 떠드는 것을 좋아할뿐더러 활동성, 짜증, 경제적 낭비, 성적인 모험심이 지나친 나머지 상당한 긴장을 초래하게 한다. 상승의 정도는 관찰되는 활동성의 수준이나 장애의 정도와 잘 일치하지 않는다. 65*T* 근처의 점수에서 심각한 조증 증상과 정신증을 나타내는 환자도 있고, 더 높은 점수를 받고도 비교적 잘 기능하고 통제를 유지하는 환자도 있다. 경조증은 조증으로 서서히 바뀌는 경향이 있으나, 여기서도 척도 *9*의 상승이 이 둘을 구분하는 데 도움이 되지 않는다. 하지만 *Ma-O*와 *Ma-S*의 상대적인 상승은 이 점에서 유용하다. *Ma-S*가 *Ma-O*를 초과할 때, 경조증이나 다행감을 주로 보이는 조증이 흔하고 성마른 조증은 드물다. *Ma-O*가 *Ma-S*보다 크면 정반대의 패턴을 보인다.

현 문제

환자들은 잠이 없고, 말이 많고, 알코올 소비가 증가하고, 성적으로 과도하며, 낭비나 무분별한 소비, 과잉행동, 환각이나 망상, 폭행 등 제한적이면서도 전형적인 범위의 문제들을 보인다. 이들 가운데서 몇 가지 이상의 문제를 보이는 것이 보통이지만, 한두 가지의 문제만 보이는 경우도 드물게 있다. 장애와 관련된 진행 과정에서 촉발사건을 따로 분리해내는 것은 어려운 일이다. 그러나 스트레스를 주는 생활사건 이후에 발병하는 경우가 자주 있다. 이를테면, 직업 관련 스트레스가 쌓이거나, 직업적 목적을 달성하지 못하거나 마감 기한을 지키지 못한 것, 승급이나 승진과 같이 기대하고 바라마지 않던 소망의 실현이나 실패, 일류 학교나 프로그램에 합격 통지를 받거나 아니면 반대로 시험에서 낙제하는 것 등이다. 많은 사례에서, 환자는 계획을 진전시키기 위해, 마감 기한을 맞추기 위해, 또는 시험 준비를 위해 잠을 자지 않는다. 경제적인 어려움이나 중요한 개인적인 사건 이후에 발병하기도 한다. 이를테면, 별거, 이혼, 사별, 아이의 출산 등으로 인해 중요한 관계나 지지와 승인의 원천을 상실하는(실제든 위협이든) 경우이다. 입원에 이르게 하는 상황도 체포, 실직, 결혼 관계의 심각한 와해 등 극적인 경우가 종종 있다. 대개 이런 환자들은 특히 편집증과 같은 뚜렷한 정신증적인 증상들을 보이며, 과대성, 환각, 망상, 광적인 신앙심을 보이는 경우도 빈번하다.

Newmark(1985)는 자녀가 성장하여 집을 떠남으로써 겪게 되는 외로움과 상실감으로부터 주의를 돌리기 위하여 그들의 에너지를 집단이나 지역사회에 참여하는 쪽으로 전환하는 50대 여성들이 당면한 상황을 '빈 둥지 증후군'으로 언급하였다. 그는 활동과 에너지의 방향을 극적으로 과도하게 재설정하는 문제에 대하여 가족이나 친구들이 걱정을 많이 하고, 전문적인 자문을 받아보라고 압력을 넣는데, 대체로 단기 개입이 매우 효과적이라고 기술하였다.

증상 패턴

첫 발병이든 재발이든 간에 조증 증세는 급작스럽게 나타난다. 처음 증상이 나타난 후로 조증 증후군의 모든 증상을 보일 때까지 걸리는 시간은 수 시간에서 수일 정도이다.

척도 *9*에서 높은 점수를 얻는 사람들은 대개 짜증을 잘 내고 기분을 제어하지 못한다. 쉽게 화를 내고, 적대적이다. 심한 경우, 그들의 계획이 좌절되거나 방해를 받았을 때 공격적으로 변한다. 이보다는 덜 흔하지만, 기분이 고양되어 있고/다행감에 젖어 있으며 들떠 있는 경우도 적지 않게 볼 수 있다. 특히 조증 초기에 그렇다. 이들은 유쾌하고, 행복하고, 열정적이며, 명랑하고, 쾌활하고, 들떠 있다고 기술된다. 하지만 이런 기분은 전형적으로 얇고 부서지기 쉽다. 반박이나 반대, 거절에 직면하면, 저변을 흐르는 성마름이 쉽게 겉으로 표출되기 때문이다. 기분이 현저하게 불안정하고, 급변하는 경우도 있다. 고양된 기분에서 성마름으로, 그리고 다시 깊은 슬픔으로 급격히 전환된다. 이런 경우, 환자들의 기분은 바로 눈앞의 사회 환경에 있는 다른 사람들의 감정표현에 반응하여 거울처럼 반사한다. 다행감에 젖어 있을 때, 환자들은 재치가 넘치고, 유머 감각을 타고난 것처럼 보이는데, 이들 자신도 그렇다고 생각한다. 말에는 신랄하고 활기찬 풍자, 개그, 익살, 재치 등이 넘쳐난다. 하지만 위트의 효과가 다른 사람들에게 항상 유쾌한 것은 아니다. 신중하지 못한 표현들이 듣는 사람의 마음을 상하게 할 수 있고, 주제 넘는다는 인상이나 모욕감을 줄 수 있다. 좌절에 대한 인내력도 낮아진다. 장애물에 직면하면, 그 근원이 일시적이건, 물질적이건, 인간적이건 상관없이, 환자들은 쉽게 좌절감을 느낀다. 그리고, 분노의 폭발, 갑작스러운 포기('패배 인정'), 파괴적인 격노와 같은 극적인 반응을 보인다.

척도 *9*에서 높은 점수를 얻는 사람들은 자신의 인지적 능력이 향상되었다고 느끼는 경향이 있다. 특히 핵심을 파악하는 능력이나 추론능력이 강력하게 확장되었다고 느낀다. 사고는 유동적이고 과잉 생산적이며, 기억은 예리하고 쉽게 접근되며, 말은 강하고 분명하게 표현된다. 환자는 자신이 지적으로 한계가 없고, 깊고 심오한 통찰에 유일하게 도달했다고 느낀다. 관심의 범위는 넓고 포괄적이다. 사고는 빠르고 흔히 줄달음치는 것으로 느껴지는데, 정상적인 인지적 통제가 안 되는 만큼 이것은 고통스러울 수 있다. 극단적인 상태에서는 일련의 사고가 비약하고 쉽게 교란된다. 진정한 조증의 경우, 단순한 주의분산도 사고의 비약을 초래한다. 사고가 서로 꼬리를 물고 이어지다가 점차 연결이 약해져서 결국 사고의 흐름이 갈피를 잡을 수 없게 된다. 사고의 가속화가 항상 운동 기능의 과잉활동을 수반하지는 않는다. 판단력이 전반적으로 손상되고, 이는 경솔한 약속과 연락, 무모하고 위험한 행동, 터무니없는 말과 눈에 띄는 옷차림에서 잘 드러난다.

사고 내용은 윤리적이든, 도덕적이든, 종교적이든지 간에 높은 원칙의 문제에 초점을 두는 경우가 드물지 않다. 환자들은 특정 가치나 이상에 대한 해설자의 역할을 할 수 있다. 그러나 그런 가치나 이상을 다른 사람들에게 전달하면서 너무 공격적인 태도를 취한다. 그리고 가치나 이상에 어긋나게 행동하면 자신을 포함하여 누구이건 가혹한 처분을 내린다. 환자는 종종 일련의 원칙이나 기준을 너무 급작스럽게 받아들인다. 기존의 원칙이나 기준이 체제화나 통합이 덜 되었고 환자에게 도움을 주지 못했기 때문이다. 그래서 이를 대체하여 새로운 체계의 원천으로 삼기 위한 것으로 보인다. 그럼에도 불구하고, 이들 가치에 대한 환자의 접근은 종종 선택적이고 편의주의적이다. 원칙에 대한 준수 여부나 이론적 근거에서 볼 때 그렇다,

환자들의 샘솟는 에너지와 가속화된 인지가 결합하여 방대한 저작물을 생산한다. 이것이 조증 환자의 쓰기 과다증(hypergraphia)이다. 이들의 저작물에는 심오한 중요성이 있고 심지어는 메시아적인 의미가 들어있다. 그리고 과장된 방식으로 쓰이는 것이 특징이다. 이를테면, 대문자의 사용, 밑줄 긋기, 감탄 부호; 그리고 선언문, 논증법, 영적인 영감, 변론 취지서, 이념적인 글, 긴 한탄과 같이 강조하는 부호들이나 어법이 빈번하게 나타난다. 저작물들은 매우 상세하고 짜임새 있는 글에서부터 장황하고 두서없이 혹은 중복해서 적거나 낙서해 놓은 것에 이르기까지 일관성이 변화무쌍하다. 하지만 대체로 과대하거나 편집증적인(혹은 이 모두의) 주제가 분명하게 드러난다.

비록 문항 내용에 나타나지 않았다 해도, 척도 *9*의 상승은 정신증의 전통적 증상이나 증후와 관련 있는 경우가 많다. 이를테면, 개념 해체, 사고장애, 환각, 환청, 자기 자신을 돌보는 행동의 감소, 심지어 임대료 납부와 당뇨 조절과 같이 아주 중요한 사안임에도 지속해서 관심을 기울이지 못한다거나 약속을 놓치는 경향이 있다.

자기개념은 과대하지 않더라도 과장되어 있고, 비현실적이면서 극도로 취약하다. 환자들은 종종 자신의 재능과 가능성이 무한하다고 본다. 그래서 현실에 기반을 두지 못한 포부를 가지게 된다. 넘쳐 흐르는 자신감, 탁월한 잠재력에 대한 끝없는 낙관, 다른 사람들의 무한한 존경과 인정과 호의를 받을 자격이 있다는 느낌으로 인해 역설적으로 그들은 실망과 실패를 자초한다. 처음

에 이러한 태도는 환자의 에너지와 다행감에 의해 유지될 수 있지만, 시간의 흐름에 따라 점차 부서지기 쉽고, 위태로워지며, 종종 조증 주기 말기에서는 무너져 버린다. 다행감이나 과대한 자기 태도가 자존감을 지탱해 주지 못할 경우, 자존감은 다른 사람들의 애정과 인정에 크게 의존한다.

행동 패턴

환자의 행동 패턴은 기분을 따르는 경향이 있다. 이들은 지루하거나 세세하고 틀에 박힌 것을 참지 못한다. 이들의 행동은 과대한 주제와 거대한 계획의 현실화를 도모하거나 대담한 개혁을 추구하는 경향이 있다. 경조증 수준에서 행동은 지나치게 과도하고 지칠 줄 모른다. 사고가 점점 더 혼란스러워지면서 변덕스럽고 광분하게 된다. 공격성과 탈억제는 흔히 볼 수 있는 주된 특징이다. 상황판단을 제대로 하지 않고 두려움 없이 대담하게 미지의 상황으로 뛰어드나 곧 한계를 절감하게 된다.

상황에 대한 지나치게 낙관적이고 피상적인 평가는 충동적인 판단으로 이어진다. 열성적으로 과제를 수행하지만, 계획이나 실행의 세부사항에 거의 주의를 기울이지 않으므로, 수행이 아주 비현실적이다. 결과적으로, 환자는 계속해서 과제를 수행할 수 없게 된다. 사고의 일관성이 점점 없어지므로, 과제의 초점이 그때그때의 생각에 따라 변화무쌍하게 달라진다. 환자는 다양한 안을 만들어 낼 수는 있지만, 이를 실현하려는 노력은 항상성과 지속성을 결하고 있다. 이들은 열정적인 초점을 계속해서 유지하지 못한다. 그래서 장애물에 직면하거나 과제의 수행이 복잡해지면 과제를 즉시 옆으로 제쳐놓거나 포기해 버린다. 그리고 같은 운명이 예정된 다른 과제로 넘어간다. 중증도의 수준에서는 과잉 참여의 패턴을 보일 수 있다. 이때, 환자는 자신이 현실적으로 감당할 수 있는 것보다 많은 과제나 책임을 떠맡는다. 지나치게 낙관적인 기대와 달리 일의 진척이 더디어짐에 따라, 임박한 실패나 패배로 인한 스트레스는 조증 삽화를 촉발할 수 있다. 특히, 불면과 결합할 때 그렇다. 조증의 정도가 심해지면 행동 통제가 와해되고, 이는 무모하지는 않더라도 경솔한 모험으로 이어진다. 성적인 문제나 경제적인 문제들, 보행과 운전, 갈등관리 등의 영역에서 이러한 행동들이 나타날 수 있다.

의상은 다채롭고, 화려하며, 탈관습적이다. 화장은 야하고, 과시적이다. 구슬 장식, 패치, 스티커, 단추, 슬로건, 스카프, 띠, 모자, 유사한 액세서리들은 다른 사람들의 주의를 끌거나 과대한 자기개념을 지탱하기에는 아주 진부해 보일 수도 있다.

대인관계

이 환자들은 외향적이다. 사회적 갈망이 있고, 실제로 사회적 접촉 빈도도 아주 높은 편이다. 이들은 전형적으로 관계에서 지배적인 위치에 서려고 하며, 대화를 독점하는 식의 일방적인 상호작용으로 다른 사람들과 관계를 맺는다. 이들은 요구가 많고, 자신은 방해받기를 싫어하면서 다른 사람들을 빈번하게 방해한다. 낮은 수준에서, 이들의 고양된 기분, 빠른 재치, 가벼운 수준의 탈억제는 매력적이고 전염성이 있으며, 종종 첫인상이 호감이 가도록 한다. 하지만 깊이가 없고, 눈치가 없을뿐더러, 서로 교류하면서 자제력과 세심함이 부족하다. 이는 결국 상대방을 상처받게 하고, 이용당했다고 느끼게 하고, 지치고, 화나고, 분노하게 한다. 매력과 애정에 대한 갈망에도 불구하고, 전형적으로 이 환자들은 정서적으로 거리가 있다. 이들은 다른 사람들의 약점에는 매우 민감하면서도 그들의 요구나 동기에 사려 깊지 못하다. 다른 사람들로부터 주의와 지지, 칭찬, 호의, 심지어 소유물을 끌어내기 위해서 아첨하고 유혹하기 때문에 관계가 착취적으로 보일 수 있다. 환자는 다른 사람들의 충성심을 확실히 하고 이득을 얻거나 자신의 권력을 강화하기 위하여, 다른 사람들의 약점이나 선의, 자존감, 죄책감들을 능란하게 조작할 수 있다. 동시에 다른 사람들의 생각이나 칭찬을 무분별하게 받아들임으로써, 그 영향력에 스스로 종속될 수도 있다. 잠재적인 자기 의심과 우려, 불쾌감을 가리려고 겉으로 허세를 보이는 경우가 많다. 극심한 경우, 환자들은 매우 주제넘은 행동을 많이 하고, 건방지며, 요구가 많아진다. 유혹적이고 착취적인 수단은 다른 사람에게 영향을 행사하는데 더이상 효력을 발휘하지 못하고, 적나라하게 강압적인 방법들로 대체된다. 이러한 방법들은 대개 다른 사람들을 떠나게 만들거나 분노를 유발한다. 환자가 점점 퇴짜 맞고 고립된 기분을 느끼기 시작하는 바로 이 시점에, 종종 편집증적 증상이 드러나기 시작한다.

대인관계에서 융통성이 많이 떨어지는 경우가 흔하다. 친숙한 정도라든가 역할, 지위에서의 차이를 고려하지 못하고, 대인관계의 양상과 행동이 획일화되는 경향이 있다. 그래서 낯선 사람들, 어쩌다 만난 사람들, 판매원이나 의사같이 거래 장면이나 서비스 장면에서 접하는 사람들을 마치 배우자나 가까운 친구를 대하듯 말을 꺼내고, 대화하고, 요청하고 신뢰한다.

조증 상태는 전형적으로 부부관계에 많은 스트레스를 준다. 특히 배우자가 환자의 행동이 정신 장애의 산물이라는 것을 모를 때 더욱 그렇다. 배우자는 대체로 환자의 행동을 파괴적으로 볼 뿐만 아니라, 사려 깊지 못한 이면에 고의성이 있다고 보고 혐오스럽게 여긴다. 낭비, 위협, 배우자 외의 이성에 대한 성적인 접근들은 특히 더 스트레스를 받게 한다. 배우자는 환자에게 화가 나는 한편, 환자의 행동이 가족들의 평판이나 재정적인 안정성에 긴박한 위협을 줄 수 있으므로 두려움을 느낀다. 배우자는 종종 성적인 관계를 제외하고는 밀려난 듯한 느낌을 받게 되고, 한계설정에 무력함을 느낀다. 점점 더 혼란스럽고 무기력한 관계에서 벗어날 수 있는 유일한 수단이 이혼인 만큼, 어쩔 수 없는 선택으로 이혼을 요구하게 된다.

행동 안정성

척도 *9*의 상승은 불안정하고 불규칙적인 행동 패턴을 예언한다. 기분, 활동, 흥분, 위험 감수 등에서 장, 단기적인 동요가 있다. 기분장애 환자는 물질 사용 장애나 성격장애 환자들보다 훨씬 더 불안정한 경향을 보인다. 후자들의 경우 대부분 안정된 행동 패턴을 보인다.

방어

척도 *9*에서 높은 점수를 받은 사람들의 방어 유형은 외현화이다. 환자들은 불가능이란 없고 패배란 생각조차 할 수 없다고 믿는다. 이러한 경향은 경조증의 경우에도 심한데, 조증의 경우에는 더욱 심하다. 이런 점에서 부인과 조증은 외연이 같다. 환자는 방해물이나 나쁜 뉴스에 영향을 받지 않는다. 어떤 장애물이건 무시하고, 묵살하고, 공격적으로 도전한다. 밀접하게 관련된 두 가지 방어는 전능과 평가절하이다. 전능은 환자의 의기양양, 다행감, 지적인 잠재력의 자연스러운 결과물이다. 그들은 기분이 고양된 가운데 자존감이 위협

받더라도 흔들리지 않는다. 평가절하는 목표 달성을 방해하는 장애물이 분명해지고, 목표와의 괴리가 점차 커질 때, 이에 대응하기 위해 흔히 동원된다. 어떤 계획을 위하여 혹은 낭만적인 애착의 대상으로 원하던 사람이 환자의 관심에 화답하지 않을 때, 환자는 명백하게 평가절하하는 반응을 보인다. 이전에 이상화했던 친구와 동료들을 비전이 없다는 이유로 즉석에서 비하하거나 조롱할 수 있다. 이런 경우, 평가절하와 피해 관념 사이의 경계가 미세해진다. 환자는 흔히 책임을 투사하거나 비난을 전가한다. 이러한 방어는 도덕적 결함 등의 실패로부터 환자의 자존감을 지키거나 살리기 위해 종종 노골적으로 사용된다.

행동화는 척도 *9*의 점수가 높은 사람에게서 흔히 볼 수 있으며, 넘치는 에너지의 배출구이자 상실과 패배의 두려움에 대한 방어로 기능한다. 정신운동의 가속화는 환자에게 자신의 감정과 충동을 되돌아볼 만한 정신적 여유를 주지 않을뿐더러 감정과 충동을 다루는 계획을 세우는 데 대해 숙고할 수 있는 여지도 주지 않는다. 따라서 감정과 충동은 빠르게 운동신경 영역으로 옮겨져 행동으로 나타나게 된다. 이런 의미에서 행동화는 방어의 맥락보다 장애의 맥락에서 더 잘 이해된다. 그러나 전형적인 행동 패턴은 흥분의 소모를 일종의 경쟁으로 볼 수 있는 패턴이다. 그것은 과도한 성욕이나, 도박, 약물중독 등의 경우처럼 놓쳐버린 기회를 만회하려는 경쟁일 수도 있고, 적대감이나 공격성의 경우처럼 패배를 만회하려는 경쟁일 수도 있다. 조만간, 환자는 우울한 기분이 잠식해 들어오는 것을 경험한다. 또는 조증 주기의 초기에 자신이 저지른 행동의 파괴적인 결과를 평가하기 시작한다. 그리고 이것은 통찰에 대한 도피로서의 행동화를 자극할 수 있다. 혼란이 경미하거나 없는 경조증에서, 환자의 지적인 기동성이 주지화를 촉진한다. 기분장애가 없는 환자들의 경우, 행동화가 일차적인 방어기제로 보이나 부인, 합리화, 투사 또한 흔하다.

개인력

척도 *9*에서 높은 점수를 받은 사람들의 개인력은 진단에 따라 아주 다양하다. 물질 사용 장애나 성격장애 환자들은 종종 불안정성, 능력에 비해 낮은 성취, 다른 사람과의 갈등을 보여 준다. 하지만 이들 장애의 역사적인 전례들은 예측 가능한 패턴을 따르지 않는다. 양극성 장애 환자들은 가족 배경이 보다 안정되어 있고, 교육과 고용에서 성취 수준이 높고, 기분장애가 있는 친척들이 많은 경향이 있다.

Cohen, Baker, Cohen, Fromm-Reichmann과 Weigert(1954)는 12명의 사립 병원 조울증 환자들의 양육 환경을 특징짓는 일관된 요인들을 발견했다. 지역사회에서 가문의 영광을 되찾기 위해 환자에게 과도한 책임을 부여하는 것 등이다. 특히 이들은 순응하고, 성취하고, 부모에게 명예가 되도록 압력을 받는다. Cohen과 동료들의 연구 결과는 공립 병원에 입원 중인 27명의 조울증 환자와 17명의 조현병 환자를 비교한 Gibson, Cohen과 Cohen(1959)의 연구에서 지지되었다. 적은 사례 수와 방법론적 한계에도 불구하고, 이들 연구는 성취에 대한 발달 초기 압력의 가능한 역할들이나 실패와 상실에 대한 발달 후기 취약성의 가능한 역할들을 이해할 수 있는 잠정적인 기초를 제공한다. 성취에 대한 압력이나 실패에 대한 취약성은 조울증 환자의 개인력에서 드물지 않다. 심지어 척도 *9*의 점수가 높지만 양극성 장애가 아닌 환자들의 일부 사례에서도 아동기의 경험은 부모의 죽음, 질병이나 알코올 중독, 잦은 이사, 과잉 탐닉 등 상실이나 실패에 대한 취약성을 초래하였다.

진단적 고려

척도 *9*에서의 높은 점수와 관련된 진단은 장면에 따라 다양하나 대부분 기분장애, 물질 사용 장애, 성격장애로 나눠진다.

입원 장면에서는 양극성 I 장애가 가장 두드러진다. 이들은 Hathaway의 준거집단 환자와 아주 유사하다. 양극성 II 장애(주요 우울 삽화와 경조증을 교대로 보이는), 단극성 조증, 그리고 분열정동 장애도 볼 수 있다. 드물지만, 방어적인 편집성 조현병 환자 역시 척도 *9*가 상승할 수 있다. 외래 장면의 경우, 성격장애(반사회적, 자기애적, 비전형 경계선)와 순환성 장애가 보다 흔하다. 두 장면 모두에서, 물질사용 장애를 자주 볼 수 있다. 특히 알코올 남용과 교감신경 흥분제 남용이 많다. 물질사용 장애는 기분장애나 성격장애와 공발하는 경향이 높아지고 있다.

치료적 고려

자살은 양극성 장애 환자에게 유의한 위험요소이다. 우울, 실패, 상실에 뒤이어, 혹은 이러한 사태가 조만간 닥칠 것으로 예상될 때, 자살 위험이 극적으로 증가할 수 있다. 물질사용은 이 모든 요인에 대한 위험을 상당히 증가시킨다. 조증 상태에서 자살은 드물지만, 조증과 울증이 혼재된 상태에서 자살률이 특히 높다는 연구 결과도 있다(Goodwin & Jamison, 2007). 우울한 기분과 인지가 남아 있던 에너지나 충동과 일시적으로 맞물렸기 때문이다. 이러한 증상 패턴은 퇴원의 특별한 역지표이다.

조증은 심리치료만으로는 치료가 불가능하다. 항조증 약물이나 기분 안정제가 혹은 이 두 가지 모두가 심리치료와 더불어 제공되어야 한다. 치료의 처음 목표는 환자가 약물요법을 충실히 따르도록 지원하는 것이다. 증상이 약물에 의해 어느 정도 통제되고 있을 때에도, 척도 9의 점수가 높은 환자들은 도전적이고 까다로울 수 있다. 이들은 행동 지향적인 만큼, 탐색과 명상을 강조하는 치료적 접근에 쉽게 지루해하고 참을성이 없다. 이들은 또한 이러한 접근으로 인해 전형적으로 유발되는 불편을 참지 못한다. 끝으로, 환자들은 치료 관계에서 발달하는 의존성을 위협으로 여기는 경향이 있다. 치료자의 관심과 지지, 승인을 구하는 환자의 욕구는 정서적 불편을 피하려는 욕구와 종종 상충된다. 환자는 변명하거나, 발뺌하거나, 주의를 분산시키거나, 성급하게 치료자의 의견에 찬동하거나, 치료자를 매혹하여 체면을 유지하려고 한다. 또한, 표면적으로는 치료적 상호작용을 유지하면서, 정서적으로 당혹감을 가져올 수 있는 영역을 피하려고 한다. 따라서, 도전 거리를 제공하고 흥미나 문제 해결 기술을 자극함으로써, 환자의 과제 지향을 강조하는 방법이 도움이 된다.

우선 역점을 두어야 할 과제는 환자가 치료를 계속 받도록 하는 것이다. 그러므로 치료자는 치료를 중단하려는 환자의 충동을 미리 감지하여, 환자에게 이러한 충동에 대처할 수 있도록 준비시킬 필요가 있다. 대개 환자들은 보기보다 취약하다. 그들은 치료자가 공격적이고 사려 없이 대할 때 쉽게 무너진다. 이들은 정서적 불편감에 대한 자신의 참을성을 과대평가하는 경향이 있으며, 그러한 불편감에서 벗어나고자 치료에서 도피할 수도 있다. 따라서 환자가 불가피한 격변의 기간을 견딜 수 있도록, 치료자는 충분한 구조화와 지지, 다짐을 제공해야 한다. 환자는 이완된 강인함을 보여 주는 치료자, 그리고 활동과 단순명쾌함을 지지와 결합할 수 있는 치료자와 가장 잘 작업할 수 있는 것 같다. 상실, 실패, 좌절, 관계 유지의 어려움, 그리고 외재적 동기와 내재적 동기에 대한 명료화가 이들 환자의 치료에 공통된 주제이다. 이들은 다른 사람을 즐겁게 하거나 다른 사람의 기대에 부응하려는 행동과 그들 자신의 욕구, 즐거움, 이익, 기쁨을 위한 행동을 구별하고 적절한 균형을 유지하기까지 상당한 도움이 필요하다. 현재의 만족과 미래의 염원을 구별하고 이 둘 간의 균형을 맞추는 문제 역시 마찬가지이다. 이완, 역할극, 교육, 숙제 등의 특정 기법들이 환자들에게 도움이 된다. 기법들이 구조화되어 있고 신속한 피드백을 제공해 주기 때문이다.

치료적 상호작용에서의 어려움은 중요한 타인과의 상호작용에 대한 가치 있는 단서를 제공해 준다. 같은 이유로, 치료자의 역전이 감정은 중요한 타인과의 관계에서 환자가 직면하는 정서적 분위기에 대한 통찰을 제공할 수 있다. 예로, 치료에서 자신의 행동에 대해 책임지는 것을 거부하는 환자들은 다른 관계에서도 그렇게 할 것이고, 배우자나 부모에게 좌절과 격분 또는 적대감을 자극하는 환자는 치료자에게도 그렇게 할 것이다.

낮은 점수

환자집단에서 척도 *9*의 낮은 점수는 보통 우울, 정신운동 지체, 과잉통제와 관련 있다. 환자들은 무기력하고 나른하며, 움직일 수 없다고 느낀다. 일부 우울증 사례에서는 척도 *2*가 상승하지 않으면서 척도 *9*가 낮은 것이 MMPI-2에서 우울증을 시사하는 유일한 지표가 되기도 한다. 이런 경우, 우울증의 양상은 척도 *2*에서 지배적인 명백한 슬픔이나 불쾌감과 같은 정서/기분의 특징을 띠기보다는 정신운동 지체나 흥미의 상실과 같은 행동적 징후가 두드러진다. 단극성 우울증 환자는 정신운동 초조를 보이지 않는 한, 일반적으로 매우 낮은 점수를 얻는다. 양극성 장애 환자들은 일관적이진 않지만 대개 단극성 환자들에 비해 점수가 높은 편이다. 손상이 덜한 환자 중에서 낮은 점수를 받는 사람들은 안정적이고, 잘 적응하고 있고, 통제력이 있으며, 꾸준하고, 믿음직하고, 침착하며, 공격적이지 않고, 에너지를 잘 보존하는 경향이 있다.

척도 *0*: 사회적 내향성(*Si*)

개발

Drake(1946/2000)은 Wisconsin대학교의 여학생들을 대상으로 마지막 임상 척도를 개발하였다. 이후에 그는 남자 대학생들을 대상으로 이 척도를 교차 타당화하였다. 준거집단과 비교집단의 구성원들은 Minnesota T-S-E Inventory(Evan & McConnell, 1941)의 백분위에 의해 결정되었다. 이 검사는 요인 분석을 바탕으로 제작되었으며, 사고(Thinking; T), 사회(Social; S), 정서(Emotional; E) 차원이라는 내-외향성의 세 가지 차원을 측정한다. T-S-E 검사의 S(사회 차원) 척도에서 64퍼센타일 이상에 해당되는 50명의 준거집단 학생들과 35퍼센타일 이하에 있는 다른 50명의 학생집단의 MMPI 문항반응이 비교되었다. MMPI 내향성(Social Introversion-Extroversion; IE) 예비 척도 개발에 선정된 문항들은 Hathaway가 이전에 임상 척도 개발에 사용했던 "상위집단과 하위집단의 반응 비율의 차이가 차이의 표준오차(standard error of difference)의 최소 2배 이상"(p. 70)이라는 준거를 충족시켰다.

두 집단에서 시인율이 너무 높거나 낮은 문항들은 제외되었다. 나머지 70문항이 Drake의 MMPI I.E. 척도에 남아 있게 되었다. 새로운 87명의 여학생과 81명의 남학생을 대상으로, I.E.와 T-S-E의 S 척도 점수 간의 상관관계를 평가하여 교차 타당도가 검증되었다. Hathaway는 I.E. 척도가 환자의 평가에 유용하다고 판단하고, 이 척도를 *0*번 척도로 채택하였다. MMPI-2에는 원래의 70문항 중 69문항이 남아 있다. **빠른 참조 6.10a**에 척도 0의 기술적 특징이 요약되어 있고, **빠른 참조 6.10b**에 소척도가 설명되어 있다.

빠른 참조 6.10a

척도 *0*(*Si*)에 기술적 특징 요약

문항 수: 69

그렇다/아니다 비율: 36/33

중복: *F*, *K*, 척도 *1*을 제외한 표준척도와 일부 문항이 겹친다. 정적으로 겹치는 문항이 부적으로 겹치는 문항보다 많지만, 척도 *L*, *3*, *6*, *9*에서는 차이가 미세하다. 가장 많이 겹치는 임상 척도는 척도 *2*와 *7*이다. 소척도 *D1*(7문항), *D5*(3문항)와 정적으로, *Hy1*(5문항), *Pd3*(5문항), *Ma3*(3문항)와 부적으로 겹친다. 특히, *SOD*와 18문항이(*SOD1*에 11문항; *SOD2*에 7문항), *INTR*과 13문항이 겹친다.

내용: 사회적 억제, 집단 회피, 신중함, 신체 증상 및 정신 증상, 낮은 자신감, 자의식, 냉소주의.

다른 척도와의 관계: 기본 임상 척도 중에서 척도 *7*, *8*, *2* 순으로 상관이 높다. *SOD*(.89)와는 아주 상관이 높다. 척도 *9*(.14)와 가장 중요한 배치 관계를 갖는다. 양극성장애 환자들이 울증 상태에서 조증 상태로(혹은 역으로) 넘어갈 때, 두 척도가 교차하는 양상을 보이는 경우가 자주 있다. 낮은 척도 *0*과 높은 척도 *9*는 사회적 갈망과 관련하여 상승작용을 한다. 척도 *9*와 척도 *0*이 모두 상승할 때, 척도 *0*이 우세해지는 경향이 있고, 척도 *9*의 특징은 *Ma-O*, *Ma2*, *Ma4*에 의해 시사되는 특징들에 한정된다. 두 척도가 모두 낮다면, 척도 *9*는 *Ma3*과 *Ma-S*에 의해 지배되는 경향이 있고, 대개 낮은 척도 *0*의 특징과 혼합되어 낮은 척도 *0*의 특징을 부각시킨다.

빠른 참조 6.10b

Si 소척도

척도 *0*은 문항 내용이 이질적이고 요인구조도 복잡하다. 예로, Graham, Schroeder, Lilly(1971)는 해석 가능한 여섯 개의 요인들을 찾았지만, Ben-Porath와 그의 동료들(1989)은 이들 요인에 기초한 소척도들이 내적 합치도가 낮다고 보았다. 또한, 소척도들이 겹치는 범위가 넓어서 해석이 어려웠다. Ben-Porath 등은 척도 *0*의 세 가지 소척도를 개발하였다. 남녀 대학생들을 대상으로 한 α 계수 추정치는 .75 이상이었다. 이 소척도들은 신뢰도가 높고 중복이 없다는 장점이 있다. 하지만, 이전 Serkownek(1975)의 MMPI 소척도가 척도 *0*의 70문항 중 66문항을 설명했던 것에 비해, 이 척도들은 MMPI-2 척도 *0*의 69문항 중 39문항(전체의 57%)만을 설명하였다. 이 결과의 해석적 함의는 주목할 만하다. *Si3*이 낮다면, 적어도 이론상으로 환자는 척도 *0*에서 50*T*를 넘지 않아도 내향성 차원의 색채가 강한 *Si1*, *Si2* 소척도 모두에서 65*T* 이상을 얻을 수 있다. 반대로 *Si1*이나 *Si2*의 어떠한 문항에도 시인하지 않더라도 척도 *0*에서 70*T* 이상을 얻을 수 있다. 순수한 사회적 내향성의 측정치로는 척도 *0*보다 SOD가 선호된다.

_Si1_(수줍음/자의식: 14문항):
이 문항들은 수줍음, 사회적으로 미숙하고 어색한 느낌, 당황하는 것에 대한 두려움 등 내향성의 주관적인 측면들을 반영한다. 이런 느낌들은 새롭고 익숙하지 않은 상황에서 심해지는 경향이 있다. *Si1*에서 점수가 높은 사람들은 사회적으로 소심하다. 쉽게 서툴다고 느낀다. 또한, 금방 눈에 띄어, 당혹스럽게 하는 시선의 초점이 되리라고 느끼기 쉽다. 사회기술이 부족하고, 다른 사람들, 특히 낯선 사람들과 상호작용을 할 때 불편감을 느낀다. *Si1*은 *SOD*(사회적 불편감)와 10문항(*SOD2*와 7문항)이 겹친다. 점수가 낮은 사람들은 사회적으로 대담하고, 제법 눈에 띄게 되는 상황에서도 이를 아랑곳하지 않는다.

_Si2_(사회적 회피: 8문항):
내향성의 객관적인 측면을 반영한다. 행동적인 면에 초점이 맞추어져 있고, 정서적으로 중립적이다. *Si2*는 *SOD*와 8문항(*SOD1*과 모든 문항)이 겹친다. 이 문항들은 군중이나, 파티, 댄스, 사교 모임 등을 좋아하지 않고 적극적으로 피하려 하며, 불가피한 경우 주변에 머무르는 쪽을 선호하여 끼어들지 않으려는 경향이 있다. 점수가 낮은 사람들은 다른 사람들과 함께 사회 활동을 하는 것을 좋아한다. 가끔 *Si2*에서 점수가 낮은 사람들이 *Si1*에서는 높은 점수를 보일 수 있다. 이는 '군중 속에서 길을 잃기 쉬운' 자의식이 강한 사람임을 시사한다.

_Si3_(내적/외적 소외: 17문항):
이 문항들은 척도 *0*의 신경증적인 요소들을 반영한다. 사회적 부적합감보다 개인적인 부적합감을 강조한다. 냉소적 태도, 과민성, 다른 사람과 겉도는 느낌 등의 이차적인 주제가 있다. *SOD*와는 겹치는 문항이 없다. 많은 문항이 상대방과의 암묵적인 비교를 시사하며, 이 이질적인 지류들은 사회적 상황에서 적절히 기능하지 못하는 전반적인 무능력으로 합류한다. 건망증, 성마름, 산만함, 자의식적 비참함, 자신감 결여, 그리고 있는 그대로의 타인들 자체가 개인이 효과적으로 수행하지 못하도록 방해할 수 있다. 이 소척도 점수는 *K*에 의해 억제된다.

해석적 함의

일반적인 사항

내-외향성은 정상 분포를 가지는 개인차 변인으로 유전성이 높다. 척도 *0*은 내-외향성에 대한 다른 측정치들과 일관성 있게 상관이 높다. 하지만 일반적 부적응이나 주관적 고통, 특히 우울한 기분과 개인적 부적합감을 반영하는 척도들과도 상관이 높다. 이런 점에서, 이 척도는 순수한 내향성의 측정치가 아니다. 한편, 척도 *0*은 다른 MMPI-2 척도들에서는 잘 반영되지 않는 문제들, 즉 수줍음, 자의식 및 집단 상황에서 느끼는 불편감 등에 민감하다. 여기에는 불쾌하고 찜찜한 기분; 긴장과 주의산만; 장애물이나 반대에 직면하면 포기해 버리는 경향; 비효능, 무능력, 무자격, 미숙함에 대한 확신; 성가시고, 양가적이며, 불안정한 성질의 소외 등 다양한 범위의 심리적 고통이 동반된다. 이 소외감은 개인의 고립이 때로는 축복으로, 때로는 저주로, 때로는 다른 사람들에 대한 냉소적인 반영으로, 때로는 자신을 폄하하는 반추로 경험되는 그러한 소외감이다. 척도 *0*에서 높은 점수를 받는 사람들은 집단이나 군중 속에서 불편해할뿐더러, 소리에 민감하고 자극을 과잉 추정하는 경향이 있다. 큰 목소리나 시끄러움, 소음 등은 출처와 관계없이 환자를 숨 막히게 하고 환자의 주의를 분산시키는 것으로 체험된다. 기대에 어긋나지 않게, 높은 점수를 받은 환자들은 부드럽고 잘 조율된 목소리로 말하며, 느리고 머뭇거리는 경향이 있다.

현 문제

이 환자들은 대체로 사회적 기능에 대해 걱정한다. 이들의 걱정거리로는 사회

기술의 부족, 비주장성, 사회적 두려움, 자의식, 공개 석상에서 이야기하는 것에 대한 두려움, 체중이나 다른 외모에 대한 걱정, 다른 사람과 만나고 친밀감을 느끼는 문제들, 성적인 관계를 시작한다거나 불만을 토로하는 데 있어서 서투르거나 막힌 느낌, 감정표현의 어려움, 억눌린 감정, 다양한 상황에서 자신감의 문제 등이 있다. 문제는 확산적이기보다는 특정적인 경향이 있다. 부부간에 척도 *0*에서의 차이가 현저하게 크다면, 불화가 싹틀 수 있다. 내향적인 배우자의 여가 활동은(독서, 정원 가꾸기, 낚시, 영화관람, 수집 등) 외향적인 배우자의 여가 활동(친구들과 어울림, 재봉 모임이나 토론 모임 참여, 동호회 참가, 라이브 스포츠 관람)과 맞을 수 없기 때문이다.

증상 패턴

척도 *0*의 점수가 높은 사람들의 경우, 전체적인 증상 패턴이나 상황을 파악하기 어려운 경우가 종종 있다. 다른 사람들에게 터놓고 말하기 어려워하기 때문이다. 이들은 오해받지 않을까, 당혹스럽지 않을까 두려워하는 나머지 언제, 어떻게 자신을 표현할 것인지 노심초사한다. 이로 인해, 자신이 느끼는 감정뿐만 아니라 중요한 사실이나 주변 정황까지도 놓쳐버릴 수 있다. 때로 방어적인 동기로 인해 놓칠 수도 있지만, 대개 이런 문제들을 언제, 어떻게 제기해야 할지 확신하지 못해서인 경우가 많다. 이런 어려움 자체가 환자가 말하는 현 문제의 필수적인 부분이다. 또한, 다양한 영역에서 환자의 기능에 증상으로 나타나는 부분이기도 하다. 즉, 환자는 전형적으로 다른 사람들에게 자신의 감정을 알리는 데 고질적인 어려움이 있다. 이러한 어려움은 내향적인 억제기능에서, 그리고 오해받는 것에 대한 두려움에서 비롯된다. 환자는 상세하고 합리적이고 근거를 들어 설명하도록 요구를 받을 때, 적절하게 반응하지 못하리라는 걱정이 앞서는 나머지 주저하게 된다. 감정을 털어놓는 것이 곩어서 부스럼이 될 소지가 있는 것으로 여겨져 환자는 이를 피하려고 한다. 결국, 환자는 자신의 예민함을 잘 알지 못하는 다른 사람들에 의해 허다하게 상처받거나 속상하게 되고, 이로 인해 다른 사람에게 속내를 털어놓는 것을 더욱 우려하고 꺼리게 된다.

척도 *0*에서 높은 점수를 받는 사람들의 기분은 매우 다양하며, 다른 척도들의 영향을 크게 받는다. 감정표현이 엄격하게 통제되는 경향이 있지만, 겉으로 드러나는 것보다 정서적으로 활발하다. 이들은 다른 사람들이 자신의 감정을 부적절하다고 여기지 않을까 걱정한다. 이들은 적어도 가벼운 불쾌감을 느끼거나 우려하는 경향이 있고, 자의식에 갇혀 고통받는다. 이러한 자의식을 구성하는 것은 다른 사람들처럼 자연스럽고 거리낌 없이 어울리지 못한다는 자각이다. 이는 슬픔과 박탈감, 부러움을 유발한다. 이런 고통은 만성적이며 다른 기분과 공존하는 경향이 있다.

인지 기능은 대체로 온전하다. 하지만 만성적이고 강박적인 자기 의심과 상황이나 사건을 반추하는 경향이 있다. 그리고 의사결정, 특히 사회적 결과가 수반된 의사결정에 어려움이 있다. 이로 인해 환자가 미덥고 생산적인 사람이 못 되는 것은 아니지만, 이런 어려움은 문제 해결을 위한 창조적이고 독창적인 행동을 방해하는 경향이 있다. 이들은 인지적으로 경직된 경향이 있다. 자신들의 통상적인 접근으로 문제를 해결하지 못하면, 쉽게 꼼짝 못 하거나, 포기하거나, 심란해진다. 하지만 일이나 성취와 관련된 추구에 있어서, 자신의 역량이나 기술 범위 내에서는 진지한 목표, 헌신, 집중하는 태도, 미더움 등을 보인다. 이러한 성과는 다른 사람과의 상호작용에서 별다른 만족감이 없는 상황에서, 종종 자존감을 지탱해 주는 매우 중요한 기반이 된다.

척도 *0*의 점수가 높은 사람들은 지나치게 사회 비교에 빠지는 경향이 있다. 자신감은 낮고 자존감은 불안정하다. 다른 사람들이 자신을 어떻게 생각할지에 대해 너무 민감하다. 또한, 이들은 다른 사람들의 외모, 사회기술과 상호작용에서의 편안함, 친밀함과 관대함, 그들에게 주어지는 관심이 정도와 또 그들이 다른 사람에게 주는 관심의 정도 등에 주목한다. 물론, 이러한 평가 과정에서 환자들은 보통 자신의 부족함을 느낀다. 경쟁적인 상황은 상당한 불편감을 야기하므로 회피된다. 또한, 이들은 사회적으로 눈에 띄는 상황들을 꺼리는 경향이 있다. 이들은 사회적으로 눈에 띄는 정도를 가늠하며, 활동에 참여할 것인지 말 것인지, 그리고 자신이 편안함을 느끼는 수준을 넘어서지 않고 수용 가능한 상호작용의 범위가 어느 정도인지 결정한다.

환자들의 행동 패턴은 절제되고, 조심스러우며, 관습적인 것이 특징이다. 권위를 수용하고 갈등을 피하려는 면이 있다. 이들이 반사회적인 행동을 피하려는 경향은 대체로 반사회적인 행동을 일삼거나 옹호하는 동료들을 피하려는 것과 관련 있다.

척도 *0*이 높은 사람들의 특징적인 사회적 행동으로는 부끄러움, 내성적임, 수줍음, 불안, 당황하는 것에 대한 두려움, 신중함, 대화 시에 과묵함 등이 있다. 전형적으로 집단과 사회적인 상황을 피한다. 이런 상황들이 자신들을 불안하게 만들거나 압도하기 때문이다. 심지어 줄을 서 있는 것과 같이 별로 신경을 쓸 것이 없는 상황조차 불편해서 도망치고 싶어 할 수 있다. 집단 활동을 피할 수 없다면, 가장자리에 머무르고, 관찰자의 역할을 맡으려 한다. 이들은 수동적이고, 뒤로 물러서서, 자신을 내세우지 않으려는 경향이 있다. 다른 사람들이 보기에 이들은 조용하고, 고립되어 있으며, 소심하고, 알기 어렵다. 사건의 중심에 있는 경우는 드물고, 동료들을 사로잡는 열정도 보이지 않고, 사회 활동에서 열외로 밀려나기 쉽다. 비록 이들이 자연스럽게 관심 밖에 있게 됨에도 불구하고, 다른 사람들에게 고지식하고, 엉뚱하고, 어울리지 못하는 것처럼 비치는 것은 이들의 자의식과 부적합감을 악화시킬 수 있다.

대인관계

척도 *0*의 점수가 높은 사람들은 다른 사람과 함께 있는 것을 불편해하나, 꼭 혼자 있고 싶다거나 다른 사람과 얽히고 싶지 않아서 그런 것은 아니다. 이들은 흔히 관계 초기에 상당 기간 주저하고 어색해하다가, 이후 천천히 신중하게 관계를 형성해 나간다. 일단 관계가 형성되고 나면, 관계는 매우 안정적이고 충실하며 친밀하다. 이런 환자들은 특히 이성에 대한 사회기술 부족하여 이성을 대하는 데 불편함을 느낀다. 이는 환자의 수줍음과 더불어 전형적으로 이런 기술을 습득하게 되는 상황(예로, 학교 댄스파티)을 예전부터 피해 왔기 때문이다. 상대적으로 가까운 사회관계에서 이 환자들은 다툼을 싫어하고, 갈등이나 불쾌감을 피하려 한다. 심지어 보호 장치가 단단할 때조차도, 갈등이 일어나는 상황에 노출되기보다는 자신의 기술이 상황을 다루는데 부적절하다고 판단하고는 쉽게 양보하거나 순종해버린다. 저항한다 해도 수동적인 경향을 보인다. 환자는 자신의 태도나 행동에서 잘못을 찾으려 하며, 심지어는 직면을 차단하기 위해 자기비판이나 자기비하에 빠지기도 한다.

행동 안정성

척도 *0*에서 중간 정도의 수준에 있는 환자들은 일상의 상호작용에서 편안함을 높이는 사회기술이나 적응을 습득하기도 하고, 심지어 사교적으로 되기도 한다. 반면, 척도 *0*에서 높은 점수를 받은 환자들의 행동 패턴(그리고 점수)은 대부분 제법 안정적이고 지속적이다. 양극성 장애 환자들이 이 규칙에서 예외라는 점이 중요하다. 조증 상태와 우울증 상태 간에 척도 *0*의 점수가 30*T* 이상 변하는 경우를 드물지 않게 볼 수 있다.

방어

전반적인 방어패턴은 내재화이다. 기분과 충동은 표현되거나 행동화되기보다는 내면에서 처리되는 경향이 있다. 주요 방어는 자극 감소/회피이다. 대개 사회적 철수로 나타난다. 이차적인 방어는 주지화와 감정 억압이다.

개인력

이들의 과거력은 전형적으로 비교적 고립되어 있거나, 가족 외의 진밀한 관계가 거의 없거나, 사회화 경험이 그다지 많지 않은 것 중 어느 하나이다. 이는 일차적으로 회피적인 대처의 결과이다. 일부의 경우, 급작스레 당황스러운 사회적인 곤란을 겪고, 그로 인해 유사한 환경에서 공포/회피 반응을 보이게 된 과거력이 있다.

진단적 고려

진단은 MMPI-2의 다른 척도들에 따라 매우 가변적이다(Tanner, 1990b의 예 참조). 척도 *0*의 단독 상승은 적응 장애나 사회 공포증과 관련 있다. 다른 척도들과 함께 상승하였을 때, 척도 *0*은 불안 장애나 우울 장애와 관련되는 경우가 가장 흔하지만, 조현병에서도 드물지 않다. 축II 장애 중에서는 회피적, 의존적, 분열형, 분열성 성격 경향과 가장 흔히 관련 있다.

치료적 고려

척도 *0*에서 높은 점수를 받은 환자들은 새로운 관계를 시작하는 것을 꺼려하므로(특히 스트레스 상황에서), 대개 치료자를 늦게 찾아온다. 증상과 불편감이 점차 심해지고 무능력해질 때까지 수없이 미루다가 치료를 찾는 경향이 있다. 적어도 치료 초기에 탐색에 초점을 둔다면, 지시적인 방식이 바람직하다. 이는 환자들이 과묵하고 억제되어 있으며, 현재 당면한 고통의 수준이 크기 때문이다. 환자는 치료자를 권위자나 전문가로 보고 치료계획에 잘 따른다. 이어서 치료적 노력이 현 문제에 주어지면서, 치료자 쪽에서의 인내와 다짐이 환자가 편안함을 느끼도록 하는 데 중요한 역할을 한다. 이들은 상대적으로 고립되어 있어 많은 사람이 자신과 유사한 문제를 가지고 있다는 것을 알지 못하므로, 자신들의 예후에 대하여 비현실적으로 비관적일 수 있다. 환자들은 자신을 표현하는데 상당한 곤란을 겪는 경우가 많다. 종종 말할 때 머뭇거리며, 지나치게 신중하고, 필요 이상으로 격식을 갖춘다. 말이나 행동이 느리고 자주 멈칫거리며, 치료자와 어떤 정보를 공유해야 하는지 확신이 없고, 갈등을 겪는다. 따라서 침습적인 질문을 최소한으로 하고, 침묵하거나 마음을 가다듬을 수 있는 시간적 여유를 주면서, 이들이 염려하는 바를 자주 표현하도록 하는 것이 도움이 된다.

척도 *0*이 높은 사람들이 치료 장면에 가지고 오는 많은 문제가 행동적 절차나 기술훈련 절차에 잘 반응한다. 이를테면, 일반적인 상호작용기술과 사회기술을 가르치는 역할극/역할 시연과 더불어 이완, 자기주장 훈련, 시간 관리기법 등의 절차들이 있다. 척도 *0*의 높은 안정성으로 볼 때, 내/외향성은 상당히 유전적으로 결정된 차원이라 할 수 있다. 환자의 문제를 해소하거나 없애려고 하기보다는 환자의 내향적인 스타일을 줄이면서(혹은 안고서) 효과적으로 적응할 수 있도록 돕는다는 관점으로 생각하는 것이 환자나 치료자에게 보다 현실적이고 유용할 것이다. 독서 치료는 치료를 보강하고 촉진할 수 있다. 이들은 치료 회기에서보다 책을 통해서 내향적인 특성에 대해 더 나은 조망을 얻기도 하고, 이러한 성향을 가지고 대처해나가는 방법에 대한 정보를 더 잘 배우고 유지하기도 한다. 독서 치료가 조용히 혼자서 추구할 수 있는 방법이라면, 치료적 상호작용은 본질적으로 이들의 불안을 유발하고 집중을 어렵게 할 수 있다. 하지만 독서 치료에 대해 얻은 바를 치료자와 같이 논의하는 시간은 이들이 사회적 상호작용에 다가가는 중요한 계기가 될 수 있을 것이다.

낮은 점수

척도 *0*에서 낮은 점수를 받은 사람들은 대체로 양호한 적응을 시사하는 용어로 기술된다. 이를테면 이들은 생각이나 감정을 잘 드러내고, 환경적인 자극에 잘 반응한다. 명랑하고, 열정적이며; 적극적이고, 활기에 차 있고, 활발하며; 진취적이고 야망이 있다. 또한, 모험심이 있고, 대담하며; 솔직하고, 확신에 차 있다. 그리고 잘 적응하고, 다재다능하고, 기발하며; 이야기하는 것을 좋아하고, 재치가 있으며; 친절하고 다정하다. 이들은 사회적으로 사교적이고 외향적이며, 자신감 있고 두려움을 모르며, 다른 사람과의 만남에서 주도권을 가지고 관계를 형성할 수 있다. 그리고 광범위하고 다양한 사회적 상황에서 편안함을 느끼고 효율적으로 기능한다. 하지만 또한, 기회주의적이고, 자기 탐닉에 빠져 있고, 충동적으로 보이기도 한다. 다른 사람들을 찾아 나서는 열의는 적극적이진 않더라고 스스럼이 없으며, 자칫 변덕스럽고 무분별하게 보일 수 있다. 다른 사람의 개성을 파악하고 인정하는 데 어려움이 있어(혹은 관심이 없어) 관계를 피상적으로 만들고, 이로 인해 부신경하고, 신실하지 못해 보인다.

마찬가지로, 사회적 억제나 자의식의 결핍이 자기 추구나 과시적인 행동을 하는 데 기여할 수 있다. 관계에서 우월한 역할을 차지하는 경향이 있고 설득력이 있어 보이지만, 자신의 지위를 조작적이고 이기적이며 기만적인 목적으로 이용할 수 있다. 따라서 다른 사람들의 관심과 참여를 자극할 수도 있지만 화나 분노를 조장할 수도 있다. 사회적인 자극에 대한 이들의 욕구는 다른 사람들과 안정적이고 친밀한 관계를 형성하고 유지하는 데 필요할 만큼 오랫동안 주의를 기울이는 능력과 상충되는 경우가 자주 있다. 또한, 환자는 자신의 감정을 진실하게 표현하지 않고 이를 청중에게 연주할 감정표현으로 희생시켜 버리는 경향이 있다. 이로 인해 관계들이 방해받기도 한다. 프로파일에서 다른 척도들이 의미 있게 상승한 경우, 척도 *0*의 점수가 낮다면, 예후는 좋은 편이다. 이들은 다른 사람들로부터 지지를 더 잘 끌어올 수 있으며, 치료에서 작업 관계를 잘 형성할 수 있다. 이들은 대개 심리치료에 대해 잘 알고, 자신감이 있고 긍정적이며, 치료를 복잡하게 만들 만한 특이한 신념이나 태도를 거의 가지고 있지 않다. 게다가 이들은 보다 의욕적이며, 바람직한 행동 변화를 더 잘 만들어 낸다. 하지만 이들은 깊이 있게 생각하기보다 행동이 앞서는 경향이고 있고, 자신의 문제를 반추하는 데 어려움이 있다.

셀프 테스트

1. 미네소타 정상표집과 MMPI-2 재표준화 표집 사이의 차이점을 고려하면, MMPI에서 70 *T*는 MMPI-2의 65 *T*와 같은 수준의 편차를 의미한다.
   그렇다 혹은 아니다?

2. 일반적으로 MMPI-2의 기본 척도가 정신의학적인 증상을 모델로 하고 있다면, 내용 척도는 개별적인 증상군을 나타낸다.
   그렇다 혹은 아니다?

3. 기본 척도 중에서 문항의 내용이 가장 덜 이질적인 척도는?
   (a) *2*와 *9*
   (b) *1*과 *7*
   (c) *6*과 *8*
   (d) *4*와 *9*
   (e) *1*과 *3*
   (f) *3*과 *6*

4. MMPI-2의 소척도 중에서 공격성, 분노, 적대감의 억제를 가장 잘 반영하는 것은?
   (a) *D-S*
   (b) *Hy-S*
   (c) *Pd-S*
   (d) *Pa-S*
   (e) *Ma-S*

5. 문항 당 *K*-교정을 가장 많이 받는 기본 척도는?
   (a) 척도 *1*
   (b) 척도 *4*

(c) 척도 *7*

(d) 척도 *8*

(e) 척도 *9*

6. 다음 중에서 *K*-교정이 척도의 내용과 가장 분명하게 반대되는 기본 척도는?

(a) 척도 *1*

(b) 척도 *4*

(c) 척도 *7*

(d) 척도 *8*

(e) 척도 *9*

7. 기본 척도 중에서 명백한 정신증적 내용의 양은?

(a) 척도 *6*이 가장 많다.

(b) 척도 *8*이 가장 많다.

(c) 척도 *6*과 척도 *8*이 거의 같다.

8. 같은 척도에서 다른 문항들과 명백하게 반대되는 내용의 문항을 포함하고 있는 기본 척도는?

(a) 척도 *2*

(b) 척도 *3*

(c) 척도 *4*

(d) 척도 *6*

(e) 척도 *9*

정답: 1. 그렇다; 2. 그렇다; 3. b; 4. a; 5. c; 6. c; 7. c; 8. d

제 7 장

내용 척도와 내용 소척도, 성격병리 5요인(*PSY-5*) 척도, 재구성 임상(RC) 척도 및 보충 척도

빠른 참조 7.1

내용 척도와 내용 소척도: 불안(*ANX*)

문항 수: 23; 18문항이 그렇다로 채점.

주요 내적 상관: *A, RCd*, 척도 *7, 8, D1, D4, D5, D-O, Hy3, Hy-O, Pd5, Sc3, Sc4, OBS, DEP, DEP1, DEP2, WRK, TRT, NEGE, RC7, Mt, PK, PS*와 정적 상관; *Es*와 부적 상관.

기술: 과도한 걱정, 신경 과민성 긴장, 수면 곤란 그리고 주의집중의 문제를 포함한 일반화된 불안을 나타낸다.

해석: 정신적 붕괴에 대한 공황상태에 가까운 두려움; 실망, 재정적 어려움, 순조롭게 진행되지 못하는 결정 등으로 인해 극도로 쉽게 동요되고 압박감을 받는 느낌; 예상치 못한 갑작스러운 사건이 자신을 '엉망이 되도록' 만들 것이라는 두려움을 나타낸다.

긍정적 측면: 통찰력, 안도감에 대한 욕구.

낮은 점수: 이완, 걱정 없음.

가장 유용한 비교: 높은 점수: 척도 *7, OBS, DEP, DEP1, DEP2, BIZ, LSE*. 낮은 점수: 척도 *4, 9, Pd1, Pd2, Pd3, Pd4, Pd5, Ma1, Ma2, Ma3, Ma4, ASP, ASP2, AGGR, DISC*.

소척도: 없음

빠른 참조 7.2

내용 척도와 내용 소척도: 공포(*FRS*)

문항 수: 23; 16문항이 **그렇다**로 채점.

주요 내적 상관: *Es*, *GM*과 부적 상관.

기술: 일반적인 두려움과 특정 공포를 나타낸다. 공포라는 단어나 이와 유사한 단어들(두려운, 무서운, 겁먹은)이 문항의 3/4 이상에서 나타난다. 문항들은 다음의 다섯 집단을 포함한다:(a) 고전적 공포 유형의 특정 공포(예: 어둠, 높은 곳, 개방된 혹은 폐쇄된 공간), (b) 쥐, 뱀 그리고 거미와 같은 동물들, (c) 지진, 번개, 폭풍, 불, 물과 같은 자연적 현상, (d) 특히 세균과 세포 조직의 손상을 통해, 신체적 온전함이 상실되는 것, (e) 일반적인 신경증적 두려움을 인정, 무능력을 초래하는 공포감에 대한 낮은 역치를 인정.

해석: 두려움, 걱정, 쉽게 놀람. 높은 점수는 불안을 특정 상황이나 두려운 대상으로 전위/압축시킴을 시사한다. 이 척도는 방어적인 편집형 조현병에서 드물지 않게 상승한다(특히 *FRS2*).

긍정적 측면: 해로운 것을 피함, 모험을 추구하고 싶지 않음, 비교적 성숙한 방어 구조(예: 회피, 전위, 압축).

낮은 점수: 대담하나 잠재적으로 무모함, 판단력 부족, 허세 부림, 조증.

가장 유용한 비교: 척도 *1*, *6*, *7*, *9*, *Pd2*, *Pa1*, *Pa2*, *Pa3*, *ANX*, *HEA*, *CYN*, *ASP2*, *SOD*, *GM*.

높은 점수일 경우, 편집증적 추세가 가능하다. 낮은 점수일 경우, 정신병질이나 조증에서 볼 수 있는 대담무쌍, 무모함, 판단력 저하 등과 관련된 지표를 찾아보라.

내용 소척도: 2개

일반화된 공포(*FRS1*: 12문항; 11문항이 **그렇다**로 채점). *FRS1*은 (a), (d), (e) 항목에 있는 대부분의 문항을 포함한다. 일상생활에서 겪을 수 있는 광범위한 두려움의 주제가 있다. 두려움이 투사될 수 있는 환경에서 사물이나 상황이 주는 위험과 잠재적 해악을 강조한다. 공포성 불안이나 정신증과도 다소 관련 있다.

특정 공포(*FRS2*: 10문항; 4문항이 **그렇다**로 채점). *FRS2*는 (b), (c) 항목에 있는 대부분의 문항을 포함한다. 흔한 특정 공포들.

주의

MMPI-2 내용 척도의 소척도에 대해, 그리고 그것들의 점수와 상승 패턴에 대해 잘 아는 것이 모척도로부터 적절한 추론을 이끌어내는 데 필수적이다.

빠른 참조 7.3

내용 척도와 내용 소척도: 강박성(*OBS*)

문항 수: 16; 모두 **그렇다**로 채점.

주요 내적 상관: *A*, 척도 *7*과 *8*, *D5*, *Pd5*, *Sc3*, *ANX*, *DEP*, *DEP3*, *LSE*, *LSE1*, *WRK*, *TRT*, *TRT1*, *NEGE*, *RC7*, *Mt*, *PK*, *PS*와 정적 상관; *K*, *Es*와는 부적 상관. 5개 문항만이 척도 *7*과 겹친다.

기술/해석: 주로 너무 바쁘면서 아주 비효율적인 인지 활동을 표현한다. 문항들은 우유부단함과, 의사결정에 앞서 여러 가지 사항들을 끝임없이 고려함을 반영한다. 즉 강박성, 걱정, 침습적 사고, 세부사항에의 몰두, 소심함, 자기 회의; 구체적이고 실제적인 행동을 취하거나 저지르는 대한 두려움 등이다. 오직 몇몇 문항들만이 강박성과는 별도의 고전적인 강박 증상을 의미한다. 이를테면, 숫자 세기, 자동적인 강박 사고, 물건을 비축하기 등을 나타내는 문항들이다. 의식(ritual) 행동과 관련된 문항은 *OBS*에 포함되지 않았다.

OBS에 대한 내용 소척도가 개발되지는 않았지만, 문항의 38%에 해당되는 아주 뚜렷한 하위 문항 집합이 의사결정에서 우유부단함/어려움을 나타낸다. *ANG2*나 *TPA1*가 높을 경우, 높은 *OBS* 점수는 높은 수동-공격적 동기를 시사할 수 있다. 우유부단함, 강박관념, 세부사항에의 몰두 등으로 과제를 미루어 다른 사람의 요구와 기대에 수동-공격적으로 대처하고, 상대방에게 조급함, 좌절감, 분노를 불러일으킨다.

낮은 점수: 높은 점수와 반대 경향을 시사한다. 신속하고 확신에 찬 의사결정을 보일 수도 있고, 히스테리성 인지 양식(높은 *Hy-S*)을 반영할 수도 있다. 매우 낮은 점수는 의사결정 과정에서 지나치게 자신만만하거나 성급하고 무모한 접근을 시사하며, 종종 조증 상태에서 볼 수 있다(낮은 척도 *2*, 높은 척도 *9*).

제한점: *OBS*의 문항들은 성격에서 자아 이질적이므로, 강박적 성격장애(OCPD)보다는 강박 장애(OCD)에 더 가깝다. *OBS* 문항을 개발하면서, MMPI-2 검사에 적당한 문항들이 많이 있었으나, 일정 수준의 내적 일관성을 요구한 까닭에, 강박 증상의 지표로서 더 잘 기능할 수 있는 내용의 문항들이 빠지게 되었다. 이를테면, 대칭, 점검, 청결, 순서 배열, 완벽주의, 오염에 대한 염려, 과잉통제, 정서의 제한, 인색함, 지나치게 양심적임, 세부사항에의 몰두, 금기시되는 공격적이고, 성적이고, 신성 모독적인 사고와 행동들과 관련된 문항들이다.

가장 유용한 비교: 척도 *2*, *3*, *7*, *8*, *9*, *D4*, *Hy-S*, *Sc3*, *Ma3*, *ANX*, *FRS*, *HEA2*, *ANG2*, *TPA1*.

이 척도들의 점수는 *OBS*가 *ANX*와 *FRS*보다 더 클 때 유의한 정보를 제공해 준다. 점수가 높을 때는 인지적/신경심리학적인 기능의 손상이 있는지 살펴보라. 점수가 낮을 때는 충동적인 의사결정의 징후가 있는지 살펴보라. 척도 *7*과 *OBS* 척도의 동반 상승은 OCD 발생 정도의 증가와 관련 있어 보이나, 이는 앞으로 입증되어야 한다.

내용 소척도: 없음

주의

*OBS*에 근거하여 강박 장애나 특히 강박성 성격장애를 추론하는 경우, 적어도 조심스럽게 추론할 필요가 있으며, 결코 이 척도만 따로 분리하여 추론해서는 안 된다.

빠른 참조 7.4

내용 척도와 내용 소척도: 우울(*DEP*)

문항 수: 33; 28문항이 그렇다로 채점.

주요 내적 상관: *A*, *RCd*, 척도 *2*, *7*, *8*, *D4*, *D5*, *D-O*, *Hy3*, *Hy-O*, *Pd5*, *Pd-O*, *Sc1*, *Sc2*, *Sc3*, *Sc4*, *Si3*, *ANX*, *OBS*, *LSE*, *LSE1*, *WRK*, *TRT*, *TRT1*, *NEGE*, *RC2*, *Mt*, *PK*, *PS*와 정적 상관; *Es*와 부적 상관.

기술: 문항들은 깊은 근심, 불쾌감, 침울함, 염려, 걱정, 피로, 염세주의, 흥미 상실, 자기 비난, 성마름 등을 반영하며, 무력감, 절망감, 무가치감을 포함하는 우울 증후군의 인지적, 태도적 구성요소를 강조한다. 척도 *2*와는 단지 9문항이 겹치고, 그중 8문항이 *D5*와 겹친다. *DEP1, DEP2, DEP3* 모두가 주요 우울 삽화 진단 준거의 측면들을 반영한다(Ben-Porath & Sherwood, 1993).

해석: *DEP1*의 점수가 높은 사람들은 절망감, 흥미 상실, 피로감, 무감동, 소진감을 보고한다. *DEP2*에서 높은 점수를 받은 사람들은 불행감을 느끼고, 우울하며, 잘 운다. *DEP3*의 점수가 높은 사람들은 그들이 죄책감에 사로잡혀 있고, 쓸모없으며, 용서받을 수 없는 죄를 지었다거나, 비난받는다고 느낄 정도로 자기 효능감과 자존감이 붕괴된 모습을 보인다. 그리고 *DEP4*의 점수가 높은 사람들은 절망감을 느끼고, 죽기를 바라며, 자살사고를 보인다. Graham 등(1999)이 밝힌 높은 *DEP* 점수나 소척도 점수들의 경험적 상관은 이러한 특징들을 확증하였다. 연구에 참여한 외래환자들은 종종 이전에 자살을 시도하고 정신과에 입원했던 과거력이 있었다. 더욱이 그들은 절망감과 자살사고, 수면 곤란과 함께 많은 우울증 증후군들을 가지고 있었다.

낮은 점수: 고양되거나 팽창된 기분을 나타내기보다는 우울함의 부재(또는 부인)를 시사한다. 그러나 방어적이거나, 다행감에 젖어 있거나, 성마르거나, 과잉 활동적인 모습을 보이는 사람들도 있다. 특히 정신과 장면에서 그러하다.

가장 유용한 비교: 척도 *2, 7, 8, ANX, OBS*.

*DEP*보다 척도 *2*가 높은 경우 정신운동성 지체나 공격성의 억제와 아울러, 수면 곤란, 식욕 부진, 체중 감소(또는 증가) 등의 생장 증상들을 보인다. 척도 *2*보다 *DEP*가 더 높은 경우에는 자신을 부적합하거나 열등하게 보는 관점과 더불어 무가치감이나 하찮은 존재라는 데 대한 확신 등이 시사된다. 우울과 관련된 성격적인 특징이 있고, 장애나 증상이 만성화되었을 가능성이 크다.

내용 소척도: 4개

동기 결여(*DEP1*: 12문항; 9문항이 **그렇다**로 채점). 문항은 절망감; 삶에서 쾌감, 흥미, 동기의 상실; 무력감 등을 보고하고 있다. 높은 점수는 무감동, 무쾌감증, 일상적인 과제를 완수하기 어려움, 그리고 자포자기한 느낌을 반영한다. *Sc2, Sc4*와 비교해 보라. 낮은 점수는 낙관주의와 열의를 나타낸다. 미래에 대한 적극적 관심과 포부와 계획이 있다.

기분 부전(*DEP2*: 6문항; 4문항이 **그렇다**로 채점). 문항들은 주관적인 불행감의 형태인 불쾌하고 우울한 기분을 반영한다. 특히 깊은 근심, 슬프고 우울한 기분, 지속적인 언짢은 기분이 포함된다. 6문항 중 4문항이 *D5*(깊은 근심)와 겹친다. 낮은 점수는 행복감이 있고 우울감이 없음을 나타낸다.

자기 비하(*DEP3*: 7문항; 모두 **그렇다**로 채점). 자기-불만족감, 죄책감, 도덕적 실패감, 부정적인 자기개념을 나타낸다. 점수가 높은 사람들은 죄책감, 무력감, 절망감, 후회/가책, 쓸모없고 무가치하다는 느낌 등을 인정한다. *Pd5*, *LSE1*과 비교해 보라. 낮은 점수를 받은 사람들은 이러한 느낌들을 부인한다.

자살사고(*DEP4*: 5문항, 모두 **그렇다**로 채점). *DEP4*는 자살사고와 절망에 대한 결정문항 목록으로 기능한다(MMPI-2 문항에는 이러한 기능을 제공하는 문항들이 더 있다). *DEP4*의 어떤 문항도 척도 *2*에 들어있지 않다. 모든 문항이 내용상 명확하게 자살을 시사하지는 않으나, 미래에 대한 상당한 수준의 염세주의를 함축하고 있다. 이 염세주의는 죽음에 대한 소망과 자살에 대한 생각을 지지한다. 척도 *2*나 *DEP*의 경우에서처럼, *DEP4*에서의 높은 점수는 자살 가능성에 대한 의문을 제기한다. 자살사고, 과거 자살 제스처와 시도, 자살계획 등을 물어봐야 한다. 적극적인 자살 예방책을 고려할 필요가 있다. 또한 무망감(*Hp*)을 보라.

빠른 참조 7.5

내용 척도와 내용 소척도: 건강염려(*HEA*)

문항 수: 36; 14문항이 **그렇다**로 채점.

주요 내적 상관: 척도 *1*, *3*, *8*, *D3*, *Hy3*, *Hy4*, *Hy-O*, *Sc6*, *RC1*, *ANX*와 정적 상관; *Es*와 부적 상관.

기술: 신체 호소나 건강염려를 나타내는 문항들로 이루어져 있다. 척도 *1*과 23문항, *Rc1*과 20문항이 겹친다. 척도 *1*, *Rc1*과 겹치는 문항이 지나치게 많은데, 두 척도와 각각 .95의 상관이 있다.

해석: 높은 점수는 건강에 대한 염려나 몰두를 반영한다. 스트레스에 대한 반응으로 신체 증상들이 발생하는 경향이 있다. 환자들은 대체로 피로, 불면, 신경과민, 두려움 등의 증상과 아울러, 염세주의, 신랄함, 분노 표현의 문제와 같은 성격적 특성을 드러낸다.

낮은 점수: 척도 *1*에서 낮은 점수에 대한 논의를 보라.

가장 유용한 비교: 척도 *1, 3, 8, Hy3, Hy4, Hy-O, Sc6*; *ANX*와 *DEP*(신체 호소에 수반된 고통의 존재나 부재), *BIZ*(신체적 망상의 가능성); 그리고 *RC1*.

내용 소척도: 3개

소화기 증상(*HEA1*: 5문항; 3문항이 **그렇다**로 채점). 문항은 메스꺼움, 구토, 위장의 통증과 불편감(복통)과 같은 상부 소화기 통증, 그리고 변비를 보고한다. 모든 문항이 척도 *1*과 겹친다.

신경학적 증상(*HEA2*: 12문항; 5문항이 **그렇다**로 채점). 문항은 감각과 운동 문제, 의식상실, 그리고 다른 두부 호소 등을 보고한다. 문항의 2/3가 척도 *1*과 겹치고 1/2이 *Hy4, Sc6*과 겹친다. *HEA2*가 척도 *2, 8, HEA, HEA1, HEA3*보다 높으면, 신경심리학적 평가를 고려해야 한다.

일반적인 건강염려(*HEA3*: 6문항; 1문항이 **그렇다**로 채점). 좋지 못한 건강 상태와 건강에 대한 걱정과 몰두를 보고한다. 문항의 2/3가 척도 *1*과 겹치고, 4문항이 *Hy4*, 5문항이 *D3*과 겹친다.

빠른 참조 7.6

내용 척도와 내용 소척도: 기태적 정신 상태(*BIZ*)

문항 수: 23; 22문항이 그렇다로 채점.

주요 내적 상관: 척도 *6, 8, 9, D4, Pa1, Pa-O, Sc1, Sc3, Sc5, Sc6, Ma-O, OBS, PSYC, RC8, RC6*와 정적 상관; *Es*와 부적 상관. *OBS, PSYC*와 14문항, *RC8*과 12문항, *RC6*과 10문항이 겹친다.

기술: 문항은 조종, 피해, 관계 관념/망상을 포함하는 망상적 사고나 독특하고 이상한 생각을 보고한다. *BIZ*는 86/68 프로파일 유형의 내용과 유사하다. 문항의 약 1/3은 편집적인 내용을 담고 있다. *BIZ*의 점수는 정신증적으로 보이지 않으려는 의도에 의해 쉽게 억제될 수 있다. 조현병과 다른 정신증적 상태 이를테면 정신증적 우울증이나 조증 등을 잘 구별하지 못한다. 원한과 관련된 내용은 포함되어 있지 않다. (*Pa1*과 *Pf1*을 참조하라.)

해석: 점수가 높은 사람들은 침입적이고 파괴적인 생각과 경험으로 괴롭힘을 당하고 있다고 보고한다. 전형적으로 이들은 이러한 생각과 경험이 다른 사람들의 악의에서 비롯되었다고 여긴다. 이들은 생각을 통제하는 데 있어서 심각한 통제력의 상실을 경험한다. 그리고 다른 사람들의 행동으로 인해 쉽게 상처받거나 손상된다고 느낀다.

낮은 점수: 이러한 경험의 부재(또는 부인)를 반영한다.

가장 유용한 비교: 척도 *F*, *1*, *6*, *8*, *Pd4*, *ANX*, *DEP*(정신증을 동반하는 고통의 존재나 부재), *HEA*(신체 망상의 가능성), *LSE*(이 척도의 점수가 낮다면 과대성의 문제), *AGGR*, *DISC*, *PSYC*, 그리고 *RC6* 대 *RC8*.

*BIZ*는 정신증적 내용이 척도 *F*, *6*, *8*, *PSYC*의 상승에 기여하는 정도를 판단하는 유용한 기준이다.

내용 소척도: 2개

정신증적 증상(*BIZ1*: 11문항; 모든 문항이 **그렇다**로 채점). 문항들은 조현병이나 다른 정신증적 상태에 특징적인 양성 증상 혹은 부차적 증상들을 반영하는 정신증적 내용들(예로, 환청, 환시, 또는 환후; 피해망상과 조종망상; 사고 전파, 사고 철수 등의 그 외 일급 증상들)을 숨김없이 보고한다. 문항의 거의 2/3가 편집증적 증후군, 특히 조종망상을 언급한다(*Pa1*, *RC6*, *Pf3*을 참조하라).

분열형 성격특성(*BIZ2*: 9문항; 모든 문항이 **그렇다**로 채점). *BIZ1*에 비해 정신증적 내용이 덜 명백하나 그럼에도 불구하고 이상하고, 기이하고, 특이하고, 괴상하다. 조현병의 전구 단계 또는 잔류기, 해리 상태, 정신증적 특성을 수반한 기분장애에서 때때로 볼 수 있는 것과 같은 관계관념, 비현실감, 침습적 사고, 기이한 감각 경험 등의 내용이 있다.

빠른 참조 7.7

내용 척도와 내용 소척도: 분노(*ANG*)

문항 수: 16; 15문항이 **그렇다**로 채점.

주요 내적 상관: 척도 *7*, *8*, *Pd-O*, *Ma-O*, *Si3*, *A*, *ANX*, *OBS*, *DEP*, *TPA*, *TPA1*, *WRK*, *NEGE*, *Mt*, *PK*, *PS*와 정적 상관; *K*, *S*, *S4*와 부적 상관.

기술: 문항들은 분노 충동과 분노 삽화를 보고한다. 분노 충동과 분노 삽화는 적극적으로 추구되었을 수도 있고, 억제적인 정서 통제, 행동 통제가 무너지면서 부차적으로 수반될 수도 있다. 때로, 재산을 파괴하거나 사람(들)을 상해한다. 분노 감정으로 인해 괴롭고, 왜 그렇게 폭력적으로 행동했는지 납득할 수 없다고 보고하기도 한다.

해석: 점수가 높은 사람들은 좌절을 견디지 못하고, 성마르고 격하기 쉽다. 거친 감정을 조절하지 못하고, 자주 화를 표현하며, 화를 내면서 장광설을 토하고, 파괴적인 방식으로 분노를 폭발하는 경향이 있다. 이들은 분노를 표출하고자 하는 강한 욕구가 있다. 분노발작을 일으키거나, 고함지르고, 악담하는 등 거리낌 없이 분노를 표출하는 것이 외적 상황으로 인해 어려우면, 보다 통제된 방식으로 분노를 표출한다. 이를테면, 괴롭히고, 속이고, 방해하며, 요구하고, 잔소리하고, 흠잡고, 트집 잡는다. 또한, 비웃고, 불신하고, 성가시게 하고, 짜증나게 하며, 집적거리고, 조롱하고, 창피 주고, 비아냥거린다. 그리고, 가학적으로 괴롭히고, 고집을 부린다.

가장 유용한 비교: 척도 *4*, *6*, *8*, *Pd4*, *Pa1*, *Sc1*, *Sc5*, *ANX*, *DEP*, *BIZ*, *BIZ1*, *BIZ2*, *TPA*, *TPA1*, *TPA2*, *AGGR*, *DISC*, *PSYC*, *RC9*.

분노/적대감의 변량은 *ANG*와 *TPA* 두 척도의 특징이다. 그러나 *ANG*는 뜨겁고 반면, *TPA*는 차갑다. *TPA*(특히 *TPA2*)와 *AGGR*이 동반 상승할 때, *ANG*는 단순한 분노가 아닌 적대적이고 가학적인 동기를 함축한다. 하지만 *ANX*와 *DEP*의 동반 상승은 *ANG*가 일반적인 부적 정서의 한 구성요소이며, 분노의 표현이 죄책감, 후회, 자기비판의 계기가 되었음을 시사한다. 특히 *ANG2*가 *ANG1*보다 높고, *TPA1*이 *TPA2*보다 높고, 그리고 *NEGE*가 *AGGR*보다 높을 때 그렇다. 이러한 패턴은 살인범이 자살하는 극적인 자살의 특정 위험과 관련될 수 있다. *ANG*가 높고 *ANX*와 *DEP*가 낮을 때는 도구적 공격성이 시사되며, 상대를 협박하기 위하여 분노를 사용하거나 사용하겠다고 위협한다. *ANG*가 *BIZ*와 함께 상승하면서 *ANG1*이 *ANG2*보다 높고, *BIZ1*이 *BIZ2*보다 높다면, 분노가 정신증적 요인에 의해 유발 자극 없이 표출될 수 있다. 특히 *Pa1*과 *AGGR*이 동반 상승하면 매우 폭력적인 모습을 보인다.

내용 소척도: 2개

폭발적 행동(*ANG1*: 7문항; 6문항이 **그렇다**로 채점). 문항들은 사람에게 상해를 입히고 기물을 파손하는 폭발적이고 격렬한 에피소드들을 기술하고 있다. 간헐적 폭발성 장애의 진단기준을 상기시킨다. 충동에 비해 행동이 더 강조된다. *ANG2*는 그 반대이다. 점수가 높은 사람들은 분노 감정이 일어날 때 이런 감정들을 표현하고 분출하는 데 대해 저항할 수 없는 욕구를 경험한다. 그래서 고함을 지르고 울화통을 터뜨려야 한다. 즉, 이들은 분노가 나타날 때 분노를 통제하고 담아둘 수 없다고 느낀다. 낮은 *ANG1* 점수는 분노감 자체를 부인한다기보다는 과소통제된 폭력적인 표현에 대한 부인을 강조한다. 즉, *ANG1* 점수가 낮은 것은 분노의 감정이 없다기보다는 통제를 더 잘할 수 있음을 뜻한다.

성마름(*ANG2*: 7문항; 모두 **그렇다**로 채점). 문항은 분노와 성마름의 정도가 높고 쉽게 약이 오르는 것과 더불어 이러한 반응에 대해 고통과 당혹감을 느끼고 있음을 보고한다. *ANG2*의 정서적인 색조는 적대적이라기보다 불쾌하다는 것이다. 이러한 색조는 *ANG1* 점수가 높은 사람들의 특징인 극단적인 행동 표출을 억제할 수 있다. *ANG2*에서 분노와 억제라는 두 주제의 조합은 부분적이거나 약화된 형태의 분노에 반응적일 수 있다. 이러한 분노는 논쟁적이고, 불쾌하고, 성가시고, 좌절하고, 구실을 대고, 인색하고, 성급하고, 불평불만하고, 흠잡고, 수동-공격적 혹은 수동-편집적 방법들과 같은 자기 정당화의 맥락 내에서 분출된다. 낮은 점수는 차분하고 평화로운 기질을 반영한다.

빠른 참조 7.8

내용 척도와 내용 소척도: 냉소적 태도(*CYN*)

문항 수: 23; 모두 **그렇다**로 채점.

주요 내적 상관: *Si3*, *ASP*, *ASP1*, *PSYC*, *RC3*와 정적 상관; *K*, *S*, *S1*, *Hy2*, *Hy-S*, *Pa3*와 부적 상관.

기술: 문항들은 순진한 이타심과 아울러 다른 사람의 동기에 대한 둔감해 보일 정도로 의심이 없는 것을 시작으로; 다른 사람들이 저지를 수 있는 사기, 거짓된 행동, 교묘한 속임수에 대한 자신의 취약성을 정상적으로 신중하게 고려하는 상태를 거쳐서; 사람들이 파렴치하고, 부도덕하며, 너나 할 것 없이 이기적이고 불성실하고, 비겁한 동기를 실행한다는 근거 없는 염세적인 신념에 이르기까지의 차원상의 점들을 나타낸다. *CYN1*과 11문항이 겹치고 *ASP*와 7문항, *ASP1*과 모든 문항이 겹친다. 그리고 *S1*과 14문항, *Pa3*과 7문항이 부적으로 겹친다.

해석: 점수가 높은 사람들은 다른 사람들을 믿을 수 없다고 주장한다. 사람들이 자기

이익에만 근거하여 행동하고, 다른 사람들로부터 간파당하지 않기 위해 어쩔 수 없이 정직함을 택하고, 오로지 타인을 더 쉽게 이용하기 위해서 친근하게 행동하기 때문이다. 또한, 이들은 삶을 어떤 경쟁적 이익을 위해 끊임없이 감시해야만 하는 정글로 본다. 기회만 주어진다면 사람들은 그런 이득이 자신의 것임을 주장하기 위해 가지고 있는 모든 재량권을 동원하리라 기대하기 때문이다. 그러므로 이들은 빼앗을 수 있는 것은 무엇이든지 손에 넣기 위해 기만이나 위선, 속임수, 그리고 교묘한 조작에 의지하는 데 주저함이 없다. 이들은 다른 사람들도 모두 똑같이 이기적이고, 부정직하고, 비도덕적이라는 투사적인 합리화로 사람들에 대한 자신의 편의주의적인(착취적이지는 않더라도) 접근을 정당화한다.

낮은 점수: 점수가 낮은 사람들은 (세상이) 완전히 믿을 만하며 오로지 친사회적이고 이타적 동기에 의해서만 움직인다는 관점을 유지함으로써 다른 사람들의 선의와 관련하여 흔히 가질 수 있는 수준의 회의론도 부정한다. 그렇게 함으로써 이들은 자신을 자비심의 수호자이며, 동료들의 선량함을 확고하게 믿는 사람으로 묘사한다. 이러한 기조는 방어적인 반응 양식의 맥락에서 드물지 않게 표현된다. 여기에서, 갈등과 악의는 들어 본 적이 없고, 완전히 조화로운 관계를 즐기는 존재로 자신을 묘사하는 데 일부 초점이 주어진다. *S1*, *Pa3*을 참조하라.

가장 유용한 비교: *CYN* 점수가 높은 경우, *RC3*, *Pd2*, *Pd4*, *Pa1*, *Pa3*(낮은), *Sc1*, *Sc3*, *BIZ*, *BIZ1*, *ASP*, *ASP1*, *ASP2*, *LSE*, *PSYC*, *Re*와 비교한다. 이 측정치들은 소외감, 반사회적 태도와 품행 문제, 정신증적 사고, 혹은 이들의 조합이 *CYN*에 영향을 주는 정도를 가늠하게 해 준다. *CYN* 점수가 낮은 경우에는 *K*, *S*(특히, *S1*), *Mp*, *Sd*, *Hy2*, *Hy-S*, *Pa3* 과 비교한다. 이 측정치들은 반응 양식이 *CYN* 점수에 미친 영향을 평가해 주며, 순진하고 믿을 만한 태도가 일차적으로 자신(*Hy2*)에게 표현된 것인지 혹은 타인(*Pa3*)에게 표현된 것인지 평가해 준다. *CYN*이 낮고 *LSE*/*LSE2*가 높고, 다른 의존적 지표(예: 높은 *Si3*, 낮은 *Ma4*, *Do*, *GM*)가 있다면, 거절에 대한 두려움이나 의존 대상의 상실에 대한 두려움으로 사람들을 공격하는 행동을 유별나게 회피할 수 있다. *CYN*이 낮을 때, *FRS* 점수의 첨예한 상승은 다른 사람들에 대한 공포가 특정 대상으로 전위되었음을 시사한다.

내용 소척도: 2개

염세적 신념(*CYN1*: 15문항; 모두 **그렇다**로 채점). 문항들은 사람들이 기만적이고 이기적이고 신뢰할 수 없으며, 교묘하게 조종하고, 동정심이 없고, 불충실하다는 관점을 반영한다. 점수가 높은 사람들은 다른 사람들과의 관계에서 쉽게 지치고 소진되기 쉬우며 대인관계를 향상하기 위한 유의한 노력을 하지 않을 가능성이 있다. 점수가 낮은 사람들은 다른 사람들에 대해 순진하고 낙관적이며 전반적으로 긍정적인 관점을 갖는다.

대인적 의심(*CYN2*: 8문항; 모두 **그렇다**로 채점). *CYN1*보다 불쾌감이 크다. 다른 사람들의 냉소적, 적대적, 조작적, 착취적인 행동의 특별한 표적이 되어 있다고 느끼고 의심과 경계로 반응한다. 점수가 높은 사람들은 자신에게 비난이 집중되고 있다고 느끼며, 대인관계 특히 상사와의 관계에서 쉽게 상처를 받는다. 상사들을 인정이나 이해에 인색하고 이들에게 불이익을 주려고 애쓰는 존재로 여긴다. 낮은 점수는 다른 사람들과의 관계가 아주 조화롭고, 상호 이해하며, 경쟁 없는 관계라는 과도한 자신감과 확신을 반영한다.

빠른 참조 7.9

내용 척도와 내용 소척도: 반사회적 특성(*ASP*)

문항 수: 22; 21문항이 **그렇다**로 채점.

주요 내적 상관: 척도 *4*, *9*, *Ma-O*, *Si3*, *RC4*, *DISC*와 정적 상관; *K*, *S*, *Hy2*, *Hy-S*, *Pa3*, *Re*와 부적 상관.

기술: 문항들은 다른 사람들의 동기와 감정에 대한 둔감함과 냉소주의; 확립된 질서나 규칙, 사회적 관습의 위배에 대한, 그리고 그런 행동을 하는 사람들에 대한 동감; 과거의 규칙위반과 권위와의 불화에 대한 인정 등을 반영한다. 반사회적 특성이라는 명칭은 부적절하다. 실제로 비행에 대해 언급하고 있는 문항들은 모두 *ASP2*에 들어있는데, 전체 *ASP* 문항의 1/4에 미치지 못한다. 두 소척도 간의 상관(.34)도 약하고, *ASP*와 *ASP1*(.95), *ASP2*(.63)와의 상관도 차이가 크다. 그래서 *ASP*는 반사회적 태도 척도로 보는 것이 더 좋다고 생각된다. 하지만 Graham 등(1999)은 *ASP* 점수가 높은 외래 환자들이 빈번히 반사회적 특성을 보임을 확인하였다. 체포되었던 과거력, 적대감, 반사회적 행동, 행동화, 좌절에 대한 낮은 인내력, 약물 남용, 신체적 학대 등이 이에 포함된다. *CYN*과 7문항이, *CYN1*과 모든 문항이 겹친다.

해석: 점수가 높은 사람들은 광범위한 반사회적인 태도와 성향을 나타낸다. 이들은 관습적인 행동규범에 대해 냉소적이고 반항적이다. 그리고 과거 비행이나 권위적인 대상과

의 갈등을 시인한다. 낮은 점수를 받은 사람은 신념과 행동에서 반대의 유형을 보인다.

가장 유용한 비교: 척도 *4, 6, 9, Pd1, Pd2, Pd3, Pd4, Pd5, Pa1, Pa3*(낮은), *Sc1, Sc5, Ma1, Ma2, Ma3, Ma4, ANX, FRS, OBS, DEP, ANG1, CYN, CYN1, CYN2, RC4, AGGR, DISC, PSYC, R, Re.*

*CYN*과 *ASP*, *CYN1*과 *ASP1*, *CYN2*와 *ASP2*의 배치 관계에 대한 검토는 개인의 정서적 기조와 역동에 대한 상당히 자세한 추론을 가능하게 한다. 특히 46/64 코드 유형과 그것의 변형(462, 468, 469)을 해석하는 데 유용하다. *ASP, ASP1, CYN, CYN1, CYN2*는 모두 *Pa1*과 .50~.62의 상관을 갖는다, *Pa1*과의 상관은 이들 척도에서 점수가 높은 사람들이 잠재적으로 편집적 경향이 있음을 시사한다. *CYN* > *ASP*, *CYN2* > *CYN1*, *ASP1* > *ASP2*, 특히 *CYN1* > *ASP1*의 패턴은 반사회적 특징에 비해 편집적 특징이 우세함을 시사한다. 특히 *ASP2*와 *DISC*가 낮을 때 그러하다. 반대 패턴은 반사회적 경향이 우세함을 시사한다. *ANX, FRS, OBS, DEP*, 혹은 이들 조합의 상승은 반사회적 태도/행동에 대한 심리적 고통의 존재(높을 때)나 부재(낮을 때)를 반영한다. *Sc5, ANG1, TPA2, R, DISC, AGGR*의 점수는 통제와 공격성/가학증에 관한 추론을 가다듬는 데 도움이 된다.

내용 소척도: 2개

반사회적 태도(*ASP1*: 16문항; 모두 **그렇다**로 채점). 문항들은 사람들 대부분이 출세를 위해 거짓말을 하고 사기를 치며, 다른 사람들이 유혹해서 훔치고, 주로 곤경을 피하려고 정직함에 의존한다는 신념을 반영한다. 점수가 높은 사람들은 범죄를 은폐하고, 권위에 대해 비협조적이다. 법의 규칙을 무시하고, 기회가 주어지면 기꺼이 훔친다. 다른 사람들을 탐욕스럽게 대하는 사람들에게 동감하고, 다른 사람들이 '벌 받는' 것을 보고 보복적인 즐거움을 느낀다. 따라서 이런 종류의 문항들에는 비도덕성, 공감의 결여라는 강한 암묵적인 주제가 있고, 다른 사람들에 대한 일반화된 분노라는 세 번째 주제가 있다. *Ma1*과 비교하라. 낮은 점수를 받는 사람들은 다른 사람들의 정직, 이타심, 선의에 대해 순진하지는 않을지라도 매우 호의적인 관점을 반영한다. 이들은 자기 자신에 대해서도 정직하고, 신뢰할만하며, 호감을 주고, 우호적이며, 책임감 있고, 비공격적이라는 관점을 가지고 있다.

반사회적 행동(*ASP2*: 5문항; 4문항이 **그렇다**로 채점). 절도, 무단결석, 정학, 그리고 학교 및 법적 당국과의 갈등을 포함하는 비행의 과거력을 보고한다. 과거 행동 특징들은 반사회적 성격장애와 일치한다. *Pd2, RC4, DISC*와 비교해 보라.

빠른 참조 7.10

내용 척도와 내용 소척도: A유형 행동(*TPA*)

문항 수: 19; 모든 문항이 그렇다로 채점.

주요 내적 상관: 척도 *A*, *7*, *8*, *9*, *Pd-O*, *Ma-O*, *Si3*, *ANX*, *OBS*, *ANG*, *ANG1*, *ANG2*, *CYN1*, *CYN2*, *ASP1*, *FAM1*, *WRK*, *PSYC*, *NEGE*, *PK*, *PS*와 정적 상관; *K*, *S*, *Hy2*, *Hy-S*, *Re*와 부적 상관.

기술: 관상동맥의 문제를 잘 일으키는 A유형 성격의 개념은 Jenkins Activity Survey (JAS; Jenkins, Rosenman, & Friedman, 1967)에 기술되었다. 이 성격의 개념은 속도와 성급함, 직무 몰두, 지나친 경쟁심의 세 가지 요소를 포함한다. 첫 번째 요소는 A유형 증후군의 시간-긴박성의 측면에, 두 번째 요소는 직업적 요구와 이에 대처하거나 이를 능가하는 개인의 헌신이나 결심의 정도에, 그리고 세 번째 요소는 진지하고 경쟁적이며 정력적인 자기개념에 초점을 두고 있다. 유감스럽게도, *TPA* 척도의 문항들은 Friedman 등(2001)에서 논의된 이유로 이 영역들을 적절하게 감당할 수 없었다.

간단히 말해서, 비록 첫 번째 구성요소에 대한 대략적인 근사치를 *TPA1*에서 얻을 수 있지만, 두 번째 요소는 기껏해야 두 문항에서 나타나며, 세 번째 요소는 경쟁심 그리고 수행에 스스로 부과한 요구들이라는 의도된 주제 대신에 적대감으로 채워졌다. 남녀 외래환자들을 대상으로 한 Graham 등(1999)의 상관연구에서, *TPA* 높은 점수들과 관련된 것으로 보이는 유일한 상관관계는 대인관계 적대감이었다. *TPA1*과 *TPA2* 모두 분노 정서를 나타낸다. *TPA1*의 분노는 격렬하고 *ANG*의 성마르고 화가 난 정서에 가깝다. 반면, *TPA2*의 분노는 냉정하고, *ANG*보다 더 계산적이고, 통제적이고, 적대적이며, 복수심에 불타고, 가학적이다. *TPA2*가 *TPA1*의 1.5배 정도 크므로, *TPA2*의 성질이 전체 *TPA* 척도에 영향을 미쳐 *TPA* 척도를 *ANG* 척도보다 더 냉정하게 만든다.

해석: 점수가 높은 사람들은 적대감이나 복수심과 같은 감정을 경험하는 역치가 낮다. 이들은 자기중심적이며, 분개하고, 성마르며, 의심이 많고, 악의적이고, 공감이 부족하다. 이들은 다른 사람들을 냉정하고 경멸적인 방식으로 다루는 경향이 있다. 다른 사람들은 기껏해야 필요악이고, 보다 전형적으로는 방해주의자의 뉘앙스가 있다. 이들은 그들의 고통과 불운에서 즐거움을 느낀다.

가장 유용한 비교: 척도 *A, Ma-O, Si3, ANX, OBS, ANG, ANG1, ANG2, CYN, CYN2, ASP, ASP1, ASP2, WRK, NEGE, 4, 6, 9, AGGR, DISC, RC9*와 정적 상관 그리고 *K, S, Hy2, Hy-S, Re*와는 부적 상관.

이 척도들의 점수는 높은 *TPA* 점수에 대한 추론을 가다듬는 데 도움이 된다. 특히 점수를 끌어 올린 것이 불안, 완벽주의, 냉소주의, 불신, 과잉각성/과잉활성화 혹은 가학적 공격성 중에서 무엇인지, 복수심이 환상에 국한될지 아니면 공격적으로 행동화할 가능성이 있는지에 대해 가늠해 볼 수 있다, *Pa3*의 수준에 주목하라. A유형 행동은 *TPA1* > *TPA2*, *CYN* > *TPA2*, *CYN1* > *TPA2*, *CYN1* > *CYN2*, *CYN* > *ASP* 그리고 *WRK* < 60*T*일 때, 이런 관계가 얻어지지 않을 때보다 더 쉽게 나타난다(Fridmam et al., 2001).

내용 소척도: 2개

조급함(*TPA1*: 6문항; 모두 **그렇다**로 채점). 문항들은 시간 지연으로 인해 촉발된 성마름과 더불어 시간에 쫓기는 느낌을 반영한다. 이를테면, 줄을 서서 기다리거나, 방해를 받거나, 믿고 일을 맡긴 사람이 제시간에 일을 수행하지 않을 때, 분노는 아니라도 짜증이 나는 것을 말한다. *ANG2*를 참조하라.

경쟁 욕구(*TPA2*: 9문항; 모두 **그렇다**로 채점). 문항들은 경쟁심보다는 분개, 복수심, 가학성의 의미를 더 함축하고 있다. 두 문항이 주제 때문에 *TPA1*에서 치환된 것으로 보이며, 세 번째 파트로 직무 과잉관여를 언급하는 한 문항이 있다. 점수가 높은 사람들은 자신에게 대항하는 사람에 맞서 우위를 점하거나 보복하기를 원하며, 하찮은 이유로 사람들을 반대하고, 싫어하는 사람의 불운을 즐기며, 속았다고 느낄 때 분개하고, 자신의 경쟁적 우위에 대해 흡족해 한다. *AGGR*을 참조하라.

빠른 참조 7.11

내용 척도와 내용 소척도: 낮은 자존감(*LSE*)

문항 수: 24; 21문항이 그렇다로 채점.

주요 내적 상관: 척도 *A, 7, 8, 0, D1, D4, D5, D-O, Pd5, Pd-O, Sc1, Sc4, Si3, ANX, OBS, DEP1, DEP3, WRK, NEGE, Mt, PK, PS*와 정적 상관; *Es*와 부적 상관.

기술: 문항들은 개인적 결함과 대인관계에서 결함, 심한 자신감 저하, 자기 비난과 자기비판에 대한 낮은 역치, 심각하지 않은 어려움에 직면했을 때도 포기하는 경향성을 나타낸다. 자아 동질적인 병리적 의존성에 대해 가장 민감한 내용 척도이다.

해석: 점수가 높은 사람들은 다른 사람들에 비해 자신이 우둔하다고 느낀다. 유능함, 총명함, 협응, 매력, 호감, 자신감, 단호함이 부족하고, 이외의 여러 가지 점에서도 덜 적합하고 느낀다. 또한, 그들은 자신이 결함투성이며, 무능하고, 열등하다고 느낀다. 그래서 일상생활을 독립적으로 관리하지 못하고, 의존적이면서 자기비하적인 애착을 필요로 한다.

낮은 점수: 부정적인 자기 태도가 비교적 없음을 시사한다. 특히 사회적 상호작용의 맥락에서 그렇다. 낮은 점수는 개인적 적합성, 자신감, 유능감, 독립성을 지지한다. 정신과적 모집단에서 매우 낮은 점수는 조증에서와 같은 팽창적 자기개념과 아울러, 과대 관념 혹은 과대망상의 가능성을 반영할 수 있다.

가장 유용한 비교: 높은 점수: 척도 *A*, *7*, *8*, *9*, *Sc1*, *Sc2*, *Sc3*, *Sc4*, *Sc5*, *Sc6*, *Si3*, *OBS*, *DEP*, *DEP3*, *BIZ*, *WRK*, *TRT*, *NEGE*.

*LSE*는 통제 소재의 구성개념의 관점에서 *DEP*와 비교된다. *DEP*보다 *LSE*가 더욱 외적 소재이다. 높은 *DEP*는 무가치하고, 보다 능동적이고, 요구적이며, 상대적으로 타인을 탓한다. 반면, 높은 *LSE*는 무기력하고, 보다 수동적이고, 의존적이며, 자신을 탓한다. *LSE*는 *OBS*, *DEP*, *WRK*, *TRT*와 상관이 높다. 이 척도들의 기저에 있는 주제는 수행에서의 무능력이다. *OBS*는 결정을 내리고 그 결정을 실행하는 것에 대한 무능력이, *DEP*는 생활하는 데 있어서 충분한 개인적 자원을 가동하는 데 대한 무능력이, *WRK*는 고용의 맥락에서 결과물을 생산하는 데 대한 무능력이, 그리고 *TRT*는 개인적 문제를 해결하기 위해 무력감과 절망감을 극복하고 일어서는 데 대한 무능력이 강조된다. 이 척도들은 다 함께, 이들 척도의 공통적 핵심인 부정적 정서성과 비견될 정도로 동기적 무능력의 주제 역시 유의할 수 있다는 5중주를 형성한다. 다시 말해서, 이들 척도에서 첨예한 상승을 보이는 응답자들은 부정적 정서뿐만 아니라 마비되거나 무기력한 느낌을 보고한다. *LSE*와 *BIZ*에 대한 참조는 척도 8의 높은 점수를 해석할 때 특히 유용하다. 두 내용 척도는 척도 8에 대한 부정적 자기 태도(*LSE*)와 정신증적 사고(*BIZ*)의 기여를 반영한다.

낮은 점수: 척도 *9*, *Pd1*, *Pd2*, *Pd3*, *Pa1*, *Pa3*(낮은), *Ma1*, *Ma2*, *Ma3*, *Ma4*, *Ma-S*, *Ma-O*, *ANG1*, *ANG2*, *CYN1*, *CYN2*, *ASP1*, *ASP2*, *TPA1*, *TPA2*, *AGGR*, *PSYC*,

DISC. 낮은 *LSE* 점수는 자기애, 정신병질, 편집증적 관념, 기분장애(조증) 등과 관련된 팽창된 자존감을 반영한다.

내용 소척도: 2개

자기 회의(*LSE1*: 11문항; 8문항이 **그렇다**로 채점). 문항들은 모두 부정적인 자기 귀인을 나타낸다. 문항들은 자기 회의보다는 자신이 열등하고 부적절하다는 확신을 함축하고 있다. 즉, 이 문항들은 부정적인 자기 태도를 주장한다. 비교적 고착되어 있으면서 부정적인 자기 태도들이 합쳐져 전반적으로 부정적인 혹은 평가절하된 정체성을 형성한다. 지나치게 낮거나 과장되지 않았다면, 낮은 점수는 긍정적인 자기개념을 반영한다. 과잉자신감과 과대성을 찾아보라.

순종성(*LSE2*: 6문항; 모두 **그렇다**로 채점). 문항들은 수동성, 타인에게 비굴한 복종, 암묵적인 책임감의 회피를 반영한다. 낮은 점수는 독립성, 사회적 자신감, 내적인 강인함과 역량을 반영한다. *Ma4*를 참조하라.

빠른 참조 7.12

내용 척도와 내용 소척도: 사회적 불편감(*SOD*)

문항 수: 24; 13문항이 그렇다로 채점

주요 내적 상관: 척도 *A*, *7*, *0*, *D1*, *D-O*, *Hy1*, *Pd3*, *Ma3*, *Si1*, *Si2*, *DEP*, *LSE*, *WRK*, *TRT*, *INTR*과 정적 상관.

기술: 양극성 척도로 높은 점수는 내향성을, 낮은 점수는 외향성을 나타낸다. 문항의 3/4이 척도 *0*과 중복된다. 문항들은 수줍음과 자의식; 당혹감, 어색함, 어리석은 행동을 할지 모른다는 두려움; 대화 상황에서 과묵함; 사회적으로 두드러지고 싶지 않은 욕구; 모임, 파티, 낯선 사람에 대한 회피; 혼자 있는 것에 대한 선호 등을 나타낸다. 대인관계에 대한 혐오는 척도 *0*보다 *SOD*에서 더 강하게 나타난다.

해석: 점수가 높은 사람들은 개인이건 집단이건 다른 사람(들)을 피한다. 대인관계 상황을 불편하고 어색하게 느낄뿐더러, 이들의 말에 의하면 혼자일 때 더욱 행복하기 때문이다. 대인관계의 회피가 사람에 따라 외로움의 방어적 부인을 뜻할 수도 있지만, 이들은 외롭다고 말하지는 않는다.

낮은 점수: 사람을 사귀기를 좋아하는 사교적인 유형이다. 사람(들)과의 상호작용을 즐긴다. 자신감이 있고 사회관계에서 편안함을 느낀다. 친절하고, 재미를 추구하며, 참여적이고, 융통성이 있어 보인다. *SOD2* > *SOD1*의 차이가 크면, 사람들 속에서뿐만 아니라 혼자 있을 때에도 편안함을 느끼기 어려운 사람임을 시사한다. 두 소척도의 점수가 매우 낮으면, 언변은 뛰어나나 상호작용이 피상적이다. 이러한 상호작용 방식은 높은 사회적 갈망(그리고 높은 사회적 회전)이 있는 조증/경조증 증후군과 일치한다.

가장 유용한 비교: 척도 *A, L, F, K, 2, 6, 7, 8, 9, D5, Hy1, Hy2, Pd2, Pd3, Pa1, Sc1, Ma3, DEP, BIZ, CYN, ASP, ASP1, ASP2, AGGR, PSYC, DISC, NEGE, INTR, Re, GF.*

척도 *2*가 높고 척도 *9*가 낮을 때, 높은 *SOD*는 우울 증후군에서 볼 수 있는 무기력한 철수와 사회적 무쾌감증을 반영한다. 척도 *F, 6, 8*이 일차적으로 상승할 때, 높은 *SOD* 점수는 조현병 스펙트럼에서 볼 수 있는 대인관계 혐오와 사회적 철수, 그리고 편집증적 의심과 자신의 안전에 대한 염려 혹은 이 모두를 바탕으로 하는 회피적 경계를 시사한다. *SOD* 점수가 55~65*T* 사이에 있고, *SOD2*가 *SOD1*을 초과할 때는 경계선 증후군을 보인다. 척도 *L, 2, 7, 8*의 점수가 비교적 낮고, 척도 *K*가 55~65*T* 범위이고, *K*의 원점수가 *K*-교정을 하지 않은 척도 *Pt*의 원점수를 초과할 때, 낮은 *SOD* 점수, 특히 낮은 *SOD1*은 따뜻함과 아울러 타인과 친밀해질 수 있는 능력을 나타낸다. *SOD* 점수가 낮으면서 *SOD1*이 *SOD2*에 비해 높으면, 자기애적이거나(*LSE*, 척도 *9*를 확인하라) 정신병질적인(*Pd2, ASP2, Re, GF, ASP* > *CYN*을 확인하라) 특징을 보이지는 않더라도, 적어도 사회적으로 공격적이다(*Pd3*을 보라). 이는 또한 조증/경조증적 상태와 일치한다.

내용 소척도: 2개

내향성(*SOD1*: 16문항; 8문항이 **그렇다**로 채점). 무쾌감증, 집단 이나 사회적 상황의 회피, 대인관계에 대한 혐오, 혼자 있는 것을 선호하는 특징이 강조된다. *SOD2*보다 더욱 행동적이다. *SOD1*에 *Si2*의 모든 문항이 포함되어 있다. Ben-Porath와 Sherwood (1993)는 낮은 *SOD1*-높은 *SOD2* 패턴이 좀 더 사회적으로 참여하고자 하는 열망과 아울러 및 상호작용에서 개인적 편안함과 통제감이 증가하길 바라는 욕구를 반영할 수 있다고 제안하였다. 이 패턴은 무대에서 다른 사람들을 경직되게 피하지는 않지만 불안한 동요 속에서 그냥 다가가는 것에 불과한 무대 공포증과 비슷하다. *INTR*을 참조하라. 매우 낮은 점수는 혼자되는 상황을 참지 못하고 군중 속에 휩쓸리고 싶은 욕구를 반영한다.

수줍음(*SOD2*: 7문항; 4문항이 그렇다로 채점). 문항들은 자의식, 사회적 억제, 수줍음, 쉽게 당황함, 사회적 관계에서의 불편감을 반영한다. *SOD2* 문항은 *Si1* 척도에 모두 포함되어 있다. 점수가 높은 사람들은 자신감이 부족하고 관심의 대상이 되는 것을 두려워한다. 또한, 이들은 자신이 어색하거나 서투른 사람으로 인식되지 않을까 두려워한다. 다른 사람들은 이들을 과묵하고, 냉담하다고 본다. 낮은 점수는 자신감과 거침없는 사교적인 양식을 반영한다. 낮은 점수가 사회적 대담함, 매우 적극적인 사교성, 정신병질적 태평함을 반영하는 경우도 있다. *Pd3*, *Ma1*을 참조하라.

빠른 참조 7.13

내용 척도와 내용 소척도: 가정 문제(*FAM*)

문항 수: 25; 20문항이 그렇다

주요 내적 상관: 척도 *A*, *4*, *8*, *Pd1*, *Pd4*, *Sc1*, *Si3*, *MDS*와 정적 상관

기술: 가족 간의 부조화와 불화를 나타낸다. 갈등, 홀대, 질투, 오해 등이 소란스럽고 불쾌한 가족 환경을 조성하고 가족 구성원 간 소외를 일으킨다. 암묵적으로 가족은 정서적 자양분의 공급원으로 부적절하다. 관심과 애정, 지지가 부족하기 때문이다. 이러한 현실은 가족 구성원에 대해 박탈감, 신랄함, 적대감을 느끼게 한다.

해석: 점수가 높은 사람들은 가족 구성원들로부터 박탈당하고 부당한 대우를 받았다고 느낀다. 가족 간의 증오와 불안전감은 가족을 넘어 보다 일반화된다. 그리고 이들은 이러한 부정적 감정을 성인기까지 유지하는 일련의 성향을 획득하고 심화시키는 것으로 보인다. 이들은 스스로에 대해 심각한 의심과 깊은 부정적 태도를 품고 있으면서, 동시에 다른 사람들도 불신하고 비난한다. 그래서 사람들은 이들을 미숙하고 과잉반응적인 사람으로 간주한다. 자기와의 관계나 대인관계에서 보이는 관련된 양상들은 경계선 성격장애를 연상시킨다. 또한, 이러한 양상은 알코올 및 다른 약물 남용에서도 일반적으로 볼 수 있다. *FAM1*(가정불화)이 낮고 *FAM2*(가족 내 소외)가 높은 패턴은 가족으로부터 이탈을 나타낸다(Ben-Porath & Sherwood, 1993). 이런 패턴은 또한 심한 무관심을 나타낼 수도 있다. 이는 아마 정서적 공급원으로서 가족의 결핍에 대한 슬픔과 관련 있어 보인다. 반대로 *FAM1*이 높고 *FAM2*가 낮은 패턴은 불화와 증오의 와

중에 지속되는 애착을 시사한다. 두 소척도가 모두 상승했다면, 분개에 찬 소외의 상태가 시사된다. 이 경우, 물리적 유대(예로, 교류)는 단절되었더라도 미해결된 정서적 애착은 남아 있을 수 있다.

가장 유용한 비교: 척도 *4*, *8*, *Pd1*, *Pd4*, *Sc1*, *Si3*, *CYN*, *CYN1*, *CYN2*, *ASP1*, *ASP2*, *MDS*.

*FAM*과 *Pd1*은 가족 갈등의 일차적인 성질과 소재에 대해 다소 다른 해석적 함의를 갖는다. *FAM*이 현재 가족과 원가족에 대해 대략 동등한 정도로 언급하는 반면, *Pd1*은 원가족에 대해 더 많이 언급한다. *Pd1*은 내용에 있어 원가족에 대해 강하지는 않지만 명확한 편향을 보여 준다. *Pd1*은 부모가 자유, 독립성, 해방에 대한 노력을 제한한 것을 상대적으로 더 강조한다. 반면, *MDS*는 현재 가정의 갈등을 강조하는 경향이 있다. *FAM*은 가정불화, 병리, 소외감을 보다 비중 있게 전달한다. *MDS* > *FAM* > *Pd1*은 현재 가정의 어려움을 잘 반영한다. 반면 역 패턴은 가정불화가 주로 부모의 슬하에 있던 시절에 국한될 수 있음을 시사한다.

환자의 연령, 가족사, 현재의 가정 상황은 *Pd1*, *MDS*, *FAM*과 그 소척도들의 해석에 함의를 갖는다. *FAM*이 높으면서 *CYN*이 첨예하게 상승한 패턴은 아주 가까운 사람들에 대한 불신과 불만족을 시사한다. 이러한 불신이나 불만족은 명백히 다른 사람들에게 일반화될 수 있다. 또한, *FAM*과 *BIZ*가 첨예하게 동반 상승할 때 편집증 요소를 내포할 수도 있다. *FAM*과 *ASP*가 동반 상승한 패턴은 정신병질적 *4–9* 프로파일 유형에 상응하는 내용 척도로 볼 수 있다. 특히 *ASP*가 *CYN*을 넘어서고 *SOD*(*SOD1*>*SOD2*) 점수가 낮을 때 그렇다. 임상적으로, 이러한 패턴은 미성숙, 약물 남용과 관련 있고, 공격성이나 파괴성과도 관련 있다. *Pd1*과 *MDS*를 참조하라.

내용 소척도: 2개

가정 불화(*FAM1*: 12문항; 11문항이 **그렇다**로 채점). 문항들은 가족 내 갈등과 반감을 강조한다. 가족 구성원들은 싸우기를 좋아하고, 비동조적이며, 압박하고, 비난하며, 짜증스럽고, 성마르다. 이 소척도의 주제는 개인이 탈출하고 싶은 정도로 불쾌하고, 유해한 환경으로서의 가족의 구성원이라는 점이다. *Sc1*을 참조하라.

가족내 소외(*FAM2*: 5문항; 2문항이 **그렇다**로 채점). 문항들은 가족들로부터 정서적으로 분리됨을 반영한다. 문항들은 서술적으로 표현되며, 정서적 함량이 낮다. 이들은 사태의 진상을 보고한다. 사태의 진상은 열망, 상실, 분노와 관련될 수도 있고, 적어도 부분적인 마음의 평정이나 무관심과 관련될 수도 있다. 어느 경우이건, 높은 점수는 가족과 단절된 상태를 암시한다. 단절된 이유는 소속감이나 정서적 지지를 제공해 주지 못 하거나 안 하는 가족관계에서의 손실을 차단하기 위함이다. Graham 등(1999)이 외래환자를 통해 밝힌 경험적 상관은 *FAM2*가 높은 사람들의 경우, 가족과의 정서적 애착이 단절되더라도 대안적 애착 형성이 수반되지 않음을 시사한다. 따라서 이들은 외롭다고 기술되고, 친구가 없거나 적으며, 자기 파괴적이다. 자살 시도(여성) 혹은 알코올이나 마리화나의 만성적인 남용(남성)을 보인다. 이 연구자들은 또한 *FAM2*가 높은 사람들에서 신체적 학대(남성)와 성적 학대(여성)의 과거력을 밝혀내었다.

빠른 참조 7.14

내용 척도와 내용 소척도: 직업적 곤란(*WRK*)

문항 수: 33; 28문항이 그렇다로 채점

주요 내적 상관: 척도 *A*, *7*, *8*, *0*, *D1*, *D4*, *D5*, *D-O*, *Hy3*, *Pd5*, *Pd-O*, *Sc3*, *Sc4*, *Si3*, *ANX*, *OBS*, *DEP1*, *DEP3*, *LSE1*, *TRT1*, *NEGE*, *Mt*, *PK*, *PS*와 정적 상관; *Es*와 부적 상관.

기술: 문항은 직업 수행력에 대한 광범위한 문제와 장애들을 반영한다. 즉, 긴장, 걱정, 두려움, 압도된 느낌; 패배주의와 염세적 태도; 피로, 무력증, 주도성의 부족; 주의산만과 우유부단; 자신감과 자존감의 부족; 성마름, 반항, 반대; 장애를 만났을 때 포기하는 경향 등을 포함한다. 문항의 거의 40%에 '일(work)'이나 이와 유사한 단어가 들어있다. 첫 번째 요인 *A*에 포함된다. *WRK*는 일의 맥락에서 형성되어 온, 일반적인 고통과 기능 장애를 나타내는 척도이다. 생산성에 부정적인 영향을 미치는 문제의 종류들을 강조한다. *WRK*에 포함된 방해요인들은 대인관계에서의 어려움, 작업의 효율성을 손상시키고 성과를 방해하는 태도와 증상들 등이다.

해석: 점수가 높은 사람들은 자신이 손상되었고, 일하는 것이 불가능하다고 느끼거나 그렇게 보이길 원한다.

낮은 점수: 자신감; 인내; 적절한 에너지 자원; 직무에서의 생산성을 위해 자신의 능력을 결집시킬 수 있는 역량; 동료와 협력하는 능력(즉, 팀워크); 직무 수행에서 개인적 문제와 증상의 영향력을 제한시키는 능력들을 시사한다.

가장 유용한 비교: 척도 *A*, *4*, *7*, *8*, *9*, *D4*, *Pd2*, *Pd4*, *Pa1*, *Sc3*, *Sc4*, *Ma1*, *ANX*, *OBS*, *DEP*, *ASP1*, *ASP2*, *TRT*, *DISC*, *NEGE*, *Re*, *MAC-R*, *APS*, *AAS*.

첫 번째 요인에 포함되므로, *WRK*의 해석적 함의는 척도 *A*의 상승을 초과할 때 비로소 일반적 고통의 범위를 벗어나 직업 관련 문제로 특정될 것이다. *WRK*의 상승으로 직업 수행에서 방해가 되는 문제들이 시사되지만, 이러한 상승이 특정하게 직업적 기능 장애만을 나타낸다고 볼 수 없기 때문이다. *WRK*가 *A*를 초과해야 한다는 전제는 그 차이만큼 특정한 직업적 방해(*A*의 상승에서 시사되는 생활 전반에서의 방해가 아니라)가 있다는 함의를 강하게 한다. *OBS*, *DEP*, *LSE*, *WRK*, *TRT* 간 높은 상호상관이 있음을 상기하라. 직업상 문제들의 종류에 대한 부가적인 통찰을 얻으려면 항상 *WRK* 점수를 상관이 있는 다른 척도들과 비교해 보아야 한다. 척도 *4*와 *9*, *Pd2*, *Ma1*, *ASP1*, *ASP2*, *DISC*, *Re*, *MAC-R*에서의 높은 점수들은 기능 장애를 과장하려는 시도와 보상 추구의 문제를 상기시킨다. *MAC-R*, *APS*, 그리고 *AAS*의 높은 점수들은 물질남용을 기초로 하는 기능 장애를 시사한다.

내용 소척도: 없음

빠른 참조 7.15

내용 척도와 내용 소척도: 부정적 치료 지표(*TRT*)

문항 수: 26; 23문항이 **그렇다**로 채점

주요 내적 상관: 척도 *A*, *7*, *8*, *D5*, *Sc1*, *Sc4*, *Si3*, *OBS*, *DEP1*, *DEP3*, *LSE1*, *WRK*, *NEGE*, *Mt*, *PK*, *PS*와 정적 상관; *Es*와 부적 상관

기술/해석: *TRT*는 상당한 우울 변량을 내포하고 있다. 정신과 환자들의 경우, *DEP*와의 상관이 .89에 이를 정도로 아주 높다. 이 두 척도와 다른 척도 간의 경험적 상관도 거의 똑같다(Butcher et al., 1990; Graham et al., 1999). *TRT*는 *DEP*와 6문항(*DEP1*과 4문항)이 겹치고, 불쾌한 느낌과 태도를 다양하게 반영한다. 여기에는 계획을 세우고 결정을 내리거나, 변화를 도모하거나, 목표를 달성하는 데 대한 무망감; 불행감, 무감동, 죄책감, 성마름; 다른 사람들이 돌보아 주거나 이해하지 못한다는 느낌; 치료자를 포함하여 사람들을 신뢰하는 데 대한 비관적 태도와 반감 등이 포함된다. 두 척도

간의 상당한 공변량을 감안할 때, *TRT* 점수가 우울 장애의 범주에 속하는 집단의 치료 결과를 신뢰롭게 예측할 수 있을지 의문이다. Friedman 등(2001)과 Greene 등(2011)의 연구에서 논의된 이유로, *TRT* 점수는 우울증으로 진단받은 환자들에 대해 이례적으로, 그리고 비현실적으로 부정적인 결과를 예측할 수 있다. 반면, 보다 높은 *TRT* 점수가 보다 나은 치료 결과를 예측한다는 결과도 있다(Rosik & Borisov, 2010). 우울 변량에 함축된 주관적 불편감이 치료적 동인으로 작용했을 가능성이 시사된다. 예후의 측정치로서 *TRT*의 타당도는 의문이지만, 우울 정도와 부동성의 측정치로 사용될 수는 있을 것이다.

*TRT*와 소척도들의 점수가 낮은 사람을 해석할 때도 똑같은 문제가 있다. *TRT*(특히 *TRT1*)의 점수가 낮은 일부 사람들은 적절하게 동기화되어 있고, 자신감이 있으며, 계획적이고, 끈기가 있다. 하지만 치료적 동기의 바탕이 되는 심리적 고통을 덜 느끼므로 심리치료에 대한 동기가 낮을 수 있다. 점수가 낮은 일부는 과대적이고 지나친 자신감을 보일 수 있다. 이들은 자기개방에 대해 무관심하고 사려가 부족하여 심리 치료적인 노력을 견딘다 해도 둔감하게 반응한다. 자기개방은 *TRT2*의 주제이다. 그러나 개인 정보를 노출하는 단순한 능력이 드러난 정보들을 생산성 있게 혹은 통찰력 있게 논의할 수 있음을 뜻하지 않는다(예로, 조증과 정신병질적 스펙트럼의 환자). 이런 환자들은 *TRT* 점수가 아주 낮더라도, *TRT* 점수가 높은 사람들에 비해 전혀 부족함이 없는 난제를 가지고 치료자에게 도전할 수 있다. 이런 이유로 예후의 좋고 나쁨에 대한 *TRT*의 예측력은 매우 의심스럽다. *TRT*가 치료에 대한 예후의 지표로 타당하다는 증거가 확보될 때까지, 이 척도는 주의 깊게 해석되어야 한다.

가장 유용한 비교: 척도 *7*, *8*, *Pd5*, *Sc1*, *Sc2*, *Sc4*, *Si3*, *DEP1*, *DEP3*, *LSE1*, *NEGE*, *DEP*를 보라.

내용 소척도: 2개

낮은 동기(*TRT1*: 11문항; 10문항이 **그렇다**로 채점). 문항들은 무감동, 외적 통제 소재, 그리고 개인적 자원 고갈로 장애물에 직면했을 때 쉽게 포기하는 경향 등을 나타낸다. 점수가 높은 사람들은 역경에 맞서 분투하기는커녕 그럴 계획을 세우는 것조차 허망하게 볼 정도로 무력감을 느끼고 동기적으로 결핍된 상태를 보인다. 낮은 점수는 에너지, 낙관주의, 자신감, 인내심을 반영한다.

낮은 자기개방(*TRT2*: 5문항; 모두 **그렇다**로 채점). 문항들은 자발적으로 개인 정보를 말하는 열의가 부족하고, 개인 정보를 개방하도록 요청받았을 때 상당한 불편감을 겪는 것을 반영한다. *TRT2*는 개선을 위한 노력이 무익하다는 주제를 논의의 영역으로 확장하였다. 점수가 높은 사람들은 개인적 문제에 대한 정보를 드러내기를 꺼려한다. 우울로 인한 부동성이나 무망감 때문이거나(이 경우, *TRT1* 역시 높다), 다른 사람들을 신뢰한 이전 시도들이 고통을 경감시켜 주지 못했기 때문일 수 있다. 점수가 낮은 사람들은 자신의 문제들을 논의하고자 하는 열의를 보고한다.

명심할 점

내용 척도, 성격병리 5요인 척도, 재구성 임상 척도는 종종 서로 매우 겹친다. 같은 영역(예로, *BIZ*, *PSYC*, *RC6*, *RC8*, *CogProb*, *DisOrg*) 내에서 이들 척도 간 점수의 차이는 점수의 유사성보다 더 많은 해석적 가치를 지닐 것이다.

빠른 참조 7.16

성격병리 5요인(*PSY-5*) 척도: 공격성(*AGGR*)

문항 수: 18; 15문항이 그렇다로 채점

주요 내적 상관: 척도 *9*, *Ma4*, *ANG1*, *CYN2*, *ASP1*, *TPA2*, *RC9*, *MAC-R*과 정적 상관, *D-S*, *R*, *GF*와 부적 상관.

기술: 모욕적이고 약탈적인 공격성과 아울러 다른 사람을 지배하고, 정복하고, 파괴하고자 하는 적대적인 욕구를 반영하는 특별한 척도이다. 문항의 약 1/3이 자기주장을 시사하나(Arnau, Handel, & Archer, 2005), 대부분 우월감과 통제 회피라는 주제를 강조한다. 여기에 가학성과 보복성을 반영하는 일부 문항들이 추가되었다. *AGGR*로 표현되는 공격성이나 적대감, 통제/지배성은 분노보다 잔인함을 반영하며, 계산적이고, 의도적이고, 체계적이며, 차가운 경향이 있다. 반면, *ANG*, *TPA* 등에서 표현되는 유사한 감정은 좌절이나 다른 도발에 대한 반응으로, 경솔하고, 무모하고, 무분별하다고 간주된다. *AGGR*은 공격자와 동일시하는 방어기제, 상호작용을 제로섬 게임에서의 행동으로 보는 경향, 상급자에게 복종하고 하급자에게 전제적인 관계를 갖는 권위주의

적 콤플렉스 등을 포함하는 다양한 편집증적 역동성을 반영한다.

해석: 점수가 높은 사람들은 분노를 무기로 사람들을 위협하고 통제한다. 자아개념은 팽창되어 있고, 과대하고, 분노에 차 있다. 다른 사람들의 통제를 받게 되지 않을까 전전긍긍하고, 이를 피하려고 기꺼이 가학적이고 보복적으로 행동한다. 분노, 적대감, 가학성이 현저하고, 폭력의 위협과 공포를 통해 다른 사람들을 통제하고 지배하려고 적극적으로 노력한다.

낮은 점수: 높은 *AGGR*의 특성인 권력이나 지배, 가학성에 대한 적대인 지향이 없음을 반영한다. 45~55*T* 범위의 점수는 타인에게 위협을 주지 않고 쉽게 접근하고 관계를 맺는 비교적 수준 높은 사회적 공격성을 나타낸다. 공격성에 적대적인 동기나 지배하려는 욕구가 없다. 서로 평등한 입장에서 관계를 받아들인다. 개인적인 목표의 상호성취와 위계질서의 변화(한 사람은 올라가고 다른 사람은 내려가는)를 당연하게 여긴다. 45*T* 아래의 점수는 의존, 수동성, 복종, 수줍음의 맥락에서 낮은 자기주장을 반영한다(Weisenburger, Harkness, McNulty, Graham, & Ben-Porath, 2008).

가장 유용한 비교: 척도 *A, 7, ANX, DEP, ANG, TPA, LSE, PSYC, DISC, NEGE, INTR, RC9.*

고통 척도(척도 *A, 7, ANX, DEP, NEGE*)에서의 상승이나 하락은 스트레스에 의한 적대감의 분출과 계산된 복수 즉, 도구적 공격성을 구분하는 데 유용하다. 촉발된 공격성 대 계산된 공격성의 쟁점은 *ANG*와 *AGGR*의 상대적인 상승을 통해서도 가늠할 수 있다. *AGGR*이 높고 *A*와 *INTR*이 낮다면, 높은 *AGGR* 점수가 시사하는 다른 사람들에 대한 통제나 지배, 위해는 자신의 기쁨, 즐거움, 웰빙의 느낌과 관련 있다. *AGGR*이 높은 사람들은 이기적이고 자기중심적이면서 다른 한편으로 다른 사람들을 부러워한다. 이들은 다른 사람들이 자기를 알아주고 관심을 보이는 것에 매우 의존하는 적대적 자기애를 지닌다. 하지만 자기개념이 너무 비현실적이고, 과대하고, 지위에 연연하는 나머지 오로지 강제적 상황에서 원하는 반응을 얻을 수 있다. 이런 맥락에서, 높은 *AGGR*이 높은 *DISC*나 높은 *PSYC*와 결합하면 특히 위험하다.

*AGGR*과 *DISC*가 모두 높으면, 가학적 동기와 행동 통제의 결함 간의 상승작용이 발생한다. *AGGR*과 *PSYC*의 결합은 괴이하고 폭력적인 환상, 행동을 명령하는 환청, 자아 동질적인 망상 등 사고장애의 맥락에서 적대적인 행동을 저지를 위험성을 시사한다. *DISC*와 *INTR*이 높을 때 특히 그렇다. *AGGR*이 낮을 경우, 낮은 *DISC*는 낮은 주장성, 수동성, 그리고 지배에 저항하는 데 있어서 높은 역치를 시사한다. 이런 맥락에

서 *NEGE*(또는 척도 *A*, *7*, *ANX*, *DEP*와 같은 유사한 고통 척도)의 상승은 자기 태만과 자기 패배를 시사하는 행동 패턴의 지표가 될 수 있다. 이런 패턴은 또한 강박 장애 증상과도 일치된다. *AGGR*이 *INTR*과 함께 낮을 경우, 어수룩한 사람으로 이용되기 쉽다. 이들은 믿지 말아야 할 사람을 믿는다거나, 사람들이 대부분 회피하는 상황을 향해 어리석은 믿음으로 다가간다.

빠른 참조 7.17

성격병리 5요인(*PSY-5*) 척도: 정신증(*PSYC*)

문항 수: 25; 23문항이 그렇다로 채점

주요 내적 상관: 척도 *A*, *F*, *6*, *7*, *8*, *Pd-O*, *Pa1*, *Pa-O*, *Sc1*, *Sc5*, *Sc6*, *Si3*, *Ma-O*, *BIZ1*, *BIZ2*, *CYN2*, *RC6*, *RC8*과 정적 상관, *S*와 부적 상관.

기술: 14문항을 공유하는 *BIZ*(.94)와 매우 유사하나, *BIZ*에 비해 편집증적 색채가 다소 강하다. 활성화된 정신증적 내용과 피해(망상)적 내용을 나타내는 두 문항 집단이 가장 크다. 그 외, 특이한 경험/마술적 관념, 백일몽, 철수, 불신과 의심 등을 나타내는 문항들이 있다. *PSYC*는 *RC6*과 10문항, *RC8*과 8문항을 공유한다(이 두 척도는 *BIZ*와 각각 10문항, 12문항을 공유한다).

해석: 중등도(55*T*~65*T*)로 상승한 *PSYC*는 대부분 특이한 신념이나 체험이 있고, 백일몽에 탐닉하는 경향이 있음을 반영한다. 일단 상승했다면, 상승한 정도에 상관없이, 세상이나 다른 사람들의 일에 관습적인 방식으로 관여하는 것을 꺼리는 경향이 있다. 경미한 혹은 중등도의 상승에서조차, *PSYC*는 기능이 위태롭고 대인관계가 소원해질 만큼 개인의 물리적, 사회적 세계와의 관계에서 부조화가 있음을 반영한다. 이 수준에서, 개인은 세상에 있으면서도 거기에 속해 있지 않은 것처럼 보인다. 이보다 높게 상승하면, 다른 사람들이 당황할 정도로 자신의 사회적, 물리적 세계와의 상호작용에서 극심한 왜곡을 보인다. 이를테면, 상호작용이 적대적이고, 도발적이며, 모욕적이거나 서투르고; 무능하고, 엉뚱하고, 괴이하거나 자기 패배적인 양상을 보인다. 65*T* 이상의 상승에서는 의심과 진정한 정신증적 현상이 드러난다. Schneider의 증상과 아울러 망상적인 수준은 아니더라도 고착된 피해의식을 보인다. 일반적으로, *PSYC*가 높은 사

람들은 이상한 외모와 행동, 신념을 보인다. 이들은 환상과 백일몽에 사로잡히고 현실감으로부터 동떨어진 것처럼 보인다. 다른 사람과의 관계는 최소한으로 유지되고, 거리가 있으며, 은밀한 적대감을 지니기 쉽다. 이들은 부당하게 대우받는다고 느끼고 분개하기 쉽다.

낮은 점수: 높은 점수와 관련된 특징들이 없다는 점을 제외하고 크게 증상적인 유의성이 없다.

가장 유용한 비교: 척도 *A, F, 6, 7, 8, Pd4, Pd-O, Pa1, Pa-O. Sc1, Sc5, Sc6, ANX, BIZ1, BIZ2, CYN2, AGGR, DISC, NEGE, RC6, RC8.*

PSYC 문항의 약 40%가 다른 사람으로부터 피해를 받고 있거나 남을 의심하는 내용의 문항들이다. *Pa1*과 *RC6*을 참조하면 *PSYC* 상승에 편집증적 관념이 기여한 정도를 평가할 수 있다. 척도 *A, 7, ANX, NEGE*에서의 상승은 정신증과 관련된 고통을 시사한다. 이들 척도가 낮으면 정신증과 관련된 고통이 없다고 볼 수 있다. *Pd4, Pd-O, Sc1*은 수반된 소외의 수준을, *Sc5, AGGR, DISC*는 적대감 통제의 어려움을 각각 반영한다.

빠른 참조 7.18

성격병리 5요인(*PSY-5*) 척도: 통제 결여(*DISC*)

문항 수: 28; 17문항이 그렇다로 채점

주요 내적 상관: 척도 *9, D-S, Pd2, Ma1, ASP1, ASP2, AGGR, RC4, MAC-R, AAS*와 정적 상관; *R, Re, GF*와 부적 상관.

기술: 폭넓은 차원의 행동 통제력 상실을 다룬다. 가장 큰 문항 집단은 아무려면 어떠냐는 식의 편의주의적인 도덕성을 반영한다. 비행 행동을 인정하는 다소 소규모의 문항들은 모두 *ASP2*에 포함되어 있다. 이 외에 감각 추구, 충동성, 성적 탈억제, 대담성(두 문항)에 대한 문항들이 있다. 이 척도의 주요 주제는 충동 조절의 부족, 즉흥성, 폭넓은 관심, 인지나 도덕에서 편의주의적인 유연성, 만족 지연의 어려움, 관례를 무시하는 경향 등이다. 나이가 들수록 점수가 낮아진다.

해석: 높은 점수는 관습에 얽매이지 않는, 탈억제적인 성격 구조를 반영한다. 충동을

잘 조절하거나 지연하지 못하고, 규칙이나 규율에 따르기보다 반항하는 태도를 보인다. 감각 추구, 깊이가 없고 자기중심적인 충실성, 쾌락적인 도덕적 기준, 합법적이고 윤리적인 제약에 대한 무관심과 무시, 잠재적인 신체적 위협에 대한 대담함과 무모함, 눈앞의 만족을 위해 장기적 목표를 희생하는 경향 등이 특징이다. 점수가 높은 사람들은 처음엔 활기차고 자발적인 것처럼 보이나 좀 더 깊이 알게 되면 믿을 수 없고, 무모하고, 반항적인 면을 볼 수 있다. 부모나 권위적 인물과 갈등을 겪는 경향이 있고, 동료나 주변 사람들과의 관계는 착취적이고, 문란하며, 불안정하다. 충동적이고 반사회적인 행동화, 충실성의 결여, 반복적인 거짓말과 의무 태만, 부끄러움이나 후회의 결여는 결국 수감생활로 귀결된다. 물질남용을 보라.

낮은 점수: 점수가 낮은 사람들은 관습적이고, 동조적이며, 통제적인 모습을 보인다. 다른 사람과의 관계는 원만하나 거리감이 있고, 형식적이며, 관례적인 수준이다. 접촉은 소규모의 마음이 맞는 친구에 한정되어 있다. 따분하고, 단조롭고, 일상적인 일에 대해 인내심이 강하다. 전통적인 도덕 기준을 융통성 없이 고집하는 한편, 이를 바탕으로 다른 사람들을 판단하려는 것이 특징이다. 체면을 유지하는데 신경을 쓰는 나머지, 문제 해결에 있어 완벽주의는 아니더라도 지나치게 신중하게 접근한다. 강박적인 경향을 보일 수 있다.

가장 유용한 비교: 척도 *4*, *9*, *Pd2*, *Pa1*, *Sc5*, *Ma1*, *Ma2*, *Ma3*, *Ma4*, *BIZ1*, *BIZ2*, *ANG1*, *ASP1*, *ASP2*, *AGGR*, *PSYC*, *RC4*, *MAC-R*, *AAS*와 정적 상관, *R*, *Re*와 부적 상관.

행동 통제의 어려움이 조증과 같은 정신증적 상태에서 비롯된 것인지 확인하는 것이 종종 도움이 된다.

빠른 참조 7.19

성격병리 5요인(*PSY-5*) 척도: 부정적 정서성/신경증(*NEGE*)

문항 수: 33; 27문항이 그렇다로 채점

주요 내적 상관: 척도 *A*, *7*, *8*, *D5*, *Pd-O*, *Si3*, *ANX*, *FRS*, *OBS*, *DEP*, *ANG2*, *WRK*, *TRT*, *RCd*, *RC7*과 정적 상관; *K*, *S*, *Es*와 부적 상관.

기술: 첫 번째 요인과 유사한 폭넓은 차원으로, 척도 *A*(.89), *RC7*(.87), *RCd*(.79)와

상관이 매우 높다. 문항의 가장 큰 집단은 걱정, 초조, 불안, 긴장, 스트레스를 반영한다. 이들 중 9문항이 *ANX*와, 7문항이 *RC7*과 겹친다. 두 번째 문항 집단은 분노, 짜증, 감정적 통제의 결여를 나타낸다. *ANG*와 6문항이 겹치는데 *ANG1*, *ANG2*에 각각 3개씩 있다. 작은 두 문항 집단은 각각 두려움(*FRS*와 4문항, *FRS1*과 3문항 공유)과 죄책감을 다룬다. *NEGE*는 걱정, 초조, 두려움, 죄책감을 초래하는 스트레스에 압도된 느낌을 반영한다. 그래서 환자는 막다른 골목에 몰렸다고 느끼고 쉽게 화를 낸다. 문항 내용에 두 개의 암묵적인 주제가 있다. (a) 광범위하게 불쾌하고 혐오스러운 정서 생활이다. 이는 가혹하고 침입적인 느낌을 주며, 결국 (b) 내적인 초조함과 가혹하고 혐오스러운 정서로 인해 파국으로 치달을 만큼 자신을 통제하는 것이 버겁다는 느낌을 초래한다.

해석: 점수가 높은 사람들은 무기력하고, 의존적이고, 도움이 필요하며, 우유부단하고, 불안정한 모습을 보인다. 다른 사람과의 관계는 극단적인 수동성, 버림받는 것에 대한 두려움, 비판에 대한 지나친 민감성으로 특징지어진다. 이들은 좀처럼 주도적으로 자신의 상황을 개선하거나 자기 나름의 최선의 이익을 위해 행동할 엄두를 내지 않는다. 그래서 오랫동안 이를 기다려온 주위 사람들을 격분시킨다. 다른 사람들에 대한 경계선적 애착, 불만을 호소하면서도 도움을 거부하는 모순적인 태도, 자살 혹은 자해 행동을 보일 수 있다.

낮은 점수: 정서적으로 느긋하고 침착한 상태를 반영한다. 내적 경험과 자각의 빈곤이 시사될 만큼 근심이나 걱정이 없다. 극단적으로 낮은 점수는 혼란에도 영향을 받지 않는 잔잔한 정서 상태를 반영한다.

가장 유용한 비교: 척도 *7*, *8*, *A*, *ANX*, *FRS*, *OBS*, *DEP*, *HEA*, *BIZ*, *ANG*, *AGGR*, *PSYC*, *DISC*, *RC7*.

*NEGE*와 *PSYC*의 상승을 비교하는 것은 프로파일의 신경증-정신증의 균형을 가장 잘 알아볼 수 있는 손쉬운 방법이라는 점에서 도움이 된다.

빠른 참조 7.20

성격병리 5요인(*PSY-5*) 척도: 내향성/낮은 긍정적 정서성(*INTR*)

문항 수: 34; 5문항이 그렇다로 채점

주요 내적 상관: 척도 *2, 7, 0, D1, D2, D4, D5, D-O, Hy3, Hy-O, Sc2, Sc4, Si1, Si2, DEP1, DEP2, LSE1, SOD1, SOD2, WRK, TRT1*과 정적 상관.

기술: 문항들은 사회적 이탈 및 제한된 정서적 회복력을 반영한다. 가장 큰 문항 집단은 에너지 수준이나 즐거움을 느끼는 능력에서의 저하, 사회적 어색함/불편감 및 철수를 나타낸다. 세 개의 작은 문항 집단은 개인적 적절성, 끈기, 행복감의 부인을 반영한다. *2-0/0-2* 코드 유형과 유사하다. 12문항이 척도 *2*(*D1*에 11개)와, 9문항이 *RC2* 및 척도 *0*(*Si2*에 5개)과 겹친다.

해석: 특징적인 양상으로 무쾌감증, 에너지 상실, 불만족, 낮은 자존감, 그리고 어려움에 봉착했을 때 쉽게 포기하는 경향 등이 있다. 높은 점수는 *NEGE*에서 볼 수 있는 불쾌감이나 혐오감 이상의 황폐화된 정서 생활을 시사한다. 또한, 시인된 문항의 특정 패턴에 따라 우울증적 철수나 분열성적 무관심 혹은 이 모두를 반영한다. 점수가 높은 사람은 주변 사람들을 불편해하고, 사회적 상황을 회피하려는 경향을 보인다. 다른 사람과의 관계는 적대적이지는 않더라도 거리를 둔다. 관계를 피할 수 없다면 냉담하게 반응한다.

낮은 점수: 사회적이고, 활동적이며, 눈에 띄고, 따뜻하며, 사회적으로 매력적이거나 카리스마 있는 모습을 보인다. 다른 사람과의 관계에서 친절하고 쉽게 다가선다. 이는 높은 자존감, 활력을 떨어뜨리는 스트레스로부터의 자유로움, 대인관계가 주는 뚜렷한 즐거움, 자유와 권리에 대한 상호 존중 등을 바탕으로 한다. 점수가 낮은 사람들은 자존감이 높고, 다른 사람들이 자신을 좋아하고 수용해 준다고 느낀다. 이들은 쉽게 기쁨과 만족을 느끼고, 목표 성취를 위한 풍부한 에너지가 있으며, 친밀한 관계에 대한 욕구를 포함하는 유대관계의 행복감 등을 보고한다. 아주 낮은 점수는 경조증을 반영한다.

가장 유용한 비교: 척도 *2, 0, D1, D-O, Si1, Si2, SOD1, SOD2, AGGR, DISC.*

*DISC*는 *INTR* 점수의 주요한 수정요인이다. 두 척도의 점수가 낮을 경우, *INTR*의 사회적인 쾌활함이 통제되고 건설적임을 시사한다. *DISC*가 높고 *INTR*이 낮다면, 그 사람의 사교성은 피상적이고 실리를 추구하는 경향이 있다. 두 척도의 이러한 결합은

사귀는 사람이 자주 바뀌는 높은 사회적 회전을 시사한다. 새로움과 자극 추구에 대한 욕구가 상대에 대한 충실성을 훼손시켜 지루한 관계를 잘 견디지 못하게 하기 때문이다. 반대로, *DISC*가 낮고 *INTR*이 높다면, 사회적 진취성이 현저히 감소하고, 예측 가능하고 단조로운 대인관계를 잘 견딘다. 하지만 관계가 지속된 기간이 아무리 길더라도, 깊이는 얕은 그대로 남아 있다. *AGGR*이 중등도로 상승한 경우, *INTR* 점수가 낮은 사람은 보다 지배하고, 통제하려는 경향이 있으며, 다른 사람과 타협하는 데 있어 주요한 문제를 가질 수 있다.

빠른 참조 7.21

재구성 임상(RC) 척도: 의기소침(*RCd*)

문항 수: 24; 22문항이 그렇다로 채점

주요 내적 상관: *RCd*는 첫 번째 요인에 압도적으로 부하되어 있으며, *A*와 14문항(*RCd*의 58%)을 공유한다. *A*와의 상관은 Tellegen과 Ben-Porath(2008)의 다섯 개의 임상표집에서 평균 .93이었다. 하지만 *ANX*와 7문항(*A*의 18%), *DEP*와 9문항(*A*의 23%)을 공유하는 *A*와는 달리, *RCd*는 *ANX*와 단지 4문항(*A*의 10%, *RCd*의 17%), *DEP*와 11문항(*A*의 28%, *RCd*의 46%)을 공유한다. Tellegen과 Ben-Porath의 같은 표집에서 *RCd*와 *DEP*의 평균 상관(.93)은 척도 *RCd*와 *A*의 상관과 같다. Tellegen 등(2003, pp. 43-52)이 제시한 자료는 *RCd*가 *RC2*에 비해 우울 평정치와의 상관이 더 긴밀하다는 것을 확증한다. *RCd*가 우울로 편향되어 있고, 적어도 *A*나 첫 번째 요인의 다른 지표들에 비해 폭이 좁다는 점은 Nichols(2006a, pp. 129-131; 2006b, pp. 173-174)에 의한 논의의 주제가 되었다.

기술: 문항들은 불쾌감; 불안, 무능력, 죄책감, 자기 회의; 우유부단함과 스트레스 상황에서 쉽게 포기하는 경향을 반영한다. *A*와 마찬가지로 *RCd*도 80*T*에 이르면 더이상 잘 오르지 않는다.

해석: 척도 *A*를 보라. 전술한 바와 같이 우울 편향에도 불구하고, *RCd*는 첫 번째 요인의 유력한 지표이다. 점수가 높은 사람은 우울하지는 않더라도 불쾌하고, 주도성과 자신감이 없으며, 효능감이나 역량이 상당히 감소된 수준에서 기능하는 것으로 기술된

다. 죄책감, 실패감, 무망감, 절망감을 지니며, 마음이 산란하고 압도된 느낌을 받는다. 또한, 스트레스 하에서 무너지지는 않더라도 뒤로 물러서는 경향이 있다.

낮은 점수: 만족, 낙천성, 적절한 자존감, 일상생활에서 경험하는 스트레스에 대한 자신감 등을 나타낸다.

가장 유용한 비교: 높은 점수: *DEP*와 특히 *A*; 또한 *ANX*, *FRS1*, *OBS*, *LSE*, *WRK*, *NEGE*. 낮은 점수: 높은 점수와 같다.

빠른 참조 7.22

RC 척도: 신체증상 호소(*RC1*)

문항 수: 27; 11문항이 그렇다로 채점

주요 내적 상관: 신체 요소와 밀접히 관련된 척도로, 척도 *1*이나 *HEA*와 상당히 겹친다. *RC1*은 척도 *1*, *HEA*와 각각 20문항을 공유한다(*HEA1*의 5문항 중 4개, *HEA2*의 12문항 중 8개, *HEA3*의 6문항 중 2개). 또한, *D3*의 11문항 중 3개, *Hy4*의 17문항 중 13개, *Sc6*의 20문항 중 7개를 공유한다. 척도 *1*, *HEA*, *Hy4*와의 상관은 .90 중반대이다.

기술: 문항들은 신경 근육과 GI 문제, 머리, 목, 가슴 통증 및 감각 문제를 강조하는 폭넓은 신체 호소를 반영한다.

해석: 높은 점수는 감각 운동과 위장 기능, 통증, 그리고 일반적 건강 상태에 대한 염려와 몰두를 반영한다. *Hy4*와 같이, 증상들이 아주 개별적이고 종종 극적이다. 대략 절반 정도의 증상이 형상화나 비유적인 표현들을 통해 설명된다. 이를테면, '목구멍에 덩어리가 있는 것 같다', '메스꺼움이 치밀어 올라온다', '온 몸이 쑤신다', '밴드로 머리를 꽉 조이는 것 같다', '손이 떨린다', '가슴 위로 아프다', '근육이 뒤틀린다', '어지럽다', '심장이 두근거린다' 등이다. 이들 문항에 사용된 언어들은 전형적인 방식으로 신체 문제가 기술된 다른 문항들에 비해 표현이 극적이고 심지어 화려하기도 하다. 이들 문항이나 유사한 일부 문항들은 관심을 끌려는 함의도 있다. 이들 문항은 시선을 끄는 성질이 있으며, 면담에서 좀 더 화려하게 각색되어 표현될 것이다. 다시 말해서, 이들 문항은 환자들이 전달하고자 하는 이야기의 구성요소로 쉽게 동원될 수 있으며, 임상가들 역시 그 속에 숨겨진 메시지를 비교적 쉽게 알아차릴 수 있다.

낮은 점수: 특별하게는 신체적 몰두에서, 일반적으로는 건강에 대한 걱정에서 자유롭다.
가장 유용한 비교: **높은 점수:** 특히 *Hy4*, *Sc6*, 척도 *1*, *HEA1*. *ANX*와 *DEP*를 확인하라. 낮은 점수: 척도 1의 낮은 점수에 대한 논의를 보라.

빠른 참조 7.23

RC 척도: 낮은 긍정 정서(*RC2*)

문항 수: 17; 모든 문항이 그렇다로 채점
주요 내적 상관: *INTR*(.88)과 상관이 매우 높고, 9문항을 공유한다. 척도 *2*(.82)와는 단지 8문항을 공유하며 그중 5문항을 *D1*과 공유한다.
기술: 문항들은 우울한 기분(슬픔, 우울함 등)보다는 자기 효능감과 즐거움의 부족(무쾌감증), 무기력, 동떨어진 느낌, 자신감의 부족, 비관주의를 반영한다.
해석: 높은 점수는 욕구나 에너지, 흥미, 동기의 결여와 철수를 반영한다. 우울 외에 불안이나 일반적인 과제와 의무 수행에서의 무능함에 대한 호소가 더해질 수 있다. 척도 2나 *DEP*가 상승한 경우와 마찬가지로, 자살사고, 과거 자살과 관련된 제스처나 시도, 그리고 자살계획을 물어봐야 한다. *RC2*는 척도 *2*나 *DEP*보다 우울증에 대해서는 덜 민감하다(Binford & Liljequist, 2008; Tellege et al., pp. 43–47을 보라).
낮은 점수: 낙관주의, 쾌활함과 사회적 관심, 자신감, 에너지, 참여를 나타낸다. *INTR*의 경우와 마찬가지로 매우 낮은 점수는 경조증적 고양 상태를 시사한다.
가장 유용한 비교: 높은 점수: 특히 *INTR*, *DEP*, *DEP1*, *Si1*, *SOD1*. 낮은 점수: *INTR*, 척도 *9*.

빠른 참조 7.24

RC 척도: 냉소적 태도(*RC3*)

문항 수: 15; 모든 문항이 그렇다로 채점

주요 내적 상관: *RC3*은 *CYN*, *CYN1*과 압도적으로 겹친다. 각각 12문항과 11문항을 공유하고, .90대 초, 중반의 상관이 있다. 척도 *3*과는 근본적으로 상관이 없다. 척도 *3*과 단지 5문항(*Hy2*에 5문항)을 공유하는데, 모두 반대로 채점된다.

기술: 문항들은 다른 사람에 대한 의심은 아닐지라도 불신을 나타낸다. 사람들을 이기적이고 오직 개인적 관심에 의해서만 동기화되며, 친밀한 관계가 흔히 배신으로 특징지어진다는 관점을 반영한다.

해석: *CYN1*을 보라.

낮은 점수: *CYN1*을 보라.

가장 유용한 비교: 높은 점수: *CYN*, *CYN1*, *Ho*. 낮은 점수: *S1*, *Hy2*, *Pa3*.

빠른 참조 7.25

RC 척도: 반사회적 행동(*RC4*)

문항 수: 22; 16문항이 그렇다로 채점

주요 내적 상관: *AAS*(.77)와 7문항, *ASP2*(.80)와 5문항이 겹치고, 척도 *4*와 9문항(*Pd2*에 5문항, *Pd1*에 3문항), *DISC*(.68)와 8문항이 겹친다.

기술: 문항들은 물질 사용/남용과 그로 인한 부작용(예: 물건 파손)이 있고, 범죄 행위(절도)는 아니더라도 비행을 저지르고, 학교 규칙을 따르지 않고 무단결석하거나, 가족과 갈등이나 불화가 있음을 인정하는 내용으로 되어 있다. 문항의 약 3/4은 과거력과 관련하여 과거형 또는 과거 완료형으로 표현되었다.

해석: 남성의 경우 60~65*T* 범위, 여성의 경우 65에서 70*T* 범위의 점수는 해석이 애매하다. 이런 범위의 점수는 물질남용이나 비행 어느 한쪽 문항에 시인하는 것만으로도 얻을 수 있기 때문이다. 보통 물질남용 쪽의 문항에 시인하나 비행 쪽의 경우도 드물게 있다. 하지만, 대략 80*T*의 점수(여성은 85*T*)에 이르면 양쪽 문항에 적어도 어느 정도 시인했을 가능성이 크다. 이 수준에서는 반사회적 행동을 보이지 않더라도, 폭넓은 수준의 반사회적 성향이 시사된다. 예로, 정서적, 행동적 통제의 상실; 관행을 따르지 않음, 권위적 인물에 대한 적대감; 범죄적, 성적, 적대적 그리고/또는 물질 남용적인 방식으로의 행동화; 책임감 회피, 대인관계에서의 기회주의, 편의주의, 불성실, 거짓말, 속

임수, 교묘한 조작 등을 볼 수 있다.

Tellegen과 Ben-Porath(2008)의 8개의 표집은 *RC4*가 일반적으로 청소년과 성인의 반사회적 행동뿐만 아니라 물질 사용/남용/의존의 외적 준거를 예언함을 보여 준다. 심지어 범죄의 피고인들에 대해서도 그렇다(pp. 214-227). 일부 잠정적인 증거는 물질남용을 예측하는 데 있어서 *RC4*가 *AAS*, *MAC-R*, *ASP*를 능가함을 시사한다(Stransky, 2006; Young, 2009). 대상이 청소년이건 성인이건, *Pd2*, *DISC*, 특히 *ASP2*가 동시에 상승할 때, 보다 신뢰롭게 반사회적 행동을 예측할 수 있다.

낮은 점수: 물질남용/의존의 부재; 법적, 윤리적 준거의 준수, 적절한 행동 통제; 일반적으로 솔직하고 존중하는 대인관계 등을 시사한다.

가장 유용한 비교: **높은 점수**: *AAS*, *Pd2*, *ASP2*, *DISC*; 이차적으로 *MAC-R*, *APS*, *ASP*, *ASP1*, *CYN*, *Pd1*, *FAM*. **낮은 점수**: *AAS*, *Pd2*, *ASP2*, *DISC*, *Re*, *GF*.

빠른 참조 7.26

RC 척도: 피해의식(*RC6*)

문항 수: 17; 16문항이 그렇다로 채점

주요 내적 상관: *Pa1*의 17문항 중 12문항을 공유할 정도로 *Pa1*과 압도적으로 겹친다. 두 척도의 상관은 .90대 초반이다. 또한, 각각 10문항씩 공유하는 *BIZ*(*BIZ1*에 7문항), *PSYC*와 .80대 초, 중반의 상관을 갖는다.

기술: *Pa1*의 문항들처럼, *RC6* 문항들도 조종 망상과 피해의식(피해망상은 아니라도)을 강조한다(*Pf3*, *Pf4* 참조). 몇몇 추가적 문항들은 분개와 관계관념을 반영한다.

해석: *Pa1*을 보라.

낮은 점수: *Pa1*을 보라.

가장 유용한 비교: **높은 점수**: *Pa1*, *Pf3*, *Pf4*; 이차적으로 *BIZ*, *BIZ1*, *PSYC*, *CYN*, *CYN2*. **낮은 점수**: *Hy2*, *Pa3*.

빠른 참조 7.27

RC 척도: 역기능적 부정 정서(*RC7*)

문항 수: 24; 모든 문항이 그렇다로 채점

주요 내적 상관: *A*, *NEGE*, 척도 *7*과 .80대 중, 후반의 상관을 가지며 각각 10, 7, 8문항을 공유한다. Tellegen과 Ben-Porath(2008)의 5개 임상 표집 에서, *RC7*은 척도 *7*과 평균 .87의, *A*와 평균 .89의 상관이 있었다. *A*와 문항이 겹치는 비율 역시 척도 *7*(13문항, 13/48=27%)보다 *RC7*(10문항, 10/24=42%)이 높다. 또한, *RC7*과 겹치는 문항 비율 역시 척도 *7*(8문항, 8/24=33%)보다 *A*(42%)가 높다. 요컨대, *RC7*에서 첫 번째 요인이 차지하는 변량이 척도 *7*의 경우보다 크다(척도 *7*은 *A*로 측정되는 첫 번째 요인의 변량의 원천과 밀접히 관련 있다고 이미 알려져 있다). 이는 첫 번째 요인의 변량이 *A* 이외의 다른 4개 표지들로 측정되거나, 심지어 *RCd*로 측정될 때도 마찬가지였다. 첫 번째 요인의 다른 네 표지들에 대해서는 Nichols(2006a, pp. 131-132)와 Ranson, Nichols, Rouse, & Harrington(2009, p. 127)을 보라. 참고로 Tellegen과 Ben-Porath (2008)의 연구에서 *RCd*는 *RC7*(평균=.87)보다 척도 *7*(평균=.90)과 상관이 높았다.

기술: 문항들은 불안, 걱정, 만성적 근심, 그리고 공포감을 반영하지만 동시에 과민성, 성마름, 조급함과 쉽게 화를 내는 성향도 같이 반영한다.

해석: 점수가 높은 사람들은 자신과 다른 사람들에게 화가 난 가운데, 우울하고, 불안하고, 긴장되고, 압도된 것처럼 보인다. 또한, 이들은 방향성이 없고, 성과도 없으며, 크게는 비합리적이라고 생각하는 반추나 몰두, 그리고 인지적 통제의 결여로 인해 어려움을 겪는다. 일반적으로 자신들의 성마름과 분노가 지나치고 부당하다는 것을 알지만(자아 이질적), 이를 억누르는 데 무력감을 느낀다. 수면 곤란에 대한 호소가 흔하다. 친지들은 환자를 '같이 지내기 어려운 사람'이라고 말한다. 아주 높을 경우(~80*T*), 종종 특이한 몰두와, 관계관념, 명백히 비합리적인 공포 등을 수반하는 초기 단계의 정신증이 뚜렷하게 드러날 수 있다.

낮은 점수: 정서적, 인지적 통제가 적절하고; 장애물에 직면해서도 끈기를 보이고, 유연하며, 스트레스를 수월하게 다루는 능력이 있고; 자족하고, 다른 사람들과 비교적 원만하고 조화로운 관계를 맺고 있음을 시사한다.

가장 유용한 비교: **높은 점수**: 위에 해석적 기술은 *RC7*이 *RCd*와 *A*를 넘을 때 가장 적

합하다; *ANX, FRS1, DEP, DEP4, OBS, ANG, ANG2, TPA1, LSE, SOD2, WRK, NEGE*. **낮은 점수**: *GM, K, Es*.

빠른 참조 7.28

RC 척도: 기태적 경험(*RC8*)

문항 수: 18; 17문항이 그렇다로 채점

수요 내적 상관: *BIZ*와 .90대 초반의 상관을 가지며, 12문항(*BIZ1*과 4문항, *BIZ2*와 6문항)을 공유한다. *PSYC*와 .80대 초, 중반의 상관을 가지며, 8문항을 공유한다. 척도 *8*과 10문항(*Sc6*에 9문항)을 공유하고, 11문항을 공유하는 *DisOrg*와 .94의 상관을 갖는다.

기술: *RC8*은 정신증을 측정하는 다른 척도들(*Pa, Sc, Ma, BIZ, PSYC*)과 달리 편집성(이를테면, 조종 망상이나 피해망상) 문항들과 사고장애/와해를 내용으로 하는 문항들이 혼재되어 있지 않다. 편집성 문항들은 *Pa1*과 *RC6*에 몰려 있다. 척도 *8, BIZ, PSYC*에는 편집성 문항이 각각 5개, 8개, 8개씩 들어 있다. *RC8*의 문항들은 비정상적인 감각 경험이나 '특이하다'고 기술되는 경험, 또는 비현실감을 반영한다. 또한, 명백히 환시나 환청, 일급 증상들(예로, 사고 전파)을 반영하는 6문항이 있다. 3문항이 해리적 삽화나 위기를 시사한다. 해리성 3문항은 본질상 정신증적이라기보다는 다른 정신의학적(공황, 해리), 의학적(중독, 간질) 상태와 더 일치한다.

해석: 점수가 높은 사람들은 환각을 보이지 않더라도 혼란되어 보이며 불안, 빈약한 집중력과 판단력, 의심, 망상적 사고(관계, 피해, 조종 등)와 더불어 정신증적 양상을 보일 가능성이 크다. 소외, 정신 장애로 인한 입원, 약물치료, 물질남용 등의 과거력이 시사된다.

낮은 점수: 높은 점수에 의해 시사되는 대부분의 증상/호소가 없다.

가장 유용한 비교: 높은 점수: *DisOrg, CogProb, BIZ, BIZ1, BIZ2, PSYC, RC6, Pa1, CYN2*. **낮은 점수**: 높은 점수와 같다.

빠른 참조 7.29

RC 척도: 경조증적 상태(*RC9*)

문항 수: 28; 27문항이 그렇다로 채점

주요 내적 상관: 척도 *9*(.75)와 8문항(*Ma2*에 4개, *Ma4*에 3개)을 공유한다. *AGGR*, *ANG*, *ANG1*, *TPA*, *TPA2*, *Ho*와 .65~.70 범위의 상관을 가지며 각 척도와 3~7개의 문항을 공유한다. *D2*, *Hy2*, *Hy5*와는 −.40~−.50의 높은 부적인 상관을 갖는다. *RC9*의 상관 패턴은 *RC9*가 분노, 도구적 공격성, 적대감, 복수심 등과 관련된 변량에 의해 지배적이지는 않더라도 상당한 영향을 받고 있음을 시사한다.

기술: 대략 문항의 1/3이 적대적 공격성, 빠른 분노 폭발, 지각된 도발에 대한 보복 행동, 그리고 거리낌 없이 다른 사람을 자극하고 위협하는 행동 등을 반영한다. 다른 1/3은 흥분, 다행감, 비약적 사고, 자극 추구 등의 요소를 함축하는데, 특히 사회적 맥락에서 그렇다. 나머지 문항의 대부분은 경쟁적이지는 않더라도 우쭐하고 팽창된 자기개념을 시사한다.

해석: 점수가 높은 사람들은 공격적이고, 도발적이고, 고압적인 모습을 보일 가능성이 크다. 또한, 적대적이지는 않더라도 자극에 과민하게 반응한다. 지루함에 대한 역치가 낮고, 좌절을 견디지 못한다. 쉽게 흥분하고, 과잉반응하며, 충동을 조절하지 못한다. 자존감은 과대하지는 않더라도 팽창되어 있고 당당하다. 지배적인 정동은 팽창되어 있거나 다행감보다는 전형적으로 자극에 과민한 모습을 보인다. 그러나 팽창되고 다행감에 젖은 정동은 50*T*보다 낮은 경우에도 볼 수 있는데 특히, 척도 *9*가 *RC9*나 *INTR*을 넘어설수록 그렇다.

낮은 점수: 대체로 높은 점수에서 시사되는 증상들이 없다.

가장 유용한 비교: 높은 점수: 척도 *9*, *ANG1*, *TPA2*, *AGGR*, *INTR*, *DISC*, *DisOrg*. 낮은 점수: 척도 *2*와 *7*, *INTR*.

빠른 참조 7.30a

보충 척도: 첫 번째 요인(척도 *A* [불안])

문항 수: 39; 38문항이 그렇다로 채점

주요 내적 상관: 척도 *7, 8, 0, D1, D5, Hy3, Pd5, Sc4, Si3, ANX, OBS, DEP, LSE, WRK, TRT, RCd, NEGE, Mt, PK, PS, GM*(낮은)과 정적 상관; 척도 *K, S, Es*와 부적 상관.

가장 유용한 비교: 주요 내적 상관을 보라. 특히, *DEP, RCd*를 보라.

기술: 문항들은 의사결정과 집중의 어려움; 불쾌감, 불안감, 걱정; 피로, 좌절, 진취성의 부족; 자신감의 부족, 열등감, 예민함; 벗어나고 고립된 느낌 등을 반영한다. *A*는 MMPI-2의 문항 구성 중 일반적인 부적응/주관적 고통의 차원에 대한 전통적인 지표이다. 보다 좁은 범위의 고통 척도(*ANX, DEP* 등)에서의 상승을 평가하기 위해 참조하는 지표로 가장 유용하다. 고통 척도들이 척도 간 상관이 매우 높고, 같이 상승하기 때문이다. 예로, *WRK*가 *ANX, OBS, DEP, LSE*보다 점수가 더 높고, *A*를 초과할 때 *WRK*의 상승은 일반적인 고통이나 불편감, 기능에 대한 걱정보다는 직업과 관련된 특정한 걱정과 더 관련 있다. 마찬가지로, *ANX*가 *OBS, DEP, LSE, WRK*보다 높고, *A*를 넘어선다면, *ANX*에서의 상승은 일반적인 고통이나 불쾌감, 심사숙고함 등보다는 불안과 관련된 특정한 증상들(예로, 긴장감, 두려움, 공황상태, 걱정, 주의산만, 호흡곤란 등)을 반영한다. 80*T*에 이르면 *A*가 더 이상 잘 올라가지 않으므로, 매우 높은 상승에서는 앞서 언급한 관계가 무너지기 시작한다. 이 척도는 Friedman 등(2001)에 의해 보다 광범위하게 논의되었다.

해석: 일반적으로, 높은 점수를 가진 사람들은 마음이 편치 않고, 걱정이 많고, 불행하다고 기술된다. 이들이 경험하는 불안은 외부적인 위협에 대한 느낌보다 이들 자신의 무능함에 대한 느낌으로 나타난다. 수행이 적합한가에 대한 걱정은 이들을 주저하게 하고, 산만하게 하고, 망설이게 하며, 결국 다른 사람의 영향을 받도록 만든다. 스트레스 상황에서, 이들은 혼란스럽고, 와해되고, 현실에 적응하지 못하는 경향이 있다. 이들은 자신의 부적합감을 신중하고, 냉담하게 반응하고, 관여하거나 주도하는 것을 피하고, 행동을 억제하는 방식으로 대처한다. 다른 사람들과의 상호작용에 있어서 소심하고, 불편해하며, 소극적이고, 쉽게 당황한다. 낮은 점수를 가지는 사람들은, 타당도

지표의 패턴이 지나치게 방어적이지 않다면, 자신들의 능력에 대해 자신감을 보인다, 이들은 편안하고, 친절하고, 스스럼없이 표현하고, 자기주장이 강하다. 이들은 주도적이고, 행동적이고, 서슴없이 사건에 참여하며, 활기 있고, 힘차다. 또한, 다재다능하고 진취적이다. 낮은 점수를 보이는 일부의 경우, 자기중심적이고, 과시하고, 지나치게 자신만만하다. 다른 사람들의 기분에 신경 쓰지 않고 거침없이 말하며, 경쟁적이고, 고압적이다. 이들은 또한, 사람들을 교묘하게 조종하려는 모습을 보이며, 무모하고 충동적이라고 기술된다.

빠른 참조 7.30b

보충 척도: 두 번째 요인(척도 *R*[억압])

문항 수: 37; 모든 문항이 아니다로 채점

주요 내적 상관: 척도 *2*, *3*, *D2*, *D-S*, *Hy5*, *Si2*, *INTR*, *Re*와 정적 상관, 척도 *9*, *Ma2*, *Ma-S*, *ASP*, *TPA2*, *AGGR*, *DISC*, *MAC-R*과 부적 상관.

가장 유용한 비교: 주요 내적 상관을 보라.

기술: 폭넓은 차원의 정서 통제와 억제를 반영한다. *R*로 평가되는 억제 유형은 충동성과 정서성의 강도 및 경험에 대한 개방성과 관련 있다. 문항들의 내용은 다양하다. 즉, 건강 문제와 신체 증상; 부적 정서와 관련하여 혹은 흥분되거나 활기찬 느낌과 관련하여 둔하지는 않으나 억제된 정서; 사회적 상호작용이나 집단 구성원 주는 잠재적인 자극에 대한 즐거움의 결여나 과소반응; 갈등이나 경쟁 혹은 사회적으로 눈에 띄는 상황의 회피; 피로나 자극을 야기하는 소일거리에 대한 활동이나 흥미의 부인 등의 내용을 포함한다. 내용은 정서성을 억제하고, 긍정적이든 부정적이든 감정을 자극할지 모르는 사람이나 환경과의 상호작용을 회피하는 경향을 시사한다. 또한, 그러한 감정이 생겨났을 때 이를 신체 영역에서의 사건으로 표출하는 경향을 시사한다. 이 척도는 Friedman 등(2001)에 보다 광범위하게 논의되어 있다.

해석: 높은 점수를 받은 사람들은 자극이나 정서가 최소한의 수준을 넘어서면 불편함을 나타낸다. 이들은 인습적이고, 예측할 수 있고, 친근하고, 과잉 학습된 환경에 안주하는 것을 선호한다. 이러한 선호는 다시금 감정이나 그 밖의 정서적 현상을 의식하고,

확인하고, 구별하고, 반영하는 개인의 능력에 한계를 초래하고, 제한된 정서 표현의 기초를 형성하며, 심지어 감정표현 불능증에 이르게 할 수도 있다.

낮은 점수는 (충동적으로 표현되지는 않더라도) 감정과 충동에 대한 즉각적인 접근, 이들 감정과 충동을 경험하는 것에 대한 개방성, 풍부하면서도 불안정한 흥미 패턴, 상황에 대한 높은 내성, 낯설거나 탈인습적인 관점을 기꺼이 즐김, 그리고 모호함이나 불확실성 혹은 갈등을 견디는 능력 등을 시사한다. 극단적으로 낮은 점수는 혼돈 상태의 정서성과 관련 있다. 그 와중에서 개인은 감정이 물밀듯이 밀려들거나 다행감에 휩싸이는 느낌을 가지며, 이런저런 감정들을 일시에 무분별하게 표출한다.

빠른 참조 7.31

보충 척도: 자아 강도(*Es*)

문항 수: 52; 20문항이 그렇다로 채점

주요 내적 상관: 척도 *1, 2, 7, 8, D1, D4, D-O, Hy3, Hy4, Hy-O, Sc3, Sc6, ANX, DEP, HEA, WRK, RCd, RC1, RC7, A, Mt, PK, PS*와 부적 상관; *GM*과 정적 상관.

가장 유용한 비교: 척도 *A*와 *K*. *Es*의 해석은 첫 번째 요인과의 공변량으로 인해 복잡해질 수 있다. 첫 번째 요인의 상당한 변량을 설명하는 다른 척도들이 *Es*와 서로 영향을 주고받을 수 있기 때문이다. 정신과 환자들이나 정신건강과 관련하여 자문을 구하는 사람들에게서, *Es*와 *K*의 상관은 보통 .50~.60의 범위이다. 그러므로 한 척도의 상승이나 하락은 다른 척도의 상승이나 하락으로 이어지는 경향이 있다. 결과적으로, *Es*가 아주 높더라도 *K*가 비교적 낮다면 스트레스에 대한 내성과 적응적인 기능을 과소추정하게 된다. 반대로, *Es*를 상당히 초과하는 비교적 높은 *K* 점수는 실제 이상으로 문제나 스트레스에 잘 대처하고 있다는 인상을 주고 싶어 하는 욕구, 고갈되었거나 위태로운 대처자원, 혹은 이 두 가지 모두를 반영할 수 있다.

기술: 통찰지향적인 정신역동적 심리치료에 대한 예후의 지표로 '정신신경증적'인 외래환자를 대상으로 Barron(1953)에 의해 개발되었다. 문항들은 신체 기능과 생리적 안정성, 정신쇠약과 은둔, 개인적 대처능력이나 대처의 적절성, 도덕적 태도, 현실감각, 공포/유아적 불안을 반영한다. 이 척도는 스트레스 하에서의 통제력이나 체제화

능력, 혹은 탄력적인 대처의 지표로 기능하는 것으로 보이므로, 스트레스 내성 지표로 볼 수 있다. 이 척도는 Friedman 등(2001)에서 보다 광범위하게 논의되었다.

해석: 점수가 높은 사람들은 특징적으로 재치 있고, 독립적이고, 자립적이며; 원칙과 결단력이 있고; 진취적이고, 유연하고, 참을성이 있으며; 다른 사람들에게 깊은 인상을 줄 만큼 능숙하고, 유능하고, 쉽게 수용되는 것으로 기술된다. 권위에 대해 반항하지는 않더라도, 공격적이고 직설적이며 비순응적으로 보일 때도 있다. 그러므로 이들은 심리치료를 문제 해결 자원을 보충하는 기회로 그리고, 치료 과정에서 종종 발생하는 자기성찰과 직면을 흔들림 없이 견더내는 기회로 사용할 수 있을 것 같다.

75*T* 이상의 높은 점수를 받는 환자들이나 그 밖의 사람들의 특성에 대해서는 거의 알려지지 않았다. Gottesman(1959)은 정상인, 비행 청소년, 정신과 치료를 받는 청소년과 성인 등을 표집으로 하는 몇몇 연구들을 개관하였다. 그리고 이에 기초하여, 현저하게 높은 점수가 앞서 언급한 좋은 특성을 반영하기보다는 정신 병리의 과소보고나 정신병질과 같이 갈등이 없으면서 충동적인 성격장애를 반영할 수 있다고 제안하였다. 낮은 점수를 받은 사람들은 불안정하고, 과잉반응하며, 스트레스에 직면했을 때 혼란에 빠지기 쉽다. 이들은 하찮아 보이는 문제에 화를 내고; 피암시성이 강하고 의존적이면서도 다른 사람에 대해 참을성이 부족하고; 억제되어 있고, 우유부단하고, 꾸물거리며; 관점, 행동의 선택, 그리고 문제에 대한 접근에 있어 보다 경직되어 있다.

빠른 참조 7.32

보충 척도: 지배성(*Do*)

문항 수: 25; 6문항이 그렇다로 채점.

주요 내적 상관: 척도 *A*, *7*, *8*, *0* 및 척도 *D1*, *D-O*, *Pd5*, *Pd-O*, *Sc3*, *Sc4*, *Si3*, *OBS*, *DEP1*, *DEP3*, *LSE*, *WRK*, *TRT1*, *NEGE*, *Mt*, *PK*, *PS*와 부적 상관; *Es*와 정적 상관.

가장 유용한 비교: *Es*와 4개의 문항만을 공유하지만, 구성개념에서 *Es*와 아주 중복되는 것으로 나타났다.

기술/해석: 거만하거나 독재적인 행동이 아니라, 긍정적인 사회적 지배성을 확인하기 위하여 Gough, McClosky, Meehl(1951)이 개발하였다. 문항들은 이질적이지만 자신감, 독립성, 이완성, 솔직성, 개인의 안전감; 주의 산만, 우유부단, 걱정, 죄책감, 편견 등으로부터의 자유로움; 사교성, 좋은 사회적 기술, 사회적 판단, 건설적인 사회적 태도, 꾸준함, 자제력 등을 반영한다. 높은 점수를 받은 사람들은 편안하고, 침착하며, 창의적이고, 사회적 관계에서 영향력이 있다. 이들은 안전하고, 자신감 있고, 자신만만하고, 효율적이고, 자원이 풍부하며, 참을성이 있는 것처럼 보인다. 다른 사람들로부터 확신과 사회적 승인을 이끌어내는 능력은 그들을 집단 내에서 책임감과 리더십을 요구하는 위치로 올릴 수 있다(예로, 배심원 대표로 선출되는 것). 위에 언급된 기술과 해석은, *Do*가 MMPI/MMPI-2에서 적어도 자기 지시(self direction)의 지표로 측정되는 한, *Do*에 잘 수렴되는 것 같다. 구성개념으로서 자기 지시는 내적 통제 소재와 판단의 독립성의 측면들을 포함하지만, 때로 이 개념이 지니는 자기 충족성이나 사회적 소원함의 함의는 없다. 이 척도는 Friedman 등(2001)에 의해 보다 광범위하게 논의되었다.

빠른 참조 7.33

보충 척도: 사회적 책임감(*Re*)

문항 수: 30; 6문항이 그렇다로 채점

주요 내적 상관: 척도 *4*, *Pd-O*, *Ma-O*, *Si3*, *ANG*, *CYN*, *ASP1*, *ASP2*, *TPA*, *FAM*, *MAC-R*, *AAS*와 부적 상관; 척도 *K*, *S*, *Hy-S*와 정적 상관.

가장 유용한 비교: *Do*와 *Re*가 *K*에 대해 각각 .61과 .63의 사실상 동일한 상관관계를 갖는다는 점은 주목할 만하다. 그러나 이 두 척도와 *Es*의 상관은 각각 .68과 .38로 차이가 있다.

기술/해석: "자신이 한 행동의 결과를 기꺼이 받아들일 준비가 되어 있고, 믿고 의지할 만하며, 집단에 대해 의무감을 가지고 있는 정도"(p. 74)를 확인하기 위해 Gough, McClosky와 Meehl(1952)에 의해 개발되었다. 문항들은 규칙과 기대에 대한 순응; 학교에서의 모범적 행동; 낮은 자극 추구와 과민성; 자의식, 분노, 분개, 냉소적인 태도 등의 부인; 갈등의 회피; 자기 충족 등을 반영한다. 점수가 높은 사람들은 관습적이고 순응적이면서 관대하고 차분하다. 이들은 다른 사람들의 기대를 한 몸에 받고 있고, 자기통제를 잘하는 팀 플레이어이다. 자신이 선택한 단체에 기꺼이 충성을 맹세하고, 실제로 그렇게 한다.

*Re*는 창의적 요구가 낮은 제도적인 단체에서 흔히 볼 수 있는 형태의 책임감을 측정한다. 단체는 가족이나 클럽처럼 작을 수도 있고, 다국적 기업체처럼 클 수도 있다. *Re* 점수가 높은 사람들은 꾸준함, 타인과 협동, 그리고 업무와 관련된 다양한 형태의 성실성에 우선권을 두는 구조화된 환경에서 최상의 수행과 성취를 보인다. 일종의 충실함이 핵심적인 구성개념인 것 같다. 그러므로, 책임감 있는 사람이란 단체의 관습, 규준, 정책, 절차들을 준수하고 지지하는 임무를, 그리고 단체의 목표를 진전시키는 임무를 믿고 맡길 수 있는 사람이다. *Re* 척도는 고용 선별과정에서 광범위하게 사용된다 (Butcher & Williams, 1992).

낮은 점수들은 앞서 언급한 자질들과 반대로 해석될 수 있다. 50*T*보다 높은 *Re* 점수의 경우, 해석지침을 마련하기 위한 추가적인 탐색과 연구가 필요하다. 그러나 대략 60*T*를 넘는 점수의 경우, 높은 *Re* 점수를 받는 사람들의 성향은 *Re* 점수가 평균 범위에 가까운 사람보다 덜 적응적일 수 있다. Duckworth와 Anderson(1986)은 높은 범위의 점수를 받는 사람들이 상상력이 부족하며, 지나치게 '기필코, 반드시'를 강조함으로써 주위 사람들을 질리게 할 수도 있다고 추측하였다. 마찬가지로, 이 범위의 점수를 받은 사람들은 도덕적·윤리적 명성과 상관없이 권위자와 재빠르게 동일시하고, 조직 내부와 외부에 있는 다른 사람들의 권익을 희생시키면서 조직의 편협한 목표를 추구한다. 예로, 사람들은 회사 측 직원과 내부 고발자 모두가 사회적으로 책임 있어 보임에도 불구하고, 회사 측 직원이 상당히 높은 *Re* 점수를 가질 것으로 기대한다. 이 척도는 Friedman 등(2001)에서 보다 광범위하게 논의되었다.

빠른 참조 7.34

보충 척도: *Mt*, *PK*, 그리고 *PS*

문항 수:

대학생활 부적응(*Mt*): 41; 28문항이 그렇다로 채점.

외상 후 스트레스 장애-*Keane*(*PK*): 46; 38문항이 그렇다로 채점.

외상 후 스트레스 장애-*Schlenger*(*PS*): 60; 47문항이 그렇다로 채점.

세 척도 모두의 주요 내적 상관(모두 > .85): 척도 *A*, *7*, *8*, *D1*, *D4*, *D5*, *D-O*, *Sc4*, *ANX*, *DEP*, *DEP1*, *WRK*, *NEGE*, *RCd*.

가장 유용한 비교: Caldwell(1999년 6월 26일, 개인적인 교류)은 PTSD 진단을 고려하려면 먼저 PTSD 척도들의 점수가 *A*를 넘어서야 한다고 제안하였다.

기술/해석: 척도 *Mt*, *PK*, *PS*는 함께 기술된다. 이 척도들은 사실상 동일한 변량을 포함하고 있기 때문이다. 이들 세 척도는 서로 .90 이상의 상관관계가 있다. 또한, 세 척도 모두 *A*, *RCd*, 척도 *7*(원점수)과 같은 정도의 상관관계를 갖는다(Greene, 2011). 이 척도들 모두 첫 번째 요인에 자리 잡고 있으며, 어떤 척도도 따로 떼어내어 보아야 할 만큼 두드러진 특징이 없다. 다만, *PK*는 처음 370문항 안에 다 포함되어 있어서, MMPI-2 단축형으로도 채점이 가능하다. *PK*와 *PS*는 26문항을 공유하며 아주 유사하다.

Kleinmuntz(1960, 1961a, 1961b)는 정서적인 문제로 치료를 받고자 대학교 정신건강 클리닉을 찾는 대학생들을 확인하기 위해 대학 생활 부적응(*Mt*) 척도를 개발하였다. 그는 정서적 문제로 3회기 이상 상담이 진행된 학생들의 반응과 교사 자격 프로그램의 일환으로 통상적인 정신건강 선별을 위해 같은 클리닉에 의뢰된 학생들 가운데서 이전에 정신건강 문제로 치료를 받은 적이 없다고 보고한 학생들의 반응을 비교하였다.

Keane, Malloy와 Fairbank(1984)는 외상 후 스트레스 장애로 진단된(공발 장애 포함) 베트남전 참전용사 남자 100명과 PTSD 외의 진단을 받은 100명의 반응을 비교하여 외상 후 스트레스 장애 척도(*PK*)를 개발했다. 외상 후 스트레스 장애의 진단은 구조화된 면접과 정신 생리학적 검사에 근거하였다. Schlenger와 동료들(Schlenger & Kulka, 1987; Schlenger et al., 1989)은 PTSD로 진단된(공발 장애 제외) 베트남전 참전용사들과 환자가 아닌 베트남전 참전용사들의 반응을 비교하였다.

이들 두 PTSD 척도들의 진단적 유용성을 의심할 만한 경험적, 개념적 이유가 있다. 주된 경험적 문제는 *PK*나 *PS*가 변량을 공유하고 있는 다른 척도들(이를 테면, *A*나 *RCd*; 하지만 Wolf 등 2008을 보라)에 비해 증분 타당도가 높다는 것을 입증하는 연구가 한정되어 있다는 것이다. 또한, 이들 두 척도 중 어느 척도도 PTSD로 진단된 환자들을 주요 불안 장애나 우울 장애 환자들로부터 만족스럽게 구별해 준다는 증거가 없다. 더욱 곤란한 점은, PTSD 진단 자체가 논란의 여지가 있다는 점이다(Young, 1995). PTSD 증상들은, 이를 기술하기 위해 사용되는 비교적 사소한 용어적인 차이를 떠나서, 잘 확립되어 있는 기분 장애나 불안 장애와 대체로 구별되지 않는다. 그러므로 감별진단은 현재의 증상론보다는 병인론에 기초하여(예로, 추정되는 외상) 이루어져야 한다.

게다가, PTSD 증상과 외상 사건 보고 간의 인과관계가 확립되지 않았다(이를테면, Yehuda & McFarlane, 1995). 외상 사건의 회상에 대한 시간적 안정성 역시 마찬가지이다. 심지어 외상 사건이 전투와 관련된 경우에도 그렇다(Southwick, Morgan, Nicolaou, & Charney, 1997). Litz, Orsillo, Friedman, Ehlich와 Batres(1997)는 소말리아 평화유지군 표집에서, 군 복무에 대한 자긍심의 결여나 임무에 대한 좌절감 등의 비전투 요인들이 전투 경험과 마찬가지로 PTSD 증상을 예언하는 데 중요했음을 보고했다. 외상 사건이 바로 병인론적 요인이라는 추정이 임상가와 환자들에게 우울, 불안, 공황 등의 친근한 증상을 확증적 편향을 통해 이해하도록 유도할 수 있다. 더구나, 이러한 추정은 이런 증상들의 소인으로 확립된 다른 병인론적 요인들(이를테면, 유전적으로 영향을 받은 성향들)을 외면하게 만든다. 대다수의 PTSD 연구들이 재향군인들을 대상으로 수행되었다. 장애 보상 급여가 병인론에 미친 잠재적인 영향에 대해 충분한 관심이 주어지지 못하였다. 이러한 경험적이고 개념적인 주제들이 명확해질 때까지, *PK*와 *PS*의 임상적 유용성은 불확실한 채로 남아 있을 것이다. 이 척도들은 Friedman 등(2001)에서 보다 광범위하게 논의되었다.

빠른 참조 7.35

보충 척도: 적대감(*Ho*)

문항 수: 50; 47문항이 그렇다로 채점

주요 내적 상관: *CYN*, *CYN1*, *RC3*, *AGGR*, *RC9*와 정적 상관; *Hy2*, *Pd3*, *S1*과 부적 상관.

가장 유용한 비교: 주요 내적 상관을 보라.

기술/해석: Minnesota Teacher Attitude Inventory(Cook, Leeds, & Callis, 1951)에서 얻은 교사들의 점수를 바탕으로, 그들이 학급에서 학생들과 잘 관계하는 능력을 예측하기 위해 Cook과 Medley(1954)가 개발한 척도이다. Cook과 Medley는 점수가 높은 경우 "[그들의] 동료에 대한 신뢰가 거의 없고… [다른 사람들을] 부정직하고, 비사회적이며, 비도덕적이고, 추하고, 비열한 존재로 여기며, 그들이 저지른 죄의 대가로 고통을 받도록 해야 한다고 믿는다."(1954, pp. 417-418). 척도의 개발자들이 일차적으로 관심을 둔 차원은 교사와 학생들 간의 신뢰감이었다. 다른 MMPI-2 척도와 겹치는 문항들의 패턴을 고려할 때, 이차적 차원으로 적대감이 강하게 나타나기는 하지만, *Ho*의 내용은 적대감보다는 냉소적 태도를 강조한다. Han, Weed, Calhoun, Butcher(1995)는 냉소적 태도, 과잉 민감성, 공격적 반응, 사회적 회피로 명명된 *Ho*의 네 가지 요인을 발견했다. 하지만 이 요인들은 '사람들은 결코 선하지 않다'는 *Ho*의 기본적인 주제를 흐리는 경향이 있다. *Ho*는 특히 고용선별의 맥락에서 가치가 있을 것이다.

Ho 척도는 심혈관 질환의 많은 연구에서 위험 요인으로 기능해 왔다. 높은 점수는 사망률의 증가와 관련 있다(Barefoot et al., 1989; Willams & Barefoot, 1988을 보라). 높은 점수를 받는 사람들은 냉소적이고, 의심이 많고, 적대감보다는 증오심이, 분노보다는 비열함이 크다. 문항 내용에 명백히 나타나 있기는 하지만, 분노와 적대감은 보다 암묵적으로 제시되었다고 볼 수 있으며, 분개, 반목, 경멸, 무시, 시기, 그리고 다른 사람의 불행을 즐거워하는 형태를 취하고 있다. 이들은 다른 사람이 마땅히 받아야 할 처벌을 받는 것을 보며 간접적인 즐거움을 느끼는 유형의 우월감을 기꺼이 받아들인다("즉시 처벌하라; 그들이 자초한 일이다."). 또한, 다른 사람들을 자신만큼 냉소적이라고 여긴다. 그래서, 이해하기보다는 교정하여 바로잡을 필요가 있다고 본다. 이와 같이, 이들은 가시가 있으며, 다른 사람에 대한 신용, 친절, 동정을 거둔 채, 이전투구의 세상에서 의심이 주는 장점을 무기로 삼는다. 이런 의미에서 점수가 높은 사람은 소외되기 쉽고, 정서적으로나 대인관계에서 모두 고립되기 쉽다.

낮은 점수는 높은 점수와 반대되는 특성을 시사한다. 하지만, 낮은 *Ho*에서는 매우 낮은 *RC3*나 *CYN* 또는 매우 높은 *Pa3*를 해석할 때 종종 적절한 순진성의 함의가 시사되지는 않는다. 낮은 *Ho* 점수를 얻는 사람은 너그럽게 다른 사람들을 평가하고, 그들과 잘 지내기를 바란다. 다른 사람들의 삶의 환경을 고려하고, 이들이 겪는 고통에 대해 동정적이며, 쉽게 웃음과 친절을 베푼다. 그들은 '우리는 모두 함께 있다'는 관점을 취하며, 원한을 품지 않고, 유연하다. 삶의 의지가 강하고 다른 사람들 역시 그렇게 살 수 있도록 놔두며, "신의 은총에 의해 나에게 삶이 있음"을 감사한다. 이런 의미에서, 그리고 이들이 다른 사람들의 감정과 환경에 대해 특별히 공감적일 수도 있고 아닐 수도 있지만, 낮은 점수는 쉽게 다가갈 수 있고, 따뜻하며, 기꺼이 라포르를 형성할 수 있는 정도를 나타낸다.

빠른 참조 7.36

보충 척도: 적대감 과잉통제(*O-H*)

문항 수: 28; 7문항이 그렇다로 채점

주요 내적 상관: 척도 *L, K, S, Hy-S, Re*와 정적 상관; *Ma2, Si3, OBS, ANG2, TPA1, TPA2, NEGE*와 부적 상관.

가장 유용한 비교: 주요 내적 상관을 보라.

기술/해석: 높은 수준의 적대적 충동이 있으면서, 그 표현이 경직되어 있고, 무의식적으로 상당히 억제하는 수감자들의 특성을 확인하기 위하여 Megargee, Cook과 Mendelsohn(1967)이 개발하였다. 이들에게서 공격성은 오로지 적대감의 표현에 대한 평소의 과도한 방어가 압도당할 때 드물게 그리고 예기치 않게 발생하는 비전형적인 반응이다. 과소통제된 개인들의 적대적인 반응이 전형적으로 적대감을 유발한 원인과 비례하는 반면, 과잉통제된 개인들의 반응은 종종 유발한 원인과 비례하지 않는다. 따라서 과잉통제된 적대감을 가진 개인들을 확인하는 것이 중요하다.

O-H 척도는 아주 이질적인 문항들로 문항 구성되어 있다. 확인할 수 있는 주제들이 거의 없다. 점수가 높은 사람들은 때로 걱정이나 두려움을 경험하더라도, 긴장과 내적 갈등에서 자유롭다. 이들은 표현이 없다거나, 흔들림이 없다거나, 자극이나 정서적 또는 신체적으로 격렬한 활동을 회피하지 않지만, 자신이 정서적으로 자제하고, 냉담하다고 기술한다. 이들은 성급함이나 성마름, 분노를 부정한다. 이들은 자신이 느긋하고, 권태와 좌절을 잘 견디며; 비경쟁적이고, 제멋대로의 행동이나 대인관계의 갈등을 피하고; 그래도 여전히 사회적으로 편안하며, 다른 사람들로부터 조언을 구할 수 있다고 기술한다.

그 기원을 감안할 때, *O-H* 척도의 주요 적용은 폭행으로 판결받은 남성 수감자들을 분류하는 것이다. 대부분의 다른 모집단에서는 폭행의 기저율이 낮으므로, *O-H* 척도는 공격이나 폭행 또는 그 위험성을 예언하는 근거로 부적합하다. 하지만 *O-H* 점수들은 공격적이거나 적대적인 충동의 표현을 피하여 적대적 소외나 과도한 억제로 이루어진 성격 역동 패턴의 존재 여부를 추론하는 데 사용될 수 있다. 적대적 소외나 과도한 억제는 대부분 의식적 자각 영역의 밖에 있다. 이 성격 역동 패턴은 오랫동안 분노를 축적하는 성향과 아울러, 분노를 유발하는 원인이 증대하거나 통제가 감소할 때(예로, 약물에 취했을 때) 폭발적인 방식으로 분노를 표출할 가능성을 모두 예언하는 것으로 보인다. Quinsey, Maguire, Varney(1983)는 과잉통제된 살인자들이 자기주장성이 부족함을 발견하고, 자기주장 훈련이 과잉통제된 적대감 패턴을 바꿀 수 있으리라고 제안하였다.

O-H 척도는 고정된 절단점이 설정되지 않았다. Megargee 등(1967)은 표집별 규준과 허위 양성 대 허위 음성의 유용성을 감안하여 절단점을 설정할 것을 제안하였다. 하지만 오리엔테이션이 목적이라면, 백인 남성의 경우 원점수 15점 이상이면 과잉통제된 성격이 의심된다. 18점은 이러한 역동을 명백하게 나타낸다. 특히 자기 호의적인 반응에 대한 검사 지표들이나 **아니다** 응답 퍼센트가 중등도 이상으로 상승하지 않을 때 그렇다. 21점 이상의 점수는 수검자의 반응 양식과 상관없이 이러한 역동에 대한 강한 외적 증거와 연관되어 있다. *O-H* 척도에서 흑인과 여성들의 점수가 다소 높다는 일부 증거가 있다. 흑인과 여성의 경우, 과잉통제된 역동을 추론하기에 앞서 절단점을 상향 조정할 필요성이 시사된다(Graham, 1977). *O-H*가 증후군(적대감/분노, 충동의 과잉통제, 그리고 이에 대한 인식 부족)을 반영하는 만큼, 낮은 점수는 대체로 해석적인 함의가 없다. 다시 말해서, 낮은 점수는 이러한 요소들이 전부 또는 일부가 없음을 시사한다. 억제되고, 과잉 통제되어 있지만 적대적이거나 분노하지 않을 수도 있고, 적대적이고 분개하고 있지만 억제되었거나 과잉통제 되지 않을 수도 있다. 이 척도는 Friedman 등(2001)에서 보다 광범위하게 논의되었다.

빠른 참조 7.37a

보충 척도: 남성적 성역할(*GM*)

문항 수: 47; 19문항이 그렇다로 채점

주요 내적 상관: 척도 *A, 7, 8, 0, D1, D5, D-O, Hy-O, Si3, ANX, FRS, OBS, DEP, DEP2, LSE, WRK, TRT, NEGE, Mt, PK, PS, RCd, RC7,* 모두 부적 상관. *GM*은 *FRS*와 10문항, *FRS2*와 6문항이 겹친다.

가장 유용한 비교: 척도 *5, Mf1, Mf3, Mf6, Mf10, GF, FRS*

기술: Peterson과 Dahlstrom(1992)은 독립적인 남성적, 여성적 성 역할 동일시의 측정

치를 제공하기 위해 성 역할 척도를 개발하였다. 이들은 남성과 여성에 대한 이해에 기여할 수 있는 독립적인 성격 속성으로서의 남성성과 여성성의 개념을 연구와 이론에 적용하려고 했다. MMPI-2 재표준화 표집을 사용하여, 같은 성의 구성원들이 70% 이상 시인하면서 반대 성의 구성원들이 10% 미만으로 시인하는 문항들을 선정하였다. 선정된 문항들은 두 개의 척도로 묶였다. *GM* 척도는 남성들이 흔히 시인하고, 여성들이 덜 시인한 47문항(**그렇다** 19문항; **아니다** 28문항)으로 구성되었다. *GF*는 반대의 경향의 46문항(**그렇다** 15문항; **아니다** 31문항)으로 구성되었다. 재표준화 표집에서 *GM*과 *GF* 척도의 상관이 −.10에 불과한 점에 미루어 독립적인 성 역할 척도에 대한 염원은 상당 부분 실현된 것으로 보인다(Peterson & Dahlstrom, 1992). 주요 내적 상관에서 볼 수 있듯이, *GM*은 첫 번째 요인과 부적으로 상관된다. *GM* 점수가 낮으면 첫 번째 요인 점수는 상승한다. 이 척도는 입원 환자건 외래환자건, 심각하거나 활성화된 증상을 보이는 환자들에게는 잘 기능하지 않을 것 같다. 이런 경우, 통상 첫 번째 요인의 점수가 높고, 상관관계를 미루어 볼 때 *GM*의 점수는 낮을 것이기 때문이다.

해석: 높은 점수는 전통적으로 남성적 강인함의 일부로 여겨져 온 속성들을 나타낸다. 자신감; 솔직 담백함; 목표에 대한 집념; 그리고 걱정이나 강한 자의식, 사회적 억제 등으로부터 자유로움이다. 특히 대담성은 문항 내용에서 유달리 강한 요소이다. 이러한 속성들이 어느 정도 문화적으로 규정되고 정형화된 것임을 유념하라.

빠른 참조 7.37b

보충 척도: 여성적 성 역할(*GF*)

문항 수: 46; 15문항이 **그렇다**로 채점

주요 내적 상관: 척도 *9*, *Pd2*, *Ma-O*, *ANG1*, *CYN*, *ASP1*, *ASP2*, *TPA2*, *DISC*, *MAC-R*, *AAS*, *RC4*와 부적 상관; 척도 *5*, *Mf3*, *Mf6*, *D-S*, *Re*와 정적 상관. *DISC*(부적으로)와 9문항이 겹치고, *Re*와 6문항이 겹친다.

가장 유용한 비교: 척도 *5*, *Mf1*, *Mf3*, *Mf6*, *Mf10*, *GM*, *DISC*.

기술: *GM*을 보라. 주요 내적 상관에서 볼 수 있듯이, *GF*는 두 번째 요인의 과다통제 쪽과 보조를 같이한다. 낮은 *GF* 점수는 두 번째 요인의 과소통제와 관련된 척도들(예

로, 척도 *9*, *DISC*, *MAC-R*)의 상승과 일치한다. *GM*의 경우에서처럼, 이 척도는 입원 환자건 외래환자건, 심각하거나 활성화된 증상(특히, 충동조절 등의 문제)을 보이는 환자들에게는 잘 기능하지 않을 것 같다. 이런 경우, 통상 과소통제와 관련된 척도들의 점수가 높고 *GF* 점수는 낮을 것이기 때문이다.

해석: 높은 *GF* 점수들은 사회적으로 세심하고, 상냥하고, 신뢰롭고, 순종적이며, 갈등과 책임 있는 위치에서 부적절한 행동을 피하는 전통적인 여성적 속성과 관련 있다. 특히 자기통제와 책임감은 문항 내용의 강력한 구성요소이다. 이들 속성은 어느 정도 문화적으로 규정되고 정형화되어 있다.

빠른 참조 7.38

중독/물질 남용 척도: MacAndrew의 알코올 중독(*MAC-R*)

문항 수: 49; 38문항이 그렇다로 채점

주요 내적 상관: 척도 *9*, *Pd2*, *Ma-O*, *ANG1*, *CYN2*, *ASP1*, *ASP2*, *AGGR*, *DISC*, *AAS*와 정적 상관; *D-S*, *Hy5*, *R*, *Re*, *GF*와 부적 상관.

가장 유용한 비교: *AAS*, *R*, *DISC*, 그리고 *Pd-O* 대 *Pd-S*.

기술: MacAndrew(1965)는 200명의 알코올 중독 외래환자와 알코올 중독 이외의 문제로 치료받고 있는 200명의 정신과 외래환자들의 MMPI 문항 반응을 비교하여 알코올 중독 척도(*MAC*)를 개발하였다. 24점의 절단점은 초기 표집과 교차 타당화 표집을 82% 정도 정확하게 분류해 주었다. MMPI-2로 전환하는 과정에서 4문항(종교적인 내용의 3문항)이 제외되었다. 원점수에 기초하여 *MAC*를 해석하는 전통으로 인해, 이 문항들은 알코올 중독 환자와 알코올 중독이 아닌 정신과 환자를 변별해 주는 4개의 새로운 문항으로 대치되었다(McKenna & Butcher, 1987). 개정된 척도는 *MAC-R*로 명명되었다. Gottesman과 Prescott(1989)는 원점수를 절단점으로 사용하는 것을 비판하였다. MacAndrew(1965)의 척도 개발 연구에서 알코올 중독 환자의 기저율이 50%였던 만큼, 24점의 절단점은 대부분의 임상, 비임상 장면에서 지나치게 많은 허위 양성을 내놓을 가능성이 있기 때문이다.

Gottesman과 Prescott(1989)은 *MAC* 점수를 기초로 분류할 경우 오류율이 높은 몇

몇 집단을 확인했다. 첫 번째 집단은 고용선별의 일부로 검사를 받거나 혹은 자녀 양육권 분쟁 중인 정상집단이다. 이들에게 MacAndrew가 권장한 절단점을 사용할 경우 진 양성(true positive)에 비해 허위 양성이 3~6배 높았다. 정상 여성의 경우, 상황은 더 심각하다. 일반 인구에서 여성의 알코올 중독의 기저율은 남성의 절반 정도(대략 4% 대 8%)에 불과하다. 따라서 24점의 절단점을 넘어서는 사례가 진 양성이 될 가능성은 1/14로 떨어진다. 청소년이나 소수민족들과 관련된 Gottesman과 Prescott의 *MAC*에 대한 논의 역시 이들 집단에 적용할 때 주의할 것을 시사한다. 게다가, 허위 양성의 비율을 낮추기 위해 절단점을 상향 조정하는 조작은 탐지하지 못하는 알코올 중독자의 수(허위 음성)를 늘리는 희생을 담보로 한다. 정신과 입원환자나 교정시설의 수감자 등 알코올 중독의 기저율이 비교적 높은 장면에서도, 분류상의 오류를 최소화하기 위해 장면의 특성에 적합한 절단점을 개발할 필요가 있다.

프로파일 양상에 대한 고려는 문제를 더욱 복잡하게 만든다. Greene(1994)은 프로파일의 양상 역시 *MAC-R* 점수에 상당한 영향을 미친다고 보고하였다. 그의 분석에서, 척도 *4*, *6* 그리고 특히 *9*에 지배되는 코드 패턴은, 척도 *1*, *3*, *7*, 그리고 특히 *2*에 지배되는 코드 패턴보다 *MAC-R* 점수가 상당히 높은 경향이 있었다. 결과적으로, 주어진 절단점에 대하여, *4-9/9-4* 코드 유형은 비교적 높은 허위 양성 비율과, 그리고 *2-7/7-2* 코드 유형은 비교적 높은 허위 음성 비율과 관련될 것이다. 같은 이유로, 첫 번째 경우에서 절단점 미만의 점수는 진 음성(true negative)의 가능성이, 그리고 두 번째 경우에서 절단점 이상의 점수는 진 양성의 가능성이 유의하게 높을 것이다.

끝으로, *MAC/MAC-R* 척도가 놓치기 쉬운 몇몇 허위 음성의 사례가 있다. MacAndrew(1981)는 '성향이 근본적으로 다른' 두 유형의 알코올 중독자를 구분할 것을 제안하였다(p. 620). 하나는 일차성 알코올 중독으로, *MAC* 척도에서 진 양성으로 확인된다. 다른 하나는 이보다 작은 집단인 이차성 혹은 '반응성' 알코올 중독으로, 이들은 '어쩌다 과음하게 된 신경증 환자'들이다(p. 620). *MAC/MAC-R*에 대한 광범위한 연구는 이 척도가 보다 넓고 보다 근본적인 양극성 성격 차원을 반영함을 보여 준다. 이 척도는 물질남용 그 자체의 지표로서보다는 물질남용에 대한 중요한 위험 요인의 측정치로 기능할 것이다.

몇몇 연구들(Fowler, 1975; Kranitz, 1972; Lachar, Berman, Grisell, & Schoof, 1976; Rhodes & Chang, 1978; Sutker, Archer, Brantly, & Kilpatrick, 1979)은 다양한 종류의 약물 남용자들(대부분 헤로인 중독)이 전형적으로 알코올 중독자들과 같은 범위의

MAC 점수를 산출한다고 보고하였다. Graham(1978)은 병리적 도박자들의 표집에서 비슷한 점수를 얻었다. Graham 등(1999)의 외래환자 연구는 높은 점수를 얻은 사람들에 대한 경험적 상관과 관련하여 대부분의 측면에서 예상과 일치하는 경향이 있었다. 75%가 백인으로 구성된 환자들은 대부분 알코올, 마리화나, 코카인, 또는 이것들을 혼용하는 물질남용의 오랜 과거력이 있었다. 남녀 모두 반사회적이고, 행동화하며, 권위에 대한 갈등이 있었다. 이러한 특성들은 특히 체포된 적이 많고, 경범죄나 중죄로 유죄판결을 받은 적이 있으며, 충동적이고, 좌절에 대한 내성이 낮은 여성 환자들에게서 더 강하게 나타났다. 이러한 일련의 특성들은 시간이 지나도 비교적 안정적이다. 예로, Hoffmann, Loper, Kammeier(1974)는 주립 병원에서 치료 중인 25명의 남자 알코올 중독자의 MMPI와 이들이 미네소타 대학교 신입생 때 작성한 MMPI를 비교하였다. 처음의 검사 실시 이후 무려 평균 13년이 흘렀음에도 불구하고 이들의 *MAC* 점수는 차이가 없었다.

몇몇 연구들(Chang, Caldwell, & Moss, 1973; Gallucci, Kay, & Thornby, 1989; Huber & Danahy, 1975; Rohan, 1972; Rohan, Tatro, & Rotman, 1969)은 *MAC* 점수가 치료 과정에서는 물론 추수 연구에서도 변화를 보이지 않았다고 보고하였다. 이러한 결과는 *MAC-R* 점수를 조심스럽게 해석해야 하는 다른 이유를 제공한다. 일반적으로, 알코올 중독을 잘못 확인할 위험성은 '알코올 중독에 대한 가능성' 또는 '중독 경향성'과 같은 순화된 표현의 사용을 통해서 교묘하게 피한다고 해결될 문제가 아니다. 이러한 표현 역시 특히 정상인들(이를테면, 구직자들)에게 똑같이 해로울 수 있기 때문이다. 약물 남용의 위험성에 대한 일반적인 측정치로서의 *MAC/MAC-R* 타당도에 대해서는 의심의 여지가 거의 없지만, 알코올 중독이나 중독 경향성을 탐지하는 도구로 사용하는 문제에 대해서는, 특히 백인 성인 남성 외의 다른 모집단에게 사용하는 경우, 상당수의 연구가 일관된 결과를 보이지 않고 있다. 상황이 이런 만큼, *MAC* 점수를 사용하여 특정 개인이 약물 남용(혹은 그 가능성)을 예언하는 문제는 주의를 요한다. 이 척도는 Friedman 등(2001)에서 보다 광범위하게 논의되었다. 후속 연구를 위해 Gottesman과 Prescott(1989), Graham과 Strenger(1988), Greene과 Garvin(1988), 그리고 MacAndrew(1981)의 개관을 살펴볼 필요가 있다.

해석: 점수가 높은 사람들은 대담하고, 활기차며, 자신감이 있고, 자기주장을 잘 한다. 외향적이고 사교적이다. 이들은 억제되지 않고 충동적이며, 쾌락과 자극을 추구한다. 또한, 저돌적이고, 반항적이며, 권위에 분개하고, 체포된 적이 있거나 법적인 문제를

겪었을 가능성이 크다. 점수가 낮은 사람들은 소심하고, 무력하고, 억제되어 있고, 통제되어 있으며, 권위를 존중하고, 공격적이지 않다.

빠른 참조 7.39

중독/물질 남용 척도: 중독 가능성(*APS*)

문항 수: 39; 23문항이 그렇다로 채점

주요 내적 상관: *Pd5, Ma2, ANX, ANG2, NEGE*와 정적 상관; *L, K, S, O-H, Re*와 부적 상관.

가장 유용한 비교: *AAS, MAC-R, A, R, DISC.*

기술/해석: Weed, Butcher, McKenna과 Ben-Porath(1992)가 물질남용 집단과 별도의 두 참조집단인 정상집단 및 정신과 환자집단의 시인율을 비교하여 개발하였다. 문항들은 내용 면에서 매우 이질적이어서 간략하게 특징짓기 어렵다. *APS*는 *MAC-R*과 같이 지속적인 약물 남용의 미묘한 측정치이다. *APS*는 프로파일에서 비교적 높은 수준의 심리적 고통(이를테면, *A*, 척도 *2, 7*, 또는 *8* 등)을 보이는 환자들에서 지속적인 남용의 문제에 더 민감할 수 있다. *APS*는 *MAC-R*보다 다른 정신과 환자로부터 약물 남용자들을 잘 구별해 주는 것으로 보인다. 이러한 목적에 있어서 *APS*의 강점이나 신뢰도가 보다 확증될 필요가 있다. 상기한 주요 내적 상관에서 볼 수 있는 상관 패턴은 높은 점수를 받는 사람들이 과잉 민감성, 죄책감, 성마름과 더불어 정서적으로 고통받고 있음을 시사한다. 또한, 책임감이 없고 행동화할 가능성도 시사된다.

빠른 참조 7.40

중독/물질 남용 척도: 중독 인정(*AAS*)

문항 수: 13; 10문항이 그렇다로 채점

주요 내적 상관: *Pd-5, Pd-O, ANG1, ASP2, FAM, DISC*와 정적 상관; *S, Re*와 부적

상관.

가장 유용한 비교: *MAC-R, AAS.*

기술/해석: *AAS*는 물질남용이나 이와 관련된 문제들을 인정하는 MMPI-2문항들의 내적 합치도 분석을 근거로 Weed, Butcher, McKenna와 Ben-Porath(1992)에 의해 개발되었다. 이 척도는 크게 물질남용 문제에 대한 결정 문항들의 집합으로 기능한다. 높은 점수를 받는 사람들은 물질남용 문제들을 인정하는 사람들이고, 낮은 점수를 받는 사람들은 부인하는 사람들이다.

빠른 참조 7.41

결혼생활 부적응(*MDS*)

문항 수: 14; 8문항이 그렇다로 채점

주요 내적 상관: *A*, 척도 *4, 7, 8, D5, Pd4, Pd5, Pd-O, Sc1, DEP, FAM1, WRK, TRT, NEGE, Mt, PK, PS*와 정적 상관.

가장 유용한 비교: *Pd1, Sc1, FAM1, FAM2.*

*MDS*는 과거의 가정문제가 아니라 현재의 문제를 강조한다. *Pd1*(가정불화)처럼 원가족에 더 편향된 척도와 상승 정도를 비교함으로써 많은 정보를 얻을 수 있다.

기술/해석: Hjemboe, Almagor와 Butcher(1992)에 의해 개발되었다. 이들은 결혼 관계에 대한 부부(정상 부부 및 부부 상담을 받는 부부)의 평정치와 문항 간 상관을 근거로 문항을 결정하였다. 높은 점수는 가족관계에 초점을 둔 유의한 불쾌감과 고통을 시사한다. *MDS*는 결혼처럼 약정 관계에 있지 않은 환자들에게는 적합하지 않을 수 있다.

셀프 테스트

1. *OBS*가 상승한 경우, 우선적으로 가능한 추론은?
   (a) 강박적 사고
   (b) 우유부단
   (c) 강박장애
   (d) 강박적 성격장애

2. *ANG*가 상승한 경우, 우선적으로 가능한 추론은?
   (a) 분노 표현에 대한 강한 욕구
   (b) 분노 감정의 존재
   (c) 다른 사람을 해치고자 하는 욕구
   (d) 누적된 분개

3. *ASP*가 상승한 경우, 우선적으로 가능한 추론은?
   (a) 반사회적 성격장애
   (b) 반사회적 태도의 존재
   (c) 과거 반사회적 행동의 인정
   (d) 정신병질적 자기애

4. *TPA*가 상승한 경우, 우선적으로 가능한 추론은?
   (a) 다른 사람에 대한 조바심
   (b) 일에 대한 지나친 몰두
   (c) 과도한 경쟁심
   (d) 대인관계의 적대감

5. *TRT*가 상승한 경우, 우선적으로 가능한 추론은?
   (a) 심리치료에 대한 동기 부족
   (b) 낮은 자기 개방
   (c) 우울증
   (d) 반사회적 경향

6. 현재의 증거로 미루어 볼 때, *TRT* 점수로 가능한 추론은?

(a) 높을 때, 긍정적인 심리치료 결과

(b) 높을 때, 부정적인 심리치료 결과

(c) 낮을 때, 긍정적인 심리치료 결과

(d) 낮을 때 부정적인 심리치료 결과

(e) b와 c

(f) 아무것도 해당되지 않음

7. MMPI-2의 다른 척도들과 가장 중복이 적은 5요인 척도는?

(a) *AGGR*

(b) *PSYC*

(c) *DISC*

(d) *NEGE*

(e) *INTR*

8. 행동 통제의 일반적 차원을 평가하는 척도로 가장 적합한 것은?

(a) *R*

(b) *ASP*

(c) *DISC*

(d) *TPA2*

(e) *ANG1*

9. 적대감 과잉통제 척도는 공격, 폭행 또는 위험성을 예측하는 근거로 적합하지 않다.

그렇다 혹은 아니다?

10. PTSD를 진단하기 위하여 외상 후 스트레스 장애 척도인 *PK*와 *PS*를 사용하는 것은?

(a) PTSD 진단에 대하여 이 척도의 민감성을 확립한 연구에 의해 정당화된다.

(b) PTSD 진단에 대하여 이 척도의 특수성을 확립한 연구에 의해 정당화된다.

(c) PTSD 진단에 대하여 이 척도의 증분타당도를 확립한 연구에 의해 정당화된다.

(d) *PK*나 *PS*가 *A*를 10*T* 이상 넘을 때만 정당화된다.

(e) a와 c

(f) c와 d

(g) 정답 없음

11. 성 역할 척도인 *GM*과 *GF*는 각각 첫 번째 및 두 번째 요인과 상관이 높다.
그렇다 혹은 아니다?

12. 물질남용을 측정하는 세 척도, *MAC-R*, *APS*, *AAS*에 대해 바르게 진술한 것은?
(a) 오직 하나의 척도만이 문항 내용을 근거로 만들어졌다.
(b) 오직 하나의 척도만이 과소보고에 크게 취약하다.
(c) 오직 하나의 척도만이 고정된 절단점과 전통적으로 관련 있다.
(d) a, b, c
(e) a와 b
(f) a와 c
(e) b와 c

정답: 1. b; 2. a; 3. b; 4. d; 5. c; 6. f; 7. a; 8. c; 9. 그렇다; 10. g; 11. 그렇다; 12. d

제 8 장

프로파일 패턴과 코드 유형

코드 유형을 정의하고 선택하기

앞서 언급했듯이, 임상 척도는 단독 상승이 드물다. 프로파일의 특성에 따라 여러 척도가 동반 상승한다. 측정의 표준오차와 임상 척도 간의 공변량으로 인해, 해석할 때 어떤 코드 유형을 선택하고, 코드의 척도 수를 몇 개로 할지(단독 상승, 두 척도 코드, 세 척도 코드 등) 불분명하다. 방법의 하나는 가장(또는 두 번째로) 높은 척도가 다음으로 높은 척도보다 최소 $5T$ 이상 높은, "잘 정의된" 코드 유형(예로, Greene, 2011을 보라)을 이용하는 것이다. 일반적으로 이 방법은 측정오차의 영향을 통제할 수 있지만, 척도의 공변량이나 반응 양식의 영향에는 민감하지 못하다. 정신 병리를 과대보고하거나 과소보고하는 경향은 일부 척도들에 차별적인 영향을 미친다. 또한, 이 전략은 "잘 정의된" 코드 유형을 이용하는 만큼 프로파일이 잘 정의되지 않을 때는 부적합하다.

대안적인 방법으로 Caldwell(1998)은 A-B-C-D 패러다임을 제안했다. 이는 가장 높게 상승한 다섯 개의 기본 척도를 일정한 틀에 따라 두 척도 코드(혹은 세 척도 코드)로 배열하는 것이다. 가장 높은 척도 A에서 다섯 번째 척도 E까지 척도들을 순차적으로 놓는다. 척도 쌍의 우선순위는 A-B, A-C,

B–C, A–D, A–E가 된다. 6*27"48'01+_395/*F'–L/K:*로 부호화된 프로파일(11장을 보라)의 경우, 척도 쌍의 순서는 *6–2, 6–7, 2–7, 6–4, 6–8*이다. Caldwell이 제안한 바에 의하면, 일차적인 코드 유형은 A–B로 정의되고, A–C의 특징은 A–B의 맥락에서(예로, 이 사례의 경우 긴장과 경직성이 추가된다), B–C의 특징은 A–B와 A–C의 맥락에서(예로, 이 사례의 경우 불안한 자기 처벌의 특징이 추가된다) 추가될 수 있다. A–E까지 같은 방식으로 진행된다. A, B, C가 잘 알려진 세 척도 코드 유형이라면, 처음 세 척도(A–B–C)가 일차적인 코드 유형으로 정의되고, 두 척도 코드 유형에서와 같은 방식으로 우선순위에 따라 A–D, A–E, A–F의 특징이 추가된다.

코드 유형화에 대한 A–B–C–D 책략은 아직 확립되어 있지는 않으나 잘 정의된 코드 유형을 이용하는 단순한 책략에 비해 MMPI–2 점수 패턴으로부터 더 많은 정보를 이끌어 낼 수 있을 것이다. 하지만 A–B–C–D 패러다임에 대한 타당도가 불충분한 만큼, 임상가는 Caldwell이 제시한 우선순위 절차를 억지로 따를 필요는 없다. 소척도나 내용 척도, *PSY–5* 등과 같은 다른 척도들의 점수 패턴이 코드 유형을 선택하고 해석하는데 명백한 지침을 제공할 때 특히 그렇다. 예로, 주어진 프로파일에서 *6–8* 코드 유형이 A–D의 위치에 있다면, 프로파일 패턴 분석에서 A–B, A–C, B–C에 이어 네 번째로 통합될 것이다. 그러나 *Pa1*, *BIZ*, *BIZ1*, *PSYC*, *RC6*, *RC8*과 같은 척도들이 상승했다면, 활성기 정신증의 경과와 내용에 대한 함의가 척도 쌍의 우선순위에서 앞서는 것이 바람직하다.

명백 척도와 모호 척도의 상대적인 상승도 코드 유형화를 결정하는 데 도움이 된다. 대부분의 경우, 특히 과소보고의 가능성이 배제되었다면, 명백 척도 점수의 순서가 코드에 있는 기본 척도들의 순서를 점검하거나 대조해 볼 수 있는 중요한 위치를 차지하게 된다. 예로, 주어진 프로파일에서 *2*, *4*, *6* 척도의 명백 척도와 모호 척도 간 상승 정도의 차이는 코드 유형에서 이들 척도의 중요성을 확증하는 경향이 있다. 코드에서 척도 *3*의 점수가 낮아도 *Hy–O*와 *Hy–S*의 커다란 차이는 임상 양상에서 신체화의 중요성을 시사한다. 코드 유형 해석이 다섯 개의 높은 척도에 국한되어 있다면, 간과할 수 있는 강조점이다.

코드 유형

- 단독상승 *1*
  - 건강과 신체 기능에 불만과 걱정이 있지만, 정서적 고통은 대개 제한적이다. 업무 효율성이 저하되었는지, 여가와 휴식의 즐거움이 감소되었는지를 보라.
  - 자신을 지나치게 호의적으로 보고한다. 이를테면 도덕적으로 바르고; 정서적, 인지적 문제가 없으며; 자신감 있고, 독립적이며, 책임감 강하고, 사교적이며, 가족과 동일시한다고 기술한다.
  - **확인:** *HEA, RC1, HEA1, HEA2, HEA3, D3, Dr3, Hy4, Sc6.*
  - **치료:** 통찰과 심리적 접근에 저항적이다.
- *1–2/2–1*
  - 건강과 신체 기능에 대한 염려가 있다. 정서적 고통과 불편감(예로, 침울함, 불행감, 성마름)을 동반한 통증이 있고, 특히 신체에 초점을 둔 불안과 심각한 질병, 신체 쇠약 및 건강 악화에 대한 염려가 있다. 신체 증상에 몰두하는 것은 피로나 불면, 염세주의와 불쾌감처럼 우울의 숨겨진 징후(이를테면, "가면성 우울")일 수 있다. 통제를 많이 하고, 소극적이고, 수동적이고, 의존적이며, 미숙하고, 회피적인 경향이 있다. 자신이 받는 의학적 치료에 대해 불만스러워 한다. 인지적 문제나 낮은 지적 효율성, 우울, 물질남용, 업무 효율성 감소, 여가나 레크리에이션에 대한 흥미가 감소되었는지를 보라.
  - **확인:** *HEA, RC1, HEA1, HEA2, HEA3, ANX, RC2, DEP, DEP1, WRK, Dr1, Dr3, Hy3, Hy4, Sc2, Sc3, Sc4, Sc6, AAS, APS.*
  - **치료:** 통찰과 심리적 접근에 저항적이다. 치료에 대해 조급해하고 좌절하기 쉽다. 진통제나 수면제를 남용할 수 있다.
- *1–2–3*
  - *1–2/2–1*과 비슷하나 보다 만성적이고, 스트레스에 취약하고, 신체화가 심하다. (역설적으로) 신체 증상에 대해 보다 낙관적이고 잘 수용하며 사회기술이 좋다. 성마름이나 수면 곤란은 적지만, 업무에 더 무능

력하다. 의존적이고, 수동-복종적, 수동-공격적이며, 자기주장과 관련하여 갈등을 느낄 수 있다. 증상/장애를 이용하여 가족을 통제한다.

- *1-2-3-4/2-1-3-4/2-4-1-3*
  - *1-2/2-1*과 비슷하나 보다 스트레스에 취약하다. 좌절을 견디지 못하고, 요구가 많다. 가까운 사람과 적대-의존적인 관계를 맺는다. 만성 알코올 중독, 여성에 대한 적대감(남성의 경우), 궤양, 불안정한 고용력을 보라.
- *1-2-3-7/2-1-3-7*
  - *1-2/2-1*과 비슷하나 스트레스에 더 취약하고, 성마름은 덜하다. 긴장, 불안, 두려움, 공포를 보인다. 친한 관계에서 수동 의존적이다. 물질 의존을 보일 수 있다. 요통, 흉통, 흉부 압박과 고용 불능이 있는지를 보라.
- *1-2-4*
  - *1-2/2-1*과 비슷하나 성마르고, 우울하며, 소외되어 있다. 불평이 많고 잘 빈정거린다. 치료를 적극적으로 거부하거나 방해하지는 않더라도, 치료에 비순응적이다.
- *1-2-7/2-1-7*
  - *1-2/2-1*과 비슷하나 불안이 더 현저하고, 강박적이며, 자의식이 강하다. 통상적인 인지 기능의 장애가 더 심하고 수면 곤란도 있다. 보다 의존적이나 의존에 대한 갈등은 적다. 행동화의 역치가 높다. *1-7/7-1*; *2-7/7-2*를 보라.
- *1-2-8/2-1-8*
  - *1-2/2-1*과 비슷하나 더 우울하고, 고통이나 걱정, 허약/피로, 무감동과 장애의 수준이 전반적으로 더 높다. 인지적으로 더 혼란스럽고, 자기 존중감이 더 손상되어 있으며, 행동 통제가 더 부적절하다. 운동, 감각, 인지(예로, 주의집중, 기억) 증상 등 신경학적 증상의 비율이 더 높다. 수면 곤란과 더불어 망상 수준은 아니지만, 비교적 기괴한 증상이 많다. 소외감이 크고, 사회기술이 부족하며, 효율성이 떨어지고, 분노가 많고, 냉소적이다. *1-8/8-1*; *2-8/8-2*를 보라.

■ *1–2–9/2–1–9*

- 신체화 및 정서적 동요나 초조가 있다. 신체 증상에 대한 공황이 있을 수 있다. 신경심리평가를 고려하라. *1–9/9–1*; *2–9/9–2*를 보라.

■ *1–2–0/2–1–0*

- 신체화와 철수를 보인다. 불쾌감/우울과 패배주의를 동반한 분열성 특징을 보인다. 네 번째로 높은 척도를 확인하라.

■ *1–3/3–1(1–3–2/3–1–2)*

- **정의:** 척도 *3*이 척도 *2*보다 적어도 8*T* 이상이어야 한다. 이상적으로는 척도 *1*과 *3*이 척도 *2*보다 10*T* 이상이고, 척도 *2*는 나머지 척도들보다 5*T* 이상이어야 한다.
- 신체 증상과 건강 문제에 몰두하고, 이에 대해 불안해하며, 스트레스 하에 신체 증상을 보인다. *1–2/2–1*보다 신체 증상이 훨씬 적고, 증상은 사지에 국한되어 있거나, 섭식 문제와 관련이 있다. 무감각, 진전, 현기증과 피로가 흔하다. 무능력하지는 않더라도 효율성이 떨어지고, 쉽게 지친다. 사회기술이 뛰어나고, 나서기 좋아하며, 사교적이다. 표현을 잘하면서도 또한 억제되어 있다. 도덕적이지는 않더라도 관습적이며, 통제를 많이 한다. 다른 사람들에게 자신을 자신감 있고, 긍정적이고, 친절하고, 활기차고, 사람을 신뢰하고, 책임감이 있으며, 정상적인 사람으로 보이고 싶어 한다. 상황을 멋지고, 즐겁고, 행복하게 만드는 것을 선호한다. 증상에도 불구하고 자신이 선호하는 것을 달성하려고 계속 노력한다. 환자는 상황의 밝은 면에 주목하고 불쾌하거나 당혹스러운 상황은 회피한다. 교묘하게 책임을 회피한다. 다른 사람들이 보기에 환자는 환자 자신이 생각하는 것 이상으로 의존적이고, 요구적이다. 증상을 호소하는 것을 좋아하지 않는다. 환자의 상태는 보기보다 나쁠 수 있다.
- **확인:** *HEA*, *RC1*, *HEA1*, *HEA2*, *HEA3*, *ANX*, *DEP*, *DEP1*, *WRK*, *Dr3*, *Dr4*, *Hy3*, *Hy4*, *Sc3*, *Sc4*, *Sc6*; *Hy–O* 대 *Hy–S*; *Hy3* 대 *Hy4*; 척도 *3* 증후군의 비신체적 특징과 관련된 척도들: *Hy1*, *Hy2*, *Hy5*, *Ma4*, *R*, *O–H*. 낮은 *CYN1*, *CYN2*, *RC3*, *ASP1*, *ASP2*, *TPA1*,

TPA2, *SOD2*, *Si1*.

- **치료:** 통찰과 심리적 접근에 저항적이다. 내적 성찰을 하지 않는다. 정서 문제에 대한 의학적 설명을 선호한다. 피암시성이 높다. 관심의 초점은 신체 증상에서 벗어나는 것이다. 지지를 잘 견딘다. 최근 촉발사건과 이차적 이득 및 상실의 과거력을 보라. 통증이나 불면 때문에 약물을 남용할 수 있다.

■ *1-3-4/3-1-4*

- *1-3/3-1*과 비슷하나 승인 욕구가 강하다. 조종하고, 의존적이며, 거부당하는 것을 두려워한다. 분노 조절과 관련된 문제가 있을 수 있다. *3-4/4-3*, *O-H*를 보라.

■ *1-3-6/3-1-6*

- *1-3/3-1*과 비슷하나 보다 자기중심적이고, 과민하며, 요구에 분개하고, 은연중에 화를 내고, 의심한다. *3-6/6-3*을 보라.

■ *1-3-7/3-1-7*

- *1-3/3-1*과 비슷하나 불안, 긴장, 죄책감, 불쾌감이 있다. 가끔 공포를 느낀다. 불안 때문에 무능력해질 수 있다. 심혈관 증상이나 소화기 증상, 공황발작; 갈등에 대한 두려움, 분노 억제, 지배 감수 등 의존적 특징을 보라. *1-7/7-1*; *3-7/7-3*을 보라.

■ *1-3-8/3-1-8*

- *1-3/3-1*과 비슷하나 인지적, 감각적, 근골격계 및 신경학적 증상(기억상실, 흐린 시야, 진전, 현기증)이 강조된다. 자살사고를 동반한 우울; 두려움, 긴장, 철수 가능성. 편집적/분열형적 특징, 종교적이고 성적인 내용, 성 정체감의 문제를 보라.
- **확인:** *Dr4*, *CogProb*, *Hy4*, *Sc3*, *Sc6*, *HEA2*. *1-8/8-1*; *3-8/8-3*을 보라.

■ *1-3-9/3-1-9*

- *1-3/3-1*과 비슷하나 활동적이고, 활력 넘치며, 자신감 있고, 사회적인 두려움이 없으며, 공격적이다. 정서적, 행동적 억제를 못 한다. 높은 승인 욕구, 많은 요구, 좌절에 대한 낮은 인내력, 성마름, 행동화,

자기애, 과대성, 기만, 가족 갈등을 유발하는 조종 등을 보라. 신경심리평가를 고려하라.

- **확인**: *Dr3, Dr4, Hy4, Pd3, Sc3, Sc6, HEA2, Ma4, DISC. 1-9/9-1; 3-9/9-3*을 보라.

■ *1-4/4-1*

- 위장 증상을 강조한다. 이 증상은 알코올 남용과 드물지 않게 관련되어 있다. 다른 신체 호소나 건강에 대한 걱정도 흔하다. 불만과 불쾌감이 있다. 스트레스에 대한 인내력이 매우 부족하고, 무능력에 대한 두려움이 있다. 미숙하고, 의존적이다(적대적 의존). 가족관계가 소원하고, 대인관계가 원만치 못하다. 통제받는 것을 회피하고, 통제하려고 한다. 행동화한다. 자기중심적이고 특권의식이 있다. 공격적이거나 수동-공격적이고, 불평, 불만, 요구가 많다. 완고하고, 투덜거리고, 쓴소리하고, 갈등을 일으킨다. 약물 추구, 무책임, 비행, 권위 갈등, 고용 불인정, 부부 갈등, 세포의 과거력을 보라.
- **확인**: *HEA, RC1, HEA1, HEA2, HEA3, DEP, DEP1, ASP2, FAM2, WRK, Dr3, Dr4, Hy3, Hy4, Pd1, Pd2, Pd4, Pd5, Pa1, Sc3, Sc4, Sc6, Re*(낮은), *RC4, MAC-R, AAS.*
- **치료**: 통찰과 심리적 접근에 저항적이다. 변화하려는 동기가 낮다. 치료자와 권위 갈등을 일으키기 쉽고, 환자가 보고한 개인력과 사건을 신뢰하기 어렵다.

■ *1-5/5-1*

- 남성:(흔치 않음) 수동적, 의존적, 불평, 성급함; 책임회피; 합리화를 보인다. 세 번째로 높은 척도를 확인하라.
- 여성:(드묾) 불평, 거침, 의심, 둔감함, 가벼운 불안과 걱정. 세 번째로 높은 척도를 확인하라.

■ *1-6/6-1*

- 신체적으로 취약한 느낌; 광범위한 신체적 호소, 특히 긴장, 피로, 불면, 두통 등이 현저하고 이들 호소가 심각하게 받아들여지지 않으리라는 두려움이 있음; 투사, 의심, 원망과 피해의식. 심한 불안; 어느 정

도의 두려움 등이 있다. 사회적으로 소외되어 있다. 비판에 과민, 과잉반응하고; 요구에 분개하고; 통제받는다고 느끼기 쉽고 이에 즉시 저항한다. 불평이 많고 짜증을 잘 낸다. 다른 사람과의 오랜 갈등이 있고; 성마르고, 분노하고, 비난하며; 부당하게 대우받는다고 느끼고; 완고하고 경직되어 있다. 망상에 기초한 신체 증상이나 정신증의 다른 징후들을 보라.

- **확인**: *HEA*, *RC1*, *HEA1*, *HEA2*, *HEA3*, *ANX*, *DEP*, *DEP1*, *DEP2*, *BIZ*, *BIZ1*, *CYN2*, *TPA2*, *WRK*, *PSYC*, *RC6*, *Dr3*, *Dr4*, *Hy3*, *Hy4*, *Pd4*, *Pa1*, *Pf1*, *Pf2*, *Pf3*, *Pf4*, *Pa3*(낮은), *Sc1*, *Sc3*, *Sc6*, *Ma4*.
- **치료**: 즉각적으로 치료가 비판적이고, 요구적이며, 통제적이라고 느낀다. 치료자를 이길 수 없는 위치에 두려고 한다. 성마름이 있다. 자신이 진지하게 받아들여지지 않을까 두려워한다. 탐색에 대해 분노하고, 지지에 대해 의심한다.

■ *1-7/7-1*

- 광범위한 신체 증상, 특히 만성긴장, 심혈관 증상, 사고, 기억, 주의집중의 문제가 있다. 일반적 고통이 심하다. 신체 질환이나 정신적, 신체적 붕괴에 대한 우려, 불안 및 강박적 집착; 심각한 질병의 갑작스러운 발병에 대한 두려움; 정신기능과 통제의 상실에 대한 두려움을 보인다. 대개 약간의 죄책감과 불쾌감이 있다. 수면 곤란이 있다. 부적절하고, 열등하다고 느낀다. 의무나 책임을 다할 수 없다고 생각하고, 회피한다. 다른 사람이 책임을 떠맡는 것을 선호한다. 수동-공격적이고, 회피적이다. 사회적으로 미숙하고, 자의식이 강하고, 자기주장이 없으면서, 성마르다. 사건이나 상해와 증상 발현 간의 연관성을 보라.
- **확인**: *HEA*, *RC1*, *HEA1*, *HEA2*, *HEA3*, *RC7*, *ANX*, *OBS*, *DEP*, *DEP1*, *DEP2*, *BIZ*, *BIZ1*, *ANG2*, *TPA1*, *SOD2*, *WRK*, *NEGE*, *Dr1*, *Dr3*, *Dr4*, *Hy3*, *Hy4*, *Pd5*, *Sc3*, *Sc4*, *Sc6*, *Si1*, *D0*(낮은).
- **치료**: 통찰과 심리적 접근에 저항적이다. 행동적 접근이 유용하다. 주지화한다. 신체 증상을 표적으로 하기보다는 불안 완화나 수면 곤란과 같은 문제에 초기의 초점을 둔 치료계획이 효과적이다. 이후, "단

련 작업(work hardening)"을 강조하는 계획이 도움이 된다.

- *1–8/8–1*
  - 인지 증상, 흔치 않은 감각 증상, 근골격계 증상과 무기력을 강조하나 다른 증상들도 많다. 주의산만, 건망증, 판단력 손상, 해리, 비현실감, 침습적 사고, 인지적 혼란/와해를 포함한 다양한 정신 증상을 보인다. 신체 망상은 아닐지라도 건강 문제나 신체 기능과 연관된 기이한 생각이 있을 수 있다. 환각과 관계관념의 가능성 역시 배제되어야 한다. 공상과 백일몽으로 많은 시간을 보낸다. 미숙, 두려움, 불안, 우울, 무쾌감증이 있을 수 있다. 우울은 우울한 기분보다는 무기력, 무감동, 수면 곤란을 포함한 생장 징후나 증상 및 우울한 인지와 태도(염세주의, 무력감, 무망감, 무가치감)에서 더 명백히 드러난다. 성적인 문제가 있다. 분노, 적대감, 성마름과 타오르는 격노가 상당하다. 의심과 불신을 수반한 심각한 사회적 소외가 있고, 다른 사람들에게 기이하고 특이한 사람으로 보인다. 수동-공격적이고, 분열형적인 성향이 흔하다. 고용불안, 떠돌이 생활, 외톨이, 자살사고, 사고장애와 편집증적 사고의 과거력을 보라.
  - **확인**: *HEA, RC1, HEA1, HEA2, HEA3, ANX. FRS1, DEP, DEP1, DEP4, BIZ, BIZ1, BIZ2, DisOrg, CYN1, CYN2, LSE1, WRK, PSYC, Dr1, Dr3, Dr4, Hy3, Hy4, Pd4, Pa1, Sc1, Sc2, Sc3, Sc4, Sc5, Sc6.*
  - **치료**: 조현병-스펙트럼 장애의 가능성을 확인하라. 통찰, 다짐, 심리적 접근에 저항적이다. 신체화를 표적으로 하기보다는 정신증적 증상, 우울, 불안, 불면과 같은 문제의 완화에 초기의 초점을 둔 치료계획이 효과적이다. 경과는 만성적이다.
- *1–9/9–1*
  - 정서적 불안정, 긴장, 성마름, 안절부절, 초조, 휘둘림을 동반한 다양한 신체 호소를 보인다. 대인관계 문제에서 벗어나기 위해 신체 증상에 초점을 둘 수 있다. 외향적이고, 활달하나 의존과 독립의 갈등이 있고, 완고하고, 요구가 많다. 자신감이 넘치나 비현실적이다. 과대적일 수 있다. 지배당하거나 "지시받는데" 민감하다. 다른 사람들은 환

자의 행동을 (열등감 등을) 보상하려는 행동으로 보고 관계하기 어렵다고 생각하나, 당사자는 이러한 행동에 대한 통찰이 없다. 신체 증상은 과소성취에 대한 부분적인 구실이 된다. 자기애적, 반사회적 성향; 기분 장애(예: 조증) 혹은 신체적 자기애의 손상에 대한 반응을 보라. 특히 손상이 건강 상태, 기동성, 기능이나 외모에 영구적 변화를 가져오고, 야망을 좌절시키지 않았는지 주목하라. 또한, 그러한 손상에 대한 반응으로 자살사고의 가능성이 있는지 보라.

- **확인**: *HEA*, *RC1*, *HEA1*, *HEA2*, *HEA3*, *DEP4*, *Hp*, *ANG1*, *AGG*, *D3*, *Hy3*, *Hy4*, *Pa1*, *Sc1*, *Sc5*, *Sc6*, *Ma2*, *Ma4*. 낮은 *LSE1*, *LSE2*, *SOD1*, *SOD2*, *Si1*, *Si2*.
- **치료**: 기분장애의 가능성을 확인하라. 통찰과 심리적 접근에 저항할 수 있다. 지지가 도움이 된다. 초기 치료계획은 신체화를 표적으로 하기보다 당면한 어려움과 대인관계 갈등, 그리고 앞으로 직업이나 관계에서 주로 우려되는 것들에 초점을 두는 것이 효과적이다. 신경심리평가를 고려하라.

■ *1–0/0–1*

- 신체에 대한 몰두와 사회적 고립을 보라. 사회적으로 수동적이고, 소심하다. 관습적이고 순응적이다. 세 번째로 높은 척도를 확인하라.

■ 단독상승 *2*

- 슬픈 정서가 동반된 경도에서 중등도의 불쾌감이 있다. 또한, 비효율성과 성마름에 대한 호소, 흥미와 자신감 및 삶에서의 즐거움의 상실에 대한 호소가 동반된다. 우울을 최소화하거나 부인한다. 기력상실을 호소하며, 특히 지각된 실수나 개인적 과오에 대한 과잉반응으로 자기 비판적이다. 죄책감과 자기 처벌, 수동성과 낮은 자기주장. 최근 상실이나 좌절의 경험(즉, 반응성 요소)을 보라.
- **확인**: *HEA3*, *DEP*, *DEP1*, *DEP2*, *DEP3*, *DEP4*, *RC2*, *INTR*, *Dr1*, *Dr2*, *Dr3*, *Dr4*, *Dr5*, *Hy3*, *Hy4*, *Pa1*, *Sc4*. 낮은 *AGGR*, *Ma*, *Ma1*, *Ma2*, *Ma3*, *Ma4*.

- **치료:** 주요 우울 장애의 가능성을 확인하라. 자살사고를 평가하라. 다짐, 충고, 주장훈련, 운동, 공식적인 심리치료 등을 포함한 광범위한 치료에 일반적으로 잘 반응한다.

■ *2-3/3-2*

- 여성에게 빈번하다. 소위 비전형 우울/히스테리성 불쾌감과 관련 있다. 울음과 불행감을 수반한 삽화적인 불쾌한 기분; 건강염려, 피로, 기진맥진, 불안, 불안전감, 정서의 과잉통제, 스트레스 과잉반응 등을 보인다. 명백히 불행해 보임에도 우울을 부인한다. 기억, 주의집중, 판단력에 문제가 있지만, 전반적인 인지적 혼란은 없다. 수면 곤란과 성적 흥미 감소가 있다. 관습적이고, 양심적이며, 책임감이 있지만, 의존적이고, 회피적이며, 자기주장이 없고, 내벌적이다. 자기비하, 무가치감, 무력감, 무망감, 부적합감이 수반된다. 지나치게 정서를 통제하거나 억제하고, '울적'하다고 느낀다. 비판과 거절에 지나치게 민감하니, 공격, 분노, 불신의 표출을 강하게 억제한다. 다른 사람들은 의존적이고, 미숙하며, 자기희생적이고, 순교자적인 고통을 감수하는 경향이 있다고 본다. 이차적 혹은 상황적 우울을 보라. 부부갈등이나 관계에서 최근의 상실/이별, 성적 부적응과 같은 대인 스트레스를 보라.
- **확인:** *ANX, DEP, DEP1, DEP2, DEP4, RC2, Dr1, Dr2, Dr3, Dr4, Dr5, Hy3, Hy4, Sc2, Sc3, Sc4, Sc6, R.* 낮은 *CYN1, CYN2, ASP1, ASP2, TPA2, AGGR, Pd2, Ma4, MAC-R.*
- **치료:** 주요 우울 장애와 감정표현 불능증의 가능성을 확인하라. 통찰과 심리적 접근에 저항적이다. 내적 성찰을 하지 않고 피암시성이 강하다. 불쾌한 상황이나 관계, 감정, 그리고 치료에 대한 불만을 솔직하게 말하지 못한다. 증상 완화에 초점을 둔다. 지지를 잘 견딘다. 최근의 촉발사건에 대해 알아보라. 상실이나 대인관계 갈등의 과거력을 보라. 진통제나 수면제를 남용할 수 있다. *1-2-3, 2-1-3/2-3-1*을 보라.

■ *2-3-1/2-1-3*

- 억제가 수반된 가운데 불안, 불안전감, 우울, 무력감의 맥락에서 신체화한다. *1-2-3, 2-3/3-2*를 보라.

- *2-3-4/3-2-4*
  - 불쾌하거나 우울하다. 미숙하고, 의존적이다. *2-3/3-2*; *3-4/4-3*을 보라.
- *2-3-7/2-7-3/3-2-7/3-7-2/7-2-3/7-3-2*
  - *2-7/7-2*와 비슷하나, 더 의존적이고, 무기력하고, 애원하고, 병식이 부족하다. 불안과 우울이 덜 심각하고 자살 위험도 적다. 더 순응적이고, 관습적이며, 남을 잘 믿는다. 매달리는 의존성이 있고 유순하다. *2-3/3-2*, *2-7/7-2*, *3-7/7-3*을 보라.
- *2-4/4-2*
  - **정의**: *2-4/4-2* 코드 유형의 구체적 특성은 세 번째로 높은 척도에 따라 현저하게 달라진다. 특히, *2-4-6*, *2-4-7*, *2-4-8*, *2-4-9*와 그 조합을 보라.
  - 우울한 기분, 무쾌감증, 불안, 긴장, 좌절, 성마름, 충동성, 분노, 그리고 과도한 죄책감과 자기 비난을 보인다. 비판적이고, 논쟁적이며, 분개한다. 내벌적 성향과 외벌적 성향이 공존한다. 스트레스에 만성적으로 빈약하게 반응한다. 우울은 종종 상황적이며 외현화된다. 무책임, 의존 갈등, 호전성, 논쟁, 조종, 분개와 더불어 대인관계 어려움이 있다. 무책임과 자기 파괴적 행동의 장기 패턴; 가족 소외; 만성적인 부부 갈등; 아동기 박탈, 비행, 권위 갈등, 물질남용, 체포, 실직의 개인력을 보라.
  - **확인**: *ANX*, *DEP*, *DEP1*, *DEP2*, *DEP3*, *DEP4*, *RC2*, *HEA3*, *ANG1*, *ANG2*, *TPA1*, *LSE1*, *FAM1*, *FAM2*, *DISC*, *Dr1*, *Dr2*, *Dr3*, *Dr4*, *Dr5*, *Hy3*, *Pd1*, *Pd2*, *Pd3*, *Pd4*, *Pd5*, *Pa1*, *Sc2*, *Sc4*, *AAS*, *MDS*.
  - **치료**: 증상 완화를 도모한다. 과거 행동에 대한 후회와 변화에 대한 욕구를 강하게 표현하나 치료 동기가 비교적 낮다. 약속을 잘 지키지 않고, 치료에서 도출된 합의를 잘 따르지 않는다.
- *2-4-3/4-2-3*
  - *2-4/4-2*와 비슷하나 더 사회화되어 있고, 통제가 불안정하다. *2-3/3-2*, *2-4/4-2*, *3-4/4-3*. *O-H*를 확인하라.

- *2-4-6/2-6-4/4-2-6/4-6-2/6-2-4/6-4-2*
    - *2-4/4-2*와 비슷하나 더 불안하다. 억울해하고, 분개하며, 합리화하면서도, 애정에 대한 강한 욕구를 동반하며, 의존적이다. 수동-공격적, 분열형적, 회피적, 의존적 특징이나 이들이 조합된 특징을 보인다. 정신증적 특히 편집증적 사고의 가능성이 있다. 보다 소외되어 있고, 통제가 부적절하다. 우울은 보다 외현화되어 있다. 의존과 비난, 부부갈등과 성적 갈등을 보라. 자신의 우울을 타인의 탓으로 돌리고 그 사람을 비난할 수도 있다. *2-6/6-2*; *4-6/6-4*를 보라.
- *2-4-7/2-7-4/4-2-7/4-7-2/7-2-4/7-4-2*
    - *2-4/4-2*와 비슷하나 일반적인 고통이 더 크다. 보다 불안하고, 자신이 없다. 충동적이기보다는 강박적이지만, 그럼에도 불구하고 변덕스럽다. "과도하게 책임을 지려고 하지만, 자기 패배적이다. 불안해하고 죄책감을 느끼면서도 행동화한다. 매달리고, 의존적이면서, 정서적으로 소원하나"(Friedman et al., 2001, p. 263). 인지적 혼란과 침습적 사고가 심하다. 보다 자기 처벌적이다. 반면 전반적인 소외는 덜한 편이다. 보다 의존적이고, 순종적이며; 죄책감, 거부, 상실에 대한 반응으로 자신을 채찍질하고; 타인의 분노를 자기비판으로 약화시킨다. 스트레스 사건을 재앙화하는 경향이 있다. 가족으로부터 소외는 적지만, 배우자에게 스트레스를 준다. 물질남용과 관련된 법적 문제는 덜하다. 비교적 통제하는 시기를 보낸 후에 이어지는 행동화의 주기; 알코올 중독; 충동적인 자살 시도를 보라. *2-4/4-2*, *2-7/7-2*, 그리고 *4-7/7-4*를 보라. *MAC-R* 점수는 허위 음성일 수 있다.
- *2-4-8/2-8-4/4-2-8/4-8-2/8-2-4/8-4-2*
    - *2-4/4-2*와 비슷하나 일반적인 고통, 타인으로부터의 소외, 정서적 개입에 대한 두려움, 만연한 불신, 자살사고가 훨씬 심하다. 신체에 대한 염려가 더 많다. 중등도에서 심한 정도의 우울과 염세주의가 있다. 불안이 더 심하고 전반적인 무능감이 더 크다. 종종 직업을 유지하지 못한다. 충동이나 인지, 행동에서의 통제가 비교적 심각하게 손상되어 있다. 분노, 분개, 성마름이 더 심하다. 건망증이나 주의산만에서 침습

적 사고, 환각, 관계망상, 피해망상에 이르는 인지적 손상이 있다. 판단력은 만성적으로 빈약하다. 거부당하고 착취당한 과거력; 물질남용, 수차례의 자살 시도, 자해, 성적 부적응이 동반된 전반적인 행동적 불안정성을 보라. *2-4/4-2*, *2-8/8-2*, *4-8/8-4*를 보라. *MAC-R* 점수는 허위 음성일 수 있다.

- *2-4-9/4-2-9*
  - *2-4*와 비슷하나 자기중심적이고, 미숙하며, 충동 통제에 어려움이 있다. 물질남용, 고용불안, 법적인 문제의 과거력을 보라.
- *2-5/5-2*
  - 만성적인 불안과 우울(여자의 경우, 우울)을 보라. 수동성, 의존성, 무기력의 문제, 친밀한 관계에서의 갈등, 요구와 책임에 대한 분개, 성적 부적응을 보라. 인지적으로 둔하다. 정체감은 혼란스럽거나 분산되어 있다. 다양한 약물 남용과 기분장애의 과거력이 있거나 현재도 그러하다. 세 번째로 높은 척도를 확인하라.
- *2-5-8*
  - 수동성, 무감동, 불편감이나 우울, 무쾌감증. 성적 부적응과 성 정체감에 관한 염려가 심하다.
- *2-6/6-2*
  - 과민성과 분개를 동반한, 중등도에서 심한 정도의 우울과 불안이 있다. 내벌적이면서 외벌적이다. 우울은 슬픈 기분, 울음, 무쾌감증, 우울한 사고와 태도, 주의집중과 추론능력의 손상, 허약과 피로, 건강에 대한 우려와 불면으로 나타난다. 침울하고, 성마르고, 격렬하고, 논쟁적이고, 분개하고 있는 것으로 보이며, 종종 누군가로 인해 우울하다. 자신의 분노로 남을 화나게 하고, 이로 인해 다시 자신이 분노하는 악순환이 반복된다. 무시당했다고 느끼면, 앙갚음하기 위해 자살에 대해 공상한다. 피해를 입었다고 쉽게 느끼고 공격적인 자세를 취한다. 비판을 잔인하고 적대적인 의도가 있는 것으로 해석한다. 적대감을 투사한다. 성미가 급하다. 상상 속의 모욕에 과잉반응하고, 이를 인정하고 보상할 것을 요구한다. 이러한 특성이 자기 패배적인 경직성, 과도한 합

리성, 용서하거나 타협하려는 동기의 결여와 맞물려 적대적인 거부로 이어진다. 학대의 과거력, 만성적인 관계 상실, 속았다는 느낌, 주요한 관계에서 현존하는 갈등, 점증하는 적대감과 분노발작을 보라.

- **확인**: *ANX, DEP, DEP1, DEP2, DEP3, DEP4, RC2, RC6, HEA3, BIZ1, BIZ2, ANG1, ANG2, CYN1, CYN2, TPA1, FAM1, FAM2, WRK, PSYC, Dr1, Dr2, Dr3, Dr4, Dr5, Hy3, Pd1, Pd4, Pa1, Pf1, Pf2, Pf3, Pf4, Pa2, Sc1, Sc2, Sc4, MDS.*
- **치료**: 정신증적 장애의 가능성을 확인하라. 다른 사람에게 적대감을 일으키는 행동에 대한 통찰이 부족하고, 알려고 하지도 않는다. 치료자를 비판하거나 비난하고, 냉담한 사람으로 본다. 탐색/통찰 지향 치료는 위협적이고, 침습적이며, 자신을 비판하는 것이 목적이라고 여긴다. 적어도 초기에는, 일반적으로 기분장애에 초점을 맞춘 치료계획이 과거력과 관계에 초점을 맞춘 치료보다 효과적이다. 주장훈련과 분노 관리와 같은 인지행동 접근이나 기술훈련 접근이 도움이 된다.

- *2–6–8*
  - *2–6/6–2, 2–8/8–2,* 그리고 *6–8/8–6*을 보라.
- *2–7/7–2*
  - **정의**: *2–7/7–2* 코드 유형의 구체적 특성은 세 번째로 높은 척도에 따라 다양하다. 특히, *2–7–3, 2–7–4, 2–7–8*과 그 조합들을 보라.
  - 긴장, 불안, 걱정, 불길한 예감, 강박 사고, 침습 사고, 불안전, 우려, 초조, 내벌성 등을 동반한 중등도에서 심한 정도의 우울이 있다. 우울은 불쾌감과 슬픈 정서; 무력감, 무망감, 무가치감, 염세주의, 부적합감; 자살사고; 자기 의심과 직업적 수행력 저하; 기억력, 판단력 및 의사결정의 문제; 무쾌감증, 수면 곤란, 식욕 상실, 체중 감소, 성적 흥미의 상실과 같은 생장 증상 등으로 나타난다. 죄책감과 아울러 실패, 쓸모없음, 압도됨 등의 주제가 흔하다. 개인적인 단점과 실패를 반추하고, 부정적인 결과를 지나치게 걱정하며, 사소한 문제와 실수에 과잉 반응한다. 과하게 책임을 지려고 하고, 완고하며, 까다롭고, 완벽주의적이다. 철수되어 있고, 내향적이며; 사람들 앞에서 거북하게 여

기고, 자의식이 강하고, 쉽게 당황한다. 의존적이고, 자기주장이 없고, 공격성이나 분노, 적대감의 표현을 억제한다. 성실함, 자기 부정의 과거력, 성취와 과한 책임에 압도되었던 과거력을 보라. 우울 장애는 *2>7*이 흔하고, 불안 장애는 *7>2*가 흔하다.

- **확인**: *ANX*, *FRS1*, *OBS*, *DEP*, *DEP1*, *DEP2*, *DEP3*, *DEP4*, *RC2*, *RC7*, *HEA3*, *LSE1*, *LSE2*, *WRK*, *AGGR*(낮은), *Dr1*, *Dr2*, *Dr3*, *Dr4*, *Dr5*, *Hy3*, *Pd5*, *Pa2*, *Sc2*, *Sc3*, *Sc4*, *A*, *R*, *Es*(*K*에 비해), *MAC-R*(낮은).
- **치료**: 통찰, 심리적 마음가짐, 내적 성찰 능력을 어느 정도 유지하고 있다. 지지, 제한된 다짐, 구조화, 점진적인 기대에 잘 반응한다. 인지치료, 대인관계 치료, 기술훈련(예: 주장훈련)이 도움이 된다. 전통적인 통찰 치료도 수동성과 행동 변화를 지연시키는 경향에 대응하는 수단을 사용하는 한 도움이 된다.

■ *2-7-8/2-8-7/7-2-8/7-8-2/8-2-7/8-7-2*

- **정의**: *2-8-7*, *8-2-7* 코드 유형의 경우, *2-8/8-2* 코드 유형의 해석을 고려하라.
- 자살사고, 불안, 두려움과 공포, 무쾌감증, 강박적 걱정과 반추, 강박행동, 자기비하, 정신운동 지체, 염세주의, 긴장, 초조, 부정적 자기개념을 동반한 중등도에서 심한 정도의 우울이 있다. 무가치감, 무망감, 무력감, 부적합감, 열등감을 보인다. 주의집중력과 의사결정 능력이 심하게 손상되어 있지만, *2-8/8-2*에 비해 기억력, 판단력, 추론능력, 문제 해결 능력은 잘 보존되어 있다. 주기적으로 지남력을 상실할 수 있다. 자신의 잘못이나 죄책감, 실패, 그리고 미래에 일어날 수 있는 파국에 대해 반추하고, 사로잡히는 경향이 있다. 명백히 내벌적이며, 강박적으로 자신을 비판하고 비난한다. 비밀리에 전해 오는 사상, 철학, 종교 및 마술적 사고에 끌린다. 비현실적으로 높은 기준을 세워 의도적으로 자기가 패배한 것처럼 보인다. 도전과 책임을 감당해야 할 자신의 능력에 대해 두려워한다. 강박적이고, 까다롭고, 완벽주의적이다. 사소한 곤경이나 사고를 염려하고, 과잉 반응한다. 수면 곤란, 쇠약, 피곤, 피로 등 우울의 생장 증상; 위장 문제와 같은 신체 호

소가 흔하다. 질병에 대해 파국적인 염려를 보인다. 명백히 드러나는 정신증은 없으나 분열형 특징이 흔하다. 비현실감과 관계관념은 대개 환자의 개인적인 죄악감, 사악함, 열등감과 결부되어 있다. 내성적이고, 사회적으로 자의식이 강하고, 회피적이나, 지지를 얻으려 한다. 민감하다. 정서적으로 연루되는 것에 대한 두려움과 함께 친밀한 관계에서 양가적이다. 의존성에 갈등을 느끼고, 지배받는 것을 두려워하나, 권위를 신뢰하는 경향이 있다. 명백한 정신증적 사고, 사고장애, 환각, 망상적 사고; 사회적 고립의 과거력; 정체감과 성적 관심을 보라. 심각한 자살 위험이 있다.

- **확인**: *ANX, FRS1, OBS, DEP, DEP1, DEP2, DEP3, DEP4, Hp, RC2, RC7, CogProb, DisOrg, HEA1, HEA2, HEA3, BIZ1, BIZ2, LSE1, LSE2, SOD1, WRK, PSYC, NEGE, Dr1, Dr2, Dr3, Dr4, Dr5, Hy3, Hy4, Pd4, Pd5, Pa1, Sc1, Sc2, Sc3, Sc4, Sc5, Sc6, A, Es, Re, MDS.* 낮은 *ANG1, CYN2, TPA2, AGGR, Hy1, Pd2, MAC-R.*
- **치료**: 양극성 장애, 울증; 조현병, 미분화형; 분열정동 장애의 가능성을 확인하라. 약물치료는 증상을 호전시키고, 자살 위험을 줄이는데 심리치료보다 즉각적인 효과를 볼 수 있다. 항울제는 조증을 유발할 위험이 있다. *2-8/8-2*에 비해 구조화와 지지를 잘 수용하고, 방어 능력은 떨어지나 덜 방어적이며, 병식이 있고, 인지적 자원이 풍부하다. 급성기 이후에는 지지 치료와 인지 치료가 효과적이다. 지지와 지시가 요구된다. *2-8/8-2*에 비해 전반적으로 치료 성과가 좋다.

■ *2-8/8-2*

- *2-7-8/2-8-7/7-2-8/7-8-2/8-2-7/8-7-2*와 유사하다. 자살사고, 무쾌감증, 무감동, 둔마된 혹은 부적절한 정서, 불안, 정신운동 지체, 염세주의, 초조, 그리고 고정된 부정적 자기개념을 동반한 심한 우울이 있다. 무가치감, 무망감, 무력감을 확신한다. 주의집중력(때로 침습적 사고를 동반한), 기억력, 판단력, 사고력, 의사결정 능력이 심하게 손상되어 있고, 만성적인 부적합감과 열등감이 있다. 사고가 반추적이고, 정형화되어 있고, 비생산적이며, 사고의 효율성이 종종 무능

력에 이를 정도로 현저히 감소되어 있다. 죄책감은 상당한 자기 비난과 자기혐오를 동반할 수 있다. 우울의 생장 증상, 신체 망상, 허무 망상, 비현실감, 분열형 특징 등을 보일 수 있다. 사회적으로 철수되어 있고; 상호작용을 적극적으로 회피/단념하며; 정서적인 친밀함에 대한 두려움이 있고; 불신하고, 성마르고, 성급하며, 잘 분개한다. 아주 무능하고(이를테면, 사고를 잘 냄), 쉽게 포기하는 것으로 비친다. 행동화와 충동 통제의 문제가 흔하다. 명백한 정신증적 사고, 사고장애, 혼란, 탈원증, 환각, 피해망상과 조종망상(특히 척도 *6*이 세 번째로 높을 때), 물질남용, 학업 부진의 과거력, 가족 갈등/불화, 자살 시도의 과거력, 정신과 입원병력을 보라. *2>8*은 우울증에서 흔하고, *8>2*는 조현병에서 흔하다.

- **확인:** *ANX*, *FRS1*, *OBS*, *DEP*, *DEP1*, *DEP2*, *DEP3*, *DEP4*, *RC2*, *Hp*, *CogProb*, *DisOrg*, *HEA1*, *HEA2*, *HEA3*, *BIZ1*, *BIZ2*, *LSE1*, *LSE2*, *SOD1*, *WRK*, *AGGR*(낮은), *PSYC*, *Dr1*, *Dr2*, *Dr3*, *Dr4*, *Dr5*, *Hy3*, *Hy4*, *Pd4*, *Pd5*, *Pa1*, *Pa2*, *Sc1*, *Sc2*, *Sc3*, *Sc4*, *Sc5*, *Sc6*, *A*, *Es*(낮은), *MAC-R*(낮은), *MDS*.
- **치료:** 조현병; 분열정동장애의 가능성을 확인하라. 약물치료는 증상을 호전시키고 자살 위험을 줄이는데 심리치료 보다 효과적이다. 지지치료와 인지 치료는 급성기 이후에 효과적이지만, 방어와 무감동이 치료 동기를 감소시킨다.

■ *2-9/9-2*

- **정의:** 드물고, 불안정한 프로파일이다. 조증에서 울증 상태로(조증 방어), 혹은 그 반대로 바뀌는 상태에 있는 양극성 환자에게서 흔히 볼 수 있다. 소위 초조성 우울의 양상을 보인다.
- 불안, 긴장, 변덕, 초조, 안절부절, 성마름, 수면 곤란을 동반한 정서적 동요와 불안정을 보인다. 휘둘린다. 흥분과 혼란 혹은 낙담 사이에서 수시로 바뀐다. 고통은 우울, 불안, 우려 등으로 분화되기보다는 일반화되는 경향이 있다. 과잉활동을 보이는 경우, 이는 자연스럽게 혹은 다행감에서 나온 것이 아니라 압박과 강제에서 비롯된다. 우울을 보

이는 경우, 슬픔이나 안정된 불쾌감보다 무쾌감증, 생장 증상, 그리고 염세주의와 다른 우울 태도로 나타난다. 주관적인 고통에서 벗어나려고 자극을 추구한다. 건강 악화(스트레스에 시달리며 아프다고 느낀다)와 노동력 상실에 대해 심히 염려하고 걱정한다. 예민하고, 성마르고, 충동적이며, 좌절과 자기애적 손상에 과잉반응한다. 분노와 적대감을 쉽게 경험하고 표현하며, 때로 폭발적으로 반응한다. 냉소적이고 의심이 많다. 자아 이질적인 의존성이 있다. 수동-공격적인 투쟁을 보이기 쉽다. 외향적이나, 자신감을 과장한다. 기분장애, 물질남용의 과거력을 보라.

- **확인**: *ANX, DEP, DEP1, DEP2, DEP3, DEP4, RC2, HEA3, ANG1, ANG2, CYN1, CYN2, ASP1, TPA2, SOD2*(낮은), *Dr1, Dr2, Dr3, Dr4, Dr5, Hy3, Pa1, Pa3*(낮은), *Sc3, Sc4, Ma1, Ma2, Ma3, Ma4, MAC-R*.
- **치료**: 양극성 장애, 혼합형, 조조를 동반한 주요 우울 삽화; 순환성 장애의 가능성을 확인하라. 충동적 자살 위험이 있다. 관찰 후 재검사와 치료의 안내 역할로서 정신 상태 변화를 고려하라. 신경심리평가를 고려하라.

■ *2-0/0-2*

- **정의**: *2-0-7-8*이나 *0-2-7-8*의 코드 유형이라면 *2-7-8* 코드 유형의 해석을 고려하라.
- 경도에서 중등도의 우울이 있고, 대개 만성적이다. 불안, 무기력, 무쾌감증, 무감동, 내벌성, 강박성, 주의집중력과 기억력의 문제, 낮은 자기 존중감, 사회적 회피와 철수를 동반한다. 분열성적이다. 불면증을 호소한다. 열등감이 있고 자신감이 없으며, 외모에 대해 염려한다. 죄책감이 있고 자기 자신을 비하한다. 억제되어 있고, 사회적으로 서툴고 두려워하며, 소심하고, 공격적이지 못하고, 자기 패배적이다. 친구나 동료가 없고, 사회기술이 부족하며. 주의를 끌지 않으려고 하고. 혼자 하는 활동을 선호한다. 특이해 보일 수 있다. 동감할 수 있는 토대의 결여로 사고가 특이하거나 기이해 보인다. 사회적 인지도가 낮

다. 대인관계에서 수줍어하고, 조용하고, 긴장되어 있다. 까다롭고, 비판이나 반감에 과민하며, 뻿뻿하고, 정서적으로 관여되는 것을 두려워한다. 이성 관계의 상호작용 기술이 부족하고, 심지어 결혼을 부끄러워하고 불편해 한다.

- **확인:** *INTR*, *ANX*, *DEP1*, *DEP2*, *DEP3*, *DEP4*, *RC2*, *HEA3*, *ANG2*, *CYN1*, *LSE1*, *LSE2*, *SOD1*, *SOD2*, *Dr1*, *Dr2*, *Dr3*, *Dr4*, *Dr5*, *Hy3*, *Pd4*, *Sc1*, *Sc2*, *Sc3*, *Sc4*, *Si1*, *Si2*, *Si3*, *A*, *R*. 낮은 *ASP2*, *TPA2*, *AGGR*, *Hy1*, *Hy2*, *Pd3*, *Ma3*, *MAC-R*.
- **치료:** 사회기술과 자기주장에 초점을 둔 구조화된 치료가 심리치료보다 유용하다. 구조화, 지지, 지시에 잘 반응하나, 다짐이나 칭찬을 부담스러워한다. 인지 치료, 항울제 또는 두 가지 모두가 우울과 불안 완화에 도움이 된다.

■ **단독상승 *3***

- 관습적이고, 사교적이고, 낙관적이며, 사회적으로 자신만만하다. 하지만, 건강과 신체 기능에 대한 일반적인 염려나 좁게 초점화된 증상(이를테면, 실성증)이 있다. 스트레스 하에서 신체 증상을 보인다. 책임감 있고, 친절하고, 사람들을 신뢰하나, 다른 사람들의 눈에는 미숙하고, 자기중심적이며, 피상적이고, 억제적로 보일 수 있다. 공격적이지 못하고, 갈등과 불쾌감을 회피한다. 자신과 타인의 문제를 인식하지 않으려 한다.
- **확인:** *HEA3*, *RC1*, *Dr3*, *Dr4*, *Hy1*, *Hy2*, *Hy3*, *Hy4*, *Hy5*, *Pa3*, *R*, *O-H*, *Re*. 낮은 *CYN1*, *CYN2*, *RC3*, *ASP1*, *SOD2*, *AGGR*, *DIS*, *Si1*, *Si3*, *A*, *MAC-R*.
- **치료:** 치료 계획은 현 문제에 초점을 둔다.

■ ***3-2-1***

- 쇠약, 피로, 스트레스성 위장 증상과 불쾌감이 있다. 가족 중에서 약자 역할을 맡기 쉽다. 성적 억제, 부인과적 호소나 수술 병력(예로, 자궁 적출술), 체중 문제와 불면증을 보라. *1-2/2-1*, *1-3/3-1*, *2-3/*

*3-2*를 보라.

- *3-4/4-3*
  - **정의**: *3-4*는 *4-3*에 비해 내벌적 성향이 강하고, 불편감, 피로, 미성숙, 억제, 수동성, 신체 호소, 걱정이 더 크다. 반면, *4-3*은 외벌적 성향이 강하고 불신, 성마름, 분개가 더 크다. 두 패턴 모두 개인적, 사회적 편안함과 기술을 반영한다.
  - 정서적으로 불안정하고, 미성숙하고, 자기중심적이며 무책임하다. 분노 조절과 표현 및 물질남용의 만성적 문제가 동반된다. 변덕스럽고 성깔이 있다. 정서와 행동의 통제가 매우 취약하다. 격하게 성질을 터뜨리며, 술이나 약물에 취하면 공격적/호전적으로 변한다. 건강염려와 신체 호소가 흔하다. 겉으로는 순응적이지만 속으로는 반항적이다. 법의 범위 내에서 갈등을 행동화한다. 권위에 저항적이지만 체면상 관습을 지킨다. 다른 사람들이 승인하는 것에 영합하는 경향이 있다. 은밀하고 간접적인 수단으로 반항과 적대감을 표현한다. 의존과 자기통제 간의 만성적인 갈등이 있다. 대인관계에서 조종하고, 유혹적이며, 극적이고, 통제적이지만, 거절을 두려워한다. 사회적으로 매끄럽고, 침착하며, 승인된 사회적 역할 수행에 편안함을 느낀다. 관심과 인정을 추구하며, 철수되면 쉽게 좌절하고, 성마르고, 적대시한다. 분노, 냉소, 적대감, 불신, 분개를 강하게 부인한다. 편집증적인 특징이 드물지 않다. 성적 문란과 물질남용, 사소한 비행과 성인기 법적 문제의 과거력, 고용불안, 부부 갈등, 싸움이나 폭행, 자살 시도를 보라. *O-H*를 확인하라.
  - **확인**: *ANX, DEP1, DEP2, HEA3, ASP2, FAM1, FAM2, Dr1, Dr3, Dr4, Hy1, Hy2, Hy3, Hy4, Hy5, Pd1, Pd2, Pd3, Pd4, Pd5, A, R, O-H, MAC-R, APS, AAS, MDS.* 낮은 *ANG1, ANG2, CYN1, CYN2, ASP1, TPA1, TAP2, SOD1, SOD2, AGGR, DISC, Si1, Si2.*
  - **치료**: 정신증적 장애, 특히 방어적인 편집형 조현병의 가능성을 확인하라. 부인하고, 병식이 없는 가운데 성찰하지 못한다. 주장훈련이나 물질남용에 대한 치료가 도움이 되지만, 경과가 만성화되는 경향이

있다.

- *3-4-6/3-6-4/4-3-6/4-6-3/6-3-4/6-4-3*
  - 완고하고, 합리화하며, 분개하고, 앙심을 품는다. 겉으로는 순응적이나 속으로는 적대적이며, 비판이나 거절에 민감하다. 타협을 모르며, 어떤 종류의 도전도 참지 못한다. 소유욕이 강하다. 다른 사람들의 나쁜 신념을 입증할 증거를 수집한다. 심각한 부부 갈등, 병적 질투를 보라. *3-4/4-3*; *3-6/6-3*; *4-6/6-4*를 보라. *O-H*를 확인하라.
- *3-4-9/3-9-4/4-3-9/4-9-3/9-3-4/9-4-3*
  - *4-9/9-4*보다 더 사교적이고, 애정과 승인에 대한 욕구가 강하다. 하지만 *3-4/4-3*보다 더 자극을 추구하고, 무책임하며, 행동화하고, 자율성이 쉽게 위협을 받는다. 기회주의, 편의주의, 성적 문란과 물질남용을 보라.
- *3-5/5-3*
  - 방어적이고, 자기 인식이 전반적으로 부족하다. 남자는 신체에 초점을 두고, 미숙하다. 사교적이지만 피상적이고, 남을 조종하며, 요구가 많다. 여자는 말을 잘하고, 자기주장이 강하고, 성마르면서, 자존감이 낮고, 외모/신체상에 대해 걱정한다. 세 번째로 높은 척도를 확인하라.
- *3-5-4*
  - 자기중심적이고, 수동-공격적이며, 표현이 분명하고, 착취적이다. 주의를 끌려고 한다. 상황을 통제하고 있지 않으면 불안해한다. 겉은 부드러우나, 내면은 거칠다. 성적으로 적극적이면서 갈등이 있고, 자신감이 없다.
- *3-6/6-3*
  - 사회적으로 침착하나 사람을 조종하려고 하고 지나치게 이성적이다. 경직성, 과잉통제("긴장"), 자기중심성, 편집적 방어, 투사, 비난 전가, 은밀한 가학성이 동반된다. 숨이 막힐 정도로 침착하나 불안, 긴장, 두통이나 복통과 같은 신체 증상에 시달리기도 한다. 사회기술이 좋고 세련되어 보이나 친구가 없다. 권력 지향적이며, 비난을 극도로 회피하고, 잔인하고, 냉정할 수 있다. 속으로는 불신하고, 의심하고, 적

대적이며, 매력으로 다른 사람들을 통제하거나, 정보를 통제해서("추측하게 놔둠으로써") 조종하려 하며, 권력을 추구한다. 외모, 매력, 지능, 지위, 혹은 이들의 조합을 기초로 인정받기를 바란다. 독선적이고, 다른 사람들에게 너그럽지 못하고, 용서가 없다. 다른 사람들의 불신, 반감, 분개를 자극한다. 불신과 적대감을 완고하게 부인한다. 부부 갈등과 가족 갈등, 동료 특히 아랫사람과의 갈등을 보라.

- **확인:** *ANX, DEP, DEP1, DEP2, HEA1, HEA2, BIZ1, BIZ2, ANG1, ANG2, CYN2, ANT2, TPA1, TPA1, SOD1, AGGR, PSYC, DISC, Dr1, Dr3, Dr4, Hy1, Hy2, Hy3, Hy4, Hy5, Pd4, Pa1, Pf1, Pf2, Pf3, Pf4, Pa2, Pa3, Sc1, Sc2, Sc3, Sc4, Sc5, Sc6, Ma4, Si2, A, R, O–H, MDS.* 낮은 *CYN1, RC3, ANT1, SOD2, Si1.*
- **치료:** 편집형 정신증, 편집성 성격의 가능성을 확인하라. 치료자를 통제하지 못하는 무능력이나 심리치료 중 파생되는 취약감을 견디지 못한다. 독선, 과도한 합리성, 문제에 대한 책임 전가, "정신적 문제"가 있다는 생각을 참지 못하는 것 등 모두가 치료의 심각한 장애물로, 조기의 치료 중단을 예측하게 한다. 현 문제와 증상 완화에 초점을 둔 치료가 성공적일 수 있다.

■ *3–7/7–3*

- 불안, 긴장, 두려움, 반추를 보이며, 종종 공포증이나 공황발작이 동반된다. 무력감, 주의집중의 문제, 제한된 흥미, 피로, 수면 곤란 등을 동반한 중등도의 불쾌감이 있다. 우울한 기분이 종종 불안에 이차적으로 나타난다. 결정을 내려야 하거나 시간에 쫓기는 상황에 직면하면 무력감과 위협을 느끼며, 자신의 선택에 대한 승인과 다짐, 지지를 필요로 한다. 아프다거나, 허약하고 건강이 악화되었다고 느끼며, 하려고 해도 책임을 다할 수 없다고 생각한다. 스트레스를 피하려고 병약함을 받아들인다. 행동 통제는 적절하지만, 정서 통제가 빈약하고 허술하다. 가혹하지 않고, 잘 믿으며, 심리적으로 순박하다. 대인관계에서 수동적이고, 자신감이 부족하며, 갈등을 피한다. 종종 애정이나 승인, 지지를 위해 다른 사람들에게 극단적으로 의존한다. 무기력하고,

매달리고, 환심을 사려는 것처럼 보일 수 있다. 민감하고, 소심하며, 쉽게 상처받는다. 정서적으로 취약한 것처럼 보임으로써 다른 사람들의 공격이나 비난을 방어한다. 고통의 원인을 증상이나 환경 등 자기 외부에 두려는 경향이 있다. 성취미달, 공포 불안, 비위 맞추기의 과거력이나 가족 내에서 현재 환자 역할을 하고 있는지 보라.

- **확인**: *ANX, FRS1, FRS2, OBS, DEP1, DEP2, DEP3, RC7, HEA3, ASP2, TPA1, LSE1, LSE2, NEGE, Dr1, Dr2, Dr3, Dr4, Dr5, Hy1, Hy2, Hy3, Hy4, Hy5, Pd5, Pa2, Sc2, Sc3, Sc4, Sc5, Sc6, A, R, Re.* 낮은 *ANG1, ANG2, ASP1, TPA2, AGGR, DISC.*
- **치료**: 구조화, 지지, 다짐이 도움이 되지만, 목전의 증상이나 지각된 고통의 원천에서 눈을 돌리지 않으려 한다. 불안과 두려움/공포가 완화되면 다른 문제들을 다룰 수 있다.

■ *3-8/8-3*

- 다양한 운동, 감각, 근골격계 증상과 더불어 불안정한 주의, 망각, 판단력 손상, 의식상실, 침습적이고, 위협적인 사고와 인지 혼란 등 다중적인 인지적, 신경심리학적 증상을 보인다. 사고 흐름에 두서가 없고, 핵심을 벗어난다. 증상은 기괴하고 망상적이다. 우울하고 불안하다. 우울의 경우, 우울한 기분보다 무관심, 정서의 둔마, 무쾌감, 초조, 생장 증상(수면 곤란과 피로 등), 자살사고를 포함한 우울한 인지와 태도(염세주의, 무력감, 무망감, 무가치감)가 현저하다. 무망감으로 인해 자살 위험이 크다. 아프거나 건강이 악화되었다고 느낀다. 갑작스럽게 발병한 단기 정신증적 삽화와 뒤이은 기억상실을 경험할 가능성이 크다. 정신증적 삽화는 현란한 괴이함, 성적 주제나 종교적 주제, 관계 관념, 피해망상이나 통제망상, 신체망상, 환시를 포함할 수 있다. 대부분의 시간을 공상과 백일몽으로 보낸다. 공상은 괴이하지는 않더라도 기이하며, 폭력적이거나 종교적 혹은 성적이며, 또한 위협적이다. 내적으로 혼란되어 있고 통제가 불안정하다. 안절부절, 요구, 분노 폭발 등을 동반한 단기 정서적 격동을 보인다. 대개 적대적이진 않다. 사회기술은 적절하나, 미숙하고, 의존적이며, 다른 사람들과의 갈

등으로 쉽게 동요한다. 성이나 성 정체감에 대한 염려가 있다. 가족 갈등과 분개가 있다.

- **확인:** *CogProb, DisOrg, ANX, FRS1, DEP1, DEP2, DEP3, DEP4, Hp, HEA1, HEA2, HEA3, BIZ1, BIZ2, ANG1, ANG2, LSE1, FAM1, FAM2, WRK, PSYC, RC8, Dr1, Dr3, Hy3, Hy4, Pd4, Pd5, SC1, Sc2, Sc3, Sc4, Sc5, Sc6, R, AAS, MDS.*
- **치료:** 기분장애와 조현병-스펙트럼 장애의 가능성을 확인하라. 구조화와 지지가 도움이 된다. 통찰과 심리적 접근에 저항적일뿐더러 치료에 초점을 두는 것 자체가 어렵다. 자살 가능성에 대한 평가 및 예방조치, 신경심리학적 손상에 대한 평가, 생물학적 치료에 대한 고려가 요구된다. 초기 치료계획은 정신증적 증상, 우울, 불안의 완화나 수면 곤란 등의 문제에 초점을 두는 것이 가족, 성 정체감, 의존성 등의 문제에 초점을 두는 것보다 효과적이다.

■ *3-9/9-3*

- 수다, 변덕, 공격성과 자극 추구, 불안이나 내적 불편감에 대한 강한 회피와 더불어 중등도의 정서적, 행동적 통제 결여가 있다. 정서적으로 활기차고 쉽게 흥분하나 불안과 공황발작에 취약하다. 의욕이 넘치고, 특히 부정적 정서를 경험하지 않으려 한다. 신체 호소는 심장 증상, 흉통, 심계 항진 등을 포함한다. 인정, 승인, 선망에 대한 욕구와 함께 사교적이고, 붙임성 있으며, 자신감에 차 있다. 사회적 자극을 추구하나, 자기중심적이고, 요구적이며, 거만하고, 뽐내고, 우쭐하기 잘하고, 둔감하다고 여겨진다. 정서 통제나 행동 통제가 불안정하고, 좌절하거나 무시당할 때 적대적이고, 공격적인 언어를 보인다. 자기애적이다. 다른 사람들에 대한 기준이 높고, 가까운 사람에게 비판적이다. 완고하게 부인하고, 병식이 없다. 기분장애와 억압적으로 양육받은 개인력, 최근의 부부불화를 보라.
- **확인:** *ANX, HEA1, HEA2, HEA3, BIZ1, BIZ2, ANG1, ANG2, SOD1, FAM1, FAM2, AGGR, DISC, PSYC, D4, Hy3, Hy4, Sc5, Sc6, Ma1, Ma2, Ma3, Ma4, Si2, MAC-R, AAS, MDS.* 낮은 *LSE1, LSE2, SOD2,*

Si1, R.

- **치료:** 기분장애의 가능성을 확인하라. 고통이 없다는 점과 자기애에 근거한 부인은 심리치료에 대한 합의를 제한하고, 문제로부터 긍정적 특질이나 행동, 성취로 주의를 돌린다. 신체화는 다짐에 반응하여 호전될 수 있다. 현 문제에 초점을 두고, 증상 완화를 추구한다.

■ **단독상승 *4***

- 행동 통제 발달하지 못하였으며 정서가 불안정하다. 무책임하고 충동적이다. 좌절에 대한 인내력이 부족하고, 약물을 남용하거나 행동화하며, 사람과 사회를 공격한다. 규칙, 권위, 관습에 반항적이다. 문제를 자신의 외부로 돌린다. 냉소적이다. 삶이 무의미하고 불만족스러우며, 알 수 없는 불쾌감을 흔히 느낀다. 판단력이 부족하고, 때로 무모하다. 처벌을 통해 배우지 못하고, 장기적인 목표를 추구할 수 없는 것처럼 보인다. 특권의식이 있다. 사회기술은 좋지만, 이기적이고, 자기중심적이며, 요구가 많고, 착취적이며, 믿을 수 없다. 관계는 헌신적이지 않고, 피상적이며, 쉽게 바뀐다. 변덕스러운 기질로 위협한다. 안정적이고 친밀한 관계에서는 의존적이고, 가족과는 종종 소원한 관계를 보인다. 비행, 성인의 반사회적 행동, 실직, 싸움, 물질남용, 부부문제의 과거력, 최근 중요한 관계의 상실을 보라.
- **확인:** *ASP, RC4, ANG1, ASP1, ASP2, SOD1, FAM1, FAM2, AGGR, DISC, Pd1, Pd3, Pd4, Pd5, Ma1, Ma3, Si2, A, R, O-H, MAC-R, AAS, MDS.* 낮은 *FRS, OBS, LSE1, LSE2, SOD2, Si1, GF.*
- **치료:** 변화에 대한 동기가 없다. 타인을 문제의 원인으로 본다. 치료는 환자가 타인을 비판하는 문제를 다루는 것에서부터 시작할 수 있다. 물질남용 치료도 유익하다.

■ ***4-5/5-4***

- 척도 *4*의 상승과 비슷하지만 보다 사회화되어 있다. 공공연히 비순응적이다. 옷차림과 견해가 반체제적이다. 사회적 관습에 분노하고, 따르지 않는다. 권위를 부패한 것으로 보고, 저항, 데모 등으로 제도권

에 도전하고, 반항한다. 과민반응한다. 자기중심성, 요구/책임에 대한 분노, 충동성과 함께 자아 이질적 수동성과 의존성을 가지고 있다. 연극적이지는 않더라도, 언어적으로 유창하고 분명하게 표현한다. 반항적이고, 이기적이며, 착취적인 목적을 위해 이상주의적인 태도를 취하는 등 가식적이다. 자신의 이익을 위해 약탈까지는 아니더라도 남을 이용한다. 남자는 아버지 부재, 수동 공격성, 수동적인 반사회적 행동(예, 약물 남용), 그리고 성 장애(성도착이나 성범죄 등을 포함)의 과거력을, 여자는 학대/폭력 경향을 보라. 세 번째로 높은 척도를 확인하라.

- *4-5-6*
  - *4-5/5-4*와 비슷하나 자기애적이고, 과민하며, 분개한다. 지배를 두려워하고, 타인에 의한 좌절에 격분한다. *4-5/5-4*, *4-6/6-4*, *5-6/6-5*를 보라.
- *4-5-7*
  - 성적으로 부적응적이고, 불안정하다. 자기중심적이고, 착취적이다. 행동은 다른 사람에게 적대감을 불러일으킨다. 강박적으로 성관계가 문란하기도 한다. *4-5/5-4*, *4-7/7-4*, *5-7/7-5*를 보라.
- *4-5-8*
  - 성적 부적응과 성 정체감의 염려가 심하다. *4-5/5-4*, *4-8/8-4*, *5-8/8-5*를 보라.
- *4-5-9*
  - 심한 자기애, 착취, 무책임, 편의주의, 쾌락주의를 보인다. 정신병질적 성향이 있지만 큰 법적 문제를 일으킨 적은 없다. 카리스마가 있다. *4-5/5-4*, *4-9/9-4*, *5-9/9-5*를 보라.
- *4-6/6-4*
  - 소외되어 있다. 가족과 권위에 대한 만성적인 분노가 있다. 긴장하고, 시무룩하며, 과민하고, 적대적이다. 우울증이 있다면 외현화하는 경향으로 나타난다. 요구와 기대를 둘러싼 만성적인 분투가 있다. 화를 잘 낸다. 다른 사람에게 지나치게 요구하지만, 다른 사람이 자신에게

요구하면 분노한다. 다른 사람에 의해 비난받고, 착취당하고, 학대받는다고 여기지만(투사), 자신이 다른 사람을 화나게 하고, 착취하며, 조종하고, 괴롭힌다는 것을 인정하지 않는다. 지나치게 합리성을 내세우고, 고집이 세고, 논쟁적이다. 용서하지 않으며, 분개하고, 과민하고, 과잉 경계한다. 취약함을 두려워한다. 남자는 화가 나 있고, 보복적이며, 여자는 도발적, 수동-공격적인 경향이 있다. 애정을 바라지만 애정을 줄 수 있는 사람과는 소원하다. 근시안적이고, 자기 패배적이다. 비행, 권위자와 다툼, 실직, 그리고 부부 갈등이나 최근 중요한 관계 상실의 과거력을 보라. 정신증적(편집증적) 특징이 있을 가능성을 확인하라.

- **확인:** *ANX, OBS, DEP, DEP1, DEP2, DEP3, DEP4, RC4, RC6, BIZ1, BIZ2, ANG1, ANG2, CYN1, CYN2, ASP1, ASP2, TPA2, SOD1, SOD2*(낮은), *FAM1, FAM2, AGGR, PSYC, DISC, Dr1, Dr4, Dr5, Hy3, Pd1, Pd2, Pd3, Pd4, Pd5, Pa1, Pf1, Pf2, Pf3, Pf4, Pa2, Pa3, Sc1, Sc2, Sc3, Ma1, Ma3, Si1*(낮은), *Si2, A, R, O-H, Re, MAC-R, AAS, MDS.*
- **치료:** 대체로 변화하려는 동기가 낮다. 특히 상실한 관계를 쉽게 대체할 수 있다고 보는 나이 어린 환자의 경우는 더 그렇다. 변화의 방법은 모른다고 할지라도 자신의 행동 패턴이 지니는 파괴력과 자기 패배적인 특징에 대한 통찰이 생긴 나이 든 환자의 경우는 변화하려는 동기가 보다 높다. 두 경우 모두 조종하려고 하고, 도발적이며, 적대적인 환자의 성향으로 인해, 그리고 환자 자신이 거절당할 것이라는 예상으로 인해 치료가 힘들다. 성공적인 치료를 위해 오랜 시간이 필요하다.

■ *4-6-8/4-8-6/6-4-8/6-8-4/8-4-6/8-6-4*

- 소외되어 있고, 의심이 많다. 우울하고, 절망적이며, 적대적이다. 탈선, 탈원증과 우원증을 동반한 사고장애와 편집증이 흔하고, 불안하고, 우울하다. 우울은 부분적으로 외현화되는 경향이 있고, 무관심, 긴장과 초조, 무기력한 태도, 무가치, 무망감, 자살사고 등으로 표현된

다. 사고와 행동이 종종 와해된다. 예기치 못한 공격을 한다. *4-6/6-4*, *4-8/8-4*, *6-8/8-6*을 보라. 이 상승척도 쌍은 Graham 등(1999)에서 논의되었다.

- *4-6-9/4-9-6/6-4-9/6-9-4/9-4-6/9-6-4*
  - 불안정한 통제, 완고, 자기중심성, 충동성, 적대감, 과민, 화, 의심, 질투, 그리고 복수와 함께 정신병질적이고 편집증적인 경향이 있다. 매우 합리화하고, 외현화한다. 과각성으로 인해 갑작스럽고, 폭발적인 폭력을 보일 수 있지만, 다른 사람에 대한 위험한 폭력을 행사하기에 앞서 충분한 계획을 세우고, 냉정하게 실행에 옮긴다. 살인사고를 보라. *AGGR*, *RC9*를 확인하라. *4-6/6-4*, *4-9/9-4*, *6-9/9-6*을 보라.
- *4-7/7-4*
  - 자기 비난과 자기통제의 기간 후에 긴장 감소를 위한 충동적인 행동화 기간이 이어지는 패턴이 반복적이고 주기적으로 나타난다. 강박적인 요소로 특징지어지는 두 단계(예, 강박적인 수단을 동한 금주 이후의 폭음)가 있다. 행동을 통제하는 기간에 불쾌감, 죄책감, 후회, 그리고 지나친 자기 비난과 함께 불안, 긴장, 초조와 혼란이 있다. 충동에 시달린다. 좌절에 대한 인내력이 낮다. 양심이 제대로 형성되지 못했다. 자기 패배적인 방식으로 행동화한다. 순간의 긴장 감소를 위해 장기적인 목표를 반복적으로 희생한다. 의존/독립에 대한 만성적 갈등이 있다. 인간관계에서 애정과 안전에 대한 강한 욕구가 있다. 의존 욕구의 충족이 좌절되거나 거부될 때 쉽게 화를 낸다. 회복과 화해를 위한 비굴한 노력 후에 다른 사람의 욕구와 감정을 가차 없이 무시하는 등의 패턴이 대인관계에서 반복적으로 나타난다. 의존 욕구를 충족시키기 위해 타인을 착취한다. 때로 사랑과 지지가 철수될까 두려워한다. 물질남용, 중독 상태에서의 체포, 병적 도박, 성 문란/부정, 고용불안과 부부 갈등의 과거력을 보라.
  - **확인:** *ANX*, *OBS*, *DEP*, *DEP1*, *DEP2*, *DEP3*, *DEP4*, *RC2*, *RC7* *HEA3*, *BIZ2*, *ANG1*, *ANG2*, *ASP1*, *ASP2*, *TPA1*, *LSE1*, *LSE2*, *FAM1*, *FAM2*, *WRK*, *DISC*, *NEGE*, *Dr1*, *Dr4*, *Dr5*, *Hy3*, *Pd1*, *Pd2*, *Pd3*,

Pd4, Pd5, Pa2, Sc1, Sc2, Sc3, Sc4, Sc5, A, R, MAC-R, AAS, MDS.

- **치료:** 주요 우울 장애, 불안 장애의 가능성을 확인하라. 치료와 행동 변화의 동기가 처음에는 강하지만 빠르게 사라진다. 치료 목표가 단기적인 불안과 긴장 감소로 전환되는 경향이 있다. 치료에서 치료자와 가족을 조종하기도 한다. 집단치료, 물질남용 치료는 일반적으로 개인 심리치료에 비해 효과적이다.

- *4-7-8/4-8-7/7-4-8/7-8-4/8-4-7/8-7-4*
  - Graham 등(1999)이 이러한 프로파일의 외래환자들이 주의집중의 문제를 포함한 불안 증상; 초조; 공포증과 강박 증상; 지남력 상실, 사고의 탈선, 현실검증력의 결핍, 환각과 망상을 포함한 정신증적 증상 등을 보인다고 하였다. 또한, 환자를 내향적이고, 불안정하고, 정서적으로 피상적이며, 자기 비하적이며, 자기 처벌적이고, 대인관계에서 민감하고, 의심이 많고, 자살사고가 있는 것으로 묘사하였다.
- *4-8/8-4*
  - 다른 사람들에 대한 광범위한 불신과 정서적 관계의 두려움을 동반한 심한 소외를 보인다. 행동 패턴이 충동적이고, 혼란스러우며, 예측 불가능하다. 우울하고, 불안하고, 긴장하고, 반추하며, 걱정이 많다. 더불어, 변덕, 무쾌감, 무기력/피로, 수면 곤란, 무망감, 죄책감 등을 보인다. 또한, 초조/불안, 자극 과민, 좌절에 대한 인내 부족, 적대감 등이 있다. 미숙하고, 자기 패배적이며, 만성적인 판단력 부족과 열등감이 수반된다. 환각과 관계사고를 동반한 사고장애가 흔하지는 않으나 철수나 불신, 행동화에 의해 가려져 있을 가능성이 있다. 공상과 백일몽으로 많은 시간을 보내고, 내용은 종종 신체적, 성적 폭력을 포함하는 병적인 주제들이다. 양심의 발달이 불충분하다. 대인관계에 서 떨어져 있고, 냉담하다. 가학적일 가능성이 있다. 권위상에 반항한다. 일반적으로 분개하고 논쟁적이다. 이해받지 못하고, 거절당했다고 느낀다. 애정을 갈망하나 공감이 부족하다. 거절을 두려워하고, 취약성을 견디지 못한다. 부당한 대우를 기대하고 다른 사람의 동기를 의심한다. 다른 사람이 환자를 거절하기 전에 먼저 다른 사람을 거절한다(불가피한

것이었다고 느끼게끔). 행동화, 투사, 합리화로 방어한다. 성적인 정신병리가 흔하다. 성과 공격성을 하나로 합치는 경향이 있다. 경계선적이거나 반사회적인 경향이 있다. 학대(여성에게는 성 학대), 가족 박탈과 방임, 갈등의 만성적 노출이나 따돌림의 과거력을 보라. 사생아거나 입양(여자), 여러 차례 낙태(여자) 성과 미달, 불안정한 고용과 대인관계, 비행과 범죄, 성 문란/매춘이나 성도착, 가족 및 부부 갈등, 자해, 자살 위협과 제스처와 시도, 물질남용의 과거력을 보라.

- **확인:** *ANX, DEP, DEP1, DEP2, DEP3, DEP4, RC2, DisOrg, RC8, HEA2, BIZ1, BIZ2, ANG1, ANG2, CYN1, CYN2, ASP1, ASP2, TPA1, TPA2, LSE1, FAM1, FAM2, AGGR, PSYC, DISC, Dr1, Dr2, Dr3, Dr4, Dr5, Hy3, Pd1, Pd2, Pd3, Pd4, Pd5, Pf1, Pf2, Pf3, Pf4, Pa2, Sc1, Sc2. Sc3, Sc4, Sc5, Sc6, Ma1, Ma4, Si3, A, R, Re, MAC-R, AAS, MDS.* 낮은 *Hy2, Hy5, Pa3, GF.*
- **치료:** 정신증/분열형 성격장애, 경계선 성격장애, 편집적 성격장애의 가능성을 확인하라. 약물치료의 효과는 미미하지만, 제한적이나마 불안과 우울 증상이 완화된다. 치료자와 신뢰로운 관계를 형성하는 데 어려움이 있다. 남자보다 여자가, 나이 든 환자보다 어린 환자가 예후가 좋다. 변증법적 행동치료나 인지행동치료와 같은 구조화된 치료가 효과적이다.

■ *4-8-9/4-9-8/8-4-9/8-9-4/9-4-8/9-8-4*

- *4-6-9*와 비슷하지만 덜 조직화되어 있고, 더 카리스마 있으며, 과대하고, 착취적이고, 불안정하며, 만성적으로 적대적이다. 위협적이고, 남을 이용하며, 가학적일 수 있다. 권위에 대해 심하게 반항한다. 공감이 부족하다. 냉담하고, 조종하며, 무자비하고, 폭력적인 경향이 있다. 이상하거나 기이한 옷차림과 몸단장은 주의를 끌거나 다른 사람과 정서적으로나 신체적으로 거리를 두기 위해 사용한다. 정신증적이고 혼란스럽다. 야만성까지는 아니더라도 사회성의 부족과 성취미달의 과거력을 보라. 범죄, 공격과 물질남용을 보라. *AGGR, RC9*를 확인하라. *4-8/8-4, 4-9/9-4, 8-9/9-8*을 보라.

■ *4-9/9-4*

- 자극 추구적이고, 지루함과 좌절을 참지 못한다. 에너지 넘치고, 부주의하다. 탈 억제적이고, 과소통제를 하며, 정서적으로 불안정하다. 반항적이고, 충동적이다. 사회적으로 공격적이다. 쾌락주의적이고, 자아 중심적이며, 자기애적이다. 과민하고, 적대적이다. 좌절, 요구, 자율성에 대한 위협이나 도전에 과잉 반응한다. 양심의 가책을 거의 받지 않는다. 권위 갈등과 관습, 도덕, 윤리적 기준, 규칙, 규제에 반항한다. 미숙하고, 무책임하며, 신뢰할 수 없다. 사회기술이 좋고, 탈 억제적이며(대담, 자신만만, 근심 없음), 불안이 없어 처음에는 매력적인 인상을 줄 수 있다. 이기적이고, 착취적이며("사기꾼"), 특권의식이 있으며, 타인과 관계가 도덕적이지 못하다. 피상적인 매력을 이용하여 타인으로부터 재산, 서비스, 만족을 조종한다. 행동화와 합리화의 방어기제가 있다. 위험 추구나 자살사고의 장기적인 위험. 비행, 성인의 반사회적 행동, 처벌 경험을 통해 변화되지 못한 과거력을 보라. 성과 미달, 실직, 성 문란, 싸움, 관계불안, 가족 갈등이나 부부 갈등, 약물 남용을 보라.
- **확인:***BIZ2, ANG1, ANG2, CYN1, CYN2, ASP1, ASP2, TPA1, TPA2, FAM1, FAM2, AGGR, PSYC, DISC, RC4, RC9, Pd1, Pd2, Pd3, Pd4, Pd5, Pa1, Sc5, Ma1, Ma2, Ma3, Ma4, A, MAC-R, APS, AAS, MDS.* 낮은 *FRS1, FRS2, LSE1, LSE2, SOD1, SOD2, Si1, Si2, R, Re, GF.*
- **치료:** 반사회적 성격장애, 조증, 드물게는 편집증적 증후군의 가능성을 확인하라. 변화의 동기가 부족하지만, 다른 사람을 조종하기 위해 치료를 이용하기도 한다. 반사회적 행동 문제나 물질남용 치료에 구조화된 집단치료가 도움이 된다.

■ *4-0/0-4*

- 불쾌하고, 소외되어 있으며, 회피적이고, 과민하며, 화내고, 의심한다. 소심하고, 가족 갈등이 있다. 물질남용을 보라. 세 번째로 높은 척도를 확인하라. *Dr5, Pa1, Sc1, INTR*를 확인하라.

- **단독상승** *5*
  - 일반적으로 환자들보다 적응적이지만, 공격성과 관련된 갈등이 있다. 여성의 경우, 사회적으로 공격적이며, 자신감과 결단력이 있으며 경쟁적이다. 둔감하고, 자기애적이고, 여성으로서의 정체감이 낮다. 남성의 경우, 신경증적이고 과민하고, 수동적이고 의존적이다. 내적 성찰이 있고, 감수성이 있으나 자기 확신이 없다. 사고가 혼란스럽고, 의심이 많으며, 남성으로서의 정체감이 낮다. *Mf* 하위척도와 *GM-GF*를 확인하라.
- *5-6/6-5*
  - 냉담하고 신중하나 사회기술이 부족하고, 이성 적응에 어려움이 있다. 사회적으로 서툴고/불편해한다. 과민하고, 울화가 치밀고, 화를 내고, 충동적이다. 아버지의 부재, 불안정하거나 갈등을 겪었던 고용의 과거력, 이전의 임신중절이나 체포 경험, 융통성 없음, 주지화/과도한 합리성, 과민, 의심, 강압, 지배당하는 것에 대한 두려움, 집중력 손상을 보라. 조현병의 가능성을 확인하라. 세 번째로 높은 척도를 확인하라. *Pa1*, *RC6*, *Pf1*, *Pf2*, *Pf3*, *Pf4*를 확인하라.
- *5-7/7-5*
  - 불안, 긴장, 걱정, 불쾌감/우울, 의존, 반추, 우유부단, 이성 관계의 문제/결혼 불화와 실패에 대한 반추적 두려움, 자살사고/시도의 과거력을 확인하라. 세 번째로 높은 척도를 확인하라.
- *5-8/8-5*
  - 미숙하고, 소외되어 있다. 수동적이고, 의존적이다. 우울하고, 분열성적이며, 부적절한 정동과 성적 부적응을 보인다. 난폭하고 거부적인 아버지, 수동적인 어머니, 광범위한 정신과적 과거력, 고용불안, 보헤미안적/비순응적인 생활양식, 여러 종류의 약물 남용, 성적 갈등과 성 정체감 갈등, 반추, 사고 혼란과 미묘한(분명히 드러나지는 않더라도) 사고장애를 보라. 세 번째로 높은 척도를 확인하라.
- *5-9/9-5*
  - 남자는 의존과 주장에 대한 갈등을, 여자는 공격성과 경쟁을 보인다.

불안정한 고용과 이성 관계의 과거력, 체포당한 경험, 자기애, 냉소주의, 경계, 주의산만, 의심, 사회적이고 적대적인 공격성, 비도덕성, 반사회적 충동/행동, 과잉행동, 사고의 비약, 과대성, 충동성, 물질남용 등을 보라. 조증, 자기애적이고, 반사회적이며, 편집증적 성격 특징(예로, 관계사고, 피해사고)의 가능성을 확인하라. 세 번째로 높은 척도를 확인하라.

- *5–0/0–5*
  - 조심스럽고, 억제적이며, 지나치게 관념적이다. 소심하고, 회피적이다. 남자는 이성 관계를 불편해한다.

- **단독상승** *6*
  - 종종 잘 조직화되고 정교한 형태로 나타나는 피해망상이나 통제망상을 동반한 편집증적 경향을 보인다. 융통성 없고, 분개하고, 지나치게 경계하고, 지나치게 합리적이다. 의심이나 개인 문제를 부인한다. 일차 망상과 관련 없는 고통 역시 부인한다. 병식이 심각하게 결여되어 있다. 은둔, 따돌림, 적대감 표출의 과거력을 보라.
  - **확인**: *RC6*, *Pa1*, *Pf1*, *Pf2*, *Pf3*, *Pf4*, *Pa2*, *Pa3*, *Sd*. 낮은 *OBS*, *CYN1*, *CYN2*, *ASP1*, *TPA1*, *TPA2*, *FAM1*.
  - **치료**: 망상 장애의 가능성을 확인하라. 부분적으로 항정신병 약물과 환경치료에 반응한다. 약물치료로 다소 호전되고 정서를 회복한 후에는 대인관계 치료가 도움이 된다.
- *6–7/7–6*
  - 심한 불안, 긴장, 불쾌감이 있다. 여기에 분노와 스스로에 대한 처벌이 수반된다. 고립감을 느끼고, 감정에 사로잡히며, 통제감 상실을 두려워한다. 기분은 우울하고, 희망이 없으며–종종 매우 절망적이고–수면의 어려움과 소진된 느낌이 수반된다. 강렬한 기분과 시달리는 느낌에 이어 주의산만과 우유부단이 나타난다. 죄책감, 비참함, 분노, 당면한 난제들, 그리고 통제의 상실과 그로 인한 재앙에 대한 생각을 떨치지 못하고 곱씹는다. 극심한 괴로움에서 벗어나기 위해 자살을 생

각할 수 있다. 비난과 반감을 두려워한다. 과잉 경계를 보인다. 정신증적, 편집증적 증상이 드물지 않다. 특히, 지나친 과민성, 침습적 사고, 종교에의 몰두, 관계사고나 관계망상 등을 보인다. 문제해결 방법이 제한적이고, 강박적이며, 심리적 자원이 풍부하지 않다. 융통성이 없고, 완고해지는 경향이 있다. 스트레스는 단지 이러한 경향을 악화시킬 뿐이다. 비난과 무시를 내재화하는 경향이 있으나, 이에 대해 분노도 키운다. 지각된 불공평에 민감하다. 불공평한 대우나 비난에 예민하고 쉽게 상처받는다. 불만을 표출하고, 갈등을 협상하는 기술이 부족하다. 비주장적이다. 의미 있는 타인과의 심하지만, 덜 보고되고, 잘 인식되지 않는 갈등이 있다. 충동적 자살 위험이 있다. 부부 갈등과 불만족, 두부외상이나 발작의 과거력, 강박 의식(ritual), 불안이나 불면 완화를 위한 물질남용 등을 보라.

- **확인**: *RC7, ANX, FRS1, OBS, DEP1, DEP2, DEP3, DEP4, BIZ1, ANG1, ANG2, TPA1, LSE1, LSE2, FAM1, AGGR*(낮은), *PSYC, RC6, NEGE, PSYC-NEGE, Dr1, Dr4, Dr5, Hy3, Pd4, Pd5, Pa1, Pf1, Pf2, Pf3, Pf4, Pa2, Pa3, Sc1, Sc2, Sc3, Sc4, Sc5, Sc6, A, R, APS, MDS*.
- **치료**: 주요 우울 장애나 뇌전증의 가능성을 확인하라. 약물치료는 심한 불편감을 완화하고, 자살 위험을 줄이는 데 필요하다. 개인치료와 부부치료가 도움이 되고, 동기도 높은 편이다. 신경심리평가를 고려하라.

■ *6-7-8*

- *6-8/8-6*과 비슷하지만 심한 긴장, 과잉 경계, 분노가 있고 통제 상실의 두려움이 있다. 두려움과 혼란은 망상적 사고와 결합하여 적으로 인식한 상대에 대한 공격과 폭력으로 이어진다.

■ *6-8/8-6*

- 인지와 행동의 심한 와해와 퇴행, 장해를 동반한 만연하고 미분화된 고통이 있다. 불안은 근심이나 공황으로 표현된다. 우울은 불쾌한 기분보다는 무감동, 무쾌감, 초조, 피로, 변덕, 수면 곤란, 무기력, 무망감과 무가치한 태도, 자살사고로 표현된다. 정서는 전형적으로 둔마되고, 부

적절하다. 만성적인 부적합감과 열등감, 현저한 사고장애를 보인다. 정신증적 증상이 명백히 드러난다. 예로, 환각, 전반적인 사고장애, 만연하면서도 느슨하게 구조화된 망상적 사고(관계망상, 피해망상, 통제망상), 괴이한 몰두 등의 증상을 보인다. 아울러 주의력, 집중력, 기억력, 판단력 등이 중등도에서 심한 정도로 손상되어 있다. 문제해결 방식이 비관습적이고, 부적절하고, 무능하고, 종종 자폐적이다. 의심과 적대감으로 인해 사회적(대인관계), 물질적 세계에서 심하게 소외되어 있다. 이 두 세계에 대해 단조로우면서도 만연한 우려와 불가해가 있다. 종종 성적, 폭력적, 종교적, 혹은 초자연적인 환상과 백일몽으로 많은 시간을 보낸다. 다른 사람들로부터 오해받고, 무시당하고, 홀대받았다고 느끼며, 그 이상의 불친절과 홀대, 그리고 거부를 예상한다. 분명한 이유 없이 화를 낸다. 위협받고 공격당했다고 느끼고, 돌발적으로 공격적이 된다. 옷차림과 매너가 이상하고, 특이하고, 별나고, 기괴하다. 대인관계에서 철수되어 있다. 다른 사람과 거리를 유지하기 위해 기괴함을 이용할 수 있다. 하지만, 외로움과 소외감을 느낀다. 어색하고, 서투르게 보일 것에 대한 두려움이 있다. 쉽게 당황하고 창피함을 느낀다. 거절당하면 혼란에 빠진다. 병식이 부족하다. 부모의 방임/거절/학대, 또래의 괴롭힘, 성취 부족, 사회적 고립(결혼을 포함하여), 불안정한 고용, 입원병력, 물질남용의 과거력을 보라.

- **확인**: *DisOrg*, *CogProb*, *RC8*, *RC6*, *ANX*, *FRS1*, *OBS*, *DEP1*, *DEP2*, *DEP3*, *DEP4*, *HEA1*, *HEA2*, *HEA3*, *BIZ1*, *BIZ2*, *LSE1*, *WRK*, *PSYC*, *NEGE*, *INTR*, *Dr1*, *Dr3*, *Dr4*, *Dr5*, *Hy3*, *Hy4*, *Pd4*, *Pd5*, *Pa1*, *Pf1*, *Pf2*, *Pf3*, *Pf4*, *Pa2*, *Pa3*(낮은), *Sc1*, *Sc2*, *Sc3*, *Sc4*, *Sc5*, *Sc6*, *A*, *R*, *AAS*, *MDS*.
- **치료**: 편집형 조현병, 혼란형 조현병, 분열형 성격장애, 양극성장애, 우울증(드물게)의 가능성을 확인하라. 항정신병 약물치료가 가장 즉각적이고 믿을 만하고(전적으로 그런 건 아니지만) 효과적이다. 환경조작, 보호 고용, 일상 업무 관리에 대한 지원 등 구조적 지지가 도움이 된다. 기술훈련, 약물 관리, 재발 방지와 같은 심리교육이 유용하

다. 지지적 심리치료는 소외감과 소원함을 감소시키고, 장애와 그 후유증을 관리하는 데 도움이 되지만, 장기간의 참여가 필요하다. 자폐적인 성향과 사고장애로 인해 환자의 상태를 호전시키려는 치료 목표를 왜곡하여 이해할 위험이 있으므로, 매우 조심스럽게 목표를 설정해야 한다. 통찰을 강조한 치료는 환자에게 스트레스가 되고 환자를 혼란스럽게 하는 경향이 있다.

- *6–8–9/6–9–8/8–6–9–/8–9–6/9–6–8/9–8–6*
  - *6–9/9–6*과 *8–9/9–8*을 보라. 보통 척도 *2*와 *0*이 낮다. 피해망상적, 과대망상적 관념을 모두 수반한 조증의 과각성이 시사된다. 와해, 초조, 혼란을 보인다. 시끄럽고 적대적이다. *AGGR*, *RC9*를 확인하라.
- *6–9/9–6*
  - 고양되고, 흥분되어 있으며, 목소리가 크고, 상황의 영향을 많이 받는다. 과대하고, 다행감을 보이나 또한 긴장되어 있다. 과민하고, 성급하며, 의심하고, 분개한다. 정서와 행동의 통제에 어려움을 보이는데 특히, 행동 통제가 안 되고 불안정하다. 지나치게 말이 많고, 사고의 비약을 보인다. 좌절하고, 위협받고, 비난받고, 지배받는다고 느낄 때 쉽게 안절부절못하고, 초조해하고, 과도하게 반응하고, 적대감을 보인다. 환각을 포함한 다양한 정신증의 징후와 증상을 보인다. 과대망상, 피해망상, 관계망상 혹은 음모나 통제와 관련된 망상을 보인다. 지나치게 종교에 빠지고, 종교와 관련된 망상을 보이기도 한다. 사고 내용에서의 장애에 비해 사고 형식에서의 장애는 매우 제한적이다. 위협에 흥분하는 것을 제외하면, 대부분 기본적인 인지 기능이 온전하다. 하지만, 망상적 사고로 인해 판단력이 손상되고, 문제해결에 융통성이 없으며, 틀에 박혀 있다. 다른 사람의 통제를 두려워한다. 비난이나 공격을 과잉 경계한다. 피해, 학대, 복수, 질투, 성과 관련된 주제를 공상과 백일몽으로 반추하는 데 많은 시간을 보낸다. 긴장되고, 융통성이 없고, 불안정하다. 행동 통제가 안 되어 폭력적인 행동화를 보인다. 타인을 가혹하게 평가한다. 애정이나 충성에 대한 욕구, 그리

고 가까이 있고 싶은 욕구가 강하지만, 의심이 많고, 과도한 합리성을 내세우고, 정서적 관여를 두려워하는 나머지 다른 사람과 따뜻한 관계를 유지하지 못 한다. 입원병력, 물질남용, 살해사고를 확인하라.

- **확인:** *ANX, BIZ1, BIZ2, CYN2, AGGR, PSYC, DISC, RC9, RC6, Pd4, Pa1, Pf1, Pf2, Pf3, Pf4, Pa2, Pa3, Pf1, Pf2, Pf3, Pf4, Sc1, Sc3, Sc5, Sc6, Ma1, Ma2, Ma3, Ma4, A, R, Re, MAC-R, AAS, MDS.* 낮은 *Dr2, Hy2, Hy5, Si1, Si2,SOD1, SOD2.*
- **치료:** 양극성 장애, 편집성 특징을 포함한 조증의 가능성을 확인하라. 병식이 없고, 심리적 접근에 저항할 수 있다. 약물에 거부적임에도, 약물치료는 초기에 효과적이다.

■ *6-0/0-6*

- 불안과 불쾌감을 느낀다. 회피적이고, 소심하다. 고립, 소외, 의심, 경계, 과민, 강박, 책임 전가를 보라. 세 번째로 높은 척도를 확인하라.

■ 단독상승 *7*

- 불안, 강박, 의존/수동성, 죄책감, 우유부단과 부적합감/열등감을 보라. 두 번째로 높은 척도를 확인하라.

■ *7-8/8-7*

- 반추적이고, 강박적이며, 지나치게 관념적이다. 심한 장애나 질병에 걸린다는 확신, 끔찍한 일이 벌어질 것이라는 예상, '미쳐버릴지도 모른다'는 두려움 등에 몹시 집착한다. 환상과 백일몽, 죄책감과 실패에 대한 반추, 정체성에 대한 염려, 그리고 성적이고 병적인 주제와 관련된 침습적이고 이상한, 종종 폭력적인 생각들로 많은 시간을 보낸다. 심한 고통과 공황의 기간이 있다. 긴장, 걱정, 두려움과 불안을 동반한 심한 내적 갈등과 혼란을 경험한다. 우울, 초조, 과민, 무쾌감증이 있다. 정동이 둔마되고 동떨어져 있다. 주의집중, 사고 및 의사결정의 장애가 심한 것이 특징이다. 사고과정은 환자마다 다양하게 나타난다. 일부 환자들은 보속증, 혼란의 시기, 비현실감, 그리고 이인증이 있어도 그럭저럭 체계적인 사고를 하지만, 다른 환자들은 신조어, 음

향연상, 반향어 등으로 인한 와해가 심하다. 위장, 심혈관, 심폐기능, 운동, 감각 증상을 포함한 건강염려와 신체 호소가 흔하다. 열등감, 부적합감과 불안감이 오래 지속된다. 스트레스에 매우 취약하다. 내, 외적 사건 때문에 스트레스를 받고, 두려워한다. 소외, 철수, 사회기술의 부족, 낮은 자존감과 자의식은 다른 사람들과의 관계를 손상시킨다. 갑작스러운 거절과 지지의 상실을 두려워한다. 대인관계에서 양가감정을 느낀다. 의존성, 수동성, 그리고 외로움은 불신과 우려로 상쇄된다. 강박 사고 및 행동, 그리고 사고장애, 환각, 관계사고나 관계망상 같은 정신증적 특징, 자살사고, 성과 미달, 가족 갈등과 입원병력, 그리고 물질남용을 보라.

- **확인**: *CogProb, DisOrg, ANX, FRS1, OBS, RC7, DEP1, DEP2, DEP3, DEP3, HEA2, BIZ1, BIZ2, ANG1, ANG2, CYN1, CYN2, LSE1, LSE2, SOD1, SOD2, FAM1, FAM2, PSYC, DISC, NEGE, Dr1, Dr4, Dr5, Hy3, Hy4, Pd1, Pd4, Pd5, Pa1, Pf1, Pf2, Pf3, Pf4, Pa2, Pa3, Sc1, Sc2, Sc3, Sc4, Sc5, Sc6, Si1, Si2, A, R, AAS, MDS.* 낮은 *Hy1, Hy2, Hy5, Pd3, Re, GM.*
- **치료**: 조현병, 기분장애, 강박 장애나 기타 불안 장애, 분열형, 강박적 혹은 의존적 성격장애의 가능성을 확인하라. 충동적 자살 위험이 있다. 증상 상태를 호전시키고, 자살 위험을 감소시키는데 약물치료가 심리치료보다 효과적이다. 항울제는 조증을 촉발하기도 한다. 지지치료와 인지 치료는 사회기술훈련이나 주장훈련과 마찬가지로 급성단계를 지난 후에 효과적이다. 증상 완화에 대한 동기부여가 있다. 내적 성찰이 있다. 조현병의 경우를 제외하고 병식은 잘 유지되고 있다. 환자는 구조화, 지지, 그리고 다짐을 받아들이며, 이득을 얻는다. 초기 라포르 형성의 어려움만 극복한다면 심리치료는 유용하다.

■ *7–9/9–7*

- **정의**: 드물고 불안정한 프로파일이다. 양극성 장애 환자나 실제의 혹은 임박한 두려움에 대한 주의를 다른 곳으로 분산시키려는 환자에게서 볼 수 있다.

- 강박적인 성취 욕구가 있다. 긴장하고, 염려하며, 안전에 대한 위협에 과민하게 반응한다. 실패하지 않을까 두려워한다. 불안하고, 초조하며, 강박적이고, 충동적이며, 흥분을 잘한다. 정서적, 행동적 과소통제를 보인다. 만성적인 긴장과 스트레스의 영향으로 근골격계 증상, 성 문제, 수면 곤란 등의 신체 증상을 호소한다. 임박한 실패나 재앙을 두려워하고 이로 인해 공황 상태에 빠지기도 하지만, 어느 순간 성공에 대해 비현실적으로 낙관하기도 한다. 과거의 실패와 미래의 성공에 강박적으로 집착하며, 꼼꼼하고 세심하다가도 무모하게 변한다. 과잉활동 양상을 보인다면 이는 자연스럽고 다행감에 젖은 활동이 아니라 압박감에 의해 강요된 것으로, 종종 특정 프로젝트나 주제에 초점이 맞춰져 있다. 주의집중력과 기억력의 손상은 경미하나, 판단력이 빈약하고 충동에 좌우된다. 침습적이고, 파괴적인 사고와 의심 같은 가벼운 정신증적 혹은 분열형적 특징이 나타난다. 내벌적이면서 외벌적이다. 지루함과 다른 사람의 요구를 참지 못한다. 주관적인 괴로움에서 벗어나기 위해 자극을 추구한다. 의존성에 대한 갈등이 있다. 인정받지 못하거나 거절당하는 것을 두려워한다. 자아 중심적이고, 미숙하다. 다른 사람들에게 무심하고, 인정이 없어 주변의 사람들이 떠난다. 기분장애나 물질남용의 과거력; 가족 갈등; 충동적이고 부주의하게 행동한 기간에 이어 죄책감, 후회, 자기 비난이 따르는 기간이 있었는지를 보라.
- **확인:** *ANX*, *OBS*, *DEP1*, *DEP2*, *DEP3*, *BIZ1*, *BIZ2*, *ANG1*, *ANG2*, *CYN2*, *TPA1*, *TPA2*, *LSE1*, *LSE2*, *SOD1*, *SOD2*, *AGGR*, *PSYC*, *NEGE*, *RC7*, *Dr1*, *Dr4*, *Dr5*, *Hy3*, *Pd4*, *Pd5*, *Pa1*, *Pf1*, *Pf2*, *Pf3*, *Pf4*, *Pa2*, *Sc1*, *Sc2*, *Sc3*, *Sc4*, *Sc5*, *Sc6*, *Ma1*, *Ma2*, *Ma3*, *Ma4*, *Si1*, *A*, *Re*, *MAC-R*, *APS*, *AAS*, *MDS*. 낮은 *Dr2*, *Hy2*, *Hy5*, *Pa3*, *Si2*, *R*.
- **치료:** 혼합형이나 조증 상태의 양극성 장애, 혹은 순환성 장애나 강박장애의 가능성을 확인하라. 충동적 자살 위험이 있다. 약물치료(예로, 기분 안정제), 행동 및 기술훈련 절차(예로, 주장훈련과 분노 관리), 그리고 전통적인 심리치료를 포함한 다양한 치료가 가능하다. 정신

상태를 관찰하고 변화의 기간을 거친 후에 치료 가이드를 위한 재검사를 고려하라.

- *7–0/0–7*
    - 억제, 우유부단, 무기력, 심한 자기의식, 자신감 부족, 수동/의존성, 그리고 극도의 대인 민감성을 동반한 불안과 불쾌감이 있다. 소심하고, 회피적이다. 과잉통제한다. 외모에 집착하고 매력 없음에 대한 두려움이 심하다. 세 번째로 높은 척도를 확인하라.

- **단독 상승** *8*
    - 기이한 행동, 무감동과 무관심을 보라. 6상을 보라.
- *8–9/9–8*
    - 중등도에서 심한 정도의 흥분과 과잉활동을 보이며 충동적이다. 사고의 비약이 있고, 지나치게 말이 많고, 시끄럽다. 불안, 긴장과 더불어 초조하고, 안절부절못하며, 공황에 취약하다. 정서 통제나 행동 통제가 잘되지 않는다. 기분은 고양되고, 의기양양하지만, 불안정하다. 빠르게 그리고 예기치 않게 과민해지고, 적대적이고, 편집증적으로 변한다. 종교나 성적 주제의 공상과 백일몽에 빠지는 경우가 많다. 반추를 잘하고, 강박적이며, 지나치게 관념적이다. 스트레스를 받으면 쉽게 와해된다. 전형적으로 정신증과 사고장애를 보이며 그 정도가 심하다. 부적절한 정서; 사고의 탈선, 음향연상, 반향어, 신조어, 우원증, 탈원증, 자폐증과 빈약한 현실검증력; 행동의 와해, 괴이함, 환각, 과대망상, 피해망상, 통제망상이나 이들 망상의 조합 등이 수반된다. 인지 손상이 심하고, 주의력, 집중력, 기억력, 판단력 문제와 의식의 소실이 있다. 심한 경우, 지남력을 상실하고, 혼란스럽고, 당혹스러워하며, 이로 인해 공황과 공격성을 나타낼 수 있다. 성제감과 자존감이 견실하지 못하고, 쉽게 위협을 받는다. 기저에 열등감/부적합감이 있다. 실패나 거절은 공황과 좌절로 이어지고, 충동적인 자살의 위험을 높인다. 의심이 많고, 불신하며, 냉담하고, 변덕스러우며, 요구가 많고, 관심과 존경을 받고 싶은 욕구와 함께, 특권의식이 있다. 이성의

거절에 과민하다. 학교문제, 입원병력, 물질남용, 대인관계에서 거절 당한 경험, 성취/포부를 이루지 못하거나 인정받지 못한 것 등의 스트레스와 그 밖의 다른 스트레스들을 보라.

- **확인**: *RC9, DisOrg, CogProb, RC8, ANX, DEP1, DEP3, DEP4, HEA2, BIZ1, BIZ2, ANG1, ANG2, CYN1, CYN2, ASP1, TPA2, FAM1, AGGR, PSYC, DISC, NEGE, Dr1, Dr4, Dr5, Hy3, Pd1, Pd4, Pd5, Pa1, Pf1, Pf2, Pf3, Pf4, Pa2, Sc1, Sc2, Sc3, Sc4, Sc5, Sc6, Ma1, Ma2, Ma3, Ma4, A, MAC-R, AAS, MDS.* 낮은 *Hy2, Hy5, Pa3, Si2, R, Re.*
- **치료**: 양극성 장애, 조증; 분열정동장애(흥분성); 교감신경계 독성; "동성애 공황"(*8-9-5/9-8-5*) 등의 가능성을 확인하라. 병식이 없고, 심리적 접근에 저항한다. 약물에 거부적이나, 약물치료가 초기에 효과적이다. 심리치료를 위협적으로 느껴, 거부하거나 회피하는 경향이 있다. 치료의 초점을 환자가 결정하게 한다. 높은 수준의 구조화와 지지가 필요하다.

■ *8-0/0-8*

- 불쾌감, 무력감, 무쾌감증, 자존감 손상, 죄책감을 느낀다. 주의력, 기억력, 판단력과 의사결정에 문제를 보인다. 자폐적인 사고, 심한 소외, 냉담, 사회 불안, 소심과 회피를 나타내며 의심이 많다. 쉽게 겁을 먹는다. 갈등을 회피하고, 어려움에 직면하면 포기해 버린다. 세 번째로 높은 척도를 확인하라.

■ 단독 상승 *9*

- 기분이 고양되고, 팽창되어 있으며, 다행감이 젖어 있다. 쉽게 흥분하고 충동적이며 과잉활동적이다. 사고가 비약적으로 흐르고, 말을 쏟아내게 하는 압력을 느끼며, 지나치게 말이 많다. 익살과 과대성, 대담성이 수반된다. 기분은 비교적 안정적이지만, 좌절을 겪거나 방해받으면 쉽게 적대적으로 변한다. 외적 통제와 제한을 참지 못한다. 사고는 매우 잘 조직화된 사고에서부터 비현실적인 사고(경조증), 와해

되고, 공상적이며, 기이한 사고(조증)에 이르기까지 다양하다. 옷차림새가 요란하고, 튀며, 화려하다. 프로젝트나 계획을 여기저기 벌려 놓고, 메시아적 중요성을 부여하여, 잠도 자지 않고 빠져들어 몰두한다. 질주하는 사고와 거리낌 없는 의사결정과 더불어 본인은 완전히 자유로운 인지 활동을 경험하고 있다고 하지만, 다른 사람의 눈에는 즉흥적이고, 충동적이고, 방만한 것으로 비친다. 과대성은 종교적 색채를 가질 수 있다. 고양된 기분과 더불어 "세상을 구원하려는" 또는 인습을 타파하려는 공상/망상을 수반한다. 대인관계는 외향적이며 가리지 않고 사귀지만, 공감이 부족하다. 다른 사람들이 자신의 고양된 정체감을 알아보지 못하거나, 높이 평가하지 않거나, 확증하지 않으리라 의심하고 두려워한다. 그래서 쉽게 자신이 무용지물이 됐다고 느낀다. 기분장애의 가족력, 입원이 요구되었던 조증이나 우울 삽화의 과거력, 물질남용, 이전 삽화 후 본래 기능으로의 회복, 대인관계에서 거절당한 경험, 성취/포부를 이루지 못하거나 인정받지 못한 경험 등의 스트레스와 그 밖의 다른 스트레스들을 보라.

- **확인:** *RC9, AGGR, PSYC, RC8, DISC, Dr2, Ma1, Ma2, Ma3, Ma4, MAC-R, AAS.* 낮은 *FRS1, FRS2, DEP1, DEP2, DEP3, DEP4, TPA1, LSE1, LSE2, SOD1, SOD2, INTR, Sc2, Si1, Si2, A, R, Re, GF.*
- **치료:** 양극성 장애, 조증이나 물질남용의 가능성을 확인하라. 병식이 없고, 심리적 접근에 저항한다. 약물치료는 초기에 효과가 있다. 우울을 두려워할 수 있다. 환자는 지지적인 심리치료를 수용하겠지만, 회기 참여에는 도움이 필요하다.

■ *9-0/0-9*

- 불안, 긴장, 불쾌감과 무력감이 있다. 정서, 행동적으로 통제가 되지 않고, 적대감, 충동성을 나타내고, 지배받는 것에 대한 두려움, 소외, 사회적 불편감이 있다. 세 번째로 높은 척도를 확인하라.

■ **단독상승** *0*

- 6장을 보라.

셀프 테스트

1. 잘 정의된 상승척도 쌍 전략이 측정 오류의 영향을 줄일 수 있더라도, 다음 중 영향을 적절히 통제할 수 없는 것은?
   (a) 반응 양식
   (b) 임상 척도 간의 공변량
   (c) 문항 중복
   (d) *K*-교정
   (e) a와 b
   (f) a와 c
   (g) c와 d

2. 다음 Caldwell의 A-B-C-D 전략이 강조하는 것은?
   (a) 기본 척도
   (b) 임상 척도

3. A-B-C-D 전략은 상승척도 쌍이 잘 정의되었을 때만 사용할 수 있다.
   그렇다 또는 아니다?

4. 경우에 따라, A-B-C-D 전략에서 제안한 순서를 내용 척도와 다른 비임상 척도 점수에 따라 수정할 수 있고, 해야 한다.
   그렇다 또는 아니다?

5. 척도 *5*나 *0*이 가장 높거나 두 번째로 높은 상승척도 쌍일 때는?
   (a) 기본 척도에 기반한 척도 쌍 다음으로 해석한다.
   (b) 해석은 다음으로 높이 상승한 척도로 보충한다(전형적으로 세 번째로 높은 척도).
   (c) 임상가는 상승척도 쌍에 대해 잘 정의된 전략만 사용해야 한다.

정답: 1. e 2. a 3. 아니다 4. 그렇다 5. b

제 9 장

MMPI-2의 강점과 약점

다른 심리검사와 마찬가지로, MMPI-2의 강점과 약점도 개발 당시 의도했던 적용들과, 현장에서 새롭게 등장한 확장된 적용들의 기준에 비추어 평가되어야 한다. 그리고 이 부분은 연구를 통해 어느 정도 인정을 받았다. MMPI와 MMPI-2는 정신과 입원환자에게 더 나은 심리진단 도구의 필요성이 대두됨에 따라 개발되었다. 그러나 지난 반세기 동안 축적된 경험과 연구에 힘입어 MMPI-2는 원래의 예상을 뛰어넘어 광범위한 영역에서 활용되고 있다. 확장된 적용 분야는 심리 클리닉이나 정신건강의학과 외래환자, 대학의 정신건강센터나 직업 상담 서비스 이용자들, 군 복무를 위한 선발과 배치, 항공기 승무원이나 원자력 발전소 기사, 경찰 등 공공안전 분야 종사자들의 고용을 위한 선발과 배치, 법정이나 사법제도 종사자들, 일반 의료종사자들, 그리고 이외의 다양한 정상집단을 포함한다.

앞서 열거한 여러 응용 분야에 관한 자세한 논의는 이 책의 범위를 넘어선다. 하지만 독자는 MMPI-2가 적용되는 분야에 따라 이 검사의 강점과 약점이 상당히 달라질 수 있음을 유념해야 한다. 이 장에서는 전통적인 적용 대상인 정신과 입원환자와 외래환자에 초점을 두었다. 그리고, 의도적으로 일반적인 쟁점들에 제한하여 논의하였다. **빠른 참조 9.1**에 MMPI-2의 강점과 약점이 요약되어 있다.

개발

MMPI-2의 가장 뛰어난 강점은 MMPI를 상당 부분 계승하고 있다는 점이다. 몇 가지 작은 변화를 제외하면, 경험적으로 개발된 MMPI의 타당도 척도와 임상 척도는 거의 그대로 MMPI-2에 이어지고 있다. 오랜 비판에도 불구하고, 임상 척도 개발에 사용된 경험적 접근(이를테면, 신중하게 채택된 준거 사례들, 교차검증의 강조, 어떤 문항이 어느 척도에 들어가야 하는지에 대한 선입견이 없음)은 MMPI-2의 핵심적인 강점으로 꼽을만하다. 그러나 비판가들은 일부 척도의 명칭(예: 강박증 Psychasthenia)이, 지난 70여 년간의 진단 실제와 준거에서의 변화로 인해, 현재는 사용하고 있지 않은 진단 개념을 지칭하고 있다고 지적하였다(Helmes & Reddon, 1993). 이러한 변화의 중요성이 과장되었다 해도, 일부 척도의 경우 준거집단을 구성할 당시에 유효했던 구성개념이 확연히 대체되었다. 특히 척도 *4*와 *7*의 경우 그렇다. 하지만, 이와 동시에 임상 척도의 기저에 있는 구성개념도 정체되어 있지는 않았다. 지난 반세기 동안의 연구 결과에서 도출된 경험적 상관에 따라, 원판의 진단 준거는 느슨하고 열린 구성개념으로 점차 변화해 왔다. 실제로 임상에서는 각 척도의 명칭보다(예: 건강염려증) 척도에 숫자를 부여하여 부르는 것(예: 척도 *1*)이 일반적인 추세이다.

빠른 참조 9.1

MMPI-2의 강점과 약점

강점

- 참조집단과 준거집단을 통계적으로 구분하여 검사 타당도를 높인 개발 방식.
- 문항, 척도, 프로파일 패턴의 경험적 상관을 다루는 방대한 문헌 자료.
- 인종, 지리, 사회경제적 측면에서 현대 미국의 인구통계를 대표하는 다양하고 폭넓은 동시대 표준화 규준 표본.

- 객관적 채점, 채점자 간 높은 신뢰도, 다양한 실시 방식과 용이한 실시(보통 한두 시간 소요).
- 증상, 성격 변화와 안정성을 반영하기에 충분한 표준 임상 척도의 시간적 안정성.
- 다양한 설계와 표본을 이용한 수천 편 이상의 연구로 지지된 타당도, 특히 수렴 타당도. 크지는 않지만 일관된 증분 타당도.
- 이상 집단과 정상 집단의 태도, 특질 및 행동을 광범위하게 평가한다.
- 여러 타당도 척도의 조합으로 수검자의 수검 태도를 비교적 정확하게 명시할 수 있다.
- 개별 척도, 프로파일 패턴, 문항 내용 등에 대해 강조점을 달리하는 몇 가지 해석 절차들이 있다. 각각의 절차들은 서로 교차 점검하면서 해석을 정교화시킨다.

약점

- 시대에 뒤진 원판의 규준 집단.
- 측정에서 범주모형과 차원모형을 혼용함으로써 장애의 개연성과 장애의 심각성에 대한 추론을 모호하게 함.
- 척도 간 겹치는 문항이 많아 척도 간 상관이 높고 변별 타당도가 희석됨.
- 재표준화 표집은 교육, 사회경제적인 면에서 미국의 모집단 평균보다 상위에 있어 정신건강 서비스를 이용하는 교육과 사회경제 수준이 낮은 내담자를 충분히 반영하지 못한다.
- 척도 수가 많고, 복잡한 몇몇 척도 때문에 수기 채점이 어렵고, 복잡하며, 시간이 많이 걸린다.
- 검사의 정확도와 유용성을 높이기 위해 9학년(중학교 3학년) 이상의 읽기 능력이 필요하고, 적어도 중간 정도의 호의적인 수검 태도를 요구한다.
- 겉으로 보이는 것에 비해 해석과정과 몇 가지 해석적 절차들, 그리고 점검해야 할 사항들이 모호하고, 복잡하고, 부담스럽다.

MMPI를 계승하고 있다는 점은 강점인 동시에 MMPI-2의 가장 큰 약점이 될 수 있다. 재표준화가 곧 재구조화를 의미하지는 않는다. 원판의 진단적 구성개념을 현대화하기 위한 혹은 기본 임상 척도의 원판 문항을 교차 검증하기 위한 새로운 준거집단이 만들어지지 않았다. MMPI에서 지적된 다양한 구조적 문제들(예로, 척도 간 문항 중복)도 MMPI-2에 이어지고 있다. 척도를 재구성하지 않은 이유는 단순히 논리의 문제가 아니다. 그 결함이 무엇이건, 기본 척도의 속성들은 철저히 검증되었고, 널리 알려졌다. 축적된 경험적 상관들은, 원판의 진단적 구성개념에 기반을 둔 검사 해석을 넘어설 수 있도록, 기본 척도의 속성들을 보호해왔다. 기본 척도를 새롭게 재구성하는 작업은 공들여 확보한 원판 척도의 경험적 상관들과 아울러, 지난 40여 년간 축적된 타당성 있는 방대한 연구 결과와의 연관성을 잃어버릴 위험이 있다. 현대의 재구조화 작업을 둘러싼 논리와 설계의 문제는 사소한 것이 아니다. 미국정신의학회의 『정신 장애의 진단 및 통계 편람(*Diagnostic and Statistical Manual of Mental Disorders, DSM*)』에 명시된 진단적 구성개념은 판을 거듭하면서 변화해온 이동 표적이다. 이 편람 역시 준거 중복의 문제에 직면해 있다. DSM-IV의 다축 형식은 서로 다른 준거를 바탕으로 같은 진단을 내릴 수 있으므로 동질적인 준거집단을 구성하기가 어렵다.

이러한 어려움을 극복할 수 있다 해도(혹은 어려움으로 여기지 않더라도) 여전히 문제는 남아 있다. 조현병의 경우를 보자. 원판 척도 *8*의 기능에 대한 Hathaway의 판단 유보와 이후의 연구가 보고한 척도의 한계(예로, Walters, 1983, 1988)를 감안할 때, 지난 반세기에 걸친 조현병에 대한 진전된 이해를 반영하는 새로운 척도를 개발하는 것이 바람직해 보인다. 그러나 만족스러운 준거집단을 어떻게 구성할 것인가? 급성 환자와 만성 환자 중 누구를 우선할 것인가? 급성과 만성을 어떻게 구분하고 각각의 사례를 얼마나 포함할 것인가? 입원한 기간과 입원 횟수의 균형을 어떻게 맞출 것인가? 처방받은 환자여야 하는가? 약의 종류와 용량의 범위는 어떻게 할 것인가? 병이 유전된다는 사실이 알려진 이상, 정신 장애에 대한 가족력을 파악해야 하는가? 조현병의 이력이 있다고 판단하기 위해, 가족력에 있는 어떤 정신 장애를 어느 범위의 친척까지 파악해야 하는가? 예로, 분열정동장애가 있는 일급 친족(부모, 형제)과 조현병이 있는 이급 친족(삼촌, 조부모)이 있다고 할 때 조현병으로 추정되는 이 둘 가운데서 누구를 선택할 것인가? 동반되는 장애는 어떻게 다룰 것인가? 약물 남용 환자는 배제할 것인가, 아니면 수를 제한하여 포함할 것인가? 어떤 종류의 남용을 포함하고, 어떤 종류를 배제할 것인가? 극복할 수 없는 어려움은 아니라 해도, 이런 문제들은 기본 척도를 재구성하려는 시도가 직면할 어려움을 예시해 준다.

게다가 이러한 노력은 새로 만들어진 척도가 원판 척도보다 더 잘 기능하리라고 보장하지 못한다. MMPI가 개발된 이래 변화한 진단의 흐름을 보면, 현대 정신의학에서 우위를 차지한 기술(記述)/생물학적 접근이 언제나 지배적이지는 않았다. 현대의 정신의학적 지향은 신중한 기술, 경과, 예후를 강조한 19세기 정신의학으로의 회귀로 비칠 수 있다. 이러한 접근은 미국에서 1960년대 절정을 이루었던, 기술보다 설명에 중점을 둔 정신분석이나 다른 이론들에 밀려 잠시 주춤했었다. 하지만 MMPI가 개발된 1930년대 말에서 40년대 초, 미네소타대학병원의 정신의학에서는 정신분석이 강의나 임상 실제에서 주류로 자리 잡지 못한 상태였다. Hathaway가 준거집단을 구성하는데 사용한 정신 장애의 개념은 독일 정신의학, 특히 Adolf Meyer로부터 촉발된 기술적 접근을 강조하는 전통의 영향 아래 있었다. 이러한 점에서, 원판의 준거집단은 사람들이 주장하는 것만큼 고루하거나 시대에 뒤지지 않았다.

Helmes와 Reddon(1993)은 MMPI와 MMPI-2에 대한 중요한 비판적 개관을 하면서 이 검사가 지닌 여러 가지 이론적, 구조적 문제점들을 열거하였다. 확인된 주요 이론적 결함의 하나는, 문항을 기술하고 잠정적인 채점 방향을 정하는 데서부터 준거집단을 모으는 데 이르기까지, MMPI/MMPI-2 제작의 지침이 되는 명확한 정신병리 이론이 없다는 점이다. 지침이 될만한 이론의 부재는 시대에 뒤진 정신병리의 개념이 반영될 위험을 높인다. 또한, 맹목적인 경험적 접근으로 인해 이질적인 문항들이 척도에 선택될 위험과 아울러, 진정한 준거 변인에 의하지 않고 공변량에 의해 문항이 선택될 위험을 높인다. 또한, 정신 병리 이론과 이론의 성쇠를 좌우하는 힘들은 빠르게 변할 수 있다. MMPI/MMPI-2의 개발자들은 이론을 불신하였다. 아울러 이들은 MMPI/MMPI-2 척도의 점수나 패턴들이 신뢰롭고 타당한 경험적 관계를 확립할 것을 강조하였다. 바로 이러한 점들이, 이론적 환경이 변화하는 와중에서, 검사를 유지시키고 융성시켰을 가능성을 간과해서는 안 된다. Helmes와 Reddon(1993)은 다른 준거 집단들을 같은 문항 풀에 노출시킴으로써 척도 내용에 과도한 이질성을 초래했다고 비판하였다. 그러나 이러한 비판은 척도 구성을 위해 선택한 정신 장애의 증후군적 본질을 간과하고 있다. 문항의 이질성은 특정 장애의 다양한 측면을 반영할 수도 있다.

Helmes와 Reddon(1993)이 제기한 더 중요한 비판은 측정에서 범주모델(예로, 진단)과 차원모델(예로, 단일 특질)을 의도치 않게 혼용하면서 생긴 모호함이다. 범주모델에서 측정의 목표는 집단에 속하는(혹은 집단에서 제외되는) 구성원을 확인하는 것이다. 이러한 목표는 어떤 개인이 특정 집단이나 범주(예로, 조현병)에 해당되는지의 여부를 가려줄 심리측정적 신호와 패턴, 그리고 절단점 등에 의해 달성된다. 차원모델에서 측정의 목표는 그렇다/아니다 식의 이분법적인 상황을 확립하는 것이 아니라 특질을 가늠케 하는 양이나 강도가 얼마나 더 많은지(혹은 적은지)에 대한 지표를 얻는 것이다. MMPI-2 임상 척도의 경우, 주어진 특정 점수나 상승에서 어떤 진단범주의 구성원이 될 **개연성**(범주)의 문제가 장해나 증상, 장애 등의 **심각성**(차원)의 문제와 혼용되는 경향이 있다. 이러한 모호함은, 해로운 결론이나 추론을 이끌어 내지는 않더라도, 때로 오류를 일으킬 것이다.

Helmes와 Reddon(1993)은 표준척도 간의 중복, 표준척도를 구성하는 문항들에 대한 교차검증의 부재, 그리고 반응 양식이나 사회적 바람직성의 측정치와 실질적인 정신 병리 측정치의 혼용 등을 MMPI-2의 구조적 문제점으로 지적하였다. MMPI/MMPI-2의 임상 척도 간 중복은 문항들이 겹치기 때문이다. 겹치는 문항들은 척도 간 상관을 높인다. 문항들이 겹치는 정도는 척도의 변별 타당도에 부정적인 영향을 주고, 검사의 요인구조(척도 수준의)를 무력화시킨다. 그러나 특정성(specificity)이 어느 정도 희생되지만, 중복은 임상(그리고 기타) 척도들의 민감성(sensitivity)을 높이는 효과가 있다.

Helmes와 Reddon(1993)이 추가로 제기한 지엽적인 문제들은 a) 모든 척도에서 **그렇다-아니다** 반응(채점 방향)의 불균형으로 인해 문항 내용에 상관없이 **그렇다** 반응이나 **아니다** 반응을 선호하는 묵종 반응에 대한 취약성이 높고, b) 척도 길이(문항 수)가 달라 척도 간 신뢰도에 차이가 있으며, c) 1940년대 중반 이후 5개에 임상 척도에 적용해온 *K*-교정 효과가 과연 있는지, 가중치는 적절한지 재검토가 요구된다는 것 등이다. Helmes와 Reddon(1993)이 제기하지 않은 지엽적인 문제의 하나는 어휘들의 가독성이나 난이도가 척도마다 다르다는 점이다. 이로 인해 어떤 척도의 어떤 문항은 다른 척도의 어떤 문항에 비해 읽고 이해하기 어렵다.

실시와 채점

MMPI-2는 실시와 채점이 비교적 쉬운 검사이다. 비전문가도 훈련을 받으면 어렵지 않게 실시하고 채점할 수 있다. 실시와 채점의 용이함은 이 검사의 소비자에게 전문적인 시간과 비용을 절감해준다. 하지만 채점의 경우, MMPI와 달리 척도들의 수가 워낙 많고 채점 절차 또한 번거로우므로 전산화된 채점이 권장된다. 척도들의 점수, 코드 유형, 패턴 분석 등을 통해 특질, 태도, 증상적 특징 등 임상적으로 관련 있는 정보들을 얻을 수 있으므로 검사의 실시(특히 전산화된 실시)는 매우 효율적이다. 현재 사용되는 대표적인 실시 방식은 검사 소책자와 답안지를 이용한 표준적인 실시와 컴퓨터를 이용한 전산화된 실시이다. 이외에 CD나 오디오 테이프를 이용한 방식이 있다. 축약형 검사인 A-370을 실시하기도 한다.

표준화

MMPI-2 표준화 작업에 1,462명의 여성과 1,138명의 남성이 참여하였다. 표집의 크기는 적절하다고 생각된다. 표집은 지리적, 인종적, 사회경제적으로 다양하여, 여러 가지 면에서 현대 미국 인구조사 수치에 근접한다. 그러나 교육적, 사회경제적으로 상위 계층을 더 대표하고, 하위 계층을 덜 대표하는 경향이 있다. 재표준화 규준 집단은 어떤 임상 집단에 대해서는 좋은, 나아가서 탁월한 참조 기준이 될 수 있다. 사설 클리닉에서 심리치료를 받는 내담자들이 좋은 예이다. 하지만, 사회경제적 배경과 교육 수준이 낮은 환자들에게는 불이익(과잉 병리화)을 줄 수 있다. 공립 병원이나 공립 정신건강 외래 클리닉에서 치료를 받는 환자들이 그 예이다.

표준화 작업에 이어 새로운 척도들이 많이 개발되었다. 내용 척도와 내용 소척도, 성격병리 5 요인(*PSY-5*) 척도, 재구성 임상(*RC*) 척도, 중독 인정 척도(*AAS*), 남성적 성역할 척도(*GM*), 여성적 성역할 척도(*GF*) 등이다. 이 척도들은 정신 병리를 평가하는 데 있어서 MMPI-2의 활용 범위를 강화하고 확장시켰다. MMPI 환경에서 개발된 대부분의 척도들은 원판 문항 번호를 MMPI-2의 문항 번호로 옮기면 MMPI-2에서도 채점될 수 있다.

신뢰도와 타당도

MMPI-2는 시간적 안정성(검사-재검사 신뢰도)이 만족스럽다. 검사-재검사를 일주일 간격으로 실시했을 때, 임상 척도는 .58~.92의 상관을 보였다. 내용 척도는 .78~.91, 보충 척도는 .34~.91의 상관이 있었다(Butcher et al., 2001). 성격 척도의 경우, 적절한 안정성이 불확실하지만, MMPI-2 척도들이 보이는 상관은 기대되는 범위 내에 있어 보인다. 이 척도들이 성격 변화와 안정성이란 두 요인을 시간을 두고 반영해야 하는 척도들이라는 점을 감안할 때 그렇다. 내적 합치도(α 계수)는 임상 척도가 .33~.84, 내용 척도가 .68~.86, 보충 척도가 .25~.91이었다(Butcher et al., 2001). 내적 합치도 역시 크게 기대를 벗어나지 않는 범위 내에 있다. 임상 척도의 α 계수가 다소 낮은 것은 증후군의 다양한 특징을 반영하는 이질적인 문항들로 구성된 점과 관련 있어 보인다. 반면, 내용 척도는 비슷한 내용의 문항들을 모아 내적 합치도를 최대화하는 방법으로 문항이 추출된 만큼 내적 합치도의 수치가 다소 높다.

척도만이 아니라 개인과 프로파일 역시 신뢰도의 차원에 따라 달라진다. 시간이 지나도 안정적인 경우가 있고 그렇지 못한 경우도 있다. 개인의 가장 대표적인 예가 양극성 장애이다. 환자들은 며칠 사이에도 프로파일에서 현저한 차이가 있다. 예로, 척도 *9*에서 첨예한 상승을 보이던 환자가 이후에 *2-7-8* 패턴을 보일 수 있다. 반대로 고전적인 *4-9* 패턴의 환자는 몇 달이나 몇 년이 지나도 여전히 같은 패턴을 보인다. 마찬가지로, 척도 *6*이 첨예하게 상승한 프로파일은 척도 *0*이 첨예하게 상승한 프로파일 보다 덜 안정적이다. 개인이건 프로파일이건, 점수의 안정성은 오로지 재검사로 확인할 수 있다.

MMPI에 대한 지난 50여 년간의 연구 성과에 더하여, MMPI-2의 타당도에 대한 상당한 증거가 지난 20여 년간 축적되었다. MMPI/MMPI-2의 타당도 연구는 다양한 실험설계법을 사용하여 실시되었다. 사용된 설계는 다변량 분석, 분류 패러다임, 증분 타당도 비교, 그리고 문항들, 척도들, 프로파일 패턴들의 경험적 상관관계 확인 등이다. 타당도 연구는 이례적이라고 할 만큼 다양한 표집들을 대상으로 진행되었다. 여기에는 정상인, 정신과 환자, 일반 환자, 법의학 환자, 구직자, 그리고 세계 각지에서 온 다양한 문화와 인종들이 포함되었다. 이처럼 다양하고 탄탄한 증거는 MMPI-2의 특별한 강점이다. MMPI/MMPI-2를 임상 데이터베이스에 추가하였을 때, 예측의 정확성이 떨어진다는 보고는 없다. 투사검사를 추가했을 때는 종종 정확성이 떨어지는 경우가 있었다(참고, Wiggins, 1973). 척도 점수의 경험적 상관을 다룬 연구들도 이전 연구가 밝힌 주요 상관을 반복해서 확인하였다. 프로파일 패턴의 경험적 상관에 초점을 둔 연구 역시 이전 연구들의 결과를 지지하였다.

MMPI/MMPI-2의 수렴 타당도를 지지하는 증거는 대체로 변별타당도의 경우에 비해 더 좋다고 여겨진다. 표준 임상 척도 점수는 다양한 자기보고 검사나 척도들, 평정 척도들, 진단을 포함한 임상적 판단 등과 중등도의 수렴을 보여 주었다. 심지어 로르샤하 같은 투사검사와도 제한된 범위나마 수렴되었다(예로, Hiller, Rosenthal, Bornstein, Berry & Brunell-Neuleib, 1999; Garb, 1998을 보라). 임상 척도들 사이에 겹치는 문항들이 검사의 수렴 타당도를 높이는데 일조하는 것으로 보인다. 척도 간 겹치는 문항들은 각각의 척도들이 측정하고자 했던 진단적 구성개념 간의 중복을 반영한다. *DSM-IV*에는 정신장애 간 중복되는 진단 준거들이 명시되어 있다. 진단 준거들의 중복은 진단적 구성개념이 중복되는 정도나 성격을 나타낸다고 볼 수 있다. 따라서 문항이 겹치는 것을 제한하는 것은 주어진 증후군의 특징에 대한 평가를 겹치지 않는 특징에 제한시킬 것이다. 겹치거나 겹치지 않는 특징들을 모두 가진 환자의 경우, 겹지지 않는 특징들만 평가받게 되므로 척도의 민감도가 떨어진다. 이처럼, 적어도 어느 정도는, MMPI-2 문항 중복을 허용할 수 있는 이론적 근거가 있다. 중복이 허용되면, 임상 척도는 증상 일부가 다른 증후군의 증상과 겹치더라도 측정하고자 하는 증후군의 증상과 특징을 전 범위에 걸쳐 반영할 수 있다.

그러나 척도 간 문항 중복에 의한 높은 상관은 특정 증후군의 특정성을 감소시키고 변별 타당도를 위협한다. 변별 타당도의 감소는 임상 장면, 특히 감별진단의 맥락에서 중요한 결과를 초래한다. Helmes와 Reddon(1993)과 같은 신랄한 비판가조차 MMPI/MMPI-2가 '적응과 이상을 아주 잘'(p. 457) 감별할 수 있다는 데 동의하였다. 하지만 입원환자와 외래환자의 경우, 환자의 이상성이 문제시되는 상황이 아니므로 이러한 강점은 크게 중요하지 않다. 이런 장면에서는 오히려 환자에게 증상과 불편함을 초래한 장애의 본질에 대한 정확한 개념화가 더 중요하다. MMPI-2는 신체화 장애, 불안 장애, 정동장애, 정신증, 성격장애같이 넓은 범주의 환자를 제법 잘 감별할 수 있다. 그러나 이들 범주 내에 포함된 장애들(예로, 단극성 우울과 양극성 우울)에 대한 변별 타당도는 잘 확립되어 있지 않다.

Harris-Lingoes 하위척도나 MMPI-2의 내용 척도와 같이 유사한 내용의 문항으로 구성된 척도들이 감별진단에서 검사의 타당도를 확장시키리라고 믿을 만한 이유는 있지만, 현재 이러한 확신을 뒷받침하는 연구는 많지 않다. 이 척도들 역시 문항 중복의 문제에서 자유롭지 못하다. 특히 내용 척도들은 서로 상관이 아주 높아 감별진단의 효율성을 제한시킨다.

Helmes와 Reddon(1993)은 *K*-교정이, 교정 대상이 되는 척도 간의 상관을 높임으로써, 문항 중복의 문제를 심화시키고 변별 타당도를 낮춘다고 지적했다. 그러나 사실 *K*-교정은 거의 언제나 임상 척도 간의 상관을 떨어뜨리고, 그래서 평균적으로 변별 타당도를 상승시킨다(Greene, 1999, 7, 18, 개인 서신, 미간행). 그러므로 *K*-교정의 순수 효과는 문항 중복으로 손실된 변별 타당도를 부분적으로 회복시키는 것으로 보인다.

결국, 문항 중복은 수렴 타당도와 변별 타당도 간의 균형을 유지하는데 가장 핵심적인 난제이다. 문항 중복을 유지하여 변별 타당도의 손실을 감수하는 것이 수렴 타당도의 이익으로 상쇄되지 않겠냐는 의문을 제기할 수 있지만, 아직 이를 지지하는 결과는 없다. 그러나 이 쟁점을 해결하는 방법은 의외로 간단했다. Nichols(2006a)의 연구에서, 기본 척도 중 세 척도 이상에서 겹치는 35문항을 삭제했을 때, 공변량의 33.9%가 줄어든 반면 원래 척도와의 상관은 .94였다. 삭제된 35문항은 임상 척도에서 겹치는 문항의 2/3에 해당했다

(131/197).

마지막으로 MMPI-2의 타당도는 검사를 완료한 사람들의 동기 패턴에 심각한 영향을 받는다. 검사 수행과 동기에 관한 주제는 2장과 5장에서 논의하였다. 심리측정적 관점에서, MMPI-2는 과대보고나 과소보고와 같은 다양한 반응 양식의 왜곡 효과에 취약하다. 이 점은 이 검사의 약점으로 보아야 한다. 그러나 임상적 관점에서, 검사 완료에 대한 수검자의 동기와 수행을 탐지하고 수습하는 척도들의 존재는 MMPI-2의 뚜렷한 강점이라고 할 수 있다. 임상적 맥락에서, 반응 양식의 왜곡 효과는 임상가에게 환자의 동기, 통찰력, 협력 의지, 부정적인 판단에 대한 두려움 등 진단과 치료에 중대한 영향을 주는 요인들에 접근할 수 있는 귀중한 기회를 제공한다. 검사 결과를 왜곡하려는 성향을 측정하는 수단은, 민사나 형사재판과 같이 수검자의 신뢰성과 검사에 대한 개방성이 평가의 초점이 될 때, 더없이 중요한 장점이 된다. 그리고 평가맥락과 관계없이, 검사 결과의 타당도는 수검자의 협조, 개방성, 약속에 따라 높아진다.

명심할 점

임상 척도의 상관관계 정보들이 수검자의 성격과 행동을 잘 기술하고 있는지 평가하려면 항상 소척도, 내용 척도, 보충 척도를 참조해야 한다.

해석

MMPI-2의 해석은 몇 가지 요인들에 의해 복잡해진다. 특히 인간의 성격과 그 구조의 복합성, 시간 흐름에 따른 변화에 대한 취약성은 빼놓을 수 없는 요인이다. 이러한 복합성은 수백에 이르는 척도들과 형태적 특징들에 반영되어 있다. 그리고 해석과정은 다양한 방식으로 이러한 복합성을 활용할 수 있다. 프로파일이 이미 연구된 코드 패턴과 부합된다면, 선행 연구에서 얻는 경험적 상관들을 당면한 사례에 적용해 볼 수 있다. 나아가서 소척도와 내용 척도, 보충 척도 등을 참고하여 이러한 적용이 수검자의 특성을 기술하는 데 적합한지 확인할 수 있다. 코드 유형이 비전형적이거나 생소하면, 임상 척도의 높고 낮은 점수들을 척도별로 분석하여 해석할 수 있다. 이때, 각각의 척도들과 연관된 경험적 상관들을 참조한다. 거듭 강조하거니와 임상 척도와의 경험적 상관을 통해 수검자의 성격과 행동을 제대로 기술하려면 소척도, 내용 척도와 보충 척도를 함께 고려하여 평가하는 것이 좋다. 프로파일의 분산과 패턴이 매우 제한적인 범위에 있다면, MMPI-2 구조적 요약(Greene & Nichols, 1995; Nichols & Greene, 1995)처럼 문항 내용을 강조하는 접근이 광범위한 해석적 가설을 제공해 주고, 주어진 프로파일에 잠재적으로 적용해 볼 수 있는 한두 개의 패턴 유형을 선택하는 지침을 제시해 줄 것이다.

MMPI-2의 탁월한 강점 중 하나는 검사를 이해하고 사용하는 데 필요한 교육과 훈련에 활용할 수 있는 문헌의 양이 방대하고 질 또한 높다는 점이다. 이 책은 임상해석의 개관을 다루고 있다. 임상해석은 Friedman 등(2001)과 Greene(2011)과 같은 다른 지침서와 해석편람, 전문 워크숍, 논문, MMPI-2의 해석을 다루는 상업 프로그램에서 배울 수 있다.

이런 강점이 있는 반면, 복잡한 해석과정은 이 검사의 약점으로 지적된다. MMPI-2는 표준척도의 이질성 때문에, 아주 다른 패턴으로 문항에 시인해도 같은 점수를 받을 수 있다. 심지어 척도 *4*에 두 명의 수검자가 같이 시인한 문항이 하나도 없음에도 불구하고 두 사람 모두 65*T*를 받을 수 있다.

이러한 문제는 임상가들이 임상 척도를 감별진단으로 활용할 때 더욱 두드러진다. 척도는 다양한 요소로 구성된다. 구성요소의 다양성은 임상 척도로 하여금 해당 척도 명이 의미하는 증후군의 모델이 될 수 있게 하였다, 문제는 시인된 문항들이 다양한 구성요소에 고르게 분포되지 않고 어떤 하나의 특성(요소)에 편중될 수 있다는 점이다. 예로, *K* 척도에서 평균 점수(원점수 15)를 받은 수검자는 *Sc6*의 감각운동 문항(16문항)을 80% 정도 선택함으로써 척도 *8*에서 81*T*를 받을 수 있다. 그리고 나머지 5개의 하위 척도에서 문항의 20%를 선택한다(예로, *Sc1*에서 4문항, *Sc2*에서 2문항, *Sc3*에서 2문항, *Sc4*에서 3문항, *Sc5*에서 2문항). 이때 *Sc6*의 경험적 상관들은 해당 수검자에게 아주 잘 적용될 수 있겠지만, 전체 척도 *8*의 경험적 상관들은 제한적으로(그리고, 대체로 빈약하게) 적용될 것이다.

척도 *1*이나 *7* 같이 다소 덜 복잡한 척도의 경우, 척도의 상승을 적절하게 해석하려면 다른 척도들을 함께 고려해야 한다. 그래서 수검자를 고통에 이르게 할 정도로 척도의 상승에 기여한 다양한 증상의 상대적 공헌도를 확인해야 한다. 이를테면 불안(*ANX*), 공포(*FRS*), 강박성(*OBS*), 우울(*DEP*)의 내용 척도를 함께 검토함으로써 척도 *7*에서 높은 점수를 받은 사람들의 기저에 있는 증상을 더 잘 이해할 수 있다. 그리고 건강염려 내용 소척도(*HEA1*, *HEA2*, *HEA3*)를 보면, 척도 *1*의 상승에 기여한 증상을 확인할 수 있다. 하지만 일부 경우, 이들 척도가 그러한 증상을 적절하게 특정하지 못할 수 있다. 이때는 증상을 시인한 문항들을 구체적으로 검토할 필요가 있다.

재표준화에 사용한 규준이 원판 MMPI 규준보다 현대 미국의 모집단을 더 잘 대표한다는 것은 의심의 여지가 없다. 재표준화 규준과 원판 규준을 적용하여 MMPI 환경에서 자주 접하던 프로파일 패턴(코드 유형)을 얻을 경우, 절반 정도의 사례에서 원래의 규준과 제법 차이가 있는 패턴이 얻어진다. 많은 해석적 가설이 이미 잘 알려진 코드 유형과 관련되어 있으므로, MMPI-2 환경에서 코드 패턴들의 부분적인 와해(혹은 간헐적인 비교 불능성)는 해석하는 사람에게 엄청난 문제를 안길 수 있다. 예로, MMPI 원판 규준으로 프로파일을 그렸을 때, *4-8* 코드 유형이었던 사람이 MMPI-2 규준에서는 *2-6* 코드 유형으로 나타난다고 하자. 그렇다면 원판 MMPI 부호에 의존해서 해석해야 하는가? 아니면 MMPI-2 부호로 해석해야 하는가? 혹은 그 둘을 통합해야 하는가? 통합한다면 둘 중 어떤 검사를 더 중요하게 해석해야 하는가? Caldwell (1997), Humphrey와 Dahlstrom (1995), 그리고 다른 연구자들은 MMPI-2 점수를 이전 규준과 새 규준 모두에서 그려보는 방법을 제안했다. 이중으로 프로파일을 작성하는 것은 때로 모호한 코드 유형의 문제를 해결하는데 효과적일 수 있다. 하지만 시간이 길리고 부담스러운 작업이다. 그리고 대부분의 사례에서 프로파일을 이중으로 그리는 것보다 MMPI-2의 내용 척도나 다른 비임상 척도들을 신중히 검토하는 것이 문제를 명확히 하는 데 더 효과적이다. 그럼에도 불구하고, 이중 프로파일은 용이한 해석을 위한 대안으로 남겨둘 수 있으며, 모집단과 상황의 맥락에서 그 유용성을 가늠해야 한다.

셀프 테스트

1. MMPI-2 임상 척도는 연구로 축적된 경험적 상관을 참조하여 이해하는 것이 원판 준거집단에서 이끌어 낸 진단구조로 이해하는 것보다 낫다.
   그렇다 또는 아니다?

2. MMPI-2의 기저를 구성하는 뚜렷한 정신 병리 이론의 부재는 이론 변화의 정도를 고려하면 검사의 강점인 동시에 약점이 된다.
   그렇다 또는 아니다?

3. 측정 모델의 관점에서 MMPI-2는 범주적 진단과 정신병리의 심각성을 혼용할 가능성을 충분히 예방하고 있다.
   그렇다 또는 아니다?

4. MMPI 재표준화 과정을 통해 얻은 MMPI-2의 다양하고 동시대를 반영하는 규준 집단은 다른 집단에 비해 어느 특정 집단을 과잉진단하는 것을 방지한다.
   그렇다 또는 아니다?

5. MMPI-2의 대부분 척도가 보여 주는 검사-재검사 신뢰도는 검사가 증상과 성격의 안정성과 변화를 모두 민감하게 탐지하는 범위 내에 있다.
   그렇다 또는 아니다?

6. MMPI-2의 변별 타당도는 수렴 타당도에 비해 대체로 높다.
   그렇다 또는 아니다?

7. 8개의 기본 척도 중 다섯 척도에 *K*-교정을 실시하여 얻는 효과가 무엇인지 골라라.
   (a) 교차 상관을 낮추고 변별 타당도를 높인다.
   (b) 교차 상관을 높이고 변별 타당도를 높인다.
   (c) 교차 상관을 낮추고 변별 타당도를 낮춘다.
   (d) 교차 상관을 높이고 변별 타당도를 낮춘다.

정답: 답: 1. 그렇다; 2. 그렇다; 3. 아니다; 4. 아니다; 5. 그렇다; 6. 아니다; 7. a

제 10 장

MMPI-2의 임상적 적용

MMPI-2는 성인 남녀의 성격과 정신 병리를 평가하는데 널리 사용되고 있다. 이 검사는 정신과 입원환자, 외래환자 및 심리치료 서비스 기관을 이용하는 사람들의 임상적 평가에 통상적으로 사용된다. 대학 상담센터의 경우도 마찬가지이다. 또한, 종합병원의 심리학적/정신의학적 자문 과정에서 미처 진단되지 않은 정신 장애를 발견하거나 혹은 치료 순응, 치료 성과 및 회복에 부정적인 영향을 줄 수 있는 적응상의 문제를 확인하는 데 사용되고 있다. 이 검사는 신경심리학적 기능과 상태를 평가하기 위한 검사 배터리의 한 요소가 될 수도 있다(예로, Lezak, Howieson, Bigler, & Tranel, 2011을 보라). MMPI-2는 고용을 위해 사람들을 선별하거나 선발하는 데도 사용된다. 스트레스 수준이 높거나 책임감이 요구되는 자리, 혹은 공공의 안전이 우선적으로 고려되는 직업의 경우 특히 그렇다. 법을 집행하거나, 항공기를 조종하거나, 원자력 발전소를 가동하는 등의 일에서, 성숙한 성격과 정서적 적응은 업무 수행에 영향을 미친다.

MMPI-2는 종종 민사소송이나 형사소송 절차에서 중요한 역할을 한다. 형사소송의 경우, 피고인이 제정신인지, 피고인에게 소송능력이 있는지 즉, 자신에게 제기된 소송의 성질을 이해하고 자신을 변호하는 변호인을 도울 수 있는지 사전에 심리한다. 또한, MMPI-2는 미결수를 사전에 심리하거나 기결수를 분류하는 데 사용될 수 있다. 민사소송의 경우도 마찬가지이다. 부모로서 적합한지, 책임을 질 능력이 있는지, 누가 아동 양육권을 가져야 하는지 판결해야 한다. 의료과실이나 심리학적 위법행위에 대한 판결한다거나, 피해보상을 위해 스트레스나 개인적 상해, 장애나 기타 관련된 요구들을 평가하는 경우도 있다. MMPI-2는 원고나 피고의 심리적 적응과 신뢰성을 평가하는 데 사용될 수 있다. 그리고 그 결과는 시비를 가리고 판결을 내리는 사람들에게 도움이 된다.

주의

이 장에 기술된 주제와 지침은 정신건강의학과의 입원환자나 외래환자, 그리고 심리서비스 전문기관의 내담자들에게 가장 적합하다. MMPI-2가 사용되는 다른 모집단이나 장면에는 적합하지 않을 수 있다.

이 책에서 일차적으로 초점을 두고 있는 MMPI-2의 평가 대상은 정신과 환자와 심리서비스 기관을 이용하고 있는 내담자들이다. 정신과 입원환자나 외래환자를 진단하고 치료계획을 세우는데, 그리고 정신건강 전문가로부터 심리치료를 받고 있거나 심리치료를 받기 위해 평가 중에 있는 내담자들을 위해 MMPI-2는 어떻게 사용될 수 있는가? 물론 이 책에 포함된 내용들이 때로 의학적, 신경심리학적, 혹은 고용이나 법적인 관심에서 나온 질문들과 관련이 있을 것이다. 하지만 전통적인 정신건강 장면을 벗어나 MMPI-2를 사용하는 문제에 대해서는 이미 그 분야에서 받아들여지고 있는 원리나 실제들을 보다 자세히 다루고 있는 다른 서적들을 참고할 것을 권한다.

이 장에서는 MMPI-2의 여섯 가지 임상적 적용에 대해 살펴볼 것이다.

1. 자기 제시에 대한 평가
2. 장애의 심각도와 만성도의 평가
3. 임상 증후군에 대한 평가
4. 증상 상태에 대한 평가

5. 성격과 사회적 기능의 평가
6. 성격 변화와 심리치료 적합성의 평가

6장에서는 임상 척도들의 맥락에서 정신 병리의 주요 증상들에 대해 논의하였다. 이 장에서는 증상을 출발점으로 병리적인 증상, 징후 및 증후군에 대한 평가와 관련 있다고 여겨지는 개별적인 임상 척도들과 패턴(코드 유형)에 초점을 두었다.

자기 제시에 대한 평가

MMPI-2는 반응 양식, 태도, 그리고 자기 제시에 대한 접근 등과 관련된 광범위한 차원들을 평가할 수 있는 다양하고 유용한 측정치들을 제공한다. 이런 점에서 MMPI-2는 성격평가 영역에서 독보적인 도구이다. Nichols와 Greene(1997)은 MMPI-2에서 자기 제시와 관련된 반응에 영향을 미치는 일곱 가지 차원들을 기술하였다. 비일관성 대 부정확성, 위장 대 가장, 일반적 기만 대 특정적 기만, 조야한 기만 대 세련된 기만, 의도적 기만 대 비의도적 기만, 자기 기만 대 인상 관리, 그리고 선택성 대 포괄성의 차원들이다.

첫째, **비일관성 대 부정확성** 차원은 프로토콜 해석의 기본 조건이다. 프로토콜이 해석되려면 먼저 검사 문항에 대한 반응들 간에 적정 수준의 일관성이 있어야 한다. 반응의 일관성은 *VRIN*과 *TRIN*의 점수로 평가된다. 이 조건이 충족되면, 임상가는 자기 보고의 정확성에 대한 추론으로 넘어간다. 정확성에 대한 추론에서는 과대보고와 과소보고가 문제가 된다. 과대보고의 유무와 정도는 F, F_B, F_P, Ds 척도와 $F-K$ 지표로 평가된다. 과소보고의 유무와 정도는 L, K, S, Ss, Mp, Sd 척도로 평가된다.

둘째, **위장 대 가장** 차원은 검사에 대한 두 가지 접근을 구분 짓는다. 위장(dissimulation)은 자신에게 있는 실제의 특질이나 태도, 기질을 감추는 것이다. 반면 가장(simulation)은 자신에게 없는 속성을 흉내 내는 것이다. F, F_B, F_P, Ds 척도와 $F-K$ 지표는 바람직한 특질을 감추거나 바람직하지 않은 특질을 흉내 내는 것을 나타낸다. 반면, L, K, S, Ss, Mp 및 Sd 척도들은 바람직하지 않은 특질을 감추거나 바람직한 특질을 흉내 내는 것을 나타낸다.

셋째, 일반적 기만 대 특정적 기만 차원은 수검자가 위장하거나 가장하는 특질이나 증상들이 특정 영역에 한정되어 있는지, 아니면 무분별하게 영역 전반에 걸쳐 있는지를 나타낸다. 위장하거나 가장하는 특질이나 증상들은 바람직한 것일 수도 있고 정신 병리적인 것일 수도 있다. 예로, 수검자는 다른 증상이나 문제영역들은 위장하거나 가장하지 않고, 오로지 특정 장애나 특정 부류의 장애들(신체화, 불안, 우울, 정신증, 등) 혹은 문제영역들(비행, 분노, 가족에 대한 적대감 등)의 특징들을 아주 선택적인 방식으로 감추거나 흉내 내려고 할 수 있다.

넷째, 조야한 기만 대 세련된 기만 차원의 경우, 자신에게 긍정적인 혹은 부정적인 특질들을 가장하거나 위장하는 전략을 얼마나 매끄럽게 수행할 수 있는가가 핵심이다. 가장하거나 위장하려는 시도는 의도적일 수도 있고 아닐 수도 있다. 이 차원은 수검자들마다 평가과제에 임하는 수검 자원의 수준이 다양하다는 것을 인정한다. 수검 자원에는 지능, 검사를 받았던 경험, 심지어 특정 검사에 대한 지식 등이 포함된다. 조야한 접근은 그렇다($T\% > 60$) 혹은 아니다($T\% < 30$) 반응에서 편향을 보이거나, 또는 정신 병리를 시인(혹은 부인)하는 것을 선호하는 데서 시사된다. 결과적으로, 기본 임상 척도(척도 *1*~*4*와 *6*~*9*)에서 84*T* 이상(또는 45*T* 이하)의 평균 상승(M8)이 나타난다. 수검자가 부정적인 특징을 감추거나 긍정적인 특징들을 흉내 내려고 할 때, 척도 *L*과 *K*도 이 차원에 민감하다. 그러나 이 두 척도는 과대보고에 대해서는 민감하지 못하다,

다섯째, 의도적 기만 대 비의도적 기만 차원은 검사 수행에 있어 사고와 자각의 한계를 나타낸다. 사실 자신의 동기를 자각하는 것은 언제나 불완전하다. 또한, 자신의 정신 병리나 적응에 대해 보고하는 것과 관련된 동기들은 갈등적이기도 하다. 그러므로 증상과 문제를 드러내거나 감추는 것이 전적으로 의식적 통제 하에 있다고 보기 어렵다. 따라서 대개의 경우, 수검자는 자신이 원하는 대로 정신 병리를 위장하거나 가장하지 못한다. 수검자의 이러한 동기나 혹은 동기가 초점을 두고 있는 특징들은 부지불식간에 노출될 수 있다. 예로, *MAC-R*과 *O-H* 점수는 이 척도들의 일차적인 구성개념이 난해하다는 점을

감안할 때, 조작이 불가능하지는 않더라도 어렵다. 임상 척도 및 일부 하위 척도들의 모호 요소들의 경우도 마찬가지이다. 비슷하게, 망상적 사고와 같은 특징들은 그러한 증상들의 병리적 함의가 의식적 통제 밖에 있을 경우(이를테면, 그러한 사고가 자기 동조적인 경우), 그것을 감추려고 해도 부지불식간에 드러날 수 있다. 오랫동안 간직해 온 자기 속성들도 그것이 긍정적인 속성이건 부정적인 속성이건 간에, 반응 과정에 침투하여 검사 결과에 영향을 미친다.

여섯째, 자기기만 대 인상 관리 차원은 자신의 반응이 진실하고 정당하다는 믿음 하에 검사 반응을 편향시키는 경향성(자기기만)과, 이와는 달리 자신의 임상적 상태와 기능에 대해 임상가를 오도하려고 의식적이고 고의적으로 짜맞추어 반응하는(타인기만 즉, 인상 관리) 두 가지 접근을 구분한다. 이 차원은 과소보고 연구에서 나왔지만 원리 상 과대보고에도 적용할 수 있다(예로 F_P, *Ds*를 보라). 과대보고도 과소보고처럼 정신 장애를 가장하려는 계산된 노력(인상 관리)만이 아니라 비현실적으로 부정적인 자기 태도(자기기만)에서 비롯될 수 있다. 모든 타당도 척도들이 앞서 논의된 일부 자기 제시 차원들을 평가하는 데 기여하지만, 특히 이 여섯 번째 차원과 관련된 수검 태도를 평가하는 데 나름대로 역할을 한다. 예로, *F*, F_B, F_P, *Ds* 척도와 *F-K* 지표는 광범위하게 정신 병리적 특징들을 가장하고, 반면 바람직한 속성들을 위장하려는 시도에 민감하다는 점에서 위장 대 가장의 차원이나 일반적 기만 대 특정적 기만의 차원과 관련 있다. 하지만, *F* 척도는 정신증적 특징들에, 그리고 F_B 척도는 부정적 정서성에 특히 민감하다. *Ds* 척도는 비정신증적인 무능력(*F*, F_B, F_P가 *Ds*보다 작을 때)에 민감할뿐더러, 부정적 인상 관리에도 민감하다. 또한, F_P 척도는 인상 관리의 차원에서 과대보고(사병)에 민감하다. 마찬가지로, *L*, *K*, *S*, *Ss*, *Mp*, *Sd* 척도들 모두 바람직한 특징들을 광범위하게 가장하거나 병리적 속성들을 광범위하게 위장하는데 민감하지만, 그 중 *L* 척도는 순진하게 자기 이익을 도모하는 도덕적 주장에, *K*, *S* 척도는 자기기만에서 비롯된 정적 편향에, 그리고 *Mp*와 *Sd*는 자기를 바람직하게 보이려는 의식적인 기만에 특히 민감하다(*Mp*는 흔한 결점이나 결함도 부인하고 있음을 시사하고, *Sd*는 아주 바람직한 특질과 태도를 지니고 있다고 주장하고 있음을 시사한다).

일곱째, 선택성 대 포괄성 차원은 특정 증상 영역이나 성격 영역에서 시인된 문항들의 범위에 대한 차원이다. 특정 상태나 조건(예로, 우울)을 반영하는 문항들에 대하여 아주 선택적이고 차별적인 방식으로 응답하는 환자도 있고, 보다 전반적이고, 포괄적이며, 덜 차별적인 방식으로 응답하는 환자도 있다. 예로, 환자가 호소하는 일차적인 우울 증상들은 신체화, 불안, 소외감, 과민감성, 사회적 철수 등 인접한 증상 영역의 문항들과 연관될 수 있다. 결과적으로 환자의 자기보고는 혼입되고 복잡해진다. 환자가 자신의 증상과 기질들을 얼마나 명확하게 보고하려고 했는지 명시하는 데 있어, 다시금 타당도 척도들이 유용해진다. *F*, F_B, F_P, *Ds*, *F-K*, *ME*에서의 상승과 높은 *T*%(혹은 신체화 증상들을 과다하게 포함하는 사례에서 아주 낮은 *T*%)는 지나치게 포괄적으로 접근하는 일반적 편향들을 시사한다. 특정 증상 영역들을 과다하게 포함하는 접근은 특히 척도 *1*과 *7*을 포함하는 단일 차원적인 척도들과 내용 척도들에서의 보기 드문 상승으로 확인할 수 있다. 반대로, 척도 *L*, *K*, *S*, *Ss*, *Mp*, *Sd*의 상승은 증상들을 보고하는 데 있어서 지나치게 선택적인 편향을 시사한다. 특히 단일 차원적 척도들에서의 점수가 어느 정도 균일하게 억제되어 있을 때 그러하다. 선택성 대 포괄성의 차원에서 이상적인 자기 제시는 *Ss*를 제외한 타당도 척도들에서의 중등도의 상승과, 선택적이면서 아주 패턴화된 임상 척도 및 내용 척도 프로파일에서의 상승으로 시사된다.

장애의 심각성과 만성도의 평가

MMPI-2에서 장애의 심각성의 개념은 반응 양식과 밀접하게 연관되어 있다. 반응 양식은 척도와 프로파일의 상승뿐만 아니라 명백 문항이나 모호 문항에 시인하는 경향에도 영향을 미치기 때문이다. 반응 양식에 대한 적절한 분석 없이 심각성에 대해 가설을 세우는 것은 불가능하다. 또한, 고통의 심각성과 장애의 심각성을 구분하는 것도 중요하다. 일반적으로, *A*는 일반적인 부적응과 주관적 고통에 대한 만족스러운 지표지만, 비교적 낮은 점수를 보이는 일부 환자들(예로, 일부 신체형 장애 환자들)은 장애가 심각함에도 그다지 고통스러워하지 않는다. 반면 다른 환자들(예로, 일부 불안 장애 환자들)은 일상생활에서의 기능상실이 거의 없음에도 상당히 고통스러워한다. 두 집단 모두에서 척도 *2*가 보다 나은 심각성의 지표가 될 수 있다. 일반적으로, 프로파일의 오른쪽이 차별적으로 상승한(정적 기울기) 장애들은 프로파일의 왼쪽이 차별적으로 상승한(부적 기울기) 장애들에 비해 장애가 보다 심각하다. 하지만 여기에도 예외가 많다. 부적 기울기를 보이는 일부 건강 염려증 환자들은 장애가 심각할뿐더러 회복이 어렵다. 반면, 정적 기울기를 보이는 일부 조증 환자들은 적절한 처치에 즉각적으로 반응하고 완벽하게 회복된다. 또한, 성격장애의 경우, 주관적 고통은 거의 없지만 환자의 행동이 다른 사람들에게 여러 가지 문제들을 초래한다는 점에서 심각성이 크다.

삽화 내에서의 고통의 심각성과 상관없이, 호전되는 경과를 보여 주는 장애도 있고 만성적인 경과를 보여 주는 장애도 있다. 척도 *1*, *4*, *8*이 척도 *2*, *3*, *7*을 초과하는 프로파일의 경우, 증상이 심해지면서 보다 만성적인 경과를 밟는 경향이 있다. 추가적으로, *F* 척도의 상승과 낮은 *K*, *Ss* 점수는 일탈과 불행, 훼손된 정체감 등의 수용을 시사한다. 이것은 다시 소외된 사회적 역할(예로, '정신증 환자')의 수용을 가속하면서 만성적 상태에 대한 내성을 키운다.

임상 증후군에 대한 평가

정신과 입원 환자 장면에서 개발되었고, 척도 개발을 위해 잘 진단된 준거집단을 사용하였음에도 불구하고, 특정 정신 장애의 특징에 준하는 MMPI-2 프로파일 패턴이나 점수는 매우 드물다. 몇몇 포괄적인 진단범주들의 MMPI-2 특징은 다음과 같다.

신체형 장애는 일차적으로 척도 *1*과 *3*(특히 *Hy4*와 *Hy-O*)과 하위 척도 *D3*와 *Sc6* 그리고 *HEA*에 반영되고, 이차적으로 척도 *2*, *7*, *8*, 그리고 *R*, *ANX*, *DEP*에 반영된다. 대표적인 코드 유형으로 단독상승한 척도 *1*, *1-2/2-1*, *1-2-3/2-1-3*, *1-7*, *1-2-7/2-1-7*(신체화/건강염려증/만

성 통증), *1-3/3-1*, *1-3-2/3-1-2*(전환/만성 통증), *1-8/8-1*, *1-8-7/8-1-7/8-7-1*(정신증을 수반한 신체화; 신체 망상의 가능성)이 있다.

불안 장애는 일차적으로 척도 *7*과 *ANX*에, 이차적으로 척도 *1*, *2*, *3*, *8*과 *0*, *GM*(낮은), *FRS*, *OBS*, *HEA*, *LSE* 그리고 *SOD*에 반영된다. 척도 *4*와 *9*, *CYN*, *ASP*, *AGG*, *DISC*는 저하되는 경향이 있다. 대표적 코드 유형으로 *7-2/2-7*, *3-2/2-3*, *3-7/7-3*(척도 *1*이 같이 상승할 수도 있고 안 할 수도 있다), *7-8*, *7-2-8/7-8-2*가 있다. 우울 장애에서 불안 장애를 가려내는 지표로 *ANX* > *DEP*를 이용하라. 공포증 패턴에서는 척도 *7*, *0*, *SOD*가, 강박적 패턴에서는 척도 *7*, *8*, *OBS*가 강조될 것이다.

우울 장애와 기분부전 장애는 일차적으로 척도 *2*와 *DEP*에, 이차적으로 척도 F_B, *1*, *3*(특히 *Hy2*), *4*(특히 *Pd5*), *6*(특히 *Pa2*), *7*, *8*(특히 *Sc2*와 *Sc4*), *9*(낮은), *0*과 아울러 *R*, *ANX*, *OBS*, *HEA*, *LSE*, *SOD*, *WRK*, *TRT*에 반영된다. 척도 *1*과 *3*, 그리고 *HEA*가 상승하고, 척도 *9*가 낮지 않다면, 우울이 가려질 수 있다. 대표적인 코드 유형으로 *2-7*, *2-3*, *2-4*, *2-6*, *2-8*, *2-0*, *2-7-3* 그리고 *2-7-8/2-8-7*이 있다. 불안 장애에서 우울 장애를 가려내는 지표로 *DEP* > *ANX*를 이용하라. 양극성 우울증은 단극성 우울증들보다 약간 덜 통제된 쪽으로 나타나는 경향이 있다(양극성 우울의 경우 척도 *9*, *MAC-R* 그리고 *DISC*가 약간 더 높고, *R*이 약간 더 낮다).

조증 장애는 일차적으로 척도 *9*와 낮은 *2*, *0*에, 이차적으로 척도 *4*, *6*, *8*(특히 *Sc5*와 *Sc6*), *DISC*, *MAC-R*에 반영된다. *R*, *FRS*, *DEP*, *LSE*, *SOD*, *INTR* 역시 이차적으로 반영되는 척도들로, 이 경우 점수가 모두 낮다. 척도 *4*와 *6*은 특히 자극 과민성을 함축할 수 있다. *AGGR*, *TPA2*와 더불어 *ANG1*, *ANG2*, *TPA1*, *Sc5*가 상승한 패턴은 자극 과민성을 주요 증상으로 하는 조증에서 어렵지 않게 볼 수 있다. 대표적인 조증 코드로 척도 *9*의 단독 상승(다행성 조증), *9-6*(편집성 조증), *9-8*(와해된 조증), *9-4-8/9-8-4* 그리고 *9-6-8*(모든 조합들)이 있다.

편집성(망상) 장애는 일차적으로 척도 *6*(특히 *Pa1*)과 *RC6*에, 이차적으로 척도 *4*(특히 *Pd4*), *8*(특히 *Sc1*)과 *BIZ*(특히 *BIZ1*), *CYN*에 반영된다. 단순한 망상 장애(순수 편집증/편집증 유사 장애)는 척도 *6*의 단독 상승 및 *Pf3*, *Pf4*의 상승과 관련 있다(척도 *6*의 상승이 *65T*를 넘어서지 않을 수도 있다). 일부 방어적인 패턴에서 *L*이 단독 상승할 수 있다. 다른 일부의 경우 *CYN*이 억제되는 반면 *FRS*가 상승할 수 있다. 대표적인 코드 유형으로 단독 상승한 척도 *6*, *6-4/4-6*, *6-5/5-6*, *6-7/7-6*이 있다. 망상 장애에서 척도 *6*의 점수가 허위 음성인 경우는 비교적 흔하지만, 허위 양성인 경우는 거의 없다.

사고장애는 일차적으로 *DisOrg*와 *RC8*, 척도 *6*(특히 *Pa1*)과 *8*(특히 *Sc3*), *BIZ*, *PSYC*에, 이차적으로 척도 *F*, *2*(특히 *Dr4*와 *D4*), *4*(특히 *Pd1*과 *Pd4*), *7*, *0* 그리고 *ANX*, *DEP*, *OBS*, *FAM*, *SOD*에 반영된다. 대표적 코드 유형으로 *8-6/6-8*(특히 *2*, *4*, *7*, *0*이 순서에 상관없이 다음으로 높은 척도들인 경우), *8-2*, *8-2-4*, *8-2-7/8-7-2*, *8-7-4/7-8-4*가 있다.

물질사용 장애는 일차적으로 척도 *4*, *Rc4*와 *MAC-R*, *AAS*, *APS*에, 이차적으로 척도 *1*, *3*(특히 수면제나 진통제 남용자의 경우), *2*, *7*, *8*, *9*(알코올이나 불법 약물)과 *ASP*, *DISC*에 반영된다. 대표적인 코드 유형으로 *4-2*, *3-4/4-3*, *4-6/6-4*, *4-8/8-4*, *4-9/9-4*, *2-4-7*(모든 조합), *2-4-8*(모든 조합), *2-4-9*(모든 조합), *4-7-8*(모든 조합)이 있다.

증상 상태에 대한 평가

MMPI-2 프로파일 패턴이나 점수와 공식적인 정신과적 진단범주 간의 일치를 당연시할 수 없는 만큼, MMPI-2를 사용하는 임상가는 상향적 접근을 통해 감별진단 과제에 좀 더 성공적으로 접근할 수 있다. 즉, 정신과 의사가 과거력과 정신 상태에 대한 자료에 근거하여 진단에 이르듯이 MMPI-2 자료를 증상이나 징후의 원천으로 고려하는 것이다. 증상이나 징후는 MMPI-2 자료의 패턴과 응집성으로 평가된다. 기분장애의 평가는 복합적이다. 좁은 의미에서의 기분이나 정서와 관련된 사항만이 아니라 기분 상태에 따라 영향을 받을 수 있는 사고와 행동의 측면도 참조해야 하기 때문이다. 아래에 기술된 내용은 거의가 MMPI-2 구조적 요약(Nichols & Greene, 1995)에서 인용한 것이다.

우울

불쾌한 기분은 가장 직접적으로 *Dr1*, *DEP2*, *D1*과 *RC2*로 평가되며, *D5*와 *Pa2*가 추가적인 정보를 제공한다. 비관적 사고, 무력감, 무망감, 무가치감 그리고 불만족 등을 포함하는 우울한 사고와 태도는 *DEP*(특히 *DEP1*과 *DEP3*), *Hp*, *Sc2*, *TRT1*로 평가된다. 무쾌감증은 가장 직접적으로 *SOD1*과 *INTR*에 의해 시사된다. 무쾌감증과 관련된 다양한 측면들은 *Sc2*(흥미의 상실), *Sc4*, *DEP1*, *TRT1*(무감동과 의욕 상실), *Dr2*, *D-S*와 *D2*(억제되지 않은 공격성)에 포함되어 있다. 기억력, 주의력과 집중력, 판단력의 문제, 그리고 정신적 비효율성과 인지적 고갈의 문제는 일차적으로 *CogProb*, *Dr4*, *D4*와 *Sc3*에, 이차적으로 *Sc4*와 *D2*에 나타난다. *Sc2*와 *Sc4*는 정서적 결핍에 민감하다. 정서적 결핍은 조현병의 특징이나 우울한 기분장애에서도 볼 수 있다. 수줍음과 사회적 불안의 측면은 *Si1*, *SOD2*, *Pd3*(낮은), *Hy1*(낮은)에 나타난다. 죄책감, 죄책 경향성 그리고 부정적 자기 존중감은 *Pd5*와 *DEP3*에, 이차적으로 *D5*와 *LSE*(특히 *LSE1*)에 시사된다. 거식증, 변비, 체중 감소/증가, 무력증/피로, 수면 곤란과 같은 우울의 생장 증상들은 *Dr3*, *D3*, *Hy3*, *D2*, *HEA*(특히 *HEA3*) 그리고 낮은 *Ma2*에 반영된다. Lachar-Wrobel(1979)의 결정 문항 목록은 수면 곤란을 반영하는 6개의 문항을 포함하고 있다. 자살사고는 *SPS* 문항에 직접적으로 나타나고, 자살 위험은 *Hp*로 평가된다. *DEP4*도 살펴볼 필요가 있다.

고양

고양된 기분만을 따로 알아볼 수 있다고 할 만큼 순수한 MMPI-2 척도는 없다. 하지만 몇몇 척도와 패턴은 고양되고 다행감에 젖은 기분과 관련 있다. 가장 일반적인 지표는 *D*보다 높은 *Ma*이다. 두 척도의 차이가 20*T* 이상이면 고양된 기분이 시사되며, 30*T* 이상이면 고양된 기분이 강하게 시사된다.

Ma-S > *Ma-O*일 때 특히 그렇다. 척도 *9*가 적어도 중등도로 상승했을 때, 낮은 척도 *0*(< 40 *T*)과 *INTR*은 고양된 기분의 좋은 이차적인 지표가 될 수 있다. 추가적으로 *Ma4*(자존감, 과대, 통제회피), 낮은 *DEP2*와 *LSE*(과대), 낮은 *FRS*(겁 없음, 무모함), 그리고 낮은 척도 *2*와 *DEP*(일반적인 걱정과 염려가 없음) 등이 고양된 기분/다행감의 다양한 측면을 강조해 준다. 척도 *2*와 *0*이 낮은 경우, *RC9*와 *AGGR*의 점수 차이 역시 비슷한 함의를 가질 수 있다.

불안

*ANX*는 MMPI-2에서 가장 특정적으로 불안을 측정하는 척도이다. 하지만 다른 척도들도 불안의 다양한 측면들을 민감하게 반영한다. 예로, 강박적 반추(척도 *7*, 특히 척도 *8*보다 높고 두 척도 모두 상승할 때), 긴장성 과민증(*Mf2*), 우려(*FRS*), 우유부단(*OBS*), 우울과 추동 결핍(*DEE*, *TRT*), 심장이나 호흡기 등을 통한 신체적 발현(*HEA*), 자기 회의와 부적합감(*LSE*), 그리고 수행염려(*WRK*) 등이 있다. 이러한 측면들은 또한 *1*, *2*, *3*, *7*, *8* 척도와 이들 척도의 다양한 조합에 반영된다. 불안을 감소시키기 위한 신체화의 상대적인 성공 여부는 (*1*+*3*)−(*2*+*7*)과 *HEA*−*ANX*로 판단된다. 차이가 클수록 불안이 신체적 증상에 성공적으로 묶여 있음을 시사한다.

분노/짜증/적대감/원한/격노

분노나 관련된 정서들은 특징적인 지속기간이나 인지적으로 수반되는 내용에 있어 다양하다. 보다 직접적으로 표출되는 기분 중심의, 상태에 가까운 정서가 있는가 하면 어떤 정서들은 인지 패턴이나 신념, 태도와 특징적으로 연결되어 있다. 후자의 경우, 인지 패턴이나 신념이 특정 조건 하에서 정서 반응을 부추기고, 정서를 형성하고, 그 표현을 인도한다. *R*과 *DISC*는 각각 정서 통제와 행동 통제에 폭넓게 민감하다. 이 두 척도는 정서가 경험되고 표현되는 방식에 영향을 미친다. *ANG*와 *TPA*는 상태 분노에도 민감하나 특성 분노에 더욱 민감하다. *ANG1*은 특히 좌절이나 통제결핍에 대한 반응으로, 느끼는 압박감을 분노 정서로 표출하는 것을 강조한다. *ANG2*와 *TPA1*은 분노 각성에 대해 비정상적으로 낮은 역치를 갖는 특성 분노의 특징을 지니고 있음에도 분노 표출을 보다 잘 통제할 수 있음을 강조한다. *TPA2*와 *AGGR*은 명백히 보복적이고 가학적인 목적을 지닌 만성적인 적대 경향을 반영한다. 따라서 이 두 척도는 단순한 분노와는 구분되는 적대감에 민감하다. 척도 *8*은 다른 사람들에 대한 확산되고 소외된 분노(특히 *Sc1*)나 격노의 형태로 나타날 수 있는 내적 혼돈과 불안정성(특히 *Sc5*)에 민감하다. 이들 척도 역시 분노나 적대감이 표출되는 강도, 표출된 계기 및 지향하는 초점(혹은 초점의 결여)에 영향을 미친다. 척도 *6*, *Pa1* 특히 *Pf1*은 원한에 민감하다. 그래서 분노나 적대감이 표현되는 역치에도 영향을 미친다. 대개 지각된 도발에 대한 합리화된 반응의 맥락에서 그렇다.

때로 분노 표현이 어느 정도의 범위에 초점을 맞추고 있는지 구분하는 것이 도움이 된다. *ANG* > *TPA* > *Sc5*일 경우, 분노 표현은 특정 쟁점이나 사람 혹은 지각된 공격에 초점이 맞춰지는 경향이 있다. 반대로 *Sc5* > *TPA* > *ANG*이면, 분노는 '맹목적'이고 확산적으로 표현된다. 이 경우, 분노는 거의 조율되지 못하거나 부적절하게 조율되며, 분노의 대상은 기회나 편의에 의해 결정된다. 이런 맥락에서, *ANG*와 *TPA*의 하위 척도들이 추가적인 해석지침을 제공할 수 있다. 원색적인 정서 표출 자체가 일차적인 목표인 '뜨거운' 표현과, 분노의 대상에게 정서적, 신체적 손상을 가하는 것이 목표인 '냉정한' 표현을 구분하는 것도 유용하다. *ANG1*, *ANG2*, *TPA1*, *Sc5*는 비교적 뜨거운 분노 척도이다. 반면, *AGGR*과 *TPA2*는 다른 사람에게 해를 끼치려는 계산된, 심지어는 약탈적인 욕구를 시사한다. 목표 달성을 위해 인내심과 아울러 정서적, 행동적 통제가 요구되는 접근이다.

폭행

대부분의 정신건강 장면에서 폭행의 기저율은 매우 낮은 편이다. 다음의 공식을 통해 폭행의 위험성을 개략적으로 측정할 수 있다. 즉, $(4+6+8+9)-(1+2+3+7)$의 공식과 $(AGGR+DISC+8+BIZ+PSYC+RC9)-(R+Dr2+GF+INTRP+Es+2Ss)$의 공식이다. 높은 점수는 폭행, 즉 적대감의 신체적 표출에 대한 통제가 손상되었음을 반영한다.

위의 통찰에 더하여, 인지나 태도에서의 다양한 정신 병리적 특징들이 MMPI-2 척도와 지표들을 통해 다음과 같이 확인될 수 있다.

독특한 사고과정

BIZ2 > *BIZ1* 지표와 아울러 척도 *Sc2*, *Ma2*, *F*는 명백히 괴이하거나 정신증적이지는 않더라도, 드물고 관습을 벗어난 사고와 사고방식에 민감하다. 사실, MMPI-2에서 노골적으로 정신증적인 문항의 수는 많지 않다. 이들 척도가 상승하면 임상가는 정신증적 내용의 비중이 비교적 높은 *Pa1*, *RC6*, *BIZ1*, *PSYC*, *RC8*과 특히 *DisOrg*와 *Pf3*에서 간과된 특이한 사고가 없는지 유의해야 한다.

정신증적 사고과정

Goldberg Index(1965; *L* + *Pa* + *Sc* − *Hy* − *Pt* > 45; Goldberg, 1972와 Zalewski & Gottesman, 1991도 참조하라)를 포함하여 정신증의 일반적인 지표가 몇 개 있다. Goldberg Index의 경우 *8*과 *7*의 차이가 변량의 대부분을 차지한다. 새롭지만 비슷한 지표로 *PSYC* > *NEGE*가 있다. *8* > *7* 그리고 *PSYC* > *NEGE*를 결정규칙으로 할 때, 구성요소 간의 차이를 10*T* 이상으로 하면 허위 양성의 비율을 줄일 수 있다. *DisOrg*, *RC6*, *RC8*, *BIZ1* 척도들과 *BIZ1* > *BIZ2* 지표는 괴이하고 정신증적인 사고 내용에 대한 가장 특정적인 지표이다. *Pa1*과 *PSYC*가 그다음으로 민감하다. 척도 *8*과 *Sc3*, 그리고 어느 정도는 *D4*도 정신증적 사고과정에 민감하나 상당히 덜 특정적이다. 척도 *8*이 상승하고 *Sc3* > *D4*(혹은, 더 나은 지표로 *DisOrg* > *CogProb*)이면서 *BIZ*, *PSYC*, 그리고/혹은 *RC8*의 상승이 수반되면 정신증일 가능성이 강하게 시사된다. *BIZ*나 *RC8*, *RC6*은 낮은 *T*%나 *Ss*, *S*, *Es*, *K*에 의해 억제되므로, 원점수가 2~3점 정도라도 관심을 가져야 한다. 이 문항들은 자아 동질적인 바탕에서 시인되었을 가능성이 높기 때문이다.

과대성

고양에서 논의된 내용을 보라.

편집증적 사고과정

척도 *6*은 *Pa1*과 더불어 편집증적 사고과정에 가장 민감한 지표이다. 특히 *RC6*, *Pf3*, *Pf4*는 편집증적 사고과정에 좀 더 구체적인 정보를 제공한다. 추가적으로 *BIZ*, *PSYC*, *CYN*(특히 *CYN2*), *RC3*과 이보다 정도는 덜하나 *Pd4*, *Sc1*, 그리고 *Pa3*(낮은)이 이러한 내용을 공유한다. 망상적 사고를 반영하는 문항은 *RC6*과 *Pf3*에 집중되어 있다. 반면, *CYN*, *Pd4*, *Sc1* 그리고 낮은 *Pa3*은 불신과, 의심, 심각한 소외(특히 *Sc1* > *Pd4*일 때)의 특징을 보여 준다. *Pf1*, *Pf2* *Pf3*, *Pf4*의 점수를 이용하면 편집증적 사고 내용에 대한 구체적인 평가를 할 수 있다.

강박사고, 반추, 강박행동

척도 *7* 및 척도 *7*과 *8*의 차이(둘 다 상승하면서 척도 *7*이 10*T* 이상 높을 때)는 강박적 사고과정에 대한 가장 민감한 측정치로 남아 있다. 하지만 이 점에서 척도 *7*은 첫 번째 요인(*A*)과 공유하는 변량이 많아 제한적인 면이 있다. 척도 *7*이 강박적인 사고과정을 확인하는 측정치로 제대로 기능하려면 *A*와 *NEGE*보다 적어도 10*T* 이상 커야 한다. *OBS*는 특히 우유부단에 민감하다. 강박적 사고의 초점이 감염이나 세균 등에 주어질 경우, *HEA*가 상승할 수 있다. 이러한 고려들은 자아 동질적인 특성이 있는 강박적 성격보다는 자아 이질적인 강박적 증상들에 적용된다.

냉소주의

냉소주의와 관련된 문항들은 MMPI-2 전반에 널리 퍼져 있다. 염세적인 신념과 태도는 *CYN1*, *RC3*, *Pa3*(낮은)과 *Ho*에 반영된다. *Hy2*(낮은)는 자신이 다른 사람보다 나을 것이 없다는 관점을 반영한다. *Hy2*와 *Pa3*의 점수에 따라 생기는 패턴들(둘 다 낮거나, *Hy2*는 높고 *Pa3* 낮은 경우 등)은 다양한 정보를 제공해 준다. 예로, *Hy2*가 높고 *Pa3*가 낮은 패턴은 경쟁, 자기애, 의심 혹은 이들의 조합으로 이루어진 냉소적 태도를 시사한다. *ASP*, 특히 *ASP1*은 *CYN*, *CYN1*에 비해 상당할 정도로 두려움(사회적 두려움을 포함하여)이 없음을 시사한다. 이는 훨씬 신랄하고 약탈적인 형태의 냉소주의를 의미한다. 이 척도가 높은 사람은 다른 사람을 속이거나 착취함으로써 기꺼이 냉소주의를 실천하려고 한다.

기억, 주의, 집중, 판단

이들 영역에서 겪는 어려움은 *CogPro*, *Dr4*, *D4*와 *Sc3*에 의해 아주 구체적으로 설명된다. *CogPro*, *Dr4*, *D4*는 애를 써야 하고, 부담스러우며, 잘못되기 쉬운 사고를 강조한다. 한편 *Sc3*은 침입적이거나 붕괴되기 쉬운 사고를 강조한다.

정신운동의 이상

*Sc6*와 *HEA2*는 모두 감각, 운동 기능에서의 이상을 경험하거나 걱정하는 데 민감하다. 일부 사례에서 높은 점수는 신경학적인 혹은 신경심리적인 의뢰의 필요성을 시사한다.

성격과 사회적 기능의 평가

내향성/외향성

척도 *0*과 *SOD* 모두 내-외향성의 차원에 민감하다. *Si1*과 *SOD2*는 수줍음, 자의식, 사회적 불안과 불편감, 사회장면에서 어색해하고 쉽게 당황하는 것을 강조한다. *Si2*와 *SOD1*은 집단이나 군중, 교류 등을 회피하는 것을 강조한다. *Hy1*은 관심과 인정, 지지, 애정을 구하는 것을 강조하고, *Pd3*은 사회적 공격성, 무관심, 겁 없음을 강조한다.

내재화/외현화

성격 양식 변인으로, 이 차원은 *2+5+0*(여성의 경우, *2+5*+[50−*5*×2]+*0*)과 *3+4+9*의 비율로 나타낼 수 있다. 이 비율은 고통스럽거나 원치 않은 정서에 대해 비교적 병리적 함의가 없는 행동화로 대처하는 경향에 대한 개략적인 지표를 제공한다. 반면, *2+7+0*과 *4+6+9*의 비율은 정신 병리를 평가하는 데 보다 유의한 대안적인 지표이다. 이 값이 1보다 클수록 정서적인 옥죄임이, 그리고 스트레스에 대해 혹은 실패나 결함을 책임지는 것에 대해 내재화하는 대처방식이 현저하다. 값이 1보다 작을수록 분노나 비난, 책임회피, 행동화를 통해 고통을 다른 사람에게 전가하는 외현화 대처방식이 현저하다. 스트레스와 관련된 심리적 고통의 측면에서, *2+7+0*은 좋은 예후와도 관련 있는 지표이다.

통제/충동성

다양한 성질의 정서/행동 통제가 대부분의 MMPI-2 척도에 시사되고 있다. 내재화/외현화를 보라. 정서 통제(옥죄임, 억제)는 *R*과 *Dr2*, *D2*, *D-S*, *ANG*(낮은), *TPA*(낮은), *Hy5*에 아주 잘 나타난다. 이들 척도는 억제된 분노/적대감에 대해 다양한 함의를 갖는다. 행동 통제는 *DISC*(낮은), *Pd*(낮은), *Re*, *GF*, *MAC-R*(낮은), *ASP*(낮은), *Pd-O*(낮은), *O-H*에 아주 잘 나타난다. 이들 척도는 어떻게 행동 통제가 동기화되고 구현되는가에 대해 함의를 갖는다. Hathaway와 Monachesi(1963)는 척도 *2*, *5*, *0*이 범죄에 대한 억제요인으로 작용하는 반면 척도 *4*, *8*, *9*는 이런 경향에 대한 촉발요인으로 작용한다고 밝혔다. 일반적으로, 척도 *2*, *5*(여성은 낮은 점수)와 *0*은 다른 임상 척도들이 갖는 사회적으로 공격적인 특성을 억제하고 완화하는 역할을 한다. 반면, 척도 *4*, *8*, *9*는 이러한 특성을 보다 가시적이고, 문제 있고, 심지어 위험하게 만든다. 특히, *3-4*/*4-3*, *4-9*/*9-4*의 코드 유형에 기술된 내용을 보라.

사회적 소외

다른 사람들로부터의 소외감, 정서적 거리, 고립은 *Pd4*와 특히 *Sc1*에 반영된다. *Pd4*는 정서적 결핍과 아울러 공정하게 혹은 적절하게 대우받지 못하는 것을 보다 강조한다. 대개 슬픔과 그리움이 남아 있다. *Sc1*은 대인관계에 대한 혐오감과 아울러 다른 사람과 엮이기 싫어하고 거리를 두는 것에 대한 단호하고 굳건한 선호를 반영한다. 산만한 형태이기는 하나, 모 척도인 *Pd*, *Sc* 역시 이를 반영한다.

자기비난/부정적 자기 효능감

'우울'에 대한 설명을 참고하라.

공격성

다양한 형태의 공격성에 대해 함의를 갖는 MMPI-2 척도와 패턴들이 많이 있다. 건전한 사회적 공격성은 척도 *0*, *SOD*(모두 낮은 점수)와 이들의 조합, 그리고 *Hy1*에 시사된다. *Pd3*은 고압적인 태도의 명백히 공격적인 사교성을 함축한다. 마찬가지로 척도 *4*도 침입적이며 가시적인 사회적 공격성을 함축한다. 특히 척도 *9*가 동반 상승하고, 척도 *0*과 *SOD*가 높지 않을 때 더욱 그렇다. 이러한 사회적 공격성은 척도 *6*이나 척도 *8*이 코드 유형에 포함될 때(예로, *4-6*, *4-8*, *4-6-9*, *4-8-9*) 보다 명백하게 적대적인 성질을 갖는다.

의존성/수동성/순종성 대 자신감/자기주장/지배성

이들 차원에 대해 명시적인 측정치로 의도된 MMPI-2 척도는 거의 없다. 하지만 근사한 측정치를 제공한다는 점에서 몇몇 척도들이 관련 있다. 의존성은 *Si3*, *LSE*, *WRK*, 그리고 낮은 *GM*, *Hy1*, *Pd3*과 관련 있다. 이들 척도는 부적합하고 무능력하다는 함의를 지니고 있는 만큼 승인과 지원을 필요로 한다. 수동성과 순종성은 *LSE2*(순종성), *Hy2*(잘 지내기 위한 순응), *D2*와 *Dr2*(위험이나 공격의 회피), *LSE1*(자기 불신), 그리고 낮은 *Ma4*(지배에 대한 참을성), *Pd2*(규율 준수), *AGGR*(수동성, 순종성)에서 다양하게 시사된다. 이러한 성향은 *Do*(카리스마적 지배), *Pd3*(거절에 대한 두려움이 없음), *GM*(침착하고 강인함), 그리고 낮은 *Si1*(자의식이 없음, 사회적 자신감), *Si*(외향성), *LSE*(자기 확신)의 점수와 대조적이다. 이 영역에서 갈등적인 심리상태나 수동-공격적 분투 혹은 이들 모두는 *Sc4*(정상참작을 호소하며 순응을 회피)와 *Ma4*(반항적으로 순종, 의존을 거부)에 시사된다. 또한, 척도 *5*를 보라.

남성성/여성성

남성성-여성성에 대한 평가는 정체성, 역할, 흥미를 포함한다. 척도 *5*와 소척도들이 *GM*, *GF*와 더불어 이 영역에 대한 추론의 근거로 사용된다. 척도 *5*의 점수들이 성에 따른 고정 관념적인 흥미를 추론하는 근거로 신뢰하기 어렵다는 점을 상기하라. 소척도들을 반드시 살펴봐야 한다. 또한, *GM*, *GF*는 각각 *A*나 *DISC*와 부적인 상관이 있다. 다시 말해서, *GM*, *GF* 두 척도 모두 정신 병리에 의해 강하게 억제되므로, *A*나 *DISC*가 60*T*를 초과할 경우, 해석에 주의를 요한다.

강인성/사회적 적합성/긍정적 정신 건강

MMPI-2에서 긍정적 특질이나 성향에 대한 평가는 복합적이다. 사회적 기능, 자기통제, 자존감, 스트레스를 견디는 힘 등의 측면들이 우선적으로 포함된다. 수검 태도에서의 진솔함, 높은 *Es*와 *Do*, 평균 이상의 *GM*, *GF*, 평균 수준의 *R*, *DISC*, 평균 이하의 *LSE*, *WRK*, 그리고 낮은 *INTR*, *Ho* 모두 강인성을 나타낸다. 몇몇 유의한 임상 척도가 상승한 프로파일에서도 그렇다. 낮은 *NEGE*나 *Rcd*는 높은 *Es*와 더불어 현재 스트레스에 대해 적절히 대응하고 있음을 반영한다.

성격변화와 심리치료 적합성의 평가

MMPI-2는 심리치료, 약물치료, 그리고 치료적 변화를 위한 환경요법 등 임상적 개입의 효과를 평가하는 데 적합하다. 아울러 세월의 흐름에 따른 정상적인 성격 변화도 평가할 수 있다. 시점을 달리하여 얻어진 프로토콜 간의 변화에 대한 해석은 다소 복잡하다. 관찰된 변화를 모두 치료에 대한 반응에서 비롯된 임상적 상태의 변화로 해석할 수 없기 때문이다. 척도와 패턴의 불완전한 신뢰도나 '평균으로의 회귀'로 인해 두 측정치 간에 차이가 생길 수도 있다. 이들 요인 역시 점수와 프로파일에서 관찰된 변화를 초래할 수 있는 잠재적 요인인 만큼 간과해서는 안 된다. 이들 요인은 진정한 치료 효과('신호')를 흐리게 하는 소음으로 작용할 수 있다. 이러한 가능성을 감안하면, 단순히 일차 검사를 통해 기저선을 검토하고 이후 다시 프로토콜을 얻어 두 시점 간에 어떤 측면에서 변화가 있었는지 관찰하는 식의 방법은 바람직하지 않다. 하지만 가설을 검증하는 식의 접근과 연계하여 사용할 때, MMPI-2는 치료적 영향에 민감하고, 치료의 효능에 대해 풍부한 정보를 준다. 가설 검증식 접근이란 의도하고 있는 개입에 대한 반응으로 특정 척도나 패턴에서 어떤 변화가 기대된다고 구체적으로 예언하는 것을 말한다.

예로, 우울을 경감시키려는 개입의 성공 여부는 우울한 기분과 사고를 반영하는 것으로 알려진 척도 점수나 패턴(척도 *2*, *D1-5*, *Hy3*, *Pa2*, *Sc2*, *Sc4*, *DEP*, *DEP1*과 *2*, *RC2*, *LSE* 등)을 근거로 평가될 수 있다. 임상가는 또한 증상에 따라 치료에 반응하는 속도가 다를 수 있다는 점을 유념해야 한다. 선택된 개입이 아주 효과적인 경우에도 그렇다. 기분에서의 이상은 신체화보다 더 즉각적으로 효과적인 치료에 반응한다. 또한, 신체화는 의존성 같은 성격 특질보다 치료에 더 빨리 반응할 것으로 기대된다. 때로, 임상가는 치료와는 무관하게 관찰되는 변화의 원천과 결과를 알아보고자 할 수도 있다. 예로, 조증에서 울증으로 전환되는 경우에서처럼, 장애의 경과에 의한 임상적 변화를 적절하게 평가하려면 주기적으로 재검사를 할 필요가 있다(Nichols, 1988, pp. 82-87을 보라).

다양한 치료적 쟁점들이 임상 척도(6장)와 관련하여 논의되었다. 비록

MMPI-2와 심리치료의 예후에 대해 밝혀져야 할 부분들이 많지만, 자아 강도(*Es*), 좋은 자원(*Ss*), 덜 소외되고(*Pd4*, *Sc1*), 다른 사람들에게 건설적으로 접근하고(낮은 *Ho*), 인지적 혼란이 없고(낮은 *DisOrg*, *RC8*, 척도 *8*), 충동을 억제하고(*DISC*), 감정을 느끼는(*R*) 등의 요인들은 치료의 지속 및 성공적인 치료 성과와 관련 있어 보인다. 심리치료에서 치료 관계의 지속과 긍정적인 변화를 시사하는 개략적인 일반적 지표는 (*2*+*7*+*0*)−(*3*+*4*+*9*)이다. 앞의 세 척도가 스트레스와 관련된 부적 정서, 억제 성향, 내적 성찰 능력과 대인관계에서의 불편함 등과 관련 있음에 주목하라. 뒤의 세 척도는 그 반대이다. 세 척도 간의 차이가 0보다 크면, 치료 동기를 유발하는 스트레스; 자각하고, 숙고하고, 성찰하고, 의심할 수 있는 능력; 주체의식과 책임감; 통제능력 등이 시사된다. 모두가 보다 나은 예후로 이끄는 요인들이다.

명심할 점

MMPI-2의 기본 임상 척도들은 서로 독립적이지 않다. 정상인의 경우 척도 간 평균 상관은 약 .37 정도이고, 임상집단의 경우 .55~.60으로 이보다 높다.

셀프 테스트

1. MMPI-2 해석 절차에서, 적절한 수준의 반응 일관성을 확보하는 것은 바람직하지만 필수적인 전제조건은 아니다.
   그렇다 혹은 아니다?

2. 자기기만과 인상 관리의 구분은 과소보고 연구에서부터 나왔지만, 적어도 원리에 있어 과대보고에도 적용할 수 있다.
   그렇다 혹은 아니다?

3. MMPI-2 점수에서 심각성의 개념은 대체로 척도 상승의 함수이며, 반응 양식과는 비교적 독립적이다.

그렇다 혹은 아니다?

4. **척도 *6*에서 허위 음성 점수는 편집성 장애에서 비교적 흔한 편이나, 허위 양성은 비교적 드물다.**

   그렇다 혹은 아니다?

5. **MMPI-2 임상적 척도 중에서 물질남용과 가장 관련 있는 척도는?**

   (a) 척도 *2*

   (b) 척도 *4*

   (c) 척도 *8*

   (d) 척도 *9*

6. **정신증적 상태와 비정신증적 상태를 구별하는 데 도움이 되는 것은?**

   (a) 8 > 6

   (b) 8 > 7

   (c) 8 > F

   (d) *PSYC* > *NEGE*

   (e) a와 c

   (f) b와 c

   (g) b와 d

   (h) c와 d

7. **남성적 흥미 패턴과 여성적 흥미 패턴은 척도 *5*를 참고하여 적절히 평가될 수 있으나 오로지 *GM*과 *GF*의 점수의 맥락에서 그렇다.**

   그렇다 혹은 아니다?

정답: 1. 아니다; 2. 그렇다; 3. 아니다; 4. 그렇다; 5. b; 6. g; 7. 아니다

제 11 장

예시적인 사례 보고

다른 심리검사 결과와 마찬가지로, MMPI-2 결과도 검사 장면이나 검사 환경을 명시하는 정보들, 내담자의 인구통계학적 위치, 법적인 상태, 현재의 문제, 의뢰 사유, 개인력, 정신 상태 등을 떠나 '아무것도 모르는 상태'에서 해석될 수 있다. 이들 정보가 없다면, 해석은 연구와 임상적 경험을 통해 얻은 검사의 보험 통계적인 특징들을 강조해야 한다. 척도들의 경험적 상관이나 척도들이 생성하는 패턴은 임상적 예측과 성격 기술의 근거가 된다. 여러 상황에서 검사 중심의 접근이 선호될 수 있다. 검사 결과가 현재나 미래의 법적 절차에 중요한 역할을 할 때 특히 그렇다. 하지만, 대부분의 통상적인 임상적 상황에서, 평가의 목적은 내담자의 삶을 구성하는 독특한 환경적 조합의 맥락에서 내담자에 대한 이해를 높이는 것을 포함한다. 이를 위해서는 검사자료를 검사 외의 정보와 관련하여 통합적으로 이해하는 인간 중심의 접근이 요구된다. 인간 중심의 접근은 특히 검사 결과가 환자의 자기 이해를 향상하려는 피드백의 중요한 원천일 때, 검사 결과를 바탕으로 적절한 치료 수단이나 방법을 선택할 때, 그리고 치료계약과 그 초점을 강화하기 위하여 환자와 임상가 간의 이해를 넓히고자 할 때 아주 적합하다.

배경정보

인구통계학적 정보는 나이, 성별, 결혼 상태, 학업적 성취, 평소의 직업, 현재의 고용 상태 등을 포함한다. 또한, 내담자의 성적, 종교적 선호나 사회경제적 지위, 사회적 계층, 인종 또는 민족에 관한 정보도 유용하다. 내담자의 모국어가 영어가 아니라면 어떤 언어인지, 영어를 배우고 사용한 기간은 얼마나 되는지, 그리고 MMPI-2가 어떤 언어의 번역판으로 평가되었는지를 기록한다. 검사 장면이나 맥락에 대한 정보는 심리치료나 심리평가를 위한 개업장면인지, 정신과, 신경과 또는 내과 장면인지, 입원환자인지 외래환자인지 등을 명시한다. 이 외의 장면에서 평가가 수행되었을 경우, 어떤 장면에서 누구의 후원을 받고 어떤 목적으로 평가가 수행되었는지 명확히 해야 한다. 이를테면, 직업(직업 상담이나 진로 상담, 직업 재활, 고용 심사, 훈련, 퇴직, 승진, 민감한 직업), 가족관계(조정, 아동 양육권), 교정(사전 심리, 교도소 배정), 또는 장애(보상의 적격성, 책임/적법성의 평가) 등이다.

일부 사례에서, 내담자의 법적인 지위와 관련된 정보가 중요할 수 있다. 본인이 원해서 자발적으로 찾아 왔는지, 아니면 제삼자가 의뢰한 것인지, 자발적으로 찾아온 경우가 아니라면 법원의 명령에 따른 것인지 등이다. 예로, 영장 집행이나 집행의 유예, 긴급 처치, 경찰 유치 등을 위해 평가가 이루어질 수 있다. 보호자나 후견인이 있는지 등 소송능력과 관련된 내담자의 법적인 지위 또한 관련이 있다.

의뢰 사유, 현 문제, 개인력, 정신 상태

현 문제는 객관적인 용어와 아울러 내담자의 말을 직접 인용하는 주관적인 용어로 확인되어야 한다. 만약 의뢰 사유가 현 문제와 다르다면(예로, 감별진단, 배치, 치료를 위한 제언 등) 이 역시 기록되어야 한다. 개인력은 출생과 합병증(있다면)을 포함한 신체적 발달, 정상적인 중요 발달과정, 그리고 성숙을 포함한다. 사회적 발달은 가정환경, 부모의 결혼 상황, 부모가 없다면 보호자가 누구인지, 출생순서, 형제와 그들의 나이, 가족 간의 분위기와 관계, 훈육방법, 또래 관계와 참조집단, 비행 등의 정보를 포함한다. 교육적, 성적 발달에 관한 정보는 학업에 대한 흥미와 동기, 좋아하는 과목, 성취, 처신, 학교생활에서의 문제, 그리고 사춘기, 성 정체감과 성적 선호, 데이트 패턴, 성에 관한 정보와 성년식, 성적 적응 등의 내용을 포함한다.

성인발달에 관한 정보는 직업의 선택, 직업력(전직, 사직), 직업 적응(책임감, 승진, 동료들과의 관계, 감독자의 수용), 결혼 이력과 적응, 자녀, 현재의 주거환경(아파트, 단독주택, 임대 혹은 매입), 현재의 가족과 가족 외의 사회적 지지, 신체적 건강 상태, 취미와 여가 활동(특기, 오락 등)을 포함한다. 정신 장애의 개인력이 시사되는 경우, 이에 대한 정보도 포함되어야 한다. 발병시기와 환경, 이전에 받은 치료와 입원 기간, 삶의 주요 스트레스, 치료에 대한 반응 등이다. 정신 장애의 개인력이 있는 경우, 증조부에서 4촌에 이르는 3급 친족까지의 정신 장애와 입원력, 그들이 받은 치료와 치료에 대한 반응, 신체적 질병, 중독, 범죄, 죽음의 원인 등이 가족력에 포함되어야 한다. 마지막으로, 여느 심리진단 보고서와 마찬가지로, 정신 상태를 자세히 관찰하고 기록해야 한다.

MMPI-2의 결과에 대한 해석적 보고서의 양식은 의뢰자의 요구와 보고서를 준비하는 임상가의 선호에 따라 다양하다. 특징적이고 유연한 양식은 다음의 내용을 순서대로 포함한다. 검사의 타당도, 반응의 일관성, 수검 태도나 반응의 정확성과 관련된 문제들; 프로파일에 대한 일반적인 기술과 척도 수준의 MMPI-2 기본적 요인구조에서 프로파일이 차지하는 위치; 증상, 호소, 태도, 특질, 성향, 그리고 환자의 대인관계나 상호작용 양식을 포함하는 그 밖의 성격특성들; 검사 결과의 진단적 함의에 대한 요약; 이들 결과가 환자의 성향이나 치료에 대해 갖는 함의를 정교화하는 부분 등이다. 보고서의 해석적 주요 부분 서두에 프로파일의 주요 함의를 간략히 요약해서 소개한다거나, 검사 결과를 기분, 인지, 대인관계, 특수 문제 등으로 세분화하는 것이 편할 수도 있다(Nichols & Greene, 1995). 예를 포함한 많은 보고서 양식들이 Friedman, Lewak, Nichols과 Webb(2001)과 Greene(2002)에 있다.

일단 보고서 양식이 선택되면, 어떤 방식으로 제시할 것인가를 선택해야 한다. 한 극단은 척도 점수나 패턴(예로, 코드 유형)과의 반복되어 밝혀진 경험적 상관들을 중심으로 해석하는 방식이다. 다른 극단은 시인한 문항들의 실제적인 내용을 중심으로 해석하는 방식이다(예로, Greene & Nichols, 1995, Nichols & Greene, 1995). 이 양극단은 제각기 장, 단점이 있는 만큼 상황에 따라 선호될 것이다. 게다가 아직 경험적으로 유도된 프로파일 상관들을 적용할 수 있을 만큼 MMPI-2에 대한 연구가 충분하지 못하다. 대부분의 MMPI-2 코드 유형이나 프로파일 패턴에 대해 그렇다. 그러므로 대부분의 상업적 보고서들은 보험 통계적이고 경험적인 정보와 아울러 문항 내용에서 얻어진 정보에 가용한 임상적 지식이 가미된 정보의 조합을 반영한다. Minnesota Report는 문항 내용과 경험적으로 지지된 상관들을 조합하여 최대한 신뢰할 수 있는 결과를 제시하려고 하고 있다. 이 보고서는 척도를 패턴화하는 세부적인 측면에서 비교적 보수적이다. Caldwell Report는 경험적으로 지지된 상관을 강조하고, 척도 간 관계를 활용하는 측면에서 보다 철저하다. 하지만, 문항 내용에 대해서는 덜 강조한다. MMPI-2를 일상적으로 사용하는 사람들은 이 두 가지 보고서를 모두 경험해봐야 한다.

다음의 예는 **빠른 참조 11.1**의 개요에 따라 구성되었으며, 경험적 접근과 내용 기반 접근을 통합한 해석 사례이다.

빠른 참조 11.1

MMPI-2 사례 보고서의 개요

I. 프로토콜 타당성
  A. 반응의 누락
  B. 반응의 일관성
  C. 반응의 정확성
  D. 수검태도
II. 프로파일에 대한 일반적 기술
  A. 프로파일 코드

B. MMPI-2 요인 구조의 특징

III. 증상, 문제, 호소(요약)

A. 주요 해석적 함의(요약)

B. 기분

C. 인지

D. 대인관계

E. 기타 문제

IV. 진단적 고려

V. 치료적 고려

Andrew M.의 사례

의뢰사유

환자는 인근의 카운티에서 온 22세의 백인 미혼 남성이다. 고등학교를 졸업했고, 종교는 기독교 성향이다. 그는 음식에 독이 들었다고 믿었다. 그래서 음식 섭취를 거부하였고, 이로 인해 6개월 사이에 몸무게가 25% 이상 감소하였다. 그는 자신이 있었던 정신과 시설의 직원을 폭행하였다. 이후 그는 자신과 다른 사람들에게 위험하다는 이유로 법원의 명령에 따라 입원하게 되었다. 입원 당시 그는 자신이 왜 입원하게 되었는지 모른다고 말하였지만, 이전에 있었던 시설의 직원이 그를 '정상'이 아니라고 여겼음을 시사하는 말을 하였다. 그는 감별진단과 치료계획을 수립하기 위하여 평가가 의뢰되었다.

배경정보

환자는 대학 교육을 받은 중류층의 부모를 둔 온전한 가정의 4남매 중 막내로 태어났다. 아버지는 전기 기술자이고, 어머니는 신문 기자이다. 7살, 8살, 10살 위인 누나들이 셋 있다. 분만은 정상적이었고, 중요한 발달적 과업 역시 제때에 성취되었다. 하지만, 16개월 무렵 심각한 박테리아 감염으로 입원한 적이 있다. 2세 때 부모가 이혼했다. 이후 어머니와 같이 살았으며, 5세 때 어머니가 재혼했다. 어머니가 양육권을 가지고 있었으나, 어머니와 그녀의 새 남편이 다른 주에 정착하게 된 8세까지는 친아버지와 자주 만났다. 환자는 양쪽의 부모나 형제들 모두와 잘 지냈고, 친구도 많았으며, 자라는 동안 스포츠도 즐겼다. 가정에서의 양육은 관대했다. 학교에서 행동과 성취는 평균에서 평균 상 수준이었고, 알코올과 마리화나를 시작으로 환각 버섯, 엑스터시, LSD를 접하게 된 고 1까지는 평균 B를 유지했다. 그 후 성적이 나빠졌으나, 그럼에도 불구하고 제 때에 고등학교를 졸업할 수 있었다. 성적 취향은 이성애자였지만 소극적이었다. 고등학교 때 여자 친구들이 있었고, 그 후로도 친구 관계를 유지하였으나 데이트나 연애를 하지는 않았다. 일정한 직업은 없었으나 단기간 미숙련 노동에 종사하거나 간이음식점에서 일했다. 가족력에는 정신장애가 없었지만, 환자는 자신의 친아버지를 '알코올 중독'이라고 평가했다.

발병 시기는 16세 때로 거슬러 올라간다. 당시 점차 고립되고, 두려움과 의심, 짜증, 그리고 친구 중 누군가가 자신을 해치려 한다는 믿음이 커지면서 때로 주먹다짐이 이어졌다. 알코올과 마리화나로 시작된 약물 남용은 고등학교 말 환각제로 이어졌고, 관계 관념과 Eric Clapton이 자신에게 기타 연주 기술을 전수했다는 믿음이 동반되었다. 18세 때, LSD 사용 후 얼굴이 '녹아내림'을 느끼면서 처음 입원하였고, 당시 정신증적 특징을 수반한 우울증으로 진단받았다. 우울증이 약물 남용의 시작과 유지에 미친 병인론적 중요성은 명확하지 않았다.

이번에 입원할 당시의 정신 상태는 다음과 같다. 지남력이 유지되고 있었고, 의식이 명료하였으며, 지나치게 경계하고, 조심스러워했다. 동작이나 움직임이 감소된 가운데 경미한 정신운동 지체를 보였고, 반응 잠재시간이 길었다. 우울한 기분은 중등도에서 심각한 정도 사이였다. 자살에 대한 생각이 있었으나 구체적인 계획은 없었다. 기분이 저조한 이유는 병원에 입원했기 때문이라고 했다. 정서는 전 범위에 걸쳐 있었으며, 대체로 심각하고, 걱정스럽고, 불행하고, 우울한 표정이었다. 사고는 경미한 정도에서 중등도로 혼란된 상태였고, 주제에서 빗나가는 모습도 보였는데 특히 질문이 구체적이지 않을 때 그러하였다. 자신이 환각을 경험하고 있다고 확신하지는 않았으나 그럴 거라고 생각했다. 사고 내용에는 신체 망상, 독에 중독되었다는 망상과 길거리에서 강도에게 습격당한다거나 누군가가 자신에게 총을 겨누고 있다는 모호한 피해 관념이 있었다(환자는 2년 전 길거리에서 심하게 두들겨 맞은 적이 있었다). 기억력과 판단력은 괜찮거나 좋은 편이었지만 집중력은 손상되어 있었다. 통찰은 손상되었거나 빈약한 수준이었다. 자살의 위험성이 매우 높다고 판단되었다.

처음에 그는 대부분의 시간을 자신의 방에서 보냈으며, 직원들과의 접촉을 적극적으로 피했다. 종종 욕실에서 거울에 비친 자신의 얼굴을 노려보는 모습이 관찰되었다. 수면 곤란은 없었고 기력도 정상 범위 내에 있었다. 병동에서 나와 있을 때 보면, 환자는 환각에 푹 빠져 있는 것처럼 보였다. 그는 자신의 방에 있는 일굴들을 포함하여 다른 사람들이 보지 못하는 것들을 보는 것이 분명해 보였다. 그는 특별히 아무것도 없는데도 노려보거나 쏘아 보는 모습을 보였다. 그리고 다른 사람의 입술을 읽거나 외국어로 하는 말에 대해 이야기하였다. 질문에 대한 답변이 모호하고 다소 걷잡을 수 없었으며, 사고의 흐름이 자주 갈피를 잡지 못하였다. 자신의 기분에 대해서는 우울하고 피곤하다고 기술하였다. 사람들이 아버지와 자신을 구분하지 못하고 아버지에게서 즉, 자신에게서 훔쳐가는 것을 걱정하는 소리를 했다. 그는 의학적인 다짐에도 불구하고, 생식기에 암이 있으며, 목의 협착이 교정 불가능하다고 걱정하였다.

검사 결과

처음에 Andrew는 심리 진단적 평가에 참여하는 것을 거부하였다. 그러나 리스피리돈에 어느 정도 호전된 경과를 보인 후 검사에 협조하겠다고 동의하였다. 그리고 입원 6개월 후에 MMPI-2가 실시되었다.

앞으로 제시될 해석 부분에서, 추론의 주된 근거가 된 척도와 패턴들이 문장 말미의 괄호 안에 제시되었다. 제시된 척도와 패턴들만이 추론의 근거가 되는 것은 아니고, 또한 추론의 근거가 되는 모든 지표가 제시된 것도 아니다. 이들은 가능한 여러 지표 가운데서 선택적인 예로 제시되었다. **빠른 참조 11.2**는 환자의 타당도 척도와 지표들의 점수를, **빠른 참조 11.3**은 다른 모든 척도와 하위 척도들의 점수를 나타낸 것이다.

빠른 참조 11.2

Andrew M.에 대한 타당도 척도 점수와 지표

(특별한 언급이 없는 한 모든 점수는 *T*-점수임)

누락:	**일관성:**
무응답(?)=3 (원점수)	*VRIN*=54
	TRIN=50
정확성:	
F=79	*S*=47
F_B=87	*S1*=60
F_P=63	*S2*=50
Ds=65	*S3*=35
F-*K*=1(원점수)	*S4*=35
L=56	*S5*=43
K=45	*Mp*=58
Ss=30	*Sd*=59

'그렇다' 퍼센트(*T*%)=47

상승 평균 (M8; 척도 *1*, *2*, *3*, *4*, *6*, *7*, *8*과 *9*)=76

빠른 참조 11.3

Andrew M.의 임상 척도, 소척도, 내용 척도, 성격병리 5요인 척도, 보충 척도와 지표들

임상 척도와 소척도	*D*-*S*=63	*D4*=82
척도 *1*=66	*D1*=82	*D5*=74
척도 *2*=89	*D2*=59	**개정된 *D* 소척도**
D-*O*=88	*D3*=91	*Dr1*=77

Dr2=49
Dr3=79
Dr4=84
Dr5=72
척도 *3*=57
Hy-O=73
Hy-S=38
Hy1=30
Hy2=47
Hy3=75
Hy4=62
Hy5=55
척도 *4*=79
Pd-O=82
Pd-S=56
Pd1=58
Pd2=60
Pd3=33
Pd4=66
Pd5=67
척도 *5*=50
Mf1=23
Mf2=50
Mf3=42
Mf4=39
Mf5=60
Mf6=20
Mf7=63
Mf10=17
척도 *6*=97
Pa-O=84
Pa-S=73
Pa1=82
Pa2=62
Pa3=65
척도 *7*=87
척도 *8*=79
Sc1=59
Sc2=69
Sc3=84
Sc4=60
Sc5=75
Sc6=95
척도 *9*=53
Ma-O=54
Ma-S=54
Ma1=58
Ma2=49
Ma3=35
Ma4=43
척도 *0*=67
Si1=71
Si2=49
Si3=53
내용 척도와 내용 소척도
ANX=70
FRS=80
FRS1=98
FRS2=61
OBS=63
DEP=71
DEP1=57
DEP2=76
DEP3=83
DEP4=62
HEA=70
HEA1=44
HEA2=80
HEA3=81
BIZ=77
BIZ1=67
BIZ2=73
ANG=56
ANG1=52
ANG2=61
CYN=44
CYN1=44
CYN2=43
ASP=53
ASP1=46
ASP2=74
TPA=48
TPA1=63
TPA2=40
LSE=77
LSE1=80
LSE2=55
SOD=60
SOD1=56
SOD2=63

FAM=60	***RC* 척도**	*Es*=30
FAM1=60	*RCd*=73	*Ho*=50
FAM2=49	*RC1*=73	*O-H*=52
WRK=67	*RC2*=73	*Do*=38
TRT=66	*RC3*=73	*Re*=37
TRT1=66	*RC4*=73	*Mt*=71
TRT2=60	*RC6*=73	*PK*=68
성격병리 5요인척도	*RC7*=73	*PS*=76
AGGR=46	*RC8*=73	*GM*=30
PSYC=81	*RC9*=73	*GF*=44
DISC=53	**보충 척도**	*MAC-R*=60
NEGE=73	*A*=71	*APS*=65
INTR=66	*R*=50	*AAS*=60

프로토콜 타당도

환자의 타당도 척도 프로파일이 **그림 11.1**에 제시되어 있다. 얻어진 프로파일은 타당하였다. 환자는 정상인들에 비추어 평균 수준의 일관성(*VRIN*, *TRIN*)을 가지고 문항에 응답했다. 이는 그가 문항을 주의 깊게 읽었고, 문항의 어의적 특성에 주의를 기울여 그 의미를 이해했음을 뜻한다. 세 문항(96, 281, 473)에 대한 반응이 누락되었다. 그는 자신이 상당한 고통을 겪고 있다고 나타내고 있으나(F, F_B), 과장하려고 애쓰는 것으로는 보이지 않는다(F_P, *Ds*). 여덟 개의 임상 척도에서의 평균 상승(M8; Graham et al., 2002)은 76*T*이고, $F+F_B+|F-F_B|$는 174이다(Cramer, 1995). 그가 보고하는 고통의 성격은 정서적인 색채가 지배적으로 강하고 공황에 가까워 보인다. 반면, 정신증적 상태로 인한 고통은 이차적인 것으로 생각된다($F_B > F$). 그는 사소한 결함을 부인하고(*L*, *Mp*) 다소 부풀려진 사회적 이미지를 투사하려고(*Sd*) 의식적으로 애쓰고 있다. 하지만 다른 사람들은 그가 겪고 있는 장해의 정도를 실제보다 더 심각하게 볼 것 같다($K > Es$). 비정상적인 적응을 최소화하기 위한 노

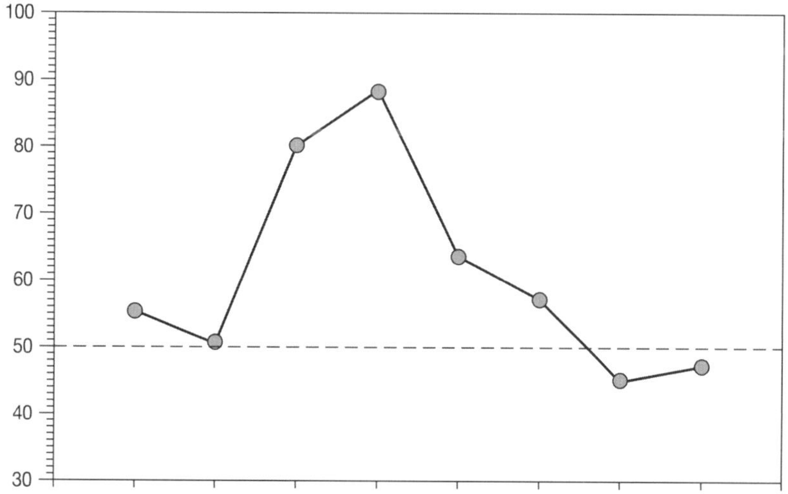

	VRIN	*TRIN*	*F*	F_B	F_P	*L*	*K*	*S*
원점수	6	9	14	11	3	5	13	22
T–점수	54	50	79	87	63	56	45	47

그림 11.1 Andrew M.의 타당도 척도 프로파일

출처: MMPI®–2(미네소타 다면적 인성검사®–2) 실시, 채점 및 해석요강, 개정판에서 발췌. 미네소타 대학교 리젠트가 판권을 소유하고 있고 모든 권리가 유보되어 있음. 미네소타 대학교 출판부의 승인 하에 사용됨. 'MMPI'와 '미네소타 다면적 인성검사'는 미네소타 대학교 리젠트 소유의 등록상표들임.

력은 다른 사람들에 대한 냉소적이고, 의심하고, 분개하는 태도를 부인하는 데 초점 두고 있는 것 같다(*S1*). 하지만 그는 이미 자신의 기본적인 생활환경이나 현재 상황에 대한 불만족과 아울러 특히 격앙되었을 때 다른 사람들에게 참을성이 없이 짜증이나 화를 낸다는 사실을 인정하고 있다(*S3*, *S4*). 몇몇 영역에서의 문제들을 부인하려는 노력에도 불구하고, 그의 대처능력과 정서적 안정성은 유의하게 감소된 것으로 보인다(*K*). 또한, 자기개념과 자존감이 일반적으로 낮고 손상된 것으로 보인다(*Ss*). 이 영역에서의 전반적인 점수 패턴은 정서적 균형이 쉽게 무너질 수 있음을 시사한다. 그리고 그의 일상적인 방어기제의 작용은 정서적 고통을 감수, 감내하거나 대처능력을 보존하기에 부적절해 보인다(예로, *F–K*, *K* > *Es*).

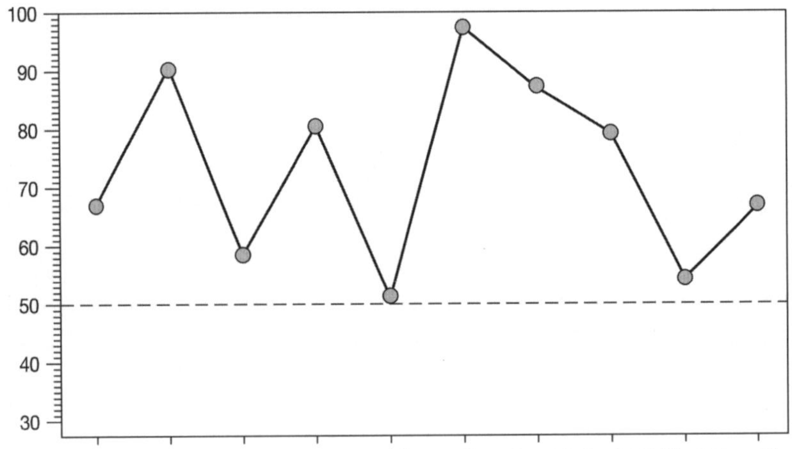

	HS+.4*K*	*D*	*HY*	*PD*+.4*K*	*Mf*	*Pa*	*Pt*+1.0*K*	*Sc*+1.4*K*	*Ma*+.2*K*	*Si*
낮은 점수	1	2	3	4	5	6	7	8	9	0
T–점수	12	38	24	30	26	23	31	30	19	40
	7			5			13	13	3	
낮은 점수	19			35			44	43	22	
T–점수	66	89	57	79	50	97	87	79	53	67

그림 11.2 Andrew M.의 임상 척도 프로파일

임상 프로파일

그림 11.2에 제시된 MMPI–2 프로파일은 10개의 임상 척도 중 7개가 65*T*를 넘을 정도로 현저히 상승해 있다. 프로파일 코드는 6*27"48'01+-395/F'-L/K이다. MMPI–2의 기본적 요인구조를 중심으로 살펴보면, 점수 패턴이 심리적 고통, 불편함 그리고 부정적 정서성을 강조하고 있다(첫 번째 요인: *A*=71*T*, *RCd*=73*T*). 통제 차원에서 그의 점수는 중간 범위에 해당된다(두 번째 요인: *R*=50*T*, *DISC*=53*T*).

증상, 문제, 호소

프로파일은 높은 수준의 불안과 긴장이 수반된 가운데(*7, ANX, NEGE, RC7*) 기분장애와 사고장애의 특징들이 혼합된(*2, 6, 8*) 심각한 정신기능의 혼란을 시사하고 있다. 이러한 정신 병리는 극단적인 두려움(*FRS, FRS1*), 편집증적 사고(*6, Pa1, RC6*), 그리고 통제의 상실에 대한 두려움(*Sc5*)에 초점을 두고 있다. 정신증적 장애가 의심된다(*L+Pa+Sc−Hy−Pt*=88, *PSY* > *NEGE*).

기분과 정동은 우울, 근심, 정서적 철수와 무쾌감증(*2, D-O, D1, D5, Dr1, RC2, Sc2, DEP, DEP2*), 무력감과 무망감(*Hp*), 둔감성(*D4, Dr4*), 그리고 죄책감(*Pd5*)으로 특징지어진다. 우울의 수준은 비교적 심각한 편이다. 정신운동의 지체(*2, 9*[상대적으로 낮은], *2−9=36T, D4, Dr4*), 제한된 정서 표현(*Sc4*), 전형적인 우울 사고(*DEP*), 흥미의 상실(*Sc2*), 일상적 활동의 억제와 철수(*D2, D4, D5*), 그리고 질병과 건강 악화에 대한 염려(*D3, Dr3, Hy3, HEA3, RC1*)를 보인다. 유사한 프로파일을 보이는 일부 환자들은 때로 자신의 우울을 다른 사람이나 특정 상황 탓으로 돌려, 그 사람이나 그 상황 때문에 우울하다는 인상을 주기도 한다(*2-6*). 불안 수준 역시 그를 압도할 만큼 심해 보인다(*2-7, A, ANX, NEGE, RC7*). 결정에 직면해서 혹은 일련의 행동을 결정할 때 확신이나 자신감이 없으며, 자신의 선택이 가져올 수 있는 끔찍한 결과에 대해 강박적으로 생각하고 반추하는 경향을 보이고 있다(*7, ANX, OBS*). 때로, 의심과 걱정으로 인한 스트레스가 너무 커서 긴장을 풀기 위한 수단으로 초조하고 성마르게 과잉반응하거나(*ANG2, TPA1*), 통제력을 잃고 충동적이고 공격적으로 반응할 수 있다(*4, NEGE*). 그에게 분노가 남아 있는 한, 그는 자신과 타인 모두에게 분노하는 경향이 있으며, 이로 인해 긴장되고 '덫에 빠진' 느낌을 가질 수 있다(*6-7, ANG2, TPA1, NEGE*). 또한, 그는 자신이 생각하는 것 이상으로 분노하고 원망하는 경향이 있다(*6, ANG2, TPA1, NEGE* 대 *Pa3, ANG1, CYN1, CYN2, TPA2*). 그는 자신의 불안을 다스리기 위하여 강박적 사고나 강박적 의식과 증상들을 발달시킨 것으로 보인다(*7, OBS*). 그는 불빛과 수면 곤란, 악몽, 그리고 밤에 놀라는 것에 대해 호소하고 있다(5, 30, 471번 문항).

인지 기능에서 혼란되고 비효율적인 사고과정이 있어 보인다. 환자는 기억력, 주의력, 집중력 및 판단력에 심각한 문제가 있어 보이며(*CogPro, D4, Dr4, 8, Sc3*), 침입적이고 방해하는 사고와 감정, 충동들을 호소하고 있고(*Sc3, Sc5*), 회의적이고 우유부단하다(*7, OBS*). 때로, 현실에서 너무 동떨어진 나머지 내부 현실과 외부 현실을 잘 구분하지 못하는 가운데(*DisOrg, RC8, 6-8, PSYC*), 망상적 신념을 발달시킬 수도 있다(*6, Pa1, BIZ1, PSYC*). 사고 내용은 혼란된 것으로 보이며(*BIZ, BIZ1, BIZ2, PSYC*), 조종 망상과 피해 관념에 초점을 두고 있다(*Pf3, Pf4*[부록 참조], *RC6, Pa-O, Pa1, 6, BIZ1, PSYC*). 환자의 피해 관념은 학대나 부당한 비난, 그리고 처벌을 받아 왔다는 오래된 느낌을 포함한다(*6-4, Pa-O, Pd4, 8, PSYC*).

대인관계(*Sc1, Pa-O, DEP*)나 외부세계(*Sc2, Sc4, DEP1*)로부터의 분리나 철수는 적어도 어느 정도까지는 건강에 대한 관심의 증가(*HEA3, Dr3, Rc1*), 신체 상이 달라진 느낌, 특이한 감각 운동 경험들(*D3, Hy3, Sc6, HEA2, BIZ2*)과 일치한다. 이들 증상 역시 망상적인 요소를 포함할 수 있다. 자신을 비하하는 주제나 자신을 비판하는 경향(*2-7, 2-8, 7-8, Pd5, Sc1, DEP, DEP3*)과 더불어 자존감이 매우 낮다(*7-8, LSE, LSE1, Hy2*). 스스로에 대한 부정적인 인식은 때로 그의 사고과정이나 결론에 절대적인 영향을 미칠 것이다. 그는 스트레스의 영향을 내면화하고([*2+5+0*]−[*3+4+9*]=16, [*2+7+0*]−[*4+6+9*]=13) 자신의 문제나 실패들에 대해 지나치게 책임감을 느낄 수 있다(*Pd5*). 특징적인 방어로 투사(*Pf4, Pa1, Pa-O, RC6, 6, Pd4*), 신체화(*D3, Hy-O, Sc6, HEA, HEA2, HEA3, RC1*), 합리화/주지화(*4, 5, 6, 7*) 등이 있다.

그는 다른 사람들이 자신을 이해하지 못한다고 느끼고 있는 것으로 보이며, 자신의 생각이나 감정을 조리 있고 짜임새 있게 전달하는 데 많은 어려움이 있어 보인다(*6-8, Sc3, BIZ2*). 적어도 당분간은 대인관계를 통한 교류보다는 환상이나 몽상을 더 좋아할 것 같다(*6-8, 2-8, 7-8, BIZ2*). 사고나 의사소통의 문제로 인해 다른 사람들과의 관계가 매우 껄끄럽기는 하지만, 그렇다고 관계가 전적으로 거부된 것은 아니다(*Pd4* > *Sc1*). 사실, 그는 더 가까운 관계를 바라지만, 이를 위해 자신이 어떻게 해야 하는지 모르고 있고, 다른 사람들이 그를 받아들일 수 없거나, 받아들이지 않을까봐 두려워하는 것 같다(*8, LSE*). 자신감이 심히 결여되어 있고(*LSE1, Hy2*), 사회관계에서 서툴고 어색해하며 쉽게 당황한다(*0, Si1, SOD2, INTR*). 현재의 사회적 교류는 경직, 의심, 불신으로 특징지을 수 있다. 이러한 이유(*6-4, Pa1, Pa1 > Pd4*)로 인해, 그리고 이러한 이유에서 비롯되는 두려움으로 인해(*FRS, FRS1, Sc1, Si3*) 그는 다른 사람의 의견에 따르지 못하고, 따르더라도 합당한 이유를 요구하며 마지못해서 혹은 분개하며 따른다. 어떤 형태의 비판이나 거절에도 매우 민감하다. 악의가 없고 심지어 호의적으로 볼 수 있는 상황도 성급하게 악의적으로 해석해 버린다(*6-2, 6-4, 6-8*). 다른 사람들의 적대감에 대해 취약하다는 느낌(*6-4, 6-8, Pa1*)과 자신의 부정적인 충동들을 통제하지 못할 것 같은 두려움 때문에(*6-7, FRS*) 그는 자신에게 주어지는 요구에 과잉 반응하는 경향이 있다.

하지만, 그가 다른 사람들과 갈등을 겪는 원인은 일반적으로 성격적인 혹은 수동-공격적인 성향에서 비롯되기보다는 일차적으로 현재의 증상적인 상태에서 비롯되는 것 같다(*Sc4, Ma4, TPA, TPA2, AGGR, Pf1, Ho*[비교적 낮은 *Ho* 점수에 주목하라]). 그가 어느 정도 만성적으로 소외되었음을 감안하더라도 그렇다(*8, Pd4, Pa1*). 증상이 좀 더 완화된다면, 그는 다른 사람들을 있는 그대로 받아들일 수 있을 것이다. 심지어 순진해 보일 정도로 다른 사람들을 너그럽게 평가할 수도 있다(*CYN1, CYN, RC3, Pa3, Ho*). 그는 현재 정서적, 인지적 손상으로 인해 통상적인 방법으로는 의사소통을 도모하기 어렵다고 느끼는 것 같다. 신체에 대한 관심과 집착은, 적어도 부분적으로는, 다른 사람들과 관계를 유지하고 의존 욕구를 충족시키려는 나름대로의 노력을 반영하는 것으로 여겨진다. 경도에서 중등도의 가정불화가 보고되고 있지만(*Pd1, Sc1, FAM, FAM1*), 그는 여전히 가족들에 대한 유대감을 가지고 있으며 가족들로부터 지지받고 있다고 느끼고 있다(*FAM2*).

현재 그의 사회 행동 패턴은 내향적인 성향이 지배적이다(*Hy-s, Hy1, Pd3, 0, Si1, SOD, SOD2*). 이는 사회적인 모임에 대한 회피에서가 아니라(*Si2, SOD1*) 사회적인 교류에 대한 두려움과 무능감에서 비롯되는 것 같다. 사회적 교류가 불가피할 경우, 다른 사람들의 요구가 자신이 확신하고 있는 망상적 영역을 침해한다고 느끼지 않는 한, 수동적이고 비주장적인 모습을 보일 것이다(*Pd3*, *5*, *Mf7*, *Ma4*, *Si1*, *Do*, *GM*, *TPA2*, *LSE1*, *AGGR*).

그는 비행경력을 인정하고 있으나(*Pd2*, *ASP2*), 반사회적인 태도(*ASP1*)에 대해서는 일반적으로 부인하고 있다. 다른 사람들에 대해 기본적으로 신뢰를 지향하고 있으며(*CYN*, *CYN1*, *CYN2*, *RC3*, *Ho*), 이는 권위적인 인물(*Ma4*, *CYN2*, *ASP1*)에 대해서도 마찬가지이다. 특히, 자신이 어느 정도 참을성이 없고 성마르다는 점을 인정하면서도(*ANG2*, *TPA1*), 다른 사람들에 대한 적대적이고 공격적인 태도에 대해서는 부인하고 있다(*D-S*, *ANG*, *ANG1*, *TPA*, *TPA2*, *AGGR*). 또한, 약물 남용과 아울러 남용으로 인한 부차적인 문제들에 대해 인정하고 있는데(*AAS*), 약물 남용의 위험은 당분간 지속될 것으로 보인다(*MAC-R*, *APS*).

그의 흥미 패턴은 남성적인 성 정체감과 일치한다(*Mf6*, *Mf10*). 그는 전형적으로 남성적인 격렬한 야외활동이나 취미생활을 즐기는 경향이 있다(*Mf1*). 심미적이고 지적인 흥미를 인정하지만(*Mf5*), 전형적으로 여성적인 취향에 대해서는 부인하고 있다(*Mf3*).

진단적 고려

이 프로파일은 때로 우울, 공포, 불안에 의해 은폐될 수 있는 심각한 사고장애를 반영한다. 망상 장애의 기저율이 높지 않음을 감안할 때, 망상형 조현병의 진단이 우선적으로 고려되어야 하겠지만 망상 장애의 가능성을 배제할 필요가 있다. 또한, 정신증적 특징을 수반한 주요우울장애와 울증 상태에 있는 양극성 장애의 가능성 역시 배제되어야 한다. 사고장애와 우울증 모두에 대한 치료가 필요해 보이나, 전반적으로 이 프로파일은 기분장애보다는 사고장애와 좀 더 일치한다. 현재의 우울한 기분과 이에 수반되는 제반 증상이나 문제들은 조현병적 와해 및 결과로 인해 이차적으로 파생된 것 같다. 현재의 그리고 앞으로 예상되는 실패와 좌절들, 대인관계에서의 줄어든 만족감, 그리고 일과 삶 전반에서의 성취에 대한 열망에서의 손상 저변에는 정신증적 과정이 작용하고 있는 것으로 보이나 환자에게는 우울로 체험되고 있는 것 같다. 개인력에 비추어 볼 때, 물질사용 장애가 이차적 진단으로 타당해 보인다. 축 II 진단은 축 I 장애의 경과를 보아 가면서 내리는 것이 좋을 것 같다. 현재 환자의 증상들이 너무 심각한 나머지 성격장애와 관련된 안정된 패턴의 특질이나 태도가 분명하게 드러나고 있지 않기 때문이다. 하지만 축1 장애가 해결되어 가는 시점에서 축 2 장애로 의존적, 편집적, 분열형 성격장애 등이 고려될 수 있을 것이다.

치료적 고려

현재 프로파일이나 환자의 증상 모두 불안정한 상태에 있다고 생각된다. 정신 상태에서 어떤 유의한 변화가 있다면 재검사를 고려할 필요가 있다. 증상이나 문제의 패턴이 불안정하고 최근에 다소 호전되었지만, 심각한 장애가 오랫동안 지속되어 온 만큼 예후는 조심스러워 보인다. 예후에 대한 긍정적인 요인으로 환자의 나이, 정신 장애가 있는 가족력의 부재, 처음에 검사를 거절했으나 기꺼이 MMPI-2를 끝낼 수 있는 마음가짐, 현재의 정서적인 불편감, 스트레스에 대해 내재화로 편향된 점, 그리고 두렵고 걱정되기는 하나 아직도 관계에 대한 기본적인 욕구가 남아 있다는 점 등을 들 수 있다.

현재 자살에 대한 위험이 입원 당시에 비해 다소 감소되었으나, 가능성이 여전히 상존하므로 이에 대한 지속적인 경계와 주의가 요구된다. 치료진들은 특히 기분이나 행동거지에서 급작스러운 변화가 없는지 주시해야 한다. 변화가 긍정적인 경우도 마찬가지이다. 그런 변화가 환자의 자살 위험에 어떤 함의를 갖는지 신속히 평가되어야 한다. 이전의 폭행 경력과 현재의 불안정한 정신 상태로 미루어 볼 때, 향후 다른 환자나 직원들을 폭행할 가능성을 간과해서는 안 된다. 좌절이 쌓이고 다른 사람들과 갈등이 커지면, 자신이나 다른 사람들에 게 폭력적인 행동을 할 위험성이 높아질 수 있다.

사고와 기분장애에 대한 표준적인 약물 치료적 접근이 적절해 보인다. 하지만 지나치게 진정될 경우 환자의 자기 보호적인 과경계가 방해받고, 이는 환자로 하여금 지각된 위협에 취약하다는 느낌과 아울러 공황발작이나 과잉반응을 할 위험성을 높일 수 있으므로 주의를 요한다.

심리 치료적 접근들은 증상들이 보다 잘 통제되고, 환자가 거의 항상 느껴온 내, 외적인 위협을 더이상 느끼지 않을 만큼 충분한 안도감을 경험한 후에야 효과적일 것 같다. 유사한 프로파일을 보이는 환자들은 상호교류에서의 통제감을 돕는 치료 방식에 잘 반응하였다. 현시점에서 돌봐주는 사람들과의 상호교류가 강요받아서는 안 되겠지만, 환자가 먼저 교류를 시작한다면 어떻게 그가 편안하고 만족할 수 있는지에 대한 치료진의 비요구적인 물음에 더 잘 견딜 수 있을 것이다. 특히, 환자 역할을 받아들이도록 사회화하거나 자신이 '정신증'이 있다는 것을 인정하도록 하는 노력은 피해야 한다. 그러한 노력들은 거부는 아니더라도 비판으로 해석될 수 있기 때문이다. 자신을 통제하기보다는 자신을 걱정하고 있다고 환자가 느낄 수 있도록 상당한 수준의 지지를 제공하면서, 임상가나 직원들 모두 환자의 경직성과 완고함에 조심스럽게 반응해야 한다.

환자의 정신 상태가 보다 호전되고 상호교류에 대한 인내가 가시적으로 증가한다면, 심리치료를 권유하는 시도가 잠정적으로 추천될 수 있다. 환자가 제기하는 문제나 관심에 대한 단기 행동치료가 치료 초기의 초점으로 가장 적절해 보인다. 하지만, 치료적 동맹을 확립하는 것이 관건이다. 유사한 환자들의 경우, 치료적 동맹이 쉽게 깨어지거나 약화되는 경향이 있다. 이들은 의심이 많고 지나치게 예민하며, 치료자를 인정 없고, 비판적이고, 비난을 잘하고, 심지어 신뢰할 수 없는 사람으로 보기 때문이다. 이들은 치료자에게 상처받기 쉽다고 느끼는 경향이 있다. 그래서 자기 보호를 위한 수단으로, 그리고 자신이 대처하거나 토로하기 어려운 연약한 정서적 영역으로의 때 이른 침입을 막기 위하여 흔히 주지화, 합리화, 지나친 합리주의, 심지어 호전성에 호소하는 경향이 있다. 연약한 정서적 영역에는 상처받은 느낌, 수치심, 외로움과 소외감, 거부당한 느낌, 그리고 다른 누구보다 치료자에 대한 정서적 취약성 등이 포함된다. 임상가는 자신이 망상적인 귀인 요소들에 포함될 가능성에 민감해야 하고 과잉반응으로 인해 이러한 일들이 생기지 않도록 주의해야 한다.

항상성, 의존성 그리고 신뢰의 문제가 환자에게 지속되는 경향이 있다. 조기 종결을 피하려면 치료자가 이들 문제를 능숙하게 다룰 수 있어야 한다. 환자는 우울한 인지에 대한 인지 행동적 접근이 도움이 될 뿐만 아니라 중립적이고, 안전하다고 느낄 것이다. 이 접근은 환자의 증상을 상당히 경감시킬뿐더러 보다 깊은 정서적 문제나 두려움으로부터 환자를 떼어내 줄 것으로 기대되기 때문이다. 치료적 관계에서 이러한 진전이 고무될 수 있기에 더욱 그렇다. 유사한 환자들의 경우, 자기주장 훈련이나 사회기술 훈련을 병행하는 것도 두려움 없이 정서적인 문제에 직면하는 능력을 향상시키는 데 도움이 되었다. 특히, 이들 훈련이 '흔하고, 실제적인 삶의 문제들'을 다룰 수 있도록 구성될 때 유용하였다.

환자가 자신감을 회복하고 보다 편안해지면, 환자에게 강압되고, 무기력하며, 보호받지 못하고, 거부되었다는 느낌을 남기는 대인관계 패턴과 이들 느낌이 낳는 분노와 원망의 감정에 초점을 두는 것이 대개의 경우 적절하다. 일상의 선택에서 자신의 이익과 다른 사람의 이익 간에 보다 큰 균형을 이루고, 과거 잘못이나 거부에 대한 감정을 해소하며, 어떻게 그가 다른 사람을 화나게 하는가에 대한 통찰력을 높이는 데 초점이 주어진다면, 스트레스가 된다 해도 환자는 다른 사람들과 상호교류를 보다 긍정적인 관점에서 보게 될 것이다. 분노나 원망의 감정을 부인, 합리화, 혹은 정당화할 필요성을 덜 느끼고, 나아가 자신과 다른 사람들의 실패를 보다 너그럽게 받아들이게 된다면 유의하게 호전되었다고 볼 수 있다.

부록: 선정된 MMPI-2 척도들의 채점 방향

아래에 제시된 척도들은 이 책에서 논의되었으나 아직 MMPI-2 출판사로부터 공인받지 못한 척도들이다. 매뉴얼에 없고 다른 출판물들에 산재되어 있다.

타당도/반응양식 척도(Validity / Response Style Scales)

Ds-위장(Dissimulation: **58문항**; Gough, 1954)

그렇다

11 17 18 19 22 28 30 31 40 42 44 54 61
72 81 85 91 111 166 190 195 205 221 252 258 268
274 287 292 294 300 307 310 320 329 362 395 412 419
421 431 433 435 436 451 458 463

아니다

57 75 84 108 125 188 278 318 404 429

남성: 평균 10.08(SD 5.32) 여성: 평균 10.57(SD 5.64)

Fs-드문 신체반응(Infrequent Somatic Responses: **16문항**; Wygant, 2008)

그렇다

11 18 36 97 182 229 252 258 282 294 298 307

아니다

2 142 204 404

남성: 평균 1.01(SD 1.21) 여성: 평균 0.99(SD 2.16)

FBS-증상 타당도 척도(Symptom Validity Scale: 43문항; Lees-Haley, English, & Glenn, 1991)

그렇다

11 18 28 30 31 39 40 44 59 111 252 274 325 339 464 469 505 506

아니다

12 41 57 58 81 110 117 152 164 176 224 227 248 249 250 255 264 284 362 373 374 419 433 496 561

남성: 평균 11.67(SD 3.81) 여성: 평균 13.76(SD 4.14)

RBS-반응편향 척도(Response Bias Scale: 28문항; Gervais, Ben-Porath, Wygant, & Green, 2007)

그렇다

27 30 31 40 70 94 97 144 147 149 168 220 229 299 303 309 310 319 336

아니다

35 106 165 169 260 304 330 340 362

남성: 평균 5.03(SD 2.32) 여성: 평균 4.91(SD 2.45)

S1-인간의 선량함에 대한 믿음(Belief in Human Goodness: 15문항; Butcher & Han, 1995)

그렇다

없음

아니다

50 58 76 81 104 110 120 225 284 346 352 374 403 445 538

남성: 평균 7.30(SD 3.83) 여성: 평균 7.90(SD 3.75)

S2-평온(Serenity: 13문항; Butcher & Han, 1995)

그렇다

148 194

아니다

87 89 154 196 279 337 341 433 442 545 547

남성: 평균 6.08(SD 2.73) 여성: 평균 5.49(SD 2.62)

S3-삶에 만족(Contentment with Life: 8문항; Butcher & Han, 1995)

그렇다

534 560

아니다

15 205 290 428 449 542

남성: 평균 4.02(SD 1.96) 여성: 평균 3.58(SD 1.88)

S4-참을성 및 성마름 부인(Patience and Denial of Irritability: 8문항; Butcher & Han, 1995)

그렇다

없음

아니다

213 302 420 423 430 461 489 523

남성: 평균 4.22(SD 2.15) 여성: 평균 4.37(SD 2.02)

S5-도덕적 결함 부인(Denial of Moral Flaws: 8문항; Butcher & Han, 1995)

그렇다

121

아니다

123 264 373 487

남성: 평균 2.91(SD 1.38) 여성: 평균 3.61(SD 1.28)

Ss-사회경제적 지위(Socioeconomic Status: 8문항; Butcher & Han, 1995)

그렇다

2 41 139 151 160 203 217 224 232 362 385 427 456

아니다

5 17 24 28 30 32 42 44 53 60 70 80 83
101 109 111 119 133 135 145 149 175 193 197 198 201
218 220 225 229 234 235 238 240 241 253 254 286 294
305 307 309 312 319 332 333 334 348 357 392 396 397
399 403 407 429 431 438 471 472

남성: 평균 57.27(SD 6.37) 여성: 평균 56.81(SD 6.50)

Mp-정적 꾀병(Positive Malingering: 26문항; Confer, Chance, & Judson, 1949)

그렇다

131 133 191 201 211 239 261 345 350 356 417

아니다

21 29 41 89 93 183 189 196 203 209 232 290 341
428 442

남성: 평균 9.70(SD 3.52) 여성: 평균 8.35(SD 3.26)

Sd-사회적 바람직성(Social Desirability: 33문항; Wiggins, 1959)

그렇다

25 49 80 100 131 133 184 194 201 206 207 211 220
249 257 263 345 351 354 356 366 402 416 439

아니다

29 41 77 93 183 203 232 326 341

남성: 평균 12.92(SD 3.74) 여성: 평균 12.11(SD 3.32)

개정된 D 하위 척도(Nichols, 2009a)

Dr1-우울 정동(Depressed Mood: 18문항)

그렇다

5 15 39 56 92 130 146 215

아니다

9 75 95 109 140 148 188 221 223 245

남성: 평균 4.37(SD 2.33) 여성: 평균 5.41(SD 2.62)

Dr2-공격성 억제(Inhibition of Aggression: 14문항)

그렇다

없음

아니다

29 37 55 68 76 134 189 212 221 226 248 260 267 330

남성: 평균 7.27(SD 2.39) 여성: 평균 7.74(SD 2.22)

Dr3-신체적 불편(Somatic Malaise: 15문항)

그렇다

18 39 175 238

아니다

2 10 20 33 45 117 118 141 142 143 181

남성: 평균 2.41(SD 1.84) 여성: 평균 2.61(SD 2.04)

Dr4-인지적 허약(Cognitive Infirmity: 8문항)

그렇다

31 38 147 170 233

아니다

43 109 165

남성: 평균 1.32(SD 1.38) 여성: 평균 1.35(SD 1.48)

Dr5-사회적 취약성(Social Vulnerability: 8문항)

그렇다

46 73 127 146 178

아니다

49 109 223

남성: 평균 1.64(SD 1.44) 여성: 평균 2.33(SD 1.64)

주의: 117, 176, 178, 181, 238문항은 주제의 동질성과 내적 합치도를 최대화하기 위해 척도 *2*에서의 채점과는 반대로 채점된다.

Hp-무망감(Hopelessness: 12문항; Nichols, 2010)

그렇다

85 92 94 234 306 454 463 505 516 546 554

아니다

75

남성: 평균 0.94(SD 1.42) 여성: 평균 0.96(SD 1.39)

편집증 요인(Paranoia Factors; Nichols & Crowhurst, 2006)

Pf1-원망(Resentment: 6문항)

그렇다

17 22 42 145 234 484

아니다

없음

남성: 평균 0.34(SD 0.75) 여성: 평균 0.32(SD 0.71)

Pf2-관계 관념(Ideas of Reference: 6문항)

그렇다

251 259 305 333 424 549

아니다

없음

남성: 평균 1.01(SD 1.27) 여성: 평균 1.08(SD 1.28)

Pf3-조종 망상(Delusions of Control: 8문항)

그렇다

24 144 162 216 228 336 355 361

아니다

없음

남성: 평균 0.19(SD 0.53) 여성: 평균 0.11(SD 0.40)

Pf4-피해 관념/망상(Persecutory Ideas/Delusions: 8문항)

그렇다

42 99 138 144 216 259 333

아니다

314

남성: 평균 0.51; SD 0.94 여성: 평균 0.41; SD 0.84

인지 안정성 척도 Cognitive Stability Scales(Nichols, 2008)

CogProb-인지적 문제(Cognitive Problems: 12문항)

그렇다

31 147 233 299 308 325 475 482 533 565

아니다

165 561

남성: 평균 2.10(SD 2.31) 여성: 평균 2.19(SD 2.46)

DisOrg-혼란(Disorganization: 11문항)

그렇다

32 60 72 96 198 298 307 319 508 551

아니다

427

남성: 평균 1.17(SD 1.50)　　여성: 평균 1.20(SD 1.47)

참고 문헌

Arbisi, P. A., & Seime, R. J. (2006). Use of the MMPI-2 in medical settings. In J. N. Butcher (Ed.), *MMPI-2: A practitioner's guide* (pp. 273-299). Washington, DC: APA Press.

Armstrong, D. (2008, March 5). Personality check: Malingerer test roils personal-injury law. *Wall Street Journal*, p. 1.

Arnau, R. C., Handel, R. W., & Archer, R. P. (2005). Principal components analyses of the MMPI-2 PSY-5 scales: Identification of facet subscales. *Assessment, 12*, 186-198.

Baer, R. A., & Miller, J. (2002). Underreporting of psychopathology on the MMPI-2: A meta-analytic review *Psychological Assessment, 14*, 16-26.

Baer, R. A., Wetter, M. W., & Berry, D. T. R. (1992). Detection of underreporting of psychopathology on the MMPI: A meta-analysis. *Clinical Psychology Review, 12*, 509-525.

Baer, R. A., Wetter, M. W., Nichols, D. S., Greene, R. L., & Berry, D. T. R. (1995). Sensitivity of MMPI-2 validity scales to underreporting of symptoms. *Psychological Assessment, 7*, 419-423.

Bagby, R. M., Marshall, M. B., Bury, A. S., Bacchiochi, J. R., & Miller, L. S. (2006). Assessing underreporting and overreporting response styles on the MMPI-2. In J. N. Butcher (Ed.), *MMPI-2: Apractitioner's guide* (pp. 39-69). Washington, DC: APA Press.

Bagby, R. M., Nicholson, R. A., Buis, T., Radovanovic, H., & Fidler, B. J. (1999). Defensive responding on the MMPI-2 in family custody and access evaluations. *Psychological Assessment, 11*, 24-28.

Bagby, R. M., Ryder, A. G., Ben-Dat, D., Bacchiochi, J., & Parker, J. D. A. (2002). Validation of the dimensional factor structure of the Personality Psychopathology Five in clinical and noncinical samples. *Journal of Personality Disorders, 16*, 304–316.

Barefoot, J. C., Dodge, K. A., Peterson, B. L., Dahlstrom, W. G., & Williams, R. B. (1989). The Cook-Medley Hostility Scale: Item content and ability to predict survival. *Psychosomatic Medicine, 51*, 46–57.

Barron, F. (1953). An ego-strength scale which predicts response to psychotherapy. *Journal of Consulting Psychology, 17*, 327–333.

Beck, A. T., Brown, G., Berchick, R. J., Stewart, B. L., & Steer, R. A. (1990). Relationship between hopelessness and ultimate suicide: A replication with psychiatric outpatients. *American Journal of Psychiatry, 147*, 190–195.

Ben-Porath, Y. S., & Butcher, J. N. (1989). Psychometric stability of rewritten MMPI items. *Journal of Personality Assessment, 53*, 645–653.

Ben-Porath, Y. S., & Forbey, J. D. (2003). *Non-gendered norms for the MMPI-2*. Minneapolis: University of Minnesota Press.

Ben-Porath, Y. S., Graham, J. R., & Tellegen, A. (2009). *The MMPI-2 Symptom Validity (FBS) Scale Development, Research Findings, and Interpretive Recommendations*. Minneapolis: University of Minnesota Press.

Ben-Porath, Y. S., Hostetler, K., Butcher, J. N., & Graham, J. R. (1989). New subscales for the MMPI-2 social introversion scale. *Psychological Assessment, 1*, 169–174.

Ben-Porath, Y. S., & Sherwood, N. E. (1993). *The MMPI-2 content component scales: Development, psychometric characteristics and clinical application*. Minneapolis: University of Minnesota Press.

Ben-Porath, Y. S., & Tellegen, A. (2008). *MMPI-2RF: Manual for administration, scoring, and interpretation*. Minneapolis: University of Minnesota Press.

Bernreuter, R. G. (1933). The theory and construction of the personality inventory. *Journal of Social Psychology, 4*, 387–405.

Berrios, G. E. (1985). Obsessional disorders during the nineteenth century: Terminological and classificatory issues. In W. F. Bynum, R. Porter, & M. Shepherd (Eds.), *The anatomy of madness: Essays in the history of psychiatry:* Vol. I. People and ideas (pp. 166–187). London, England: Tavistock.

Binford, A., & Liljequist, L. (2008). Behavioral correlates of selected MMPI-2 clinical, content, and restructured clinical scales. *Journal of Personality Assessment, 90*, 608–614.

Blais, M. A. (1995). MCMI-II personality traits associated with the MMPI-2 masculinity-femininity scale. *Assessment, 2*, 131–136.

Boerger, A. R., Graham, J. R., & Lilly, R. S. (1974). Behavioral correlates of single-scale MMPI code types. *Journal of Consulting and Clinical Psychology, 42*, 398–402.

Burkhart, B. R., Christian, W. L., & Gynther, M. D. (1978). Item subtlety and faking on the MMPI: A paradoxical relationship. *Journal of Personality Assessment, 42*, 76–80.

Butcher, J. N. (Ed.) (2000). *Basic sources on the MMPI-2*. Minneapolis: University of Minnesota Press.

Butcher, J. N. (2011). *Beginner's guide to MMPI-2* (3rd ed.). Washington, DC: APA Press.

Butcher, J. N., Arbisi, P. A., Atlis, M. M., & McNulty, J. L. (2003). The construct validity of the Lees-Haley Fake Bad Scale: Does this measure somatic malingering and feigned emotional distress? *Archives of Clinical Neuropsychology, 18*, 473–485.

Butcher, J. N., Arbisi, P. A., Atlis, M. M., & McNulty, J. L. (2008). The construct validity of the Lees-Haley Fake Bad Scale: Does this scale measure somatic malingering and feigned emotional distress? *Archives of Clinical Neuropsychology, 23*, 855–864.

Butcher, J. N., Dahlstrom, W. G., Graham, J. R., Tellegen, Y. S., & Kaemmer, B. (1989). *Minnesota Multiphasic Personality Inventory-2: Manual for administration and scoring*. Minneapolis: University of Minnesota Press.

Butcher, J. N., Gass, C. S., Cumella, E., Kally, Z., & Williams, C. L. (2008). Potential for bias in MMPI-2 assessments using the Fake Bad Scale (PBS). *Psychological Injury and Law, 1*, 191–209.

Butcher, J. N., Graham, J. R., Ben-Porath, Y. S., Tellegen, Y. S., Dahlstrom, W. G., & Kaemmer, B. (2001). *Minnesota Multiphasic Personality Inventoty-2: Manual for administration and scoring (rev. ed)*. Minneapolis: University of Minnesota Press.

Butcher, J. N., Graham, J. R., Williams, C. L., & Ben-Porath, Y. S. (1990). *Development and use of the MMPI-2 content scales*. Minneapolis: University of

Minnesota Press.

Butcher, J. N., Hamilton, C. K., Rouse, S. V., & Cumella, E. J. (2006). The deconstruction of the Hy scale of MMPI-2: Failure of RC3 in measuring somatic symptom expression. *Journal of Personality Assessment, 87*, 199-205.

Butcher, J. N., & Han, K. (1995). Development of an MMPI-2 scale to assess the presentation of self in a superlative manner: The S scale. In J. N. Butcher & C. D. Spielberger (Eds.), *Advances in Personality assessment* (Vol. 10, pp. 25-50). Hillsdale, NJ: Erlbaum.

Butcher, J. N., & Williams, C. L. (1992). *Essentials of MMPI-2 and MMPI-A interpretation*. Minneapolis: University of Minnesota Press.

Butcher, J. N., & Williams, C. L. (2009). Personality assessment with the MMPI-2: Historical roots, international adaptations, and current challenges. *Applied Psychology, Health and Well-Being, 1*, 105-135.

Caldwell, A. B. (1988). *MMPI supplemental scale manual*. Los Angeles, CA: Caldwell Report.

Caldwell, A. B. (1997). Whither goest our redoubtable mentor, the MMPI/MMPI-2? *Journal of Personality Assessment, 68*, 47-68.

Caldwell, A. B. (1998). Advanced MMPI/MMPI-2 theory and interpretation seminar. (Unpublished materials.)

Caldwell, A. B. (2001). What do the MMPI scales fundamentally measure? Some hypotheses. *Journal of Personality Assessment, 76*, 1-17.

Caldwell, A. B. (2006). Maximal measurement or meaningful measurement: The interpretive challenges of the MMPI-2 Restructured Clinical (RC) scales. *Journal of Personality Assessment, 87*, 193-201.

Carson, R. C. (1969). Interpretive manual to the MMPI. In J. N. Butcher (Ed.), *MMPI research developments and clinical applications* (pp. 279-296). New York, NY: McGraw-Hill.

Castlebury, F. D., Hilsenroth, M. J., Handler, L., & Durham, T. W. (1997). Use of the MMPI-2 personality disorder scales in the assessment of DSM-IV antisocial, borderline, and narcissistic personality disorders. *Assessment, 4*, 155-168.

Chang, A. F., Caldwell, A. B., & Moss, T. (1973). Stability of personality traits in alcoholics during and after treatment as measured by the MMPI: A one-year follow-up study. *Proceedings of the American Psychological Association, 8*, 387-388.

Cheng, M. K. (2008). Structural equation modeling of the restructured clinical scales of the MMPI-2. *Dissertation Abstracts International: Section B: The Sciences and Engineering, 69(1-B)*, 728. (UMI No. AAINR35978)

Cleckley, H. M. (1941). *The mask of sanity*. St. Louis, MO: Mosby.

Cofer, C. N., Chance, J. E., & Judson, A. J. (1949). A study of malingering on the MMPI. *Journal of Psychology, 27*, 491-499.

Cohen, M. B., Baker, G., Cohen, R. A., Fromm-Reichmann, F., & Weigert, E. V. (1954). An intensive study of twelve cases of manic-depressive psychosis. *Psychiatry, 17*, 103-137.

Colligan, R. C., Osborne, D., Swenson, W. M., & Offord, K. P. (1983). *The MMPI: A contemporary normative study*. New York, NY: Praeger.

Constantinople, A. (1973). Masculinity-femininity: An exception to a famous dictum? *Psychological Bulletin, 80*, 389-407.

Cook, W. W., Leeds, C. H., & Callis, R. (1951). *Minnesota Teacher Attitude Inventory*. New York, NY: The Psychological Corporation.

Cook, W. W., & Medley, D. M. (1954). Proposed hostility and Pharisaic-virtue scales for the MMPI. *Journal of Applied Psychology, 38*, 414-418.

Cramer, K. M. (1995). Comparing three new MMPI-2 randomness indices in a novel procedure for random profile derivation. *Journal of Personality Assessment, 65*, 514-520.

Cumella, E., Kally, Z., & Butcher, J. N. (2009, March). *MMPI-2 restructured (BC) scales with eating disorder patients*. Chicago, IL: Society for Personality Assessment.

Dahlstrom, W. G., Archer, R. P., Hopkins, D. G., Jackson, E., & Dahlstrom, L. E. (1994). *Assessing the readability of the Minnesota Multiphasic Inventory Instruments—the MMPI, MMPI-2, MMPI-A*. Minneapolis: University of Minnesota Press.

Dahlstrom, W. G., Welsh, G. S., & Dahlstrom, L. E. (1972). *An MMPI handbook: Vol. I. Clinical interpretation*. Minneapolis: University of Minnesota Press.

Dahlstrom, W. G., Welsh, G. S., & Dahlstrom, L. E. (1975). *An MMPI handbook: Vol. II. Research applications*. Minneapolis: University of Minnesota Press.

Dean, A. C., Boone, K. B., Kim, M. S., Curiel, A. R., Martin, D. J., Victor, T. L., ... & Lang, Y. K. (2008). Examination of the impact of ethnicity on the Minnesota Multiphasic Personality Inventory-2 (MMPI-2) Fake Bad Scale. *Clinical*

NeuroPsychologist, *22*, 1054-1060.

Depaoli, S. A., & Meyers, L. S. (2007, May). *Full information factor analysis of the MMPI-2 RC3 and RC9*. Vancouver, Canada: Western Psychological Association.

DiLalla, D. L., Carey, G., Gottesman, I. I., & Bouchard, T. J., Jr. (1996). Heritability of MMPI personality indicators of psychopathology in twins reared apart. *Journal of Abnormal Psychology*, *105*, 491-499.

DiLalla, D. L., Gottesman, I. I., Carey, G., & Bouchard, T. J., Jr. (1999). Heritability of MMPI Harris-Lingoes and Subtle-Obvious subscales in twins reared apart. *Assessment*, *6*, 353-366.

Drake, L. E. (2000). A social I. E. Scale for the MMPI. In J. N. Butcher (Ed.), *Basic sources on the MMPI-2* (pp. 70-72). Minneapolis: University of Minnesota Press. (Original work published 1946.)

Dubinsky, S., Gamble, D. J., & Rogers, M. L. (1985). A literature review of subtle-obvious items on the MMPI. *Journal of Personality Assessment*, *49*, 62-68.

Duckworth, J. C., & Anderson, W. (1986). *MMPI interpretation manual for counselors and clinicians* (3rd ed.). Muncie, IN: Accelerated Development.

Emons, W. H. M., Sijtsma, K., & Meijer, R. R. (2007). On the consistency of individual classification using short scales. *Psychological Methods*, *12*, 105-120.

Evans, C., & McConnell, T. R. (1941). A new measure of introversion-extroversion. *Journal of Psychology*, *12*, 111-124.

Finn, S. E. (1995). *Using the MMPI-2 as a therapeutic intervention*. Minneapolis: University of Minnesota Press.

Finn, S. E. (2007). *In our clients' shoes: Theory and techniques of therapeutic assessment*. Mahwah, NJ: Erlbaum.

Fowler, R. D. (1975). *A method for the evaluation of the abuse prone patient*. Chicago, IL: American Academy of Family Physicians.

Friedman, A. F., Lewak, R., Nichols, D. S., & Webb, J. T. (2001). *Psychological assessment with the MMPI-2*. Mahwah, NJ: Erlbaum.

Gallucci, N. T., Kay, D. C., & Thornby, J. I. (1989). The sensitivity of 11 substance abuse scales from the MMPI to change in clinical status. *Psychology of Addictive Behaviors*, *3*, 29-33.

Ganzini, L., Silveira, M. I., & Johnston, W. S. (2002). Predictors and correlates of interest in assisted suicide in the final month of life among ALS patients in Oregon and Washington. *Journal of Pain and Symptom Management*, *24*, 312-317.

Garb, H. N. (1998). *Studying the clinician: Judgment research and Psychological assessment*. Washington, DC: American Psychological Association.

Gass, C. S. (2006). Use of the MMPI-2 in neuropsychological evaluations. In J. N. Butcher (Ed.), *MMPI-2: A practitioner's guide* (pp. 301-326). Washington, DC: APA Press.

Gass, C. S. (2009). Use of the MMPI-2 in neuropsychological evaluations. In J. N. Butcher (Ed.), *Oxford Handbook of Personality Assessment* (pp. 432-456). New York, NY: Oxford University Press.

Gass, C. S., Williams, C. L., Cumella, E., Butcher, J. N., & Kally, Z. (2010). Ambiguous measures of unknown constructs: The MMPI-2 Fake Bad Scale (aka Symptom Validity Scale, FBS, FBS-r). *Psychological Injury and Law*, *3*, 81-85.

Gervais, R. O., Ben-Porath, Y. S., Wygant, D. B., & Green, P. (2007). Development and validation of a Response Bias Scale (RBS) for the MMPI-2. *Assessment*, *14*, 196-208.

Gervais, R. O., Ben-Porath, Y. S., Wygant, D. B., & Green, P. (2008). Differential sensitivity of the Response Bias Scale (RBS) and MMPI-2 validity scales to memory complaints. *The Clinical Neuropsychologist*, *22*, 1061-1079.

Gibson, R. W., Cohen, M. B., & Cohen, R. A. (1959). On the dynamics of the manic-depressive personality. *American Journal of Psychiatry*, *115*, 1101-1107.

Gilberstadt, H., & Duker, J. (1965). *A handbook for clinical and actuarial MMPI interpretation*. Philadelphia, PA: Saunders.

Glassmire, D. M., Stolberg, R. A., Greene, R. L., & Bongar, B. (2001). The utility of MMPI-2 suicide items for assessing suicidal potential: Development of a suicidal potential scale. *Assessment*, *8*, 281-290.

Goldberg, L. R. (1965). Diagnosticians vs. diagnostic signs: The diagnosis of psychosis vs. neurosis from the MMPI. *Psychological Monographs*, *79(9, Whole No. 602)*.

Goldberg, L. R. (1971). A historical survey of personality scales and inventories. In P. McReynolds (Ed.), *Advances in Psychological assessment* (Vol. 2, pp. 293-336). Palo Alto, CA: Science and Behavior Books.

Goldberg, L. R. (1972). Man versus mean: The exploitation of group profiles for the construction of diagnostic classification systems. *Journal of Abnormal Psychology*, *79*, 121-131.

Goodwin, D. K., & Jamison, K. R. (2007). *Manic-depressive illness: Bipolar dis-*

orders and recurrent depression (2nd ed.). New York, NY: Oxford University Press.

Gordon, R. M. (2006). False assumptions about psychopathology, hysteria and the MMPI-2 restructured clinical scales. *Psychological Reports*, *98*, 870–872.

Gottesman, I. I. (1959). More construct validation of the Ego Strength scale. *Journal of Consulting Psychology*, *23*, 342–346.

Gottesman, I. I. (1991). *Schizophrenia genesis*. San Francisco, CA: Freeman.

Gottesman, I. I., & Prescott, C. A. (1989). Abuses of the MacAndrew MMPI alcoholism scale: A critical review. *Clinical Psychology Review*, *9*, 223–242.

Gottesman, I. I., & Shields, J. (1972). *Schizophrenia and genetics: A twin study vantage point*. New York, NY: Academic Press.

Gotts, E. E., & Knudsen, T. E. (2005). *The clinical interpretation of the MMPI-2: A content cluster approach*. Mahwah, NJ: Erlbaum.

Gough, H. G. (1947). Simulated patterns on the Minnesota Multiphasic Personality Inventory. *Journal of Abnormal and Social Psychology*, *42*, 215–225.

Gough, H. G. (1948a). A new dimension of status: I. Development of a personality scale. *American Sociological Review*, *13*, 401–409.

Gough, H. G. (1948b). A new dimension of status: II. Relationship of the St scale to other variables. *American Sociological Review*, *13*, 534–537.

Gough, H. G. (1950). The F minus K dissimulation index for the Minnesota Multiphasic Personality Inventory. *Journal of Consulting Psychology*, *14*, 408–413.

Gough, H. G. (1954). Some common misconceptions about neuroticism. *Journal of Consulting Psychology*, *18*, 287–292.

Gough, H. G., McClosky, H., & Meehl, P. E. (1951). A personality scale for dominance. *Journal of Abnormal and Social Psychology*, *46*, 360–366.

Gough, H. G., McClosky, H., & Meehl, P. E. (1952). A personality scale for social responsibility. *Journal of Abnormal and Social Psychology*, *47*, 73–80.

Graham, J. R. (1977). Review of Minnesota Multiphasic Personality Inventory special scales. ln P. McReynolds (Ed.), *Advances in Psychological assessment* (Vol. 4, pp. 11–55). San Francisco, CA: Jossey-Bass.

Graham, J. R. (1978, March). MMPI characteristics of alcoholics, drug abusers, and pathological gamblers. Paper given at the 13th Annual Symposium on Recent

Developments in the Use of the MMPI, University of the Americas, Puebla, Mexico.

Graham, J. R., Barthlow, D. L, Stein, L. A. R., Ben-Porath, Y. S., & McNulty, J. L (2002). Assessing general maladjustment with the M7MPI-2. *Journal of Personality Assessment, 78*, 334-347.

Graham, J. R., Ben-Porath, Y. S., & McNulty, J. L. (1999). *MMPI-2 correlatesfor outpatient mental health settings*. Minneapolis: University of Minnesota Press.

Graham, J. R., Schroeder, H. E., & Lilly, R. S. (1971). Factor analysis of items on the social introversion and masculinity-femininity scales of the MMPI. *Journal of Clinical Psychology, 27*, 367-370.

Graham, J. R., & Strenger, V. E. (1988). MMPI characteristics of alcoholics: A review. *Journal of Consulting and Clinical Psychology, 56*, 197-205.

Graham, J. R., & Tisdale, M. J. (1983, April). Interpretation of low Scale 5 scores for women of high educational levels. Minneapolis, MN: 18th Annual Symposium on Recent Developments in the Use of the MMPI.

Green, B. A., Handel, R. W., & Archer, R. P. (2006). External correlates of the MMPI-2 content component scales in mental health inpatients. *Assessment, 13*, 80-97.

Greene, R. L. (1994). Relationships among MMPI codetype, gender, and setting and the MacAndrew Alcoholism Scale. *Assessment, 1*, 39-46.

Greene, R. L. (2000). *The MMPI-2: An interpretive manual* (2nd ed). Boston, MA: Allyn & Bacon.

Greene, R. L. (2011). *The MMPI-2/MMPI-2-RF: An interpretive manual* (3rd ed). Boston, MA: Allyn & Bacon.

Greene, R. L., & Garvin, R. D. (1988). Substance abuse/dependence. In R. L. Greene (Ed.), *The MMPI: Use with specific populations* (pp. 159-197). San Antonio, TX: Grune & Stratton.

Greene, R. L., & Nichols, D. S. (1995). *MMPI-2 structural summary* [Computer software]. Odessa, FL: Psychological Assessment Resources.

Greene, R. L., Rouse, S. V., Butcher, J. N., Nichols, D. S., & Williams, C. L. (2009). The MMPI-2 Restructured Clinical (RC) scales and redundancy: Response to Tellegen, Ben-Porath, and Sellbom. *Journal of Personality Assessment, 91*, 1-5.

Greiffenstein, M. F., Fox, D., & Lees-Haley, P. R. (2007). The MMPI-2 Fake Bad Scale in detection of noncredible brain injury claims. In K. Boone (Ed.),

Detection of noncredible cognitive performance (pp. 210–235). New York, NY: Guilford Press.

Gucker, D. K., Kreuch, T., & Butcher, J. N. (2009, March). *Insensitivity of the MMPI-2 Restructured Clinical (BC) scales.* Chicago, IL: Society for Personality Assessment.

Guthrie, P. C., & Mobley, B. D. (1994). A comparison of the differential diagnostic efficiency of three personality disorder inventories. *Journal of Clinical Psychology, 50*, 656–665.

Gynther, M. D., Altman, H., & Sletten, I. W. (1973). Replicated correlates of MMPI two-point code types: The Missouri actuarial system. *Journal of Clinical Psychology, 29*, 263–289.

Halligan, P. W., Bass, C., & Marshall, J. C. (2001). *Contemporary approaches to the study of hysteria: Clinical and theoretical peripectives.* New York, NY: Oxford University Press.

Han, K., Weed, N. C., Calhoun, R. F., & Butcher, J. N. (1995). Psychometric characteristics of the MMPI-2 Cook-Medley Hostility Scale. *Journal of Personality Assessment, 65*, 567–585.

Hare, R. (1991). *Manual for the revised psychopathy checklist.* Toronto, Canada: Multi-Health Systems.

Harkness, A. R., McNulty, J. L., & Ben-Porath, Y. S. (1995). The Personality Psychopathology Five (PSY-5): Constructs and MMPI-2 scales. *Psychological Assessment, 7*, 104–114.

Harris, R. E., & Lingoes, J. C. (1955). Subscales for the Minnesota Multiphasic Personality Inventory: An aid to profile interpretation. (Mimeographed materials.) San Francisco: University of California, Langley Porter Neuropsychiatric Institute.

Harris, R. E., & Lingoes, J. C. (1968). Subscales for the Minnesota Multiphasic Personality Inventory: An aid to profile interpretation (rev. ed). (Mimeographed materials.) San Francisco: University of California, Langley Porter Neuropsychiatric Institute.

Hartshorne, H., & May, M. A. (1928). *Studies in deceit.* New York, NY: Macmillan.

Hathaway, S. R. (1939). The personality inventory as an aid in the diagnosis of psychopathic inferiors. *Journal of Consulting Psychology, 3*, 112–117.

Hathaway, S. R. (1965). Personality inventories. In B. B. Wolman (Ed.), *Handbook of clinical psychology* (pp. 451–476). New York, NY: McGraw-Hill.

Hathaway, S. R. (2000). Scales 5 (Masculinity-Femininity), 6 (Paranoia), and 8 (Schizophrenia) In J. N. Butcher (Ed.), *Basic sources on the MMPI-2* (pp. 49-56). Minneapolis: University of Minnesota Press. (Original work published 1956.)

Hathaway, S. R., & McKinley, J. C. (1943). *Minnesota Multiphasic Personality Inventory manual.* New York, NY: Psychological Corp.

Hathaway, S. R., & McKinley, J. C. (2000). A multiphasic personality schedule (Minnesota): I. Construction of the schedule. In J. N. Butcher (Ed.), *Basic sources on the MMPI-2* (pp. 3-6). Minneapolis: University of Minnesota Press. (Original work published 1940.)

Hathaway, S. R., & McKinley, J. C. (2000). A multiphasic personality schedule (Minnesota): III. The measurement of symptomatic depression. In J. N. Butcher (Ed.), *Basic sources on the MMPI-2* (pp. 16-23). Minneapolis: University of Minnesota Press. (Original work published 1942.)

Hathaway, S. R., & Monachesi, E. D. (1963). *Adolescent Personality and behavior: MMPI patterns of normal, delinquent, dropout, and other outcomes.* Minneapolis: University of Minnesota Press.

Helmes, E., & Reddon, J. R. (1993). A perspective on developments in assessing psychopathology: A critical review of the MMPI and MMPI-2. *Psychological Bulletin, 113*, 453-471.

Henderson, D. K. (1939). *Psychopathic states.* New York, NY: Norton.

Henry, G. K., Heilbronner, R. L., Mittenberg, W., Enders, C., & Domboski, K. (2009). Comparison of the MMPI-2 Restructured Demoralization Scale, Depression Scale, and Malingered Mood Disorder Scale in identifying non-credible symptom reporting in personal injury litigants and disability claimants. *The Clinical Neuropsychologist, 23*, 153-166.

Hiller, J. B., Rosenthal, R., Bornstein, R. F., Berry, D. T. R., & Brunell-Neuleib, S. (1999). A comparative meta-analysis of Rorschach and MMPI validity. *Psychological Assessment, 11*, 278-296.

Hjemboe, S., Almagor, M., & Butcher, J. N. (1992). Empirical assessment of marital distress: The Marital Distress Scale (MDS) for the MMPI-2. In C. D. Spielberger & J. N. Butcher (Eds.), *Advances in Personality Assessment* (Vol. 9, pp. 141-152). Hillsdale, NJ: Erlbaum.

Hoffmann, H., Loper, R. G., & Kammeier, M. L. (1974). Identifying future alcoholics with MMPI alcoholism scales. *Quarterly Journal of Studies on Alcohol, 35*, 490-498.

Hollrah, J. L., Schlottmann, R. S., Scott, A. B., & Brunetti, D. G. (1995). Validity of the MMPI subtle items. *Journal of Personality Assessment, 65*, 278-299.

Holmes, T. H., & Rahe, R. H. (1967). The Social Readjustment Rating Scale. *Journal of Psychosomatic Research, 11*, 213-218.

Huber, N. A., & Danahy, S. (1975). Use of the MMPI in predicting completion and evaluating changes in a long-term alcoholism treatment program. *Journal of Studies on Alcohol, 36*, 1230-1237.

Humm, D. G., & Wadsworth, G. W., Jr. (1935). The Humm-Wadsworth Temperament Survey. *American Journal of Psychiatry, 92*, 163-200.

Humphrey, D. H., & Dahlstrom, W. G. (1995). The impact of changing from the MMPI to the MMPI-2 of profile configurations. *Journal of Personality Assessment, 64*, 428-439.

Hurt, S. W., Clarkin, J. F., & Morey, L. C. (1990). An examination of the stability of the MMPI personality disorder scales. *Journal of Personality Assessment, 54*, 16-23.

Iverson, G. L., & Barton, E. (1999). Interscorer reliability of the MMPI-2: Should TRIN and VRIN be computer scored? *Journal of Clinical Psychology, 55*, 65-69.

Jenkins, C. D., Rosenman, R. H., & Friedman, M. (1967). Development of an objective Psychological test for the determination of the coronary-prone behavior pattern in employed men. *Journal of Chronic Disease, 20*, 371-379.

Johnson, J. H., Butcher, J. N., Null, C., & Johnson, K. N. (1984). Replicated item level factor analysis of the full MMPI. *Journal of Personal and Social Psychology, 47*, 105-114.

Jones, N. S. (2008). Validity and empirical correlates of the MMPI-2 personality psychopathology five (PSY-5) facet subscales with a forensic inpatient sample. *Dissertation Abstracts Internationak Section B: The Sciences and Engineering, 68(11-B)*, 7666. (UMI No. AA13288630)

Katz, M. M. (1968). A phenomenological typology of schizophrenia. In M. M. Katz, J. O. Cole, & W. E. Barton (Eds.), *The role and methodology of classification in psychiatry and psychopathology* (pp. 300-320). Public Health Service Publication No. 1584. Washington, DC: U. S. Government Printing Office.

Keane, T. M., Malloy, P. F., & Fairbank, J. A. (1984). Empirical development of an

MMPI subscale for the assessment of combat-related posttraumatic stress disorder. *Journal of Consulting and Clinical Psychology, 52*, 888–891.

Kellner, R. (1991). *Psychosomatic syndromes and somatic symptoms*. Washington, DC: American Psychiatric Press.

King, E. A., Baldwin, D. S., Sinclair, J. M., Baker, N. G., Campbell, M., & Thompson, C. (2001). The Wessex Recent In-Patient Suicide Study, I. Case—control study of 234 recently discharged psychiatric patient suicides. *British Journal of Psychiatry, 178*, 531–536.

Kleinmuntz, B. (1960). Identification of maladjusted college students. *Journal of Counseling Psychology, 7*, 209–211.

Kleinmuntz, B. (1961a). The College Maladjustment Scale (Mt): Norms and predictive validity. *Educational and Psychological Measurement, 21*, 1029–1033.

Kleinmuntz, B. (1961b). Screening: Identification or prediction? *Journal of Counseling Psychology, 8*, 279–280.

Kopper, B. A., Osman, A., & Barrios, F. X. (2001). Assessment of suicidal ideation in young men and women: The incremental validity of the MMPI-2 content scales. *Death Studies, 25*, 593–607.

Koss, M. P., & Butcher, J. N. (1973). A comparison of psychiatric patients' self-report with other sources of clinical information. *Journal of Research in Personality, 7*, 225–236.

Kranitz, L. (1972). Alcoholics, heroin addicts and nonaddicts: Comparisons on the MacAndrew Alcoholism Scale of the MMPI. *Quarterly Journal of Studies on Alcohol, 33*, 807–809.

Lachar, D., Berman, W., Grisell, J. L., & Schoof, K. (1976). The MacAndrew Alcoholism Scale as a general measure of substance abuse. *Journal of Studies on Alcohol, 37*, 1609–1615.

Lachar, D., & Wrobel, T. A. (1979). Validating clinicians' hunches: Construction of a new MMPI critical item set. *Journal of Consulting and Clinical Psychology, 47*, 1349–1356.

Landis, C., & Katz, S. E. (1934). The validity of certain questions which purport to measure neurotic tendencies. *Journal of Applied Psychology, 18*, 343–356.

Leary, T. (1956). *Multilevel measurement of interpersonal behavior*. Berkeley, CA: Psychological Consultation Service.

Leary, T. (1957). *Interpersonal diagnosis of personality*. New York, NY: Ronald

Press.

Lees-Haley, P. R., English L. T., & Glenn W. J. (1991). A Fake Bad Scale on the MMPI-2 for personal injury claimants. *Psychological Reports, 68*, 203-210.

Lenzenweger, M. F., & Korfine, L. (1992). Identifying schizophrenia-related personality disorder features in a noncinical population using a psychometric approach. *Journal of Personality Disorders, 6*, 256-266.

Levitt, E. E. (1989). *The clinical application of MMPI special scales.* Hillsdale, NJ: Prlbaum.

Levitt, E. E., & Gotts, E. E. (1995). *The clinical application of MMPI special scales* (2nd ed). Hillsdale, NJ: Erlbaum.

Lewak, R. W., Marks, P. A., & Nelson, G. E. (1990). *Therapist guide to the MMPI and MMPI-2: Providing feedback and treatment.* Muncie, IN: Accelerated Development.

Lewak, R. W., Siegel, L., Nichols, D. S., & Stolberg, R. A. (2011). *Therapeutic feedback with the MMPI-2: A positive psychology approach.* New York, NY: Routledge.

Lezak, M. D., Howieson, D. B., Bigler, E., & Tranel, D. (2011). *NeuroPsychological assessment* (5th ed). New York, NY: Oxford University Press.

Litz, B. T., Orsillo, S. M., Friedman, M., Ehlich, P., & Batres, A. (1997). Posttraumatic stress disorder associated with peacekeeping duty in Somalia for U. S. military personnel. *American Journal of Psychiatry, 154*, 178-184.

MacAndrew C. (1965). The differentiation of male alcoholic outpatients from non Alcoholic psychiatric patients by means of the MMPI. *Quarterly Journal of Studies on Alcohol, 26*, 238-246.

MacAndrew, C. (1981). What the MAC scale tells us about men alcoholics: An interpretive review. *Journal of Studies on Alcohol, 42*, 604-625.

Manosevitz, M. (1971). Education and MMPI Mf scores in homosexual and heterosexual males. *Journal of Consulting and Clinical Psychology, 36*, 395-399.

Marks, P. A., & Seeman, W. (1963). *The actuarial description of abnormal Personality: An atlas for use with the MMPI.* Baltimore, MD: Williams & Wilkins.

Martin, E. H. (1993). Masculinity-femininity and the Minnesota Multiphasic Personality Inventory-2. *Dissertation Abstracts International, 54(4-B)*, 2262.

Martin, H., & Finn, S. E. (2010). *Masculinity and femininity in the MMPI-2 and MMPI-A.* Minneapolis: University of Minnesota Press.

McCann, J. T. (1992). A comparison of two measures for obsessive–compulsive personality disorder. *Journal of Personality Disorders, 6*, 18–23.

McCullaugh, J. M., Pizitz, T. D., Stolberg, R., & Kropp, J. (2009, March). *A comparison study between the MMPI–2–RF profiles of convicted stalkers.* Chicago, IL: Society for Personality Assessment.

McKenna, T., & Butcher, J. N. (1987, March). Continuity of the MMPI with alcoholics. Seattle, WA: 23rd Annual Symposium on Recent Developments in the Use of the MMPI.

McKinley, J. C. (Ed.). (1944). *Outline of neuropsychiatry* (4th ed). St. Louis, MO: Swift.

McKinley, J. C., & Hathaway, S. R. (2000). A multiphasic personality schedule (Minnesota): II. A differential study of hypochondriasis. In J. N. Butcher (Ed.), *Basic sources on the MMPI–2* (pp. 7–15). Minneapolis: University of Minnesota Press. (Original work published 1940.)

McKinley, J. C., & Hathaway, S. R. (2000). A multiphasic personality schedule (Minnesota): IV. Psychasthenia. In J. N. Butcher (Ed.), *Basic sources on the MMPI–2* (pp. 24–30). Minneapolis: University of Minnesota Press. (Original work published 1942.)

McKinley, J. C., & Hathaway, S. R. (2000). The MMPI: V. Hysteria, hypomania, and psychopathic deviate. In J. N. Butcher (Ed.), *Basic sources on the MMPI–2* (pp. 31–48). Minneapolis: University of Minnesota Press. (Original work published 1944.)

McKinley, J. C., Hathaway, S. R., & Meehl, P. E. (2000). The MMPI: VI. The K scale. In J. N. Butcher (Ed.), *Basic sources on the MMPI–2* (pp. 57–69). Minneapolis: University of Minnesota Press. (Original work published 1948.)

Meehl, P. E. (1945). The dynamics of "structured" personality tests. *Journal of Clinical Psychology, 1*, 296–304.

Meehl, P. E. (1962). Schizotaxia, schizotypy, schizophrenia. *American Psychologist, 17*, 827–838.

Meehl, P. E. (1971). Prefatory comment. In L. D. Goodstein & R. I. Lanyon (Eds.), *Readings in Personality assessment* (pp. 245–253). New York, NY: Wiley.

Meehl, P. E. (1972). Reactions, reflections, projections. In J. N. Butcher (Ed.), *Objective Personality Assessment* (pp. 131–1 89). New York, NY: Academic Press.

Meehl, P. E., & Hathaway, S. R. (1980). The K factor as a suppressor variable in the MMPI. In W. G. Dahlstrom & L. E. Dahlstrom (Eds.), *Basic readings on the MMPI* (pp. 83-121). Minneapolis: University of Minnesota Press. (Original work published 1946.)

Megargee, E. I. (2006). *Use of the MMPI-2 in criminal justice and correctional settings*. Minneapolis: University of Minnesota Press.

Megargee, E. I., Cook, P. E., & Mendelsohn, G. A. (1967). Development and validation of an MMPI scale of assaultiveness in overcontrolled individuals. *Journal of Abnormal Psychology, 72*, 519-528.

Merskey, H. (1995). *The analysis of hysteria: Understanding conversion and dissociation* (2nd ed). London, England: Gaskell/Royal College of Psychiatrists.

Miller, H. R., Streiner, D. L., & Parkinson, A. (1992). Maximum likelihood estimates of the ability of the MMPI and MCMI personality disorder scales and the SIDP to identify personality disorders. *Journal of Personality Assessment, 59*, 1-13.

Morey, L. C., Waugh, M. H., & Blashfleld, R. K. (1985). MMPI scales for DSM-III personality disorders: Their derivation and correlates. *Journal of Personality Assessment, 49*, 245-251.

Morris, J. (2008, June 28). *Welding's toxic legacy*. Washington, DC: The Center for Public Integrity. Retrieved on September 3, 2010 from: http://www.publicintegrity.org/projects/entry/358/

Nelson, N. W., Sweet, J. J., & Heilbronner, R. L. (2007). Examination of the new MMPI-2 Response Bias Scale (Gervais): Relationship with MMPI-2 validity scales. *Journal of Clinical and Experimental Neuropsychology, 29*, 67-72.

Nelson, S. E. (1952). The development of an indirect, objective measure of social status and its relationship to certain psychiatric syndromes. *Dissertation Abstracts International, 12*, 782-783.

Newmark, C. S. (1985). The MMPI. In C. S. Newmark (Ed.), *Majorpsycbological assessment instruments* (pp. 11-64). Boston, MA: Allyn & Bacon.

Nichols, D. S. (1988). Mood disorders. In R. L. Greene (Ed.), *The MMPI: Use with specific populations* (pp. 74-109). San Antonio, TX: Grune & Stratton.

Nichols, D. S. (2006a). The trials of separating bath water from baby: A review and critique of the MMPI-2 Restructured Clinical scales. *Journal of Personality Assessment, 87*, 121-138.

Nichols, D. S. (2006b). Commentary on Rogers, Sewell, Harrison, and Jordan.

Journal of Personality Assessment, 87, 172–174.

Nichols, D. S. (2008). Differentiating normal-range cognitive difficulty from psychotic disruption with the MMPI-2: The cognitive problems and disorganization scales. (Unpublished manuscript.)

Nichols, D. S. (2009a). Construction of more inclusive and less overlapping subscales for Scale 2 (Depression). (Unpublished manuscript.)

Nichols, D. S. (2009b, March). *Construct drift in the Restructured Clinical (RC) scales: Further evidence and a possible historic example.* Chicago, IL: Society for Personality Assessment.

Nichols, D. S. (2010). A potential predictor of suicide risk: An MMPI-2 Hopelessness Scale. (Unpublished manuscript.)

Nichols, D. S., & Crowhurst, B. (2006). The use of the MMPI-2 in inpatient mental health settings. In J. N. Butcher (Ed.), *MMPI-2: A practitioner's guide* (pp. 195–252). Washington, DC: APA Press.

Nichols, D. S., & Greene, R. L. (1988, March). Adaptive or defensive: An evaluation of Paulhus' two factor model of social desirability responding in the MMPI with non-college samples. St. Petersburg Beach, FL: 23rd Annual Symposium on Recent Developments in the Use of the MMPI.

Nichols, D. S., & Greene, R. L. (1995). *MMPI-2 structural summary: Interpretive manual.* Odessa, FL: Psychological Assessment Resources.

Nichols, D. S., & Greene, R. L. (1997). Dimensions of deception in personality assessment: The example of the MMPI-2. *Journal of Personality Assessment, 68*, 251–266.

Nichols, D. S., Greene, R. L., & Williams, C. L. (2009, March). *Gender bias in the MMPI-2 Fake Bad Scale (FBS) and the FBS-R in the MMPI-2-RF.* Chicago, IL: Society for Personality Assessment.

Nordentoft, M., Jeppesen, P., Abel, M., Kassow, P., Petersen, L., Thorup, A., ... & Jorgensen, P. (2002). OPUS study: Suicidal behaviour, suicidal ideation and hopelessness among patients with first-episode psychosis: One-year follow-up of a randomised controlled trial. *British Journal of Psychiatry, 181*, 98–106.

Osberg, T. M., Haseley, E. N., & Kamas, M. M. (2008). The MMPI-2 Clinical Scales and Restructured Clinical (RC) Scales: Comparative psychometric properties and relative diagnostic efficiency in young adults. *Journal of Personality Assessment, 90*, 81–92.

Pancoast, D. L., & Archer, R. P. (1989). Original adult MMPI norms in normal samples: A review with implications for future developments. *Journal of Personality Assessment, 53*, 376-395.

Paulhus, D. L. (1984). Two-component models of socially desirable responding. *Journal of Personality and Social Psychology, 46*, 598-609.

Paulhus, D. L. (1986). Self-deception and impression management in test responses. In A. Angleitner & J. S. Wiggins (Eds.), *Personality assessment via questionnaires: Current issues in theory and measurement* (pp. 143-165). Berlin, Germany: Springer.

Peterson, C. D., & Dahlstrom, W. G. (1992). The derivation of gender-role scales GM and GF for the MMPI-2 and their relationship to scale 5 (Mf). *Journal of Personality Assessment, 59*, 486-499.

Pincus, A. L., & Wiggins, J. S. (1990). Interpersonal problems and conceptions of personality disorders. *Journal of Personality Disorders, 4*, 342-352.

Pompili, M., Rihmer, Z., Akiskal, H. S., Innamorati, M., Iliceto, P., Akiskal, K. K ... & Girardi, P. (2008). Temperament and personality dimensions in suicidal and nonsuicidal psychiatric inpatients. *Psychopathology, 41*, 313-321.

Pope, H. G., & Lipinski, J. F. (1978). Diagnosis in schizophrenia and manic-depressive illness: A reassessment of the specificity of schizophrenic symptoms in the light of current research. *Archives of General Psychiatry, 35*, 811-828.

Quilty, L. C., & Bagby, R. M. (2007). Psychometric and structural analysis of the MMPI-2 Personality Psychopathology Five (PSY-5) facet subscales. *Assessment, 14*, 375-384.

Quinsey, V. L., Maguire, A., & Varney, G. W. (1983). Assertion and overcontrolled hostility among mentally disordered offenders. *Journal of Consulting and Clinical Psychology, 51*, 550-556.

Ranson, M., Nichols, D. S., Rouse, S. V., & Harrington, J. (2009). Changing or replacing an established personality assessment standard: Issues, goals, and problems, with special reference to recent developments in the MMPI-2. In J. N. Butcher (2009), *Oxford Handbook of Personality Assessment* (pp. 112-139). New York, NY: Oxford University Press.

Rhodes, R. J., & Chang, A. F. (1978). A further look at the institutionalized chronic alcoholic scale. *Journal of Clinical Psychology, 34*, 779-780.

Rogers, R., & Sewell, K. W. (2006). MMPI-2 at the crossroads: Aging technology or radical retrofitting? *Journal of Personality Assessment, 87*, 175-178.

Rogers, R., Sewell, K. W., Harrison, K. S., & Jordan, M. J. (2006). The MMPI-2 restructured clinical scales: A paradigmatic shift in scale development. *Journal of Personality Assessment, 87*, 139-147.

Rohan, W. P. (1972). MMPI changes in hospitalized alcoholics: A second study. *Quartery Journal of Studies on Alcohol, 33*, 65-76.

Rohan, W. P., Tatro, R. L., & Rotman, S. R. (1969). MMPI changes in alcoholics during hospitalization. *Quarterly Journal of Studies on Alcohol, 30*, 389-400.

Rosanoff, A. J. (1921). A theory of personality based mainly on psychiatric experience. *American Journal of Insanity, 77*, 417-436.

Rosik, C. H., & Borisov, N. I. (2010). Can specific MMPI-2 scales predict treatment response among missionaries? *Journal of Psychology and Theology, 38*, 195-204.

Rothke, S. E., Friedman, A. F., Dahlstrom, W. G., Greene, R. L., Arredondo, R., & Mann, A. W. (1994). MMPI-2 normative data for the F-K index: Implications for clinical, neuropsychological, and forensic practice. *Assessment, 1*, 1-15.

Rouse, S. V., Greene, R. L, Butcher, J. N., Nichols, D. S., & Williams, C. L. (2008). What do the MMPI-2 Restructured Clinical Scales reliably measure? Answers from multiple research settings. *Journal of Personality Assessment, 90*, 435-442.

Saarinen, P. I., Lehtonen, J. & Lonnqvist, J. (1999) Suicide risk in schizophrenia: an analysis of 17 consecutive suicides. *Schizophrenia Bulletin, 25*, 533-542.

Scheidt, D. M., & Windle, M. (1994). Personality disorders among alcoholics and alcohol-comorbid subtypes with a Vietnam-era military sample. *Psychology of Addictive Behaviors, 8*, 76-85.

Schinka, J. A., & LaLone, L. (1997). MMPI-2 norms: Comparisons with a census-matched subsample. *Psychological Assessment, 9*, 307-311.

Schlenger, W. E., & Kulka, R. A. (1987, August). *Performance of the Keane-Fairbank MMPI scale and other self-report measures in identifying post-traumatic stress disorder*. New York, NY: American Psychological Association.

Schlenger, W. E., Kulka, R. A., Fairbank, J. A., Hough, R. L., Jordan, B. K., Marmar, C. R., & Weiss, D. S. (1989). *The prevalence of post-traumatic stress disorder in the Vietnam generation: Findings from the National Vietnam Veterans Readjustment Study*. Research Triangle Park, NC: Research Triangle Institute.

Schneider, K. (1959). *Clinical psychopathology*. New York, NY: Grune & Stratton.

Sellbom, M., Ben-Porath, Y. S., McNulty, J. L., Arbisi, P. A., & Graham, J. R. (2006). Elevation differences between MMPI-2 Clinical and Restructured Clinical (RC) Scales: Frequency, origins, and interpretative implications. *Assessment, 13*, 430–441.

Sellbom, M., Graham, J. R., & Schenk, P. W. (2006). Incremental validity of the MMPI-2 restructured clinical (RC) scales in a private practice sample. *Journal of Personality Assessment, 86*, 196–205.

Serkownek, K. (1975). Subscales for Scales 5 and 0 of the MMPI. (Unpublished manuscript.)

Sheehan, N. (1989). *A bright shining lie: John Paul Vann and America in Vietnam.* New York, NY: Vintage.

Sims, D., Perillo, R., & Berman, R. (2009). An autopsy on the Fake Bad Scale: The political and scientific ramifications of the methodology and applications of the Fake Bad Scale against persons with brain impairment. *International Brain Injury Association*, Issue 3. Houston, TX: HDI. Retrieved September 3, 2010 from: http://www.internationalbrain.org/?q=node/110

Sinha, B. K., & Watson, D. C. (1999). Predicting personality disorder traits with the Defense Style Questionnaire in a normal sample. *Journal of Personality Disorders, 13*, 281–286.

Smart, C. M., Nelson, N. W., Sweet, J. J., Bryant, F. B., Berry, D. T. R., Granacher, R. P., & Heilbronner, R. L. (2008). Use of MMPI-2 to predict cognitive effort: A hierarchically optimal classification tree analysis. *Journal of the International Neuropsychological Society, 14*, 842–852.

Somwaru, D. P., & Ben-Porath, Y. S. (1995, March). Development and reliability of MMPI-2 based personality disorder scales. St. Petersburg Beach, FL: 30th Annual Workshop and Symposium on Recent Developments in the Use of the MMPI-2 and MMPI-A.

Southwick, S. M., Morgan, C. A. III, Nicolaou, A. C., & Charney, D. S. (1997). Consistency of memory for combat-related traumatic events in veterans of Operation Desert Storm. *American Journal of Psychiatry, 154*, 173–177.

Spanier, G. B. (1976). Measuring dyadic adjustment: New scales for assessing the quality of marriage and similar dyads. *Journal of Marriage & the Family, 38*, 15–28.

Stransky, J. L. (2006). The usefulness of MMPI-2 Restructured Clinical (RC) scale 4 in assessing substance abuse. *Dissertation Abstracts InternationaL Section B: The Sciences and Engineering, 66(11-B)*, 6296. (UMI No. AAI3194494)

Strong, E. K. (1927). Vocational interest test. *Educational Record, 8*, 107-121.

Sutker, P. B., Archer, R. P., Brantley, P. J., & Kilpatrick, D. G. (1979). Alcoholics and opiate addicts, comparison of personality characteristics. *Journal of Studies on Alcohol, 40*, 635-644.

Tanner, B. A. (1990a). Composite descriptions associated with rare MMPI two-point code types: Codes that involve scale 5. *Journal of Clinical Psychology, 46*, 425-431.

Tanner, B. A. (1990b). Composite descriptions associated with rare MMPI two-point code types in an adult urban psychiatric setting: Codes that involve scale 0. *Journal of Clinical Psychology, 46*, 791-795.

Tellegen, A., & Ben-Porath, Y. S. (1992). The new uniform T scores for the MMPI-2: Rationale, derivation, and appraisal. *Psychological Assessment, 4*, 145-155.

Tellegen, A., & Ben-Porath, Y. S. (2008). *MMPI-2-RF technical manual.* Minneapolis: University of Minnesota Press.

Tellegen, A., Ben-Porath, Y. S., McNulty, J., Arbisi, P., Graham, J. R., & Kaemmer, B. (2003). *MMPI-2: Restructured clinical (BC) scales.* Minneapolis: University of Minnesota Press.

Tellegen, A., Ben-Porath, Y. S., & Sellbom, M. (2009). Construct validity of the MMPI-2 Restructured Clinical (RC) Scales: Reply to Rouse, Greene, Butcher, Nichols, and Williams. *Journal of Personality Assessment, 91*, 211-221.

Tellegen, A., Ben-Porath, Y. S., Sellbom, M., Arbisi, P. A., & Graham, J. R. (2006). Further evidence on the validity of the MMPI-2 Restructured Clinical (RC) Scales: Addressing questions raised by Rogers, Sewell, Harrison, and Jordan and Nichols. *Journal of Personality Assessment, 87*, 148-171.

Terman, L. M., & Miles, C. C. (1936). *Sex and Personality: Studies in masculinity and femininity.* New York, NY: McGraw-Hill.

Terman, L. M., & Miles, C. C. (1938). *Manual of information and directions for use of Attitude-Interest Analysis Test.* New York, NY: McGraw-Hill.

Trimboli, R., & Kilgore, R. (1983). A psychodynamic approach to MMPI interpretation. *Journal of Personality Assessment, 47*, 614-626.

Trull, T. J. (1991). Discriminant validity of the MMPI-Borderline Personality Disorder scale. *Psychological Assessment: A Journal of Consulting and Clinical*

Psychology, 3, 232–238.

Voelker, T. L., & Nichols, D. S. (1999, March). *Can the MMPI-2 predict Psychopathy Checklist-Revised (PCL-R) scores?* New Orleans, LA: Society for Personality Assessment.

Wagner, C. C., Riley, W. T., Schmidt, J. A., McCormick, M. G. F., & Butier, S. F. (1999). Personality disorder styles and reciprocal interpersonal impacts during outpatient intake interviews. *Psychotherapy Research, 9*, 216–231.

Wallace, A., & Liljequist, L. (2005). A comparison of the correlational structures and elevation patterns of the MMPI-2 Restructured Clinical (RC) and Clinical Scales. *Assessment, 12*, 290–294.

Waller, N. G. (1999). Searching for structure in the MMPI. In S. Pmbretson & S. Hershberger (Eds.), *The New Rules of Measurement: What every psychologist and educator should know* (pp. 185–217). Mahwah, NJ: Prlbaum.

Walters, G. D. (1983). The MMPI and schizophrenia: A review. *Schizophrenia Bulletin, 9*, 226–246.

Walters, G. D. (1988). Schizophrenia. In R. L. Greene (Ed.), *The MMPI Use in specific populations* (pp. 50–73). Philadelphia, PA: Grune & Stratton.

Wang, L., Zhang, J., Shi, Z., Zhou, M., & Li, Z. (2010). Internal consistencies and structural analysis of the MMPI-2 PSY-5 facet subscales in Chinese population. *Journal of Psychopathology and Behavioral Assessment, 32*, 150–155.

Warner, W. L., Meeker, M., & Eells, K. (1949). *Social class in America.* Chicago, IL: Science Research Associates.

Weed, N. C., Butcher, J. N., McKenna, T., & Ben-Porath, Y. S. (1992). New measures for assessing alcohol and drug abuse with the MMPI-2: The APS and AAS. *Journal of Personality Assessment, 58*, 389–404.

Weisenburger, S. M., Harkness, A. R. McNulty, J. L., Graham, J. R., & Ben-Porath, Y. S. (2008). Interpreting low Personality Psychopathology-Five aggressiveness scores on the MMPI-2: Graphical, robust, and resistant data analysis. *Psychological Assessment, 20*, 403–408.

Weiss, P. A., Bell, K. J., & Weiss, W. U. (2010). Use of the MMPI-2 Restructured Clinical (RC) scales in detecting criminal malingering. *Journal of Police and Criminal Psychology, 25*, 49–55.

Welsh, G. S. (1956). Factor dimensions A and R. In J. N. Butcher (Ed.), *Basic sources on the MMPI-2* (pp. 73–92). Minneapolis: University of Minnesota Press.

Whitney, K. A., Davis, J. J., Shepard, P. H., & Herman, S. M. (2008). Utility of the Response Bias Scale (RBS) and other MMPI-2 validity scales in predicting TOMM performance. *Archives of Clinical Neuropsychology, 23*, 777-786.

Widiger, T. A., & Boyd, S. E. (2009). Personality disorder assessment instruments. In J. N. Butcher (Ed.), *Oxford handbook of personality assessment* (pp. 336-363). New York, NY: Oxford University Press.

Wiener, D. N. (1948). Subtle and obvious keys for the MMPI. *Journal of Consulting Psychology, 12*, 164-170.

Wiener, D. N., & Harmon, L. R. (1946). *Subtle and obvious keys for the MMPI: Their development.* (Advisement Bulletin No. 16). Minneapolis, MN: Regional Veterans Administration Office.

Wiggins, J. S. (1959). Interrelationships among MMPI measures of dissimulation under standard and social desirability instructions. *Journal of Consulting Psychology, 23*, 419-427.

Wiggins, J. S. (1964). Convergences among stylistic response measures from objective personality tests. *Educational and Psychological Measurement, 24*, 551-562.

Wiggins, J. S. (1966). Substantive dimensions of self-report in the MMPI item pool. *Psychological Monographs, 80(22, Whole No. 630)*, 1-42.

Wiggins, J. S. (1973). *Personality and prediction: Principles of personality assessment.* Reading, MA: Addison-Wesley.

Wiggins, J. S., & Pincus, A. L. (1989). Conceptions of personality disorders and dimensions of personality. *Psychological Assessment: A Journal of Consulting and Clinical Psychology, 1*, 305-316.

Williams, C. L., Butcher, J. N., Gass, C. S., Cumella, E., & Kally, Z. (2009). Inaccuracies about the MMPI-2 Fake Bad Scale in the reply by Ben-Porath, Greve, Bianchini, and Kaufmann. *Psychological Injury and Law, 2*, 182-197.

Williams, R. B. Jr., & Barefoot, J. C. (1988). Coronary-prone behavior: The emerging role of the hostility complex. In B. K. Houston & C. R. Snyder (Eds.), *Type A behavior pattern: Research, theory, and intervention* (pp. 189-211). Oxford, England: John Wiley.

Wise, E. A. (1994). Personality disorder correspondence between the Millon Behavioral Health Inventory (MBHI) and the Minnesota Multiphasic Personality Inventory (MMPI). *Journal of Clinical Psychology in Medical Settings, 1*, 167-181.

Wise, E. A. (1995). Personality disorder correspondence among the MMPI, MBHI, and MCMI. *Journal of Clinical Psychology, 51*, 790-798.

Wise, E. A. (2002). Relationships of personality disorders with MMPI-2 malingering, defensiveness, and inconsistent response scales among forensic examinees. *Psychological Reports, 90(3, Pt1)*, 760-766.

Wolf, P. J., Miller, M. W., Orazem, R. J., Weierich, M. R., Castillo, D. T., Milford, J., ... & Keane, T. M. (2008). The MMPI-2 Restructured Clinical Scales in the assessment of posttraumatic stress disorder and comorbid disorders. *Psychological Assessment, 20*, 327-340.

Wong, M. R. (1984). MMPI Scale Five: Its meaning, or lack thereof. *Journal of Personality Assessment, 48*, 279-284.

Woodworth, R. S. (1920). *Personal data sheet.* Chicago, IL: Stoelting.

Woolley, M. M. (2004). An examination of the construct validity of three approaches to assessing personality disorder: Millon, Morey, Ben-Porath. *Dissertation Abstracts International: Section B: The Sciences and Engineering, 64(12-B)*, 6347. (UMI No. AAI3I 15414)

Wygant, D. B. (2008). Validation of the MMPI-2 infrequent somatic complaints (FS) scale. *Dissertation Abstracts International: Section B: The Sciences and Engineering, 68(10-B)*, 6989. (UMI No. AAI3286554)

Yehuda, R., & McFarlane, A. C. (1995). Conflict between current knowledge about posttraumatic stress disorder and its original conceptual basis. *American Journal of Psychiatry, 152*, 1705-1713.

Young, A. (1995). *The harmony of illusions: Inventing post-traumatic stress disorder.* Princeton, NJ: Princeton University Press.

Young, K. R. (2009). Concurrent validity of the MMPI-2 substance abuse scales using physiological drug detection methods. *Dissertation Abstracts International: Section B: The Sciences and Engineering, 69(7-B)*, 4451. (UMI No. AAI3326005)

Zalewski, C. E., & Gottesman, I. I. (1991). (Hu)man versus mean revisited: MMPI group data and psychiatric diagnosis. *Journal of Abnormal Psychology, 100*, 562-568.

주요 참고 문헌 및 주해

매뉴얼 및 관련 문헌

Butcher, J. N., Graham, J. R., Ben-Porath, Y. S., Tellegen, A., Dahlstrom, W. G., & Kaemmet, B. (2001). *Minnesota Multiphasic Personality Inventory-2: Manual for administration and scoring (Rev. Ed).* Minneapolis: University of Minnesota Press.

MMPI-2에 대한 가장 기본적인 참고 문헌이다. 이 매뉴얼은 MMPI-2와 그 사용에 대해 소개하고 있다. 또한 개발, 표준화, 규준, 문항 특성, 신뢰도와 타당도 및 해석에 대한 정보를 제공하고 있다. 문항 구성과 채점 준거를 포함하여 이 책에서 논의된 대부분의 척도들을 기술하고 있다. MMPI에 해당하는 MMPI-2문항번호를 나타낸 표와 그 역에 대한 표를 포함하여 많은 표들이 주어져 있다.

Butcher, J. N., Graham, J. R., Williams, C. L., & Ben-Porath, Y. S. (1990). *Development and use of the MMPI-2 content scales.* Minneapolis: University of Minnesota Press.

Ben-Porath, Y. S., & Sherwood, N. E. (1993). *The MMPI-2 content component scales: Development, psychometric characteristics and clinical application.* Minneapolis: University of Minnesota Press.

이 두 참고 문헌은 기본적으로 매뉴얼의 보충자료이다. 해석적인 예를 포함하여 내용 척도와 내용 소척도의 하위 척도들에 대한 정보를 제공하고 있다.

Harkness, A. R., & McNulty, J. L. (1994). The Personality Psychopathology Five

(PSY-5): Issue from the pages of a diagnostic manual instead of a dictionary. In S. Strack & M. Lorr (Eds.), *Differentiating normal and abnormal personality*. New York, NY: Springer.

Harkness, A. R., McNulty, J. L., & Ben-Porath, Y. S. (1995). The Personality Psychopathology Five(PSY-5): Constructs and MMPI-2 scales. *Psychological Assessment, 7*, 104-114.

PSY-5 척도들에 대한 기본적인 참고 문헌들이다. 반복된 합리적 문항선정 등 당시로서는 새롭고 유망한 척도 개발 방법을 포함하고 있다.

전대의 문헌과 출처

Butcher, J. N. (Ed.). (2000). *Basic sources on the MMPI-2*. Minneapolis: University of Minnesota Press.

Dahlstrom, W. G., & Dahlstrom, L. E. (Eds.). (1980). *Basic readings on the MMPI*. Minneapolis: University of Minnesota Press.

Dahlstrom, W. G., Welsh, G. S., & Dahlstrom, L. E. (1972). *An MMPI handbook: Vol. I. Clinical interpretation*. Minneapolis: University of Minnesota Press.

Welsh, G. S., & Dahlstrom, W. G. (Eds.). (1956). *Basic readings on the MMPI in psychology and medicine*. Minneapolis: University of Minnesota Press.

MMPI/ MMPI-2에 대한 가장 중요한 전대의 문헌들이다. MMPI에 대한 해박한 지식을 가지고 있는 Dahlstrom의 관점에서 집필되거나 편집되었다. Dahlstrom과 Dahlstrom(1980)은 Welsh와 Dahlstrom(1956)과 부분적으로 중복되면서 최근의 자료를 추가하고 있고, 이것들이 지금 다시 Butcher(2000)에 의해 업데이트 되었다. 세 권의 책 모두에 Hathaway, McKinley, Meehl의 표준 타당도 척도와 임상 척도들의 개발에 대한 논문이 포함되어 있다. Welsh와 Dahlstrom(1956)에는 무수한 척도 개발의 예들이 있다. 핸드북 2권에는 454개의 연구척도들에 대한 문항 구조, 모호성, 채점 준거 및 6,000개가 넘는 참고 문헌 목록 등 MMPI-2 매뉴얼에서 다루어지지 않은 세부적인 주제들에 대한 광범위한 부록이 들어 있다.

Hathway, S. R., & Meehl, P. E. (1951). *An atlas for the clinical use of the MMPI*. Minneapolis: University of Minnesota Press.

더할 나위 없이 귀중한 자료이다. "이 도해집은 고려중인 MMPI 패턴과 유사한 패턴에 대해 일종의 '자문' 형식으로 참고하게 함으로써 사용자 자신의 체험에서 나온 유사한 사례에 대해 상기할 수 있도록 하는 참고용 도서로 제작되었다."(p. iii). 900개가 넘는 사례사가 들어 있고, 코드 유형에 따라 나열되어 있으며 교차색인이 있다. 더 이상 출판되지 않지만, 중고서적들을 여전히 볼 수 있다.

Marks, P. A., & Seeman, W. (1963). *The actuarial description of abnormal personality: An atlas for use with the MMPI.* Baltimore, MA: Williams & Wilkins.

Gilberstadt, H., & Duker, J. (1965). *A handbook for clinical and actuarial MMPI interpretation.* Philadelphia, PA: Saunders.

이 두 보험통계적 '쿡북'들은 시대에 뒤지기도 하지만 그 이전에 이미 절판되었다. 둘 다 MMPI/MMPI-2 프로파일 패턴에 대한 감각을 키울 수 있는 훌륭한 자료이다.

Meehl, P. E. (1945). The dynamics of "structured" personality tests. *Journal of Clinical Psychology, 1,* 296-304.

현대의 해석적 자료들

Butcher, J. N. (2000). Dynamics of personality test responses: The empiricist's manifesto revisited. *Journal of Clinical Psychology, 56,* 375-386.

성격검사 제작에 대한 경험적인 접근을 옹호하는 Meehl의 기백에 넘친 주장은 진정한 고전으로 남아 있다. 이 논문이 발표된 몇 년 후, Meehl은 경험적 접근에 대한 자신의 주장이 '반은 맞고, 반은 틀리다'고 할 만큼 후퇴한 입장을 보였다. Butcher는 문항 내용, 문항 모호성, 프로토콜 타당성의 역할과 객관적 검사의 깊이 혹은 '역동적' 속성을 강조하면서, Meehl의 논문을 객관적 성격 평가에서 이어져 온 발달적 맥락에 두었다. 그 는 경험적 접근의 지속적인 영향을 강조하면서도 이 접근이 문항 내용의 중요성을 간과한 점에서 지나친 점이 있음을 시사하였다. 그리고 검사제작에 대한 현재의 Meehl의 견해가 Loevinger와 Jackson의 견해와 더 많이 일치함을 보여 주었다. 모호 문항에 대한 Butcher의 비판은 발표 당시 수렴 타당도와 변별 타당도의 구분을 등한시하였고 모호 문항들의 유전성을 입증하는 자료를 제시하지 못한 점에서 설득력이 약하다(DiLalla, Gottesman, Carey와 Bouchard를 보라).

Butcher, J. N. (2006). *MMPI-2: A practitioner's guide.* Washington, DC: APA Press.

MMPI-2의 해석, 다양한 장면/집단에서의 사용, 치료에 대한 함의 등의 쟁점들에 대해 개관한 논문들을 편집한 중요한 문헌이다.

Caldwell, A. B. (1988). *MMPI supplemental scale manual.* Los Angeles, CA: Caldwell Report.

Harris, Lingoes 소척도와 명백-모호 소척도를 포함한 보충 척도들에 대해 매우 효율적이면서 통찰력 있게 논의하고 있다. 다소 오래 전에 출판되어, MMPI-2가 출간된 이후 개발된 척도들은 제외되어 있다. 하지만 이 책에 기술되어 있으나 아직 MMPI-2의 발행인으로부터 승인받지 못한 많은 척도들(예로, *Ds*, *Ss*, *Mp*, *Sd*)을 다루고 있다.

Carson, R. C. (1969). Interpretive manual to the MMPI. In J. N. Butcher (Ed.), *MMPI: Research developments and clinical applications* (pp. 279–296). New York, NY: McGraw-Hill.

척도와 프로파일 해석에 대한 초기의 간략한 비공식적인 지침서의 하나이다. Sullivanian의 관점에서 쓰여 졌다. 가장 좋은 해석적 지침의 하나이다.

Graham, J. R., Ben-Porath, Y. S., & McNulty, J. L. (1999). *MMPI-2 correlates for outpatient mental health settings*. Minneapolis: University of Minnesota Press.

가장 최근에 나온 보험통계적 지침서이다. 2, 3개의 척도 쌍으로 구성된 코드 유형과 아 울러 승인된 거의 모든 척도들(타당도 척도 제외)에 대한 경험적 상관들을 제공한다. 이 책의 본문은 전체의 1/6 정도에 불과하다. 나머지 표로 정리된 부록들은 Marks와 Seeman(1963)의 연구 이래 임상적으로 매우 유용한 자료로 보물을 찾는 임상가들을 수년간 바쁘게 할 것이다.

Greene, R. L. (Ed.) (1988). *The MMPI: Use with specific populations*. San Antonio, TX: Grune & Stratton.

MMPI와 만성적인 통증, 조현병, 기분 장애, 성격 장애, 물질 남용 등에 대해 상세히 개관하고 있다. 오래되었지만 여전히 유용하다.

Greene, R. L., & Nichols, D. S. (1995). *MMPI-2 structural summary* [Computer software]. Odessa, FL: Psychological Assessment Resources.

Nichols, D. S., & Greene, R. L. (1995). *MMPI-2 structural summary: Interpretive manual*. Odessa, FL: Psychological Assessment Resources.

4장에서 짧게 설명된 바 있는 MMPI-2 구조적 요약은 MMPI-2 자료의 체제화와 해석에 대한 내용 중심의 접근이다. 모든 부류의 척도들(임상/내용/보충 척도 등)이 기분, 인지, 방어, 대인 관계 등 표준적인 임상 표제 하에 재배열되고 모아졌다. 주어진 어떤 증상이나 특성에 대하여, 그것을 기술하는 데 있어 중첩된 임상적인 함의들을 안고 있는 척도들의 점수를 보는 능력은 보다 정확한 기술과 예언을 가능하게 해 줄 것이다.

Greene, R. L. (2011). *MMPI-2/MMPI-2-RF: An Interpretive Manual, 3rd Edition*. Boston, MA: Allyn & Bacon.

Freidman, A. F., Lewak, R., Nicholos, D. S., & Webb, J. T. (2001). *Psychological assessment with the MMPI-2.* Mahwah, NJ: Erlbaum.

MMPI-2 사용에 대한 일반적인 안내서나 지침서들 중에서 가장 포괄적이다. 두 책 모두 임상적으로 세련되어 있으며, 대조되는 두 가지 접근은 상호 보완적이다. Greene(2011)은 학구적이고 신뢰로우며 표로 잘 정리된 정보적인 자료들이 풍부하다. Friedman과 그의 동료들(2001)은 덜 형식적이나 보다 임상적으로 초점이 맞추어져 있고, 이 책에서 다루어진 척도들 대부분에 대한 채점 정보를 담고 있다.

Nichols, D. S., & Greene, R. L. (1997). Dimensions of deception in personality assessment: The example of the MMPI-2. *Journal of Personality Assessment, 68,* 251-266.

다양한 반응 양식과 전략들에 대한 치치를 철지히게, 개념에 근거히여 다루고 있고, MMPI-2에서 그러한 반응 양식이나 전략들을 탐지하는 방법들을 다루고 있다. 프로토콜의 타당도와 정확성을 평가하는 데 있어서 중요한 차이점들을 강조하고 있다.

MMPI/MMPI-2와 치료

Butcher, J. N. (1990). *Use of the MMPI-2 in treatment planning.* New York, NY: Oxford University Press.

Finn, S. E. (1995). *Using the MMPI-2 as a therapeutic intervention.* Minneapolis: University of Minnesota Press.

Lewak, R. W., Siegel, L., Nichols, D. S., & Stolberg, R. A. (2011). *Therapeutic feedback with the MMPI-2: A positive psychology approach.* New York, NY: Routledge.

이 책들은 피드백과 치료에 있어서 MMPI-2의 사용을 다루고 있다. Butcher의 저서는 보다 조심스럽고, 경험적인 문헌에 크게 의존하고 있다. Finn은 치료적 목표를 달성하기 위해 검사 피드백을 이용하는 데 대한 새로운 접근의 개요를 기술하고 있다. Lewak과 동료들의 저서는 Lewak, Marks, Nelson(1990)을 상당히 수정하고 최근의 연구 결과들을 새롭게 보강한 것이다. 이 책은 MMPI-2 결과에 대한 피드백을 내담자들에게 주는 절차에 내해 상세히 안내하고 있다. 광범위한 프로파일 유형을 망라하고 있으며, 개인에게 초점을 맞추어, 존중하면서 낙관적인 태도로, 그리고 전문적인 용어 없이 기술되어 있다. 이 책은 Finn의 정신을 따르면서 Caldwell(2001)의 해석적인 접근을 광범위하게 받아들이고 있다.

비평과 논의의 쟁점들

Caldwell, A. B. (1997). Whither goest our redoubtable mentor, the MMPI/MMPI-2? *Journal of Personality Assessment*, *68*, 47-68.

MMPI에서 MMPI-2로 개정되는 과정에서 제기된 몇 가지 쟁점들에 대해 깊이 있게 논의하고 있다. 또한 향후 기대되는 추세와 적용에 대해 다루고 있다.

Gottesman, I. I., & Prescott, C. A. (1989). Abuses of the MacAndrew MMPI Alcoholism Scale: A critical review. *Clinical Psychology Review*, *9*, 223-242.

기저율에서의 차이가 MacAndrew 척도의 예언 타당도에 미치는 효과에 초점을 두고 있다. 이 논문이 주는 교훈은 해석적 전략과 임상 실제에 폭 넓게 적용되어야 한다.

Helmes, E., & Reddon, J. R. (1993). A perspective on developments in assessing psychopathology: A critical review of the MMPI and MMPI-2. *Psychological Bulletin*, *113*, 453-471.

MMPI/MMPI-2에 대해 Douglas N. Jackson의 제자들이 가한 비평이다. 다소 부적절한 지적도 있으나 전체적으로 진지하고 세련되게 논의하고 있다. MMPI/MMPI-2가 Jackson이 주창하는 성격검사 제작에 대한 실질적인 접근과 암묵적으로 그리고 다소 껄끄럽게 대비되었다. 중요하고 설득력이 있는 부분도 있으나 단순히 잘못 판단한 부분도 있다. 그러나 아직까지는 MMPI/MMPI-2에 대한 비평 중에서 가장 훌륭한 비판적 개관이다.

Holllrah, J. L. Schlottmann, R. S., Scott, A. B., & Brunetti, D. G. (1995). Validity of the MMPI subtle items. *Journal of Personality Assessment*, *65*, 278-299.

모호 문항이라는 논란이 많은 주제를 가장 적절하고 짜임새 있게 개관한 논문이다.

찾아보기

≪ㄷ≫

≪ㄹ≫

≪ㅁ≫

≪ㅂ≫

≪ㅅ≫

≪大≫

≪B≫

≪C≫

≪D≫

≪E≫

≪F≫

≪G≫

≪H≫

역자 소개

홍창희(hchh2144@naver.com)
서울대학교 심리학과 및 동 대학원 졸업
한양대학교병원 정신건강의학과 임상심리전문가과정 수료
문학박사, 임상심리전문가, 1급 정신보건임상심리사
현재 부산대학교 심리학과 명예교수
효원심리센터 소장 역임

주영희(yhjoo1959@hanmail.net)
부산대학교 심리학과 졸업
서울대학교 대학원 심리학과 졸업
부산대학교 대학원 심리학과 박사과정 수료
임상심리전문가, 1급 정신보건임상심리사
동아대학교병원 정신건강의학과 임상심리실장 역임

민은정(ejmin74@hanmail.net)
부산대학교 심리학과 및 동 대학원 졸업
부산대학교 대학원 심리학과 박사과정 수료
인제대학교 부산 백병원 정신건강의학과 임상심리전문가과정 수료
임상심리전문가, 1급 정신보건임상심리사
현재 부산대학교 양산병원 정신건강의학과 임상심리실장

최성진(dalimdrama@hanmail.net)
부산대학교 심리학과 및 동 대학원 졸업
전남대학교병원 정신건강의학과 임상심리전문가과정 수료
문학박사, 임상심리전문가, 1급 정신보건임상심리사
부산가톨릭의료원 메리놀병원 정신건강의학과 임상심리실장 역임
현재 동명대학교 상담심리학과 조교수 겸 동명 심리건강연구소 소장

김귀애(kguiae@hanmail.net)
부산대학교 심리학과 및 동 대학원 졸업
부산대학교 대학원 심리학과 박사과정 수료
김원묵 기념 봉생병원 정신건강의학과 임상심리전문가과정 수료
임상심리전문가, 1급 정신보건임상심리사
김원묵 기념 봉생병원 정신건강의학과 임상심리실장 역임
현재 포심 정신건강의학과 부설 임상심리연구소 소장

이영미(y.josee@gmail.com)
부산대학교 심리학과 및 동 대학원 졸업
부산대학교 대학원 심리학과 박사과정 수료
김원묵 기념 봉생병원 정신건강의학과 임상심리전문가과정 수료
임상심리전문가, 1급 정신보건임상심리사
현재 부산대학교병원 정신건강의학과 임상심리실장

MMPI-2 평가의 핵심, [제2판]

발 행 일　2022년 9월 30일 수정판 1쇄 발행

저　　자　David S. Nichols
역　　자　홍창희·주영희·민은정·최성진·김귀애·이영미

발 행 인　구본하
발 행 처　도서출판 박학사
주　　소　서울시 마포구 서교동 460-26 동아빌딩 2층
전　　화　(02)3142-3764~5
팩　　스　(02)3142-3766
웹사이트　www.pakhaksa.co.kr
등록번호　제10-2230호

가격 25,000원　ISBN 978-89-91633-96-4